Reader's Digest
Auswahlbücher

Reader's Digest Auswahlbücher

Verlag DAS BESTE
Stuttgart · Zürich · Wien

188
PRINTED IN GERMANY
ISBN 3 87070 298 2

Inhalt

NIEMAND WIRD DICH FINDEN

Eine Kurzfassung des Buches von

PHILLIP FINCH

Ins Deutsche übertragen von
Ulla H. de Herrera

Illustrationen von Walter Rane

„Ich bin nicht Margaret, bitte, glauben Sie mir!" beteuert Sarah immer wieder. Verzweifelt versucht die Fünfzehnjährige, den vermeintlichen Irrtum aufzuklären. Doch der unheimliche Fremde, der sie „Margaret" nennt und behauptet, ihr Vater zu sein, läßt sich nicht von seinem Vorhaben abbringen. Er versteckt sie an einem Ort, wo niemand sie finden kann. Ohne jede Aussicht auf Hilfe von außen, wird Sarah allmählich klar, daß sie die Rolle des unbekannten Mädchens spielen muß – in einem Spiel auf Leben und Tod.

1

Mittwoch, den 22. August
Sherk saß auf der felsigen Kuppe eines Hügels im Schatten einer alten, knorrigen Esche und wartete auf Margaret. Er blickte hinunter auf sein bescheidenes Häuschen mit dem verrosteten Blechdach. Vor dem Hintereingang stand ein alter Kleinlaster, daneben konnte man einen Schuppen, ein Gemüsebeet und einen Bach erkennen, der ganz schwarz war vom Kohlenstaub der weiter aufwärts gelegenen Minen. Der Vorgarten grenzte an einen Schotterweg, der von den Minen zur Landstraße führte.

Das Haus, der Bach und der Weg befanden sich in einem kleinen Tal. Zu beiden Seiten ragten steile Hügelketten wie Gefängnismauern empor. Im Hintergrund erhob sich das Appalachengebirge gleich einem aufgewühlten grünen Meer, dessen Wogen gegen den Himmel schlugen.

Während Sherk wartete, entfernte er die Rinde von einem heruntergefallenen Ast und begann daran herumzuschnitzen. Er saß mit angezogenen Beinen da und fuhr langsam mit seinem Jagdmesser am Holz entlang. Ab und zu blickte er zum Haus hinüber. Einmal hörte er das Poltern eines mit Kohle beladenen Lasters und beobachtete, wie dieser vorbeifuhr. Dann wurde es wieder still, und Sherk schnitzte an seinem Stecken weiter. Er war ein geduldiger Mann, der zu warten verstand.

Als er erneut Räder auf dem Schotter knirschen hörte, richtete er sich auf und blickte gespannt zur Straße hinunter. Binnen weniger Sekunden kam unten ein blaues Kabriolett in Sicht. Das Verdeck war aufgeklappt, und Sherk konnte drei Gestalten auf dem Vordersitz erkennen, vier weitere saßen hinten – halbwüchsige Jungen und Mädchen, die Hemden über ihren Badesachen trugen. Es gab Gelächter, als der Wagen vor dem kleinen Haus hielt. Sherks Blick heftete sich auf ein Mädchen, das vom Rücksitz kletterte und zur Veranda lief: seine Tochter Margaret. Der Wagen wendete und fuhr den gleichen Weg zurück; Margaret ging ins Haus.

Sherk rührte sich nicht. Seine Kehle war trocken, und er fühlte, wie das Feuer wieder in ihm hochstieg, jene reinigende, lodernde Flamme, die alles verzehrte, bis er sich innerlich befreit und geläutert fühlte.

Er hatte die ersten Anzeichen des Feuers gespürt, als er den Hügel hinaufstieg, um auf Margaret zu warten. Die Laster, denen Männer verfielen – Wollust, Trunksucht, Trägheit –, hatten ihn nie ernstlich in Versuchung geführt. Aber dies hier, dieses Feuer, diese Raserei war etwas anderes. Es hatte vor etwa einem Jahr angefangen, aber Sherk vermutete, daß es schon immer dagewesen war, bereit, sich seiner zu bemächtigen. Er fieberte diesen Augenblicken entgegen, in denen er aufhörte, Sherk zu sein, und sich dem hingeben konnte, was in ihm war.

Das Feuer. Er ließ es schwelen. Sein Puls ging jetzt schneller, sein Atem kurz. Während Sherk mit starrem Blick auf das kleine Haus hinuntersah, stach er erregt mit dem Jagdmesser in das Holz. Schließlich ließ er den Stock fallen und schob das Messer wieder in die Scheide, die er an der Hüfte trug. Sherk hatte etwas Ungezähmtes an sich: knochige Ellbogen und Fingergelenke, wild zerzauste Haare und einen ungepflegten Stoppelbart. Sein Gesicht wirkte finster. Nur wenn er lächelte, nahm es einen liebenswürdigeren Ausdruck an. Jetzt aber waren seine Züge angespannt, die Lippen zusammengepreßt, die Augen schmal.

Er eilte den Hang hinunter, eine hochgewachsene, schlaksige Gestalt in blauer Latzhose und rotem Flanellhemd. Sein Gang hatte etwas von der Unbeholfenheit eines Stelzvogels – überlange, dünne Beine, die sich unrhythmisch und ruckartig bewegten. Aber er kam schnell voran, und jeder seiner langen Schritte brachte ihn dem Hause näher.

Als Margaret vom Schwimmen zurückkam, rief sie nach ihrem Vater. Sie erhielt keine Antwort. Sein Lastwagen stand hinter dem Haus, doch er selbst war nirgends zu sehen. Sie zog Jeans und eine Bluse an und ging in die Küche, um das Abendessen vorzubereiten. Sie wußte, daß ihr Vater bald nach Hause kommen würde. Er hatte diesen Monat Nachtschicht und wollte bestimmt etwas essen, ehe er zur Arbeit ging.

Sie zündete eine Flamme auf dem Gasherd an und setzte Wasser für den Kaffee auf. Kochen war schon von jeher größtenteils ihre Aufgabe gewesen. Ihre Mutter hatte die Familie verlassen, noch ehe Margaret ein Jahr alt war. Solange sie denken konnte, waren sie nur zu zweit gewesen, Vater und Tochter, allein in dem kleinen Haus.

Margaret stand am Küchentisch mit dem Rücken zum Eingang, als Sherk zur Vordertür hereinkam. Sie kannte seinen Schritt. „Hallo, Daddy!“ rief sie über die Schulter.

Er stand in der Küchentür und starrte sie schweigend an.

Sie wandte sich um und musterte ihn aufmerksam. Etwas in seiner Haltung, seinem Schweigen beunruhigte sie. Dann wußte sie, was es war. Sie ließ die Schultern sinken und stöhnte: „O nein, Daddy. Nicht noch einmal.“

Er sah sie einen Augenblick durchdringend an, dann begann er, mit geballten Fäusten zwischen Küche und Wohnstube hin und her zu gehen.

Margaret hatte ihn im letzten Jahr zweimal so gesehen: plötzlich völlig verändert, zornig, hart, nicht der Vater, den sie kannte. Beide Male war es schlimm gewesen, und sie hatte gebetet, daß es nicht wieder geschehen möge.

Sie setzte sich mit gesenktem Kopf auf einen Sessel im Wohnzimmer, biß sich auf die Unterlippe und wartete auf den Sturm.

Sherk blieb vor ihr stehen. „Du warst schwimmen“, sagte er mit leiser, rauher Stimme.

„Im Freibad.“

Es gab eine öffentliche Badeanstalt in der Stadt, die mit Regierungsgeldern gebaut worden war. Margaret ging im Sommer oft dorthin.

„Da war'n Jungs“, sagte Sherk. „Ich hab sie gesehn.“

„Ja, drei oder vier“, erwiderte sie. „Niemand Besondres.“

„Die bring ich um, wenn ich sie erwische.“

Margaret zuckte erschrocken zusammen. Tränen traten ihr in die Augen.

„Ich hab dir verboten, schwimmen zu gehn“, fuhr Sherk fort. Seine Stimme wurde lauter. „Es war böse von dir, dich einfach davonzustehlen.“

„Daddy, du wußtest es doch. Du hast gesagt, ich darf gehn.“ Er hatte ihr noch zugewinkt, als sie an diesem Morgen im Wagen fortgefahren war.

„Einfach davongestohlen.“

„Du hast gesagt –“

Er gab ihr eine so heftige Ohrfeige, daß ihr Kopf gegen die Rückenlehne des Sessels schlug. Als sie wieder aufblickte, stand er immer noch drohend über ihr und starrte sie mit zusammengekniffenen Augen an.

In der Küche pfiff der Wasserkessel. Sherk wurde einen Augenblick abgelenkt, und Margaret nutzte die Gelegenheit zu einem Fluchtversuch. Sie hatte fast die Vordertür erreicht, da packte seine starke Hand sie bei der Schulter und riß sie zurück. Sie verlor das Gleichgewicht und stürzte zu Boden.

Er hob sie auf und warf sie in den Sessel. „Warum zwingst du mich, so was zu tun?" fragte er.

Margaret schmeckte Blut und Tränen. Sherks Hände hielten ihre Arme so fest umklammert, daß sie hätte aufschreien mögen.

„Du warst ein böses Mädchen", sagte er in ausdruckslosem Ton. Der Griff seiner rechten Hand lockerte sich. Dann holte er aus und versetzte ihr abermals eine heftige Ohrfeige.

„Ein böses, böses Mädchen." Die Hand schlug wieder und wieder klatschend auf ihre Wange.

Margaret schloß die Augen und versuchte, nicht an die Worte zu denken und an das Blut und den schrecklichen Kummer in ihrem Herzen, der mehr schmerzte als seine Schläge. Nicht mehr lange, sagte sie sich, dann wird er sich wieder beruhigen. Meistens war er gütig und liebevoll. Er war der beste Vater, den ein Mädchen sich wünschen konnte.

SHERK ahnte, daß er etwas Unrechtes getan hatte. Er wußte nicht, was es war, denn das Feuer löschte jede Erinnerung aus. Aber jetzt saß er hier am Küchentisch. Die Dämmerung war hereingebrochen. Er hörte Margaret schluchzen und war sich seiner Schuld bewußt.

Er ging zu ihrem Zimmer. Sie hockte mit gekreuzten Beinen auf dem Fußboden. Es war ein kleiner Raum mit einem Bett, einer Frisierkommode und einem buntgewebten Teppich auf dem Boden. Margaret hatte seit ihrer Babyzeit hier geschlafen, und Sherk sah ringsum die Zeichen der Kindheit, der sie allmählich entwuchs: den Teddybären in der Ecke; Engel aus bemalter Pappe, die an einem Mobile baumelten; Märchenfiguren auf der Steppdecke, die am Fußende ihres Bettes lag.

Er schämte sich für das, was passiert war, wenn er sich auch an nichts erinnern konnte. Offensichtlich hatte er etwas Schlimmes getan. Margarets Gesicht war geschwollen und blutverschmiert. Als sie ihn sah, zuckte sie erschrocken zusammen.

„Margaret, Liebling, es tut mir leid", sagte er mit der sanften Stimme, die sie seit jeher kannte. Er streckte die Hand aus, und nach kurzem Zögern griff sie danach und ließ sich von ihm hochziehen.

„Laß uns ein Gebet sprechen", meinte er dann.

Sie knieten zusammen am Fuß des Bettes.

„Lieber Gott", flüsterte Sherk. „Wir möchten gut sein, aber das Leben macht es uns schwer. Gib uns deine Gnade, Herr. Laß uns gut sein."

„Amen", sagten sie gemeinsam. Margarets Stimme war leise.

Sie standen auf. Margaret weinte wieder, aber es war ein stilles, lautloses Weinen.

„Ich muß gehn." Sherk sah auf die Uhr. „Zeit für die Schicht."

Er wartete auf den Abschiedskuß, den sie ihm immer gab, wenn er zur Arbeit ging. Aber sie wandte den Blick ab. Er küßte sie flüchtig auf die Stirn und murmelte an der Tür einen kurzen Gruß.

Sherk war Mechaniker in einer Lastwagen-Reparaturwerkstatt an der Autobahn. Sein Arbeitsplatz war fünfzig Kilometer entfernt, fünfundvierzig Minuten Fahrt auf den Bergstraßen, die sich zum Flachland hinunterschlängelten. Aber das machte Sherk nichts aus. Er wäre sogar noch weiter gefahren für einen Job, bei dem er über Tage arbeiten konnte: Die Arbeit in den Minen zahlte sich im Verhältnis zu den Gesundheitsschäden, die man davontrug, nicht aus. Außerdem hatte Sherk es schon immer verstanden, mit Maschinen und Werkzeug umzugehen. Er wußte, wie man Dinge zum Laufen brachte.

Seine Schicht an diesem Abend begann mit einer zeitraubenden, schwierigen Reparatur, die Konzentration erforderte. Er hatte etwa eine Stunde gearbeitet, da unterbrach ihn der Meister.

„Joseph, ich möchte, daß Sie für heute Schluß machen." Es war das erste Mal, daß er Sherk mit seinem Vornamen anredete.

„Sie müssen nach Hause", fuhr der Meister fort. „Jetzt gleich. Die Polizei hat eben aus Harben angerufen."

Harben war die Ortschaft, die dem kleinen Haus im Tal am nächsten lag. Sherk legte den Schraubenschlüssel aus der Hand. „Warum?" fragte er.

„Das weiß ich nicht, Joseph. Sie haben nichts gesagt."

Sherk wandte sich wortlos ab, ging zu seinem Fahrzeug und fuhr, so schnell er konnte, ins Hügelland hinauf.

Sein Häuschen lag etwa fünf Kilometer von der Landstraße entfernt. Er war gerade in den Schotterweg eingebogen, da tauchten vor ihm aus der Dunkelheit zwei Scheinwerfer und ein rotierendes Blaulicht auf. Ein Polizeiauto, dachte er bei sich, aber als der Wagen an ihm vorbeifuhr, erkannte er, daß es eine Ambulanz war.

Sherk beschleunigte das Tempo. Weiter unten stand ein Streifenwagen, in dem ein Polizist saß. Die Nacht war dunkel, aber im grellen Licht der Scheinwerfer sah Sherk dort, wo vorher sein Haus gestanden hatte, einen verkohlten Trümmerhaufen. Sein Atem stockte. Er hielt an, sprang aus dem Auto und lief auf die Brandstelle zu. Der dumpfige Geruch von feuchter Asche schlug ihm entgegen. „Margaret! Margaret!" rief Sherk verzweifelt.

Der Polizist kam auf ihn zu. Sherk nahm an, daß seine Tochter im Streifenwagen war, und rannte an dem Mann vorbei, um sich Gewißheit zu verschaffen.

Der Wagen war leer. Sherk hörte sich wieder und wieder Margarets Namen rufen. Ein Stöhnen entfuhr seinen Lippen. Der Polizist trat zu ihm.

„Propangas ... Der Herd", sagte er. „War anscheinend ein Ventil offen. Ist explodiert. Ein schlimmer Brand. Sie ist nicht mehr rausgekommen, Mister. Tut mir leid."

Donnerstag, den 23. August

Als die Packer die Möbel auf den Lastwagen luden, war es, als trügen sie das ganze Leben aus dem Haus in der Berry Road, einem Haus am Rande der Stadt Johnson in Vermont. Jetzt waren die Zimmer leer und die Wände kahl. Auch die Vorhänge hatte man abgenommen, und das sommerliche Sonnenlicht malte helle Flecken auf den Wohnzimmerboden.

Die fünfzehnjährige Sarah stand auf einer der sonnenbeschienenen Stellen und ließ den Blick durchs Zimmer schweifen. Sie hatte es noch nie so nackt und trostlos gesehen.

Plötzlich wurde ihr bewußt, daß ihre Mutter an der Haustür wartete und nervös mit dem Türknauf spielte.

„Sarah, Liebling, wir müssen uns beeilen", drängte Elise Stannard. „Wir haben eine lange Fahrt vor uns."

„Nur noch einen Augenblick."

„Den Abschied in die Länge zu ziehen macht die Sache nur noch schwerer."

„Bitte. Nur ein paar Minuten. Ist das zuviel verlangt?"

„Ich will ja nur dein Bestes", sagte Sarahs Mutter.

„Wann wirst du mich endlich selbst entscheiden lassen, was das beste für mich ist?“

Elise runzelte die Stirn. „Ich möchte dir Kummer ersparen, das ist alles.“

Sarah zuckte die Achseln. „Diese paar Minuten machen doch nichts aus. Nur noch einen Moment. Bitte.“

„Wie du willst. Ich warte im Wagen.“ Elise ging hinaus und schloß etwas zu laut die Tür hinter sich.

Der gleiche Streit wie immer, sagte sich Sarah. Solange sie denken konnte, hatte es dieses Tauziehen zwischen ihr und ihrer Mutter gegeben, diesen Wettkampf von Stolz und Willen. Das Seltsame an der Sache war, daß sie sich wirklich liebten. Menschen, die sich gleichgültig waren, hätten nicht so leidenschaftlich miteinander gekämpft. Aber es war schlimmer geworden, jetzt, da ihr Vater nicht mehr lebte, um die Gemüter zu beruhigen. Vor neun Monaten war er mit nur dreiundvierzig Jahren an einem Herzinfarkt gestorben und hatte eine große Lücke in ihrer beider Leben hinterlassen.

Als Sarah nun allein im warmen Sonnenlicht stand, wurde ihr klar, daß sie diese Wände zum letztenmal sah. Dieser Ort war immer ihr Zuhause gewesen.

Vom Fahrersitz des Wagens aus beobachtete Elise Stannard ihre Tochter in dem leeren Haus. Sarah stand an einem Fenster, ihr langes blondes Haar leuchtete hell im Schein der Sonne. Sie war hoch aufgeschossen und schlaksig, mit dem noch ungelenken Körper einer Halbwüchsigen. Aber ihr Gesicht hatte bereits ausgeprägte Züge. Ihre Augen waren dunkel und ausdrucksvoll, sie hatte hohe Backenknochen und ein energisches Kinn.

Vom Fenster eingerahmt, stand Sarah regungslos da und starrte auf den Rasen hinaus. Ihr Blick mied den Wagen, und Elise mußte unwillkürlich an ein Tier im Zoo denken, das in sich gekehrt und melancholisch in seinem Käfig verharrt. Das Mädchen schien manchmal so abweisend, rätselhaft, unzugänglich.

Sarah hob den Blick und wandte sich vom Fenster ab.

Komm, reiß dich zusammen, würde ihr Vater sagen. Sarah meinte ihn zu hören, seine kräftigen Hände zu fühlen, die sie bei den Schultern packten, während er in ihre tränennassen Augen blickte. Es mochte ein aufgeschlagenes Knie gewesen sein, die Kränkung einer Klassenkameradin – irgend etwas, das ein kleines Mädchen an den Rand der

Tränen bringen konnte. *Kopf hoch, Kamerad. Laß niemand sehn, daß du weinst.*

So etwas hätte ein Vater normalerweise zu seinem Sohn gesagt. Aber Jack Stannard hatte keinen Sohn. Er hatte nur Sarah, und sie war bereit, alles für ihn zu tun. Sie konnte tapfer sein, wenn er es wünschte.

Während Sarah durch das leere Haus wanderte, wurden Erinnerungen in ihr wach. Bis jetzt hatte sie sich gut gehalten. Nun blieb noch ein Zimmer übrig, ein kleiner Raum hinter der Waschküche. Sie hatte ihn bis zuletzt aufgehoben. Diesem Zimmer Lebewohl zu sagen fiel ihr am schwersten.

Reiß dich zusammen, Kamerad. Verlier jetzt nicht die Fassung.

Sie betrat den Raum. Er war das Arbeitszimmer ihres Vaters gewesen. Jack Stannard hatte an der Hochschule in Johnson Geschichte gelehrt, und sein Zimmer war stets überfüllt mit Büchern, die in den Regalen standen oder sich auf dem Boden stapelten. Jetzt waren die Regale leer und die Bücher, in Kisten verpackt, in einem Möbelwagen auf dem Weg nach Süden.

Jack Stannard konnte Stunden hier verbringen, den Stuhl nach hinten gekippt, die Füße auf der Schreibtischplatte, ein Buch auf dem Schoß. Es war der ideale Ort, um allein zu sein – allein mit seinen Büchern und seiner kleinen Tochter. Sarah saß stundenlang bei ihm und war glücklich, in seiner Nähe zu sein. Sie hatte ihren festen Platz. Unter dem alten Eichenschreibtisch gab es in dem Hohlraum für die Füße reichlich Platz für sie.

Während er las, zeichnete sie, den Block auf den Knien. Sarah hatte seit ihrem zehnten Jahr Zeichenstunden bekommen, und ihr Vater hielt sie für begabt. Sie machte eine Zeichnung, riß das Blatt heraus und reichte es ihrem Vater zur Begutachtung. Er betrachtete es aufmerksam, und wenn er ein Bild wirklich gut fand, heftete er es mit Reißnägeln an die einzige freie Wand. Dann war Sarah stolz. Sie wußte, daß sie ihre Sache gut gemacht hatte.

Jetzt ging sie durch das leere Zimmer. Sie streckte die Hand aus und berührte die kleinen Löcher in der Wand, die die Reißnägel ihres Vaters zurückgelassen hatten. Tränen stiegen ihr in die Augen, und sie holte tief Luft, um die Fassung wiederzugewinnen.

Kopf hoch, Kamerad.

Er hatte sie gelehrt, stark zu sein, der Welt ein tapferes Gesicht zu zeigen. Aber hier, allein mit ihm, konnte sie einfach Sarah sein, ängstlich und verwundbar. Er erkannte, was in ihr vorging, wußte

Dinge, die nicht einmal ihre Mutter ganz verstand. Es ist ungerecht, sagte sie sich. Der Vater, um den sie trauerte, war der einzige Mensch, mit dem sie diesen schrecklichen Schmerz hätte teilen können. Aber er war nicht mehr da, und sie wußte, was er von ihr erwarten würde.

Reiß dich zusammen. Sei tapfer. So ist's gut.

Sarah straffte die Schultern und verließ mit hoch erhobenem Kopf das Zimmer. Sie hatte beendet, was sie sich vorgenommen hatte. An der Haustür hielt sie einen Augenblick inne, um sich ein letztes Mal umzusehen, dann ging sie hinaus, den Gartenpfad entlang, um den Wagen herum und rutschte auf den Vordersitz neben ihre Mutter.

„Es tut mir leid", sagte Elise. „Ich wäre gerne mit dir hiergeblieben, aber es war nicht möglich."

Sarah beugte sich hinüber und gab ihrer Mutter einen Kuß auf die Wange. „Macht nichts", sagte sie. „Ich hatte Angst fortzugehen, weil ich dachte, ich würde ihn vielleicht vergessen. Aber das wird nie passieren. Ich bin jetzt soweit – wirklich."

Elise ließ den Motor an, und sie fuhren auf die Straße hinaus. Bald war das Haus nicht mehr zu sehen. Sie würden ein neues Leben beginnen, würden in der Nähe von Annapolis wohnen, wo Jacks Eltern ihnen ein neues Zuhause geben wollten.

Vor ihnen erstreckte sich die Landstraße.

Er war der beste Vater, dachte Sarah bei sich. Der allerbeste. Sie brauchte ihn immer noch, und sie wußte nicht, wie es ohne ihn weitergehen sollte.

2

Sonnabend, den 25. August

John Burwell blieb einen Moment stehen, als er oben auf der Treppe angelangt war. Vor ihm war die Tür zum Gästezimmer, und hinter dieser Tür befand sich Sherk. Etwas stimmte nicht mit Sherk. Burwell konnte nicht sagen, was es war, aber er fühlte es, und ihm graute davor, Sherk abermals gegenüberzutreten und mit ihm zu reden.

Burwell, ein schmächtiger Mann mit gebeugten Schultern und schütterem Haar, besaß einen Laden in Harben. Jetzt trug er über dem Arm einen dunkelblauen Anzug, den Sherk heute zum Begräbnis seiner Tochter anziehen sollte.

Draußen war es drückend heiß. Burwell spürte, wie ihm der

Schweiß den Rücken hinunterlief, während er dort auf der Treppe verweilte. Die Tür stand einen Spalt weit offen. Er klopfte leise.

„Joseph? Darf ich hereinkommen? Joseph?"

Keine Antwort. Burwell machte behutsam die Tür auf.

Sherk saß auf einem Stuhl, die Hände im Schoß gefaltet, und starrte ins Leere. Sein Gesicht war ausdruckslos, er saß da wie eine Wachsfigur. Burwell konnte sich gut vorstellen, daß er sich seit Stunden nicht gerührt hatte. Nach einer Weile blickte Sherk ihn ohne jede Regung an.

Burwell hielt ihm den Anzug hin und sagte rasch: „Hier, den hat meine Frau gestern abend rausgesucht. Wenn er zu weit ist, kann sie ihn enger stecken."

Sherks Gesicht blieb ausdruckslos. Er schien nichts gehört zu haben.

„Sie werden diesen Anzug heute brauchen", meinte Burwell sanft.

Sherk antwortete nicht.

Burwell hatte es für seine Pflicht als Christ gehalten, Sherk bei sich im Haus aufzunehmen. Joseph und er gehörten seit über zehn Jahren derselben Gemeinde an und hatten fast jeden Sonntag am Gottesdienst teilgenommen. In der Nacht, als Margaret gestorben war, hatte der Gemeindeprediger die Burwells mit der Bitte angerufen, Sherk für ein paar Tage in ihrem Gästezimmer unterzubringen.

Die ersten Stunden waren schlimm gewesen. In seiner Verzweiflung hatte Sherk nicht aufgehört, mit lauter, klagender Stimme zu beten. So schrecklich dieser Schmerzausbruch auch gewesen war, er war die verständliche Reaktion eines Mannes, der so plötzlich sein einziges Kind verloren hatte. Seit jener ersten Nacht jedoch war Sherk schweigsam und ruhig gewesen. Burwell fand diese Ruhe unnatürlich.

Er hielt Sherk den Anzug hin und wartete, daß er ihn nahm. Sherk sah ihn an, ohne ihn wahrzunehmen.

„Joseph", sagte Burwell. „Wir müssen um zwölf Uhr aus dem Haus. Sie sollten sich fertigmachen."

Ein stilles Lächeln zog über Sherks Gesicht. „Mir wird's sehr gut gehn", meinte er leise. Er sprach langsam, als käme der Gedanke von weit her, aus einem fernen Teil seines Gehirns.

„Natürlich", bekräftigte Burwell. „Sie haben Freunde, die sich um Sie kümmern und Ihnen helfen werden."

Sherk blickte ruhig und gelassen drein.

Etwas stimmt nicht, sagte sich Burwell. Dies ist keine Trauer; es ist Leere.

Sherk nickte mehrmals mit zunehmender Überzeugung.

„Ja, 's wird mir gutgehn", erklärte er entschieden.

Burwell wollte so schnell wie möglich von ihm fort. Er hängte rasch den Anzug auf, wandte sich um und ging hinaus.

„DAD-DY", sagte eine Mädchenstimme im Singsangton. „Dad-dy."

Sherk hob ruckartig den Kopf und sah sich im Zimmer um. Er war allein. Dann hörte er abermals die fröhliche Stimme.

„Dad-dy. Hier unten."

Sherk blickte durch das offene Fenster. Margaret stand unten im Garten und schaute zu ihm hinauf. Sie trug das rosafarbene Taftkleid, ihr Lieblingskleid und das beste, das sie besaß. Fröhlich winkte sie ihm zu.

„Margaret!" rief Sherk mit erstickter Stimme. Er beugte sich aus dem Fenster. „Du bist's tatsächlich."

„Ich wollte dich sehen", sagte sie. Ihr Gesicht schien zu leuchten. Sie sah reizend aus. „Ich wollte dir sagen, daß ich dich liebe, Daddy."

„Und ich liebe dich!" rief Sherk. Er streckte die Hand aus. „Komm zu deinem Daddy."

Sie schüttelte den Kopf. „Das kann ich nicht."

„Dann komm ich runter. Wart einen Augenblick. Ich bin gleich da."

Sie schüttelte wieder den Kopf. „Ich muß gehen", sagte sie.

„Nein!" schrie er. „Bleib bei mir!"

Ohne auf seine Worte zu achten, ging sie langsam durch das hintere Gartentor. Dort blieb sie stehen und sah sich noch einmal um. Sie flüsterte, aber Sherk konnte sie selbst auf diese Entfernung deutlich hören.

„Komm und hol mich", sagte sie. „Ich bin schrecklich einsam. Komm und hol dein kleines Mädchen." Dann wandte sie sich ab und lief leichtfüßig die Straße hinter dem Haus entlang. Sherk sah ihr nach, bis sie verschwunden war.

ALS Burwell aus der Dusche kam, trat seine Frau ihm entgegen. Sie sah besorgt aus.

„Er spricht mit jemandem da oben", sagte sie.

Burwell lauschte, aber er hörte nichts.

„Jetzt ist er still", sagte sie. „Aber er hat gerade noch aus dem Fenster gerufen." Sie schwieg einen Augenblick, dann setzte sie hinzu: „Und dabei war niemand dort draußen."

„Als ich eben bei ihm war, hat er nicht viel geredet", sagte Burwell.

„Armer Kerl, ich mach mir Sorgen um ihn. Hat so viel durchgemacht. Vielleicht solltest du lieber zu ihm raufgehn und fragen, ob er was braucht."

Burwell trocknete sich ab, dann schlüpfte er in seine Hosen und ein frisches Hemd.

Auf nackten Füßen stieg er die Treppe hinauf. Nach kurzem Zögern fragte er durch die geschlossene Tür: „Joseph? Alles in Ordnung?"

„Ja, John."

Sherks Stimme klang gedämpft, aber nicht mehr so bedrückt wie zuvor.

„Wie ist der Anzug? Paßt er?"

„Ich brauch den Anzug nicht", sagte Sherk.

Burwell wußte, daß Sherk nur die Kleidung besaß, die er auf dem Leib trug. Alles andere war verbrannt.

„Doch, Sie brauchen ihn", widersprach er. „Was andres wär nicht passend, Joseph. Zu einer Beerdigung muß man einen dunklen Anzug tragen."

„Keine Beerdigung!" rief Sherk laut.

Geduld, sagte sich Burwell im stillen. Dann fragte er: „Was soll das heißen?"

„Ich geh heut zu keiner Beerdigung."

Burwell fühlte sich plötzlich erschöpft. Er stieß die Tür auf. Sherk stand da, die Hände in die Seiten gestemmt. Sein Gesicht war wieder lebendig. Wenigstens etwas, dachte Burwell bei sich.

„Sie werden tun, was sich gehört, Joseph", sagte er. „Ein Vater drückt sich nicht vor der Beerdigung seiner Tochter. Kommt nicht in Frage."

Sherk schüttelte energisch den Kopf. „Mein kleines Mädchen lebt."

Burwell trat auf ihn zu und legte ihm die Hand auf die Schulter. „Hören Sie, Joseph, das stimmt nicht. Sie wissen doch selbst, daß Ihre Tochter tot ist."

„Nein!" Sherks Augen blitzten.

„Sie liegt drüben auf dem Friedhof in einem Sarg und soll heute beerdigt werden."

„Nein!" Sherk knurrte wie ein Tier, dann hob er blitzschnell den

Arm und schlug Burwell so heftig ins Gesicht, daß dieser das Gleichgewicht verlor.

„He!“ rief Burwell.

Sherk trat einen Schritt vor, packte Burwell bei seinem Hemd und stieß ihn gegen die Wand. Burwell schlug heftig auf und glitt stöhnend zu Boden.

Mit wutverzerrtem Gesicht beugte sich Sherk über ihn. Burwell hatte noch nie solche Angst gehabt. Er versuchte verzweifelt, sich zu bewegen, aber Sherk kniete auf seiner Brust.

„Sie lebt“, stieß er grimmig hervor.

Burwell wollte sagen, gewiß, gewiß, ich habe mich geirrt, sie lebt. Aber seine Zunge gehorchte nicht, und nur ein Gestammel kam von seinen Lippen.

„Sie lebt“, wiederholte Sherk drohend. Er sah Burwell unverwandt in die Augen, während er nach hinten griff. Dann hielt er plötzlich das Jagdmesser in der Hand.

„Tun Sie mir nichts“, flehte Burwell. Das Messer war an seinem Hals. „O nein, Joseph. O mein Gott, bitte nicht.“

Langsam, bedächtig begann Sherk, den Druck der Klinge zu verstärken. Burwell fühlte sie an seiner Kehle. Er sagte sich, daß Sherks Gesicht wohl das letzte war, was er auf dieser Welt zu sehen bekommen würde.

Plötzlich ertönte ein gellender Schrei. Sherk wandte sich blitzschnell um. Burwells Frau stand in der offenen Tür. Sie schlug die Hände vors Gesicht und schrie abermals.

Sherk blickte auf sein Messer, dann wieder zu ihr. Gemächlich stand er auf und streckte sich. Burwell konnte endlich wieder frei atmen. Sherk steckte das Messer in die Scheide und sah Burwell an.

„Ich werd sie finden“, sagte er. „Sie wartet auf mich, und ich hol sie heim.“

Er ging an Burwells Frau vorbei zur Tür. Seine Schritte hallten auf der Treppe, in der Diele, und dann war er fort.

Auf seiner Fahrt zur Bank von Harben wählte Sherk die kleineren Nebenstraßen, um nicht gesehen zu werden. Es war besser, allen Schwierigkeiten aus dem Weg zu gehen. Er hatte etwas zu erledigen und durfte keine Zeit verlieren.

In der Bank wirbelten zwei Ventilatoren stickige Luft umher. Sherk schloß sich der Reihe vor dem Kassenschalter an und hing einer

Erinnerung nach, die er eines Abends heraufbeschworen hatte, als er glaubte, den Kummer nicht mehr ertragen zu können. Die Erinnerung hatte ihm damals Kraft gegeben und machte ihm jetzt neuen Mut – ein trautes, tröstliches Bild, das, obwohl zehn Jahre alt, in seinem Bewußtsein lebendiger war als seine augenblickliche Umgebung.

Margaret war verschwunden. An einem kühlen Maimorgen hatte sie sich vom Haus entfernt, während Sherk den kleinen Garten umgrub. Sie war fast fünf, alt genug, um ein gutes Stück Wegs zurückzulegen, ehe Sherk sie vermißte. Er rief nach ihr, bis er heiser war, und er fühlte, wie ihn panische Angst ergriff, während er atemlos die Hügel in der Nähe des kleinen Hauses hinaufrannte.

Nach etwa einer Stunde sagte sich Sherk, daß Margaret einen Weg gefunden haben mußte, der an den Hügeln, die das Tal umgaben, vorbeiführte. Sie konnte überall sein. Ein Telefonanruf alarmierte den Sheriff und seine Helfer, die in der Abenddämmerung die Hänge absuchten. Sherk und ein Mann namens James Vansil stiegen die dem Tal abgewandte Seite eines Hügels hinab. Sie bahnten sich einen Weg durch den dichten Wald, und Sherk sagte sich verzweifelt: Sie ist fort, mein kleines Mädchen ist fort.

Nach fast sieben Kilometern kamen sie an einen Fluß, der sich zwischen hohen Bäumen hindurchschlängelte. Und dort entdeckten sie im feuchten Sand des Ufers eine Reihe kleiner Fußspuren, die flußaufwärts führten. Sherk und Vansil rannten laut rufend den Fluß entlang.

Sherk watete durch das Wasser, da sah er Margaret, deren blondes Haar selbst im Dunkel des Waldes golden schimmerte. Sie hockte vergnügt auf einem Felsen und streckte ihm, als sie ihn sah, die Arme entgegen. Sherk packte sie und drückte sie so fest an sich, daß sie lauthals protestierte. Er hätte vor Freude weinen mögen.

Auch jetzt hatte Sherk das Gefühl, Margaret in seinen Armen zu halten, wie damals am Fluß. Da tippte ihm jemand auf die Schulter. Er sah sich um. Eine dicke Frau in einem blauen Kittel stand hinter ihm und sagte mit lauter Stimme: „Mister, Sie sind dran."

Als Sherk sich wieder umwandte, sah er sich dem Kassierer gegenüber. Der Wald, der Fluß und Margaret waren verschwunden. Die Erinnerung verblaßte, ließ nur eine leichte Euphorie zurück. Er trat an den Schalter.

„Ich möchte mein Sparguthaben abheben und auch das Geld vom

Girokonto", sagte er. „Beläuft sich insgesamt auf etwa neunhundert Dollar."

Wenige Minuten später saß er wieder in seinem Kleinlaster und fuhr in östlicher Richtung aus dem Hügelland hinaus. Knapp zwei Kilometer außerhalb der Ortschaft stand das Gemeindehaus, wo er so oft sonntags am Gottesdienst teilgenommen hatte. Sherk hielt auf der gegenüberliegenden Straßenseite an. Ein Leichenwagen und die Autos der Trauergemeinde standen vor dem Gebäude. Drinnen sangen kummervolle Stimmen einen Psalm in Moll.

Sherk hatte den Eindruck, daß die Totenfeier einem jungen Mädchen galt. Er hätte nicht sagen können, woher er das wußte, aber der Gedanke bedrückte ihn. Ein Vater, der seine Tochter begraben mußte. Der arme Mann!

Tränen stiegen Sherk in die Augen. Er wischte sie zornig mit dem Handrücken fort. Dies war eine Tragödie, aber sie hatte nichts mit ihm zu tun. Entschlossen wandte er sich ab und fuhr los. Es gab Arbeit für ihn. Er mußte seine Tochter finden.

Er fuhr sehr schnell und hielt erst wieder an, als die Straße sich gabelte. Nun mußte er sich für eine der beiden Spuren entscheiden. Die rechte ging nach Süden, die linke führte über eine Brücke und dann nach Norden.

Sherk nahm aus seiner Brieftasche ein Foto von Margaret, auf dem sie an einem sonnigen Frühlingstag vor dem kleinen Haus zu sehen war. Das Bild zeigte ein zierliches Mädchen mit goldblondem Haar, das ihr in einem Zopf seitlich über die Schulter fiel. Sie blinzelte leicht, und sie lächelte. Lächelte ihrem Vater zu.

Etwas Seltsames ging in seinem Kopf vor – eine Verschmelzung von Wirklichkeit und Phantasie. Der Grund für diese Verwirrung war ein Schmerz, der ihn zu überwältigen drohte, wenn er sich ihm stellte, und so versuchte er, ihn zu verdrängen. Er wußte, daß Margaret fort war. Verschwunden. Wie an dem Tag vor zehn Jahren, als sie davongelaufen war. Genau. Margaret war ... irgendwo dort draußen und wartete auf ihn. Er hatte sie gesehen.

Aber wo sollte er mit der Suche beginnen? Er hätte zu dem Fluß im Wald gehen können, wo er sie damals gefunden hatte. Aber der Fluß existierte nicht mehr. Er war vor einigen Jahren wegen einer neuen Mine umgeleitet worden. Und abgesehen davon hatte Sherk das Gefühl, daß Margaret diesmal weiter weg und nicht so leicht zu finden war. Die Suche würde viel Zeit und Geduld erfordern.

Er nahm den Straßenatlas zur Hand, den er im Fahrerhaus aufbewahrte. Von der Stelle, wo er sich im Augenblick befand, folgte er der dicken grünen Linie der Schnellstraße in Richtung Süden nach Knoxville, Chattanooga, Birmingham. Dann nach Norden, quer durch Virginia, an Washington und Baltimore vorbei nach Pennsylvania.

Sein Blick wanderte von der Karte zur Gabelung vor ihm und wieder zur Karte. Er überlegte einen Augenblick, dann legte er den Atlas beiseite. Dies war eine Fahrt des Glaubens. Solange er sich seinen Glauben bewahrte, würde er instinktiv den richtigen Weg einschlagen. Er steckte das Foto an die Sonnenblende, so daß Margaret ihm zulächelte, sooft er hinaufblickte. Dann legte er den Gang ein.

Voller Zuversicht näherte er sich der Gabelung. Dort, wo die Spuren sich trennten, blickte er zuerst nach rechts; auf der Fahrbahn nach Süden herrschte dichter Verkehr, und drei Wagen warteten darauf, sich einzufädeln. Sherk wollte nicht warten. So wählte er die linke Spur, fuhr schnell über die Zubringerbrücke und schloß sich dem gleichmäßigen Strom der Wagen an, die nach Norden fuhren.

ALS sich Burwell das Blut vom Hals wischte, sah er, daß Sherks Messer nur eine kleine Schnittwunde hinterlassen hatte, die ebensogut von einer Rasierklinge hätte herrühren können. Die Polizei würde vermutlich nicht sonderlich beeindruckt sein. Ein Pflaster genügte, die Wunde zu bedecken. Burwell erzählte nur dem Gemeindeprediger, was geschehen war. Er war sicher, daß er nichts mehr zu fürchten hatte. Weder er noch sonstjemand aus dieser Gegend würde Sherk je wiedersehen.

Während die anderen bei der Totenfeier um die verstorbene Margaret Sherk trauerten, betete Burwell daher für ihren Vater, der sie ebenfalls verlassen hatte, und zwar mit einem Ziel, das sehr viel ungewisser war.

3

Sonntag, den 26. August

„Sollte sie eigentlich um diese Zeit nicht längst hiersein?“ fragte Harry Stannard. „Es ist doch schon Viertel nach zehn.“

„Harry“, mahnte seine Frau. „Du hast Sarah gesagt, heut wäre eine gute Gelegenheit, gemeinsam etwas zu unternehmen, vielleicht einen Ausflug zu machen. Du hast gesagt, vielleicht. Und du hast nicht gesagt, wann. Du machst uns noch alle verrückt mit deiner Unruhe."

Harry hielt in gespielter Kapitulation die Hände hoch. Er war klein und von stämmiger Statur, mit sonnengebräuntem Gesicht. Zu seinen karierten Shorts trug er ein rosafarbenes Polohemd, das sich über seinem Bauch spannte.

„Was hab ich Schlimmes getan?" fragte er. „Ich warte auf meine Enkelin, weiter nichts. Natürlich will ich sie sehen. Ist es neuerdings ein Verbrechen, wenn man seine Enkelin sehen will?"

Seine Vehemenz hätte jemand anderen vielleicht überrascht. Aber Joy Stannard kannte ihren Mann nun schon seit fünfundvierzig Jahren und wußte, daß er von Natur aus ungestüm war. Sie trank wortlos ihren Tee und wandte sich wieder den bunten Seiten eines Versandhauskataloges zu.

Harry und Joy saßen an einem schweren Eichentisch in ihrem Frühstückszimmer, einem hellen Raum mit gelbgestrichenen Wänden. Ihr Haus am Severn, in der Nähe von Annapolis, umgab ein Gelände von acht Hektar. Harry hatte das Haus selbst entworfen und die Bauarbeiten mit sachkundigem Blick überwacht. Er besaß eine Immobilienfirma, die sich unter anderem mit der Erschließung neuer Wohngebiete befaßte – ein großer Teil der ausgedehnten Appartementhäuser außerhalb Washingtons trug Harrys Handschrift. Aber nichts, was er gebaut hatte, war annähernd so prachtvoll wie sein eigenes Heim, eine Villa im klassischen Kolonialstil mit Walmdach und lachsfarbenem Mauerwerk. Ein Schwimmbassin und ein Tennisplatz lagen nebeneinander hinter dem Haus. Vor kurzem hatte Harry mit großem Kostenaufwand noch einen neuen Flügel angebaut. Nur so hatte er Elise überreden können, zusammen mit Sarah nach Annapolis zu ziehen. Natürlich war es Sarah, um die es ihm in Wirklichkeit ging. Achtundachtzigtausend Dollar für den Anbau. Und außerdem hatte er versprechen müssen, sich nicht in ihre Angelegenheiten einzumischen: getrennter Eingang, getrenntes Leben. Jetzt bereute Harry dieses Zugeständnis. Zum Teufel, schließlich war dies sein Haus, seine Enkelin.

„Ich hatte angenommen, Sarah würde nach dem Frühstück rüberkommen", sagte Harry. „Wie lange kann denn das Frühstück dauern?" Er nahm einen Löffel zur Hand und klopfte damit auf die Tischplatte. Harry war niemals vollkommen ruhig; selbst wenn er völlig entspannt war, bewegte er sich: Er wippte mit dem Fuß oder trommelte mit den Fingern auf die Sessellehne.

Joy blickte auf. „Das Mädchen wird schon auftauchen", sagte sie. Harry stand mit einem tiefen Seufzer auf, ging ein paarmal im Zimmer auf und ab und blieb schließlich am Fenster stehen. Der grüne Rasen hinter dem Haus fiel in sanftem Schwung zu einem Steilufer ab, das den tiefer gelegenen Severn verbarg.

„Vielleicht hat sie's vergessen", meinte Harry, den Blick auf den Garten gerichtet. „Sicher. Kinder in dem Alter sind mit ihren Gedanken immer woanders." Er ging hinaus.

„Harry, du hast den beiden versprochen, ihnen ihre Ruhe zu lassen!" rief Joy ihm nach.

„Kein Mensch stört ihre Ruhe hier", erwiderte er, ging zum anderen Ende der Diele und versuchte, die Tür zu öffnen. Sie war verschlossen.

Joy war ihm gefolgt. „Du solltest ihnen Zeit lassen, sich einzuleben, statt gleich am ersten Tag bei ihnen reinzuplatzen", sagte sie.

„Wenn ich mit Sarah fort bin, hast du Elise ganz für dich und kannst unter vier Augen mit ihr sprechen – du weißt schon, worüber."

„Nein, das überlass' ich dir. Schließlich war es ja deine Idee", erwiderte Joy. Aber Harry beachtete sie nicht. Energisch klopfte er an die Tür.

HARRY war gekommen und gegangen, hatte Sarah abgeholt, den morgendlichen Frieden gestört. Jetzt war er fort, und Elise war wieder von Stille umgeben. Sie saß auf einem bequemen Sofa, sah sich in ihrem neuen Wohnzimmer um und sagte sich, daß sie ihr Heim gegen einen Eispalast eingetauscht hatte.

Der Anbau wirkte kalt und streng. Die Wände waren weiß getüncht. Die Küchengeräte funkelten, und das Eichenparkett war auf Hochglanz poliert. Elise wußte nicht, ob sie sich in solch gnadenloser Vollkommenheit je heimisch fühlen würde.

Zumindest hat Harry nicht gegeizt, sagte sie sich. Der Anbau bestand aus zwei Stockwerken, hatte zwei große Schlafzimmer, eine Küche mit anschließendem Eßzimmer, ein Wohnzimmer und einen großen, sonnigen Raum im Dachgeschoß, der als Studio für Sarah dienen konnte. Der neue Anbau war praktisch ein Haus für sich.

Eine Zeitlang hatte Elise sich Harrys Bitte, Vermont zu verlassen, beharrlich widersetzt. Sie wollte unabhängig sein, hatte sie ihm gesagt. Sie würde für Sarah sorgen und das Haus behalten. Harry ließ sich nicht beirren. Er fuhr mit dem Bau fort und schickte Elise weiterhin Pläne und Fotografien.

Unterdessen versuchte sie zum erstenmal, selbst ihren Lebensunterhalt zu verdienen. In Johnson gab es keine Arbeit, und die nächste größere Ortschaft war eine Autostunde entfernt. Die Rechnungen kamen ebenso regelmäßig wie die Briefe und Anrufe von Harry, der ihr zuredete und ihnen ein sorgenfreies Leben versprach.

Schließlich hatte Harrys Hartnäckigkeit gesiegt. Er hatte sie beide hierhaben wollen, vor allem Sarah. Und jetzt waren sie hier.

Elise warf einen Blick in den Spiegel über dem Sofa. Ihre Tochter hatte die schönen Züge von ihr geerbt: hohe Backenknochen; große, ausdrucksvolle Augen; eine lange, schmale Nase, die an der Spitze leicht nach oben gebogen war. Die Jahre waren gut zu ihr gewesen, aber jetzt fühlte Elise sich oft wie eine alte Frau. Jacks Tod, der Kampf, das Haus zu behalten, dies alles hatte an ihr gezehrt. Ihr war klar, daß mit einundvierzig die Hälfte ihres Lebens bereits hinter ihr lag, und in letzter Zeit hatte sie angefangen zu fürchten, daß der beste Teil dieses Lebens vielleicht auch schon vorbei war.

Elise hörte ein Geräusch in der Halle und blickte auf. Joy, ihre Schwiegermutter, stand zögernd im Türrahmen.

„Die Tür war offen", sagte sie. „Vielleicht hat Harry vergessen, sie zu schließen. Wenn du Zeit hast, könnten wir uns doch ein Weilchen unterhalten."

„Bitte." Elise forderte sie mit einer Handbewegung auf, sich neben sie zu setzen. Sie mochte Joy und bewunderte die Ausdauer, mit der sie viereinhalb Jahrzehnte das Leben an der Seite einer menschlichen Dampfwalze ertragen hatte.

„Hast du dich schon ein wenig eingelebt?" fragte Joy. „Ich weiß, es ist schwer, sich von der vertrauten Umgebung zu trennen. Wenn ich etwas für dich tun kann, sag es mir."

„Vielen Dank. Ich brauche einfach ein wenig Zeit."

„Es tut mir leid, daß Harry euch gestört hat", begann Joy. „Weißt du, er meint es gut. Ich habe versucht, ihm heute morgen klarzumachen, daß er dir zur Last fallen wird. Aber wenn er sich einmal etwas in den Kopf gesetzt hat, kann ihn nichts davon abbringen. Wenn du aber bedenkst, daß er alles nur aus Liebe macht, daß er in Wirklichkeit nur das Beste für uns will, dann ist es nicht so schwer, damit zu leben."

„Ich will's versuchen", meinte Elise.

„Er hat da einen Plan ..." Joy wandte den Blick ab, und Elise erkannte, daß sie mit dieser Unterhaltung etwas bezweckte.

„Vielleicht solltest du es mir lieber gleich sagen."

„Harry meint, daß eine öffentliche Schule nicht das richtige für Sarah ist."

„Ich nehme an, er weiß etwas Besseres."

„Eine höhere Mädchenschule in Annapolis", sagte Joy. „Sie heißt Nordbrook und hat einen ausgezeichneten Ruf. Du wirst nichts Besseres finden, Elise. Und Harry ist der Ansicht, daß Sarah die beste Ausbildung haben soll."

Elise war der gleichen Meinung. Und sie verzieh Harry sogar, daß er ihr die Idee aufdrängen wollte. Aber es gab ein Problem. Sarah ließ sich nicht gern zu etwas zwingen. Sie würde sich jedem Druck widersetzen. Und je energischer man vorging, um so hartnäckiger wurde ihr Widerstand. „Es ist sicher nicht leicht, in solch eine Schule aufgenommen zu werden", wandte Elise ein. „Und noch dazu so kurzfristig."

„Das ist alles geregelt. Du brauchst nur das Anmeldeformular auszufüllen. Harry sagt, er hat die Räder geschmiert. Seine Worte. Ich habe nicht gefragt, wie."

„So eine Privatschule ist bestimmt sehr teuer", sagte Elise. „Aber ich habe etwas Geld."

„Spar es dir, Liebes. Harry hat auch das erledigt. Ich weiß, er ist ein Tyrann, wenn es darum geht, seinen Willen durchzusetzen, aber er ist kein Geizhals."

Harry hatte einen BMW – groß, schnell und schnittig –, und er kannte Straßen in der Umgebung, wo er den Wagen ausfahren konnte. Kühle Luft strömte aus der Klimaanlage. Hinter der Brücke der Chesapeake Bay, östlich von Kent Narrows, bog er in eine Schnellstraße ein, die an der Ostküste entlangführte. Die Landschaft flog vorbei, eintönig und flach.

Für Sarah war es ein trostloser Anblick. Sie vermißte die Hügel von Vermont, die ein Gefühl von Geborgenheit vermittelten – so, als beschützten sie die Häuser und Höfe, die zwischen ihnen eingebettet lagen. Und nie waren Sommertage in Vermont so heiß wie hier.

Harry hatte ihr ein Mittagessen versprochen – die beste Krabbenpastete von ganz Maryland, wie er sagte –, und nach ein paar Minuten bog er in eine unbefestigte Straße ein, die sich zwischen Tabakfeldern dahinzog. Sie endete an der Küste vor einem niedrigen, mit Schindeln verkleideten Haus, das auf Pfählen über dem Wasser stand. DOT'S GOOD FOOD verkündete ein verwittertes Schild auf dem Dach.

Sie aßen auf einer überdachten Veranda, die auf die Bucht hinausging. Sarah beobachtete ein Rennboot, das etwa hundert Meter vor der Küste einen Wasserskifahrer zog. Die Luft war heiß und feucht, und sie fühlte sich verlassen, fern von allem, was sie kannte und liebte.

Harry griff nach ihren Händen. „Armes Kleines", sagte er. „Du bist traurig, das merk ich."

Das ist es also, dachte Sarah bei sich. Harry versucht, Vater zu spielen. Nein, vielen Dank. Als Großvater war Harry ihr willkommen, aber weiter wollte sie nichts.

„Ich bin nicht traurig", widersprach sie. „Nur ein bißchen müde. Ich war gestern sehr lange auf."

„Ich dachte, es beschäftigt dich etwas, zum Beispiel, daß es dir vielleicht schwerfällt, dich an dein neues Zuhause zu gewöhnen." Er suchte nach den richtigen Worten. „Du könntest es mir ruhig sagen, wenn dich etwas bedrückt. Nach allem, was du durchgemacht hast, würd's mich nicht wundern, wenn du traurig wärst."

„Ich würde es dir sagen, Großvater, wenn ich etwas auf dem Herzen hätte."

Er nickte und seufzte erleichtert, als hätte er sich einer schwierigen Pflicht entledigt. Als er wieder sprach, war sein Ton unbekümmerter. „Nun, was möchtest du mal werden, wenn du groß bist?"

„Ich weiß es nicht, Großvater. Vielleicht bin ich noch ein bißchen zu jung, um mich zu entscheiden." Sie sah ihm fest in die Augen. „Und was möchtest *du* mal werden, wenn du groß bist?"

Harry lachte leise. „Junge Dame, es war schon immer mein Ehrgeiz, als ein reicher alter Nörgler zu enden. Und ich glaube, ich bin gar nicht mehr weit davon entfernt."

Sie nahm seine Hände. „So schrecklich alt bist du doch noch gar nicht, Großvater", sagte sie lächelnd.

SARAH war sehr still, als sie nach Hause zurückkehrte. Sie gab ihrer Mutter einen flüchtigen Kuß, dann lief sie hinauf in ihr Arbeitszimmer im Dachgeschoß. Elise blieb noch ein Weilchen unten und überlegte, was sie tun sollte. Vielleicht könnte sie Sarah einfach zwingen, in die

W.R.

Nordbrook-Schule zu gehen. Vielleicht, wenn sie energisch genug darauf bestand. Aber dann würde es wieder wochenlang Reibereien zwischen ihnen geben. Nein, sie mußte versuchen, einen anderen Weg zu finden.

Sie ging nach oben. Sarah saß in einer Ecke, halb versteckt hinter einem Zeichenblock, der auf einer Staffelei stand. Auf einem Tisch daneben lag ein Malkasten mit Wasserfarben. Sie nahm mit einem Pinsel etwas Farbe und trug sie leicht auf das Papier auf.

„Sarah, Liebling, hattest du einen schönen Tag?"

Sarah antwortete, ohne aufzublicken. „Es war ganz nett."

„Hat Harry nicht mit dir über die Schule gesprochen?"

Jetzt wandte sich Sarah ihr zu, aufmerksam und mißtrauisch. „Was ist mit der Schule?"

„Er hat sich anscheinend in den Kopf gesetzt, dich in eine private Mädchenschule in Annapolis zu schicken. Joy sagt, er besteht darauf. Aber ich erklärte ihr, das komme nicht in Frage. Ich würde keinesfalls zulassen, daß Harry dir Vorschriften macht."

Sie wandte sich zum Gehen. Aber noch ehe sie bei der Tür angelangt war, hielt Sarahs Stimme sie zurück.

„Mami, du hättest mich wenigstens vorher fragen sollen. Schließlich habe ich dabei ja auch ein Wörtchen mitzureden."

Ein Schuß ins Schwarze, beglückwünschte sich Elise. Sie drehte sich um und sah ihre Tochter an. „Ja, eigentlich hast du recht. Es tut mir leid, wenn ich voreilig war. Hör zu, Harry kann dir mehr darüber sagen. Geh und sprich mit ihm. Wenn diese Schule wirklich das ist, was du willst, bin ich einverstanden."

In kriegerischer Haltung, den Kopf erhoben, die Schultern gestrafft, stolzierte Sarah hinaus. Elise sah ihr nach. Mit Sarah geht nichts ohne Kampf, sagte sie sich.

Sie trat vor die Staffelei, um sich Sarahs Bild anzusehen. Für gewöhnlich benutzte Sarah Bleistift oder Tinte und Feder. Wasserfarben waren für sie etwas Neues, und Elise war gespannt auf das Resultat.

Was sie sah, war so verblüffend, daß es ihr den Atem verschlug. Es war ihr Mann, der sie mit strahlenden Augen anblickte. Er war etwa dreißig Jahre alt, und auf seinem Gesicht lag das jungenhafte, unbekümmerte Lächeln, das Elise so sehr an ihm geliebt hatte. Sarah hatte das Bild nach einer alten Fotografie gemalt. Aber sie hatte Dinge eingefangen, die der Kamera entgangen waren: die Güte, die

Intelligenz, die Liebe – vor allem die Liebe –, die ihn von allen Männern unterschied, die Elise je gekannt hatte.

Sie schloß ein paar Sekunden die Augen, dann betrachtete sie abermals das Bild. Es war noch nicht fertig, und ihm fehlte der professionelle Schliff. Aber es *war* Jack. Das Mädchen hatte wirklich Talent. Dann mußte Elise den Malblock auf Armeslänge von sich weghalten, weil sie nicht wollte, daß ihre Tränen die Arbeit ruinierten.

Am nächsten Tag füllte Sarah ein Anmeldeformular für die Nordbrook-Schule aus, und sie wurde sofort in die zweite Oberschulklasse aufgenommen. Ein anderer Vorfall, der sich am selben Nachmittag wenige Kilometer entfernt ereignete, erwies sich als noch bedeutungsvoller. Obgleich zum Zeitpunkt des Geschehens niemand in dem großen Haus über dem Severn davon ahnte, sollte er bald das Leben der gesamten Familie Stannard verändern.

Ein siebzehnjähriger Junge stieg, nachdem er in weniger als einer Stunde sechs Dosen Bier getrunken hatte, in das Rennboot seines Vaters, ließ den Motor an und fuhr mit Vollgas los. Mit hoch aufragendem Bug schoß das Boot durch den überfüllten Hafen. Binnen weniger Sekunden rammte es ein leeres Dingi, das sich vom Landesteg losgerissen hatte und auf dem Wasser trieb. Das Steuer entglitt dem Jungen, und das Boot wurde zu einem unkontrollierbaren Geschoß. Wie durch ein Wunder gelang es dem Jungen, aus dem Boot zu springen, ehe es, Sekunden später, an einem Brückenpfeiler zerschellte.

Der Vorfall ereignete sich auf dem Weems Creek, einem der schmalen Meeresarme, die bei Annapolis die Küste zerklüften.

Montag, den 27. August

Sechsundfünfzig Stunden nachdem Sherk Harben verlassen hatte, sah er seine Tochter in den Lichtkegeln der Scheinwerfer quer über die Straße laufen. Er war die ganze Zeit ziellos umhergefahren, von einer unbestimmten Hoffnung getrieben. Er fuhr durch Virginia, nach Pittsburgh hinüber, weiter nach Chicago und Louisville, in einem Kreis, der ihn auf seinem Weg nach Süden wieder in die Nähe von Harben brachte.

Margaret entdeckte er etwa acht Kilometer nördlich von Bowling Green, Kentucky, auf der Gegenfahrbahn. Sherk konnte ihr Gesicht deutlich erkennen. Ohne auf den Verkehr zu achten, lief sie leichtfüßig über die Straße, sprang lachend über die Leitplanke, hüpfte die Böschung hinunter und war verschwunden.

Sherk bremste scharf und riß das Steuer nach links. Er schoß über zwei Fahrbahnen und wäre um ein Haar mit einem Kombiwagen zusammengestoßen. Sobald sein Wagen zum Stehen kam, sprang Sherk aus dem Fahrerhaus und lief zu dem grasbewachsenen Hang. Es war niemand zu sehen. Margaret war verschwunden. Hinter der Böschung erstreckte sich eine Viehweide, und auch dort sah er nichts.

Sherk fühlte, wie seine Hoffnung schwand. Was war geschehen? Er suchte nach einer Antwort. Es hatte ihn nicht überrascht, Margaret zu sehen – das hatte er erwartet –, sondern ihr plötzliches Verschwinden hatte ihn erstaunt.

Dann wußte er mit einemmal Bescheid. Das sollte eine Prüfung sein. Es war töricht von ihm zu hoffen, daß man ihm Margaret so leicht wiedergeben würde. Sein Glaube wurde auf die Probe gestellt, und er würde weitere schwere Prüfungen durchstehen müssen, ehe er seinen Lohn erhielt.

Er kehrte zu seinem Lastwagen zurück. Plötzlich war er sehr müde und hungrig.

FÜR Alma Nettles war er „der Mann mit dem wilden Blick". Alma sah täglich zahllose Menschen, aber nicht jeder bekam von ihr einen Namen. Sie war Kellnerin in einem Rasthaus für Lastwagenfahrer, und die meisten Kunden, die an der Theke saßen, hatten schlichte Dutzendgesichter. Aber dieser Mann war anders. Sie bemerkte ihn bereits, als er draußen seinen Wagen auftankte. Hinterher kam er herein, setzte sich an die Theke und bestellte Kaffee und ein Schinkenomelett. Es war ein ruhiger Abend, und so konnte Alma ihn, nachdem sie die Bestellung weitergegeben hatte, eingehender mustern. Seine Wangen waren hager, und er sah aus, als ließe er sich, ohne es zu wollen, einen Bart wachsen. Er schien seine Umgebung kaum wahrzunehmen, schien völlig in Anspruch genommen von etwas, das in seinem Inneren brodelte.

Zuerst trank er in kleinen Schlucken seinen Kaffee und starrte auf die Wand hinter der Theke. Dann sah er auf dem Hocker neben sich eine Zeitung, die einer der Fernfahrer dort hatte liegenlassen. Er nahm sie und überflog die Schlagzeilen.

Alma stand in seiner Nähe und beobachtete ihn. Plötzlich sah sie, wie sein hageres Gesicht einen lebendigen Ausdruck annahm. Gespannt beugte er sich tiefer über die Zeitung. Dann legte er sie beiseite, verließ das Restaurant und rannte zu seinem Wagen.

Die Köchin schob das Omelett auf einen Teller, und Alma überlegte, ob sie hinauslaufen und Bescheid sagen solle, daß das Essen fertig sei. Aber sie wußte, daß es sinnlos war. Er hatte es vergessen. Er hatte alles vergessen, außer dem, was er in der Zeitung gelesen hatte.

Sie ging zu dem Platz, wo er gesessen hatte, und nahm die Zeitung auf. Es war die Morgenausgabe der *Sun* aus Baltimore, und sie war auf einer Seite aufgeschlagen, die Nachrichten aus dem ganzen Bundesstaat brachte. Alma las den ersten Absatz eines jeden Artikels und versuchte herauszufinden, welcher von ihnen den Mann veranlaßt hatte, so überstürzt das Lokal zu verlassen. Zwei Jungen in Aberdeen durch Feuerwerkskörper verbrannt. Ein vierjähriges Mädchen im Patuxent River ertrunken. Vier Halbwüchsige in La Plata auf der nächtlichen Heimfahrt tödlich verunglückt. Und in Annapolis war ein führerloses Rennboot auf dem Weems Creek gegen einen Brückenpfeiler gerast und zerschellt.

Sherk suchte Maryland in seinem Autoatlas. Annapolis. Dort würde er seine Tochter finden. Vielleicht nicht sofort, aber er würde nicht lockerlassen. Weems Creek – so hieß auch der Fluß, wo er Margaret damals, vor zehn Jahren, gefunden hatte. Und an einem Weems Creek würde er sie auch diesmal finden. Das sagte ihm nicht sein Verstand, sondern sein Glaube.

Schon die ganze Zeit hatte er dieses Zeichen erwartet.

Sherk kam am Dienstag gegen Mittag in Annapolis an. An der Stadtgrenze fuhr er über eine Brücke mit einem Schild, das besagte, daß der Fluß darunter der Weems Creek sei. Er hielt an und stieg aus, um sich den Fluß anzusehen. Es war ein gewundener Wasserarm, still, funkelnd unter der Mittagssonne; viel breiter als der kleine Wasserlauf im Hügelland.

Sherk blickte mit verhaltener Neugier auf den Fluß. Er war bereits zu dem Schluß gelangt, daß Margaret nicht dort sitzen und auf ihn warten würde. Ihm war klar, daß noch viel Arbeit vor ihm lag. In einiger Entfernung konnte er die Silhouette von Annapolis sehen, einen Kirchturm und ein paar flache Bürohäuser.

Irgendwo in dieser Stadt war Margaret, und Sherk wollte am

liebsten sofort mit seiner Suche beginnen. Aber zuerst mußte er eine Bleibe finden.

An einer Tankstelle, wo er sich erkundigte, empfahl ihm der Tankwart ein Hotel auf der anderen Seite der Stadt, das, wie er sagte, sauber und nicht sehr teuer war. Es hatte eine Kochnische in den Zimmern und Wochenpreise. Er zeichnete einen Lageplan, mit dessen Hilfe Sherk das Hotel fand.

Dort angekommen, füllte er das Anmeldeformular aus und zahlte den Preis für eine Woche. In seinem Zimmer blieb er nur kurze Zeit, um sich ein wenig umzusehen und das Gesicht zu waschen. Dann war er bereit. Er fühlte sich wie ein Soldat, der freudig erregt und verwegen in den Kampf zog.

Auf dem Weg ins Zentrum von Annapolis fuhr er am Parlamentsgebäude und der Marineakademie der Vereinigten Staaten vorbei. Obwohl die Stadt nach den Maßstäben eines Mannes aus dem Hügelland groß war, schien sie doch nicht so riesenhaft, wie Sherk befürchtet hatte. Er würde nicht allzu lange suchen müssen, bis er seine Tochter fand.

Er bahnte sich einen Weg zum Hafen, einem schmalen Wasserbekken, das sich ein paar hundert Meter landeinwärts in Richtung Innenstadt erstreckte. Es herrschte dichter Verkehr, und Sherk kam in seinem Laster nur langsam voran. Weiter vorne sah er die Maste der Segelboote. Im Hafenviertel wimmelte es von Menschen, die in den Galerien und Boutiquen Einkäufe machten oder einfach umherspazierten. Die meisten schienen Touristen zu sein. Ein Glück, sagte sich Sherk. So würde es nicht auffallen, wenn er durch die Straßen ging und die Gesichter der Leute musterte.

Sherk entdeckte eine Parklücke und fuhr hinein. Dann sprang er aus dem Fahrerhäuschen, schloß die Tür ab und ging hinunter zum Kai.

Dicht gedrängt hockten Schaulustige auf der Kaimauer wie Spatzen auf einem Telefondraht. Sherk fand eine freie Stelle an der Mauer und fing an, die Leute zu beobachten, die an ihm vorbeizogen. Sein prüfender Blick wanderte von einem Gesicht zum anderen.

Plötzlich richtete Sherk sich auf. Inmitten der Menge erspähte er einen langen blonden Zopf, der zu einem Mädchen gehörte, das, von ihm abgewandt, die Main Street entlangging. Sie war hochgewachsen und schlank, trug Jeans und rote Leinenschuhe – Dinge, die Margaret ebenfalls oft anzog. Sherk hatte das Gesicht des Mädchens nicht gesehen, aber alles andere stimmte.

Er verließ seinen Beobachtungsposten an der Mauer, stieß die Menschen beiseite, die ihm im Weg waren, und ging hinter ihr her. Seine Schritte wurden länger und schneller, bis er beinahe rannte. Er fühlte, wie sein Herz zu hämmern begann, sein Atem rascher wurde. Dann machte das Mädchen vor einem Schaufenster halt. Als sie sich der Auslage zuwandte, wurde ihr Profil sichtbar, und Sherk blieb in etwa zehn Meter Entfernung wie angewurzelt stehen. Es war nicht Margaret, sondern eine Frau von mindestens fünfundzwanzig.

Sherk sah sie mit Widerwillen an. Er haßte sie, weil sie nicht Margaret war. Am liebsten wäre er zu ihr gegangen, hätte sie gepackt und verprügelt. Und das wäre wohl auch geschehen, wenn sie allein gewesen wären.

Obgleich es auf dem Gehsteig von Menschen wimmelte, wurde die Frau sich Sherks Gegenwart bewußt. Sie wandte ihm das Gesicht zu, sah mit Schrecken den unverhohlenen Haß in seinen Augen und ging eilig weiter.

Sherk fühlte, wie das Feuer nachließ. Er machte kehrt und ging wieder zum Hafen.

In der Bartholomäuskirche war es immer kühl und dunkel. Sie hatte hohe, schmale Fenster aus buntem Glas, so daß selbst an sonnigen Tagen nur wenig Licht in ihr Inneres drang. Monsignore Frank Herrity, der die Kirche zu jeder Tageszeit kannte, mochte sie am liebsten, wenn sie still und leer war, wenn man ein geflüstertes Wort selbst in den fernsten Winkeln hören konnte. Er war Seelsorger des Pfarrbezirks; zusammen mit drei anderen Priestern betreute er eine Gemeinde, die mehr als dreitausend Seelen zählte.

Seit über drei Jahrhunderten verrichteten Katholiken an dieser Stelle ihre Andacht. Was jetzt als Vorhalle diente, war einst eine kleine Kapelle aus der Zeit vor den Unabhängigkeitskriegen Ende des 18. Jahrhunderts gewesen. Die Kirche selbst war um die Mitte des 19. Jahrhunderts erbaut worden. Mit ihren fast fünfzehn Meter hohen Granitmauern und den Kirchenbänken aus Mahagoni war sie eine eindrucksvolle Stätte.

An diesem Abend saß Monsignore Herrity auf der gepolsterten Bank eines Beichtstuhls, der in eine der Mauern eingelassen war. Das letzte Beichtkind hatte vor etwa einer Viertelstunde die Kirche verlassen. Heute abend würde wohl niemand mehr kommen. Nach ein paar Minuten verließ er den Beichtstuhl und schritt gemächlich durch ein Seitenschiff in die Sakristei. Am oberen Ende des Seitenchors flackerten die Ewigen Lichter in ihren roten Glashüllen.

Der Priester liebte die Kirche. Er wußte, daß ein Gebet im Herzen gesprochen werden sollte, daß Andacht eigentlich keines Daches bedurfte; aber in Wirklichkeit brauchten die Menschen oft einen besonderen Ort, um sich Gott nahe zu fühlen. Den meisten fiel es nicht schwer zu glauben, daß die Kirche Sein Haus war. Ihre Mauern standen als Schutzwall gegen weltlichen Groll und Hader. Sie war eine Stätte des Friedens, die von der hektischen Betriebsamkeit des Lebens verschont blieb – eine Welt für sich.

4

Mittwoch, den 5. September

Die Nordbrook-Schule, ein großes, dreistöckiges Backsteingebäude, hätte man auf den ersten Blick für ein imposantes Herrenhaus halten können. Es stand, von Wiesen und Bäumen umgeben, auf einem Grundstück von zwölf Hektar Größe. Von der Straße aus erreichte man die Schule über eine asphaltierte Auffahrt, die an den Eingangsstufen der Schule in einem Wendeplatz endete.

Sarah war von dem Anblick beeindruckt. Sie saß neben ihrer Mutter im Wagen und strich nervös über die Falten ihres anthrazitfarbenen Rockes. Er gehörte zusammen mit einer weißen Bluse und einem dunkelroten Blazer zur Schuluniform. Auf der Brusttasche des Blazers prangte, in Gold gestickt, das Wappen von Nordbrook. Sarah hatte noch nie eine Schule besucht, die eine Uniform vorschrieb. Ihr wurde angst und bange bei dem Gedanken, daß sie sich in dieser Umgebung würde behaupten müssen.

„Sei nicht nervös“, sagte Elise, als sie die Auffahrt hinauffuhr. „Benimm dich ganz natürlich, dann ergibt sich alles Weitere von selbst.“

„Ich weiß. Können wir uns bitte beeilen? Ich möchte nicht zu spät kommen.“

Der Wagen fuhr an einer Reihe von Tennisplätzen vorbei. Auf der anderen Seite lag ein grasbedeckter, von Ahorn gesäumter Sportplatz. Die Bäume erinnerten Sarah an Vermont, und sie sehnte sich danach, dort zu sein, in eine Schule zu gehen, die sie kannte, und vertraute Gesichter zu sehen.

Sie kamen zu dem Wendeplatz vor dem Haus. Elise hielt an. „Ich hole dich um halb vier ab", sagte sie. „Und mach dir bitte keine Sorgen. Du wirst dich sehr schnell eingewöhnen."

„Ich mache mir keine Sorgen", erwiderte Sarah.

Sie stieg aus und sah zu, wie der Wagen abfuhr. Zwei Mädchen, die in der Nähe standen, unterbrachen ihr Gespräch, um Sarah anzusehen. Sie fangen schon an, mich zu mustern, dachte sie. Aber dann stellte sie sich vor, daß ihr Vater sie beobachtete, und das gab ihr Kraft. Die Schultern gestrafft, den Blick nach vorn gerichtet, drehte sie sich um und marschierte die breiten Stufen zum Eingang hinauf.

Drinnen fand Sarah ihren Namen auf einem Sitzplan, der an die Tür von Klassenzimmer 2c geheftet war, und nahm ihren Platz unter dreiundzwanzig anderen Schülerinnen ein.

Jemand klopfte ihr leicht auf die Schulter, und sie drehte sich um.

„Du bist neu, nicht wahr?" fragte ein Mädchen mit einem runden, sommersprossigen Gesicht und rotblonden Locken. „Warst du vorher auch auf einer Privatschule?"

Sarah schüttelte den Kopf.

„Dann hast du noch nie so eine Kluft wie diese tragen müssen." Das Mädchen deutete auf die Uniform. „Nach einer Weile gewöhnt man sich daran. In eine neue Schule zu kommen ist sicher ein komisches Gefühl, oder?"

Sarah nickte. In diesem Augenblick betrat eine Lehrerin das Klassenzimmer, nahm den Sitzplan von der Tür und stellte sich vor. Dann rief sie der Reihe nach die auf dem Sitzplan verzeichneten Namen auf und sah dabei die Mädchen an. Als sie zu Sarahs Namen kam, bat sie Sarah aufzustehen.

„Du bist Sarah Stannard?" Ihre Stimme klang überrascht.

„Ja", erwiderte Sarah. Sie fühlte sich unbehaglich und wollte sich gern so schnell wie möglich wieder setzen.

„Du bist das neue Mädchen?"

„Nun, ich bin schon seit meiner Geburt ein Mädchen. Aber dies ist mein erster Tag in der Nordbrook-Schule." Die anderen Mädchen kicherten. Die Lehrerin sah Sarah mit zusammengekniffenen Augen prüfend an, dann erlaubte sie sich ein Lächeln.

„Ich nehme an, du hast noch keine Gelegenheit gehabt, Emily Caldwell kennenzulernen", sagte sie. „Sie ist auch in der zweiten Oberschulklasse."

„Ich glaube, ich habe sie noch nicht gesehen."

Die Lehrerin lachte. „Du wüßtest es, wenn du sie gesehen hättest“, meinte sie dann. „Du wirst eine echte Überraschung erleben.“

SHERK fuhr langsam durch die Straßen der Stadt und musterte aufmerksam die Menge auf den Bürgersteigen. Er war unermüdlich. Sie war hier, das wußte er, und das ließ ihn weitersuchen. Und während er fuhr, lächelte Margaret von der Sonnenblende zu ihm herab.

BEIM Mittagessen in der Cafeteria nahm sich Sarah eine Lektüre vor, die der Klasse für den nächsten Tag aufgegeben worden war. Sie hatte gerade ein paar Zeilen gelesen, da sagte eine Stimme: „Du bist Sarah, nicht wahr?“

Vor ihr stand ein Mädchen, ein Tablett mit Essen in den Händen. Sarah blickte in ein Gesicht, das eine auffallende Ähnlichkeit mit dem ihren hatte.

Das Mädchen stellte das Tablett ab und hielt ihr die Hand entgegen. „Emily Caldwell“, stellte sie sich vor. „Ich habe heute morgen von dir gehört, und als ich dich hier sitzen sah, wußte ich, daß du die bewußte Doppelgängerin bist.“

Das Mädchen hatte eine angenehme, klangvolle Stimme und ein selbstsicheres Auftreten. Sarah beneidete sie um ihre natürliche Gelassenheit.

„Komm, stell dich neben mich. Mal sehn, wie's mit der Größe steht.“

Sarah gehorchte. Emily war ein bis zwei Zentimeter größer und wog etwa zwei Kilo mehr. Aber beide Mädchen hatten den gleichen feingliedrigen Körperbau, eine zarte, helle Haut und langes blondes Haar, das zurückgekämmt und von Spangen gehalten war.

„Was meinst du, Sarah? Ich würde sagen, die Ähnlichkeit ist groß genug, um jeden bei schwachem Licht zu täuschen. Wir könnten Schwestern sein.“ Emily stieß Sarah freundschaftlich in die Seite. „Hör zu, ich mach dir einen Vorschlag: Du versuchst, nichts zu tun, was ein schlechtes Licht auf mich wirft, und ich tu das gleiche für dich. Einverstanden?“

Sarah nickte, und das Mädchen klopfte ihr auf die Schulter. „Prima“, sagte sie. „Es wird lustig sein, dich hierzuhaben, Sarah. Wir zwei werden endlich mal ein bißchen Leben in die Bude bringen.“

WÄHREND die meisten ihrer Klassenkameradinnen beim letzten Läuten an diesem Nachmittag eilig die Schule verließen, ging Emily Caldwell in einen Waschraum im Kellergeschoß und vertauschte die Schuluniform mit Blue jeans und einem zerknitterten Baumwollhemd. Sie atmete ein paarmal tief durch, um sich zu entspannen. In ein paar Minuten sollte sie für die Rolle der Millie in William Inges „Picknick" vorsprechen.

Nordbrooks Theatergruppe inszenierte das Stück gemeinsam mit einer nahe gelegenen Jungenschule. Emily hatte während der Ferien drei Wochen lang die Rolle einstudiert; jetzt glaubte sie, bereit zu sein. Die Blue jeans und das Hemd waren die Art von Kleidung, die Millie tragen könnte. Aber etwas an ihrem Äußeren stimmte noch nicht. Als sie sich im Spiegel betrachtete, wurde ihr klar, daß ihre Frisur nicht zu der Rolle paßte.

Sie nahm die Spangen heraus, kämmte ihr Haar rasch aus und flocht es zu einem langen Zopf. Das war besser.

Mit klopfendem Herzen ging sie die Treppe hinauf.

ELISE wartete im Wagen, als die Schule aus war. Sie sah ihre Tochter oben auf der Treppe und winkte. Sarah kam rasch herunter, stieg in den Wagen und schlug die Tür hinter sich zu. Elise beugte sich hinüber, um sie auf die Wange zu küssen. Sarah erwiderte den Kuß flüchtig, dann ließ sie sich tief in den Sitz sinken, als wolle sie nicht gesehen werden.

„Mama, können wir bitte schnell losfahren?"

„Erst mal guten Tag", sagte Elise vorwurfsvoll. „Ich habe dich vermißt." Sie fuhr um den Platz und die Auffahrt hinunter.

„Verzeih, Mama. Aber weißt du, wie viele andere Mädchen heute von ihren Müttern abgeholt worden sind? Genau drei. Und das waren jüngere Schülerinnen. Ich fühle mich ohnedies hier schon fremd genug. Und jetzt denken sicher alle, daß ich den Schulweg nicht ohne meine Mutter schaffen kann."

Elise hörte aufmerksam zu. Es war das erste Mal seit Monaten, daß ihre Tochter so etwas wie Unsicherheit zeigte.

„Weißt du etwas Besseres?" fragte sie.

„Ich habe mich erkundigt. Es gibt einen Bus, der den Ritchie Highway entlangfährt. Ich kann Ecke Whittier Lane ein- und aussteigen. Und von dort aus ist es nicht mehr weit bis nach Hause."

Elise wußte, daß der Weg bis zum hinteren Ende von Harrys

Grundstück fast einen Kilometer lang war und daß ein Teil davon durch dichten Wald führte. Die Vorstellung, ihre Tochter jeden Tag allein durch den Wald gehen zu lassen, beunruhigte sie. Aber andererseits, sagte sie sich, verdient Sarah eine Belohnung dafür, daß sie endlich einmal aus sich herausgegangen ist, wenn auch nur widerwillig.

„Ich mache dir einen Vorschlag“, sagte Elise. „Der Bus kann dich nicht so schnell in die Schule bringen wie ich. Also laß mich dich morgens hinbringen. Nach der Schule kannst du dann den Bus nehmen. Wir werden das ausprobieren und sehen, wie es geht. Einverstanden?“

„Einverstanden“, gab Sarah zur Antwort.

„Aber bitte sei vorsichtig. Laß dich von niemandem ansprechen.“

„Ich bitte dich, Mami! Du hast Ideen –“

„Das kann ich nicht ändern“, sagte Elise. „Schließlich bin ich deine Mutter, und du weißt, daß Mütter sich Sorgen um ihre Kinder machen.“

EMILY CALDWELLS Kehle wurde trocken vor Aufregung, als sie die Bühne betrat, aber irgendwie gelang es ihr doch, die Rolle zu sprechen. Nachdem sie fertig war, bat der Regisseur sie, zu ihm herunterzukommen. Er war ein schmächtiger, ernster junger Mann mit einem dünnen Schnurrbart; Emily hatte sich seit ihrer ersten Begegnung verzweifelt gewünscht, ihm zu gefallen.

„Gute Arbeit“, lobte er. „Die Rolle gehört Ihnen, wenn Sie glauben, sie spielen zu können. Übrigens, mir gefällt der Zopf. Eine hübsche Idee.“

Er rief eine der zwei Schülerinnen auf, die für die Rolle von Millies älterer Schwester vorsprechen sollten. Ohne Emily anzusehen, sagte er: „Wir fangen morgen mit den Proben an. Rechnen Sie mit zwei Stunden pro Nachmittag.“

Emily hielt sich lange genug im Zaum, um ruhig den Zuschauerraum zu verlassen. Aber sobald sich die Tür hinter ihr schloß, stieß sie einen Freudenschrei aus und sprang, drei Stufen auf einmal nehmend, die Treppe hinunter zu dem Waschraum, wo sie ihre Uniform gelassen hatte.

Sie zog rasch ihren Rock und ihre Bluse an, warf den Blazer über die Schultern und wollte gerade den Zopf auskämmen, da kam ihr ein Gedanke. Der Zopf hatte ihr gute Dienste geleistet. Sie würde ihn noch ein paar Stunden tragen. Sie stopfte die Kleidung zusammen mit ihren Büchern in einen Leinenbeutel und ging hinaus.

Zu dieser späten Stunde waren die Schulbusse längst fort, und Emily war heute zu ungeduldig, um auf den städtischen Bus zu warten. Ihr Zuhause war nur knapp zweieinhalb Kilometer entfernt, und sie hatte das Gefühl, daß sie an diesem Nachmittag zweieinhalb Kilometer auf Händen zurücklegen könnte. Ohne lange zu überlegen, machte sie sich auf den Weg.

SHERK sah sie zum erstenmal im Hafenviertel. Er hatte in der letzten Woche die meiste Zeit hier verbracht und sich unermüdlich die Gesichter der Leute angesehen.

Jetzt verschlug ihm der Anblick des Mädchens den Atem. Sie war so schön, daß er hätte weinen mögen.

Während Sherk sie vom Lastwagen aus beobachtete, ging sie, die Schaufenster betrachtend, den Marktplatz entlang. Er fuhr im Schrittempo näher heran, um sie deutlicher sehen zu können. Ja, diesmal war es wirklich Margaret.

Jetzt überquerte sie eine Kreuzung und bog in eine Einbahnstraße ein, die vom Hafen wegführte. Sherk rief ihren Namen. Sie drehte sich nicht um. Ich bin zu weit entfernt, sagte er sich; sie hat mich nicht gehört.

Am Ende des Häuserblocks wurde ein Parkplatz frei. Sherk stellte seinen Wagen dort ab, sprang hinaus und folgte dem Mädchen.

DIE Caldwells wohnten in einem stattlichen alten Haus in der Hanover Street, gegenüber der Marineakademie. Wäre Emily direkt nach Hause gegangen, hätte ihr Weg sie oberhalb der Main Street an der Kirche vorbeigeführt, die auf der Kuppe des Hügels stand. Aber sie bummelte gern durchs Hafenviertel. Die Läden und Boutiquen dort lohnten den Umweg.

Sie spazierte etwa eine halbe Stunde umher, dann machte sie sich auf den Heimweg. Binnen weniger Minuten kam sie in eine Wohngegend, wo sich Eichen und Platanen sanft im Winde wiegten.

Sie war nicht mehr weit vom Haus ihrer Eltern entfernt, da hörte sie zum erstenmal die Rufe. Zuerst achtete sie nicht darauf. Die Stimme eines Mannes rief „Margaret", und sie war sicher, daß er jemand anderes meinte. Aber die Stimme wurde immer lauter, und sie sah niemanden sonst auf dem Gehsteig.

„Margaret, warte!"

Sie drehte sich um und sah einen hochgewachsenen Mann mit einem hageren Gesicht, der entschlossen auf sie zuging. Sein Blick schien sie zu durchbohren, und ein Schauer lief ihr über den Rücken. Sie erkannte, daß seine Rufe ihr galten.

„Margaret!" rief er abermals und winkte, um ihr zu bedeuten, daß sie stehenbleiben sollte. Sie wandte sich ab und beschleunigte ihre Schritte.

Er kam näher. Wieder hörte sie seine Stimme, diesmal in flehendem Ton: „Margaret, dreh dich um, Liebling. Ich bin's doch. Ich, dein Daddy."

Emily rannte los.

Den Kopf gesenkt, um nicht wieder seinem Blick zu begegnen, lief sie zur nächsten Straßenkreuzung. Nur noch ein paar Minuten, dann war sie zu Hause.

Sie trat vom Bordsteinrand auf die Straße. Ein Wagen schoß um die Ecke, geradewegs auf Emily zu. Sie zuckte zurück und fühlte den Luftzug, als der Wagen dicht an ihr vorbeifuhr.

Die Hand des Mannes legte sich auf ihre Schulter und drehte sie herum, so daß ihr Gesicht ihm zugewandt war.

„Ich bin's", sagte er grimmig. „Sieh mich an."

„Ich kenne Sie nicht." Sie bemühte sich, ihre Stimme ruhig klingen zu lassen.

Er sah sie bestürzt an. Sie versuchte, ihm zu entkommen, doch er hielt sie fest. Seine Stimme klang zärtlich, aber Emily hatte immer noch Angst.

„Sie irren sich", wiederholte sie. „Ich bin nicht Margaret. Bitte lassen Sie meinen Arm los. Es tut mir leid, aber ich bin nicht das Mädchen, das Sie suchen."

Das schien ihn zu überraschen. Sein Griff lockerte sich. Emily drehte sich auf dem Absatz herum und überquerte die Straße, um Abstand zwischen sich und ihm zu schaffen. Sie lauschte auf seine Schritte, hörte aber nur ihre eigenen.

SIE war es, sagte sich Sherk. Ganz bestimmt. Er hatte sie berührt, ihr in die Augen gesehen.

Er hatte sich diesen Augenblick auf hunderterlei Arten vorgestellt, aber niemals so, wie er jetzt gewesen war – daß Margaret ihn ansah wie einen Fremden, daß sie Angst vor ihm hatte und weglief.

Emily wagte nicht, sich umzudrehen. Aber als sie keine Rufe mehr hinter sich hörte, verlangsamte sie ihren Schritt. Sie holte tief Luft. Der Mann war fort. Ein verrückter Kerl. Unheimlich, aber anscheinend harmlos.

Sie war jetzt in der King George Street, nur noch einen Häuserblock vom Haus ihrer Eltern entfernt. Der Block wurde von einem schmalen, mit Kopfsteinen gepflasterten Weg unterteilt, der zwischen den Backsteinmauern der Gärten von einer Straße zur anderen führte. Emily bog in den Durchgang ein. An seinem anderen Ende war die Hanover Street zu sehen. Als sie ungefähr auf halber Höhe war, erblickte sie in der Hanover Street einen blauen Kleinlastwagen. Er hielt kurz an, dann bog er in die Gasse ein und kam langsam auf sie zu. Seine breite Karosserie nahm fast die ganze Durchfahrt ein, und Emily trat zur Seite, um ihn vorbeizulassen.

Die Sonne spiegelte sich in der Windschutzscheibe, und sie konnte den Fahrer nicht sehen. Aber als der Wagen näher kam und der Schatten eines Baumes auf ihn fiel, erkannte Emily den Mann.

O Gott, wieder der Verrückte! Ich werd ihn nicht los.

Sie machte kehrt und rannte. Der Wagen fuhr schneller, kam immer näher, und Emily preßte sich gegen eine Mauer, um nicht überfahren zu werden. Der Laster fuhr dröhnend an ihr vorbei, und sie sah das Gesicht ihres Verfolgers – hager, bleich und finster.

Sie lief wieder in Richtung Hanover Street. Der Fahrer bremste quietschend, und es roch nach verbranntem Gummi. Die Tür des Wagens wurde geöffnet, und der Mann kam im Laufschritt hinter Emily her. Er war schneller als sie. Noch ehe sie zehn Schritte gelaufen war, schoß seine Hand nach vorn. Sie traf Emily im Rücken und versetzte ihr einen so heftigen Stoß, daß sie zu Boden fiel. Sie hatte sich noch nicht von dem Schreck erholt, da packte er sie am Arm und riß sie hoch.

„Margaret“, sagte er. „Sieh mich an, Kleines. Lauf nicht weg.“

„Bitte ...“ Sie versuchte, sich zu befreien. „Sie irren sich. Ich bin nicht diejenige, die Sie suchen.“

„Tu das deinem Vater nicht an!“ rief er. „Tu mir nicht so weh.“

Er zog sie am Arm zum Wagen. Sie wehrte sich verzweifelt, aber seine Hand hielt ihren Arm fest umklammert.

„Hilfe!“ schrie sie, doch ihre Stimme war kaum zu hören.

„Du kommst jetzt mit nach Hause“, sagte er entschlossen.

„Sie sind verrückt“, stieß sie keuchend hervor.

Diese Worte schienen ihn zu erzürnen. Er schleuderte sie gegen die Mauer.

„Böses Mädchen!“ rief er. Bis jetzt schien er abwechselnd verwirrt, verärgert und verletzt gewesen zu sein. Nun kochte er vor Wut.

„Du bist ein böses Mädchen“, wiederholte er und schlug ihr brutal mit dem Handrücken auf den Mund.

Seine Kraft schien durch den Zorn zu wachsen. Einen Arm um ihre Taille gelegt, hob er sie auf und trug sie zum Wagen. Er setzte sie ins Fahrerhaus und schob sie auf die Beifahrerseite, um Platz für sich zu machen. In diesem Augenblick sah Emily zwei halbwüchsige Jungen, die von der Hanover Street in den Durchgang einbogen. Es waren kräftige junge Burschen, vermutlich Oberschüler. Als sie den Kampf im Lastwagen bemerkten, blieben sie stehen, nicht sicher, was dort vor sich ging und was sie tun sollten.

Der Mann sah sie ebenfalls. Als er sich nach ihnen umdrehte, reagierte Emily blitzschnell, zog die Verriegelung hoch und riß am Türgriff. Und als er nach ihr greifen wollte, warf sie sich gegen die Tür und fiel hinunter aufs Kopfsteinpflaster.

Die Rückseite des Lastwagens versperrte die Gasse zwischen ihr und den Jungen, die jetzt zögernd herbeikamen. Zur King George Street hin war die Durchfahrt frei, aber Emily wußte, wenn sie in diese Richtung lief, würde der Mann sie wieder in den Wagen zerren.

Er beugte sich bereits über den Sitz, und seine Hände waren nur noch Zentimeter von ihr entfernt.

Sie stand auf. Hinter ihr war die Mauer, gut eineinhalb Meter hoch. Zu hoch für sie. Also kletterte sie auf die Motorhaube des Lasters. Der Mann schien überrascht, sie dort zu sehen. Die Jungen kamen jetzt im Laufschritt auf sie zu, und Emily wußte, daß sie ihr helfen konnten, wenn sie ihnen noch ein paar Sekunden Zeit ließ.

Von der Motorhaube aus blickte sie in den Garten jenseits der Mauer. Ein Schritt nach oben, und sie stand auf dem Mauerrand. Der hagere Mann stieg aus dem Lastwagen und streckte die Arme aus, um sie zu packen. Sie sprang zur anderen Seite in den Garten und landete im Blumenbeet. Als sie aufstand, sah sie den Hintereingang des Hauses und eine halboffene Tür. Ohne sich umzusehen, lief sie hinein.

SHERK schaute ihr nach. Die beiden Jungen kamen auf ihn zu, aber Sherk konnte den Blick nicht von dem Mädchen abwenden. Tiefe Traurigkeit verdrängte seinen Zorn. Seine eigene Tochter hatte ihn furchtsam und haßerfüllt angesehen. Sein Instinkt drängte ihn, sie zu verfolgen. Aber er konnte keine Demütigungen ertragen.

Zögernd näherten sich die Jungen. Grünschnäbel, dachte Sherk verächtlich. Er brummte etwas Unverständliches und warf den beiden einen so feindseligen Blick zu, daß sie erschrocken stehenblieben und ihn ungehindert zu seinem Wagen zurückkehren ließen. Er stieg ein und fuhr polternd die Gasse entlang zur King George Street.

Terry Dean, Polizist im Streifendienst von Annapolis, kam auf Mr. Caldwells Anruf hin in die Hanover Street. Während er sich den Bericht anhörte, hatte er in zunehmendem Maße das Gefühl, daß das, was dem Mädchen widerfahren war, auf unerklärliche Weise in einem weit größeren Zusammenhang stand.

„Bist du sicher, daß er dich seine Tochter genannt hat?"

„Ja. Nein. Nicht wörtlich."

Emily Caldwell, die zwischen ihren Eltern auf einem Sofa im Wohnzimmer saß, hielt einen Eisbeutel an ihre geschwollene rechte Wange. Ihre Augen waren vom Weinen gerötet, und sie stotterte leicht, als sie sprach. „Er sagte: ‚Tu das deinem Vater nicht an.' Demnach hat er doch geglaubt, ich sei seine Tochter."

Wenn das stimmt, sagte sich Dean, ist er ein sonderbarer Vater. Seine Ohrfeige hatte auf ihrer Wange einen bläulichen Striemen hinterlassen. Dean fragte sich, was der Mann wohl getan hätte, wenn er nicht gestört worden wäre.

„Könnte sein, daß er sich einfach geirrt hat", überlegte Dean. Er versuchte, die Sache zu erklären, zu verstehen. „Vielleicht hielt er dich von weitem wirklich für seine Tochter und war überrascht, als er dich dann aus der Nähe sah."

Emily schüttelte den Kopf. „Als ich mich das erstemal umdrehte, war er mir näher, als Sie es jetzt sind."

Dean runzelte nachdenklich die Stirn. Die Schuluniform gab dem Mädchen ein besonderes Aussehen; selbst aus der Ferne konnte man es nicht einfach mit irgend jemandem verwechseln.

Er versuchte es noch einmal. „Es wäre denkbar, daß er eine Tochter hat, die aussieht wie du und in deine Schule geht, und daß er einfach annahm . . ."

Emily lächelte zum erstenmal. „Herr Wachtmeister, dies war nicht der Typ von Mann, der eine Tochter in der Nordbrook-Schule haben könnte."

Dean wiederholte die Beschreibung, die sie ihm gegeben hatte: ein blauer Kleinlastwagen, Marke, Modell, Zulassungsnummer unbekannt; der Verdächtige war etwa fünfundvierzig, 1,85 Meter groß oder etwas größer, schlank und hager – „mit irrem Blick und eingefallenen Wangen", setzte Emily hinzu –, trug ein rotes Flanellhemd und eine Latzhose.

Das war alles, was Dean in Erfahrung gebracht hatte; die halbwüchsigen Jungen waren verschwunden. Er stand auf und verabschiedete sich.

„Können Sie diesen Verrückten finden?" fragte Emilys Vater.

„Wir werden die Beschreibung sofort weitergeben."

Obwohl die Beschreibung des Mannes am nächsten Tag bei der allmorgendlichen Besprechung erwähnt würde, war anzunehmen, daß man ihn bald vergaß, es sei denn, die Sache wiederholte sich.

Dean fand den Vorfall sehr merkwürdig. Ein fremdes Mädchen mit der eigenen Tochter zu verwechseln? Wie oft kam so etwas schon vor?

Terry Dean und Emilys Vater gingen zusammen hinaus. Sie blieben auf dem Gehweg stehen. „Ich glaube, Sie brauchen sich keine Sorgen zu machen", sagte Dean. „Vielleicht wäre es ratsam, Ihre Tochter in den nächsten zwei, drei Wochen nicht alleine ausgehen zu lassen. Und sagen Sie ihr, sie soll sich vorläufig vom Hafen fernhalten."

Nichtsdestoweniger fuhr Terry Dean unbefriedigt fort. Er konnte sich nicht erklären, was in der Gasse geschehen war, aber er vertrat die These, daß es keine wirklich unerklärlichen Vorkommnisse gab, nur schwer verständliche. Und gerade die undurchsichtigen Fälle faszinierten ihn. Er wußte, daß er an dieser Sache noch eine ganze Weile herumrätseln würde.

SHERK saß bis spät in der Nacht in seinem Hotelzimmer und versuchte, die Dinge vernünftig zu durchdenken. Ein Teil seines Bewußtseins unterlag wirren Phantasien, während der andere Teil sich nach den Gesetzen der Logik ausrichtete. Aber beide Teile fügten sich so nahtlos ineinander, daß Sherk den Versuch, sie zu unterscheiden, aufgegeben hatte, und so bemühte er sich an diesem Abend, das Unvernünftige vernünftig zu durchdenken.

Er hatte Margaret gefunden. Das stand fest. Aber etwas war mit ihr geschehen. Sie erkannte ihn nicht, sie hatte Angst vor ihm, und er mußte sich vorsehen, sonst würde es Schwierigkeiten geben. Die

Dinge hatten eine grausame Wendung genommen, doch das war nicht zu ändern.

Er konnte fortgehen oder bleiben. Fortgehen war undenkbar, aber wenn er blieb, mußte er sehr vorsichtig sein. Aufpassen und warten. Sherk wußte nicht, was nach dem Warten kam, aber das würde sich finden.

JEDESMAL wenn Emily Caldwell die Augen schloß, sah sie den Mann mit dem eingefallenen Gesicht vor sich, fühlte seine Finger, die ihr Handgelenk umschlossen, seinen Handrücken, der klatschend an ihre Wange schlug.

Ebenso wie der Polizist suchte auch sie nach einer Erklärung. Sie wiederholte im stillen Deans Worte: „Eine Tochter, die aussieht wie du und in deine Schule geht . . .“

Da erinnerte sie sich zum erstenmal an die neue Schülerin, die ihr so ähnlich sah. Aber der Name dieses Mädchens war Sarah. Und Emily konnte immer noch die Stimme des hageren Mannes hören, die „Margaret, Margaret!“ rief.

So verwarf sie die Idee, daß eine Verbindung zwischen ihrem Angreifer und dem neuen Mädchen bestehen könnte. Es sollten Wochen vergehen, ehe dieser Gedanke wieder aufgegriffen würde.

5

Donnerstag, den 6. September

Fünf Nordbrook-Schülerinnen standen an einer Straßenecke und warteten auf den Bus. Ein unrasierter Mann in Flanellhemd und Latzhose überquerte die Straße und blieb vor ihnen stehen.

„’tschuldigen Sie“, sagte er. „Wie ich seh, tragen Sie alle dieselben Jacken, und ich möcht wissen, is das ’ne Schuluniform?“

Allein hätte jede von ihnen Angst vor ihm gehabt. Aber in der Gruppe fühlten sie sich sicher.

„Stimmt“, antwortete das mutigste der Mädchen, „Nordbrook-Schule.“

„Und wo is die?“

Sie nannte ihm die Adresse und wies ihm den Weg.

„Vielen Dank“, murmelte er. „Ich wollt’s nur gern wissen.“

Er machte kehrt und überquerte wieder die Straße.

Sherk las aufmerksam die Anzeige in der Zeitung. „Wartungsmechaniker gesucht", lautete die Überschrift. „Ortsansässige Institution sucht sachkundige Person mit Erfahrung in der Instandhaltung von Maschinen sowie in Klempner- und Tischlerarbeiten. Kenntnisse in Hausmeisterarbeiten erforderlich. 900 Dollar monatl. Persönliche Bewerbung bei J. Davis, 220 Ivy Street, Annapolis."

Ivy Street 220 entpuppte sich als das Pfarrhaus der katholischen Bartholomäuskirche, und J. Davis war ein junger Priester in einem kurzärmeligen schwarzen Hemd.

Sherk stellte sich vor.

„Nennen Sie mich Pater Jim", meinte der Priester, während er Sherk die Hand schüttelte. Sie gingen ins vordere Zimmer des Pfarrhauses. Sherk war ein wenig beunruhigt; er kannte nicht viele Katholiken; diese Religion war ihm immer etwas rätselhaft erschienen. Er wußte nicht so recht, ob er für eine katholische Kirche arbeiten wollte.

„Wir suchen einen Mann für alles", erklärte Pater Jim. „Es gibt hier vier Priester, einschließlich Monsignore Herrity, und wir brauchen jemanden, der das ganze Anwesen in Schuß hält."

„Mit dem richtigen Werkzeug kann ich so ziemlich alles in Ordnung bringen", meinte Sherk.

Der Priester wirkte nicht sehr überzeugt. „Die Rohrleitungen sind zum Teil über dreißig Jahre alt", sagte er. „Die Heizung für die Kirche und den Saal ist eine mit Öl betriebene Dampfheizung, eine regelrechte Antiquität. Es müssen ein paar elektrische Kabel erneuert und einige Möbel repariert werden. Dazu kommt noch die Gartenarbeit. Wieviel von alledem können Sie übernehmen?"

„Ich hab das alles schon gemacht", erwiderte Sherk. „Da, wo ich herkomme, lernt man, sich zu behelfen."

„Woher kommen Sie denn?" fragte der Priester. „Ich kann Ihren Dialekt nicht einordnen."

„Südwestvirginia. Aus den Appalachen."

„Und was führt Sie nach Annapolis?"

Sherks Augen wurden schmal. „Bin gekommen, um in der Nähe meiner Tochter zu sein."

„Ich verstehe. Nun, vielleicht machen wir am besten einen kleinen Rundgang", schlug der Priester vor. „Dann kann ich Ihnen zeigen, was Sie hier zu übernehmen hätten."

Das Kirchengelände umfaßte einen ganzen Häuserblock etwa eineinhalb Kilometer westlich des Zentrums von Annapolis. Pfarrhaus, Grundschule und Kloster gingen auf die Ivy Street hinaus. Dahinter lag ein großer Parkplatz, der zugleich als Schulhof diente. Auf der anderen Seite des Platzes waren die Kirche und das Gemeindehaus, die an die Bellflower Street grenzten.

Der Priester führte Sherk vom Pfarrhaus zum Schulgebäude und von dort auf den Schulhof. Es war Mittagszeit, und der Hof war voll mit lachenden, umhertobenden Kindern; der Priester erzählte Sherk, daß die Schule fast fünfhundert Schüler habe.

Sie betraten das Gemeindehaus, einen niedrigen Backsteinbau, durch den Hintereingang. Das Kellergeschoß war düster, die Decke niedrig. Die Heizungsrohre, von zwei nackten Glühbirnen beleuchtet, warfen lange Schatten. Einsame Stille herrschte dort unten, und es roch nach Öl und Maschinen. Sherk fühlte sich sofort in seinem Element. In einer Ecke stand ein Werkzeugschrank. Sherk nahm eine Taschenlampe, besah sich den Heizkessel und sagte dem Priester, der Mechanismus sei ganz einfach; er könne den Kessel leicht in Gang halten.

Der Priester wollte wissen, ob Sherk bereits eine Unterkunft gefunden habe. Nein, sagte Sherk, er werde sich heute eine suchen.

Daraufhin zeigte ihm der Priester eine Einzimmerwohnung auf der anderen Seite des Kellergeschosses. Sie war sauber und einfach, mit einem schmalen Bett, einer Kommode, einem Tisch und zwei Stühlen. Außerdem hatte sie eine Kochnische und ein Bad mit Dusche.

„Die Wohnung gehört zu der Stellung", erklärte der Priester. „Sie müssen sie nicht nehmen, aber Sie könnten sich damit die Miete sparen."

Sherk schwieg.

„Kommen Sie, ich zeige Ihnen kurz die Kirche", meinte der Priester.

Sherk folgte ihm die Treppe hinauf und einen überdachten Gang entlang, der den Saal mit der Kirche verband. Sie betraten die Sakristei, einen kleinen Raum mit zwei Türen. Die eine ging zum Altar hinaus, und Sherk erblickte flüchtig eine große Marmorplatte, auf der ein goldenes Tabernakel stand. Dann führte der Priester ihn durch die andere Tür.

Sherk sah sich wie gebannt um. Die Kirche war kühl und riesengroß, mit hohen grauen Wänden, schmalen bunten Glasfenstern und Sitzbänken aus Mahagoniholz. Das Dach stieg steil empor und wirkte von unten betrachtet düster und weit entfernt. Der Ort erinnerte Sherk an eine große Höhle mit geheimen Winkeln, die nie von Menschenhand berührt worden waren.

Der Priester beugte das Knie in Richtung Altar. Dann verließ er das Mittelschiff und ging zum hinteren Teil der Kirche. Sherk folgte ihm. Sobald sie die letzte Bankreihe hinter sich gelassen hatten, standen sie in der Vorhalle.

„Dies war einstmals eine Kapelle", sagte der Priester. „Sie ist mindestens dreihundert Jahre alt. Vermutlich hatte man Bedenken, sie abzureißen, denn als vor etwa hundertzwanzig Jahren die Hauptkirche gebaut wurde, hat man die beiden Kirchen einfach miteinander verbunden." Mit fachmännischem Blick sah sich Sherk um. Die große Kirche war genau an die Rückseite der Kapelle gebaut worden. Dann hatte man die hintere Mauer der Kapelle herausgebrochen und ihre Tür vergrößert. So war aus der alten Kapelle eine geräumige Eingangshalle geworden.

Sherk ging zurück in die Kirche. Ihre ruhige Weite faszinierte ihn. Er sah sich im Geist viele Stunden in dieser schwermütigen Stille verbringen. Das war der ideale Arbeitsplatz für ihn. Die Priester hatten andere Sorgen und würden ihn in Ruhe lassen. Solange er seine Aufgaben erledigte, würde niemand Rechenschaft darüber verlangen, wie er die übrige Zeit verbrachte.

„Ich möchte die Stelle haben", sagte er. „Ich bin der richtige Mann für Sie."

Sie gingen wieder ins Pfarrhaus, und Sherk füllte das Bewerbungsformular aus.

WÄHREND Emily Caldwell an diesem Nachmittag zu Hause die Blutergüsse, die sich über Nacht gebildet hatten, mit kalten Umschlägen behandelte, wartete Sarah Stannard um drei Uhr zusammen mit annähernd hundert anderen Nordbrook-Schülerinnen auf die Schulbusse.

Es gab drei Wagen für den Pendelverkehr. Einer fuhr durch Annapolis selbst, der zweite über die South River Bridge in die westlichen Vororte und der dritte nach Osten, um die Halbinsel herum, die vom Severn und dem Magothy begrenzt wurde. Und das war der Bus, den Sarah nehmen mußte.

Als die Busse in der Auffahrt hielten, bildeten sich drei Reihen. Sarah stellte sich an und stieg mit den anderen Mädchen ein. Sie war froh, daß ihre Mutter sich nicht anders besonnen und sie entgegen ihrer Vereinbarung doch abgeholt hatte. Es ist ein Anfang, sagte sie sich. Schließlich muß sie einsehen, daß ich einmal erwachsen werde.

Um Viertel vor drei fand Sherk eine Parklücke gegenüber der Nordbrook-Schule. Er sah, daß das Schulgebäude weitab von der Straße lag. Etwa zweihundert Meter, schätzte er.

Als die ersten Mädchen in ihren weinroten Blazern auf den Stufen erschienen, stieg er aus, überquerte die Straße und blieb auf dem Gehsteig stehen. Aus dieser Entfernung war nicht viel zu sehen, aber Sherk wußte, daß er Margaret erkennen würde, sobald sie herauskam.

Drei Schulbusse bogen in die Auffahrt ein. In diesem Augenblick sah Sherk Margaret auf den Stufen, in der Schar von Mädchen, die auf die Busse warteten. Aber irgend etwas war anders. Ihr Haar. Sie trug keinen Zopf.

Er wurde ein wenig unsicher und fragte sich, ob dies wirklich Margaret war. Doch seine Zweifel schwanden rasch. Ihre schlanke Gestalt und ihre zarten Züge waren selbst auf diese Entfernung unverkennbar.

Die Busse hielten vor der Schule. Margaret stieg in den letzten. Sherk kehrte zu seinem Wagen zurück und beobachtete, wie die Busse wieder die Auffahrt hinunterfuhren. Unten an der Straße bog der dritte nach links ab. Sherk fädelte sich hinter ihm in den Verkehr ein.

Der Bus machte unterwegs ein paarmal halt, und Sherk vergewisserte sich jedesmal, wer ausstieg.

Sie fuhren über die Old Severn Bridge, und wenige Minuten später hielt der Bus abermals. Diesmal stieg Margaret aus und lief rasch über die Straße.

Der Bus entfernte sich. Sherk fuhr langsam weiter. In seinem Rückspiegel sah er Margaret in einen schattigen Pfad einbiegen, der sich in einem dichten Wäldchen verlor.

Es bedurfte seiner ganzen Willenskraft, nicht ihren Namen zu rufen. Aber er hielt sich zurück. Die Enttäuschung und Scham, die er empfunden hatte, als sie in Annapolis vor ihm davonlief, waren ihm noch zu frisch in Erinnerung. Er konnte solch eine Demütigung nicht noch einmal ertragen. Heute würde er sie nur beobachten. Heute und bis zu dem Zeitpunkt, da er wußte, was er tun mußte, um seine Tochter zurückzuholen.

JIM DAVIS traf Monsignore Frank Herrity in seinem Arbeitszimmer im Pfarrhaus an, wo er gerade genüßlich ein Stück Schokoladenkuchen verzehrte. Herrity war ein kleiner, rundlicher Mann, der ständig eine Abmagerungskur entweder begann oder abbrach.

„Kommen Sie herein, Pater", sagte der Monsignore. Er stellte den leeren Teller beiseite. „Und bitte schließen Sie die Tür hinter sich. Yvonne kennt keine Gnade, wenn sie entdeckt, daß ich gemogelt habe."

Yvonne Duranleau war die Haushälterin, eine schon ältere Frankokanadierin, die seine vielen Diäten streng überwachte.

„Setzen Sie sich." Herrity wies auf einen Stuhl. „Was kann ich für Sie tun, Pater?"

„Monsignore, ich glaube, ich habe einen Mann für uns gefunden." Davis hielt dem Monsignore Sherks Bewerbung hin. Herrity nahm das Formular und las es aufmerksam.

„Bedenken Sie, wie schlecht unsere Klimaanlage ist", sagte Davis. „Sie erwähnten vor ein paar Tagen, daß die Anlage das Haus nicht kühl genug zu halten scheint. Dieser Mann bemerkte das gleich und meinte, er werde es sofort in Ordnung bringen. Er sagt, er kann alles reparieren. Stammt aus Virginia, und so sieht er auch aus."

„Familie?"

„Eine Tochter, die hier lebt. Ihretwegen ist er hierhergekommen. Er würde die Wohnung im Kellergeschoß des Gemeindehauses nehmen."

Herrity nickte. „Das wäre sehr praktisch."

„Er ist Baptist", fuhr Davis fort. Sherk hatte als Referenz den Prediger seiner Gemeinde in Harben angegeben. „Ich sagte ihm, das sei nicht wichtig und daß er die Stelle haben könne, falls Sie einverstanden seien."

„Er kann morgen anfangen, wenn Sie ihn für einen guten Menschen halten." Der Monsignore sah den Priester scharf an. „Halten Sie ihn für einen guten Menschen, Pater?"

Davis antwortete nicht gleich. Im allgemeinen gingen die Menschen ihm gegenüber zunächst nur zögernd aus sich heraus, und er brauchte lange – zu lange –, um sich ein Urteil über andere zu bilden. Mit anderen Worten, er war kein guter Menschenkenner.

Nach ein paar Sekunden antwortete er: „Ich glaube ja."

„Dann sollten Sie ihn anstellen."

Am anderen Ende des Korridors rief eine Frauenstimme: „Jemand hat von dem Kuchen genommen. O nein, Monsignore, nicht schon wieder!"

„Diese Frau ist erstaunlich", sagte Herrity. „Hellseherisch veranlagt."

Davis verließ das Arbeitszimmer. Spätabends fiel ihm ein, daß er Sherks Bewerbung beim Monsignore vergessen hatte. Er nahm sich vor, sie am nächsten Morgen zu holen. Gleichzeitig würde er den Baptistenprediger anrufen, um sich nach Sherk zu erkundigen. Aber am nächsten Morgen hatte er viel zu tun. Er sah die Bewerbung nie wieder, und er rief auch nie in Harben an.

MARGARET schrie. Ihr Mund war geöffnet, ihr Gesicht verzerrt vor Angst. Ihre Augen sahen ihn flehentlich an. Und ein entsetzlicher Schrei drang aus ihrer Kehle.

Sherk sah, daß sie Angst vor etwas hatte – nein, vor einer Person, die er nicht sehen konnte. Etwas Schreckliches würde geschehen; Margaret wußte es, und er konnte nichts tun, um ihr zu helfen.

Eine Hand packte sie am Hals, und sie schrie wieder.

Durch den Alptraum aus dem Schlaf gerissen, setzte sich Sherk im Bett auf. Seine Hände zitterten. Eine Sekunde lang wußte er nicht, wo er war. Dann erinnerte er sich. Annapolis. Das Hotel.

Er legte sich wieder hin. Es war nur ein böser Traum, sagte er sich. Aber er kam ihm wie Wirklichkeit vor, weniger ein Traum als vielmehr eine geträumte Erinnerung.

Sherk starrte in die Dunkelheit. Die Stille im Raum war unwirklich. Selbst das Zimmer, das Bett schienen traumhafter zu sein, als der Traum selbst es gewesen war. Sherk lag noch wach, als das Morgenlicht durch dic Vorhänge sickerte.

6

Donnerstag, den 1. November

Howard Warner fuhr zur Abschiedsparty seines besten Freundes, der in Pension ging. Eine halbe Stunde vor Dienstschluß war noch ein Anruf wegen eines Raubüberfalls auf eine Weinhandlung gekommen. Die Sache hatte ihn längere Zeit aufgehalten, und nun war er eine Stunde zu spät dran. Aber Frank Gephardt hätte gewiß Verständnis.

Das Haus der Vereinigung ehemaliger Kriegsteilnehmer, wo

Franks Party stattfand, war ein flacher Ziegelbau hinter einem Friedhof. Sehr passend, dachte Warner, als er auf den Parkplatz fuhr.

Er stieg aus und ging auf das Haus zu. Als junger Mann war er Leichtathlet gewesen, und er hatte immer noch den Gang eines Athleten – Gewicht nach vorn verlagert, die Arme im Takt mit den Schritten schwingend, den Kopf erhoben. Aber sein Körper war jetzt alles andere als geschmeidig. Mit sechsundvierzig bemühte er sich, fit zu bleiben, weiter nichts. Nie würde er sein, wie er einmal gewesen war – jung und schlank.

Er blieb an der Tür stehen und lauschte auf das Stimmengewirr im Saal. Vor diesem Abend hatte ihm gegraut, seit Gephardt verkündet hatte, er habe beschlossen, mit fünfundfünfzig vorzeitig in Pension zu gehen. Warner hatte in Gephardt stets die Verkörperung dessen gesehen, was er selbst in einigen Jahren sein würde. Jetzt beunruhigte ihn der Gedanke, daß Gephardt, der sich während der letzten Jahre immer mehr von allem zurückgezogen hatte, nun endgültig seinen Abschied nahm.

Warner öffnete die Tür. Sie führte in einen Empfangsraum. Mindestens die Hälfte der Polizei von Annapolis war da, und die meisten hatten noch ihre Frauen und Freunde mitgebracht.

Warner traf Gephardt an der Bar an. Er grinste, als er Warner sah, und hob sein Glas zum Gruß.

„Hallo, alter Junge. Hab nicht geglaubt, daß du's noch schaffen würdest."

„Du weißt ja, erst die Arbeit ..."

Gephardt schnaubte verächtlich. Er legte den Arm um Warners Schultern, und sie gingen in den Speisesaal. Ringsum an den Wänden hingen Fotografien von Gephardt: als Marineinfanterist in Korea; als Polizist in Uniform; als stolzer Vater mit seiner vierjährigen Tochter. Es fiel Warner schwer, den dunkelhaarigen, schlanken Mann auf den Bildern anzusehen.

Sie kamen zu dem Tisch, wo der Polizeidirektor mit Hauptkommissar Blatchford von der Kriminalpolizei saß. Der Direktor nickte Warner zu und deutete auf einen leeren Stuhl neben sich.

„Kommt nicht in Frage!" rief Gephardt. „Hier hab ich das Sagen. Du sitzt heut abend bei der Familie."

Er führte Warner zu einem großen Tisch, wo seine Frau Alice und seine beiden Töchter mit ihren Männern saßen. Warner hatte das Gefühl, zu Gephardts Familie zu gehören. In den vergangenen vierzehn Jahren hatten die beiden Männer gemeinsam Dienst getan und mehr zusammen erlebt als die meisten Brüder. Nach seiner Scheidung im Jahr 1978 hatte Warner zwei- bis dreimal in der Woche bei den Gephardts zu Abend gegessen.

Jetzt begrüßte er Alice und die anderen und setzte sich. Er sprach über belanglose Dinge und tat, als wäre dieser Abend nicht das Ende von etwas, das ihm wichtig war.

Das Essen bestand hauptsächlich aus Krabben und Bier. Danach kamen die Reden. Es war schrecklich: Bierselige Polizisten erzählten Geschichten, die jeder schon ein dutzendmal gehört hatte, während der Direktor ein Loblied auf Gephardt anstimmte und ihm versicherte, er habe der Polizei Ehre gemacht.

Auch Warner blieb nicht verschont. Der Direktor hatte darauf bestanden, daß er Gephardt das Abschiedsgeschenk überreichte. Warner begann mit einer scherzhaften Rede, in der er erklärte, Annapolis sei jetzt nicht mehr gut genug für Frank Gephardt. Er und Alice hätten einen Bungalow an der Küste gekauft, und statt kleine Fische zu verfolgen, habe er es jetzt auf die wirklich großen abgesehen. Er sprach in diesem Ton noch eine Weile, dann brachten zwei Männer den neuen Außenbordmotor herein, den sie alle zusammen gekauft hatten. Das bot Warner eine willkommene Gelegenheit, die Rede zu beenden und sich davonzuschleichen. Er ging durch eine Seitentür hinaus auf eine schmale Veranda, von der aus man den Friedhof überblickte.

Gedankenverloren beobachtete er den aufgehenden Mond, da öffnete sich die Tür hinter ihm.

„He", sagte Gephardt. „Gefällt dir die Gesellschaft hier draußen besser?"

Warner zuckte die Achseln. „Ach, weißt du, Frank, all der Rauch ..."

„Und die Hitze", ergänzte Gephardt.

„Das auch." Warner blickte wieder zum Mond hinauf. „Du Schuft", sagte er plötzlich. „Warum mußtest du mich im Stich lassen?"

Gephardt sah ihn belustigt an. „War dir das nicht klar? Hast du nie gemerkt, daß Frank Gephardt nicht mehr der Polyp war, der er mal gewesen ist?"

„Wir alle ändern uns", erwiderte Warner.

„Ja, ich hab mich wahrhaftig verändert. Ich habe angefangen

nachzudenken. Wenn ich für den Rest meines Lebens hierbleibe, was bringt es mir? Wem nützt es was?"

„Du bist Polizist, Frank. Man sagt, daß Polizisten der Allgemeinheit nützlich sind."

„Und du bist alt genug, um so eine Lüge zu erkennen, wenn man sie dir erzählt. Ich habe dreißig Jahre lang schwer gearbeitet." Er lächelte. „Na gut, fünfundzwanzig. Vielleicht hab ich die Arbeit in den letzten Jahren nicht mehr ganz so ernst genommen. Die alten Knochen werden müde. Aber ich versichere dir, ich hab mir den Ruhestand verdient, und ich werd ihn genießen."

„Ich kenne dich. Du wirst den Dienst vermissen. Er ist ein Teil deines Lebens, und du wirst es bereuen, ihn jemals aufgegeben zu haben."

„Keine Spur. Ich kenne die Anzeichen. Wenn einen die Arbeit nicht mehr interessiert, ist es Zeit, die Uniform auszuziehen und den Platz jemand anderem zu überlassen."

Sein ironisches Lächeln gab Warner ein unbehagliches Gefühl.

„Außerdem", fuhr Gephardt fort, „ist's nun mal geschehen. Alles vorbei. Wen willst du überzeugen? Mich? Oder dich?"

Warner wechselte das Thema, um nicht antworten zu müssen.

Freitag, den 2. November

Da war er wieder! Sieben Minuten vor drei, und dieser Sherk war wieder im Begriff fortzugehen.

Von seinem Arbeitszimmer aus konnte Monsignore Herrity den Parkplatz zwischen der Kirche und dem Pfarrhaus überblicken. Seit vier Tagen sah er Sherk täglich kurz vor drei aus der Vorhalle der Kirche kommen und mit seinem Kleinlastwagen fortfahren.

Der Monsignore erinnerte sich, daß er Sherk in den vergangenen Wochen mehrmals am Nachmittag hatte wegfahren sehen. Aber es war ihm bis zu dieser Woche nie besonders aufgefallen. Der Monsignore setzte seinen Ehrgeiz darein, über alles Bescheid zu wissen, was in seiner Umgebung geschah, und Sherk schien bei weitem die rätselhafteste Gestalt zu sein, die ihm in letzter Zeit begegnet war. Sherk erinnerte ihn an einen Eisberg, hart und unerschütterlich.

Und ebenso wie an den Tagen zuvor fuhr Sherk jetzt wieder fort. Der Monsignore fragte sich, was für einer Pflicht er wohl so regelmäßig und pünktlich nachging. Er wandte sich vom Fenster ab.

Auf seinem Schreibtisch lag genug Arbeit, und er ermahnte sich, daß er als Priester mehr als jeder andere bereit sein sollte, einige der Geheimnisse des Lebens, ob groß oder klein, auf sich beruhen zu lassen.

SHERK parkte seinen Wagen am Ritchie Highway, etwa dreihundert Meter entfernt von der Stelle, wo der Schulbus jeden Nachmittag hielt. Auf der anderen Seite der Straße war ein Wäldchen. Sherk ging hinüber und steuerte geradewegs auf einen schmalen Privatweg zu, der, fast unsichtbar, zwischen den Bäumen hindurchlief.

Er ging den Weg entlang zu seinem gewohnten Platz hinter einem Dornenstrauch. Dort hockte er sich hin und wartete.

UM FÜNFZEHN Uhr zwanzig stieg Sarah Stannard aus dem Schulbus, überquerte den Ritchie Highway und betrat die Whittier Lane, den Privatweg, der von der Straße zum Haus ihrer Großeltern führte. Hier gab es Ahorn, Sumpfeichen und auch einige immergrüne Pflanzen. Im Wald glaubte Sarah wieder in Vermont zu sein, und die wenigen Minuten, wenn sie nachmittags allein den kleinen Weg entlangschlenderte, waren für sie oft die schönsten des Tages.

An diesem warmen und windstillen Tag war es im Wald wie immer menschenleer. Ein graues Eichhörnchen huschte, eilig nach Deckung suchend, dicht an Sarah vorbei.

Das Haus ihrer Großeltern stand am Ende einer Reihe von sechs Grundstücken, die sich am Ufer des Severn entlangzogen. Die Whittier Lane lief durch das Wäldchen, das hinter den Grundstücken lag. Dort, wo der Weg begann, war das Gehölz noch licht, aber bald machte er eine Biegung nach links und führte in die Mitte des Waldes, wo die Bäume am dichtesten standen – ein stiller, abgeschiedener Ort.

Als Sarah sich jetzt dieser Stelle näherte, kam ihr eine Melodie in den Sinn. Sie sang leise und beschleunigte ihre Schritte.

SHERK hockte hinter dem Busch und wartete. Dicht belaubte Sträucher und hohe Gräser standen am Wegesrand, und Sherk wußte, daß man ihn nicht sehen konnte. Er hatte in den vergangenen Wochen verschiedene Stellen ausprobiert, aber diese war die beste, um seine Tochter unbemerkt zu beobachten.

Seine Taktik erinnerte Sherk an die Rotwildjagd. Man ging nicht einfach in den Wald und schoß einen Hirsch. Man mußte die Tiere zuerst beobachten, sich vergewissern, wo sie ästen und Wasser tranken. Dann suchte man sich einen Platz auf ihrem Wildweg, wo man sich verstecken konnte. Sherk verstand sich darauf.

Er kniete vornübergebeugt zwischen den Sträuchern. Behutsam schob er Blätter beiseite, um den Weg deutlicher sehen zu können. Sie mußte jeden Augenblick kommen.

Kurz darauf hörte er Schritte. Seine Tochter tauchte hinter der Biegung auf. Sherk hatte keinen Zweifel, daß dies Margaret war. Das Mädchen, das einen Kieselstein vor sich her stoßend und leise singend auf ihn zu kam, war die Margaret seiner Erinnerung und seiner Phantasie.

Sie kam näher. Manchmal ging sie auf der anderen Seite des Weges an ihm vorüber, aber heute war sie nur knapp eine Armeslänge von ihm entfernt. Als sie vorbeiging, bedurfte es seiner ganzen Willenskraft, sich nicht zu rühren.

Tränen trübten seinen Blick. Der Weg beschrieb eine Biegung, und Margaret verschwand im Schatten der Bäume.

Sherk blieb noch eine Weile in seinem Versteck. Er wartete, bis seine Augen wieder klar waren. Anfangs waren diese Minuten im Wald eine Freude für ihn gewesen. Er wollte Margaret nur wiedersehen. Aber jetzt waren sie eine Qual. In den letzten Tagen hatte er sich nur mühsam beherrschen können, nicht hinauszustürzen und sie mitzunehmen. Es ist nicht gerecht, dachte er. Er hatte seine Tochter gefunden und konnte sie nicht bei sich haben.

Sherk stand auf. Er zwängte sich durch das Gestrüpp und lief die Whittier Lane entlang zum Ritchie Highway. Einsam und zornig kehrte er zur Kirche zurück. Er dachte daran, daß er eine Tochter hatte, die ihn nicht kannte, die ihn fürchtete und bei seinem Anblick schreien würde. Er fühlte das Feuer in seinem Inneren. Schweißtropfen traten ihm auf die Stirn. Er kannte einen Ort, der ihn beruhigen würde, einen tröstlichen Ort, und dort wollte er jetzt sein.

„DAS ist ein seltsamer Bursche“, sagte Yvonne Duranleau. „Einen offenen Menschen kann man leicht durchschauen. Aber ihn nicht.“

Sie waren in Monsignore Herritys Arbeitszimmer und beobachteten, wie Sherk aus seinem Lastwagen stieg. Der Monsignore saß am Schreibtisch, und die Haushälterin staubte ein Bücherregal ab.

„Er ist zurückhaltend“, erwiderte der Monsignore. „Das ist kein Fehler.“

„Aber er sieht aus, als wäre er innerlich verdorrt. Und wenn man mit ihm redet – die meiste Zeit ist's, als wär er mit seinen Gedanken ganz woanders. Ich mag ihn nicht."

„Er leistet gute Arbeit, Yvonne."

„Ich wünschte, er wäre hier nie aufgetaucht." Sherk ging um die Kirche herum und verschwand aus ihrem Blickfeld. „Ich sag's Ihnen, der wird uns noch Ärger machen."

Zwei Stufen führten zur Tür der Vorhalle. Sherk ging an ihnen vorbei und zwängte sich von der Seite her in den engen Raum unter dem Aufgang. Dort schob er ein paar lose Bretter beiseite, die über dem steinernen Fundament lagen, und legte eine rechteckige Öffnung frei, die gerade breit genug für ihn war. Mit den Füßen voran glitt er hinunter und berührte festgestampfte Erde.

Er stand in einem Keller unter der alten Kapelle. Über ihm waren die freiliegenden Dielenbalken der Vorhalle, an denen dichte Spinnweben hingen. Der Keller glich einer Gruft; es war kühl und still.

Sherk setzte sich auf den Boden. Er fühlte sich behaglich in dieser Dunkelheit. Hier konnte er allein sein. Wirklich allein. Er glaubte nicht, daß jemand anderes diesen Ort kannte. Als er zum erstenmal hierhergekommen war, in der Hoffnung, einen Platz für seine Werkzeuge zu finden, war der Eingang mit Brettern vernagelt gewesen, die seit mindestens fünfzig Jahren niemand angerührt hatte.

Sherk ließ sich von der Stille einlullen und schlief ein. Sein Traum kehrte zurück.

Er begann diesmal anders, aber Sherk erkannte ihn sofort an der eigenartigen Atmosphäre.

Jemand stand auf der Kuppe eines Hügels und blickte zu dem kleinen Haus hinunter. Er wartete. Wartete auf Margaret.

Sherk konnte sein Gesicht nicht sehen, aber er spürte die Bösartigkeit dieses gottlosen Mannes dort oben auf dem Hügel.

Und da war Margaret; sie stieg aus einem Wagen und hüpfte lachend die Stufen zum Haus hinauf. Auf dem Hügel sagte sich der gottlose Mann im stillen: Böses Mädchen, böses, böses Mädchen. Dann machte er sich auf den Weg zum Haus.

Sherk versuchte seiner Tochter zuzurufen: Lauf, lauf! Aber er wußte, daß die Traum-Margaret ihn nicht hören konnte, daß es ihm nicht möglich war zu verhindern, was geschehen würde.

Jetzt ging der Gottlose durch die Vordertür ins Haus. Jetzt stand er vor Margaret, die wie gelähmt auf einem Stuhl saß. Er schrie sie an, als sie zu sprechen versuchte, und versetzte ihr einen so heftigen Schlag ins Gesicht, daß ihr Kopf gegen die Stuhllehne schlug.

Er beugte sich über sie und fragte: „Warum zwingst du mich, so etwas zu tun?“

Seine Hände lagen auf Margarets Schultern. Dann legten sie sich um ihren Hals. Die Hände verkrampften sich. Margaret schrie. Die Finger schlossen sich fester um ihren Hals, und sie schrie wieder.

Sherk wand sich auf der Erde und schüttelte den Traum ab. Er hatte diesmal schon viel mehr gesehen, aber er wußte, daß da noch etwas war. Etwas hämmerte in seinem Kopf wie hinter einer Tür – hämmerte, um herausgelassen zu werden. Etwas Schreckliches.

DER Hauptkommissar der Kriminalpolizei neigte sich, die Hände auf der Schreibtischplatte verschränkt, in seinem Sessel nach vorne. Blatchford war klein, gepflegt, ein paar Jahre jünger als Warner und unglaublich flink und gewandt. Er trug dreiteilige, eng geschnittene Anzüge, die niemals auch nur eine einzige Knitterfalte hatten.

„Ich finde, wir sollten einmal miteinander reden, Howard“, sagte Kommissar Blatchford. „Jetzt, wo Frank fort ist, wird es notwendigerweise einige Änderungen geben. Und offensichtlich sind Sie derjenige, der am unmittelbarsten davon betroffen ist.“

Das klingt unheilverkündend, dachte Warner.

„Es wird vielleicht eine Weile dauern, bis wir den Posten wieder ganztägig besetzen. Das bedeutet, daß wir uns alle mehr ins Zeug legen müssen, um Franks Fehlen auszugleichen. Ich gehe sogar so weit zu sagen, daß Sie sich wahrscheinlich noch mehr als alle anderen werden anstrengen müssen.“

„Moment mal. Ich versuche immer, mein Bestes zu geben.“ Warners Worte klangen mehr nach Verteidigung, als ihm lieb war.

Blatchford lehnte sich in seinem Sessel zurück. „Ich will nicht zu streng sein. Aber ich glaube, wir sind uns beide einig, daß Frank Gephardt nicht gerade übereifrig war. Mit der Zeit färbt das unweigerlich auf seine Mitarbeiter ab. Schlechte Gewohnheiten sind ansteckend.“

„Sie sprechen über meinen Freund“, sagte Warner.

Der Kommissar schüttelte den Kopf. „Es geht mir nicht um Frank Gephardt, sondern darum, daß die Leute, die hier sind, entsprechend mehr arbeiten müssen, wenn wir die gestellten Anforderungen erfüllen wollen. Ich bin sicher, Sie werden Ihren Teil dazu beitragen."

Er fegte mit der Hand eine Fluse von seinem Ärmel. „Eines muß man Frank lassen. Er wußte, sobald das Feuer der Begeisterung erlischt, ist es Zeit aufzuhören." Er sah Warner scharf an. „Andernfalls betrügt man alle: die Polizei, die Stadt, sich selbst."

WARNERS Arbeitszeit endete um sechs. Als sich der Kommissar um Viertel nach sechs mit einem kurzen Kopfnicken verabschiedete, tippte Warner noch Berichte. Während seine kräftigen Finger auf die Tastatur hämmerten, erinnerte er sich an Blatchfords mahnende Worte. Der Mann wollte ihn abhängen, weil er sich nicht mehr mit Leib und Seele für die Arbeit einsetzte. Und das stimmte. Aber niemand konnte das auf die Dauer durchhalten.

Er beendete den Bericht, legte ihn ab und verließ das Gebäude. Unterwegs im Auto dachte er immer noch über die Gardinenpredigt des Kommissars nach, besonders über den Teil, wo er von dem Betrug an der Polizei und der Stadt gesprochen hatte. Das tat weh. Warner hätte dem Kommissar gern gesagt, daß er in seinem Leben nur drei Dinge wirklich wichtig nahm: Zwei davon waren die Polizei und die Stadt. Das dritte war die *Amaranth*.

Er fuhr auf den Parkplatz eines Jachtklubs am South River. Die *Amaranth* lag am Ende des Piers: eine 12,5-m-Slup, deren Kajüte mit braunem Teakholz vertäfelt war. Sorgsam darauf bedacht, keine Fußspuren auf dem weißen Kunststoffdeck zu hinterlassen, ging Warner an Bord und sah sich um; es war alles in Ordnung. Unten in der Kajüte zog er eine Kordhose und einen Baumwollpullover an, dann ging er wieder an Deck.

Sich mit dem Gehalt eines Polizisten eine Segeljacht zu leisten war ein großer Luxus. Warner hatte sich vor sechs Jahren dazu entschlossen, als er nach der Scheidung sein Haus verkaufte. Sein Teil des Erlöses hatte ihm eine gute Anzahlung auf das Boot ermöglicht, und er sparte sich die monatlichen Raten praktisch vom Mund ab. Er lebte sehr bescheiden, hatte eine Einzimmerwohnung, und außerhalb der Dienstzeit fuhr er einen neun Jahre alten Toyota. Für die *Amaranth* war ihm kein Opfer zu groß.

In vier Jahren würde das Darlehen abbezahlt sein. Zur gleichen Zeit würde er fünfundzwanzig Dienstjahre vollendet haben. Er war dann fünfzig. Bis jetzt hatte Warner noch nie mit der *Amaranth* die Bucht verlassen, obwohl sie hochseetüchtig war. Man konnte mit ihr um die Welt segeln, vorausgesetzt, daß man solch einem Abenteuer gewachsen war.

Für den Augenblick hatte er das Wochenende vor sich. Es war gutes Wetter angesagt, wärmer, als es der Jahreszeit entsprach. Warner kannte auf der anderen Seite von Kent Island einen Ankerplatz, den er in kurzer Zeit erreichen konnte. Er legte ab und setzte die Segel.

Sonnabend, den 3. November

Sherk strich die Vorhalle der Kirche, da hörte er plötzlich hinter der Wand ein kratzendes Geräusch wie von den Krallen eines Tieres, das in dem Hohlraum hinter der Mauer hochkroch. Er legte den Farbroller beiseite und lauschte. Das Geräusch bewegte sich langsam nach oben und verstummte an der Decke.

Das konnte keine Ratte sein, überlegte Sherk. Vielleicht ein Waschbär. Hier, unter dem Fußboden der ehemaligen Kapelle, lag sein geheimer Keller. Sicherlich war das Tier dort hineingeraten, aber wohin mochte es gegangen sein, als es zur Decke kam? Er nahm seine Arbeit wieder auf und dachte dabei über alte Gebäude nach und die Geheimnisse, die ihre Mauern bargen.

Später stellte er im Keller zwei Fallen auf. Dann ging er mit einer Taschenlampe in die Kirche und stieg die Wendeltreppe hinauf zur Chorempore, einer Galerie, die sich über den letzten zehn Bankreihen befand.

Er beklopfte die Wand am oberen Ende der Treppe. Sie war massiv, ebenso wie alle übrigen Wände auf dem Weg zur Empore. Dann betrat er die Empore und ging an der hinteren Mauer entlang, wo der glatte graue Granit zu sehen war. Am anderen Ende der Empore gab es einen schmalen Ankleideraum, in dem die Mitglieder des Chors ihre Gewänder hängen hatten.

Sherk ging hinein. Er schob die Gewänder beiseite. Das Innere der Kammer war vom Boden bis zur halben Höhe getäfelt, und in den Ecken lagen Gesangbücher und Schachteln mit Kerzen aufeinandergestapelt.

Er schloß die Tür hinter sich. Die Kirche war leer, und niemand bemerkte, daß Sherk, tief in Gedanken versunken, über eine Stunde dort in der Kleiderkammer zubrachte.

Sonntag, den 4. November

Sarah lachte. Elise wußte nicht, wann sie ihre Tochter zum letztenmal hatte lachen hören. Das Mädchen spielte Tennis mit seinem Großvater, scherzte mit ihm und amüsierte sich.

„Großpapa, der Ball war fast einen halben Meter aus!" schrie Sarah.

„Hat genau die Linie berührt!" rief Harry Stannard. „Spiel weiter."

„Er ist hier aufgetroffen." Sie klopfte mit dem Tennisschläger auf eine Stelle außerhalb der Grundlinie. „Mami, Großmutter, sagt ihr's ihm."

„Aus", sagte Elise, die auf einem Liegestuhl unweit des Tennisplatzes lag.

„Aus", wiederholte Joy, die neben Elise saß.

„Das macht drei gegen einen", triumphierte Sarah.

„Na und? Nur meine Stimme zählt. Dreißig beide. Schlag auf."

„Du bist schrecklich", meinte sie lachend.

Ist es möglich, daß Sarah vergessen hat, was für ein Tag heute ist? fragte sich Elise. Vor einem Jahr war Jack gestorben – Sohn, Ehemann und Vater. Elise hatte sich ausgeweint, ehe sie zu den anderen herauskam. Sie warf einen Blick auf Joy, deren Augen rot und geschwollen waren, und erkannte, daß auch sie sich erinnert hatte.

Sarah schmetterte einen Ball mitten auf den Platz.

„Da, versuch mir den zu stehlen!" Sie grinste.

„Der war gut. Diesmal hast du den Punkt verdient."

Jetzt warf Sarah den Ball in die Luft und landete einen scharfen Aufschlag, den Harry ins Netz schlug. „Spiel für mich!" jubelte sie.

Vielleicht hat sie sich damit abgefunden, dachte Elise. Die Jugend vergißt schnell. Nun gut, soll es so sein.

Für gewöhnlich ging Sherk sonntags nicht in die Nähe der Kirche. Über den Tag verteilt, wurden fünf Messen abgehalten, und bei jeder war die Kirche fast voll besetzt. Aber an diesem Morgen mußte Sherk die Fallen nachsehen. Er stieg in den Keller und richtete die Taschenlampe auf die Käfige. Aus einem funkelten ihn zwei grüne Augen an. Sherk ging hinüber und besah sich das Tier aus der Nähe: ein Waschbär, wohlgenährt und unversehrt.

Oben rumpelten die Dielen. Leute, die zur Messe kamen. Sherk wollte sein Geheimnis nicht verraten, und so beschloß er zu warten, bis der Gottesdienst begonnen hatte. Dann konnte er unbemerkt hinausklettern.

Er knipste die Taschenlampe aus und lauschte auf die Geräusche von oben: Gemurmel, das Schlurfen von Füßen, ein weinendes Kind – Laute eines Lebens, das an ihm vorüberging und nichts von ihm wußte. Er dachte an zu Hause, an all die Tage und Nächte, die er mit Margaret in dem bescheidenen Häuschen verbracht hatte, während das Leben draußen seinen Lauf nahm.

Die scharfen Krallen des Waschbären kratzten am Draht des Käfigs. Und in diesem Augenblick wußte Sherk, was er tun würde. Er sah alles deutlich vor sich.

„Sie kennt kein Erbarmen", sagte Harry. „Man sollte meinen, sie würde einem alten Mann eine Chance geben, aber nein, ich habe kaum ein Spiel gewinnen können."

„Du übertreibst", erwiderte Sarah.

Sie saßen mit Joy und Elise in Liegestühlen auf dem Rasen und tranken Limonade.

„Wie wär's mit noch einem Spiel?" fragte Harry.

„Kommt nicht in Frage, Großpapa. Du bist zu stark für mich. Ich glaube, ich geh lieber unter die Dusche."

Sarah stand auf und steuerte auf das Haus zu, erleichtert, daß sie für eine Weile mit niemandem zu reden brauchte. Heute vor einem Jahr, dachte sie.

Oben in ihrem Zimmer streckte sie sich auf dem Bett aus und vergrub das Gesicht in ihr Kissen. Nichts war schwerer, als den Schmerz zurückzuhalten, zu fühlen, wie er einen niederdrückte. Aber sie war mit sich zufrieden. Niemand hatte etwas gemerkt.

Dann spürte sie, wie es aus ihr hervorbrach; sie schluchzte in ihr Kissen, stammelte „Daddy, Daddy, ich brauche dich" und fühlte sich sehr klein und hilflos.

Montag, den 5. November

Als die Eisenwarenhandlung in Parole Plaza aufmachte, stand Sherk bereits vor der Tür. Er brauchte vielerlei Dinge: Isolierband, Zeltleinwand, Ösenschrauben, ein Seil. Eine widerstandsfähige Hängematte, Schnallen, eine Petroleumlampe. In einem Warenhaus besorgte er sich einen Schlafsack und Campinggeräte. Dann suchte er ein Lederwarengeschäft und kaufte dort ein Stück weiches Wildleder.

Abends machte er sich an die Arbeit. Wenn es um handwerkliche Dinge ging, war Sherk in seinem Element. Er hatte noch nie zuvor mit

Leder gearbeitet, aber er machte aus dem Wildleder das, was er benötigte. Auch die Zeltleinwand und die Schnallen fügte er mit Nadel und Faden in der gewünschten Form zusammen.

Nach vier Abenden war er fertig.

7

Freitag, den 9. November

Fast eine Woche lang hatte Joy Stannard versucht, Elise zu einem Tagesausflug nach Washington zu überreden. Es sei eine Schande, sagte sie, nur achtzig Kilometer entfernt zu wohnen und nicht so oft wie möglich in die Hauptstadt zu fahren. Sie würden eine Besichtigungstour durch das Weiße Haus machen, in der Innenstadt zu Mittag essen, den Nachmittag im Kunstmuseum verbringen und vielleicht sogar noch einen kleinen Einkaufsbummel einschieben.

Ohne recht zu wissen, warum, zögerte Elise zuerst. Aber schließlich gab sie nach.

„Es wird niemand hiersein, wenn du heimkommst", sagte sie zu Sarah, als sie sie zur Schule brachte. „Wir sind frühestens gegen fünf zurück. Und bei dem Verkehr zur Stoßzeit, wer weiß, wie lange wir da brauchen."

„Laßt euch nur Zeit", erwiderte Sarah und lächelte Joy zu, die auf dem Rücksitz saß. „Ich komme gut allein zurecht."

Elise sah sie immer noch ein wenig zweifelnd an.

„Ich komme gut zurecht. Wirklich."

Kurz darauf bogen sie in die Auffahrt der Schule ein und hielten vor den Stufen. Sarah beugte sich hinüber und küßte Joy und ihre Mutter.

„Hast du den Schlüssel?" fragte Elise.

„Hab ich."

„Und mach dir keine Sorgen, wenn wir etwas später kommen."

„Wenn ihr nicht endlich losfahrt, werdet ihr heut überhaupt nicht mehr zurückkommen", sagte Sarah. Sie stieg aus, überließ Joy ihren Platz, schloß die Wagentür und winkte ihnen zu, ehe sie die Stufen hinauflief.

HOWARD WARNER öffnete die Augen und sah auf die Uhr auf seinem Nachttisch: kurz nach zwölf Uhr mittags.

Er stand auf, duschte, rasierte sich und setzte in der kleinen Küche seiner Einzimmerwohnung Wasser für den Kaffee auf. Er hatte die ganze Woche Spätdienst gehabt und war nie vor drei Uhr morgens ins Bett gekommen. Sich die Zähne zu putzen und den Sportteil der Zeitung zu lesen, wenn alle anderen Mittagspause machten, gab ihm ein Gefühl der Entfremdung von der menschlichen Gesellschaft.

Er blickte hinaus. Eine tiefhängende, fleckiggraue Wolkenschicht bedeckte den Himmel. Schnee, dachte er bei sich, die Wolken sehen danach aus. In Annapolis schneite es selten vor Dezember, aber heute schien es draußen kalt genug zu sein. Der Gedanke hob Warners Stimmung, und er beschloß, frühzeitig zur Arbeit zu gehen. Schnee war vielleicht eine Belastung für die Verkehrspolizei, aber für fast jeden anderen Polizisten bedeutete er eine Erleichterung. Schläger und Sexualverbrecher fanden wenige potentielle Opfer auf den Straßen, und Einbrecher wußten, daß das Wetter die Leute veranlaßte, zu Hause zu bleiben. Wenigstens für ein paar Stunden würde Ruhe herrschen.

SHERK betrat das Wäldchen. Nahezu lautlos bewegte sich seine schattenhafte Gestalt zwischen den kahlen Ästen. Er trug eine dunkelblaue, enganliegende Strickmütze, eine schwarze Wolljacke und eine dunkle Hose. In der Hand hielt er eine braune Sporttasche.

Es schneite in großen, nassen Flocken. Den ganzen Tag hatte es nach Schnee ausgesehen, jetzt war er da. Sherk tauchte in das Schneegestöber und war in wenigen Augenblicken im Wald verschwunden.

„SEI kein Frosch, Sarah. Es wird bestimmt sehr lustig."

„Ich weiß nicht recht", sagte Sarah unschlüssig. Sie und Stephanie, eine ihrer neuen Freundinnen, saßen beim Mittagessen in der Cafeteria der Nordbrook-Schule.

„Sarah, er geht in die oberste Klasse. Er ist fast zwei Meter groß und sieht blendend aus. Ich könnt mich selbst in ihn verlieben, nur gehör ich sozusagen seinem Freund. Erzähl mir nicht, du kennst so viele Jungs, daß du dir diese Gelegenheit entgehen lassen kannst."

Tatsächlich kannte Sarah zur Zeit überhaupt keine Jungen in Annapolis. Jetzt wollte Stephanie ihr einen vorstellen. Stephanies älterer Bruder würde nach der Schule mit seinem Wagen und zwei Freunden draußen auf sie warten.

„Ich möchte schon gern", überlegte Sarah.

„Dann tu's doch. Ruf deine Mutter an, sag ihr, du willst mit ein paar Freunden und Freundinnen noch eine Spritztour machen, und wir bringen dich spätestens um halb fünf nach Hause."

Sarah konnte ihre Mutter nicht anrufen, und wenn sie bis halb fünf zurück war, würde Elise es gar nicht merken.

„Ich werd's mir überlegen", meinte sie.

„Sarah, ich muß es jetzt wissen. Wenn du nicht kommen kannst, muß ich jemand anderen fragen. Ich hab versprochen, zwei Mädchen mitzubringen."

Die Glocke läutete zur vierten Stunde. Sarah packte ihre Bücher zusammen. „Gut, ich komme."

„Sarah, du bist in Ordnung. Wir treffen uns am Ausgang."

„Es tut mir leid", sagte Joy.

„Schon gut", erwiderte Elise.

Schon als sie das Restaurant in der Connecticut Avenue verließen und in den Schneeregen hinaustraten, hatte Elise gewußt, daß es Schwierigkeiten geben würde. Sie war in Vermont oft durch Schnee und Eis gefahren. Da die Autofahrer in dieser Gegend bei solch einem Wetter jedoch leicht die Nerven verloren, hatte sie vorgeschlagen, den Ausflug vorzeitig zu beenden und nach Hause zu fahren.

„Unsinn", war Joys Antwort gewesen. „Harry würde uns auslachen, wenn wir uns von ein bißchen schlechtem Wetter in die Flucht schlagen ließen."

Und dann hatte sie darauf bestanden, quer durch die Stadt nach Georgetown zu fahren. Auf dem Rückweg brauchten sie für die fünfzehn Kilometer zum Autobahnring zwei volle Stunden. Jetzt näherten sie sich endlich Annapolis. Der Schnee lag knöchelhoch, und die Straße war verstopft mit Autos, die im Schneckentempo durch den braunen Schneematsch krochen.

Auf dem Rücksitz des Wagens lag ein großer Haufen Pakete. Fast alle gehörten Joy. Unter ihrer Führung hatte sich der Ausflug in einen Einkaufsbummel verwandelt. Für Elise war es ein verlorener Tag gewesen. Kein Weißes Haus, kein Museum und viel Langeweile am Steuer. Jetzt sehnte sie sich nur noch nach ihrem Zimmer und einem heißen Bad.

Als sie schließlich in die Whittier Lane einbogen, zeigte die Uhr am Armaturenbrett zwanzig Minuten nach sechs. Sarah wird sich Sorgen machen, dachte Elise.

Sie fuhr um die Kurve. Endlich daheim! Aber das Haus war dunkel; nicht ein einziges Licht brannte.

Elise stellte den Wagen beim Haupthaus ab und lief eilig zum neuen Flügel. Sie öffnete die Tür, knipste das Licht an und ging ins Wohnzimmer. „Sarah!" rief sie.

Schweigen. Sie sah in der Küche nach, dann rannte sie, plötzlich außer sich vor Angst, nach oben. „Sarah!" rief sie abermals. Keine Antwort.

Sie lief ins Arbeitszimmer. In Sarahs Schlafzimmer. Das Bett war zerwühlt, aber genauso, wie Sarah es am Morgen hinterlassen hatte. Nirgends eine Spur der Nordbrook-Uniform, die sonst über dem Stuhl hing, wenn Sarah sich umgezogen hatte.

Elise eilte ins Haupthaus. Joy kam gerade mit einem Armvoll Pakete herein.

„Hast du Sarah gesehen?" fragte Elise atemlos.

„Nein. Sie kommt nie hierher, wenn wir nicht da sind."

Elise durchsuchte das ganze Haus. Als sie wieder herunterkam, traf sie Joy im Eßzimmer an. „Sarah ist nicht da", sagte sie. „Sie hätte vor drei Stunden nach Hause kommen sollen."

Nach kurzem Überlegen meinte Joy: „Der Schnee. Vielleicht ist der Schulbus steckengeblieben. Ruf die Schule an und erkundige dich."

Elise ging zum Telefon. Sie kam sehr schnell zurück, und ihre Stimme zitterte, als sie sprach. „Sie sagen, die Busse hätten Verspätung gehabt, aber der letzte habe vor fünf seine Tour beendet. Joy, irgend etwas ist mit dem Kind geschehen."

„Bestimmt nichts Ernstes. Harry muß jeden Augenblick hiersein. Er wird wissen, was zu tun ist. Bis dahin laß uns versuchen, nicht die Nerven zu verlieren."

Harry Stannard hatte den Tag in Maryland verbracht, wo er zusammen mit anderen Firmen eine Siedlung von zweihundert Häusern baute. Während sie auf seine Rückkehr warteten, ging Elise immer wieder zum Fenster und blickte hinaus auf die Stelle, wo der kleine Weg im Wäldchen verschwand.

Es war jetzt sieben Uhr vorbei. Elise zog ihren Mantel an und eilte die Whittier Lane entlang. Sie konnte nicht stillsitzen, mußte etwas tun. Der Schnee schmolz bereits, war matschig unter den Füßen. Elise rief Sarahs Namen, ging tiefer in den Wald hinein und rief wieder. Sie wollte gerade umkehren, da hörte sie das Geräusch eines Motors. Harrys Wagen hielt, und sie stieg ein. Ein Gefühl der Dankbarkeit erfüllte sie. Der alte Dinosaurier. Seine unerschütterliche Stärke war genau das, was sie in diesem Augenblick brauchte.

„Sarah ist nicht da", sagte sie. „Harry, ich mache mir solche Sorgen."

„Keine Nachricht von ihr?"

„Nichts."

„Ist sie von der Schule nach Hause gekommen?"

„Harry, ich weiß nichts, außer daß sie fort ist."

Howard Warner war noch nie die Whittier Lane entlanggefahren, aber er erkannte sogar in der Dunkelheit, daß hier nur reiche Leute wohnten. Der Name Stannard war ihm nicht bekannt, doch ihm war klar, daß er einer einflußreichen Persönlichkeit offenbar viel bedeutete. Es war im allgemeinen nicht üblich, daß die Polizei so prompt auf das Verschwinden einer Fünfzehnjährigen reagierte.

Man hatte Warner den Fall übertragen, weil der letzte bekannte Aufenthaltsort des Mädchens die Schule in Annapolis war. Aber sobald sich ein Zeuge fand, der sie außerhalb der Stadtgrenzen gesehen hatte, konnte er die Ermittlungen der Bezirkspolizei überlassen. Mit einem bißchen Glück würde er den Fall bis zum Morgen los sein.

Warner kam zum Ende der Auffahrt. Vor dem Haus standen ein Streifenwagen der Bezirkspolizei und der Wagen eines Kriminalbeamten.

Ein Mann etwa Ende Sechzig empfing Warner an der Haustür.

„Ich bin Harry Stannard", sagte er. „Sarah ist meine Enkelin."

Sie reichten sich die Hand. Dann gingen sie ins Wohnzimmer. Dort saßen zwei Frauen, die mit einem Kripobeamten und zwei uniformierten Polizisten sprachen. Warner sah sich um. Das Zimmer war mindestens dreimal so groß wie seine Wohnung.

Stannard stellte ihm zunächst seine Frau vor, eine grauhaarige Dame mit besorgtem Gesichtsausdruck, dann Elise Stannard, die Mutter des Mädchens. Warner trat näher und sah, daß das Gesicht der Frau angespannt und blaß war. Sie war gutaussehend, mit dunklen, forschenden Augen. Ihm wurde klar, daß er sie offenbar zu lange angestarrt hatte, denn nach ein paar Sekunden wandte sie den Blick ab.

„Sie kennen Ihre Kollegen", fuhr Harry Stannard fort und deutete auf die drei Polizisten. Warner kannte einen von ihnen, den Kripobeamten der Bezirkspolizei namens Tarver. Er begrüßte ihn mit einem Kopfnicken.

Elise wandte sich wieder den beiden Polizisten zu. Sie sagte ihnen, daß Sarah im allgemeinen sehr pünktlich war und jeden Nachmittag den gleichen Schulbus nahm. Tarver forderte Warner durch einen Wink auf, ihm in die Diele zu folgen.

„Als erstes müssen wir den Busfahrer finden", sagte Warner, als sie allein waren, „und erfahren, ob sie den Bus genommen hat."

„Du willst den Fall aus der Stadt rauskriegen, was? Dich vor der Sache drücken. Kann ich verstehen. Wir haben einen Polizisten zum Fahrer geschickt. Aber wenn du meine Meinung hören willst: Das Mädchen ist einfach durchgebrannt."

„Woher willst du das wissen?" fragte Warner.

„Du kennst noch nicht die ganze Geschichte. Vor drei Monaten sind Mutter und Tochter aus Vermont hierhergezogen. Der Vater ist vor einem Jahr gestorben. Das Mädchen hat seinen Tod nur schwer verkraftet. Sie ziehen zu den Großeltern. Sie kommt in eine neue Schule; ihre Noten sind nicht sonderlich gut."

Die beiden Männer standen mit dem Rücken zum Wohnzimmer. Warner merkte, daß die Mutter zu reden aufgehört hatte. Er hob die Hand, um Tarver zum Schweigen zu bringen, aber der Kripobeamte sprach lauthals weiter. „Klingt das vertraut? Eine starke seelische Erschütterung. Ein neues Zuhause, eine neue Schule, neue Freunde. Schlicht und einfach eine Ausreißerin."

Elise war unbemerkt zu ihnen getreten. „Das glaube ich nicht!" rief sie. „Sarah ist nicht ausgerissen."

Warner berührte leicht ihren Arm und nahm sie beiseite. „Nun", sagte er beschwichtigend. „Vielleicht sollten Sie mir Sarahs Zimmer zeigen. Das könnte uns weiterhelfen."

Elise warf Tarver einen zornigen Blick zu. Dann führte sie Warner in den neuen Flügel und die Treppe hinauf in Sarahs Schlafzimmer. Für Warner war es das Übliche: Stofftiere, Poster von Rockstars, Rüschenvorhänge und eine geblümte Bettdecke.

Er besah sich die Dinge auf dem Toilettentisch: eine Flasche Kölnisch Wasser, ein hölzerner Schmuckkasten und ein Zeichenblock, den er aufschlug.

„Gehört er ihr?"

„Ja. Sie hat ein paar Jahre Unterricht genommen."

„Ich wette, sie ist ein ruhiges Mädchen. Es macht ihr vermutlich nichts aus, allein zu sein."

Elise sah ihn erstaunt an. „Woher wissen Sie das?"

„Dies hat viel Zeit in Anspruch genommen." Er hielt den Zeichenblock in die Höhe. „Zeichnen ist eine einsame Beschäftigung, und man bringt nichts zustande, wenn man zu den Menschen gehört, die sich gerne amüsieren."

„Meine Tochter ist tatsächlich sehr ruhig. Sie ist ein sensibles Kind."

Er durchblätterte noch ein paar Seiten. „Ja, das kann man ebenfalls erkennen."

„Und jetzt werden Sie mir sagen, das ist genau der Typ, der sich über irgend etwas aufregt und wegläuft, stimmt's?"

„Die meisten jungen Menschen tun das irgendwann. Trotzdem kann man vor Angst verrückt werden, wenn es mit einem der eigenen Kinder passiert. Meine Tochter ist auch mal davongelaufen."

Elise sah ihn gespannt an. Warner zog einen Stuhl heran und setzte sich. Sie saß ihm gegenüber auf dem Bettrand.

„Ich weiß, wie schlimm so etwas ist, Mrs. Stannard", begann er.

„Elise", sagte sie.

„Gut, Elise. Und ich heiße Howard." Er spürte, daß sie entspannter wurde, daß der ungeheure innere Druck nachließ. „Wie gesagt, ich habe es selbst durchgestanden. Meine Tochter war damals nur ein paar Monate älter als Ihre. Meine Frau und ich machten gerade eine schwierige Zeit durch. Unsere Ehe ging in die Brüche. Und eines Tages ist meine Tochter Sharon fort. Einfach so. Kam vermutlich zu dem Schluß, daß es draußen auch nicht schlimmer sein konnte als zu Hause." Warner schüttelte den Kopf. „Sie halten sich in diesem Alter für so stark", fuhr er fort. „Sie werden erwachsen und müssen es beweisen. Aber sie wissen nichts von der Welt und wie sie sein kann. Im Inneren sind sie immer noch Kinder."

Elise nickte eifrig. „Und haben Sie sie gefunden?"

„Nach drei Wochen kehrte sie von selbst zurück. Sie hatte mit einer Gruppe junger Leute in Virginia Beach am Strand kampiert. Als sie es satt hatte, Sandwiches mit Erdnußbutter als Hauptmahlzeit zu essen, kam sie nach Hause."

„Ging es ihr gut?"

„O ja. Diese jungen Leute kommen immer irgendwie zurecht." Er zuckte die Achseln. „Jetzt ist sie sechsundzwanzig und lebt in Seattle. Ist seit einem Jahr staatlich geprüfte Krankenschwester und hat einen guten Job." Warner beugte sich nach vorne. „Die meisten dieser Fälle enden gut. Es sind die wenigen Ausnahmen, die Aufsehen erregen."

„Sie erzählen mir, daß die meisten Ausreißer nach Hause zurückkehren. Aber meine Tochter ist nicht weggelaufen."

„Vielleicht sollten wir hoffen, daß sie es getan hat", meinte Warner.

„Sie wollen damit wohl sagen, wenn sie nicht weggelaufen ist, hindert jemand sie daran, nach Hause zu kommen. Und das wäre sehr viel ernster."

„Es gibt viele Möglichkeiten", erwiderte er ausweichend.

Sie gingen ins Haupthaus zurück. Tarver nahm Warner beiseite, um ihm einige Neuigkeiten mitzuteilen. „Die Geschichtslehrerin sagt, das Mädchen sei ganz bestimmt heute nachmittag um zwei in ihrem Unterricht gewesen. Und der Busfahrer sagt, sie hat keinesfalls den Bus genommen. Demnach bist du also für die Sache zuständig."

MONSIGNORE HERRITY hatte es sich gerade in seinem Schlafzimmer im ersten Stock des Pfarrhauses bequem gemacht, da hörte er den Schrei. Er hörte ihn nur einmal und konnte daher nicht mit Sicherheit sagen, was es war. Erst glaubte er, daß irgendwo in der Nähe der Kirche eine Frau geschrien hatte. Er legte sein Buch beiseite, ging zum Fenster und öffnete die Vorhänge.

Sein Schlafzimmer gewährte einen Ausblick quer über den Parkplatz auf die Kirche und das Gemeindehaus. Aber er konnte von seinem Fenster aus nichts Ungewöhnliches entdecken.

Er legte sich wieder ins Bett. Es war spät, und da er am nächsten Morgen die Frühmesse lesen mußte, machte er das Licht aus. Ein paar Minuten lag er noch wach und lauschte. Er hörte jedoch nichts weiter und wurde bald vom Schlaf übermannt.

„ES IST gleich zwei Uhr", sagte Warner. „An Ihrer Stelle würde ich zu Bett gehen und versuchen zu schlafen."

„Ich kann nicht schlafen", erwiderte Elise.

Um in der Nähe ihres Telefons zu sein, war sie zusammen mit Warner in den neuen Flügel zurückgekehrt. Sie hatten etwa eine Stunde im Wohnzimmer gesessen und sich unterhalten.

Auf Anordnung des Kriminalkommissars blieb Warner bis Dienstschluß bei den Stannards. Es gab jetzt kaum noch etwas zu tun. Die Beschreibung von Sarah war per Funk an die Streifenwagen durchgegeben worden. Binnen weniger Stunden würden alle Polizisten von Annapolis und den umliegenden Verwaltungsbezirken ein Bild des Mädchens bekommen. Die Bezirkspolizei würde einen Beamten schicken, und am frühen Morgen würde ein Techniker kommen, um Aufnahmegeräte an die Telefone anzuschließen für den Fall, daß die Stannards eine Lösegeldforderung erhielten.

„Das Warten ist entsetzlich", meinte Elise. „Nichts zu wissen. Sich vorzustellen ... Ich frage mich immer wieder, was geschehen sein könnte."

„Es gibt ein altes Polizistensprichwort", sagte Warner. „Quäl dich nicht mit Grübeleien. Sie nützen nichts."

Ein scheues Lächeln zog über Elises Gesicht. Es war das erste Lächeln, das Warner an ihr sah, und es tat ihm leid, als es verschwand. Er stand auf. „Ist noch etwas Kaffee in der Kanne? Nein, bleiben Sie sitzen. Ich kann mich selbst bedienen."

Er ging in die Küche und schenkte sich eine Tasse ein. Während er seinen Kaffee trank, blickte er durchs Küchenfenster in die Nacht hinaus, dachte an das Mädchen und fragte sich, wo es wohl in diesem Augenblick sein mochte.

Alles deutete darauf hin, daß sie eine Ausreißerin war. Aber es gab Dinge, die dazu im Widerspruch standen. Wie zum Beispiel die Schuluniform. Das war nicht die Art von Kleidung, in der ein Mädchen weglaufen würde. Und ihr Sparbuch. Elise hatte es gefunden. In der letzten Zeit war nichts abgehoben worden. Aber ein Mädchen, das vorhatte wegzulaufen, würde versuchen, sich soviel Geld wie möglich zu verschaffen.

Ein Streifenwagen der Bezirkspolizei kam die Auffahrt herauf. Warners Dienst war fast beendet. Zeit, nach Hause zu gehen.

Elise hatte sich auf dem Sofa ausgestreckt. Als Warner näher herantrat, sah er, daß sie schlief. Über der Armlehne des Sofas hing eine Wolldecke. Er breitete sie aus und deckte Elise damit zu. Sie rührte sich nicht. Nachdem er die Stehlampe ausgemacht hatte, nahm er eine Dienstkarte aus seiner Brieftasche, schrieb seine Privatnummer auf die Vorderseite und legte sie auf den Couchtisch. Er verließ das Haus, wechselte ein paar Worte mit dem Streifenpolizisten, dann ging er zu seinem Wagen.

Jetzt, mitten in der Nacht, war es wärmer als am Nachmittag, und von der geschlossenen Schneedecke vor dem Haus waren nur ein paar vereinzelte weiße Inseln übriggeblieben. Leichter Nebel behinderte die Sicht. Ein verrücktes Wetter, dachte Warner, vom Sommer übergangslos in den Winter und dann wieder zurück zum Sommer.

Als er den Waldweg entlangfuhr, sah er plötzlich im Licht der

Scheinwerfer am Wegrand einen glitzernden Punkt. Er hielt an und stieg aus, um nachzusehen, was es war. Vor ihm lag ein kleiner goldener Anhänger. Warner hob ihn behutsam auf und las die Inschrift auf dem emaillierten Wappen: MONT TREMBLANT. Dann steckte er den Anhänger in ein Kuvert. Vielleicht ein Schuß ins Dunkel, sagte er sich. Aber man kann nie wissen. Er kehrte zu seinem Wagen zurück und fuhr nach Hause.

„HOWARD", tönte die Stimme Kommissar Blatchfords aus dem Telefonhörer, „wir müssen über die kleine Stannard sprechen."

Die Uhr zeigte Viertel vor zehn. Der Anrufer hatte Warner aus dem Schlaf gerissen.

„Ich muß wissen, wie wir die Sache anpacken sollen", fuhr der Kommissar fort. „Handelt es sich um etwas Ernstes, oder ist das Mädchen nur einfach durchgebrannt? Drei meiner Leute werden das Wochenende damit verbringen, die Klassenkameradinnen von Sarah Stannard aufzusuchen, und ich will nicht, daß sie ihre Zeit an eine Ausreißerin verschwenden."

„Ich habe mir schon gedacht, daß da einer seinen Einfluß geltend gemacht hat", sagte Warner auf diese Mitteilung hin.

„Wenn mich jemand um einen Gefallen bittet, soll es mir recht sein. Wir haben es diesen Leuten gegenüber an nichts fehlen lassen. Aber von jetzt an behandeln wir den Fall genauso, wie es ihm zusteht. Nicht anders. Also sagen Sie mir, was Sie von der Sache halten."

Warner zwang sich, an die vergangene Nacht zu denken. Er erinnerte sich an das Sparbuch und die Schuluniform, die ein Mädchen nie anziehen würde, wenn es vorhatte wegzulaufen.

„Ich möchte noch einmal zu dem Haus fahren. Lassen Sie mir eine Stunde Zeit", meinte er dann.

„Eine Stunde kann nichts schaden", erwiderte Kommissar Blatchford.

„Ach übrigens, was ich Sie noch fragen wollte", sagte Warner. „Haben Sie schon mal was von einem Ort namens Mont Tremblant gehört?"

„Natürlich. Das ist ein Erholungsgebiet im Laurentischen Massiv, in der Nähe von Montreal."

„Demnach ist es dicht bei Vermont."

„Etwa hundertfünfzig Kilometer von der Grenze."

„Hm-m", sagte Warner. „Also – eine Stunde, abgemacht?"

Sherk reagierte nicht auf das Klopfen an seiner Tür. Er war weder in der Kirche noch in der Schule, noch irgendwo sonst.

Yvonne hat recht, dachte der Monsignore. Dieser Sherk war wirklich ein seltsamer Kauz; tauchte plötzlich auf, wo man ihn am wenigsten erwartete, oder war nicht aufzufinden, wenn man ihn am nötigsten brauchte. Nun, die verstopfte Toilette im Gemeindehaus würde warten müssen.

Elise trug Jeans und eine mexikanische Stickereibluse, als Warner in ihr Wohnzimmer kam.

„Guten Morgen", begrüßte sie ihn, und Warner meinte, die Spur eines Lächelns auf ihrem Gesicht zu sehen. „Ich wage nicht zu hoffen, daß Sie gute Nachrichten bringen."

„Hab etwas mitgebracht, damit Sie es sich ansehn."

Warner setzte sich in einen Sessel gegenüber dem Sofa, auf dem Elise saß. Harry und Joy waren mit ihm hereingekommen und blickten ihm neugierig über die Schulter, als er das Kuvert aus seiner Jackentasche nahm. Er ließ den Anhänger auf den Couchtisch gleiten.

Elise wollte danach greifen, aber Warner hielt ihre Hand fest. „Lieber nicht", sagte er. „Es könnten Fingerabdrücke drauf sein. Kennen Sie diesen Anhänger?"

„Sarah trägt ihn an ihrem Armband."

„Hat sie ihn verloren?"

„Das weiß ich nicht. Nein ... Sie hätte etwas gesagt, wenn er ihr abhanden gekommen wäre."

„Hat sie das Armband gestern getragen?"

„Sie trug es immer. Es war ein Geschenk ihres Vaters. Wo haben Sie den Anhänger gefunden?"

„Etwa auf halber Höhe des kleinen Waldweges."

Elise blickte von einem zum anderen.

„Demnach war sie also hier", sagte sie hoffnungsvoll. Und dann wurde ihr erschreckend klar, was das bedeutete. „Sie war hier. Aber sie ist nicht nach Hause gekommen." Ihre Augen füllten sich mit Tränen.

Warner ging zum Telefon, rief Kommissar Blatchford an und erzählte ihm von dem Anhänger, der Schuluniform und dem Sparbuch. Er gab zu, daß es vielleicht nichts zu bedeuten hatte. „Aber ich werde einfach das Gefühl nicht los", fuhr er fort, „daß hier etwas nicht stimmt."

„Dann geben wir den Fall nicht aus der Hand“, meinte Blatchford nach kurzem Überlegen. Das war die eine Hälfte von dem, was Warner hören wollte. „Sie haben sich von Anfang an damit befaßt. Machen Sie weiter.“ Und das war die andere Hälfte.

Warner hatte gerade das Gespräch beendet, da betrat Elise das Zimmer. Sie sah besorgt aus.

„Bitte kommen Sie“, sagte sie.

Warner folgte ihr in die Halle. An der Haustür stand ein hochgewachsener, etwa siebzehnjähriger Junge. Er hielt zwei Lehrbücher und einen Schnellhefter in den Händen und blickte verwirrt drein. Harry stand vor ihm und sah ihn durchdringend an.

„Hören Sie“, sagte der Junge. „Ich will keine Scherereien, ich wollte nur ihre Bücher zurückbringen.“

Warner sah den Namen auf dem Deckel des Hefters: SARAH STANNARD. Er holte seine Dienstmarke heraus und zeigte sie dem Jungen.

„O Gott. Ich habe nichts getan. Wirklich nicht.“

„Sag mir zunächst einmal, wie du heißt.“

„Timothy Witherspoon“, antwortete der Junge.

„Und jetzt erzähl mir, wie du zu den Büchern kommst.“

„Dieses Mädchen, Sarah, hat sie gestern im Wagen liegenlassen. Ich meine, im Wagen meines Freundes Larry. Wir waren drei Jungen, und wir haben drei Mädchen von der Nordbrook-Schule abgeholt und sind eine Weile rumgebummelt. Das da draußen ist Larry.“

Warner warf einen Blick über die Schulter des Jungen und sah einen schwarzen Ford, hinter dessen Steuer ein Junge saß.

„Wir sind zum Sandy-Point-Park hinausgefahren“, erklärte Timothy.

„Bei dem Schnee?“ fragte Warner.

„Es hat zu Anfang nicht sehr stark geschneit. Wir wollten nur ein bißchen rumgondeln. Sind ungefähr eine Stunde dort draußen geblieben, dann haben wir die Mädchen nach Hause gebracht.“

„Ihr habt Sarah hierhergebracht?“

„Natürlich. Oder besser gesagt, fast. Inzwischen war alles dick verschneit. Sarah sagte uns, ihr Haus liege am Ende der Straße, aber der Privatweg sei nicht geräumt, und Larry hatte Angst, daß er mit seinem Wagen abrutschen würde. Sie sagte, wir sollten uns keine Sorgen machen, sie gehe immer allein nach Hause. So haben wir sie abgesetzt.“

„Wo genau?“

„Etwa auf halber Höhe des Privatweges“, gab der Junge zur Antwort. Elise lehnte sich, nach Halt suchend, an Harry und stöhnte leise auf.

TERRY DEAN war einer der ersten Streifenpolizisten, die Sarahs Bild zu sehen bekamen. Vor seiner Mittagspause ging er noch kurz aufs Revier und fand die vergrößerten, auf Glanzpapier abgezogenen Fotos im Mannschaftsraum vor. Er nahm sich eines von dem Stapel, der auf dem Tisch lag, betrachtete es und stieß einen leisen Pfiff aus.

Diesem Mädchen war er schon einmal begegnet. Wie und wo, wußte er nicht. Aber das lange blonde Haar, die helle Haut, die großen Augen: Das alles hatte er schon irgendwo gesehen.

Er las den Aufkleber auf der Rückseite des Fotos: SARAH STANNARD. Der Name sagte ihm nichts. Als Polizist begegnete er unzähligen Personen im Jahr – Namen und Gesichter, die kamen und gingen. Er konnte sich manchmal nicht an die Namen erinnern, aber die Gesichter vergaß er nie. Und er war sicher, daß er dieses Mädchen schon einmal gesehen hatte.

AM SAMSTAG nachmittag versammelte sich der Suchtrupp der Bezirkspolizei vor dem Haus der Stannards. Es waren fast vierzig Mann, größtenteils Freiwillige. Schweigend warteten sie auf ihren Einsatz, denn sie mußten damit rechnen, bei ihrer Suche im Wald die Leiche von Sarah Stannard zu finden.

Timothy Witherspoons Bericht war von seinen Freunden und den anderen beiden Mädchen bestätigt worden. Das bedeutete, daß Sarah am vergangenen Nachmittag gegen sechzehn Uhr fünfundvierzig das Wäldchen betreten und es anscheinend nicht verlassen hatte – zumindest nicht aus freien Stücken.

Warner, der in der Nähe stand, warf einen Blick auf das Haus und dachte an den Kummer, der möglicherweise heute über seine Bewohner hereinbrechen würde. Er ging hinüber zu Tarver, dem Kripobeamten der Bezirkspolizei. Dessen Bezirk war jetzt für den Fall zuständig, da das Mädchen außerhalb der Stadtgrenzen verschwunden war.

„Geh nach Haus“, sagte Tarver. „Du bist ja jetzt die Sache los.“

„Ich mach mit“, erwiderte Warner. „Der Spaziergang wird mir guttun.“

„Wie du willst. Aber es wird naß und kalt." Tarver sah sich nach den Männern des Suchtrupps um und rief: „Okay, Leute, fangen wir an!"

Wie eine Schützenlinie mit einem Abstand von jeweils drei Metern näherte sich der Trupp dem kleinen Wald. Die Männer kamen nur langsam voran. Sie hatten den Befehl, jeden Zoll des Bodens abzusuchen, jeden herabgefallenen Ast umzudrehen. Nach einer halben Stunde intensivster Suche waren sie in der Nähe der Stelle angelangt, wo Warner den goldenen Anhänger gefunden hatte. Da erblickte einer von ihnen einen leuchtendblauen Flecken zwischen den gedämpften Grün- und Brauntönen des Waldes. Er lief hin und hielt den Gegenstand in die Höhe: Es war ein dünner Nylonbeutel.

„Was ist das?" fragte er.

Die anderen blickten auf. „Eine Tasche für einen Daunenschlafsack", sagte ein junger Polizeioffizier.

Die Männer gingen weiter. Es dämmerte bereits, als sie zum nördlichen Ende des Wäldchens kamen. Sie hatten keine Leiche gefunden, nur den blauen Nylonbeutel. Ansonsten schien nichts auch nur im geringsten mit Sarahs Verschwinden in Verbindung zu stehen.

ELISE saß in einem Schaukelstuhl in ihrem Zimmer. Die Vorhänge waren zugezogen, die Lichter gelöscht. Draußen hörte sie das Schlagen von Wagentüren, das Summen von Motoren. Die Männer waren gekommen, um nach Sarah zu suchen, und jetzt fuhren sie wieder ab. Kein Zweifel, Sarah war verschwunden.

Eine dunkle Gestalt erschien im Türrahmen.

„Elise? Ich bin's, Howard Warner."

„Hallo, Howard", sagte sie teilnahmslos.

„Ich wollte mich verabschieden." Warners Finger spielten mit dem Verschluß seiner Jacke. „Wollt Ihnen nur sagen, ich werd an Sie denken, und hoffe, daß alles gut ausgeht."

„Sie kommen nicht wieder?"

„Ich habe nichts mehr mit dem Fall zu tun. Eine Frage der Zuständigkeit. Aber verlieren Sie nicht den Mut. Seien Sie froh, daß wir Ihre Tochter nicht dort draußen gefunden haben. Das ist das Beste, worauf Sie für den Augenblick hoffen konnten."

Sie reagierte nicht auf seine Worte, und nach ein paar Sekunden ging er fort. Elise war allein. Ihr Stuhl schaukelte langsam vor und zurück, und sie kreuzte die Arme krampfhaft über der Brust wie ein Mensch, dem es bitter kalt ist.

AM SONNTAG brachten die Zeitungen den Bericht. In der *Washington Post* wurde ein Beamter der Bezirkspolizei zitiert, der erklärt hatte, daß man jeder möglichen Spur folgen werde.

Um drei Uhr nachmittags ergab sich aus der labortechnischen Analyse des blauen Beutels der erste Anhaltspunkt. Das Material war gewöhnliches reißfestes Nylon unbekannten Ursprungs. Bei der mikroskopischen Untersuchung fand man Fragmente von Eiderdaunen. Die Polizei stellte sofort eine Liste von Sportwarengeschäften in den umliegenden Bezirken zusammen. Bald würden die Beamten jeden einzelnen dieser Läden aufsuchen, um zu ermitteln, wo und von wem der Beutel gekauft worden war.

Auf dem goldenen Anhänger fanden sich keine Fingerabdrücke.

Während Warner die Zeitungsberichte las, stellte er sich ein Mädchen vor, dem er nie begegnet war, das er jedoch aus den Gesprächen mit Elise gut zu kennen glaubte. Er sah sie im Wald, sah sie allein auf dem Pfad, wie ihre Füße Spuren im Schnee hinterließen, während sie einem Verhängnis entgegenging. Ein Mädchen war verschwunden.

8

SARAH konnte sich nicht bewegen. Geknebelt und an Händen und Füßen gefesselt, konnte sie nur noch atmen. Aus weiter Ferne hörte sie Stimmen und Schritte, aber sie schienen zu einer Wirklichkeit zu gehören, die nichts mit ihr zu tun hatte. Sie war versteckt und allein, außerhalb der Reichweite der Welt. Aber sie lebte ...

Es war schon fast fünf gewesen, als sie am Freitag nachmittag aus Larrys Wagen stieg. Sie hatte ihm nachgeblickt, als er fortfuhr, und dann war sie allein mitten im Schneegestöber.

Aber der Weg würde nicht allzu schlimm sein, sagte sie sich. Zumindest hatte sie mit ihrer grünen Regenjacke und den Gummistiefeln die richtige Kleidung für dieses Wetter. Aber etwas fehlte ihr. Dann fiel es ihr ein. Ihre Bücher! Sie hatte sie offenbar auf dem Rücksitz liegenlassen.

Sarah blickte in die Richtung, in die der Wagen gefahren war. Aber er war längst fort. Mit einem leichten Achselzucken schlug sie den Weg nach Hause ein. Es hatte keinen Sinn, sich Sorgen um die Bücher zu machen. Stephanie würde sie bestimmt am Montag mitbringen.

Rasch ging sie den Weg entlang. Bald war sie im dichten Wald. Der Fremde tauchte urplötzlich auf. Sarah hatte auf ihre Füße gesehen, die bei jedem Schritt den Schnee aufwühlten, und als sie wieder aufblickte, stand er, etwa zwanzig Meter entfernt, vor ihr.

Sein Anblick überraschte sie. Sie hatte sonst immer den Weg für sich allein. Und dieser Eindringling sah sie so seltsam an, sein Gesicht verzog sich zu einem fratzenhaften Lächeln.

Sarah wandte den Blick ab, machte einen kleinen Bogen, um ihm auszuweichen, und ging weiter. Im Vorbeigehen bemerkte sie einen Streifen breites graues Isolierband, der an seiner rechten Hand hing. Klebeband, sagte sie sich; wozu, um alles in der Welt –

Plötzlich schlang sich ein Arm um ihren Hals, und das Isolierband wurde auf ihren Mund gepreßt. Der Schrei erstarb in ihrer Kehle, und sie schmeckte Klebstoff. Einen Arm um ihren Hals geklammert und mit dem anderen ihr Handgelenk festhaltend, zerrte der Mann sie ins Gebüsch. Sie wehrte sich verzweifelt, aber er war stärker.

„Du warst spät dran“, murmelte er.

Er schleppte Sarah in dichtes Gestrüpp, so daß sie vom Weg her nicht zu sehen waren. Sarah versuchte zu schreien, aber das Klebeband erstickte jeden Laut. Mit einer geschickten Bewegung zwang der Mann sie auf die Knie und zog ihre Arme nach hinten. Dann wickelte er ein Seil um ihre Handgelenke und verknotete es. Als nächstes warf er Sarah zu Boden und band ihre Füße zusammen. Er sah zu ihr hinunter. Sie lag gefesselt auf dem Rücken, kraftlos und erschöpft von ihrem vergeblichen Kampf.

„Du bist zu spät gekommen“, meinte er. „Du warst schwimmen.“

Sie schüttelte verneinend den Kopf. Der Mann war verrückt.

„Doch“, sagte er. „Schwimmen. Mit Jungs. Du warst ein böses Mädchen.“

Seine Stimme klang drohend. Sarah schüttelte wieder den Kopf.

„Doch!“ schrie er, packte sie bei der Jacke, hob sie mühelos auf und warf sie rückwärts ins Gestrüpp.

„Du warst ein böses Mädchen“, wiederholte er.

Ein erstickter Laut drang aus ihrer Kehle. Sie sah den Mann blinzeln, sie verwundert anstarren, und dann verflog sein Zorn.

„Margaret!“ rief er. „Margaret, Liebling, ist alles in Ordnung?“

Sie kämpfte gegen den Strick und das Klebeband, versuchte zu sprechen, ihm zu sagen, was für einen Fehler er machte.

„Bleib ruhig und wehr dich nicht!“ Er entfernte sich ein paar

Schritte, kehrte mit einer Sporttasche zurück und setzte sich neben Sarah. Sie lag jetzt still da.

„So ist's recht", sagte er. „Immer hübsch ruhig. Dein Daddy will nicht, daß du dir weh tust."

Sarah schüttelte den Kopf.

Er verstand, was sie sagen wollte. „O doch", erwiderte er lächelnd, „doch, ich bin dein Vater." Seine Zuversicht war zum Verzweifeln.

Er griff in die Sporttasche und holte zwei Nylongurte heraus. Die Gurte hatten an beiden Enden Schlaufen, die mit gezahnten Klammern zu verstellen waren. Er tauschte die Stricke an Sarahs Füßen und Handgelenken gegen die Gurte aus, dann ersetzte er das Klebeband auf ihrem Mund durch einen Knebel, den er aus einem Taschentuch gedreht hatte.

Plötzlich begann Sarah vor Kälte zu zittern. Als der Mann es bemerkte, griff er wieder nach der Sporttasche. Diesmal holte er einen blauen Beutel heraus, aus dem er einen Schlafsack zog.

„Der wird dich warm halten", meinte er. „Du sollst nicht frieren."

Er legte sie hinein und zog den Reißverschluß zu.

„Besser?"

Sie nickte teilnahmslos, und der Fremde grinste.

Ein paar Schritte entfernt stand eine große Ulme. Er säuberte eine Stelle am Fuß des Stammes vom Schnee und setzte sich. Sarah erkannte, daß er vorhatte zu warten. Und während er dort saß und wartete, ließ er sie nicht aus den Augen. Geduldig und wachsam hockte er neben ihr, bis die Nacht hereinbrach und es allmählich zu schneien aufhörte.

Nach einer Weile hörte sie einen Wagen, der von der Straße her den Weg entlang zum Haus der Stannards fuhr. Er bog um die Ecke, dann war er verschwunden.

Etwas später hörte sie ihre Mutter, die irgendwo auf dem Weg ihren Namen rief: „Sarah! Sarah!"

Sarah kämpfte gegen den Knebel. Nur ein einziger Schrei, sagte sie sich, aber der Knebel saß zu fest.

Wieder: „Sarah! Sa-a-r-ah!"

Sarah fühlte, wie ihre Augen feucht wurden. Der Knebel erstickte jeden Ton in ihrer Kehle, aber es gab nichts, was ihren Tränen Einhalt gebot. Sie weinte bitterlich. Der Fremde trocknete ihr mit dem Ärmel die Wangen. „Hör nich hin. Reg dich nich über was auf, was dich nix angeht."

Ein zweiter Wagen kam den Weg entlang; dann war auch er fort. Es war nichts mehr zu hören. Der Fremde rutschte nervös hin und her und betrachtete prüfend die Bäume. „Dunkel genug", sagte er schließlich. „Zeit, daß wir gehn."

SHERK stieg aus seinem Kleinlastwagen und sah sich um. Er hatte neben dem Gemeindehaus auf einem Platz geparkt, der auf zwei Seiten von einer hohen Hecke und einem Lattenzaun längs des Gehsteigs umgeben war. Bis jetzt war alles planmäßig verlaufen. Der Wald hatte ihm für ein paar Stunden Zuflucht geboten, und im Schutz der Dunkelheit konnte er mit dem Wagen den Pfad entlangfahren, Margaret aus dem Gebüsch holen und sich rasch davonmachen. Dann war er über drei Stunden umhergefahren, damit es auf den Straßen ruhiger wurde, ehe er in die Stadt kam.

Er ging seitlich am Gemeindehaus entlang, ohne jemandem zu begegnen. Im Pfarrhaus brannte ein einziges Licht hinter einem Vorhang im ersten Stock; aber das Gemeindehaus war dunkel, und die einzige Bewegung, die er wahrnehmen konnte, war das träge Hin- undherziehen von Nebelschwaden unter einer Laterne.

Sherk stieg die Betonstufen hinunter, die in den Keller des Gemeindehauses führten. Unten öffnete er das Vorhängeschloß an der Eisentür und ließ die Tür einen Spalt offen. Dann kehrte er zum Lastwagen zurück, hob Sarah heraus und trug sie die Stufen hinunter in seine Wohnung.

ER SETZTE sie auf einen Stuhl neben dem kleinen runden Küchentisch.

Sarah wußte, daß sie in einem Gebäude dicht bei einer großen Kirche waren. Aber dieses Zimmer hatte nichts von einer Kirche an sich. Es glich eher der Höhle eines Tieres. Während der Mann hoch aufgerichtet neben ihr stand und finster zu ihr heruntersah, fragte sie sich, was er wohl als nächstes tun werde. Noch nie hatte sie solche Angst gehabt. Er streckte die Hand aus. Sarah zuckte zurück. Aber seine Finger lösten nur die Schnur, die den Schlafsack an ihr Gesicht preßte.

„Versuch nicht zu schreien", sagte er. „'s wird dich niemand hören."

Er lockerte den Knebel. Dann zog er sie vom Stuhl hoch, öffnete den Reißverschluß des Schlafsacks und streifte ihn ab. „Komm, setz dich", meinte er. „Du bist doch sicher hungrig. Ich bin's jedenfalls. Hab uns was gemacht. Eine Überraschung."

Jetzt sprach Sarah zum erstenmal. „Bitte tun Sie mir nichts", bat sie.

„O Kleines, du weißt, ich würd dir nie was tun. Sei ein braves Mädchen, dann hast du keinen Grund, dir Sorgen zu machen."

„Ich muß auf die Toilette", sagte sie.

Er nahm die Nylongurte von ihren Händen und Füßen.

„Das Bad ist da drüben." Er deutete auf eine Tür am anderen Ende des Zimmers. „Aber komm nicht auf dumme Gedanken. Du erreichst nichts damit, machst nur deinen Daddy unglücklich."

Sarah ging auf unsicheren Beinen ins Bad, schloß die Tür und sah sich um. Oben über der Erde war ein Fenster. Sie versuchte, es zu öffnen: vergeblich. Die Tür hatte kein Schloß. Der Mann würde in wenigen Sekunden dasein, wenn sie die Scheibe zerbrach und hinauszuklettern versuchte. Sie war machtlos. Ein bedrückender Gedanke.

Als sie herauskam, hatte er Wasser aufgesetzt und wärmte ein Fertiggericht auf. Er goß das Wasser in einen Becher mit Kakao und reichte ihn Sarah, nachdem sie sich hingesetzt hatte. Dann füllte er das Essen auf zwei Teller. Makkaroni mit Käse, Hackfleisch und Zwiebeln.

„Dein Lieblingsgericht", sagte er. „Los, iß."

„Ich bin es nicht", versuchte sie zu erklären. „Sie glauben, ich sei Ihre Tochter, aber Sie irren sich. Ich heiße Sarah Stannard und bin in Vermont aufgewachsen."

Die Hände des Mannes ballten sich zu Fäusten. „Ich hab gesagt, du sollst essen."

Den Blick starr auf den Tisch geheftet, aß er ein paar Bissen. Als er wieder aufblickte, war sein Zorn verraucht. „Ich wußte, daß es schwer sein würde", sagte er. „Aber ich bin sicher, alles wird dir wieder einfallen. Ich heiße Joseph Sherk. Du heißt Margaret. Du bist meine kleine Tochter. Wir leben zusammen, du und ich, und wir haben ein Häuschen in einem Tal in der Nähe von Harben in Virginia."

Er hielt einen Augenblick verwirrt inne, dann fuhr er fort: „Das heißt, wir *lebten* in einem kleinen Haus in der Nähe von Harben. Aber es ist was geschehn ..." Seine Stimme erstarb, und er schien sich an etwas erinnern zu wollen. „Jedenfalls gehn wir eines Tages dorthin zurück. Es bleibt nicht lange so, wie's jetzt ist. Bald haben wir's wieder wie früher."

Sarah war entmutigt, aber es hatte keinen Sinn zu widersprechen. Sie wandte sich dem Essen zu und aß ihren Teller leer.

Als sie fertig war, brachte Sherk ihr Jeans, ein Hemd und einen Pullover.

„Zieh das aus" – er deutete auf ihre Schuluniform – „und zieh das hier an. Es paßt besser zu dir."

Sie zog die Sachen im Badezimmer an. Sie saßen tadellos, und Sherk grinste zufrieden, als er Sarah sah. Er war nicht so furchterregend, wenn sie tat, was er wollte.

„Gut so; braves Mädchen", lobte er sie. „Und jetzt setz dich."

Sie gehorchte, und Sherk legte wieder die Gurte um ihre Füße und Handgelenke; aber diesmal band er ihre Hände vorne zusammen. „Bleib jetzt hier. Ich komm gleich wieder."

Er ging ins Badezimmer und schloß die Tür hinter sich. Sarah dachte an die Kellertür, den Parkplatz dahinter, die Straßen der Stadt.

Wenn du den Mut dazu hast, Kleines.

Sarah untersuchte den Gurt an ihren Füßen. Die Schlaufen lagen stramm um ihre Knöchel, aber dazwischen war ein lose hängendes Stück Strick, das ihr genug Spielraum für ein paar kurze, schleppende Schritte gab.

Es gelang ihr, bis zur vorderen Tür zu humpeln. Ein rascher Blick über die Schulter sagte ihr, daß die Badezimmertür noch geschlossen war. Das Wasser lief. Sie legte beide Hände an den Türknauf, drehte ihn und zog. Die Tür ging auf, und Sarah trat in den Keller hinaus.

Rechts sah sie eine beleuchtete Treppe, die hinauf ins Erdgeschoß zu führen schien. Links war die Eisentür, durch die der Mann sie hereingetragen hatte.

Sarah ging hinüber und drückte die Klinke herunter. Die Tür bewegte sich nicht. Sie betastete in der Dunkelheit den Rahmen. Am unteren Ende war ein Riegel. Sie zog daran.

Aber die Tür bewegte sich immer noch nicht. Irgendwo mußte noch ein Schieber sein. Zitternd vor Ungeduld fuhr sie abermals mit der Hand am Rahmen entlang. Da! Am oberen Ende der Tür ein zweiter Riegel. Sie schob ihn zurück. Mit einem Ruck sprang die Tür nach innen auf, und Sarah fiel zu Boden. Die herrliche kühle Luft der Freiheit strömte ihr entgegen.

Sie kam mühsam wieder auf die Beine. Die Fesseln ließen sie stolpern, als sie versuchte, die Stufen hinaufzusteigen. So kroch sie über den feuchten, kalten Boden, zog sich hinauf, kämpfte gegen die

Schwerkraft und die scharfen Kanten der Stufen, die sich ihr in Arme und Schienbeine gruben.

Endlich die oberste Stufe. Sie richtete sich auf. Zwischen ihr und der Straße war ein hoher Zaun. Er traf auf eine fast ebenso hohe Hecke, die an einer Einfahrt entlanglief. Um wegzukommen, mußte sie die Hecke umgehen.

Sarah meinte, Sherk hinter sich zu fühlen, der immer näher herankam. Die Hecke wurde nach unten hin lichter. Sie ließ sich flach auf den Boden fallen und kroch durch den Schlamm und Schneematsch. Die spitzen Enden der Zweige waren wie Dornen, die ihr das Gesicht und die Hände zerkratzten. Aber dann hatte sie sich durch die Hecke gezwängt, schleppte sich in die Einfahrt und auf die menschenleere Straße hinaus.

„Hilfe!" schrie sie. „Bitte helft mir! Er will mich holen!"

IM ERSTEN Stock ihres Hauses in der Bellflower Street 270 sahen die Corwins gerade im Fernsehen die Spätnachrichten, als der Ruf an ihr Fenster drang.

„Hast du das gehört?" fragte Marie Corwin. „Da hat jemand geschrien."

„Halbstarke", meinte ihr Mann. Es gab in der Gegend oft Scherereien mit Jugendlichen, vor allem an den Wochenenden. Autohupen, lärmende Musik und wildes Geschrei störten die nächtliche Ruhe. Natürlich hatte es keinen Sinn, die Polizei zu rufen; bis die kam, hatte sich die Bande längst aus dem Staub gemacht.

Marie stand auf, ging zum Fenster und blickte zwischen der Jalousie hindurch. Sie konnte jedoch nichts Ungewöhnliches entdecken und setzte sich beruhigt wieder vor den Fernseher.

SHERK putzte sich gerade die Zähne, als er den Schrei hörte. Zuerst dachte er sich nichts dabei. Margaret war in seinem Zimmer, nur ein paar Meter entfernt. Und dieser Schrei kam von draußen.

Dann begriff er. Das Feuer in seinem Inneren loderte auf. Er stürmte aus dem Badezimmer in die leere Wohnung. Mit langen Schritten lief er durch den Keller und die Stufen hinauf ins Freie. Er sah sich um. Keine Margaret. Dann half sie ihm: Sie schrie abermals. Jenseits der Hecke, auf der anderen Seite des Zauns.

Sherk rannte um die Hecke herum. Margaret war draußen auf der Straße. Als sie sich nach ihm umsah, stolperte sie und fiel hin.

Sherk lief eilig zu ihr hinaus, sah sich jedoch vorsichtshalber auf der Straße um, ehe er sich ihr näherte. Es war niemand zu sehen. Sarah wollte wieder schreien, aber in diesem Augenblick packte Sherk sie bei der Schulter und preßte ihr die Hand auf den Mund.

Plötzlich schien aller Kampfgeist von ihr gewichen zu sein. Sie stöhnte hilflos und lag schlaff in seinen Armen, als er sie um die Hecke herum zurücktrug. Beim Überqueren des Parkplatzes sah Sherk eine Gestalt hinter einem Vorhang im Pfarrhaus. Der Vorhang öffnete sich, und Monsignore Herrity blickte heraus. Sherk hielt die Hand fest auf Sarahs Mund gepreßt. Er wußte, daß sie in der Dunkelheit nicht zu sehen waren.

Der Vorhang schloß sich. Sherk lief rasch die Kellertreppe hinunter, stieß die Tür auf und setzte Sarah ab. Als er sich umwandte, um die Tür zu schließen, versuchte sie, ihm zu entkommen. Mit einem Satz war er bei ihr, packte sie bei den Schultern und zerrte sie zurück. Dann kniete er sich über sie. Eine Hand legte sich über ihren Mund, die andere griff nach ihrem Hals. Mit einer schwachen Bewegung hob sie abwehrend die Arme, aber Sherk schob sie beiseite.

Er fühlte das Feuer in seinem Inneren. Ein Film rollte vor seinem geistigen Auge ab, ein Bild dessen, was als nächstes geschehen würde. Oder vielleicht von etwas, das bereits geschehen war – er konnte es nicht deutlich erkennen. Die eine Hand preßte sich fester auf Sarahs Mund, während die andere sich um ihren Hals legte. Sie stieß mit den Füßen nach ihm und schnappte verzweifelt nach Luft.

Seine Finger drückten zu, und jetzt legte sich auch die zweite Hand an ihren Hals. Margaret hörte auf, sich zu wehren. Er erstickte die Kampfbereitschaft in ihr, erstickte die Schlechtigkeit und das Böse in ihr.

Sherk sah ihr ins Gesicht. Ihre Augen quollen aus den Höhlen und verdrehten sich. Das hatte er schon einmal gesehen. Der Traum. Angst und Schrecken auf Margarets Zügen und die Hände des gesichtslosen Mannes an ihrem Hals.

Erinnerung, Phantasie und Gegenwart – es wurde alles eins, und Sherk sah es deutlich in einer einzigen blitzartigen Erleuchtung.

Er zog seine Hände fort, als hätte er sich verbrannt. Dann richtete er sich auf und stand schwankend über Sarah, die mit offenem Mund auf dem Boden lag. Ein Thermostat klickte auf der anderen Seite des Kellers, und die Ölflamme loderte dröhnend unter dem Heizkessel auf.

SARAH holte tief Luft. Ihr Blick wurde allmählich klarer, und sie atmete wieder. Ich könnte jetzt tot sein, sagte sie sich. Sie wußte, es hatte nicht viel gefehlt.

„Steh auf!“ befahl der Mann. Er stand über ihr. Sie kam taumelnd auf die Beine und schwankte ihm voran in sein Zimmer.

„Setz dich!“ Sie setzte sich auf den Stuhl, auf dem sie zuvor gesessen hatte.

Er schlug die Tür zu und wandte sich um. „Hast du geglaubt, du kannst mich ungestraft zum Narren halten?“ Seine drohende Stimme ließ sie erschrocken zusammenfahren.

„Du weißt nicht, was du tust“, fuhr er fort. „Womit du spielst. Dinge ... Dinge ...“ Seine Stimme kam jetzt stockend, war fast schmerzlich. „Ich weiß nicht ... Dinge. Sie sind nicht richtig. Nicht so, wie sie mal waren.“ Er stand vor ihr und hob die Hände an den Kopf. Dann begegnete sein Blick wieder dem ihren. „Steh auf. Wir gehn“, sagte er.

Sie stand auf. Er prüfte die Gurte. Dann ging er zum Schrank und holte einen Kissenbezug heraus. Er schüttelte ihn aus und zog ihn Sarah über den Kopf. Sie sah jetzt nur noch weißen Stoff und das leicht verschleierte Licht der Glühbirne an der Decke.

„Wohin bringen Sie mich?“ fragte sie angstvoll. Ihre Kehle war wund, und die Worte kamen nur krächzend heraus.

„Nach Hause“, gab er zur Antwort. „Wir gehn nach Hause.“

Sarah hörte ein seidiges Knistern, das nach dem Schlafsack klang. Anscheinend legte er ihn sich über die Schulter. Dann hob er sie auf und trug sie hinaus. Sie bogen nach rechts ab, stiegen ein paar Stufen hinauf und gingen dann auf einem harten Boden – vermutlich Linoleum – einen langen Korridor entlang.

Eine Stufe nach oben, und sie waren auf Teppichboden. Ein kleiner Raum, den er mit wenigen Schritten durchquerte. Zwei Stufen hinunter. Wieder ein harter Belag. Dieser Raum war viel größer – der Mann brauchte länger, ihn zu durchqueren. Und es lag ein schwacher, rauchiger Geruch in der Luft, den Sarah nicht näher bestimmen konnte.

Wieder eine Treppe, diesmal aus Holz. Oben blieb der Mann stehen und stellte Sarah auf die Füße. Sie hörte, daß er eine Tür öffnete, und dann ein Geräusch wie von Kleiderbügeln, die über eine Stange geschoben wurden. Sherk drängte sie vorwärts und drehte sie nach rechts.

„Runter auf die Knie!“ befahl er. Er lockerte die Gurte an ihren Handgelenken und Füßen, damit sie sich bewegen konnte. „Kriech weiter.“

Sarah tat wie befohlen. Sie befand sich in einem engen Gang, der kaum breiter als ihre Schultern war. Eine Art Tunnel, etwa sechzig Zentimeter breit, vermutete sie. Als sie weiterkroch, schien sich der Tunnel zu verengen. Die Wände schlossen sie ein, erstickten sie.

„Halt“, sagte der Mann. „Links von dir ist eine Öffnung. Kriech da durch.“

Sarah streckte die linke Hand aus und fühlte ein Loch in der Mauer. Sie kroch hindurch und breitete die Arme aus. Die Wände waren eng.

Sherk kam hinter ihr herein. Ein aufflackerndes Streichholz ließ das Innere des Kissenbezugs gelb aufleuchten. Das Leuchten wurde heller. Eine Lampe, sagte sich Sarah. Sherk nahm den Bezug von ihrem Gesicht. Sie konnte sehen.

Sie befanden sich auf einem Dachboden, etwa so groß wie Sarahs Schlafzimmer im Hause ihrer Großeltern. Der Fußboden war aus rohen Dielen zusammengezimmert. Unter dem schräg verlaufenden Dach konnte man nirgends aufrecht stehen.

Als Sarah sich weiter umsah, erblickte sie ein Feldbett, Decken und einen zusammenklappbaren Gartenstuhl. Zwischen zwei Balken am hinteren Ende des Raumes hing eine Hängematte.

„Wir gehn nach Hause“, hatte der Mann gesagt. Sarahs Mut sank. Er wollte sie hierbehalten.

Sherk befahl ihr, sich auf dem Boden auszustrecken, und befestigte die Gurte an ihren Armen und Beinen. Er legte den Schlafsack wieder über sie. Dann holte er eine Zeltleinwand hervor, die mit Riemen und Schnallen versehen war. Sie sah aus wie ein Leichenhemd. Sherk breitete sie auf dem Boden aus.

„Nein“, sagte Sarah, als ihr klar wurde, was er vorhatte. „Das können Sie nicht.“

Sherk hob sie auf und legte sie in die Mitte der Zeltleinwand. „Ich muß“, erwiderte er. „Darf nichts riskieren.“

Das Leichenhemd hüllte sie ein. Er zog es fest um ihren Körper und schloß die Schnallen. Sarah war wie in einen Kokon eingeschlossen. Sie wackelte mit ihren Fingern und Zehen und legte den Kopf zur Seite. Das war alles, was sie bewegen konnte.

„Gut. Noch eine letzte Kleinigkeit, dann sind wir fertig.“

Sherk hielt etwas in der Hand, das wie eine Chirurgenmaske aussah.

Es war aus Leder und hatte eine Reihe von kleinen Löchern an der Mundpartie.

„Wildleder", sagte er. „Schön weich."

Er legte ihr die Maske an. Sie drückte Sarahs Kinn nach oben, als er die Riemen strammzog.

„Kannst du atmen?" fragte er. Sie nickte.

„Jetzt sag gute Nacht."

Sie hatte gerade Spielraum genug, um ein wenig die Lippen zu öffnen. Alles, was aus ihrer Kehle drang, war ein heiseres Gemurmel.

„Genau richtig", urteilte er.

Er hob Sarah auf und legte sie in die Hängematte. Dann zog er zwei weitere Gurte durch die Schlaufen der Zeltleinwand. Der eine band die Füße, der andere die Schultern an die Hängematte. Als Sherk seine Arbeit beendet hatte, war Sarah völlig unbeweglich.

Er stand mit düsterer Miene über ihr. „Weißt du, wer du bist?" fragte er.

Sie nickte. Ja.

„Bist du Margaret?"

Vielleicht war es töricht, aber sie konnte nicht lügen. Sie schüttelte den Kopf. Nein. Und wartete auf seinen Wutausbruch.

Sherks Gesichtsausdruck veränderte sich nicht. Seine Augen sahen müde aus.

„Das wird sich ändern", sagte er. „Wenn die Zeit gekommen ist."

Er entfernte sich und machte die Lampe aus. Dunkelheit hüllte sie ein. Sarah hörte, wie er sich auf dem Feldbett ausstreckte und die Decke hochzog.

Sie dachte an zu Hause, die Schule und an ihre Mutter, alles war so weit entfernt von diesem düsteren Gefängnis. Sie konnte sich nicht vorstellen, daß jemand sie hier finden würde. Wenn sie überleben, das Tageslicht wiedersehen wollte, würde sie sich selbst befreien müssen.

9

Sonnabend, den 10. November

Als Sarah aufwachte, umgab sie schwärzeste Finsternis. Sie hatte das Gefühl, in einer tiefen, engen Höhle begraben zu sein.

Ihr Herz raste vor Angst und Schrecken. Sie versuchte, nach Sherk zu rufen, aber nur ein schwaches Röcheln drang aus ihrer Kehle.

Sie wartete. Abgesehen von ihrem eigenen Puls, der laut in ihren Ohren dröhnte, war es totenstill. Sie war allein. Sherk hatte sie verlassen, während sie schlief. Wer weiß, wann er zurückkehren würde.

NACHDEM Sherk die Tür der Wohnung verriegelt hatte, griff er unter sein Bett und holte die Handtasche hervor, die er aus dem Lastwagen mitgebracht hatte. Er leerte sie über dem Tisch aus und ging den Inhalt durch: eine halbe Rolle Pfefferminz, ein paar Kugelschreiber und Filzstifte, eine Haarbürste; dies alles legte er wieder in die Tasche. Nur eine Brieftasche aus rotem Leder blieb zurück. Sie enthielt Fotografien: Margaret mit zwei Fremden, einem Mann und einer Frau, ungefähr in Sherks Alter. Dann eine kleine Porträtaufnahme von demselben Mann. Außerdem gab es eine Bibliothekskarte auf den Namen Sarah Stannard, einen von der Nordbrook-Schule ausgestellten Ausweis auf denselben Namen und einen Nachruf aus einer Zeitung auf einen Mann namens Jack Stannard.

Sherk brachte die Fotos und Papiere zum Spülbecken, zündete ein Streichholz an und verbrannte sie. Dann spülte er die Asche den Abfluß hinunter.

Mittlerweile, sagte er sich, ist Margaret sicher wach. Er tat die Brieftasche wieder an ihren gewohnten Platz, stopfte die Handtasche in seine Sporttasche, steckte noch eine Flasche Orangensaft und eine Schachtel Plätzchen ein und ging hinauf zu seiner Tochter.

Sie wimmerte leise, als er hereinkam. Er zündete die Petroleumlampe an, trat zu ihr und nahm ihr die Maske ab.

„Du hast geweint", stellte er fest.

„Nur ein bißchen."

Als nächstes schnallte er die Riemen los. Sarah holte tief Luft und versuchte, den Nacken zu bewegen. Ihr Hals schmerzte dort, wo Sherks Hände sie gewürgt hatten.

„Was hat dich beunruhigt?" Er war kühl, aber nicht unfreundlich.

„Ich bin aufgewacht", sagte sie, „und es war dunkel."

„Ich habe noch nie bemerkt, daß du Angst vor der Dunkelheit hast."

„Hab ich sonst auch nicht. Aber dies hier war anders." Die Worte waren ausgesprochen, ehe Sarah sich erinnerte, daß sie über zwei verschiedene Mädchen sprachen.

„Es tut mir leid, daß du dich gefürchtet hast." Seine Stimme klang, als ob er es ehrlich meinte. „Nächstes Mal lass' ich die Lampe brennen."

Er löste die Riemen von ihren Handgelenken und Füßen.

„Hungrig?" fragte er.

„Ja. Aber zuerst möchte ich, daß Sie mich hinunter zur Toilette bringen."

Er lächelte belustigt. „Wie wär's, wenn ich statt dessen die Toilette zu dir brächte?"

Sie beobachtete, wie er in eine Ecke ging und einen großen Pappkarton in die Mitte des Raumes schleppte. Er riß ihn auf und hob etwas heraus, das wie eine grüne Klosettschüssel ohne Spülkasten aussah. „Camping-Klo", sagte er.

Er nahm eine Decke und hängte sie mit Hilfe von Haken, die an einem Balken befestigt waren, quer über den Dachboden. Auf diese Weise würde sie ungestört sein.

„Sie lassen mich nicht raus?" fragte sie.

„Liebling, ich wünschte, ich könnte es." Sherks Ton klang bedauernd. „Aber 's scheint mir nicht ratsam. Noch nicht."

„Wann?" wollte Sarah wissen.

„Wenn ich dir vertrauen kann", sagte er mit der Stimme eines unnachgiebigen Vaters. „Wenn du wieder so bist wie früher."

„Aber wie lange?"

„So lang, wie's dauert, Margaret."

SHERK triumphierte insgeheim, als er sah, daß sie all ihre Plätzchen aufaß. „Zum Frühstück?" hatte Margaret gefragt. Aber dann hatte sie begierig gegessen, ein Beweis, daß die Tochter, die er kannte, noch nicht ganz verloren war. Er wußte, daß sie zum Frühstück gerne Plätzchen und Orangensaft aß.

Jetzt bürstete sie ihr langes blondes Haar mit langsamen, weit ausholenden Bewegungen.

„Dazu bist du früher immer auf die Veranda gegangen", sagte Sherk.

Sie sah ihn verständnislos an.

„Erinnerst du dich nicht? Du hast deine Haare im Spülstein gewaschen, und wenn die Sonne schien, bist du raus auf die Veranda gegangen, um sie trockenzubürsten."

Sie schüttelte langsam den Kopf. „Es gibt nichts zu erinnern. Werden Sie nicht ärgerlich, aber ich bin nicht Margaret."

Er streckte die Hand aus, um ihre Wange zu streicheln. Armes Kind, dachte er bei sich, sie braucht Liebe. Sarah zuckte zusammen, als er sie berührte. Das ärgerte ihn.

„Also gut, stehn wir auf", sagte er kurz angebunden. „Ich war lange genug fort, und es ist Zeit, daß du wieder in deine Hängematte kommst."

Ihr Gesicht war mürrisch, als Sherk die Hülle zuschnallte, und er hatte den Eindruck, daß sie mit aller Macht versuchte, die Tränen aufzuhalten.

„Wie heißt du?" fragte er.

Sie wandte den Blick ab. „Ich heiße Sarah."

„Du *bemühst* dich ja nicht einmal", murrte er.

Er war fort. Sarah war froh, daß sie ihn eine Weile nicht sehen mußte. Klaustrophobie tötete nicht, aber Sherk könnte es tun. Sie hatte ihn beinahe wieder in Wut versetzt, indem sie sich seiner Berührung entzog.

Er kann fast nett sein, sagte sie sich, solange man ihn nicht reizt. Solange sie ihm nicht widersprach. Sie konnte sich keinen Eigenwillen, ja nicht einmal Stolz leisten. Es kam darauf an, ihn bei Laune zu halten.

Vergiß nicht, liebes Kind, hier geht's ums Überleben.

Sonntag, den 11. November

Die Glocke der Bartholomäuskirche läutete mit einem tiefen, vollen Klang, der den Dachboden erzittern ließ. Sie schlug neunmal, dann war es still.

Für Sarah war der Ton wie ein himmlischer Donner. Offensichtlich befand sich das Dachgeschoß in der Nähe der Glocke. Sie hatte flüchtig eine Kirche erblickt, als Sherk sie in seinem Lastwagen hierherbrachte. Der Kirchturm kann nicht weit entfernt sein, sagte sie sich. Sie hoffte, die Glocke noch öfter zu hören; zumindest würde sie die Eintönigkeit unterbrechen und Sarah daran erinnern, daß es jenseits der schrägen Dachbalken noch eine andere Welt gab.

Sherk war fortgegangen. Er hatte wieder im Feldbett geschlafen und war am frühen Morgen aufgestanden. Sarah hatte durch halbgeschlossene Lider beobachtet, wie er hinauskroch, und sich gefragt, wohin er ging und – wichtiger noch – von wo er fortging. Dieser Raum mußte doch zu einem Gebäude gehören.

Jetzt hörte sie ein undeutliches Summen. Das Geräusch von Stimmen und Schritten wurde zum Dachboden heraufgetragen. Plötzlich erinnerte sie sich an den rauchigen Wohlgeruch, den sie auf dem Weg hierher wahrgenommen hatte. Es war Weihrauch gewesen.

Während sie noch darüber nachdachte, brauste Orgelmusik durch die hintere Wand des Dachbodens. Ein Choral. Stimmen erhoben sich und nahmen die Melodie auf, und Sarah war von Gesang umgeben.

Inmitten des Getöses erinnerte sie sich daran, daß sie durch die Kirche gekommen waren, aber danach nicht mehr ins Freie. Er hatte ein Versteck im Gotteshaus gefunden, so weit entfernt von Licht und Leben, wie man es sich nur vorstellen konnte.

Die Glocke läutete noch zweimal in Abständen von jeweils etwa einer Stunde. Während der ganzen Zeit war Sherk abwesend. Dann flackerte das Licht in der Petroleumlampe und ging aus. Kein Brennstoff mehr.

Diesmal war die Dunkelheit nicht so schlimm. Es gab weniger Unklarheiten, die ihr Angst einjagten. Sie war vielleicht gefangen, aber nicht begraben. Und sie wußte, daß Sherk sie nicht verlassen würde. So verrückt er war, er liebte seine Tochter.

In diesem Augenblick wurde ihr klar, daß Sherks Selbsttäuschung sie am Leben erhalten konnte. Aber sie mußte ihn darin bestärken. Er hätte sie Freitag abend beinahe getötet, als sie wie eine verängstigte Fremde reagiert hatte. Töchter fliehen nicht vor ihren Vätern. Und Väter töten ihre Töchter nicht. Es lohnte sich, darüber nachzudenken.

Sherks Sporttasche war die für Sarah lebenswichtige einzige Verbindung zur Außenwelt. Diesmal enthielt sie Sandwiches mit Wurst und ein paar Dosen Zitronenlimonade. Beim Essen saßen sie im Schneidersitz auf dem Boden und hatten anstelle eines Tischtuchs Papierhandtücher vor sich ausgebreitet.

„Ich möchte wissen, wo wir sind“, sagte Sarah.

Sherks Grinsen war scheu und unheimlich zugleich. „All der Lärm am Sonntagmorgen, kannst du's dir nicht denken?“

„In einer Kirche.“

„Mehr oder weniger“, erwiderte er, immer noch grinsend.

„Man kommt durch den hinteren Teil der Kirche hierher, stimmt's?“

„Fragen, Fragen“, sagte er in dem leichten Ton, in dem Väter mit

W.R

hartnäckigen Kindern sprechen. „Du wirst's noch früh genug erfahren."

Sie hielt es für klüger, nicht weiter in ihn zu dringen. Wortlos beendete sie ihre Mahlzeit. Sherk beobachtete sie unentwegt, und sie versuchte zum erstenmal, nicht vor seinem Blick zurückzuschrecken. Statt dessen lächelte sie ihm auf eine schüchterne, kindliche Art zu – oder zumindest hoffte sie, daß er ihr Lächeln so deuten würde. Und es schien wirklich so zu sein, denn sie glaubte zu sehen, daß sein Ausdruck weniger angespannt war.

Als sie fertiggegessen hatten, dankte Sarah ihm für die Mahlzeit und sammelte die leeren Büchsen und die Papierhandtücher ein. Sie sah, daß ihm das gefiel. Für eine gute Tochter war Hausarbeit eine Selbstverständlichkeit.

„Wie kommst du zurecht?" fragte er. „Geht's dir gut, so allein hier oben?"

„Ich langweile mich", erwiderte sie.

„Hm, gelangweilt ist besser als ängstlich, oder? Sonst noch was?"

„Ich fühle mich einsam."

„Wirklich? Ist das wahr?" Er wollte sich Gewißheit verschaffen. „Du fühlst dich einsam, wenn dein Daddy nicht da ist?"

Sie nickte.

Sherk streckte plötzlich die Hand aus und griff nach ihrem Handgelenk. Sein Gesicht war angespannt.

„Wie heißt du?" fragte er.

Was kann es schaden? dachte sie bei sich. Aber lieber nach und nach. „Ich weiß es nicht . . ., es fällt mir schwer, mich zu erinnern."

Er ließ ihr Handgelenk los. Sein Gesicht entspannte sich, und er lächelte.

„Nun, das ist doch wenigstens ein Anfang."

Nichtsdestoweniger schnürte er sie wieder in die Hülle ein; aber er ging zufrieden fort, und Sarah fühlte sich so sicher, wie sie sich nicht mehr gefühlt hatte, seit sie Sherk auf dem verschneiten Pfad begegnet war.

Montag, den 12. November

Monsignore Herrity beobachtete aus dem Halbdunkel, wie Sherk durch die dämmerige Kirche ging: eine lautlose, rasch dahineilende Gestalt.

Der Monsignore hatte in einer kleinen Kapelle gegenüber der

Sakristei gebetet. Heute war der Hochzeitstag seiner Eltern, und er war hierhergekommen, um ihrer zu gedenken.

In der Kapelle herrschte Dunkelheit; um zu beten, brauchte man kein Licht. Hinter einer halboffenen Tür zu seiner Rechten stand, von zwei schwachen Strahlern beleuchtet, der Hausaltar.

Während der Monsignore in der Dunkelheit der Kapelle kniete, war Sherk aus der Sakristei gekommen und unter einer dieser Lampen am Altar vorbeigegangen. Die Bewegung hatte den Monsignore veranlaßt, den Kopf zu wenden, und in diesem Moment erblickte er Sherk.

Zu einem anderen Zeitpunkt hätte er ihn zu sich gerufen; er wollte ihn von dem verstopften Abfluß im Gemeindehaus unterrichten. Aber jetzt zog er es vor, noch eine Weile allein zu sein. So verhielt er sich ruhig und beobachtete, wie Sherk durch die Pforte zwischen den Chorschranken ging und lautlos das Mittelschiff entlang zur Rückseite der Kirche eilte.

Seltsam beunruhigt stand der Monsignore auf und ging zur hinteren Tür der kleinen Seitenkapelle; von dort aus sah er Sherk die Treppe zur Empore hinaufsteigen.

Der Monsignore kniete wieder nieder, aber statt zu beten, dachte er über Sherk nach und fragte sich, was der Mann wohl zu dieser Zeit auf der Galerie zu suchen hatte.

Er bekreuzigte sich, verließ die Kapelle und ging das Seitenschiff entlang zu der Treppe, die zur Empore führte. Nach kurzem Zögern stieg er hinauf. Seine Schritte hallten laut auf den hölzernen Stufen, und er war sicher, daß Sherk ihn hören würde. Oben angelangt, ging er den kurzen Gang entlang und trat auf die Empore hinaus.

Sie war leer. Leise rief er Sherks Namen. Keine Antwort.

Vor zwei Minuten, sagte er sich, habe ich Sherk hier heraufgehen sehen. Dann habe ich mich abgewandt, um zu beten. Es gibt nur einen Weg zur Empore hinauf. Sherk hätte also gleich wieder die Treppe herunterkommen müssen. Oder er ist noch hier.

Der Monsignore ging die Empore entlang und sah sich um. Er kam zur Tür der Kleiderkammer und öffnete sie. Drinnen war es dunkel. Er tastete an der Wand entlang, bis er den Lichtschalter fand.

Chorgewänder und ein paar Kartons. Das war alles.

Er schloß die Tür und ging über den Gang zur Treppe zurück. Dort blieb er stehen und wandte sich noch einmal um. Stiller konnte es gar nicht sein. Still und leer.

Selbst durch die Maske erkannte Sarah den Duft: Frikadellen und Pommes frites. „Ich brauchte mal 'ne Abwechslung", erklärte Sherk, während er ihr die Maske abnahm. „Und ich dachte mir, du vielleicht auch."

Mit seiner Hilfe befreite sie sich von ihrer Hülle, und dann saßen sie wie üblich einander gegenüber, die Sporttasche in der Mitte. Es war das dritte Mal, daß Sherk heute auf den Dachboden kam, und jedesmal hatte er einen zufriedenen Eindruck gemacht.

„Du kannst uns das Essen servieren", sagte er und schob ihr die Tasche hin.

Sarah öffnete sie. Obenauf lag ein kariertes Tischtuch. Sie breitete es auf dem Boden aus. Dann holte sie den Festschmaus heraus.

„Ich kann's kaum glauben", meinte sie staunend.

Unter Sherks aufmerksamen Blicken plazierte sie das Essen auf dem Tischtuch. Er schien zufrieden mit sich, zufrieden mit ihr, und Sarah sagte sich, wenn sie ihn nur bei Laune halten konnte, würde sie am Leben bleiben, bis die Zeit für Flucht oder Befreiung gekommen war.

In der Sporttasche war noch ein weiteres Paket, länglich und in braunes Packpapier gewickelt, etwas kleiner als ein Schuhkarton.

„Los, mach's auf", sagte Sherk.

Zögernd nahm sie das Papier fort. Drinnen war ein kleines Radio, nicht größer als eine Zigarettenschachtel, mit einem Kopfhörer.

„Für mich?" fragte Sarah.

„Ich seh keinen andern Menschen in diesem Raum, der ein Radio braucht." Er war hoch zufrieden. „Etwas, um dir die Zeit zu vertreiben. Du hast doch gesagt, du langweilst dich. Ich hab die Batterie schon reingetan."

Sarah war sprachlos.

„Es ist sehr schön." Die Dankbarkeit, die sie empfand, stand in keinem Verhältnis zu dem Geschenk. „Vielen Dank, Mr. Sherk", sagte sie. „Ich danke Ihnen sehr."

Das Lächeln verschwand von seinem Gesicht. „Du brauchst mich nicht Mister zu nennen."

Sarah überlegte einen Augenblick.

„Vielen Dank, Joseph." Das schien jedoch auch nicht das richtige zu sein. Er blieb ruhig, aber sie sah einen Anflug von Kummer in seinem Blick.

„Iß lieber", sagte er. „Das Essen wird kalt."

EHE Sherk fortging, setzte er Sarah den Kopfhörer auf – die Maske störte nicht. Er hatte ihr das kleine Radiogerät in die Hände gelegt, bevor er sie in die Hülle einschnürte. Sarah konnte die Lautstärke regulieren und den Sender wählen, indem sie Daumen und Zeigefinger bewegte.

Sie ging die ganze Skala durch, ehe sie sich für einen Sender in Baltimore entschied. Man spielte mehrere Schlager, dann folgten die Nachrichten.

Sie hörte Berichte über Ayatollah Khomeini und die Meuterei von Häftlingen in einem Gefängnis in Virginia. Dann wurde ihr eigener Name genannt. Der Ansager sprach über Sarah Stannard, ein junges Mädchen, das am Freitag nachmittag anscheinend in der Nähe ihres Hauses entführt worden war.

„Von diesem Zeitpunkt an", sagte der Sprecher, „ist das Mädchen verschwunden."

Nein, das bin ich nicht, dachte Sarah bei sich. Ich bin hier, ganz in eurer Nähe.

Dieser Moment kam ihr genauso unwirklich vor wie alles, was sie in den letzten drei Tagen erlebt hatte.

Mittwoch, den 14. November

Das Bild von Sarah Stannard – dasselbe, das ihn tagelang verfolgt hatte – blickte dem Streifenpolizisten Terry Dean entgegen, als er die Abendzeitung aufschlug. Er hatte versucht, das Mädchen aus seinen Gedanken zu verbannen, nachdem er zu dem Schluß gekommen war, daß er sich entweder irrte oder daß er dieses Rätsel nicht zu lösen wußte. Aber jetzt sah sie ihn wieder an. Diese dunklen forschenden Augen. Das Bild gehörte zu einem Bericht. Dean versuchte, ihn zu lesen, aber das Foto lenkte ihn immer wieder ab. Und er wußte, daß es ihm den ganzen Tag nicht mehr aus dem Kopf gehen würde.

ELISE war allein in ihrem Schlafzimmer, unter Laken und Decken begraben, als sie hörte, daß jemand hinter der Tür leise ihren Namen rief. Es war Joy. Elise machte sich nicht die Mühe zu antworten, und nach einer Weile öffnete Joy die Tür und betrat zögernd das verdunkelte Zimmer.

„Elise, Liebling." Joy näherte sich dem Bett. „Geht es dir wieder besser?"

Elise warf ihr einen verbitterten Blick zu. Sarah war jetzt seit fünf

Tagen fort. Der Kriminalbeamte Tarver von der Bezirkspolizei hatte ihnen versichert, daß alles getan werde, um sie zu finden. Aber bis jetzt sei man noch keinen Schritt weitergekommen.

„Das war wohl eine dumme Frage", meinte Joy. „Hör zu, diese Sache ist für uns alle ein schwerer Schlag. Aber Harry und ich, wir machen uns ebenso große Sorgen um dich wie um Sarah. Wir könnten es nicht ertragen, eine von euch beiden zu verlieren."

„Spar dir deine Besorgnis für Sarah auf."

„In bezug auf Sarah können wir nichts tun. Aber mit dir ist es etwas anderes. Wir werden nicht zulassen, daß du hier verkümmerst."

Elise wandte sich ab und legte den Arm über ihr Gesicht. „Ich komm schon zurecht", sagte sie. „Bitte, geh jetzt. Laß mich allein."

„WIE heißt du?"

Oben auf dem Dachboden. Der matte gelbe Lichtfleck der Petroleumlampe flackerte unruhig über die Balken und die Holzverkleidung des Daches. Sarah war fest in ihre Hülle aus Zeltleinwand eingewickelt.

Ein wenig zögernd antwortete sie: „Ich bin nicht ganz sicher."

Sherk war den ganzen Tag guter Laune gewesen. Mit einem Lächeln in den Augen beugte er sich über sie.

„Was ist das für ein Mädchen, das seinen eigenen Namen nicht kennt?"

„Ein vergeßliches, denk ich mir."

„Vielleicht kann ich helfen", sagte er mit heiterer Stimme. „Heißt du ... Amy?"

„Ich glaube nicht."

„Heißt du ... Ernestine?" Er gab dem Namen einen fremdländischen Klang und schnitt eine Grimasse.

„Nein!" Sarah kicherte. Dieses Spiel kam ihr bekannt vor, und gleich darauf fiel ihr ein, warum. Dies war ein Vater-Tochter-Spiel. Daddy und das kleine Mädchen. Sie wußte, wie man es spielte.

„Du mußt einen Namen haben. Jedes Mädchen hat einen. Laß uns überlegen. Vielleicht heißt du Sarah?" Er sah sie verstohlen von der Seite an und wartete auf ihre Reaktion.

„Nein", meinte sie nach kurzem Zögern. „Das klingt nicht vertraut."

„Nun" – er musterte sie nachdenklich –, „wie wär's mit Margaret?"

„Ich habe den Namen schon öfter gehört", überlegte sie.

„Ich auch. Könntest du so heißen?"

„Das wäre gut möglich", sagte sie rasch. „Ja, das könnte mein Name sein."

Sherks Umarmung war echt und inbrünstig. Sarah versuchte nicht, ihm auszuweichen; solange seine Arme sie umschlossen, war sie in Sicherheit.

Wenn sie ihn zufriedenstellen konnte, indem sie sich an seine Spielregeln hielt und so ihr Leben rettete, würde sie das tun. Von jetzt an war sie Margaret, nur Margaret.

Sherk löschte die Lampe, und Dunkelheit umgab sie. Sarah hörte, wie er sich auf dem Feldbett ausstreckte.

Seine Stimme war leise und zufrieden, als er zu sprechen begann. „Dein Zimmer war rosa gestrichen, bis du sechs Jahre alt warst", sagte er. „Dann hab ich's weiß gestrichen, weil du mir sagtest, du machst dir nichts aus Rosa. Deine beste Freundin war ein Mädchen namens Susie. Sie wohnte etwa eine halbe Stunde von uns entfernt. Ihr wart beide im gleichen Alter; dann starb eines Tages ihr Vater, und ihre Mutter ging mit ihr fort. Du warst damals ungefähr acht. Deine Lieblingsschuhe waren ein Paar rote Tennisschuhe, bei denen auf dem Absatz ‚P. F. Flyers' stand, und du wolltest immer wissen, was die Buchstaben bedeuteten."

Die Sätze waren ziellos aneinandergereiht, aber Sarah verstand. Er sprach über ihr Zuhause und über ein Mädchen namens Margaret – über Dinge, die sie eigentlich hätte wissen müssen. Er erkannte, daß Margaret vieles vergessen hatte, und so versuchte er, ihrem Gedächtnis nachzuhelfen.

Sie schloß die Augen und hörte zu.

„Du hattest eine getigerte Katze, die Banana hieß. Sie ist weggelaufen, als du neun warst. Hat dir fast 's Herz gebrochen. In der vierten Klasse bist du vom Reck gefallen. Hast den rechten Arm zwei Monate in Gips gehabt."

Er sprach noch eine Zeitlang weiter, über Kohlenlastwagen, die das Haus erzittern ließen, wenn sie vorbeiratterten, über aufgeschlagene Knie, Puppen und eine unverheiratete Tante namens Beatrice. Sarah dachte an das Mädchen, das Margaret hieß, und fragte sich, wo sie wohl sein mochte und was mit ihr geschehen war.

Wer auch immer sie sein mag, er liebt sie wirklich, war ihr letzter Gedanke. Dann schlief sie ein.

10

Donnerstag, den 15. November

Howard Warner fuhr den Ritchie Highway entlang bis zur Whittier Lane. Dort hielt er an, wartete auf eine Lücke im entgegenkommenden Verkehr und bog in den Waldweg ein, der zum Haus der Stannards führte.

Eigentlich hatte er gar nicht kommen wollen. Der Fall war für ihn erledigt. Aber der Gedanke an die Menschen, die hier lebten – und das Mädchen, das verschwunden war –, ging ihm nicht aus dem Kopf. Er konnte nicht genau sagen, was ihn wieder hierhergeführt hatte. Zum Teil war es wohl das Gefühl, etwas Wichtiges nicht abgeschlossen zu haben. Und dann Elise. Selbst in ihrem Kummer wollte er sie wiedersehen.

Er bog in die Einfahrt ein. Der Wagen war kaum zum Stehen gekommen, da erschien Harry bereits an der Haustür und wartete darauf, ihn zu begrüßen.

„Ich war gerade in der Nähe", sagte Warner, als er ausstieg. „Da dachte ich mir, ich schau mal herein, um zu hören, wie es Ihnen allen geht."

„Es ist uns schon mal besser gegangen", erwiderte Harry. „Dies ist eine schwere Zeit."

Joy kam ihnen entgegen, als sie das Haus betraten. Sie sah erschöpft aus. „Ich hoffe, Sie können ein paar Minuten bleiben", meinte sie. „Elise wird Sie sicherlich sprechen wollen. Am besten bringe ich Sie gleich zu ihr hinüber."

Harry nahm ihm den Mantel ab, und Joy führte Warner ins Wohnzimmer des neuen Flügels. Dort blieb sie stehen und wandte sich ihm zu.

„Diese Tage haben Elise sehr zugesetzt. Sie werden sie verändert finden."

Sie trafen Elise in Sarahs Zimmer an. Inmitten einer schrecklichen Unordnung. Auf dem Bett lag ein Haufen Kleider. Die Schubladen der Kommode waren geöffnet, der Inhalt auf dem Boden verstreut. Elise hockte auf Händen und Knien vor einem Stoß Socken. Sie sah verzweifelt aus. Aber als sie aufblickte, bemerkte Warner, daß ihr Ausdruck weniger trostlos wurde.

„Elise, du erinnerst dich an den Kriminalbeamten aus Annapolis", sagte Joy.

„Howard", murmelte Elise. „Ich wußte nicht, daß Sie kommen würden."

Sie trug Jeans und einen roten Pullover mit V-Ausschnitt über einer weißen Bluse. Als sie aufstand, fuhr sie sich mit der rechten Hand übers Gesicht, um eine unsichtbare Haarsträhne aus der Stirn zu streichen. Eine liebenswerte Geste, dachte Warner. Hätte ich dich auf andere Art und Weise kennengelernt –

„Hätt' wohl lieber vorher anrufen sollen. Aber ich war grade in der Nähe", meinte er, „und ich dachte mir, vielleicht hätten Sie gern ein bißchen Gesellschaft."

„Ja, das stimmt. Sehr gern sogar."

Joy ging hinaus, und Warner wurde plötzlich verlegen. Er blickte auf die Unordnung. „Suchen Sie etwas?" fragte er.

„Einer der Beamten sagte neulich, jede Kleinigkeit könne helfen. Und da dachte ich mir, vielleicht würde ich etwas finden."

„Ja, könnte sein. Und haben Sie was gefunden?"

Sie schüttelte den Kopf.

„Hören Sie", schlug er vor. „Warum räumen wir nicht erst einmal diese Sachen weg? Ich helfe Ihnen. Sie werden sehen, wir sind im Nu damit fertig."

Sie arbeiteten eine Weile schweigend. Elise hängte Kleider auf Bügel, und Warner brachte sie zu den Wandschränken. Dann setzte er sich mit ihr auf den Boden, und sie füllten die Schubladen, die Elise ausgekippt hatte. Als sie beinahe fertig waren, ging Elise hinaus und kehrte kurz darauf mit einem Schuhkarton zurück. Warner setzte sich neben sie auf den Bettrand und beobachtete, wie sie anfing, etwas durchzusehen, das wie ein Haufen unnützer Kram aussah. Sie zog eine gedruckte, mit Tintenstrichen markierte Karte heraus.

„Ihr erstes Zeugnis", sagte Elise. „Sehen Sie? ‚Gut' in allen Fächern. Sarah war schon immer eine gute Schülerin. Sie ist fleißig und sehr intelligent."

Sie legte die Karte zurück und nahm ein zartlila Blatt Papier heraus. „Ein Briefchen, das sie uns an ihrem dreizehnten Geburtstag geschrieben hat." Elise lächelte und zeigte Warner den Zettel.

„Liebe Mami, lieber Papi", hatte Sarah geschrieben. „Ich kann mir keinen besseren Tag denken, um Euch zu sagen, wie sehr ich Euch liebe und wie glücklich ich bin, Euch als Eltern zu haben."

Lauter Erinnerungsstücke. Das Diadem, das Sarah bei einer Schulaufführung getragen hatte. Ein blaues Band, das sie bei einem Zeichenwettbewerb gewonnen hatte. Ein Erkennungsarmband, das man ihr im Krankenhaus angelegt hatte, als ihr die Mandeln herausgenommen wurden.

„Sie hatte solche Angst", erinnerte sich Elise. „Sie war gerade sieben, und sie wußte, daß ihr Großvater – mein Vater – ins Krankenhaus gegangen und nie mehr nach Hause gekommen war. Immer wieder sagte sie zu mir: ‚Ich will nicht sterben, Mami. Wenn ich sterbe, werd ich dich und Daddy nie wiedersehn.'"

Ihre Lippen zuckten. Sie wandte sich Warner zu.

„Wenn ich morgens aufwache, erinnere ich mich im ersten Augenblick nicht an das, was geschehen ist. Es ist, als wäre alles so wie immer – sie ist hier, in diesem Zimmer neben meinem, und ich brauche nur ein paar Schritte zu gehen, dann bin ich bei ihr. Aber dann fällt mir alles wieder ein."

Sie sank vornüber. Ihre Schultern bebten, und Warner sah, daß sie weinte.

„Nicht weinen", sagte er. „Bitte nicht."

Er stand auf, legte die Arme um sie und klopfte ihr beruhigend auf den Rücken; sie reagierte nicht. Er zog sie dichter an sich, und dann lagen sie sich in den Armen; Elise hielt ihn fest umschlungen und verbarg ihr Gesicht an seiner Schulter.

DER goldene Anhänger war fort. Sarah hatte es bis jetzt nicht bemerkt.

Wie jeden Nachmittag war Sherk gekommen, um nach ihr zu sehen und sie loszubinden. Jetzt saß er ihr gegenüber und schnitzte an einem Stück Holz, das etwa dreißig Zentimeter lang und so dick wie ein Kinderarm war. Das Liegen in der Hängematte hatte wie immer Sarahs Muskeln verspannt, und sie versuchte, sie durch Übungen zu lockern.

Als sie kreisende Bewegungen mit den Armen machte, fiel ihr auf, daß das Armband nicht klingelte. Für gewöhnlich gab der Anhänger, den sie daran trug, bei jeder Bewegung ein leises Klirren von sich.

Sie richtete sich auf und untersuchte das Armband. Weg. Das Geschenk ihres Vaters. Verschwunden wie alles andere aus jener weit entfernten Existenz.

Sherk hatte aufgehört zu schnitzen. „Was ist los?" fragte er.

„Nichts. Es ist alles in Ordnung."

Er sah, daß sie das Armband betrachtete, legte das Stück Holz beiseite, trat zu ihr und griff nach ihrem Handgelenk.

„Das gehört dir doch sowieso nicht", sagte er. „Oder doch?"

Sarah hörte die Herausforderung in seinen Worten.

„Nein", erwiderte sie. „Ich weiß nicht, wie es dorthin gekommen ist."

Er nahm ihr das Armband ab und steckte es in die Tasche.

„Mach dir keine Sorgen deswegen", meinte er. Dann streckte er die Hand nach dem Holz aus, an dem er gearbeitet hatte. „Hier, sieh's dir an. Fast fertig."

Sie nahm es in die Hand. Es war die geschnitzte Figur eines Mädchens, einfach, aber nicht grob. Es trug ein Kleid und eine Schürze und hatte einen langen Zopf.

„Erinnerst du dich?" fragte Sherk. „Deine erste Puppe. Ich habe dir eine wie diese gemacht, als du noch ganz klein warst. Ich weiß, du spielst nicht mehr mit Puppen. Aber ich dachte mir, vielleicht hilft sie dir, dich zu erinnern. Was meinst du?"

Sie befühlte das glatte Holz. „Ja, natürlich erinnere ich mich."

„Du hast sie Röschen genannt. Nach der Blume, die sie auf ihrer Schürze hatte."

„Röschen. Ich erinnere mich gut an sie."

„Ich hab's gewußt. Und jetzt möcht ich ein frohes Lächeln sehen. Ja, gut so."

„Es wäre schön, wenn Sie wiederkämen", sagte Elise. „Vielleicht morgen auf ein paar Minuten ..."

Sie standen in der Diele, und Warner nahm seinen Mantel über den Arm.

„Gerne." Er lächelte. „Eine schöne Hilfe war ich Ihnen; fünfzehn Minuten, und schon sind Sie in Tränen aufgelöst."

„Nächstes Mal werde ich nicht weinen."

„Freitag ist ein schlechter Tag, selbst wenn ich mich morgen nicht vom Schreibtisch wegbewege. Ich habe noch einen riesigen Haufen Papierkram zu erledigen."

„Arbeiten Sie samstags?"

„In der Regel habe ich die Wochenenden frei", sagte er. „Ich denke, daß ich am Samstag mal vorbeikommen kann."

Sie drückte ihm die Hand.

Freitag, den 16. November

Einmal hatten Sherk und Margaret eine Bärenmutter gesehen, die in dem sommerlich hohen Gras einer Wiese unweit des Häuschens mit ihrem Jungen spielte.

„Der Wind wehte aus ihrer Richtung", erklärte Sherk, „deswegen konnte sie uns nicht wittern, und wir hatten Gelegenheit, sie ein paar Minuten zu beobachten."

„War das die Wiese für unsere Picknicks?" fragte Sarah.

„Nein, nein. Die lag weiter hinten an der Straße. Die Wiese, wo wir die Bären gesehen haben, war auf der anderen Seite des Hanges."

Sherk konnte stundenlang so reden. Und während er erzählte, sah Sarah das kleine Haus mit seinen Zimmern und Möbeln vor sich. Sie sah auch die Hänge, die so hoch und steil waren, daß das kleine Tal den größten Teil des Tages im Schatten lag. Die Bilder, zuerst unscharf und verschwommen, standen ihr jetzt deutlich vor Augen. Sie sah einen Vater, der mit seiner Tochter in aller Abgeschiedenheit ein glückliches Leben führte.

Es war nach Mitternacht, als Sherk zu reden aufhörte. Er wickelte Sarah ein, legte sie in ihre Hängematte und blies die Lampe aus. Sarah war mit ihren Gedanken noch im Hügelland, und sie suchte nach einem beruhigenden Bild, mit dem sie einschlafen konnte.

Das erste, das ihr in den Sinn kam, war ein Bild von Sherk und Margaret in ihrem Häuschen, einem bescheidenen Häuschen, fern vom Getümmel der Welt, Zuflucht für einen liebenden Vater und eine liebende Tochter. Allerdings setzte sie sich selbst an Margarets Stelle, und der Vater war Sherk und ihr eigener Vater zugleich. Es war Unsinn von der Art, wie ihn der Verstand in Augenblicken akzeptieren kann, in denen sich die Wirklichkeit im Traum verliert. Sarah überließ sich diesem Bild und schlief ein.

Sonnabend, den 17. November

Eine Viertelstunde nachdem Warner bei den Stannards eingetroffen war, wünschte er, das Haus so bald wie möglich wieder zu verlassen; der Schatten der Tragödie war allgegenwärtig.

Elise zog einen Mantel an, und sie gingen gemeinsam zum Fluß hinunter. Der Tag war trübe, mit rasch ziehenden Wolken und einem beißenden Wind. Ihr Weg führte sie zum Rand des Flußufers und von dort aus zum Ende eines Landungsstegs, der hoch über dem Wasser lag. Warner sah hinunter. Der Severn war grün und vom Wind aufgewühlt. Elise stand neben ihm, und er spürte eine leichte Berührung, als der Wind sie an seine Seite drückte.

„Heute morgen haben die Polizeibeamten die Tonbandgeräte von den Telefonen entfernt", sagte sie. „Sie meinten, wenn es sich um einc Lösegeldforderung handeln würde, hätten wir den Anruf inzwischen bekommen."

Warner sah ein feuchtes Glitzern in ihren Augenwinkeln, das allerdings auch von der Schärfe des Windes herrühren konnte.

„Das ist kein gutes Zeichen, nicht wahr?" fragte sie.

„Lassen Sie sich davon nicht entmutigen. Die Sache mit dem Lösegeld war sowieso sehr unwahrscheinlich."

„Ich dachte mir, es bedeutet, daß die Polizei die Hoffnung aufgegeben hat." Es fiel ihr schwer weiterzusprechen. „Daß sie zu dem Schluß gelangt ist, es müsse ihr etwas zugestoßen sein."

Warner blickte zum anderen Ufer hinüber. „Ich finde es viel zu früh, um so zu reden. Es ist ja erst eine Woche her."

Ein Windstoß brachte Elise ins Wanken. Sie griff nach Warners Arm, um sich festzuhalten. Nach ein paar Sekunden sagte sie mit erstickter Stimme: „Ich will meine Tochter wiederhaben, Howard. Sie ist alles, was ich besitze. Dieses Warten bringt mich zur Verzweiflung. Es ist mehr, als ich ertragen kann."

Er wandte sich ihr zu. „Verstehen Sie mich nicht falsch", sagte er. „Aber es gibt Psychiater. Man sagt, daß sie gut zuhören können."

„Ich habe auch schon daran gedacht. Aber es scheint mir noch zu früh dafür."

Er nickte und schwieg einen Augenblick nachdenklich. Dann fragte er: „Gehen Sie in die Kirche?"

„Ich bin schon seit langem nicht mehr dort gewesen. Wir haben Sarah katholisch taufen lassen, aber Jack war im Grunde nicht sehr religiös. Und so habe ich es mit der Zeit auch aufgegeben."

„Manche Leute finden, daß die Kirche eine Hilfe ist."

„Sie auch?"

Er zuckte die Achseln. „Ich gehe manchmal. Bin katholisch erzogen worden. Acht Jahre bei den Nonnen in der Grundschule. Und danach vier Jahre bei den Jesuiten. Davon bleibt unweigerlich etwas haften."

Elise lächelte. „Eine Kirche", meinte sie nachdenklich. „Gar keine schlechte Idee. Wohin könnte ich denn hier gehen?"

„Ich kenne eine", sagte Warner. „Wenn Sie wollen, führe ich Sie hin."

Am nächsten Morgen kam Warner in einem dunkelblauen Anzug, um Elise zur Messe zu begleiten.

Die Uhr zeigte schon elf Minuten vor neun, als sie auf die Schnellstraße einbogen, und Elise war überzeugt, daß sie zu spät kommen würden. Aber Warner kannte sich aus. Er fuhr über die Brücke, quer durch die Stadt bis zu dem Parkplatz vor der Kirche, ohne vor einer Ampel warten zu müssen.

Er reichte Elise den Arm, als sie auf die Kirche zugingen. Die Glocke begann zu läuten, während sie die Stufen hinaufstiegen, und Elise hatte kaum Zeit, die Bronzeplatte neben dem Eingang zu lesen: Bartholomäuskirche.

Als Sarah die Glocke hörte, dachte sie an Sherk. Bevor er an diesem Morgen fortgegangen war, hatte er gesagt, er werde zurückkommen und ihr Frühstück mitbringen. Aber sie nahm an, daß er vorläufig nicht kommen würde. Das Glockenläuten bedeutete Messe, bedeutete viele Menschen.

Sie überlegte, wie sehr sich ihre Gefühle gewandelt hatten. Sie war nicht mehr ängstlich, nur einsam. Der Dachboden war ihr zu Anfang eng und erdrückend erschienen: Jetzt fand sie ihn zwar eintönig, gleichzeitig aber fast anheimelnd und behaglich. Und obgleich sie Sherks schnell wechselnde Stimmungen immer noch fürchtete, glaubte sie, ihn zu verstehen. Sie bemitleidete ihn wegen der Traurigkeit, die ihn zu durchdringen schien. Trotz allem, was er ihr angetan hatte, war sie außerstande, ihn zu hassen, und er seinerseits war ihr offensichtlich sehr zugetan. Er war glücklich, wenn sie seine Erwartungen erfüllte. Und seine Freude machte sie schwindlig vor Erleichterung.

Die Glocken verstummten. Sarah knipste ihren kleinen Radioapparat an und wartete auf Sherks Rückkehr.

„Ich trete zum Tisch des Herrn", sagte der Priester.

Elise hörte aufmerksam zu. Neun Tage war sie verzweifelt gewesen. Aber Howard hatte recht gehabt: Hier schien sie Trost zu finden.

Nicht etwa, daß sie ein Wunder erwartete: daß Sarah in die Küche kommen würde, als wäre sie nie verschwunden gewesen. Elise betete lediglich um das Wohlergehen ihrer Tochter; mehr zu erbitten kam ihr vermessen vor. Sie hatte das Gefühl, in dieser schönen Kirche in unmittelbarer Nähe einer Kraft zu sein, die viel größer war als sie selbst. Und das linderte ihren Schmerz.

Sie würde morgen wiederkommen. Und übermorgen. Es war genau das, was sie brauchte.

Montag, den 19. November

Es war elf Uhr abends. Der Streifenpolizist Terry Dean stand mit seinem Dienstwagen an einer Kreuzung, als der silberne Peugeot in vollem Tempo das Haltezeichen überfuhr. Deans Motor lief bereits. Er legte den Gang ein, fuhr los und hatte nach hundertfünfzig Metern das Auto eingeholt und veranlaßt, am Straßenrand zu halten. Er parkte unmittelbar dahinter, stieg aus und ging auf den Wagen zu. Das Fenster neben dem Fahrersitz wurde halb heruntergelassen, als er näher kam.

„Oh, wie schrecklich!“ seufzte eine junge weibliche Stimme. Dean knipste seine Taschenlampe an und leuchtete damit in den Wagen, um die Hände zu sehen. Ein guter Polizist sollte sich stets als erstes überzeugen, was die Hände tun.

„Ihren Führerschein, bitte“, sagte Dean. „Und den Kraftfahrzeugschein.“ Die Fahrerin griff nach ihrer Handtasche und durchstöberte sie.

„Ich habe das Haltezeichen überfahren, stimmt's?“ fragte sie, immer noch in ihrer Tasche kramend. „Ich habe es überhaupt nicht gesehen, aber die anderen haben es mir gesagt.“ Im Halbdunkel des Wageninneren sah Dean einen Fahrgast vorne und zwei weitere hinten. Alles junge Mädchen.

„Hier.“ Die Fahrerin reichte ihm die Papiere, ohne ihn anzusehen. „Das ist wirklich eine Katastrophe. Ich habe gerade erst letzte Woche meinen Führerschein gemacht. Mein Vater bekommt einen Tobsuchtsanfall.“

Dean nahm die Papiere mit zum Streifenwagen, wo er seinen Vorladungsblock liegen hatte.

Er machte das obere Licht an und holte einen Kugelschreiber und den Block heraus. Dann prüfte er zum erstenmal den Führerschein und das dazugehörige Farbfoto.

Sekunden später rannte er, den Führerschein und ein Klemmbrett in der Hand, zum Peugeot zurück.

„Bitte steigen Sie aus“, sagte er zur Fahrerin. Sie gehorchte. „Und jetzt kommen Sie ans Licht.“

Sie folgte ihm zu einer Straßenlaterne an der Ecke. „He, ich kenn Sie doch", meinte sie.

Er musterte ihre Züge im Licht, dann blickte er auf das Klemmbrett. „Wie heißen Sie?" fragte er.

„Emily Caldwell. Sie waren mal bei uns, erinnern Sie sich?"

„Sie gehn in eine Privatschule?"

„Nordbrook."

„Ja, richtig. Nordbrook." Er besah sich noch einmal das Bild. Die Hand mit dem Klemmbrett sank herab. „Großer Gott!" sagte er.

Einer der jüngeren Priester hatte eine Virusgrippe, und so nahm Monsignore Herrity am Dienstag abend die Beichten ab. Es war ruhig um diese Zeit, und während er im Beichtstuhl wartete, las er beim Licht einer an der Decke befestigten Glühbirne in seinem Gebetbuch. Nach einer halben Stunde blickte er auf die Uhr: zwanzig nach acht. Vermutlich war schon seit geraumer Zeit niemand mehr in der Kirche.

Er hatte gerade das Licht ausgemacht, da hörte er Schritte. Sie wurden lauter, gingen, ohne haltzumachen, am Beichtstuhl vorbei und bewegten sich auf den hinteren Teil der Kirche zu. Der Monsignore schob den Vorhang am Fenster des Beichtstuhls zur Seite. Er sah Sherk die Treppe hinaufsteigen, die zur Empore führte. Dann hörte er Schritte auf dem Holzfußboden der Galerie. Offenbar überquerte Sherk sie von einer Seite zur anderen. Kurz darauf ertönte ein Geräusch, als ob eine Tür geschlossen würde. Dann war es still.

Entschlossen, diesmal herauszufinden, was Sherk vorhatte, verließ der Monsignore den Beichtstuhl, ging zur Treppe und stieg die Stufen hinauf. Aber als er auf die Empore hinaustrat, war sie leer. Er sah sich um, dann ging er zur Tür der Kleiderkammer und öffnete sie.

Niemand. Drinnen waren die gleichen Schachteln und Chorgewänder wie letztes Mal. Der Monsignore sah in den Ecken nach, schob die Gewänder hin und her. Der Gedanke, daß Sherk sich zwischen den Chorgewändern versteckte, war absurd. Aber nicht annähernd so absurd wie der Gedanke, daß er hier heraufkommen und spurlos verschwinden konnte.

Sherk war heraufgekommen, aber nicht wieder hinuntergegangen. Doch jetzt war er nicht mehr hier. Der Monsignore dachte eine Weile darüber nach, dann verließ er die Kleiderkammer und ging zur Treppe.

Dienstag, den 20. November

Claire Johansen war fünfzig Jahre alt, wog fast neunzig Kilo und bewahrte zu jeder Zeit eine gebieterische Haltung. Die Polizei von Annapolis hatte keinen Psychologen als festen Mitarbeiter – dafür herrschte nicht genügend Bedarf; aber sie zog Mrs. Johansen häufig hinzu.

Jetzt saß sie an ihrem Schreibtisch drei nervösen Männern gegenüber. Einer von ihnen war Carl Caldwell, der Vater von Emily. Und neben ihm saßen Howard Warner und Tarver, sein Kollege von der Bezirkspolizei. Beide waren sehr erregt, weil sie glaubten, daß Emily Caldwell den Entführer von Sarah Stannard gesehen haben könnte. Die Mädchen sähen einander zum Verwechseln ähnlich, hatte Tarver erklärt. Im September sei Emily von einem Mann belästigt worden, der behauptete, ihr Vater zu sein. Und neun Wochen später sei Sarah verschwunden.

„Sind Sie sicher, daß es ihr nicht schaden wird?" fragte Carl Caldwell.

„Ich gebe Ihnen mein Wort", sagte Claire. „Hypnose ist nicht gefährlich. Es gibt Alleinunterhalter in Las Vegas, die allabendlich Hypnosevorstellungen durchführen, ohne Schaden anzurichten, und ich kann Ihnen versichern, daß ich besser geschult bin." Sie stand auf und meinte mit einem hoheitsvollen Lächeln: „Wenn Sie mich jetzt bitte entschuldigen wollen. Ich habe nebenan zu tun."

BEFRAGUNG UNTER HYPNOSE
Durchgeführt von Dr. phil. Claire Johansen

Medium: Emily Caldwell
Zeit: 20.11.84, 19.38 Uhr

CJ: Wie geht es dir? Fühlst du dich wohl?
EC: Mir geht's gut.
CJ: Ich möchte, daß du an einen Tag im September denkst. Du hast eine Rolle in einem Theaterstück bekommen.
EC: Ich erinnere mich. Millie. In *Das Picknick*.
CJ: Richtig. Jetzt gehst du nach Hause. Erzähl mir, was geschieht.
EC: Ich gehe die Hauptstraße entlang. Seh mir die Schaufenster an. Ich geh in einen Laden unten am Hafen, um nach dem Preis einer Bluse zu fragen. Dann geh ich fort, überquere die Straße und mache mich auf den Heimweg.

CJ: In welcher Straße bist du jetzt?
EC: Ich gehe die King George Street entlang.
CJ: Und was geschieht dann?
EC: (Leicht erregt) Er kommt mir nach!
CJ: Wer?
EC: Er. Der Mann, der glaubt, ich bin jemand andres.
CJ: Erzähl mir von ihm.
EC: Er ist ungefähr hundert Meter entfernt. Er ruft nach einem Mädchen namens Margaret. Ich krieg Angst und geh schnell weiter. Ich kann ihn hören. Er kommt mir nach. Ich mag das nicht. Kann ich aufhören?
CJ: Es ist alles in Ordnung. Er kann dir nichts tun. Sag mir, was du siehst.
EC: Ich beeile mich. Nicht mehr weit bis nach Hause. Er sagt: „Margaret, dreh dich um, Margaret. Ich bin's, dein Daddy." Aber ich weiß, er meint mich. Ich kann ihn atmen hören, so nah ist er. Ich versuche, auf die andere Straßenseite zu kommen. Da ist ein Wagen ..., oh! Hätt mich beinah überfahren.
CJ: Der Wagen?
EC: Ja. Dann legt er die Hand auf mich. Er hat Kraft.
CJ: Kannst du seine Kleidung sehen?
EC: Latzhose. Grobe Schuhe. Und ein rotes Flanellhemd, die Ärmel bis zum Ellbogen aufgekrempelt. Er sieht aus wie ein Hinterwäldler. Spricht auch so.
CJ: Kannst du sein Gesicht sehen? Sag mir, was du siehst.
EC: Diese Augen! Als wär er wirklich wütend auf mich oder so. Nur ist er nicht wütend. Versteht's einfach nicht. Er hat ein langes Gesicht. Buschige Augenbrauen. Ein großer, magerer Kerl. Vielleicht ein Meter neunzig. Er müßte sich mal rasieren.
CJ: Was meinst du, wie alt?
EC: So um die Vierzig.
CJ: Was geschieht dann?
EC: Ich reiss' mich los. Er läßt mich gehn. Ist wie gelähmt vor Überraschung. Ich gehe sehr schnell. Muß nach Hause.
CJ: Aber es geschieht noch etwas, ehe du dort ankommst.
EC: Ja. Ich gehe die schmale Gasse zwischen den Gärten entlang. Ein Kleinlaster kommt mir entgegen. Ich sehe, daß er am Steuer sitzt.
CJ: Erzähl mir mehr über den Lastwagen.
EC: Es ist ein Ford. Das steht auf der Motorhaube. Blau. (Pause) Und

er hat einen Unfall gehabt. Der rechte Kotflügel hat eine Delle.

CJ: Diese Frage ist sehr wichtig: Kannst du das Nummernschild sehen?

EC: Ja. Es ist aus Virginia. Z ... F ... B. Acht. Null. Eins.

CJ: Du machst deine Sache fabelhaft. Was geschieht als nächstes?

EC: Der Laster fährt an mir vorbei. Ich fange an zu rennen. Der Mann hält an, springt raus und packt mich.

CJ: Also siehst du ihn noch einmal aus der Nähe. Bemerkst du noch etwas an ihm?

EC: Er hat ein Messer. Wie ein großes Taschenmesser. Es steckt in einer schwarzen Hülle, aber ich kann sehen, daß ein Messer drin ist.

CJ: Sonst noch was?

EC: Nur, daß er mir leid tut. Er liebt sie wirklich.

CJ: Das andere Mädchen?

EC: Ja. Margaret. Ich bin nicht sie, aber er glaubt mir nicht. Man merkt deutlich, daß er es nicht versteht. (Pause) Und da ist noch etwas. Ich sehe es an seinen Augen. An seinem Verhalten. Kein Zweifel, der Mann ist verrückt.

WARNER gab von der Praxis der Psychologin aus telefonisch die Daten des Nummernschildes durch und bekam zehn Minuten später einen Rückruf. Die Kraftfahrzeugzulassungsstelle von Virginia berichtete, daß das Kennzeichen ZFB 801 zu einem blauen Ford-Kleinlastwagen Baujahr 1978 gehörte, als dessen Eigentümer Joseph Toller Sherk (Größe 1,87 m; Haarfarbe schwarz; Augen braun. Geburtsdatum 27.7.41) eingetragen war. Letzte bekannte Adresse: Colgan Road, Harben, Lee County, Virginia.

Innerhalb von dreißig Minuten wurde per Funkspruch eine Beschreibung von Sherk und dem Kleinlastwagen an alle Polizeistreifen des Bezirks durchgegeben mit dem Befehl, den mutmaßlichen Täter aufzugreifen und festzuhalten.

11

Mittwoch, den 21. November

Sherk dachte wirklich an alles. Sarah hatte beim Abendessen erwähnt, daß sie gern einmal baden würde. Er war hinausgegangen und wenige Minuten später mit einer Spülschüssel, einer großen

Isolierkanne mit heißem Wasser, Waschlappen, Handtuch und Seife zurückgekehrt.

Der Dachboden war kalt, und sie beeilte sich mit dem Waschen. Sherk wartete draußen, wie er es immer tat, wenn sie allein sein mußte. Sie trocknete sich ab, dann zog sie ihre Jeans und einen Pullover an.

„Fertig!" rief sie, und nach ein paar Sekunden kam Sherk durch die niedrige Öffnung herein.

„Besser?"

„Viel besser", sagte sie, und er lächelte.

Jetzt kam die Zeit des Erzählens. In den letzten Tagen war der Ablauf stets der gleiche gewesen. Sie legten zwei Kissen auf den Boden, saßen einander gegenüber, und Sherk stellte die Lampe zwischen sie. Wenn sie dicht an sie heranrutschten, gab ihnen die Flamme ein wenig Wärme.

„Ich habe heut an die Zeit denken müssen, wo ich dich ins Krankenhaus von Abingdon brachte, um dir die Mandeln rausnehmen zu lassen", begann Sherk. „Du warst gerade zehn. Erinnerst du dich?"

„Ich hatte schreckliche Angst."

„Ja, das stimmt. Angst, man würde dich nicht wieder nach Hause lassen. Es muß die erste Nacht in deinem Leben gewesen sein, in der du nicht in deinem eigenen Bett geschlafen hast. Ich weiß noch, wie still du warst, als wir deine Sachen packten und losfuhren."

„Hatten wir damals den frisierten Chevrolet?"

„Genau. Den hochgezüchteten Impala. Du hast wie immer vorn auf dem Beifahrersitz gesessen, hast aus dem Fenster geguckt, und deine Augen waren so groß wie der aufgehende Mond."

DER Monsignore verließ das Pfarrhaus und ging über den Parkplatz zum hinteren Eingang der Kirche. Die Tür führte in die Sakristei; er durchquerte den Raum, kam neben dem Altar heraus und schritt das Mittelschiff der menschenleeren Kirche entlang. An der Tür zur Vorhalle blieb er stehen und lauschte. Er hörte eine Stimme. Ein undeutliches, eintöniges Geräusch, so schwach, daß es auch Einbildung hätte sein können. Er trat in die Vorhalle hinaus. Dort war die Stimme ein wenig lauter, aber er konnte die Worte nicht verstehen. Nach dem bloßen Geräusch zu schließen, hätte der Ton von draußen kommen können. Doch der Monsignore vermutete etwas ganz anderes.

Er kehrte in die Kirche zurück, ging zu der Treppe, die zur Empore führte, und drückte auf den Lichtschalter. Nichts geschah. Wahrscheinlich ist die Birne kaputt, sagte er sich. Er tastete sich die Treppe hinauf und den kurzen Gang entlang zur Empore. Dort spendete die Deckenbeleuchtung ein schwaches Licht. Dann ging er langsam zum anderen Ende der Empore, öffnete die Tür zur Kleiderkammer und machte das Licht an. Es war alles genau wie zuvor. Gesangbücher, Kartons und die Gewänder an einer langen Stange, die die ganze Breite des Raumes einnahm. Der Monsignore sah zur Decke hinauf. Sie war glatt, fugenlos. Und ebenso die Wand oberhalb der Täfelung.

Er schob die Gewänder zur Seite, kniete sich auf den Boden und begann, die ganze Holzverkleidung abzuklopfen. Mit einem dumpfen Ton schlugen seine Fingerknöchel auf die dünnen Bretter.

SHERK erzählte Sarah gerade von ihrem Aufenthalt im Krankenhaus, da hörte er das Klopfen. Er hielt inne und lauschte. Das Geräusch schien vom anderen Ende des Verbindungsgangs zu kommen. Sarah beobachtete, wie Sherks Miene sich verhärtete.

Wortlos nahm er die Maske und legte sie über Sarahs Gesicht. Er band die Riemen um ihre Handgelenke und Füße und flüsterte in scharfem Ton: „Bleib!" Aus der Hosentasche holte er ein Klappmesser heraus. Mit einem leisen Knacken rastete die Klinge ein. Dann kroch er in den Verbindungsgang und verschwand.

NACHDEM Monsignore Herrity die ganze Holzverkleidung abgeklopft hatte, stand er auf und machte das Licht aus. Er schloß die Tür hinter sich und verließ die Empore.

Wenige Sekunden später öffnete sich die Tür der Kleiderkammer, und Sherk trat heraus, das Messer in der Hand. Er blickte sich um, sah niemanden. Leise schlich er zum Geländer der Empore, gerade noch rechtzeitig, um eine Gestalt, die er sofort erkannte, das Mittelschiff entlang auf den Altar zugehen zu sehen. Sherk wandte den Blick nicht ab, bis der Monsignore in der Sakristei verschwand. Erst dann klappte er das Messer zusammen und steckte es in die Tasche.

Er ging wieder in die Kleiderkammer und schloß die Tür. Sofort kniete er sich vor die gegenüberliegende Wand und drückte ungefähr in der Mitte der Vertäfelung mit sichtlicher Anstrengung gegen das Holz. Gleich darauf ertönte ein knackendes Geräusch, und ein Teil der Täfelung gab nach.

Das Kratzen des Waschbären hatte Sherk auf die hohle Stelle in der Wand der Kleiderkammer aufmerksam gemacht. Als er daraufhin einige Holzplatten herausriß, entdeckte er den engen Verbindungsgang, der zum Dachboden über der Vorhalle der Kirche führte. Noch am selben Tag hatte er eine Tür mit Angeln und einem Schnappschloß in die Öffnung eingepaßt. Die dunklen Holzplatten, die er wieder an der Tür anbrachte, waren eine perfekte Tarnung. Die Täfelung schien völlig intakt zu sein.

Jetzt kroch er durch die Öffnung und zog die Tür hinter sich zu. Am anderen Ende des Tunnels konnte er den Schein der Lampe sehen. Während der letzten zwei Wochen hatte der Anblick dieses sanft schimmernden Lichtes sein Herz jedesmal höher schlagen lassen. Denn dort, vor der Welt verborgen, wartete Margaret.

Donnerstag, den 22. November

Am Nachmittag des Erntedankfestes durchstöberte Monsignore Herrity eine Kiste im Keller des Pfarrhauses. Es muß hier irgendwo sein, sagte er sich. Schließlich fand er, was er suchte: ein großes, in rissiges rotes Leder gebundenes Album.

Er öffnete es behutsam. Es enthielt eine Reihe von Bauplänen für die Kirche – über hundert Jahre alte Zeichnungen von Architekten und Bauherren. Der Monsignore suchte den detaillierten Plan der Vorhalle, fand ihn und studierte ihn eingehend; dann die Chorgalerie und das, was dahinter lag. Auf den Diagrammen war alles deutlich zu erkennen. Er betrachtete sie fast zwanzig Minuten lang, dann legte er das Album wieder in die Kiste.

IM GROSSEN Haus oberhalb des Severn gab es in diesem Jahr nicht den traditionellen Truthahn zum Abendessen. Statt dessen gab es Suppe und Sandwiches, die Harry nicht anrührte, bis Joy ihn praktisch dazu zwang.

Es machte Elise traurig zu sehen, wie sein Gesicht allmählich die gesunde Farbe und Lebhaftigkeit verlor. Rasch beendete sie ihre Mahlzeit, dann ging sie hinaus ins Freie, um sich ein wenig Bewegung zu verschaffen.

Sie spazierte den Weg entlang zur Straße und zurück. Zum erstenmal hatte sie das Gefühl, auf das Schlimmste vorbereitet zu sein, falls es eintreten sollte. Jetzt besaß sie die Kraft. Sie war bereit, aber sie hoffte immer noch.

Am Tag des Erntedankfestes war es still im Dienstraum der Kriminalpolizei. Warner hatte sich freiwillig zum Feiertagsdienst gemeldet, damit einer der jüngeren Beamten den Tag mit seiner Familie verbringen konnte. Er blickte auf seinen Schreibtisch, auf dem eine Kopie von Joseph Sherks Führerscheinfoto lag. Die Kraftfahrzeugzulassungsstelle von Virginia hatte sie per Funk übermittelt.

Warner betrachtete aufmerksam das Bild. Emily Caldwell hatte die buschigen Augenbrauen des Mannes beschrieben und sein grobschlächtiges Aussehen; beides war auf dem Bild deutlich zu sehen. Sie hatte ferner über seinen irren Blick gesprochen. Auch er war zu erkennen.

„Hat jemand Sherk gesehen?" fragte der Monsignore. Sie saßen zu fünft am Tisch im Pfarrhaus, einschließlich der Haushälterin und der anderen drei Priester der Gemeinde.

Die Reste des Festmahls lagen vor ihnen. Nur ein Teller war unbenutzt: der von Sherk.

„Ich habe ihn vor ein paar Tagen für heute zum Essen eingeladen", erklärte der jüngste Priester, Jim Davis. „Aber er sagte weder ja noch nein. Und seitdem habe ich ihn nicht mehr gesprochen."

Monsignore Herrity streckte sich und stand auf. „Der Mann weiß nicht, was er versäumt hat. Yvonne, Sie haben sich selbst übertroffen."

Die Haushälterin errötete vor Freude. Der Priester ging in sein Zimmer hinauf, trat ans Fenster und blickte auf den Parkplatz. Sherks Lastwagen stand neben dem Gemeindehaus. Der Monsignore hatte gehofft, daß er fort sein würde. Er hatte sich etwas vorgenommen, und Sherks Gegenwart konnte die Sache nur komplizieren. Doch er würde sich nicht aufhalten lassen.

Irgend etwas geschah hinter der Empore. Es mochte belanglos sein oder nicht, aber was auch immer es war, er war entschlossen, es in dieser Nacht herauszufinden.

Zu Hause gab es zum Erntedankfest immer Wildgeflügel, meistens einen Fasan, erzählte Sherk. Einmal hatte er einen Truthahn mitgebracht, aber heute abend war es nur Truthahnroulade mit Bratensoße. Mehr konnte er auf seiner Kochplatte nicht zustande bringen. Er schnitt für jeden ein Stück ab und kippte Preiselbeerkompott aus dem Glas darüber.

„ICH würde gern heute abend die Beichte abnehmen", sagte Pater Keegan. „Es wird nicht viel zu tun geben." Martin Keegan, ein guter Priester und seit elf Jahren in der Gemeinde tätig, war der Rangälteste nach dem Monsignore.

„Vielen Dank, aber Donnerstagabend kommen immer meine Beichtkinder", erwiderte der Monsignore. „Ich freue mich darauf. Und im übrigen habe ich hinterher noch eine Kleinigkeit zu erledigen."

Sie standen in der Diele des Pfarrhauses, während der Monsignore seine Windjacke anzog. Er war im Begriff fortzugehen, aber ein Gedanke, der ihn schon seit Tagen beschäftigt hatte, kam ihm wieder in den Sinn, und er hatte das Bedürfnis, mit jemandem darüber zu sprechen.

„Haben Sie sich jemals überlegt", sagte er zu Keegan, „was für ein ungewöhnliches Gebäude eine Kirche ist? Sie ist ein Haus. Aber im Gegensatz zu den meisten Häusern wohnt außer Gott niemand darin. Kein Mensch kennt sie genau, Stein für Stein. Priester kommen und gehen, und keiner von uns kennt sich wirklich aus. Selbst bei ganz einfachen Dingen wie zum Beispiel den elektrischen Leitungen."

„Dafür haben wir ja einen Hausmeister. Das ist Josephs Aufgabe."

„Unser Mr. Sherk." Der Monsignore lachte spöttisch. „Ja, wir können uns glücklich schätzen, jemanden gefunden zu haben, der sich schon nach so kurzer Zeit so gut hier auskennt."

Er verabschiedete sich von Keegan und ging durch die Küche hinaus. Yvonne hatte in einem der Schränke einen Werkzeugkasten stehen. Er öffnete ihn und holte einen Hammer, einen Schraubenzieher und einen Spachtel heraus, der widerstandsfähig genug zu sein schien, um als leichtes Stemmeisen zu dienen.

Mit den Werkzeugen in der Tasche ging er über den Hof zur Kirche.

UM DIESE Zeit war Sherk für gewöhnlich oben auf dem Dachboden, um bis zum Morgen dort zu bleiben. Aber an diesem Abend erklärte er Sarah, die gerade die Essensreste wegräumte, er müsse noch einmal fort, weil er etwas Wichtiges zu erledigen habe.

„Mach dir keine Sorgen", sagte er, während er sie in die Zeltleinwand einwickelte. „Es kann ein paar Stunden dauern, aber ehe du dich's versiehst, bin ich wieder da."

Er küßte sie auf die Wange, dann legte er ihr die Maske an und verschwand im Tunnel.

Als der Monsignore sicher war, daß das letzte Beichtkind die Kirche verlassen hatte, nahm er die Stola ab, faltete sie zusammen, küßte sie ehrfurchtsvoll und legte sie neben seine Windjacke auf die Bank. Er würde beides vorläufig nicht brauchen. Die Werkzeuge in der Hand, öffnete er die Tür des Beichtstuhls und trat hinaus in die Kirche.

Sie war still und dunkel. Friedlich. Ein paar Sekunden stand der Monsignore regungslos da, spähte in die Dunkelheit und hielt Ausschau nach Sherk. Überzeugt, allein zu sein, ging er schließlich leise das Seitenschiff entlang zu der Treppe am hinteren Ende der Kirche.

Er drückte auf den Lichtschalter. Es blieb dunkel. Und er hatte keine Taschenlampe mitgebracht.

Langsam stieg er die Treppe hinauf. Bis zum ersten Absatz ging es ganz gut, aber dann wurde es finster. Er tastete sich behutsam weiter. Am oberen Ende der Treppe befand sich, wie er wußte, eine Schwingtür. Er überquerte den zweiten Absatz und stieß sie auf.

Dann war er draußen auf der Empore, die von Hängelampen erhellt wurde. Er ging zur Kleiderkammer hinüber.

Die Kleiderkammer ist auf den ursprünglichen Plänen nicht vorgesehen, dachte er. Statt dessen gab es dort einen kleinen offenen Raum mit einer quadratischen, knapp kniehohen Halbtür in der Wand. Die Halbtür führte in einen niedrigen schmalen Gang, an dessen Ende man sich unter den Dachbalken der alten Kapelle und somit über der Vorhalle der Kirche befand.

Der Monsignore hatte keine Halbtür in der Wand der Kleiderkammer gesehen, nur eine fugenlose Wandverkleidung. Aber er wußte, daß Sherk einen Zugang zu dem Gang entdeckt hatte. Und heute abend würde auch er ihn finden, selbst wenn er dafür die Holztäfelung herausreißen mußte. Und er würde herausfinden, warum es Sherk immer wieder hierhin zog.

Er betrat die Kleiderkammer, knipste das Licht an und schloß die Tür, um nicht gesehen zu werden. Dann versuchte er, sich an die alten Pläne der Kirche zu erinnern – wo die Halbtür gewesen war und wo er beginnen sollte. Auf der gegenüberliegenden Seite, entschied er. Hinter den Gewändern. Er schob sie beiseite, blickte hinunter und sah in Sherks tückische, haßerfüllte Augen.

Der Monsignore wich zurück. „Joseph!“ rief er erschrocken.

Sherk sprang aus seiner Hockstellung nach vorn, schlug gegen die

Brust des Monsignore und warf ihn nach hinten. Der Monsignore taumelte; die Werkzeuge fielen ihm aus den Händen. Er lehnte kraftlos an der Wand, und seine rechte Hand tastete nach dem Türknauf. Sherk hatte vor, ihn zu töten, daran zweifelte er nicht. Aber wenn er die Tür öffnen und hinausgelangen konnte, würde es ihm vielleicht gelingen, sich zu retten.

Sherk griff erneut an. Die Hand des Monsignore fand den Türknauf und drehte daran. Sherk stürzte sich auf ihn, die Tür flog auf, und sie taumelten zusammen auf die Empore hinaus.

SARAH hörte im Halbschlaf einen einzigen lauten Aufschlag, der vom anderen Ende des Ganges herüberdrang. Danach ein kurzes scharrendes Geräusch. Dann nichts mehr. Noch vor zehn Tagen hätte dieser Lärm sie maßlos erschreckt, aber jetzt kam ihr alles, was außerhalb des Dachbodens geschah, zunehmend unwirklich vor. Sie hörte nichts weiter und war nach ein paar Minuten eingeschlafen.

SHERK hatte gewußt, daß dieser Priester wieder dort oben herumschnüffeln würde. Daß er versuchen würde, ihm Margaret fortzunehmen. Bei dem Gedanken wurde er blaß vor Zorn, und er hatte reichlich Zeit gehabt, diesen Zorn zu schüren, während er auf den Priester wartete, der jeden Donnerstagabend in die Kirche kam.

Jetzt rangen sie miteinander auf dem Boden der Empore. Sherks Hände griffen nach dem Hals seines Gegners, zerrten an dem steifen weißen Kragen und bemühten sich, den Monsignore an der Kehle zu packen.

Die Empore fiel nach vorne ab wie der Balkon eines Theaters. Sie hatte eine massive Brüstung mit einem Geländer. Irgendwie gelang es dem Monsignore, sich loszureißen, aber Sherk packte ihn am Fuß, so daß er stolperte und auf das Geländer stürzte. Dann war Sherk über ihm und schloß die Finger um seinen Hals.

Die Lippen des Monsignore bewegten sich und formten Worte, aber ihm fehlte die Luft, sie auszusprechen. Er wehrte sich, doch Sherk fühlte sich unbesiegbar. Sein Zorn steigerte sich zur Raserei.

Er zerrte den Monsignore am Hals in die Höhe, hob ihn zwanzig, dreißig, vierzig Zentimeter vom Boden. Sie lehnten am Rand des Geländers. Unter Aufbietung all seiner Kräfte hob Sherk den Monsignore noch ein Stück höher und stieß ihn über das Geländer.

Yvonne Duranleau schob den Vorhang am Küchenfenster zur Seite und schaute wieder auf den Parkplatz. „Schon nach zehn. Er hätte vor zwei Stunden zurück sein müssen."

Hinter ihr machten sich Pater Martin und Pater Jim belegte Brote mit den Resten des Abendessens.

„Ich habe Ihnen doch gesagt", erwiderte Keegan, „er hatte vor, etwas zu erledigen, nachdem er mit den Beichten fertig war."

„Und ich frage Sie, was hat er am Abend des Erntedankfestes zu tun, das jetzt schon fast zwei Stunden dauert?"

„Sein Wagen ist da", meinte Davis. „Also kann er nicht weit sein."

„Sie machen sich zuviel Sorgen", sagte Keegan.

Yvonne verließ das Zimmer und kam kurz darauf im Mantel zurück. „Was für gute Freunde er hat", spottete sie. „Es ist wirklich rührend, wie Sie sich um sein Wohlergehen sorgen." Sie band einen Schal um den Kopf. „Heben Sie ihm wenigstens etwas Pastete auf. Er wird hungrig sein, wenn er zurückkommt."

Sie ging hinaus, überquerte den Parkplatz und versuchte die Kirchentür zu öffnen. Verschlossen. Gut. Die Kirche sollte nach neun Uhr geschlossen sein. Aber wenn der Monsignore noch drinnen wäre, hätte er sie offengelassen.

Das bedeutete, daß er fortgegangen war. Er war fortgegangen, hatte aber seinen Wagen stehengelassen. Und er ging im allgemeinen keine zwei Ecken weit zu Fuß, wenn er es vermeiden konnte. Irgend etwas stimmte nicht.

Sherk beobachtete, wie die alte Frau an der Kirchentür zog und dann unschlüssig stehenblieb. Er stand draußen und spähte um die vordere Ecke des Gemeindehauses. Hinter ihm auf der Ladefläche seines Kleinlastwagens lag etwas, das aussah wie eine lange, dicke Rolle von Planen. Sherk war nicht beunruhigt. Er wußte, daß der glatte Steinfußboden in der Kirche, dort, wo der leblose Körper des Priesters gelegen hatte, wieder vollkommen sauber war. Er hatte jede Spur von Blut sorgfältig weggewaschen.

Mit sichtlichem Widerstreben entfernte sich die Haushälterin von der Kirche und kehrte ins Pfarrhaus zurück. Sherk wartete, bis sie im Haus verschwunden war, dann stieg er in seinen Laster und fuhr los.

Sobald er die Stadt verlassen hatte, fand er sehr schnell eine unbefestigte Landstraße, die neben einem abgeernteten Maisfeld entlangführte, eine Gegend, wo nicht ein einziges Licht zu sehen war. Der

Boden war weich, und es bereitete Sherk keine Mühe, ein Loch zu graben. Als er fertig war, rollte er die Leiche aus den Planen, legte sie in die Grube und warf den Schraubenzieher, den Hammer, den Spachtel und den steifen weißen Kragen hinein. Außerdem einen seiner eigenen Overalls, der blutig geworden war, als er auf den Knien den Boden geschrubbt hatte.

Die Erde bildete einen kleinen Hügel, als Sherk das Loch wieder zuschaufelte. Er preßte sie mit der Schaufel zusammen und warf ein paar Handvoll Maisstoppeln darauf, damit sie nicht so frisch umgegraben aussah.

12

Freitag, den 23. November
Ein paar Minuten vor acht Uhr morgens. Warner ging gerade den Korridor zu seinem Büro entlang, um seinen Dienst zu beginnen, als zwei Polizisten an ihm vorbei zum Ausgang eilten.

Einer von ihnen drehte sich um und rief: „He, Warner! Man hat eben versucht, Sie zu erreichen. Hat bei Ihnen zu Hause angerufen."

„Was gibt's denn?" fragte Warner, der vom Frühstück in einer Imbißstube kam.

„Der Mann, den Sie gesucht haben. So 'n hinterwäldlerischer Typ mit einem Kleinlastwagen Marke Ford, Nummernschild aus Virginia. Wir haben ihn! In der Bartholomäuskirche."

Warner machte kehrt, rannte zu seinem Wagen und fuhr zur Kirche.

Wie Warner erfuhr, hatte die Haushälterin den Monsignore morgens kurz vor sechs als vermißt gemeldet.

Der junge Streifenpolizist, der zuerst ins Pfarrhaus geschickt wurde, hatte den Beichtstuhl überprüft, wo der Monsignore gewesen sein sollte. Dort fand er dann die Stola und die Windjacke, die jetzt zusammengefaltet auf dem Wohnzimmertisch im Pfarrhaus lagen.

Warner musterte sie aufmerksam. „Waren diese Sachen so zusammengelegt?" fragte er den Streifenpolizisten.

„Als ob er gleich zurückkommen und sie holen würde."

„Was ist mit dem Hausmeister? Haben Sie mit ihm gesprochen?"

„Nein, Sir. Aber ich habe die Priester befragt. Einer von ihnen erwähnte den Hausmeister, der im Kellergeschoß des Gemeindehauses wohnt, und der Name kam mir bekannt vor. Als ich rüberging, um den Mann zu vernehmen, sah ich neben dem Haus einen Lastwagen, der zu der Beschreibung am Dienstbrett paßt. Ich nahm an, daß Sie gern als erster mit ihm reden würden. Er ist in der Cafeteria der Schule – einer der Backöfen funktioniert nicht."

„Rufen Sie bei der Zentrale an", sagte Warner. „Sagen Sie, man soll noch drei Beamte herschicken. Fangen Sie an, sich in der Nachbarschaft umzuhören, vier Häuserblocks in jeder Richtung." Er steckte die Hände in die Manteltaschen. „Ich werde unterdessen mit Mr. Sherk reden."

Warner ging die Straße entlang zum Schulgebäude. Wirklich eine unglaubliche Geschichte, dachte er. Der Mann, der versucht hat, Emily Caldwell zu entführen – und vielleicht Sarah etwas viel Schlimmeres angetan hat –, ist Hausmeister einer Kirche, in der ein Priester verschwindet.

Als er das Gebäude betrat, überlegte er, wie er vorgehen sollte. Sein Instinkt riet ihm, vorsichtig zu sein, ein paar harmlose Fragen zu stellen, weiter nichts. Aber er würde die Augen des Mannes beobachten und darauf achten, wie er reagierte.

„Ärger mit dem Ding, hm? Ist es schlimm?"

Sherk zog den Kopf aus dem Backofen, um zu sehen, wer zu der Stimme gehörte. Es war ein Mann ungefähr in seinem Alter, aber kräftiger gebaut. Ein Städter mit ausdruckslosen Augen und dem unaufrichtigen Lächeln eines Stadtmenschen.

„Das Heizelement ist raus aus der Halterung, und dann gab's Kurzschluß", sagte Sherk. Er saß mit gekreuzten Beinen auf dem Boden.

„So 'n altes Ding wie dies – ich wette, 's fällt Ihnen schwer, Ersatzteile zu finden."

„Kenn ich Sie?" fragte Sherk.

„Howard Warner, Polizei." Er zog die Brieftasche heraus und zeigte, immer noch lächelnd, seinen Ausweis. „Und Sie sind Joseph Sherk, stimmt's? Kann ich ein paar Minuten mit Ihnen reden?"

Polizei. Sherk hatte gewußt, daß sie kommen würde, nur nicht so bald. Aber das ist nicht wichtig, sagte er sich.

„Klar", meinte er. „Was wollen Sie?"

„Wir können den Monsignore nicht finden. Erinnern Sie sich, wann Sie ihn zum letztenmal gesehen haben?" Der Polizist schien plötzlich drohend über ihm zu stehen. Sherk fühlte sich unbehaglich. Er stand auf und stellte fest, daß er fünf bis sieben Zentimeter größer war als der andere Mann. Das gab ihm seine Selbstsicherheit wieder.

„Vorgestern. Hab ihn in der Kirche gesehen." Sherk hatte die Antwort sorgfältig geprobt.

„Sie wohnen unten im Kellergeschoß der Kirche, nicht wahr?"

„Im Kellergeschoß des Gemeindehauses."

„Er kam gegen sieben herein, um Beichten abzunehmen?"

„Nun, ich hab ihn nicht gesehen. Ich war den ganzen Abend in meinem Zimmer."

„Wer war bei Ihnen?"

„Niemand. Ich war allein."

Der Polizist nickte. Er holte ein Notizbuch aus der Tasche und blätterte darin. „Sie sind aus Virginia", sagte er. „Aus der Nähe von Harben." Er sah Sherk über den Rand des Büchleins hinweg an.

„Das ist richtig", erwiderte Sherk nach einer kleinen Pause. Er fragte sich, woher die Polizei das bereits wußte.

„Also", faßte der Polizist zusammen, „Sie haben den Monsignore vorgestern zum letztenmal gesehen. Sie waren gestern den ganzen Abend allein in Ihrem Zimmer. Sie haben nichts Ungewöhnliches bemerkt, und Sie wissen nicht, wo er ist und wohin er gegangen sein könnte. Ist das richtig?"

Sherk nickte. „Das ist richtig", sagte er.

„Dann können wir die Sache wohl als erledigt betrachten." Der Polizist steckte sein Notizbuch in die Tasche. „Wenn Ihnen noch was einfällt, rufen Sie mich an."

Er wandte sich zum Gehen. Sherk ließ sich auf die Knie sinken und steckte den Kopf wieder in den Backofen. Dann sprach der Polizist abermals.

„Ach ja, was ich noch fragen wollte. Haben Sie Kinder?"

Sherk zog langsam den Kopf aus dem Herd. Diese Frage hatte er am wenigsten erwartet. Er überlegte sich, was der Polizist wohl schon wußte, und was die richtige Antwort unter all den möglichen falschen war.

„Eine Tochter", antwortete er, nachdem er sich aufgerichtet hatte. „Aber ich seh sie nicht oft."

„Das ist sehr bedauerlich", meinte der Polizist. Dann wandte er sich ab und ging fort. Diesmal sah Sherk ihm nach, bis er verschwunden war.

„JA, DAS ist er“, sagte Emily Caldwell, als sie durch einen Feldstecher blickte. „Was für ein gräßlicher Kerl!“ Sie saß mit Warner in seinem Wagen, der in der Bellflower Street parkte. Etwa fünfzig Meter entfernt stellte Sherk auf dem Rasen vor dem Gemeindehaus eine Krippe auf.

Als Beweismittel war diese Aussage kaum etwas wert, das wußte Warner. Aber er hatte eine Idee und mußte sich vergewissern, daß alle Einzelheiten stimmten.

„In meiner Jugend“, sagte er, „gab es in manchen Geschäften Automaten, wo man für fünfundzwanzig Cent drei oder vier Paßfotos machen lassen konnte. Gibt es hier in der Nähe so etwas?“

„Ja, im Einkaufszentrum von Annapolis“, erwiderte Emily. „Aber man bekommt nur ein Bild.“

„Eins genügt“, meinte Warner. „Wie wär's, wenn wir kurz dorthin gingen?“

DER Himmel über Harben war an diesem Tag strahlend blau und wolkenlos. Von seinem Schreibtisch aus konnte Sheriff Hap Ammen fast die ganze Stadt überblicken, deren Häuser über den Hang verstreut lagen. Er hörte draußen einen Wagen halten. Das war sicher sein Stellvertreter Eddie Fitt, der von dem Unfall auf der Schnellstraße zurückkehrte.

„War es schlimm, Eddie?“ fragte er, als Fitt hereinkam.

„Hab schon Schlimmeres gesehn“, erwiderte Fitt, während er auf die Kaffeemaschine zusteuerte. „Ein Mann hat ziemlich schwere Verletzungen davongetragen. Aber er kommt durch.“

Er goß zwei Tassen Kaffee ein und reichte eine davon seinem Vorgesetzten. Ammen nahm sie und sagte: „Joseph Sherk ist in Maryland aufgetaucht. In Annapolis.“

„Machen Sie keine Witze“, sagte Fitt.

„Nein, ganz im Ernst. Gerade hat ein Kripobeamter von dort angerufen. Wollte alles über ihn wissen. Fragte, ob Sherk eine Tochter hat. Und jetzt passen Sie auf. Vor zwei Monaten hält Sherk ein Mädchen auf der Straße an, behauptet, er sei ihr Vater, und versucht, sie in seinen Lastwagen zu zerren. Gibt Ihnen das nicht zu denken?“

Fitt zog nachdenklich die Stirn in Falten.

„Vor zwei Monaten“, überlegte er, „da war seine Tochter doch gerade erst beerdigt worden.“ Er sah Ammen fragend an. „Was haben Sie ihm erzählt?“

„Alles, was ich weiß. Ich sagte ihm, daß mir die ganze Sache von Anfang an verdächtig vorgekommen ist." Ammen erinnerte sich, wie das kleine Haus vom Feuer zerstört worden war. Etwas stimmte nicht daran. Und dann Sherks Verschwinden so kurz danach. Die Angelegenheit ließ ihm keine Ruhe. Er hatte sich tausendmal gefragt, was eine Obduktion der Leiche des Mädchens wohl ergeben hätte, wenn genug von ihr übriggeblieben wäre.

„Bitte gehen Sie zur Realschule hinüber", sagte er. „Lassen Sie sich ein Exemplar vom Jahrbuch des letzten Jahres geben. Dann erkundigen Sie sich, ob es in Abingdon einen Expreßdienst gibt. Ich möchte heute nachmittag etwas wegschicken."

DIE Polizisten hatten die ganze Umgebung überprüft, in Mülltonnen herumgewühlt, hinter Hecken gespäht, an Türen geklopft. Auch die Gebäude der Pfarrei wurden durchsucht – einschließlich Sherks Wohnung, der sie besondere Aufmerksamkeit widmeten. Sherk hatte sie bereitwillig hereingelassen, als sie um Erlaubnis baten.

„ICH friere", beklagte sich Sarah. Sie zog die Beine an und schlang die Arme um ihre Knie. „Es ist so kalt hier drinnen."

Sherk holte den Schlafsack und legte ihn Sarah über die Schultern. Sie dankte ihm mürrisch.

„Was ist los?" fragte er. „Bist du traurig?"

So kann man es auch nennen, dachte sie. Sie fühlte sich leer und ausgehöhlt, abgestumpft durch die düsteren, endlosen Stunden. Selbst das Radio war zu einem bloßen Bestandteil ihrer Gefangenschaft geworden.

„So ähnlich", gab sie zur Antwort.

„Soll ich dir eine Geschichte erzählen?"

„Ja", erwiderte Sarah. „Das wäre nett." Es war die einzige geistige Anregung, die sie bekam.

„Es ist eine besondere Geschichte", sagte er. „Ich hab sie aufgespart für die Zeit, wo du bereit sein würdest, sie zu hören. Du hast sie noch nie zuvor gehört."

Sie zog den Schlafsack fest um ihren Körper. Sherk drehte die Lampe kleiner, bis nur noch ein winziges Flämmchen über dem Docht flackerte. Dunkelheit hüllte Sherk und Sarah ein, und sie rutschten beide so dicht wie möglich an den rußigen Glaszylinder heran.

„Die Geschichte handelt von jemandem, der versucht hat, dich mir wegzunehmen", begann Sherk. „Du erinnerst dich wahrscheinlich nicht an deine Mutter. Als du geboren wurdest, lebten wir in Kentucky."

„Wie hieß sie?"

„Evelyn. Und sie war wirklich eine Schönheit. Du siehst ihr sehr ähnlich. Ich hab mich auf den ersten Blick in sie verliebt. Wir heirateten; dann kamst du. Sie war keine sehr gute Ehefrau und ganz gewiß keine gute Mutter."

Seine Stimme klang bedrückt. Sarah hatte ihn noch nie so ernst gesehen.

„Wir haben uns oft gestritten. Sie drohte dann immer, sie würde weggehen, und ich sagte darauf: ‚Dann geh doch!' Eines Tages ging sie wirklich und nahm dich mit. Ich bin halb verrückt geworden, als ich entdeckte, daß du fort warst."

Er hielt einen Moment inne.

„Sie hatte Familie, und so wußte ich, wo ich dich finden konnte. Aber dich behalten, war was andres. Ihre Familie wär dich holen gekommen, verstehst du? So wartete ich den richtigen Augenblick ab. Ließ alle in dem Glauben, mir läge nichts an dir. Inzwischen suchte ich einen Platz, wo wir leben konnten und niemand uns finden würde. Als ich das Häuschen in dem Tal gekauft hatte, war es soweit."

Während Sarah ihm zuhörte, sah sie im Geist den entschlossenen jungen Vater, unerschütterlich in seiner Liebe. Sie konnte jetzt alles verstehen, alles, was er getan hatte. Er wollte seine Tochter, und er war bereit, alles zu tun, um sie wiederzubekommen. Natürlich unterlag er einem fatalen Irrtum. Aber abgesehen davon war alles, was er sagte und tat, von einer rührenden Logik.

„Evelyn hatte eine Schwester, die kinderlos war. Ich fuhr mehrmals an dem Haus vorbei und sah deine Tante draußen auf der Veranda eine Wiege schaukeln. Ich wußte, daß du darin sein mußtest. Eines Nachmittags entschloß ich mich zu handeln. Ich fuhr zu dem Haus und sah wieder deine Tante auf der Veranda die Wiege schaukeln. Ich wartete, und als deine Tante ins Haus ging, lief ich zur Veranda hinauf und blickte in die Wiege. Da lagst du und hast mich gleich erkannt, hast die Hand nach mir ausgestreckt. Ich hob dich auf und fuhr mit dir fort, geradewegs in das kleine Tal. Und das war der Ort, wo du aufgewachsen bist. Sie haben uns nie gefunden. Aber ich glaube, sie haben gar nicht sehr angestrengt gesucht. Weißt du, sie wollten dich nicht so gerne haben wie ich. Niemand kann das. Ich liebte dich mit allem, was in mir war. Ich tu's immer noch, und ich werd's immer tun."

Er sah für Sarah jetzt nicht mehr bedrohlich aus – nur traurig. Sie konnte kaum glauben, daß sie jemals Angst vor ihm gehabt hatte. „Es tut mir leid, Joseph", sagte sie.

„Du hast mich früher immer Daddy genannt", murmelte er.

Seine Augen hatten einen feuchten Schimmer, und Sarah fühlte, daß ihr selbst auch Tränen in die Augen stiegen. Es war so lange her, daß sie dieses Wort ausgesprochen hatte.

„Es tut mir leid, Daddy", sagte sie und streckte die Hände aus.

Seine Arme umschlossen sie, die Arme eines Vaters, stark und liebevoll. Sarah konnte sich nicht erinnern, wann sie zum letztenmal so umarmt worden war. Es war eine ferne Erinnerung an die Arme ihres Vaters, an das Gefühl der Geborgenheit, das seine Worte, sein Verhalten, seine Arme ihr gaben. Sherks Kraft hüllte sie ein, und für eine Weile war sie wieder ein kleines Mädchen, verängstigt und einsam und des Alleinseins überdrüssig.

Sonnabend, den 24. November

Als Elise Stannard zur Frühmesse in die Kirche ging, dachte sie an den Monsignore. Die Morgenzeitung hatte einen Bericht über sein Verschwinden gebracht.

Sie erinnerte sich an ihn. Er hatte am Sonntag die Messe gelesen und dann noch einmal am Anfang der Woche. Seine Augen waren gütig, und sie hatte sich vorgenommen, einmal allein mit ihm zu reden und sich von ihm Rat zu holen.

Jetzt war er verschwunden. Schrecklich, sagte sie sich. Es war bedrückend – als ob sie vom Unglück verfolgt würde, wohin sie auch ging.

WARNER hatte die ganze Nacht in der Bellflower Street in einem schlichten braunen Chrevolet gesessen, um das Gemeindehaus, den blauen Kleinlastwagen und das erleuchtete Fenster von Sherks Wohnung zu beobachten. Er hatte vorgehabt, Sherk zu folgen, falls dieser nachts seine Wohnung verließ, aber Sherk war nicht erschienen.

Jetzt unterhielt sich der Kripobeamte mit der Psychologin Claire Johansen, die er zum Frühstück in eine Imbißstube eingeladen hatte.

„Ich bin froh, daß Sie kommen konnten", sagte er. „In ein paar

Stunden muß ich einer Anzahl von hohen Tieren Bericht erstatten, und ich habe eine Idee, für die ich die Herrschaften gewinnen will. Aber vorher möchte ich sichergehen, daß sie nicht völlig aus der Luft gegriffen ist."

„Schießen Sie los", meinte Mrs. Johansen. „Dann werden wir ja sehen."

Warner erklärte ihr seine Theorie. Als er geendet hatte, nickte sie und sagte: „Es ist möglich."

„Das war's, was ich hören wollte", meinte er zufrieden.

„Es ist möglich. Es wäre ein gefundenes Fressen für die Presse, wenn Sie recht haben."

„Das ändert nichts an den Tatsachen."

Sie schwieg eine Weile, und Warner erkannte, daß es offenbar noch etwas anderes gab, etwas, das sie ihm nicht gesagt hatte.

„Haben Sie ein besonderes Interesse an dieser Sache?" fragte sie schließlich. „Ist es mehr als nur der Wunsch, einen Übeltäter unschädlich zu machen?"

„Man nimmt Anteil, ob man will oder nicht", gab Warner zur Antwort. „Besonders wenn es sich um ein Kind handelt. Sie wissen ja, wie das ist."

„Dann werde ich Ihnen einen Rat geben, was Sie Sarahs Familie erzählen sollten, damit es keine Enttäuschung gibt", sagte Claire Johansen. „Wenn Sarah am Leben ist und Sie sie finden, wird sie vielleicht nicht einmal dankbar dafür sein. Möglicherweise wird sie sich sogar weigern, ihn zu verlassen."

„Das kann doch nicht Ihr Ernst sein", erwiderte Warner.

„Doch. Mein völliger Ernst. Er hat zwei Wochen mit ihr verbracht. Zeit genug, sie ganz und gar zu seinem Geschöpf zu machen."

„In nur zwei Wochen?"

„Das kann sogar noch schneller gehen. In einer Geiselsituation besteht zwischen dem Entführer und seiner Gefangenen von Anfang an eine sehr intensive Beziehung. Zuerst basiert sie auf Angst, der Drohung mit dem Tod. Wenn diese Drohung nicht wahrgemacht wird, ist die Geisel erleichtert und voller Dankbarkeit. Der Kidnapper erkennt, wie leicht er das Verhalten seiner Gefangenen lenken kann. Der Drohung folgt die Unterwerfung. Bald kommt die Gefangene der Einschüchterung zuvor und reagiert aus freien Stücken mit Unterwürfigkeit. Das mag zuerst lediglich eine Kriegslist sein, aber oft entwickelt sich daraus echte Sympathie und Zuneigung. Und deshalb müssen Sie sich über eines im klaren sein: Wenn Sie Sarah wirklich finden, ist sie vielleicht nicht das Mädchen, das Sie anzutreffen erwarten."

„Für den Augenblick bin ich nur daran interessiert, sie zu finden", sagte Warner. „Alles Weitere wird sich geben."

„Sie sollten noch etwas wissen", fuhr Claire Johansen fort. „Die Sympathie kann beiderseitig sein; je länger der Entführer mit seiner Geisel zusammen ist, um so unwahrscheinlicher ist es, daß er ihr etwas antut."

Warner atmete erleichtert auf.

„Das trifft zumindest in den meisten Fällen zu", sagte sie. „Bei politischen Entführungen, Entführungen mit Forderungen von Lösegeld. Aber wenn Sie recht haben, ist dies etwas völlig anderes. Der Mann wäre ernsthaft krank. In dem Fall muß man andere Maßstäbe anlegen. Das Mädchen mag glauben, daß es die Spielregeln kennt. Aber ich sag Ihnen eins, Warner. Sie müssen versuchen, sie zu finden, ehe sie entdeckt, daß er sich an keinerlei Regeln hält."

DAS Büro des Hauptkommissars war mit Glas abgeteilt, und als Warner – bereits mit fünfzehn Minuten Verspätung – in den Dienstraum gestürzt kam, konnte er sie alle sehen: Hauptkommissar Blatchford, den Direktor und die Kollegen von der Bezirkspolizei – sie alle waren gekommen, um zu entscheiden, was man mit Sherk machen sollte.

Blatchford bedeutete Warner mit einem Wink, daß er eintreten solle. Warner bat wortlos um etwas Zeit und ging eilig zu seinem Schreibtisch. Er sah das Kuvert des Expreßdienstes – das Päckchen war angekommen. Er riß es auf.

Drinnen befand sich eine Seite aus dem Jahrbuch einer Realschule mit einem Dutzend Brustbildern, in Dreierreihen angeordnet. Der Sheriff von Harben hatte ein Foto in der zweiten Reihe angekreuzt, aber Warner hätte das Bild unter Tausenden erkannt. Er riß es heraus und ging ins Büro des Hauptkommissars.

„Hallo, Howard", begrüßte ihn Blatchford. „Nach reiflicher Überlegung sind wir zu dem Schluß gelangt, daß man Sherk in Gewahrsam nehmen sollte. Mit der Aussage der kleinen Caldwell haben wir genug für eine Anklage. Bringen Sie ihn her, lassen Sie ihn eineinhalb Tage hinter Schloß und Riegel schmoren. Wer weiß, wieviel er dann zu sagen bereit ist."

„Nein“, meinte Warner entschieden. „Das wäre zu diesem Zeitpunkt ein großer Fehler. Sarah Stannard ist möglicherweise noch am Leben, und wir finden sie am ehesten, wenn wir Sherk draußen lassen, damit er zu ihr gelangen kann.“

Blatchford und die anderen blickten skeptisch drein.

„Und was noch wichtiger ist“, fuhr Warner fort, „ich habe mit dem Mann gesprochen. Er ist ein hartgesottener Bursche. Man könnte ihn selbst mit zehn Jahren Zuchthaus nicht kleinkriegen, geschweige denn mit einem Wochenende in Polizeihaft.“

„Also lassen Sie uns Ihren Vorschlag hören“, sagte Blatchford.

„Gut.“ Warner stand auf und ging zum Schwarzen Brett an der Seitenwand. Vier Augenpaare folgten ihm. Er holte das große, auf Glanzpapier abgezogene Foto von Sarah aus seiner Aktentasche.

„Wir alle kennen diese junge Dame.“ Warner befestigte das Bild am Brett. „Sarah Stannard im Alter von fünfzehn Jahren und vier Monaten.“ Daneben hängte er ein zweites Foto, ein Porträt in Farbe. „Auch von diesem Mädchen haben Sie gehört. Emily Caldwell im Alter von sechzehn Jahren und drei Monaten. Normalerweise trägt sie das Haar offen und nach hinten gekämmt. Aber ich bat sie, es des Vergleichs wegen zu einem Zopf zu flechten, und sie erinnerte sich, daß sie es an dem Tag, an dem sie überfallen wurde, so getragen hat.“

„Wir kennen den Zusammenhang“, meinte einer der Kommissare ungeduldig.

„Aber diesen hier, den kennen Sie nicht.“ Warner stand mit dem Gesicht zur Wand. Als er zur Seite trat, war ein drittes Foto am Brett befestigt.

„Margaret Anne Sherk, ungefähr mit fünfzehn. Es ist ein Bild aus einem Jahrbuch, vor fast neun Monaten aufgenommen.“

Sie starrten alle auf die Bilder. Die drei Mädchen sahen sich zum Verwechseln ähnlich: Gesichtszüge, Augen und Haarfarbe – alles war austauschbar. Die Männer waren sichtlich überrascht.

„Ist dies seine Tochter?“ fragte einer von ihnen.

„Seine verstorbene Tochter. Sie ist vergangenen August bei einem Hausbrand ums Leben gekommen. Sherk verschwand vor ihrer Beerdigung. Zwei Wochen später spricht er Emily Caldwell in der Nähe des Hafens an. Er nennt sie beim Namen seiner Tochter und ist zornig, als sie nicht reagiert. Er versucht, sie zu entführen, aber sie entkommt. Zwei Monate danach verschwindet Sarah – Emilys Schulkameradin und fast ihr Ebenbild. Ich weiß nicht, wie Sherk hier gelandet ist, aber ich nehme an, er war auf der Suche nach seiner Tochter. Und er hat sie gefunden. Nur ist ihr Name Sarah Stannard."

Der Hauptkommissar und die anderen hörten aufmerksam zu, während Warner ihnen mitteilte, was er wußte, was er von Claire Johansen erfahren hatte und was er vermutete.

„Wir haben das ganze Kirchengelände abgesucht", sagte Warner. „Sherk hat uns sogar in seine Wohnung gelassen. Deshalb nehme ich an, daß er ein Apartment, vielleicht eine Garage gemietet hat, wo er sie gefangenhält. Sicherlich will er sie so oft wie möglich sehen, also wird es irgendwo in der Nähe sein. Auf jeden Fall muß er sie regelmäßig besuchen."

Warners Vorgesetzte und die Beamten der Bezirkspolizei sahen einander an, und einer von ihnen fragte: „Was brauchen Sie?"

„Ein paar Tage", erwiderte Warner. „Ständig zwei Leute in der Kirche, einen Mann von der Bezirkspolizei, einen von uns. Ich kann doppelte Schicht machen. Die Bezirkspolizei hat einen Überwachungswagen mit getönten Scheiben. Der würde uns helfen. Wir sollten Sherk lassen, wo er ist, und den Priestern sagen, daß er unter Verdacht steht."

Blatchford sah seinen Chef an, und dieser nickte ihm zu. Die zwei Beamten von der Bezirkspolizei erklärten sich ebenfalls einverstanden.

Der Hauptkommissar wandte sich an Warner. „Sie haben Zeit bis Montag früh. Ich will ihn nicht in der Nähe haben, wenn die Kinder zur Schule kommen. Er muß in der Zwischenzeit mindestens einmal zu ihr gehen. Wenn das nicht klappt, sperren wir ihn ein."

„Gut", sagte Warner. „Ich mach mich sofort an die Arbeit."

Blatchford hatte Warner schon lange nicht mehr so flink und energisch gesehen.

Es WAR für die Jahreszeit ein ungewöhnlich warmer Morgen. Sarah wachte in Schweiß gebadet auf. Sie griff nach dem Schieber des Reißverschlusses. Erst als sie ihn geöffnet hatte, wurde ihr klar, was geschehen war: Sie hatte ihre Hände bewegt. Sie war nicht gefesselt. Keine Riemen um ihre Handgelenke und Füße. Und keine Maske.

„Guten Morgen!" rief Sherk ihr von der anderen Seite des Dachbodens zu. Er füllte ein Glas mit Orangensaft und brachte es ihr. Also hatte er schon das Frühstück besorgt. Er war fortgegangen und hatte sie ohne Fesseln zurückgelassen.

„Schlafmütze“, murmelte er, als er sich über die Hängematte neigte. „Ich dachte schon, du wachst überhaupt nicht mehr auf.“ Er beugte sich hinunter und küßte sie auf die Wange. Es kam ihr nicht sonderbar vor. Dann erinnerte sie sich: Die Traurigkeit in seinen Augen, sie hatte die Hände nach ihm ausgestreckt, und er hatte sie wie ein Vater in den Armen gehalten.

Sie schwang die Füße auf den Boden und trank den Saft. Die Dachschräge war nur wenige Zentimeter von ihrem Gesicht entfernt, und sie fühlte die Wärme, die das Holz ausstrahlte.

„'s ist nicht sehr kalt heut“, sagte Sherk. „Ein guter Tag für ein Bad.“

„Ja, das wär sehr schön“, erwiderte Sarah.

Sie folgte ihm zu den Kissen, auf die sie sich immer zum Essen setzten. Sherk griff in die Sporttasche. Ohne zu überlegen, wußte Sarah, daß er Plätzchen herausholen würde. Schon immer hatte sie eine Vorliebe für Plätzchen und Orangensaft zum Frühstück gehabt.

Sie aßen. Sherk wandte seinen Blick nicht von Sarah. Es störte sie nicht. Seine Augen waren an diesem Morgen nicht traurig, sondern stolz und zufrieden. Sie freute sich über sein Glück.

Als er fertig war, sagte er, daß er hinausgehen werde, um heißes Wasser zu holen. „Brauchst du sonst noch was?“ fragte er.

„Ich hätte gern etwas Shampoon.“ Sie blickte auf ihre Hände. „Und vielleicht eine Nagelschere. Ich muß mir dringend die Nägel schneiden.“

Sherk stand auf. Die Riemen und die Maske lagen auf dem Boden unter der Hängematte, und Sarah erwartete, daß er hinübergehen und sie holen würde. Aber statt dessen ging er zur Öffnung des Durchgangs. „Ich muß zur Drogerie, um die Schere zu besorgen, also wird's ein Weilchen dauern, bis ich wiederkomme. Vielleicht eine Stunde.“ Seine Augen wurden schmal. „Wirst du ein braves Mädchen sein? Nichts tun, was du nicht tun solltest?“

„Ja“, erwiderte sie ein wenig zögernd. „Ich werde brav sein.“

„Ich verlasse mich drauf.“ Damit wandte er sich ab und kroch durch die Öffnung. Wenige Sekunden später hörte Sarah die Tür am Ende des Durchgangs ins Schloß fallen.

Zuerst rührte sie sich nicht. Sie starrte auf die Öffnung und sagte sich, daß Sherk fort war und sie tun konnte, was sie wollte – sie war frei! Es dauerte eine Weile, bis sie das ganz begriff. Aber dann drängte es sie, von ihren Kissen aufzustehen. Sie kroch an die Schwelle des

Durchgangs und zögerte einen Moment. Dann nahm sie allen Mut zusammen und blickte hinaus.

Am Ende des Ganges, von der Dunkelheit verborgen, hockte Sherk und beobachtete sie. Er hatte die Tür geöffnet und geschlossen, ohne hinauszugehen, und jetzt hielt er Ausschau und wartete.

Die Laterne auf dem Dachboden beleuchtete die ersten Meter des Kriechganges. Der Rest war vollkommen dunkel, aber Sarah wußte, daß es am Ende der Dunkelheit eine Tür zur Welt gab.

Der Gedanke ließ sie innerlich zurückschrecken. Jenseits jener schwarzen Schranke gab es Lärm, Verwirrung, das furchterregende Unbekannte.

Draußen bellte ein Hund. Sarah hatte nie Angst vor Hunden gehabt, doch dieses Gebell erschreckte sie. Sie wußte, daß sie fliehen sollte, daß es beinahe eine Pflicht war. Aber sie verstand nicht mehr, warum. Zuerst hatte der Dachboden ihr Beklemmungen verursacht; sie versuchte, sich zu erinnern, wie das gewesen war. Dann der Wunsch zu entkommen – sie bemühte sich zu ergründen, weshalb sie sich nach dem Wirrwarr, der Helligkeit und dem Lärm gesehnt hatte. Es war ihr jetzt unbegreiflich.

Sarah zog den Kopf zurück. Plötzlich hörte sie Sherks Stimme, und die Überraschung ließ sie fast den Boden unter den Füßen verlieren.

„Wohin wolltest du?“

„Nirgendwohin“, sagte sie mit zitternder Stimme.

„Wer bist du?“

„Ich bin Margaret. Ich bin dein braves kleines Mädchen.“

„Ein braves Mädchen läuft nicht weg.“

„Ich bin nicht weggelaufen. Ich wollte nur mal gucken.“

„Du brauchst nicht zu gucken. ’s gibt nix für dich da draußen.“

„Ich tu’s nicht wieder. Nie wieder.“

Sarah ging zur Hängematte, kroch in den Schlafsack und schloß trotz der Wärme den Reißverschluß. Sie steckte die Arme in den Sack, zog den Stoff fest um ihre Schultern und wiegte sich sanft in der Hängematte.

WARNER war der Meinung, daß man die Stannards aufklären mußte. Er saß mit ihnen im Wohnzimmer ihres Hauses und faßte kurz zusammen, was er schon seinen Vorgesetzten erzählt hatte.

Elise unterbrach ihn nur einmal, um zu fragen: „Er arbeitet in der Kirche? In der Bartholomäuskirche?“

Sie schwieg, bis er seinen Bericht beendet hatte. Dann sagte sie: „Ich möchte nur eines wissen – dürfen wir wirklich hoffen?"

Warner sah sie an. In ihrer Haltung lag eine neue Art von Würde, eine innere Festigkeit. „Ich glaube schon", erwiderte er. „Ich tue es auch."

Aus einem Fenster im Obergeschoß des Pfarrhauses sah Warner, wie der schwarze Überwachungswagen auf der Bellflower Street Posten bezog. Warner und ein junger Beamter in Zivil waren seit fast einer Stunde im Zimmer des Monsignore. Sie brauchten diesen zweiten Standort, um die Rückseite der Kirche und das Gemeindehaus zu beobachten.

Da plötzlich ertönte aus dem Funksprechgerät, das auf dem Nachttisch des Monsignore lag, ein Piepsen.

„Orchidee eins", sagte eine Stimme. „Nummer zwei an Ort und Stelle!"

Warner nahm das Funkgerät in die Hand. „Nummer zwei, Probe. Unser Mann ist vor etwa fünfzehn Minuten die Kellertreppe des Gemeindehauses hinuntergegangen. Wahrscheinlich in seine Wohnung."

Warners Plan sah vor, daß ständig zwei Beamte, einer von der Stadt- und einer von der Bezirkspolizei, auf Posten sein sollten. Sein eigener Dienst begann erst um Mitternacht, aber er konnte nicht anders, er mußte schon jetzt dabeisein.

Der junge Kriminalbeamte saß auf einem Stuhl am Fenster und rutschte unruhig auf der unbequemen Sitzfläche hin und her. „Hoffen wir, daß der Kerl sich bald entschließt, zu ihr zu gehen. Sonst werden dies sehr, sehr lange Stunden", meinte er.

Warner stand neben ihm und beobachtete den Hintereingang der Kirche, das Gemeindehaus, Sherks Lastwagen. Dabei überdachte er noch einmal seine Theorie. Von Margaret zu Emily und von Emily zu Sarah. Seine Überlegungen hatten Hand und Fuß, wenn man sich über das Vater-Tochter-Verhältnis klar wurde, und Warner glaubte, es jetzt zu verstehen.

Die kleine Schere schnippte, als Sarah den letzten Fingernagel schnitt. Sie war aus Edelstahl mit scharfen, gebogenen Kanten; ohne zu überlegen, ließ Sarah sie in eine Seitentasche ihrer Jeans gleiten.

„Was macht dein Haar?"

Es hing glatt und fächerförmig ausgebreitet über ihren Rücken. „Es ist beinahe trocken."

„Tu mir einen Gefallen", bat Sherk. „Flechte es zu einem Zopf."

Sarah dachte an die Puppe mit dem geflochtenen Haar und erinnerte sich, daß Margaret ihre Haare so getragen hatte.

„Gern", meinte sie.

Er kam zu ihr herüber und legte den Arm um sie. „Du warst ein liebes Mädchen", sagte er. „Hast mich richtig glücklich gemacht. Ich könnt mir nicht mehr wünschen."

Er lächelte, als er sie losließ. Sarah erwiderte sein Lächeln und wollte gerade anfangen, ihre Haare zu kämmen, da sah sie ihn die Stirn runzeln.

„Blut", stieß er hervor. „Blut auf deinem Gesicht."

„Das kann nicht sein."

„Ich sehe es", beharrte er. „Dein ganzes Gesicht ist blutverschmiert."

Sarah hob die Hand und befühlte ihre Wangen. Nichts.

„Es tut mir leid", murmelte Sherk. Seine Stimme klang bedrückt, sein Atem ging flach und schnell. „Ich habe es nicht gewollt. Es kam einfach über mich, ich konnte nichts dagegen tun. So viel Blut!"

„Mach dir keine Gedanken", sagte Sarah. Sie legte die Hände auf seine Schultern und schüttelte ihn sanft. „Es geht mir sehr gut."

Sein Atem wurde ruhiger. Auf seinem Gesicht lag immer noch ein leiser Zweifel, aber nach ein paar Sekunden war auch der verschwunden. Er drückte Sarah die Hand und lächelte zufrieden.

KURZ vor Mitternacht stand Warner am Fenster des Pfarrhauses und dachte an Sarah. An diesem Abend war sie allein – gefangen in einem dunklen Versteck.

Sherk hielt sich vermutlich in seinem Zimmer auf. Die Kirche war nur schwach beleuchtet und der Gemeindesaal dunkel, also mußte Sherk unten im Kellergeschoß sein.

Kein sehr liebevoller Vater, dachte Warner. Geh zu ihr! Geh!

IN DEM kleinen Haus sah es fürchterlich aus. Im Wohnzimmer war ein Stuhl umgeworfen, eine Lampe lag zerbrochen in der Ecke, und ein Tisch in der Nähe des Sofas war umgekippt. Margaret hatte dort ein kleines Glaspferdchen stehen gehabt, das Sherk ihr einmal aus Abingdon mitgebracht hatte. Er ging zu dem Tisch und betrachtete die tausend glitzernden Splitter auf dem Boden. Dann sah er eine Blutspur. Sie führte zum hinteren Ende des Häuschens, zu Margarets Zimmer. Margaret war jetzt dort drinnen.

Wenn er die Augen schloß und sich konzentrierte, konnte er sie in einer Hängematte unter den Balken der Dachkammer schlafen sehen. Aber er wußte, wo sie in Wirklichkeit war. Ihr Zimmer übte eine unwiderstehliche Anziehungskraft auf ihn aus, und Sherk war klar, daß ihm nichts anderes übrigblieb, als hineinzugehen und nachzusehen. Es mußte sein. Vielleicht nicht jetzt, nicht sofort. Aber früher oder später mußte er in das Zimmer gehen und sehen, was er getan hatte.

13

Sonntag, den 25. November

Warner hatte über sechs Stunden durch ein Nachtsichtgerät gestarrt, das die Dunkelheit auflöste und die Welt in einem grobkörnigen Grün zeigte. Jetzt entfernte er sich von dem Fernrohr und blickte nach Osten. Ein Schwarm Möwen stieg an einem perlmuttfarbenen Himmel auf, und ein Junge mit einer schwarzen Lederjacke trug auf der Bellflower Street die Sonntagszeitungen aus.

Warner nahm das Funkgerät: „Orchidee zwei, sind Sie noch da?" fragte er.

„Ja, natürlich. Und hellwach." Es war Tarver im Wagen der Bezirkspolizei.

Warner legte das Gerät beiseite. Auf der Bellflower Street gingen die Lampen aus.

Sherk bereitete das Frühstück vor. Er hatte den Dachboden sehr früh verlassen, um bald zurückkehren und den Tag mit Margaret verbringen zu können. Er steckte zwei Scheiben Brot in den Toaster, tat Speck in eine Pfanne und setzte Milch für den Kakao auf.

„O nein, Daddy. Nicht noch einmal", sagte Margaret hinter ihm.

Er fuhr herum. Es war niemand da.

„Nein, Daddy, nein. Bitte tu's nicht."

Eine gequälte Bitte, voller Schmerz. Diesmal ertönte die Stimme unter dem Küchentisch. Sherk bückte sich rasch, um nachzusehen, aber sie war nicht da.

Sie schrie. Der Ton gellte in seinem Kopf. Sherk hielt sich die Ohren zu, aber das half nichts. Das Schreien war schrecklich. Sherk streckte die Arme aus, und Margaret stand vor ihm. Seine Hände lagen an ihrem Hals, und er erstickte den Schrei mit dem Druck seiner Finger. Die einzige Möglichkeit, ihm ein Ende zu machen – er konnte ihn nicht mehr ertragen. Aus dem Schrei wurde ein Stöhnen, dann war es still.

Sherk war in Schweiß gebadet, seine ausgestreckten Hände umklammerten immer noch die Luft.

Zu seiner Linken ertönte ein Zischen. Er beachtete es nicht und versuchte, die Fassung wiederzugewinnen. Versuchte zu verstehen, was geschehen war. Es zischte abermals, lauter als zuvor. Sherk drehte sich um und sah, daß die Milch überkochte und auf der Herdplatte verdampfte.

Um acht Uhr morgens war Wachablösung. Warner überließ dem neuen Mann seinen Sitzplatz, blieb aber in der Nähe des Fensters. Etwa eine halbe Stunde später brachte die Haushälterin ihm eine Schüssel Cornflakes zum Frühstück. Warner aß im Stehen und beobachtete dabei die Leute, die zur Neunuhrmesse kamen. Konzentriert blickte er aus dem Fenster. Bei alldem Betrieb konnte man leicht einen einzelnen Mann übersehen, der die Kirche verließ.

Kurz vor neun griff er nach seinem Feldstecher und richtete ihn auf eine Frau, die allein auf die Kirche zuging. Es war Elise.

Sie näherte sich dem Weg, der zur Vorderseite der Kirche führte. Dort blieb sie stehen und sah sich um. Warner wußte, daß sie nach Sherk suchte.

„Haben Sie ihn entdeckt?“ fragte der Polizist, der auf dem Stuhl saß.

„Eine alte Bekannte“, sagte Warner. Er nahm seine Beobachtung wieder auf. Rückseite der Kirche. Seitentür der Kirche. Rückseite des Gemeindehauses, Seitentür des Gemeindehauses. Kellerstufen, Sherks Lastwagen. Und wieder zurück – unaufhörlich, ein ums andere Mal.

Als Sherk das Frühstück brachte, merkte Sarah, daß etwas nicht stimmte. Es war plötzlich eine Mauer zwischen ihnen, die sie fast mit Händen greifen konnte.

Er zog ein in Silberpapier gewickeltes Päckchen aus der Sporttasche und warf es auf den Boden vor ihre Füße. Sarah öffnete es – kalter

Toast, ein paar verkohlte Scheiben Speck. Sherk sah ihr nicht in die Augen. Zum erstenmal seit Tagen hatte sie Angst.

Er goß Orangensaft in einen Plastikbecher und reichte ihn Sarah. „Heut gibt's keinen Kakao", erklärte er. „Ich hab die Milch anbrennen lassen."

„Macht nichts", erwiderte Sarah. Sie versuchte, seinen Blick aufzufangen, aber er wich ihr aus. Vielleicht war es ratsam, sich von ihm fernzuhalten. Sie ging zur Hängematte und setzte sich.

Sherk schien es nicht zu bemerken. Er biß ein Stück Toast ab und starrte mürrisch vor sich hin. Eine Zeitlang saßen sie so da, Sherk hinter seiner Mauer aus Schweigen, Sarah bemüht, ihn nicht zu stören.

Geräusche von unten durchbrachen die Stille. Stimmen und Schritte waren zu hören – Menschen, die zum Gottesdienst kamen. Dann der erste schmetternde Schlag der Kirchturmglocke. Sherk zuckte zusammen und blickte nach oben. Aber noch ehe die Glocke aufhörte zu schlagen, hatte er sich wieder in sich selbst zurückgezogen.

Wenige Minuten später erwachte die Orgel zum Leben. Musik brauste durch den Raum. Sarah achtete nicht darauf. Sie beobachtete Sherk, der jetzt aufstand und zu ihr herüberkam. Er ging gebückt, um nicht an die Dachbalken zu stoßen. Sarah erschien er riesenhaft.

„Ich glaub, ich hab was Schlimmes getan." Er mußte die Stimme heben, damit sie ihn verstand. „Sag mir, was ich dir getan hab. Was Schlimmes."

Sarah wußte nicht, was sie ihm antworten sollte. Wie auf Verabredung hatten sie beide nie mehr erwähnt, was an jenem ersten Abend geschehen war. Sie rutschte von der Hängematte auf den Boden.

„Ich kann's beinah sehn", sagte Sherk. „Ich muß es wissen."

Die letzten Takte des Kirchenlieds verklangen, und es wurde still im Raum. Sherk kauerte sich neben Sarah. „Sag's mir", flüsterte er.

„Du warst immer gut zu mir", gab sie zur Antwort.

Sherk rieb sich die Schläfen. Er blickte ungläubig und verwirrt drein. „Mir tut der Kopf weh. Muß diese Kopfschmerzen loswerden." Er stand auf und zog sich in die hinterste Ecke des Dachbodens zurück. In dem fahlen Lampenlicht sah sein Gesicht bleich und elend aus.

Hinter der Wand ertönte ein Gemurmel wie weit entferntes Donnergrollen. Sarah konnte die Worte nicht verstehen, aber sie wußte, daß es Leute waren, die laut beteten, gemeinsam beteten.

Sherk sah sie mit einem fast vorwurfsvollen Blick an, dann vergrub er das Gesicht in den Händen. Lange Zeit hockte er so da. Die Messe ging zu Ende, und die Kirche leerte sich.

Sarah blickte zu Boden, dann zu Sherk, starrte auf die Öffnung, die kaum zwei Meter entfernt war, und versuchte, sich mit der Frage auseinanderzusetzen, wer sie in Wirklichkeit war und was sie hierhergeführt hatte.

Mit Beginn der Zehnuhrmesse ließ die Betriebsamkeit draußen nach, das Gelände war wieder leichter zu übersehen, und Warner sagte dem Beamten, der ihn abgelöst hatte, er werde versuchen, ein Weilchen zu schlafen.

Er zog seine Jacke aus, legte sich auf das Bett des Monsignore und war nach wenigen Minuten fest eingeschlafen.

Seit Stunden saß Sarah am hinteren Ende des Dachbodens und beobachtete Sherk, der an der gegenüberliegenden Wand hockte. Manchmal murmelte er, ohne sie zu beachten, etwas vor sich hin; dann wieder sah er auf und starrte sie an – nicht feindselig, sondern mit einem seltsam durchdringenden Blick.

Den ganzen Morgen hatte sie der Glocke, den Gebeten und den Schritten der Leute gelauscht, die unten vorübergingen. Als die Geräusche verstummten, wußte sie, daß die Kirche leer war. Im Laufe dieses langen Vormittags schien der Dachboden zusammenzuschrumpfen.

Jetzt war er bedrückend eng, und Sarah konnte nicht verstehen, daß sie sich hier jemals wohl gefühlt hatte.

Sherk seinerseits spürte, wie die Mauer allmählich zusammenbrach, die er unbewußt in seinem Innern errichtet hatte. Lang verdrängte Bilder, Gefühle und Erinnerungen kamen zum Vorschein. Dort im Zimmer. In ihrem Zimmer in dem kleinen Haus.

Er blickte auf und sah Margaret. Die nicht Margaret war. Denn Margaret war in dem Zimmer und wartete auf ihn.

„Du bist nicht hier", murmelte er. „Du kannst nicht hiersein."

Sarah ging zu ihm hinüber und kniete sich neben ihm auf den Boden.

„Schau, ich bin es wirklich", sagte sie. „Du kannst mich berühren." Sie griff nach seiner Hand und hob sie an ihr Gesicht. „Siehst du?"

Sherk streichelte ihre Wange und befühlte ihren Zopf. Vergewisserte sich ihrer Existenz. Aber eines wußte er ganz genau: Margaret war in ihrem Zimmer. Er sah Sarah scharf an.

„Wer bist du?" fragte er.

Sarah war zutiefst bestürzt. Sie versuchte, es sich nicht anmerken zu lassen, denn sie ahnte, das wäre ihr Untergang. Das würde alles verderben.

Reiß dich zusammen, Kamerad. Laß dich nicht unterkriegen.

„Ich bin ich. Ich bin Margaret." Es ging um ihr Leben.

Er schüttelte wehmütig den Kopf, als wünschte er, daß es so wäre.

„Ich bin's", wiederholte sie. „Und du bist mein Daddy. Wir haben in einem kleinen Haus in einem Tal bei Harben in Virginia gewohnt. Nur wir zwei. Ich habe meine Mutter nie gekannt – sie ist weggelaufen, als ich noch ein Baby war, und hat mich mitgenommen, und du mußtest mich heimlich zurückholen, weißt du noch?"

„Ich werde es nie vergessen." Sherk schloß die Augen und erinnerte sich.

„Ich hatte eine getigerte Katze, die Banana hieß. Eines Tages ist sie ausgeblieben, und wir haben sie nie wiedergefunden." Sie zerbrach sich den Kopf nach weiteren Einzelheiten. „Wir sahen einmal eine Bärenmutter mit ihrem Jungen auf einer Wiese. Es war eine schöne Wiese. Erinnerst du dich an das Gras – so hoch und dicht und grün?"

Er hielt die Augen immer noch geschlossen, und auf seinem Gesicht lag eine Gemütsbewegung, die Sarah noch nie zuvor gesehen hatte: eine seltsame Mischung von Glück und tiefem Schmerz. „Ja", flüsterte er. „Ja."

„Wenn ich im Winter frühmorgens aufstand und die Fenster mit Eis bedeckt waren, erinnerst du dich, was ich dann tat?"

„Du hast unsere Namen in das Eis geritzt", meinte Sherk gerührt. „Du schriebst: ‚Daddy und M.'" Seine Augen waren geschlossen, aber in den Winkeln schimmerte es feucht.

„Und warum habe ich immer die beiden Namen zusammen geschrieben?" fragte Sarah.

„Du sagtest, so würden wir immer leben. Zusammen." Ein schluchzender Laut drang aus seiner Kehle. „Ich mußte dir versprechen, daß wir immer zusammenbleiben, was auch geschieht."

„Und das sind wir ja auch, nicht wahr?" fragte sie.

„Ja."

„Und bin ich nicht dein kleines Mädchen?"

„Mein kleines Mädchen." Sherk hatte den Kopf zurückgelehnt und die Augen noch immer geschlossen. Plötzlich wirkte er schwach und erschöpft.

„Dann sag mir, daß alles wieder gut ist."

„Es ist alles gut", murmelte er. Als er sich zu ihr hinüberbeugte, öffnete er die Augen. Das Gesicht einer Toten starrte ihn an. Ihr Kopf hing lose an einem gebrochenen Genick. Ein Auge war geschwollen, eine Wange blutüberströmt.

„Daddy?" fragte sie und legte ihm die Hände auf die Schultern. „Was ist los?"

Sherk brüllte vor Entsetzen. Er schrie vor Schmerz und warf die Arme in die Höhe, um sich dem Griff ihrer grausigen toten Finger zu entziehen. Er schlug nach ihr und stieß sie mit aller Kraft von sich.

Sie stürzte zu Boden, und als sie sich erhob, war sie zu Tode erschrocken. „Was habe ich getan?" flüsterte sie.

Sein Kopf schmerzte unerträglich. Er mußte nachdenken, aber er konnte in ihrer Gegenwart keinen klaren Gedanken fassen. Sie war ein wesentlicher Bestandteil seines Problems. Sherk bückte sich und schlüpfte in den Tunnel.

SARAH hatte vergessen, wie stark Sherk war. Ihre Schultern schmerzten dort, wo der Schlag sie getroffen hatte.

Sie lauschte auf das Scharren seiner Stiefel im Tunnel. Das Geräusch wurde schwächer. Er geht tatsächlich fort, sagte sie sich. Als das Scharren aufhörte, wußte sie, daß er den Durchgang verlassen hatte. Er war fort.

Als Sarah aufstand, stieß sie mit dem Kopf an einen Balken. Wie furchtbar eng, dachte sie. Der Dachboden war beklemmend, das Lampenlicht jämmerlich trübe.

Zögernd näherte sie sich der Öffnung. Sie wollte fort. Jetzt. Nur der Gedanke an Sherk, der sich dort draußen befand, hielt sie zurück. Etwa eine Minute stand sie unschlüssig auf der Schwelle. Dann stellte sie sich vor, wie es wäre, noch dazusein, wenn er zurückkam, und das genügte, sie schnell in die Dunkelheit tauchen zu lassen. Der Durchgang war noch dunkler, als er vom Dachboden aus aussah. Sarah kroch langsam vorwärts, befühlte mit den Händen den Boden vor sich und tastete sich blind voran. Dann berührte ihre rechte Hand etwas Festes. Das Hindernis war flach und aus Holz und versperrte ihr den Weg. Schloß sie ein. Ihr Herz begann heftig zu klopfen.

Reiß dich zusammen. Reiß dich zusammen. Denk nach!

Also: Sherk kam täglich durch diesen Tunnel. Es mußte einen Ausgang geben. Das letzte, was sie hörte, wenn er fortging, war ein kräftiger Schnapplaut wie von einer Tür, die fest zugemacht wurde. Sie strich mit den Händen über die Holzwand, und ihre Finger stießen auf einen Metallgriff. Sie zog. Das Schnappschloß gab nach, und die Tür ging auf. Sarah kroch hindurch und kam hinter der Stange mit den Chorgewändern heraus. Sie schob sich an ihnen vorbei, stolperte über eine Schachtel, öffnete die Tür der Kleiderkammer und trat auf die Empore hinaus.

Das Licht brannte ihr in die Augen. Diffuses Abendlicht drang durch die bunten Glasfenster, aber für Sarah war es heller als alles, was sie seit Wochen gesehen hatte.

Sie blinzelte und wandte sich ab, bis ihre Augen sich an die Helligkeit gewöhnt hatten. Dann sah sie sich um.

Die Kirche wirkte riesengroß. Ihre Mauern und die steile Decke schienen unendlich hoch. Nach der Enge des Dachbodens waren die Ausmaße überwältigend. Sarah blickte nach oben, um alles in sich aufzunehmen. Ihr wurde sofort schwindlig, und ihre Knie begannen zu zittern. Sie streckte die Hand aus und hielt sich am Türpfosten der Kleiderkammer fest.

Tief atmen. Tief atmen. Der Schwindelanfall ging vorüber. Sarah ließ den Türpfosten los und richtete sich zum erstenmal aus der gebückten Haltung auf, zu der die Balken des Dachbodens sie gezwungen hatten. Sie konnte sich bewegen. Konnte atmen, gehen, stehen.

Sarah trat an den Rand der Empore, blickte sich um und sah die Schwingtür am anderen Ende. Rasch überquerte sie die Galerie und öffnete die Tür. In dem trüben Licht erkannte sie eine Treppe, die nach unten führte. Sie hielt sich am Geländer fest und stolperte hinunter, dann wieder durch eine Tür und in das Seitenschiff der Kirche.

Als Sherk die Kleiderkammer verließ, verkroch er sich am ersten dunklen und stillen Platz, den er finden konnte. Ihm dröhnte der Schädel. Etwas in seinem Kopf versuchte, ans Licht zu kommen. Er wehrte sich dagegen, aber er wußte, es gab kein Davonlaufen mehr. Er saß da und starrte düster vor sich hin, und dann sah er alles.

Das Feuer brennt in seinem Inneren, als er den Hügel hinuntereilt. Er weiß, was geschehen wird, und er weiß, daß es unrecht ist, aber er kann es nicht verhindern. Weiß nicht, wie. Will es auch nicht wissen.

Margaret ist in der Küche. Er bleibt im Türrahmen stehen, bis sie ihn bemerkt.

„O nein, Daddy. Nicht noch einmal."

Er beachtet sie nicht. „Du warst schwimmen. Da war'n Jungs." Schläge prasseln auf ihr Gesicht. Eine Weile sitzt sie einfach da und läßt es über sich ergehen, bis sie sich seinem Griff zu entziehen sucht. Aber sie verliert das Gleichgewicht, der Stuhl kippt um, und sie stürzt zu Boden. Dabei schlägt sie gegen den kleinen Tisch neben dem Sofa und stößt ihn um.

Benommen steht sie auf. Er könnte sie packen, aber er tut es nicht. Keine Eile. Sie wankt in ihr Zimmer, verriegelt die Tür. Er folgt ihr. „Öffne die Tür!" – „Nein, das kann ich nicht." – „Ich bin dein Vater. Laß mich rein." – „Nein, Daddy. Ich habe Angst." Er tritt einen Schritt zurück und stößt mit dem Fuß gegen die Tür. Der Riegel löst sich, und die Tür fliegt auf. Margaret schreit.

Später sitzt er am Küchentisch. Die Abenddämmerung legt sich über das Tal. Er weiß, daß er etwas Unrechtes getan hat. Kann sich nicht erinnern, was.

Margaret ist in ihrem Zimmer. Das weiß er. Und er hat sich bereits ausgemalt, wie alles verlaufen wird. Sie wird in einer Ecke kauern und Angst haben. Aber er wird ihr zeigen, daß es vorüber ist. Wird die Hand ausstrecken und sie hochziehen. Wird ihr sagen, daß alles wieder gut ist, und zusammen mit ihr beten.

Er steht auf und geht in ihr Zimmer. Sie sitzt, an die Wand gelehnt, in der Ecke. Ihm wird elend, als er sie sieht. Blut auf ihrem Gesicht, ein Auge blau und geschwollen, eine tiefe Schnittwunde an der linken Wange.

„Margaret", sagt er leise. „Wach auf, Liebling. Los, wach auf. Mach kein Theater."

Er klopft ihr auf die Schulter. Sie rührt sich nicht.

Jemand schreit, heult laut auf. Er wünscht, es würde aufhören, und plötzlich wird ihm klar, daß er es ist – er ist derjenige, der schreit. Dann hört er auf.

In seinem Kopf ist jetzt eine klare, berechnende Stimme zu hören, gelassen und ungerührt. Er fügt sich ihr, läßt sie die Sache in die Hand nehmen.

Die Stimme befiehlt ihm, in den Schuppen zu gehen und eine Bohrmaschine zu holen. Dann kehrt er ins Haus zurück und bohrt im

Wohnzimmer in der Nähe der Wand ein Loch durch den Holzfußboden. Als nächstes schließt er alle Fenster im Haus und stopft Handtücher in die Ritzen unter den Türen. Er läßt Margarets Zimmer bis zuletzt, und als er dort fertig ist, hebt er sie auf, trägt sie in die Küche und setzt sie auf einen Stuhl vor dem Herd.

Es ist ein altmodischer Herd mit Zündflammen, die immer ausgehen. Er bläst sie aus. Dann dreht er den Gashahn des Backofens auf. Das Propangas strömt mit lautem Zischen aus den Düsen. Er verläßt das Haus und schließt die Tür.

Jetzt geht er wieder in den Schuppen und kehrt kurz darauf mit einer alten Petroleumlampe zurück. Sie ist aus Blech, etwa von der Form und Größe einer Kanonenkugel, mit leicht abgeflachtem Boden und einem Docht am oberen Ende. Straßenbaukolonnen benutzen diese Lampen nachts, um Baustellen zu markieren. Sherk schüttelt die Lampe. Noch reichlich Brennstoff drin.

Das kleine Haus hat keinen Keller und kein Fundament, abgesehen von einigen Betonklötzen an den Ecken und in Abständen von je zwei Metern am Fuß der Wände. Zwischen dem Holzfußboden des Hauses und der Erde ist ein Hohlraum von dreißig Zentimetern. Sherk rutscht auf dem Rücken unter die Holzdielen, sucht das Loch, das er gebohrt hat, stellt die Petroleumlampe unmittelbar darunter und zündet sie mit einem Streichholz an.

Schon jetzt ist ihm kaum noch bewußt, weshalb er das tut und was geschehen ist.

Seine Fahrt zur Autowerkstatt dauert fünfundvierzig Minuten, und bis dahin wird er es vollkommen vergessen haben. Bis er mit seiner Arbeit anfängt, wird sich das Haus mit Gas füllen, und schließlich wird ein Teil davon durch das Loch in die brennende Lampe strömen.

„Propangas ..., der Herd. Sie ist nicht mehr rausgekommen", wird der Polizist sagen, und Sherks Klagelaut wird echt und aufrichtig sein.

Der Schweiß lief Sherk den Rücken hinunter, während er dort in der Dunkelheit saß und sich erinnerte. Was haben diese Hände nur getan, dachte er.

Jetzt wußte er, daß das Feuer ständig in ihm loderte. Auch in diesem Augenblick war es da, und er fühlte, wie es stärker wurde.

Er konnte es nicht zurückhalten. Und er wollte es auch nicht.

Plötzlich hörte er Schritte, die auf ihn zu kamen.

ALS Sarah von der Empore hinunterstieg, lag die Kirche still und verlassen da. Etwas weiter hinten im Seitenschiff sah sie einen Ausgang. Sie machte sich rasch auf den Weg dorthin. Zu ihrer Rechten standen Kirchenbänke. Zu ihrer Linken war die Außenwand der Kirche, und als sie auf die Seitentür zueilte, kam sie an zwei Beichtstühlen mit purpurfarbenen Vorhängen vorbei.

Sie hatte beinahe den Ausgang erreicht, da tauchte ein dritter Beichtstuhl vor ihr auf. So hastig lief sie auf die Seitentür zu, daß sie die Bewegung hinter dem purpurnen Vorhang nicht rechtzeitig wahrnahm.

Sherk trat hinter dem Vorhang hervor und versperrte ihr den Weg. Sarah versuchte auszuweichen, glitt auf dem glatten Marmorboden aus und fiel ihm praktisch in die Arme.

Er packte sie bei den Schultern.

„Ach, sieh mal einer an", sagte er mit schneidender Stimme. „Was haben wir hier unten zu suchen?"

14

NACH dem Abendessen ging Pater Keegan hinauf, um Warner einen Besuch abzustatten. Der Kriminalbeamte war seit über vierundzwanzig Stunden im Pfarrhaus. Jetzt stand die Tür zum Zimmer des Monsignore einen Spalt weit offen, und der Priester sah, daß es drinnen dunkel war. Warner lehnte am Fenster und blickte hinaus.

Keegan klopfte an. Warner drehte sich um und sagte: „Kommen Sie herein, Pater." Dann wandte er sich wieder dem Fenster zu.

„Ich dachte, Sie hätten vielleicht gern ein wenig Gesellschaft", meinte Keegan.

„Nett, daß Sie gekommen sind." Warner blieb regungslos am Fenster stehen.

„Offen gestanden, ich wollte gern wissen, wie solch eine Überwachung vor sich geht", gab Keegan zu. „Ich habe so etwas noch nie erlebt."

„Wie Sie sehen, ist es oft eine mühselige, undankbare Sache." Warners Stimme klang mutlos und erschöpft. „Ich nehme an, seit gestern nachmittag ist er dort unten nicht mehr aufgetaucht."

„Doch", erwiderte Keegan, „heute früh. Ich war gerade dabei, das Altartuch zu wechseln, da kam er aus der Sakristei. Ich glaube, er hatte nicht erwartet, jemandem zu begegnen. Als er mich sah, murmelte er etwas. Dann machte er kehrt und ging den gleichen Weg zurück, den er gekommen war."

„Zurück zum Gemeindehaus?" fragte Warner.

„Ja. Anscheinend wollte er etwas reparieren, denn er hatte eine Sporttasche bei sich. Vielleicht war Werkzeug darin."

„Dann ist er also wirklich da. Ich hatte schon angefangen, daran zu zweifeln."

„Das Gefühl haben wir hier auch oft gehabt. Man denkt immer, er kann nicht weit sein. Aber wenn man ihn sucht, kann man ihn nicht finden. Manchmal glaube ich, wir finden ihn nur, wenn er gefunden werden will."

Warner schwieg eine Weile. Er widmete seine ganze Aufmerksamkeit dem Gelände draußen.

„Ich möchte Sie um einen Gefallen bitten", sagte er dann unvermittelt. „Würden Sie mich hier ein paar Minuten vertreten?"

„Glauben Sie, ich kann das?" fragte der Priester.

„Ist ganz einfach, Sie brauchen nur Ausschau zu halten. Wahrscheinlich werden Sie ihn nicht sehen. Aber wenn Sie ihn sehen, nehmen Sie das Funkgerät und drücken hier auf diesen Knopf, um zu sprechen. Sagen Sie einfach, Sie haben ihn gesehen und welche Richtung er eingeschlagen hat."

Warner trat zur Seite, und Keegan nahm seinen Platz am Fenster ein.

„Übrigens", meinte Warner, während er seinen Mantel anzog. „Als Kind habe ich gelernt, den Feiertag zu heiligen."

„Das ist richtig."

„Aber Sherk hat heute morgen gearbeitet."

„Es gibt Notfälle", sagte Keegan.

„Was war das für ein Notfall heute morgen?"

Keegan dachte einen Augenblick nach. „Keine Ahnung."

„Also gut. Bin bald wieder da. Wenn Sie Fragen haben, drücken Sie einfach auf den Knopf, und sprechen Sie."

Augenblicke später war Warner draußen. Der Abend war kühl. Warner ging eilig über den Parkplatz zum Gemeindehaus.

TÖTE mich, wenn es das ist, was du willst, dachte Sarah. Wart nicht länger, tu's einfach.

Die Maske spannte sich über ihr Gesicht, straffer als je zuvor, und sie lag gefesselt in ihrer Hülle. Die Zeltleinwand schnürte ihr die Brust ein. Drei Gurte um Schultern, Taille und Fußgelenke banden sie an die Hängematte.

Bestimmt war ihr Kiefer gebrochen. Er schwoll an und drückte gegen die Maske.

Sherk hatte sie nur einmal geschlagen, aber das genügte, sie kleinzukriegen. Dann hatte er sie zurückgebracht.

In den zwei Stunden, die seitdem vergangen waren, hatte er, ohne sich vom Fleck zu rühren, auf einer Kiste in der Mitte des Raumes gesessen. Am Morgen schien er völlig niedergeschlagen gewesen zu sein, aber jetzt war er gefühllos und eiskalt. So, als hätte er eine unbequeme menschliche Haut abgestreift, hinter der sich ein Kern von Bösartigkeit verbarg. Allein sein Anblick ließ Sarah um ihr Leben bangen.

Er wartete. Wartete und versank in eine Welt, die nur in seiner Vorstellung existierte. Sie fragte sich, was er wohl sah, während er dort auf der Kiste saß und an der hölzernen Puppe herumschnitzte, die er für sie gemacht hatte.

NACH fast dreißig Stunden Wache am Fenster des Pfarrhauses spürte Warner das Verlangen, sich dem Gegenstand seiner Beobachtung zu nähern. Er hätte nicht sagen können, warum. Aber er glaubte, daß er jetzt das Recht hatte, diesem inneren Drang nachzugeben – jetzt, da alles andere fehlgeschlagen war.

Er ging um die Kirche herum zum Gemeindehaus. Sherks Wohnung lag am hinteren Ende des Gebäudes und war vom Pfarrhaus aus nicht zu sehen.

Das Fenster der Kellerwohnung lag nur wenige Zentimeter über der Erde. Es war erleuchtet. Warner wollte nicht, daß Sherk ihn bemerkte; so ging er rasch vorbei und drehte nur den Kopf zur Seite, um einen Blick ins Zimmer zu werfen.

Aber das Fensterglas war weiß übertüncht. Offenbar zieht er es vor, ungestört zu sein, sagte sich Warner.

Da es sonst nichts zu sehen gab, überquerte er die Bellflower Street und ging – einer spontanen Eingebung folgend – zu dem schwarzen Überwachungswagen. Als er dort ankam, öffnete sich die hintere Tür. Tarver hielt sie auf. Warner stieg ein und schloß sie hinter sich.

Der Wagen hatte Teppichboden, einen kleinen Kühlschrank und zwei bequeme Drehstühle. Warner setzte sich auf den freien Stuhl, während Tarver zwei Büchsen Cola aus dem Kühlschrank holte.

„Ich glaubte zu wissen, was mit ihm los ist", sagte Warner. „Ich war mir so sicher."

„Er ist nicht ganz richtig im Kopf", erklärte Tarver. „Man kann selbst verrückt werden, wenn man versucht, einen Geisteskranken zu verstehen. Manchmal machen sie einen ganz vernünftigen Eindruck. Sie bewegen sich und reden wie normale Menschen. Aber es ist nichts da. Es sind lebendige Tote. Das Licht ist an, aber 's ist niemand zu Hause. Verstehen Sie, was ich meine?"

„Ich glaube, ja." Warner blickte unentwegt auf das erleuchtete Fenster und dachte an Sherk, der sich hinter dem getünchten Glas verborgen hielt. „Ich möchte wissen, wie er seine Zeit verbringt. Womit beschäftigt er sich?"

Das ganze Wochenende ist er vermutlich dort unten, überlegte Warner weiter. Dreißig Stunden allein in diesem Kellerloch. Außer wenn er am Sonntagmorgen mit einer Sporttasche in der Kirche umherspaziert.

„Ich glaube, er schläft bei Tag", meinte Tarver. „Entweder das, oder er hat Angst vor der Dunkelheit. Kann nicht schlafen, wenn das Licht aus ist."

„Was wollen Sie damit sagen?"

„Das Licht in seinem Zimmer. Ich saß hier von Mitternacht bis acht Uhr früh, und es war die ganze Zeit über an. Bin jetzt vor ungefähr einer Stunde zurückgekommen, und 's ist immer noch an. Vielleicht schläft er mit dem Kopf unter der Decke." Tarver nahm einen Schluck aus der Colabüchse. „Und was machen wir jetzt? Wollen Sie ihn gleich festnehmen und die Sache beenden?"

„Nein", erwiderte Warner. „Warten wir noch ein Weilchen."

Er stieg aus und machte sich auf den Weg zum Pfarrhaus. Ein Geisteskranker, dachte er. Man findet ihn nur, wenn er gefunden werden will. Kam durch die Sakristei herein, hatte Keegan gesagt; als er mich sah, machte er kehrt. Schläft mit dem Kopf unter der Decke.

Und Tarver hatte noch etwas anderes gesagt. Was war es doch gleich? Nicht ganz richtig im Kopf. Lebendige Tote. Das Licht ist an, aber es ist niemand zu Hause.

Das Licht ist an. Es ist niemand da . . .

Warner blieb mitten auf dem Parkplatz stehen, machte auf dem Absatz kehrt und ging zurück zu dem übertünchten Fenster von Sherks Wohnung. Er kniete sich auf das Gras davor und legte das Ohr an die Scheibe. Es war nichts zu hören. Er klopfte ans Fenster.

Ein Klopfen an der Tür kann ignoriert werden, dachte er. Aber dies hier nicht. Er klopfte noch einmal, diesmal energischer.

Neben ihm im Gras lag ein Stein, etwa von der Größe einer Walnuß. Er nahm ihn in die Hand, trat einen Schritt zurück und hob den Arm. In fünf Sekunden, sagte er sich, bin ich entweder ein hervorragender Polizist oder ein sehr törichter. Er schleuderte den Stein.

Die Scheibe zerbrach mit lautem Klirren, und Glasscherben fielen drinnen auf den Boden.

Nichts geschah. Keine Rufe, kein zorniges Gesicht am Fenster. Warner ging dicht heran, stieß mit dem Fuß herabhängendes Glas aus dem Rahmen und bückte sich, um ins Zimmer zu sehen. Er konnte fast den ganzen Raum überblicken, und es war niemand da. Jetzt nicht und vermutlich auch während des ganzen Wochenendes nicht.

Tarver kam aus dem Überwachungswagen. Warner winkte ihn zurück.

„Ein Priester bedient oben das Funkgerät", rief Warner ihm zu. „Sagen Sie ihm, wir brauchen Schlüssel für jedes Schloß in diesen zwei Gebäuden – er soll sie runterbringen. Auch das Funkgerät. Das Mädchen ist hier. Der Schweinehund, er hält sie hier gefangen."

Sarah entdeckte, daß sie die Hände in der Hülle bewegen konnte. Ein Riemen außerhalb der Zeltleinwand drückte ihre Arme fest an ihren Körper, aber die Hände waren frei, und sie konnte sie an den Handgelenken bewegen. Sherk beachtete sie nicht. Er war noch immer in seiner Traumwelt.

Unter ihrer rechten Hand fühlte sie in ihren Jeans einen flachen Gegenstand aus Metall. Es könnte klappen, sagte sie sich. Wenn ich das Ding aus meiner Hosentasche ziehen kann. Vielleicht. Wenn Sherk fortgeht. Vielleicht.

Warner und Tarver standen neben dem Überwachungswagen und warteten auf Pater Keegan, der mit einem großen Schlüsselring und einer Taschenlampe zurückkam.

„Ich könnte Verstärkung anfordern", überlegte Warner.

„Keine gute Idee", erwiderte Tarver. „Wenn Sie Hilfstruppen anfordern und nichts finden, stehen Sie dumm da."

„Das ist mir egal", meinte Warner.

„Mir nicht. Es geht hier auch um meinen Ruf."

Keegan überquerte die Straße und kam auf sie zu. „Ich möchte

Ihnen gerne helfen", sagte er. „Ich kenne mich dort drinnen gut aus."

Warner überlegte einen Moment, dann nickte er Tarver zu. „Gut. Der Pater und ich fangen im Gemeindehaus an. Sie bleiben in der Kirche. Wenn wir Sherk aufscheuchen, wird er versuchen, sich dort zu verstecken."

„In Ordnung", erwiderte Tarver.

Zusammen gingen sie zum Vordereingang der Kirche. Er war verschlossen. Der Priester suchte einen Schlüssel heraus und öffnete das Portal. Sie betraten die dunkle Vorhalle. Keegan drückte auf einen Schalter neben der Tür, und wenige Sekunden später gingen an der Decke eine Anzahl von Neonröhren an. Die Kirche selbst blieb dunkel.

„Wir beginnen nebenan", sagte Warner.

„Ich bleibe hier", erklärte Tarver. „Direkt hinter der Tür. Ich kann hinaussehen, aber er sieht mich nicht. Und wenn er an mir vorbeikommt, nehm ich ihn fest."

Er blickte Warner und dem Priester nach, als sie das Hauptschiff entlanggingen, vor dem Altar abbogen und in der Sakristei verschwanden.

SARAH bemerkte, daß mit Sherk abermals eine Veränderung vor sich ging. Er schien etwas gesehen zu haben, worauf er gewartet hatte. Er war auf der Hut. Sein Verhalten wurde noch kälter und abweisender als zuvor.

Die geschnitzte Puppe war unter seinem Messer zu einem glatten Stück Holz geworden. Jetzt verlor er plötzlich das Interesse daran. Sein Messer hackte noch eine Weile lustlos an dem Holz herum, dann ließ er es aus der Hand gleiten, und es fiel polternd zu Boden.

Sherk stand auf, kam zu Sarah herüber und sah sie an – zum erstenmal, seit er ihr die Maske angelegt hatte. Er stand über sie gebeugt, und seine Finger hielten immer noch das Messer umklammert.

TARVER hörte den Aufprall, etwas Hartes, das unmittelbar über ihm an die Decke schlug.

Dann war es still.

Er blickte hinauf. Neonlampen und schalldämmende Platten. Aber er hatte sich nicht getäuscht. Da war etwas.

„Sarah?" fragte er laut. Dann rief er, noch lauter: „Sa-rah!"

DAS Geräusch ließ Sherk aufhorchen. Zuerst leise Stimmen – die hatte er nicht beachtet – und jetzt jemand, der unten laut rief.

Er wandte den Blick von Sarah ab. Als er den Namen zum zweitenmal hörte, starrte er auf den Boden, von wo die Stimme kam. Dann richtete er seinen Blick wieder auf Sarah. Er weiß nicht, was er tun soll, dachte Sarah. Das Messer zuckte zwischen seinen Fingern. Schließlich überquerte er wortlos den Dachboden, zwängte sich in den Eingang zum Tunnel und verschwand aus Sarahs Blickfeld.

Kurz darauf fiel am anderen Ende die Tür ins Schloß.

Sarah machte sich klar, was sie gehört hatte, was es bedeutete. Jemand hatte ihren Namen gerufen. Man suchte sie. Aber es würde für jeden außer Sherk fast unmöglich sein, sie zu finden. Sie mußte sich selber helfen, konnte nicht mit fremder Hilfe rechnen.

Die Nagelschere. In ihrer rechten Hosentasche. Die äußeren Riemen waren sehr stramm, aber es gelang ihr, die Hand bis zur Hüfte heraufzubewegen. Sie schob die Finger in die Tasche. Sie berührten glattes Metall.

Sarah zog die Schere heraus, preßte sie an den Schlafsack und drückte zu. Mit einem deutlich hörbaren Geräusch zwickten die halbmondförmigen Schneiden ein kleines Loch ins Nylon. Aufgeregt preßte Sarah die Schere abermals an den Stoff und schnitt ein Stückchen weiter. Sie wiederholte das Verfahren ein dutzendmal, dann erkundete sie mit den Fingern das Resultat. Der Stoff war durchlöchert, aber noch nicht völlig zerschnitten. Sie machte sich wieder an die Arbeit.

TARVER blieb eine Weile regungslos stehen und überlegte, was er tun sollte. Dann hörte er wieder ein Geräusch – wie das leise Schließen einer Tür – und beschloß, der Sache nachzugehen.

Er betrat die Kirche, zog die Tür der Vorhalle hinter sich zu und sah sich um. Offenbar gibt es nur einen Weg nach oben, sagte er sich – eine Doppeltür hier links, die vermutlich zu einer Treppe führt. Er ging an der hintersten Bankreihe vorbei und öffnete die Tür.

Wie erwartet fand Tarver dahinter eine Treppe. Er drückte auf den Lichtschalter. Nichts geschah. Aber in einer Nische schimmerte ein schwaches Licht. Er stieg die Stufen hinauf. Als er zum ersten Treppenabsatz kam, wurde es um ihn herum stockdunkel. Er zog seine Pistole heraus und ging weiter die Treppe hinauf.

Am oberen Ende der Treppe stolperte er in der Dunkelheit. Er hielt sich am Geländer fest, fand sein Gleichgewicht wieder und durchquerte den Vorraum.

Er tastete an der gegenüberliegenden Wand nach einer Tür, da sagte plötzlich eine Stimme hinter ihm: „Eine Bewegung, und Sie sind eine Leiche."

SARAH untersuchte die Stelle im Schlafsack, die sie mit der Nagelschere bearbeitet hatte, und fühlte ein Loch, das groß genug für ihre Fingerspitze war. Sie steckte den Finger hinein und riß mit voller Kraft am Stoff.

Jetzt konnte sie Federn greifen, die Daunenfüllung. Sie grub ihre Finger hindurch, bis sie wieder Nylon berührte. Die Außenseite des Schlafsacks. Dahinter war noch die Zeltleinwand.

Die Fingerspitzen taten ihr weh. Aber sie konnte durch das Nylon die Zeltleinwand fühlen, und das gab ihr Kraft.

Sie nahm die Nagelschere in die Hand und machte sich wieder an die Arbeit. Doch die Leinwand war schwieriger zu durchschneiden als das Nylon. Sarah konnte mit der Nagelschere kleine Löcher hineinzwicken, aber der Stoff riß nicht, wenn sie daran zog. Die Kraft in ihrem Arm ließ nach. Auch der stärkste Wille konnte keine Wunder vollbringen.

Dann dachte sie wieder an Sherks Rückkehr, und dieser Gedanke war so erschreckend, daß sie abermals die Schere an den Stoff legte und mit der Arbeit fortfuhr.

WARNER hatte in zehn Minuten den Gemeindesaal abgesucht. Jetzt waren er und Pater Keegan unten im Kellergeschoß. Der Heizkessel dröhnte – ein Höllenlärm, bei dem Warner sich sagte, daß dies ein geeignetes Versteck wäre: dunkel und mit unzähligen Winkeln und Ecken.

Sie fingen in der Ecke an, die am weitesten vom Eingang entfernt lag, und begannen zu suchen.

Es hat keinen Sinn, dachte Warner. Die Leute haben diese Räume vor zwei Tagen durchsucht. Es muß woanders sein, an einem Ort, wo es niemandem einfallen würde zu suchen. *Denk nach!*

ER IST nicht allein gewesen, sagte sich Sherk. In seinem Kopf herrschte vollkommene Leere, aber er konnte noch logische Schlüsse ziehen. Er hatte unter dem Fußboden mindestens zwei Stimmen gehört. Also war noch jemand da, und dieser Jemand würde kommen, um nach dem anderen zu suchen. Aber er konnte warten. Was es auf dem Dachboden für ihn gab, würde noch dasein, wenn er zurückkam.

WARNER hatte Spinnweben im Haar und einen Schmutzfleck auf der Wange, als er mit Pater Keegan die Stufen hinaufstieg. Sie kamen in den Gemeindesaal und gingen von dort aus den überdachten Gang entlang zur Kirche. Sie hatten Sherk nicht gefunden. Nichtsdestoweniger wußte Warner, daß er hier irgendwo war. Aber nicht im Gemeindesaal und nicht im Keller. Wahrscheinlich hielt er sich in der Kirche versteckt.

Vielleicht hatte Tarver ihn gesehen. Warner wollte in der Sakristei mit der Suche beginnen, aber er hielt es für besser, sich zuerst bei Tarver zurückzumelden.

Der Priester folgte ihm, als er die Sakristei verließ und das Mittelschiff entlangging. Tarver war nicht an der Tür, wo er eigentlich sein sollte. Warner sah in der Vorhalle nach. Niemand. Vielleicht war er zum Überwachungswagen gegangen. Der einzige andere Ort, wo er sich aufhalten konnte, war die zweite Doppeltür in der rechten Ecke.

Warner deutete in diese Richtung und fragte: „Wohin führt die Tür?“

„Zur Empore hinauf“, erwiderte Keegan.

Möglich, daß er dort ist, dachte Warner. Er ging an der hintersten Kirchenbankreihe vorbei. Der Priester folgte ihm.

Auf dem Fußboden war Blut. Ein dunkelrotes Rinnsal sickerte unter der Tür hindurch, die zur Treppe führte.

Warner blieb nachdenklich stehen, streckte die linke Hand aus, um den Priester zurückzuhalten, langte mit der rechten nach dem Halfter und holte seine Pistole heraus.

Er ging weiter, machte einen Schritt über die Blutspur, griff nach der Türklinke. Hielt inne. Dann riß er plötzlich die Tür auf, schwang sie herum, blieb stehen und schaute sich um. Aber er sah nichts weiter als eine große, dunkle Blutlache am Fuß der Treppe.

Warner streckte die Hand aus: „Taschenlampe.“ Der Priester gab sie ihm, drängte sich hinter ihm ins Treppenhaus und blickte ihm über die Schulter. Warner hörte ein Keuchen und dann ein heiseres, hastiges Ave-Maria. Auch seine eigenen Lippen flüsterten unwillkürlich die Worte des Gebets.

„Bleiben Sie hier", sagte er. Die Pistole in der rechten Hand, die Taschenlampe in der linken, ging er um die Blutlache herum und dann die Treppe hinauf. Er kam zum ersten Absatz, stieg langsam weiter und suchte seine Umgebung sorgfältig mit der Taschenlampe ab. Auf der obersten Stufe fiel der Lichtstrahl auf eine Hand. Warner trat näher heran und sah einen leblosen Körper vor sich liegen. Es war Tarver – tot. Eine tiefe Schnittwunde lief quer über seinen Hals.

„Pater", sagte er. „Hören Sie zu. Ich möchte, daß Sie ins Pfarrhaus gehen. So schnell Sie können. Wählen Sie den Notruf. Sagen Sie dem diensthabenden Beamten, wir brauchen Hilfe. Geben Sie ihm die Adresse. Haben Sie mich verstanden?"

„Ja, ich habe verstanden." Die Stimme des Priesters zitterte.

„Beeilen Sie sich", drängte Warner.

Er lauschte, bis die Schritte des Priesters nicht mehr zu hören waren. Gleich kommt Hilfe, sagte sich Warner, und es ist keine Schande, hinunterzugehen und darauf zu warten. Aber er wußte, daß er das nicht tun konnte. Tarver war aus einem bestimmten Grund hierhergekommen. Etwas hatte ihn veranlaßt, diese Treppe hinaufzusteigen.

Er nahm die Pistole fester in die Hand, stieg über den Leichnam und legte die linke Hand an eine der Schwingtüren, bereit, sie aufzustoßen.

JETZT hatte die Zeltleinwand ein Loch. Sarah konnte zwei Finger hindurchstecken. Drei Finger. Ihre ganze rechte Hand. Ein paar Zentimeter über dem Loch war der Gurt an ihrer Taille. Sarah drehte die Hand um und tastete nach dem Verschluß. Da. Ein Stück Metall.

Sie drückte und schob, wie sie es Sherk hatte tun sehen. Plötzlich löste sich der Gurt. Der Druck an ihrer Taille ließ nach. Sie konnte einen Arm bewegen. Der linke lag noch in der Hülle, aber sie schob den rechten durch das Loch und löste die Schnallen über ihrer Brust.

Jetzt konnte sie sich besser bewegen. Ihre Schultern und Füße waren immer noch mit Riemen an die Hängematte gebunden. Sarah machte den oberen auf, so daß sie von den Hüften aufwärts frei war. Sie beugte sich vornüber, um ihre Füße zu befreien, da hörte sie den Schuß.

WARNER stieß die Tür auf. Er trat auf die Empore und wandte den Kopf, um sich umzusehen, da zuckte plötzlich ein greller Blitz vor seinen Augen. Er wurde hochgehoben, von einer unsichtbaren Kraft gepackt und an die Tür geschleudert.

Benommen stürzte er zu Boden. Er merkte, daß er seine Pistole verloren hatte. Sein erster Impuls war gewesen, nach ihr zu greifen, aber als er den rechten Arm bewegen wollte, konnte er es nicht. Er fühlte einen brennenden Schmerz an der Schulter. Als er hinsah, entdeckte er im Vorderteil seiner Jacke ein kleines, rundes Loch, aus dem Blut sickerte.

Der Anblick war so faszinierend, daß er die dunkle, hagere Gestalt nicht bemerkte, die auf ihn zukam. Erst als er aufsah, erblickte er Sherk, der noch ein paar Schritte entfernt war, dann über ihm stand und die Pistole auf seinen Kopf gerichtet hielt.

Sarah versuchte hastig, sich zu befreien. Aber als sie sich vorbeugte, um den Gurt an ihren Füßen zu lösen, war die Schnalle außerhalb ihrer Reichweite.

Sie rutschte ruckweise nach vorn, um näher heranzukommen, und fiel aus der Hängematte. Ihre Beine waren noch am unteren Ende festgebunden. Ihr linker Arm schoß hervor, um den Sturz abzufangen. Dabei stieß er an die Lampe, die auf dem Boden stand. Diese flog nach hinten, und Sarah hörte das Splittern von Glas, als sie gegen die Wand schlug.

Das Licht muß ausgehen, sagte sich Sarah. Wenn eine Lampe zerbricht, muß das Licht doch eigentlich ausgehen. Aber es ging nicht aus. Im Gegenteil, es wurde noch heller hinter ihr. Sie war völlig hilflos, wie sie dort hing, mit den Beinen in der Hängematte und dem Kopf auf dem Boden. Aber sie konnte sich zur Seite drehen und nach hinten blicken.

Der Dachboden brannte. In einer Ecke schimmerte der Holzfußboden in einem hellen Rot. Flammen züngelten an der hinteren Wand empor und breiteten sich über den Boden vor dem Eingang zum Tunnel aus.

Sarah gelang es nicht, ihre Füße zu erreichen, aber sie konnte sich von der Maske über ihrem Gesicht befreien. Sie riß sie herunter und schrie.

„Sie?“ rief Sherk.

„Sprechen Sie mit mir“, sagte Warner. In wenigen Minuten würde es hier von Polizisten wimmeln. Wenn er den Mann nur so lange hinhalten konnte. „Sagen Sie mir, was Ihnen Kummer macht. Wir können eine Lösung finden.“

„Das glaub ich nicht", erwiderte Sherk. „Ich glaube, es ist Zeit zu sterben."

Er entsicherte die Waffe. Warner hörte das Geräusch.

Sarah schrie.

Sherk drehte den Kopf in die Richtung des Lautes.

„Was haben Sie ihr getan?" fragte Warner.

„Hab nix getan."

Wieder ein Schrei, laut und anhaltend. Sherk sah beunruhigt aus.

„Helfen Sie ihr", sagte Warner. „Sie ist in Gefahr."

„Nein", widersprach Sherk. Er sah Warner scharf an. Die Pistole bewegte sich hin und her, und er brauchte beide Hände, um sie ruhig zu halten.

„Es brennt", meinte Warner. Und dann beinahe sanft: „Schauen Sie."

Rauch strömte an den Seiten der Orgel heraus, kleine Wolken, die zusehends dichter wurden. Sherk starrte sie wie gebannt an.

Sarah schrie abermals.

„Holen Sie sie", bat Warner. „Holen Sie Ihre Tochter."

„Ich werde Sie erst töten", erwiderte Sherk.

„Töten Sie mich, aber verlieren Sie keine Zeit. Sie ist Ihr kleines Mädchen. Sie ist Margaret. Sie lieben sie, also holen Sie sie."

Margaret? dachte Sherk. Vielleicht. Sein Kopf schmerzte, und er war sehr müde. Es gab Dinge, an die er sich erinnern sollte, aber er konnte es nicht.

Margaret, dachte er. Margaret ist irgendwo.

Sie schrie. Ein einziger langer, ununterbrochener Schrei. Sherk konnte ihn nicht ertragen. Mußte dafür sorgen, daß er aufhörte. Er ließ die Pistole fallen.

SARAH lag auf der Seite, die Füße an die Hängematte gefesselt, und beobachtete, wie das Feuer sich ausbreitete. Sie konnte seine Hitze fühlen und sehen, wie es über den Boden auf sie zu kroch. Oben ließ der steile Winkel es schneller brennen, und eine Seite des Daches stand bereits in Flammen.

Sie schrie nicht mehr. Die Luft, die sie einsog, war zu heiß. Sie versengte ihre Kehle und ihre Nase, und deshalb würde sie versuchen, nicht weiterzuatmen.

Eine Gestalt erschien in den Flammen am Eingang zum Tunnel, ein hagerer, gebückter Mann. Er ging durch das Feuer, als sei es gar nicht vorhanden. Als er bei Sarah angelangt war, brannten seine Hosenbeine.

Eine Sekunde lang stand er schwankend über ihr. Dann beugte er sich über die Hängematte. Sarahs Füße fielen hinunter auf den Boden, und sie befreite sich strampelnd von der Zeltleinwand. Aber es brannte rings um sie herum, und kniehohe Flammen bedeckten den Boden, den sie überqueren mußte.

Sherk streckte die Hände aus und hob sie auf. Wie stark er ist, dachte Sarah benommen. Er trug sie auf den Armen durch die Flammen und setzte sie am Eingang zum Tunnel ab.

„Geh!" rief er. Der Lärm des prasselnden Feuers war ohrenbetäubend, und der Rauch nahm ihr den Atem. Sie blickte Sherk über die Flammen hinweg an, und er rief abermals: „Geh!"

WARNER sah Sherk die Waffe wegwerfen und zur Kleiderkammer laufen. Er schleppte sich zur Pistole, nahm sie an sich und stand auf. Dann lehnte er sich, nach einem Halt suchend, an die Wand und konnte so mit einiger Mühe zur Kleiderkammer gelangen.

Die getäfelte Tür stand offen, und Rauch kam heraus. Warner hörte Sirenen. Jetzt dauert es nicht mehr lange, sagte er sich.

Er blickte durch die Türöffnung und sah ein Mädchen, das auf ihn zu kroch. Sie kletterte heraus, und als sie draußen war, stellte sich Warner vor die Öffnung. Er hielt die Pistole in der linken Hand, stützte sie mit der rechten, so gut er konnte, und wartete.

Sarah berührte ihn am Ärmel.

„Er kommt nicht", flüsterte sie. „Machen Sie sich keine Sorgen, er kommt nicht heraus."

Epilog

Sonnabend, den 27. April

Zwei Kriminalbeamte der Bezirkspolizei knieten auf einem frisch gepflügten Feld in der Nähe von Annapolis. Vor ihnen war eine flache Grube, die man zwischen zwei dunklen Ackerfurchen ausgehoben hatte. An den Händen der Beamten klebte Lehm vom Wühlen im feuchten Boden.

Der Leichenbeschauer war fortgegangen. Sie verstauten den Rest der ausgegrabenen Gegenstände in einem Beutel, den sie mit einer

Klammer verschlossen und mit einem numerierten Etikett kennzeichneten. Bis jetzt enthielt der Beutel einen Hammer, einen Schraubenzieher und einen steifen weißen Priesterkragen.

„Mir geht es wieder besser“, sagte Sarah Stannard. „Ich nehme an, dies ist so eine Art Kontrollbesuch, stimmt's?“

„So etwas Ähnliches“, erwiderte Claire Johansen. „Wir haben uns vor einem Monat zum letztenmal gesprochen, und ich wollte nicht den Kontakt verlieren.“

Sarah hatte die Psychologin anfangs fast täglich aufgesucht, dann nicht mehr so oft. Sie fand Mrs. Johansen von Anfang an sympathisch. Mit dieser Frau konnte man reden. Ihr alles sagen.

„Was hat sich inzwischen bei dir ereignet?“ fragte die Psychologin.

„Ich glaube, das wichtigste ist, daß meine Großeltern nach Arizona ziehen. Sie sagen, wir können im Haus bleiben, aber ich nehm an, wir suchen uns etwas anderes.“

„Bleibt ihr in Annapolis?“

„Ja, zumindest eine Zeitlang. Mir ist's recht. Die Schule ist prima. Meine Noten werden immer besser, und man hat meine Zeichnungen zum Elterntag in den Gängen aufgehängt.“

„Was hast du sonst noch gemacht?“

„Nicht viel. Letzten Sonntag waren wir mit dem Boot draußen. Howard – Mr. Warner – versucht, uns Segeln beizubringen. Er sagt immer wieder, daß wir es lernen müssen, ehe wir mit dem Segelboot in die Karibik fahren.“

„Möchtest du das?“

„Ich glaube, ich werde die Entscheidung meiner Mutter überlassen. Das Ganze klingt für mich wie eine dieser Ideen, über die Erwachsene sprechen und die sie niemals verwirklichen.“

„Wie verstehst du dich jetzt mit deiner Mutter?“

„Besser. Zuerst war's schwierig. Ich konnte nirgendwohin gehen; sie wollte immer dabeisein. Das habe ich Ihnen ja damals gesagt. Aber in letzter Zeit bemüht sie sich. Ich spüre, daß sie mich losläßt. Ein wenig.“

„Und wie steht's mit allem übrigen? Denkst du noch oft daran?“

„Sie meinen das mit Sherk und mir? Ja, ich denke manchmal daran. Aber es berührt mich nicht mehr so sehr. Wenn ich mich erinnere, denke ich oft: Oh, das habe ich tatsächlich erlebt? Es ist schwer zu glauben.“

„Und dein Alptraum? Quält der dich noch?"

„Hin und wieder. Aber wie gesagt, es ist ja eigentlich kein Alptraum. Es ist tatsächlich geschehen. Ich erinnere mich. Ich versuche, nicht daran zu denken, aber wenn ich schlafe, kann ich meine Gedanken nicht kontrollieren, und so wird alles wieder lebendig. Es ist etwas, das ich nie vergessen werde."

DAS Bild stand ihr immer noch deutlich vor Augen. Der Dachboden brannte. Sherk hatte sie durch das Flammenmeer zum Eingang des Tunnels getragen. Dann war er bis zur Mitte des Raums gegangen.

„Geh!" rief er ihr zu. „Geh!"

Sie schob sich in den Tunnel. Aber ehe sie davonkroch, blickte sie noch einmal zurück.

Sherk kniete auf dem Boden. Flammen züngelten an seinen Beinen empor, und er weinte. Als er sie sah, streckte er über das Inferno hinweg die Hand nach ihr aus. Als wolle er sie noch ein letztes Mal berühren. Ihre Blicke begegneten sich. Auf seinem Gesicht lagen Kummer und Schmerz und ein Ausdruck von vollkommenem Verstehen. Sie drehte sich um und floh.

Foto: George H. Cook/The Baltimore Sun

Phillip Finch

„Früh übt sich, was ein Meister werden will." Diese Weisheit gilt auch für den amerikanischen Erfolgsautor Phillip Finch. Schon als Zehnjähriger hatte Finch davon geträumt, einmal Schriftsteller zu werden. Doch die ersten „Werke" des in Washington geborenen Autors berechneten sich in Zeilen und nicht in Seiten.

Während der Schulzeit arbeitete Finch nebenher als Reporter bei einer Tageszeitung, und als Student bewährte er sich als Sportjournalist. Kein Wunder also, daß der „gestandene Zeitungsmann" nach dem Studium seine erste Stelle bei einer Tageszeitung in San Francisco annahm.

An diese Zeit denkt Finch noch gerne zurück, denn in Kalifornien lernte er seine Frau kennen: „Ich war bei der Zeitung – sie beim Fernsehen. Ich mochte sie auf Anhieb. Sie war unabhängig, willensstark und wußte, was sie wollte – Eigenschaften, die ich an einer Frau besonders schätze."

Daß auch Phillip Finch diese Eigenschaften besitzt, bewies er, als er mit fünfundzwanzig Jahren seinen Jugendtraum verwirklichte: „Damals wurde mir klar, daß ich nicht den Rest meines Lebens damit verbringen konnte, über Sportereignisse zu berichten – so interessant das auch manchmal war. Ich wollte mich weiterentwickeln."

Nachdem er seinen ersten Roman geschrieben hatte, der auf einem seiner Artikel basierte, beschloß Finch, sich nur noch der Schriftstellerei zu widmen. Ein Entschluß, den er bestimmt nicht bereut hat. Denn in den zehn Jahren, die seither vergangen sind, verfaßte der ehemalige Journalist zwei Sachbücher und sechs Romane. Auf sein neuntes Buch, an dem er im Moment arbeitet, darf man gespannt sein.

Die unfreiwilligen Reisen des Putti Eichelbaum

Eine Kurzfassung des Buches von
BERNT ENGELMANN
Mit dokumentarischen Fotos

Kann ein Buch, das von einem deutschjüdischen Emigrantenschicksal erzählt, bei aller Tragik der Geschehnisse auch zum Schmunzeln anregen? Wenn der renommierte Schriftsteller Bernt Engelmann von den Erlebnissen seines Berliner Schulfreundes Richard Eichelbaum berichtet, ist dies möglich. Denn „Putti" Eichelbaum, der 1933 als Zwölfjähriger mit seinen Eltern aus Deutschland fliehen muß, erweist sich auch in schwersten Zeiten als ein Mensch von ausgesprochen sonnigem Naturell. Während die Eichelbaums, wie zahllose andere Juden, auf der Suche nach einer Zuflucht um den halben Erdball reisen, lernt Putti, sich in allen Lagen zurechtzufinden. Ob als Hotelpage oder Schuhflicker, als Schauspieler oder Ausrufer in einem Nachtklub, stets weiß Putti sich zu behaupten und entwickelt obendrein noch beachtliches komödiantisches Talent.

Und spätestens als Putti dann zum Militär einrückt, gerät seine fast unglaubliche Geschichte zu einer Schwejkiade, die neben Spannung und Dramatik eine Vielzahl vergnüglicher Überraschungen bereithält …

Berlin-Wilmersdorf

Als man mir Putti zum erstenmal zeigte, da war er noch sehr klein, geradezu winzig. Ich war viel größer und konnte sogar schon ohne nennenswerte fremde Hilfe stehen. Ich war (und bin) nämlich fünf Monate älter als er.

Unsere Begegnung fand statt im Sommer 1921, als Putti seine erste Ausfahrt in einem, wie mir später versichert wurde, hocheleganten Kinderwagen unternahm. Es war in Wilmersdorf, das erst ein dreiviertel Jahr zuvor zusammen mit Charlottenburg, Schöneberg, Spandau und etlichen anderen Dörfern und Städten der Umgebung von der Metropole Berlin geschluckt worden war. Dieser Eingemeindung hatten Putti und auch ich es zu verdanken, daß wir gebürtige Berliner sind wie unsere Eltern.

Meine eigene früheste Erinnerung an Putti, der damals etwa drei Jahre alt war, hat mit Stachel- und anderen Beeren zu tun, die er mir in den Mund zu drücken versuchte, wohl um mir damit eine Freude zu machen. Ich mochte schon damals keine Stachelbeeren, aber Putti blieb beharrlich und probierte es als nächstes mit roten und schwarzen Johannisbeeren, für die ich auch nichts übrig hatte.

Jedenfalls gab es dann aufgeregte Versuche, uns zu säubern, vor allem mit kaltem Wasser aus dem Gartenschlauch, was meine Erinnerung an das Ereignis so frisch gehalten haben mag. Von diesem bedauerlichen Vorfall abgesehen, war mir Putti damals ein guter, zuverlässiger und fleißiger Arbeitskollege beim Pamperühren und Kuchenbacken im Sandkasten. Mit Poldi Hirschfeld als dritter Fachkraft und dessen jüngerem Bruder Frank als Hilfsarbeiter haben wir bis etwa 1928 so manchen Zentner weißen Sandes zu Napfkuchen verarbeitet, sogar noch, als Putti, Poldi und ich bereits gemeinsam täglich vier lange Vormittagsstunden in der ersten Klasse der Volksschule verbringen mußten.

Die Schule ragte schräg gegenüber unserem Garten als ein häßlicher grauer Steinkasten aus einer unberührten Wildnis, in der wir später als Trapper dem Kriegspfad der Sioux folgten.

Während der Jahre unserer gemeinsamen Volksschulzeit wurden wir ausschließlich von Herrn Lehrer Strelow unterrichtet, einem schnurrbärtigen, hageren Pommern. Herr Strelow, der uns großen Respekt einflößte, brachte seinen mehr als fünfzig Schülern nicht nur die Künste des Schreibens, Lesens und Rechnens bei, sondern auch Turnen, Zeichnen, märkische Heimat- und Naturkunde, ja sogar Religion.

Was den Religionsunterricht betraf, so wurde damals bei den Erst- und Zweitkläßlern zwischen den verschiedenen Glaubensbekenntnissen kein Unterschied gemacht. Herr Strelow erteilte ihn für Evangelisch-Lutherische, Reformierte, Juden, Katholiken, Neuapostolische, Russisch-Orthodoxe und auch einen Armenier.

Es gab in Berlin-Wilmersdorf in den Jahren nach dem Ersten Weltkrieg Tausende von Flüchtlingen aus ganz Ost- und Südosteuropa sowie aus Vorderasien. Knapp die Hälfte der Schüler unserer Klasse waren – meist bereits in Berlin geborene, mit dem Dialekt längst vertraute und von den anderen teils als „knorke", teils als „doof" befundene – Kinder solcher Emigranten. Herr Strelow gab einen universalen, auf den Zehn Geboten basierenden und mit jugendfreien Geschichten aus dem Alten Testament angereicherten Religionsunterricht für alle – ausgenommen Putti.

Wenn sich Herr Strelow dazu entschloß, die letzten fünfundvierzig Minuten des Vormittags zur Religionsstunde zu erklären, dann packte Putti seinen Tornister und ging nach Hause.

Als dies das erste Mal geschah, berichtete ich schon beim Mittagessen meinen Eltern von diesem sensationellen Ereignis. Ich erfuhr dann, daß Puttis Eltern und daher auch er „Dissidenten" seien, die keiner der üblichen Religionsgemeinschaften angehörten, und seine Eltern hätten ihn daher vom Religionsunterricht befreien lassen.

„Ja, wir sind Dissidenten", bestätigte mir dann auch Putti. „Wir gehen nicht in die Synagoge und auch nicht in die Kirche."

Zwar gab es auch für mich keine derartigen Pflichten: Religion galt in unserer Familie als jedermanns Privatsache. Aber eine schon länger gehegte Vermutung wurde mir nun zur Gewißheit: Bestimmte, bei keiner anderen mir bekannten Familie anzutreffende Sonntagsbräuche im Hause von Puttis Eltern mußten einfach damit zusammenhängen, daß sie etwas Besonderes, nämlich Dissidenten, waren.

Bernt, Poldi und Putti, 1923 (von links nach rechts)

Beinahe an jedem Sonntagvormittag gegen elf Uhr besuchte mein Vater mit mir Puttis Eltern, die ganz in der Nähe wohnten, und an deren Eingangstür auf einem blanken Messingschild DR. JUR. CURT EICHELBAUM stand. Mit Onkel Curt, wie ich ihn nannte, war mein Vater seit den Tagen ihrer gemeinsamen Schulzeit eng befreundet.

Als Grund für die sonntäglichen Besuche bei Eichelbaums gab mein Vater an, sie böten ihm Gelegenheit, mit seinem Freund Curt dies oder jenes zu bereden, auch eine Partie Schach zu spielen, und die Kinder könnten sich derweilen mit der elektrischen Eisenbahn oder anderem Spielzeug beschäftigen. Sein Hauptinteresse dort galt jedoch nicht dem Schachspiel, sondern dem mächtigen, reichgeschnitzten Eichenbüfett oder vielmehr dem, was – nur an Sonntagen! – darauf angerichtet war: große Platten und Schüsseln mit Pasteten, Salaten, Räucherlachs, kaltem Geflügel und Braten, Hummermayonnaise und anderen Leckerbissen, Obst und Süßigkeiten noch und noch –

Festtagsspeisen für den ganzen Tag, dazu allerlei Getränke – das alles nicht allein für die Eichelbaums und deren einziges Kind Putti, sondern auch für alle Freunde und Bekannten, die zu Besuch kamen.

Während mein Vater und ich nur ein wenig naschten, denn zu Hause erwartete uns ja der Sonntagsbraten meiner Mutter, ließ es sich Onkel Curt gut schmecken und trank am Ende der Schachpartie mit meinem Vater einen Cognac.

Onkel Curt war Rechtsanwalt und Notar. Am schmiedeeisernen Gitter der hohen Eingangstür jenes vornehmen Hauses am Pariser Platz, gleich neben dem Brandenburger Tor, wo Onkel Curt sein Anwaltsbüro hatte, prangte ein Emailleschild, das mich ebenso stark beeindruckte wie das Sonntagsbüfett der Dissidenten. Es zeigte einen Adler mit goldgelben Krallen und einem ebenfalls goldgelben Schnabel, und darunter stand: PREUSSISCHES NOTARIAT. Daneben hing ein weißes Porzellanschild mit der schwarzen Aufschrift: DRES. C. EICHELBAUM, JUSTIZRAT I. FRIEDMANN, R. V. GODIN, G. KRAUSS, RECHTSANWÄLTE.

Puttis Mutter, Tante Lottchen, war zu Puttis und meiner Volksschulzeit eine elegante, gutaussehende Frau von Mitte Dreißig mit wasserblauen Augen und wohlfrisierten blonden Locken, schlank und zierlich, ja, wie alle betonten, „von größter Zartheit". Sie war zwar auch in Berlin geboren, aber nach dem frühen Tod ihrer Eltern in Ostpreußen aufgewachsen, bei Onkel Moritz, der bei ihr Vaterstelle vertreten und sie – so meine Mutter mit leisem Spott – „immer in Watte gepackt" hatte. Onkel Moritz, ein ebenso frommer wie reicher jüdischer Geschäftsmann und Junggeselle, hatte für das kleine Lottchen außer dem Kindermädchen noch ein Fräulein als Erzieherin angestellt, es dann unter der strengen Aufsicht einer Hausdame von Privatlehrerinnen sorgfältig unterrichten lassen, schließlich eigens für das Lottchen eine Gesellschafterin engagiert, die es auf Schritt und Tritt zu begleiten hatte – auch bei einem Besuch, den das knapp sechzehnjährige Lottchen ihren Verwandten in Berlin abstatten durfte.

Damals schon lernte Lottchen Onkel Curt kennen, der fast gleichaltrig und glücklicherweise ihr Vetter zweiten Grades war, so daß ihre Gesellschafterin glaubte, es verantworten zu können, die beiden für Augenblicke allein zu lassen. Das Resultat war eine heimliche Verlobung – heimlich schon deshalb, weil Onkel Moritz sein „Schneeflöckchen" frühestens mit achtzehn für verlobungsfähig hielt und außerdem Bedingungen stellte, was den Beruf des künftigen Bräutigams betraf: Es kam für ihn allein ein Jurist in Frage.

So mußte Onkel Curt, der eigentlich Historiker hatte werden wollen, zunächst ein Studium der Rechtswissenschaft beginnen, die Examina glänzend bestehen, promovieren und Reserveoffizier werden. Mit alledem beeilte er sich zwar sehr, aber erst nach neun Jahren – davon waren sie sechs offiziell verlobt – war es im Herbst 1914 so weit, daß der Onkel nichts mehr gegen eine eheliche Verbindung einzuwenden gehabt hätte – nur konnte er nicht um seinen Segen gebeten werden, weil er bei Kriegsbeginn von den Kosaken, die nach Südostpreußen eingefallen waren, zwecks Erpressung von Lösegeld nach Rußland entführt worden war.

Onkel Curt und Tante Lottchen mußten lange auf die Hochzeit warten – bis 1919. Da endlich kam Onkel Moritz heim. Erst dann hatte Tante Lottchen, inzwischen neunundzwanzig, endlich dessen Segen erhalten, und Onkel Curt, der junge Ehemann, bemühte sich fortan, den „Schwiegeronkel" Moritz, was die sorgfältige Behütung des Schneeflöckchens betraf, noch zu übertreffen.

Es versteht sich fast von selbst, daß Tante Lottchen während ihrer langen Verlobungszeit zwar alle hausfraulichen Künste beigebracht worden waren, ihr als Ehefrau deren Ausübung jedoch untersagt blieb. Die hochherrschaftliche Siebenzimmerwohnung im Eckhaus Badensche und Babelsberger Straße, erst recht die geräumige Küche, betreute das Hausmädchen Agnes. Zu deren Unterstützung gab es noch eine Putzfrau, ferner eine Waschfrau sowie Frau Pommer, eine korpulente Schneiderin, die Bett- und Tischwäsche nähte. Und schließlich gab es noch Ihi, die im Nebenhaus den Eltern von Poldi und Frank Hirschfeld den Haushalt besorgte und die Agnes zu Hilfe kam, wenn Eichelbaums am Abend eine gut zwanzigköpfige Gesellschaft zum Essen eingeladen hatten.

Agnes war katholisch. Nur mit Rücksicht darauf, daß sie sich sonntags stets zur Messe in die weit entfernte Hedwigskirche aufmachte und anschließend einen freien Tag haben wollte, war es – so erfuhr ich später – dazu gekommen, daß bei Eichelbaums an Sonntagen alle regulären Mahlzeiten ausfielen und ersetzt wurden durch das wohlvorbereitete kalte Büfett, das sich dann so großer Beliebtheit erfreute.

Agnes war es auch, die „ihrem" Putti von dessen Babytagen an stets und dazu „Hühnchen, Hühnchen, putt, putt, putt" singend die

Agnes und Putti, 1933

blonden Haare zu einer Art Hahnenkamm bürstete, dem er seinen Kosenamen verdankte und den er, je älter er wurde, desto weniger mochte. Doch um Agnes nicht zu kränken, ertrug er die „unmännliche" Frisur, bis wir in die Sexta des Treitschke-Gymnasiums in der Prinzregentenstraße kamen. Da wurde dann aus Putti endlich Richard, wie er mit richtigem Vornamen heißt. Nur zu Hause und unter engsten Freunden blieb es bei Putti.

Agnes war es schließlich auch, die an einem Sonntagnachmittag, obwohl sie doch eigentlich freihatte, schon gegen drei Uhr vom Ausgang zurückkam, sogleich Kaffee kochte, ihn den zahlreich versammelten Freunden und Bekannten servierte und dabei Onkel Curt wissen ließ, in der Küche warte Herr Beek. Er bäte den Herrn Doktor um dessen juristischen Beistand und dazu um eine kurze Unterredung. Ob sie Herrn Beek wohl schon nach nebenan ins Herrenzimmer führen dürfe?

Onkel Curt, der vor allem große Außenhandelsfirmen und Filmgesellschaften zu Mandanten hatte, zeigte sich zunächst ganz verblüfft über dieses Ansinnen. Doch dann erklärte ihm Agnes leise, daß es sich bei Herrn Beek um keinen völlig Fremden handelte, sondern um den Bräutigam von Hirschfelds Ihi, so daß er also schon fast zur Familie gehörte.

Natürlich bekam Herr Beek, von Beruf Möbelpacker, der in der Schalmeienkapelle des kommunistischen Rotfrontkämpferbundes ein Schlagzeug bediente, die gewünschten Rechtsauskünfte. Agnes durfte ihm Kaffee und Kuchen servieren, und Onkel Curt schenkte ihm zum Abschluß der Beratung einen Cognac ein. Die Gewährung dieser Audienz – aber das konnte damals noch niemand ahnen – sollte sich später für Onkel Curt und die Seinen als sehr nützlich erweisen.

Herrn Beeks Besuch fand statt am 6. November 1932, einem Wahlsonntag. Schon zum vierten Mal in diesem Jahr wurde in ganz Deutschland gewählt. Im März und April war es in zwei Wahlgängen um die Reichspräsidentschaft gegangen, und der uralte Feldmarschall von Hindenburg hatte gegen den Naziführer Adolf Hitler gesiegt – unter anderem mit den Stimmen von Puttis und meinen Eltern.

Aber bei den Reichstagswahlen im Juli waren Hitlers Nazis eindeutig Sieger geworden, zum Entsetzen unserer Eltern. Ein paar Tage lang hatten alle Erwachsenen davon geredet, daß nun dieser hergelaufene Halunke mit dem Chaplinbärtchen, der nicht mal richtig Deutsch konnte, vielleicht Reichskanzler werden würde.

Auf dem Dach unseres Gymnasiums hatten ein paar ältere Schüler in braunen Hemden schon etwas voreilig eine Hakenkreuzfahne gehißt, die der Schuldiener auf Geheiß des Direktors wieder einholen mußte.

Ein Herr von Papen war Reichskanzler geworden. Seine Regierung war, wie Onkel Curt zu meinem Vater gesagt hatte, „ein Schießbudenfigurenkabinett, aber immer noch viel besser als die Nazis", die dann bei den Reichstagswahlen vom 6. November einen Rückschlag erlitten und mehr als zwei Millionen Wählerstimmen wieder verloren.

Nach einigen Wochen der Ungewißheit löste der Reichswehrgeneral von Schleicher Herrn von Papen als Kanzler ab, und als wir am Sonntag darauf wieder bei den Eichelbaums waren und vom Büfett naschten, fragte Onkel Curt: „Was meinst du, Hans? Ist die Gefahr jetzt vorüber?"

„Hoffen wir's", sagte mein Vater, aber es klang nicht sehr zuversichtlich.

Wie berechtigt seine Skepsis war, zeigte sich schon wenige Wochen später: Am 30. Januar 1933 wurde Hitler Reichskanzler. Die Wilmersdorfer Hitlerjugend veranstaltete einen Fackelzug und sang abwechselnd das Horst-Wessel-Lied und „Wenn's Judenblut vom Messer spritzt, dann geht's noch mal so gut . . .!"

„Eine schlimme Sache, gewiß", meinte Herr Goldstaub, ein gemeinsamer Schulfreund von Onkel Curt und meinem Vater, am folgenden Sonntag dazu, „aber das läuft sich tot! In ein paar Wochen haben die doch abgewirtschaftet."

Dem Herrn Goldstaub gehörte der große Atrium-Filmpalast Ecke Berliner Straße und Kaiserallee, und sein Geschäft ging glänzend. Die Leute wollten patriotische Ufa-Filme mit Otto Gebühr als Altem Fritz sehen, vor allem aber die Ufa-Wochenschau, deren Begeisterung für die „Machtergreifung" Hitlers und aller nationalen Kräfte keine Grenzen kannte.

Am Abend des 27. Februar brannte der Reichstag. In der folgenden

Woche hörte man von immer neuen Verhaftungen durch SA- und SS-Leute, die über Nacht zu „Hilfspolizisten“ ernannt worden waren.

Auf den Straßen sah man täglich mehr Leute mit Naziparteiabzeichen am Revers oder in braunen Uniformen mit Hakenkreuzarmbinden und Schaftstiefeln, die sich gegenseitig mit ausgestrecktem Arm und „Heil Hitler“ grüßten.

Am 5. März war schon wieder Reichstagswahl, die dritte in neun Monaten. Diesmal bekamen die Nazis die absolute Mehrheit. Selbst Herr Goldstaub meinte jetzt, daß es mindestens ein Jahr dauern könne, bis der Spuk vorüber sei.

Als ich am 1. April, einem Samstag, morgens zur Schule ging, stand vor dem kleinen Zigarettenladen an der Ecke ein SA-Mann Posten. An der Schaufensterscheibe klebte ein großes gelbes Plakat: DEUTSCHE! WEHRT EUCH! KAUFT NICHT BEI JUDEN!

Wehren? staunte ich. Gegen die alte Frau Kohnke, die wegen ihres Hüftleidens am Stock ging und uns manchmal Zigarettenbilder schenkte?

In der Schule hörte ich, daß der neue Minister für Volksaufklärung und Propaganda, Dr. Goebbels, den heutigen 1. April zum Tag des allgemeinen Judenboykotts erklärt hatte – als „Kampfmaßnahme zur Abwehr der Greuelmärchen, die die Juden im Ausland über das neue Deutschland verbreiten“.

In der zweiten Stunde kam Herr Reling, der Schuldiener, ohne anzuklopfen in die Klasse, rief „Heil Hitler!“ und gab grinsend bekannt, unser Direktor, Dr. Levysohn, ein einarmiger Kriegsinvalide, der unseren höchsten Respekt genoß, sei „mit sofortiger Wirkung bis auf weiteres beurlaubt“, ebenso der „Nichtarier“ Dr. Bamberger und der „Marxist“ Wisselmann, unser Zeichenlehrer.

Dr. Bamberger, bei dem wir Deutschunterricht hatten und von dem wir gerade über die Tücken eines adversativ gebrauchten *während* belehrt worden waren, was uns schrecklich gelangweilt hatte, wurde blaß. Wir waren mäuschenstill, als er dann seine Sachen packte und mit einem leisen „Lebt wohl, Jungen“ das Klassenzimmer verließ. Als ich mittags nach Hause kam, merkte ich sofort, daß noch mehr Schreckliches geschehen sein mußte. Mein Vater war ernst und hatte Tränen in den Augen; auch meine Mutter hatte geweint.

Onkel Curt, so erfuhr ich dann, war an diesem 1. April vor seinem Anwaltsbüro von SA-Leuten angehalten, beschimpft und geschlagen worden!

Quer über den Preußenadler seines Notariatsschilds hatten sie einen gelben Streifen mit der Aufschrift JUDENSAU! geklebt, ihm selbst dann, als er versuchte, sich in seine Praxis zu retten, ein Pappschild um den Hals gehängt. *Jude, der nicht gehorchen will!* stand darauf, und damit wollten sie ihn die Straße entlang vor sich hertreiben! Nur durch das rasche und energische Eingreifen seiner Kollegen und Freunde Krauss und von Godin war das verhindert worden.

Rechtsanwalt Dr. Georg Krauss, ein großer, stattlicher Mann, hatte die SA-Leute angebrüllt: Ob sie verrückt geworden seien, ob sie nicht wüßten, wen sie vor sich hätten?! Sie hatten keine Widerrede mehr gewagt und waren abgezogen. Aber schon wenige Tage später erhielt Onkel Curt ein amtliches Schreiben: Als Nichtarier hatte man ihm das Notariat und die Zulassung als Rechtsanwalt mit sofortiger Wirkung entzogen!

Diese „Säuberung" des öffentlichen Dienstes und der freien Berufe betraf bis auf wenige Ausnahmen alle, die Juden waren oder, wie Onkel Curt und Tante Lottchen, von jüdischen Eltern oder Großeltern abstammten.

Acht Wochen später reisten Curt, Lottchen und Putti Eichelbaum, der nun Richard hieß und einen eigenen Paß hatte, von Berlin ab. Am Bahnhof standen die Freunde und nahmen Abschied. Agnes weinte; es war Puttis zwölfter Geburtstag, und sie hatte ihm nicht mal einen Kuchen backen können! Die große Wohnung an der Ecke Badensche und Babelsberger Straße war schon vor zwei Tagen leer geräumt worden. Eichelbaums und sie hatten bis zu ihrer Abreise nebenan bei Hirschfelds Aufnahme gefunden. Gestern abend waren dort plötzlich Männer von der Gestapo, der neuen Geheimen Staatspolizei, erschienen und hatten alles durchsucht, auch Eichelbaums Gepäck. Nur weil Onkel Curt Pässe, Visa und Fahrkarten für den nächsten Tag vorweisen konnte und weil Herr Hirschfeld und dessen Familie schwedische Staatsangehörige waren, hatte die Gestapo schließlich das Feld geräumt.

Rechtsanwalt Dr. Krauss, der Tante Lottchen am Bahnsteig in die Arme geschlossen hatte, sagte plötzlich laut: „Seid froh, daß ihr diesen Dreckstall verlassen könnt! Ich wollte, ich könnte es auch – aber ich komme euch bald besuchen!"

„Hattet ihr Schwierigkeiten mit – mit den Sachen?" erkundigte sich Herr Goldstaub besorgt.

Tante Lottchen, sehr blaß, die Tränen unterdrückend, verneinte stumm. Eichelbaums ganze Wohnungseinrichtung samt dem vielen Tafelsilber und anderen Wertsachen, die mitzunehmen Juden nicht erlaubt war, rollte bereits in einem plombierten Waggon gen Süden. Geheime Staatspolizei und Zoll hatten nichts zu beanstanden gehabt. Die Kontrolle war im Lager der Möbelspedition vorgenommen worden. Dort hatte der bei den Behörden als besonders vertrauenswürdig empfohlene, nunmehrige SA-Mann Beek – die Schalmeienkapelle war von der SA geschlossen übernommen worden – Stück für Stück mit den Listen verglichen und alles in Ordnung befunden. Sodann hatte er den Besitz der Eichelbaums mit allen erforderlichen Dokumenten und Stempeln versehen lassen und auf den Weg gebracht. Von der Züricher Filiale war der Empfang der Sendung bereits bestätigt worden.

„Alles einsteigen!“

Mein Vater umarmte rasch noch einmal seinen alten Freund. „Du hast doch Rückfahrkarten genommen, Curt?“ hörte ich ihn fragen.

„Na, selbstverständlich, Hans! Was denn sonst?“

Als sich der D-Zug nach Stuttgart mit Kurswagen nach Zürich in Bewegung setzte, schrien alle durcheinander, winkten mit den Taschentüchern und drückten rasch noch einmal die aus den Fenstern hingestreckten Hände.

„Auf Wiedersehen!“ rief als letzter Putti. Er war schon im Stimmbruch.

Zürich–Lugano–Como–Mailand–Rom

Den ganzen 9. Juni 1933, seinen 12. Geburtstag, verbrachte Putti in der Eisenbahn. Es war eine lange Fahrt von Berlin über Leipzig, Zwickau, Hof, Nürnberg, Ansbach nach Stuttgart und weiter nach Zürich, aber wider Erwarten verlief sie – wie Putti auf einer Postkarte aus Stuttgart mitteilte – „ganz lustig. Papa erzählte viele ulkige Geschichten von früher“.

Onkel Curt hatte bereits in Luckenwalde die Reiseflasche mit Cognac geleert und war, nachdem er sie von Putti beim Speisewagenkellner hatte auffüllen lassen und hin und wieder einen Schluck nahm, immer heiterer und gelassener geworden. Die Aufregungen des letzten Abends, die schlaflose Nacht und der traurige Abschied von Berlin und allen seinen Freunden schienen fast vergessen.

„Denkt nicht mehr daran, was in den letzten Wochen geschehen ist", sagte er, wenn Lottchen wieder nach ihrem Taschentuch zu suchen begann. „Das haben wir jetzt alles hinter uns, und in ein paar Stunden sind wir am Ziel. Wir machen nun Urlaub und freuen uns auf die Sommerfrische. Die Ferien haben schon begonnen!"

Doch je näher sie der Grenze kamen, desto unruhiger wurde er. Er hielt es im Abteil nicht mehr aus, begann auf dem Gang nervös auf und ab zu gehen. Erst nachdem sie bei Schaffhausen die Grenze zur Schweiz passiert hatten, ohne von den nur flüchtig die Pässe kontrollierenden Beamten im geringsten behelligt worden zu sein, schloß er erleichtert Frau und Sohn in die Arme.

„So, nun ist alle Angst vorbei! Jetzt sind wir in einem freien und anständigen Land!"

Die Schweizer – das wußten sie ja von wiederholten Ferienaufenthalten im Berner Oberland und im Tessin – waren liebenswürdige, ihren ausländischen Gästen gegenüber stets sehr zuvorkommende Leute.

In Zürich, wo sie spätabends eintrafen und vorausbestellte Hotelzimmer aufsuchten, fanden sie diese Erwartung dann auch bestätigt: Der Direktor hatte es sich nicht nehmen lassen, einen großen Blumenstrauß für die gnädige Frau, Obst und Pralinen für den Herrn Sohn und eine gute Flasche für den geschätzten Herrn Doktor, der das Haus wieder einmal beehrte, auf die Zimmer zu schicken.

Auch an den folgenden beiden Tagen, die sie noch in Zürich verbrachten, um die Lagerung des großen Gepäcks, der Möbel und des Hausrats zu regeln und ein paar Besorgungen zu machen, wurden sie als bevorzugte Gäste behandelt. Schließlich war Herr Rechtsanwalt Dr. Eichelbaum schon wiederholt hier abgestiegen und hatte im Auftrag seiner Berliner Mandanten prominente Vertreter der Züricher Bankwelt empfangen.

Auch diesmal traf er sich mit seinen schweizerischen Geschäftsfreunden, von denen einer ihm sein Chalet bei Davos anbot. „Sie können dort mit Ihrer Familie gern ein paar Monate Urlaub machen und sich erholen. Es wird Ihnen guttun."

Als Putti seinen Vater von diesem freundlichen Angebot erzählen hörte, war er begeistert: ein richtiges Blockhaus in den Bergen! Zu Lottchens großer Erleichterung jedoch erklärte der Vater, er habe das großzügige Angebot natürlich nicht angenommen. Zwar reiche ihr Geld, das sie nach Bezahlung aller Steuern und Sonderabgaben nach

Zürich hatten transferieren können, bei sehr sparsamer Lebensführung noch für ein bis anderthalb Jahre, jedoch müsse er sich nun rasch nach Möglichkeiten umsehen, beruflich wieder festen Fuß zu fassen.

Nachdem Hitler mit dem Ermächtigungsgesetz vom neuen Reichstag diktatorische Vollmachten für die nächsten vier Jahre erhalten hatte, müsse man sich darauf einrichten, daß der braune Spuk nicht so schnell vorüber sein werde, wie man anfangs gehofft hatte, erklärte er weiter. Zur Eröffnung einer Anwaltspraxis bekäme er in der Schweiz keine Erlaubnis, und zum Nichtstun und Geldausgeben sei es hier zu teuer. Also müsse er entweder bald eine Verdienstmöglichkeit finden, oder sie müßten weiterreisen, vielleicht nach Italien, wo das Leben etwas billiger sei.

Morgen habe er eine Verabredung in Lugano – mit Dr. Hürlimann, einem Schweizer, den er von früher her kenne und der ihn schon wiederholt als juristischen Berater habe engagieren wollen. Wenn Dr. Hürlimann noch interessiert sei, könnte ihnen dieser einflußreiche Mann wohl auch die Erlaubnis zu längerem Aufenthalt in der Schweiz verschaffen, und sie würden bleiben. Wenn nicht, müßten sie es in Italien versuchen.

So reisten sie also am nächsten Morgen weiter nach Lugano. Als sie durch den Sankt-Gotthard-Tunnel fuhren, hörte Putti den Vater sagen: „So, Lottchen, jetzt haben wir auch die Sprachgrenze hinter uns – gleich sind wir im Tessin, und da wird nur noch Italienisch gesprochen!“

Putti erschrak. Gewiß, der Papa konnte sich auf italienisch unterhalten und liebte diese Sprache, die wie Musik klang. Aber was sollte er selbst jetzt machen? Außer mit den Eltern würde er mit niemandem mehr reden können!

Er hoffte inständig, daß Dr. Hürlimann Papa helfen werde.

Dr. Hürlimann, der dann im Hotel mit ihnen das Abendessen einnahm, erwies sich als schon ziemlich alter, kleingewachsener Herr mit weißen Haaren. Sobald die Mahlzeit beendet war, zog er sich mit Puttis Vater in ein Nebenzimmer zurück. Das Gespräch dauerte nicht sehr lange.

„Ich war froh“, hörte Putti später seinen Vater davon berichten, „als er um halb zehn aufstand und sagte, er sei es gewohnt, um diese Zeit zu Bett zu gehen. Die Hauptsache war, daß er mich ausgefragt hat, ob Gefahr bestünde, daß die Nazis seine Berliner Nachtbars und ähnliche Lokalitäten schließen könnten, was ich leider verneinen mußte, und ob schon aufgerüstet werde, was er sich erhofft, ich hingegen befürchte ..."

„Und hat er dir ein Angebot gemacht?" wollte Puttis Mutter wissen.

„Allerdings – er schlug mir vor, die komplizierten Vertragswerke, die bisher meine Kollegen Krauss und Godin mit mir ausgearbeitet haben, fortan allein für ihn zu machen, und zwar zum halben Honorar! Natürlich habe ich das abgelehnt."

Die Verbindungstür zum elterlichen Schlafzimmer wurde leise geschlossen, und Putti verstand nicht mehr, was die beiden noch miteinander besprachen. Aber er wußte jetzt, daß es mit der Schweiz nichts geworden war und daß er nun rasch Italienisch würde lernen müssen.

Am nächsten Tag fuhren sie weiter nach Como. Diesmal dauerte die Fahrt nicht lange. Die Stadt, die ganz nahe der schweizerischen Grenze an einem schönen See lag, gefiel Putti sehr. Auch stiegen sie wieder in einem Hotel ab, in dem alle Deutsch verstanden. Als erstes schrieben sie dann Ansichtskarten an gute Freunde in Deutschland.

Nach knapp zwei Wochen im Hotel, das für Leute, die von ihren Ersparnissen leben mußten, auf die Dauer zu teuer war, fanden die Eltern ein möbliertes Ferienhaus, das zum 1. Juli zu vermieten war, und zogen dorthin um.

Die kleine Villa lag hoch über der Stadt am Monte Maurizio. Eine schmale steinerne Treppe mit Hunderten von Stufen war zu erklimmen, und von oben hatte man dann eine herrliche Aussicht auf Como und den See, allerdings auch auf eine Seidenspinnerei. Das Geräusch ihrer Spindeln war so laut, daß die Eichelbaums die Fenster schließen mußten, um sich ohne Schreien verständigen zu können. Puttis Eltern, noch außer Atem vom steilen Aufstieg, sahen sich entgeistert an.

„Du sagtest doch, Curtchen, es sei hier so wunderbar still – nur Vogelgezwitscher und fernes Glockenläuten!?"

Curt nickte bekümmert und schien nachzudenken. Dann rief er: „Richtig! Die junge Frau vom Maklerbüro sagte, sie sei im Augenblick so beschäftigt, daß sie mir das Haus erst abends, nach Geschäftsschluß, zeigen könne, besser noch am Sonntagvormittag, weil es dann heller sei."

„... und vor allem ruhiger, weil sonntags die Maschinen abgestellt sind!"

Es klopfte an der Haustür. Putti öffnete, und eine Frau mit einem Blumenstrauß kam herein.

„Herzlich willkommen", sagte sie auf deutsch und schüttelte ihnen die Hand. „Ich bin Frau Erbslöh, Ihre Nachbarin. Mein Mann leitet die Fabrik, die solchen Krach macht, aber man gewöhnt sich daran ... Ich bin gekommen, um zu sehen, ob ich Ihnen irgendwie behilflich sein kann", fuhr sie fort, nachdem sie ins Wohnzimmer geführt worden war. „Wir sind aus Elberfeld, und Sie sind aus Berlin, nicht wahr? Jedenfalls freuen wir uns, mal wieder deutsch reden zu können, und mit so vornehmen und gebildeten Leuten ... Glauben Sie mir: Hier läßt es sich gut leben. Und Ihrem netten Jungen wird es hier auch gefallen – wie heißt du denn? Richard? Sie werden dich Ricardo nennen. Mein Karl, der wird Carlo gerufen – er ist so alt wie du –, zwölf, nicht wahr? Er wird sich sehr freuen über einen deutschen Freund gleich nebenan."

Dank Frau Erbslöh, die Lottchen gleich unter ihre Fittiche nahm, gab es keine Haushaltsprobleme und keine Anpassungsschwierigkeiten. Sie kannte die Quellen für frische Landeier, Butter, Honig und Gemüse, und sie wußte auch, wo es – unter dem Ladentisch, weil verbotenerweise aus der Schweiz eingeschmuggelt – die bereits in Prag erscheinenden Zeitungen der deutschen politischen Emigration zu kaufen gab.

Für Putti wurde Como, nachdem Karl Erbslöh ihm alles Interessante gezeigt und sich mit ihm angefreundet hatte, nun tatsächlich zur Sommerfrische und war gar nicht mehr langweilig. Fast vergaß er, daß es für ihn und die Eltern kein Berliner Zuhause, keine Rückkehr zu alten Freunden und zu Agnes mehr gab.

Er wurde nur immer wieder daran erinnert, wenn die Eltern davon sprachen, aber auch sie waren jetzt gefaßter und mitunter sogar ganz fröhlich, vor allem, wenn sie Erbslöhs besuchten oder diese zu ihnen kamen, was abwechselnd beinahe jeden Abend der Fall war.

Herr Erbslöh, der Direktor der lärmenden Seidenfabrik, war ein kräftiger Mann um die Fünfzig mit Sommersprossen und kleinem Schnurrbart. Er erklärte schon bei der ersten Begegnung, seine Pranken vorweisend, er sei eigentlich nur ein einfacher Prolet, der es in mehr als dreißig Jahren „wackerer Maloche" für kapitalistische Ausbeuter zum Werkmeister und nun sogar zum Direktor eines Zweigbetriebs gebracht habe. Außerdem sei er Marxist und in Elberfeld als „Roter" bekannt. Hätte ihm die Geschäftsleitung nicht diesen Auslandsposten zugeschanzt, säße er jetzt wohl im KZ, sofern ihn die Wuppertaler SA-Rabauken nicht totgeschlagen hätten.

Schon etwa drei Wochen nach dem Einzug der Eichelbaums in die Villa kam überraschend Georg Krauss aus Berlin zu Besuch. Er hatte sich eine Geschäftsreise in die Schweiz genehmigen lassen und einen Abstecher zum Freund und Kollegen in Como gewagt.

Dr. Krauss brachte unerlaubterweise für Curt „noch eingegangene Honorare" mit, fast ein Monatseinkommen guter Zeiten, für Lottchen deren Lieblingspralinen, für Putti als nachträgliches Geburtstagsgeschenk eine Trapperausrüstung nebst Taschenlampe, außerdem eines meiner Lieblingsbücher, „Emil und die Detektive", das ich ihm mitgegeben hatte.

„Kästner hat jetzt Schreibverbot", berichtete Georg Krauss den Erwachsenen, und überhaupt habe sich der politische Druck noch verstärkt. Alle Parteien und Gewerkschaften waren aufgelöst, sämtliche dem Regime mißliebigen Zeitungen verboten. Im Mai waren in allen Universitätsstädten „artfremde" Bücher öffentlich verbrannt worden – „Die größte Schande für ein Kulturvolk, die es überhaupt gibt!" wie Dr. Krauss laut und deutlich erklärte, obwohl sie bei dieser Unterhaltung auf einer Caféterrasse mitten in Como saßen.

„Sei froh, daß du nicht gewartet hast, Curt", fügte Georg Krauss etwas leiser hinzu. „Es wird jede Woche schwerer für alle, die noch zögern zu emigrieren. Goldstaubs bereiten jetzt ihre Auswanderung nach Amerika vor, Hirschfelds werden nächsten Monat nach Schweden abreisen – vor allem wegen der Kinder."

Putti horchte auf.

„Poldi", hörte er Dr. Krauss sagen, „ist jetzt allein.

Nach der Ankunft in Como, 1933

Puttis alte Freunde, auch Bernt, sind auf einer anderen Schule, wo es noch zivilisiert zugeht. Der arme Poldi aber muß in der Klasse hinten auf der ‚Judenbank' sitzen, getrennt von den ‚arischen' Schülern, und in den Pausen ist er auf dem Schulhof von drei älteren Hitlerjungen verprugelt worden. Nur ein Klassenkamerad ist ihm zu Hilfe gekommen."

Dr. Georg Krauss während des 2. Weltkriegs als Verwaltungsoffizier in Frankreich

„Das war bestimmt der Wolfi!" rief Putti dazwischen. „Wolf Oppen, Papa, der bei uns in der Badenschen Straße im zweiten Stock wohnt. Stimmt's, Onkel Georg?"

Dr. Krauss nickte.

„Wolfi hat mir auch schon mal mächtig geholfen, als die Wilmersdorfer HJ hinter uns –" Putti brach ab, denn es fiel ihm ein, daß er, um die Eltern nicht aufzuregen, zu Hause nur erzählt hatte, er wäre auf der Treppe ausgerutscht und hingefallen.

Auf dem Heimweg sagte Putti zu Onkel Georg: „Die Trapperausrüstung ist edelknorke, und am allerschönsten ist die Taschenlampe, mit der man sogar morsen kann! Trotzdem wollte ich dich bitten, die Taschenlampe wieder mit nach Berlin zu nehmen und sie Wolf Oppen zu schenken."

„Das finde ich sehr anständig von dir – aber, weißt du was? Ich habe noch eine zweite Lampe zu Hause, die bekommt der Wolf, und ich sage ihm, wofür, und richte ihm Grüße von dir aus – einverstanden?"

Wenn es von „edelknorke" noch eine Steigerung gegeben hätte, fand Putti, so wäre sie auf seinen Onkel Georg anzuwenden. Auch Karl Erbslöh war dieser Meinung. Die beiden Jungen verstanden sich von Tag zu Tag besser, aber gegen Ende August, als sie fast unzertrennliche Kumpel geworden waren, entschlossen sich Puttis Eltern zum Umzug nach Mailand.

In der Großstadt hoffte sein Vater eher eine Verdienstmöglichkeit zu finden, und dort gab es auch eine Schweizer Schule, die bereit war, den Schüler Richard Eichelbaum nach den Sommerferien aufzunehmen.

Anfang September nahmen sie Abschied von den Erbslöhs, fuhren mit dem Zug ins nahe Mailand und zogen in eine Familienpension in der Nähe der „Scala". Nun erst hatte die Emigration wirklich begonnen, die „Sommerfrische" war endgültig vorbei, auch für Putti, der jetzt zu spüren begann, was es bedeutete, kein Zuhause mehr zu haben.

Hinzu kam, daß es ihm in der Schule sehr schwer fiel, dem Unterricht zu folgen, der in deutscher, italienischer und französischer Sprache, nicht selten auch in Schwyzerdütsch, gehalten wurde. Er, der in Berlin ein guter Schüler gewesen war, zählte jetzt zu den „Nieten", wie Dr. Zumsteg, sein Klassenlehrer, abfällig bemerkte.

Sein Vater versuchte ihn zu trösten. „Die Ersten werden die Letzten und die Letzten werden die Ersten sein", zitierte er den Evangelisten Matthäus, sehr zur Verwunderung von Lottchen, die besorgt fragte: „Du wirst doch nicht etwa fromm, Curtchen?"

Er lachte. „Keine Sorge – in gärend Drachengift hat man die Milch der frommen Denkart mir verwandelt ..."

„Das kenne ich", rief Putti, „das ist aus ‚Wilhelm Tell', nicht wahr?"

„Na, siehst du, wenn du den ‚Tell' kennst, kannst du doch auf der Schweizer Schule glänzen!"

Putti befolgte dankbar diesen Rat. Nachdem ihm der Vater den entsprechenden Band von „Schillers gesammelten Werken" bei einem Antiquar besorgt hatte, las er das patriotische Schauspiel, bis er es fast auswendig konnte.

Doch zunächst bot sich ihm keine Gelegenheit, Herrn Dr. Zumsteg mit einem Zitat daraus zu beeindrucken, und seine Noten verbesserten sich nicht.

Es war überhaupt für ihn ein sehr trauriger Herbst und Winter, ohne Freunde und ohne richtiges Zuhause. Auch die Abende, an denen sich die Pensionsgäste im Speisezimmer an einem großen Tisch zum gemeinsamen Abendessen einfanden und danach noch ein Stündchen beisammensaßen, fand er langweilig, und schließlich wurden sie ihm und auch seinen Eltern immer mehr zur Qual.

Seit Frau Curtius und Frau von Stotz, ältere Beamtinnen des deutschen Konsulats, die ebenfalls in der *Pensione* wohnten, herausgefunden hatten, daß es sich bei Dr. Eichelbaum und Familie um „nichtarische" Emigranten handelte, betraten sie den Raum nur noch mit lautem „Heil Hitler!" und reckten dabei den rechten Arm zum „Deutschen Gruß". Sie erklärten den sehr erstaunten italienischen

Pensionsgästen, daß sie so weit wie möglich entfernt von jenen „Hebräern“ sitzen wollten, die zwar blond, aber keine „Arier“ seien, und ergingen sich in immer boshafteren Anzüglichkeiten.

An einem nebligen Dezemberabend dann – Lottchen und Curt saßen bereits im Speisezimmer und unterhielten sich mit einem Ingenieur aus Ascona; Putti hatte sich einen der neuen Mickymausfilme ansehen wollen und gesagt, daß er etwas später komme – wurden alle plötzlich von schrillen Schreien aus dem hinteren Korridor aufgeschreckt: „Hiiilfe! Hiiilfe!“

Die Ursache blieb zunächst rätselhaft, das Abendessen verzögerte sich erheblich. Alle Gäste waren bereits versammelt. Auch Putti hatte sich inzwischen eingefunden und saß brav zwischen seinen Eltern. Nur die Damen von Stotz und Curtius sowie die Pensionswirtin fehlten noch.

Schließlich erschien die noch sichtlich erregte Wirtin, in ihrem Gefolge die beiden Mädchen, die die Schüsseln mit den Spaghetti brachten. Die Signora schilderte dann mit dramatischen Gesten, was vorgefallen war:

Die beiden deutschen Damen glaubten ein Gespenst gesehen zu haben! Ihr Fenster habe sich von allein knarrend geöffnet, und ein kleiner buckliger Mann mit einem Schlapphut, rotglühenden Augen und struppigem Bart sei ihnen erschienen. Mit dürren grünen Fingern habe er auf sie gedeutet und sie dann in altertümlichem Deutsch mit dem baldigen Tode bedroht ...!

Unsinn natürlich, *una follia,* nichts als Halluzinationen dieser etwas überspannten Damen. Man habe sie mit Weinkrämpfen ins Bett bringen müssen, und von Doktor Grimaldi sei ihnen ein starkes Beruhigungsmittel verabreicht worden.

Lotte Eichelbaum warf einen raschen Blick auf ihren Sohn, der sich aber ungerührt seinen Spaghetti widmete, dann sah sie zu ihrem Mann hin, dessen Mundwinkel zuckten. „Curtchen, bitte! Beherrsch dich!“

Später erkundigte sich der Papa bei Putti, ob er noch seine Taschenlampe von Onkel Georg habe, deren Licht, wie er sich zu erinnern meinte, auch auf Rot und Grün verstellbar sei. Putti bestätigte beides, nicht ohne Stolz, und erbot sich, ihm die Lampe vorzuführen.

Aber der Papa winkte ab. „Ich wüßte nur noch gern, ob es ein abgeändertes Zitat aus dem vierten Akt war, das die Damen gehört zu haben meinen?“

Als Curt dann zu Lottchen ins Nebenzimmer zurückkehrte, nickte er nur, aber sie gab sich damit nicht zufrieden.

„Nun sag schon: Welche Stelle aus dem ‚Tell' war es?"

Curt deklamierte mit dem entsprechenden Pathos: *„Macht eure Rechnung mit dem Himmel, Weiber! Fort müßt ihr! Eure Uhr ist abgelaufen ...* Es ist zwar sehr frei nach Schiller, hat aber offenbar Eindruck gemacht."

„Warst du sehr streng mit ihm?"

„Ich sah dazu keinen Anlaß. Außerdem sagte er: *Ich hab getan, was ich nicht lassen konnte!* – ebenfalls aus dem ‚Tell' ... "

Putti, der nebenan angestrengt gelauscht hatte, hörte seine Eltern zum erstenmal seit Wochen wieder richtig lachen.

Als er am nächsten Tag aus der Schule kam, berichtete er seiner Mutter voller Freude, er wäre von Herrn Dr. Zumsteg in Deutsch sehr gelobt und mit der besten Note bedacht worden.

Sie freute sich und erlaubte ihm, ins Kino zu gehen. „Habt ihr vielleicht heute ‚Wilhelm Tell' durchgenommen?" erkundigte sie sich ahnungsvoll.

„Ja, endlich! Und ich kam gleich zu Anfang dran, weil ich der einzige war, der das Stück schon kannte. Ich habe es ausführlich erzählt und konnte sogar einiges auswendig zitieren."

„Fabelhaft", fand Puttis Mutter. „Trotzdem solltest du dich vielleicht mal mit Shakespeares ‚Julius Cäsar' beschäftigen – wir werden nämlich bald nach Rom ziehen! Denk dir, Papa hat endlich etwas gefunden!"

Curt, der sich in Mailand seit Monaten vergeblich bemüht hatte, eine Anstellung zu finden, in der seine juristischen Kenntnisse gefragt waren, hatte schließlich resigniert und es mit einer Arbeit versucht, für die er sich nicht eignete und die ihm, außer Spesen, auch nichts eingebracht hatte: Er sollte die vornehmsten Mailänder Hotels, Restaurants und Ladengeschäfte dazu bewegen, Anzeigen in eine Schiffszeitung zu setzen, die auf den aus Übersee in Genua einlaufenden Passagierdampfern zwei Tage vor der Landung verteilt wurde.

Aber die Mailänder Hoteliers und Juweliere glaubten so wenig an einen Erfolg solcher Reklame wie er selbst.

Immerhin hatte er bei der erfolglosen Anzeigen-Akquisition alle besseren Hotels und Lokale der Stadt kennengelernt und im vornehmsten Hotel, dem „Principe e Savoia", war er im Foyer von einem eleganten, etwa zehn Jahre jüngeren Herrn angesprochen worden, der ihn, wie er sagte, von Berlin her kannte und sich freute, ihn wiederzusehen.

Es war der Filmproduzent Willy Karol, den Curt vor einigen Jahren einmal beraten und vor beträchtlichem Schaden bewahrt hatte. Nun erfuhr er, daß Karol mit dem Italiengeschäft der Ufa betraut war, das einen sehr beträchtlichen Umfang angenommen hatte. Zum einen galt das faschistische Italien Mussolinis den neuen Herren in Berlin als „befreundetes Land“, zum anderen aber boten deutsch-italienische Koproduktionen noch die Möglichkeit, nichtarische oder aus politischen Gründen nicht mehr „tragbare“ Filmschaffende weiterzubeschäftigen – weniger aus Menschenliebe, als vielmehr zur Verhinderung des totalen Zusammenbruchs der deutschen Filmindustrie.

Die meisten Filmautoren, die wichtigsten Regisseure und Produzenten, aber auch die besten Kameraleute und vor allem die bekanntesten und beliebtesten Darsteller hatten jetzt in Deutschland Berufsverbot.

Einigen Nichtariern oder mit solchen Verheirateten war wegen ihrer Unentbehrlichkeit jedoch vorerst erlaubt worden, ihren Beruf weiter auszuüben, so zum Beispiel Hans Albers, der sich weigerte, sich von Hansi Burg scheiden zu lassen, wie auch Hans Moser und Theo Lingen.

Willy und Anni Karol 1938 in Rom

Zu diesen unentbehrlichen Nichtariern, so erfuhr Curt nun, gehörte auch sein früherer Klient Willy Karol, der ihn zu einem Cognac eingeladen hatte und ihn auszufragen begann: Wie es mit seinen Sprachkenntnissen stehe und ob er auch komplizierte Verträge in englischer, französischer und italienischer Sprache aufsetzen könne.

„Hören Sie, lieber Herr Dr. Eichelbaum, Sie schickt mir

der Himmel! Sie sind genau der Mann, den ich in Rom brauche! Hätten Sie Lust dazu?"

Sie einigten sich dann sowohl auf ein Honorar als auch darauf, daß Curt Eichelbaum probeweise für sechs Monate zu Herrn Karol nach Rom ziehen sollte, vorerst allein, und daß die Reise- und Aufenthaltskosten von der Ufa getragen würden.

„Werdet ihr denn eine Weile lang ohne mich zurechtkommen?" fragte Curt Lotte und Putti, nachdem er ihnen von der Unterredung mit Herrn Karol erzählt hatte. „Es wird bestimmt keine sechs Monate dauern. Spätestens in sechs, acht Wochen werde ich euch entweder nachkommen lassen – oder wieder hiersein."

„Ich werde auf Mama gut aufpassen", versprach Putti.

Rom

MITTE Januar 1935 – eben war das Saargebiet, wohin sich viele politische Emigranten geflüchtet hatten, nach einer Volksabstimmung wieder deutsch geworden – bekamen wir einen langen Brief von Lotte Eichelbaum – aus Rom:

> Ihr Lieben, allzu lange habt Ihr nichts von mir gehört! Aber erst in den letzten Stunden bin ich wieder etwas zur Ruhe gekommen. Gestern abend brachte mir Peppino – das ist unser Hausmeister, ein sehr freundlicher und hilfsbereiter Mann – meine bunten Chintzvorhänge, die wir damals zusammen ausgesucht haben, und er hat sie mir auch gleich aufgehängt. Ihr erseht daraus, daß wir endlich wieder eine richtige Wohnung mit unseren eigenen Möbeln haben und uns nach anderthalb Jahren wieder zu Hause fühlen können! Es sind vier Zimmerchen mit Küche, Bad und WC, aber in einem schönen Neubau am Monte Mario über dem rechten Tiberufer. Doch nun der Reihe nach: Wie Ihr wißt, bekam Curt ein Angebot und fuhr nach Rom – auf den Tag genau heute vor einem Jahr! Putti und ich blieben zunächst noch in Mailand. Aber schon am 1. März erhielt Curt einen festen Vertrag – eine große Erleichterung für uns, auch wenn die Einkünfte bescheiden sind! Eine Woche nach Ostern trafen Putti und ich in Rom ein.
>
> Curt hat sehr viel zu tun, kommt oft erst spät aus Cinecittà (am entgegengesetzten Ende der Stadt, wo die Studios sind), und nicht selten arbeitet er dann noch zu Hause bis spät in die Nacht an den komplizierten Filmverträgen mit Hollywood, Paris und – Berlin, das für uns in immer weitere Ferne rückt ...

Wir haben von dem, was in Zürich lagerte, soviel herkommen lassen, wie wir hier unterbringen können, und es traf wirklich vollständig und unbeschädigt ein! Auch von meinem Meißner Porzellan, das Ihis merkwürdiger Bräutigam damals mit Agnes' Unterstützung eingepackt hat, ist kein Stück kaputt – es grenzt an ein Wunder!

Übrigens, Putti, der Euch alle herzlich grüßen läßt, ist seit Oktober Page im Hotel Excelsior – in grüner Livree und mit schiefsitzendem Käppi –, natürlich nur nachmittags, wenn er keine Schule hat. Er verdient so gut dabei, daß Curt schon gesagt hat: „Ich weiß gar nicht, warum ich so lange studieren mußte – nur weil Onkel Moritz keine Ahnung davon hatte, daß ein Hotelpage mehr verdient als ein preußischer Gerichtsassessor." Putti ist mächtig gewachsen, schon größer als ich und fast so groß wie sein Vater. Die hiesige Deutsche Schule wollte ihn nicht haben; die italienischen Gymnasien haben eine zu schwere Aufnahmeprüfung, und so blieb uns nur das Lycée Chateaubriand, eine französische Anstalt für Diplomatenkinder, privat und unverschämt teuer. Er hat einen weiten Schulweg und fährt jeden Morgen mit dem Rad durch die halbe Stadt. Doch er fühlt sich dort und überhaupt, seit wir in Rom sind, recht wohl. Die Pagenstellung hat ihm Willy K., Curts Chef, verschafft, der schon seit anderthalb Jahren im sehr vornehmen Excelsior wohnt (auf Spesen natürlich!) und wirklich sehr nett und hilfsbereit ist. Seine Frau Anni und er laden uns häufig zum Essen ein, und heute können wir uns zum erstenmal revanchieren: Sie kommen gleich zur Einweihung unserer Wohnung.

Dieser Abend mit Willy und Anni Karol begann mit einer freudigen Überraschung, denn gleich beim Betreten der Wohnung sagte Herr Karol: „Ich habe mir erlaubt, euch außer Blumen noch eine Kleinigkeit mitzubringen."

Dann öffnete er noch einmal die Wohnungstür, und herein kam – Georg Krauss! Er war erst vor einer Stunde aus Berlin eingetroffen und wußte viel zu berichten: Die Aufrüstung in Deutschland sei in vollem Gange. Unter Bruch des Versailler Vertrags lasse Hitler die deutschen Streitkräfte verfünffachen.

„Du meinst, es gibt bald Krieg?" fragte Curt besorgt.

Krauss schüttelte den Kopf. „Vorerst noch nicht – die Nazis brauchen noch einige Jahre, bis sie sich dazu stark genug fühlen, und bis dahin wird Hitler aller Welt seine Friedensliebe beteuern."

Tags darauf, als sie allein waren, sagte Georg Krauss zu Curt: „Ich habe dir Geld mitgebracht – reg dich nicht auf! Ich weiß, es ist streng verboten, aber es ist ja schließlich dein Geld, das du ehrlich erworben und versteuert hast, und du brauchst es. Außerdem ist ja auch alles gutgegangen!"

Curt Eichelbaum war ganz aufgeregt. „Um Himmels willen, Georg! Wenn sie dich erwischt hätten! Versprich mir, daß damit jetzt Schluß ist – wir brauchen es ja auch nicht mehr so dringend."

„Um so besser! Dann zahle ich es auf dem Rückweg in Zürich auf dein Konto ein."

Curt nickte. „Ja, laß es in Zürich. Dann haben wir etwas mehr in Reserve für alle Fälle. Man weiß ja nie – obwohl wir uns hier meiner Meinung nach sicher fühlen können. In einem gesunden Land wie Italien, hat Mussolini erst kürzlich erklärt, gebe es keine Rassenprobleme. Und tatsächlich macht man uns nicht die geringsten Schwierigkeiten."

„Weil Karol gute Beziehungen zu den Faschisten hat", stellte Georg Krauss trocken fest, „und weil du dich weder früher noch jetzt politisch betätigt hast. Übrigens, bekommt man hier das *Pariser Tageblatt*?"

Diese seit 1933 in Paris herausgegebene Zeitung der politischen Emigration war für jeden Nazigegner, der aus Deutschland kam, eine begehrte Informationsquelle.

Curt Eichelbaum erklärte Georg Krauss jedoch, die Emigrantenpresse sei in Italien verboten. Die Zeitungen würden wohl eingeschmuggelt und illegal angeboten, aber damit wolle er nichts zu tun haben.

„Ich werde Putti bitten, mir einige Exemplare zu besorgen", sagte Georg Krauss daraufhin, aber Curt und Lottchen riefen wie aus einem Munde: „Nein, Georg, bitte – du bringst den Jungen in Gefahr!"

Krauss mußte ihnen versprechen, Putti nicht mit solchen Wünschen zu behelligen, die ihn mit dem Gesetz in Konflikt bringen würden. Curt meinte, der Portier des Excelsior, wo Krauss abgestiegen war, sei die richtige Adresse; er habe von Karol gehört, daß dieser häufig für deutsche Hotelgäste verbotene Zeitungen und Bücher besorge.

Als Dr. Krauss dann später dem Portier seinen Wunsch zuflüsterte, nickte dieser nur, ließ den ihm zugeschobenen Geldschein in seiner Tasche verschwinden und schnippte mit den Fingern. Als daraufhin ein stämmiger Hausdiener auftauchte, erkundigte er sich: „Weißt du, wo Ricardo steckt? Ah, richtig! Er führt den Hund aus. Wenn er zurückkommt, Umberto, schick ihn gleich zu mir!" Und zu Krauss gewandt: „Bitte gedulden Sie sich ein wenig, *Dottore*, der Page ist noch unterwegs. Er ist der Spezialist für diese Dinge – ich lasse sie Ihnen auf Ihr Zimmer bringen!“

Krauss dankte ihm und ging eilends davon. Ehe der Page Ricardo zurückkam und seinen Auftrag entgegennahm, wollte Krauss das Hotel verlassen haben; er hatte es ja Curt versprochen, Richard aus dem Spiel zu lassen.

Putti versah seinen Dienst im Excelsior täglich von fünfzehn bis zwanzig Uhr, an jedem zweiten Sonntag von acht Uhr morgens bis zum frühen Nachmittag. Seine Aufgaben waren vielfältig und meist lohnend.

„Hier, Ricardo, bring dieses Telegramm sofort auf hundertzehn zu Lord Seymour – vergiß nicht, *Mylord* zu sagen ...“

„Ricardo, Madame de Lautrecs Pudel muß ausgeführt werden – aber nur fünf Minuten, sonst erkältet er sich! Bring die Zeitungen mit und Zigaretten für Mrs. Campbell – sie sagt, du kennst ihre Marke. Halt, Ricardo, nimm auch die Post mit ...“

„Ricardo, rasch, Signore Petersen wird aus Kopenhagen verlangt – er muß in der Bar sein oder im Restaurant – ein Dicker mit roten Haaren ...“

„Ricardo – du mußt mal eben mit den Herrschaften, die heute aus Berlin gekommen sind, zu Raffael, gleich nebenan an der Ecke der Via Veneto! Sie wollen Schuhe kaufen – erkläre ihnen unterwegs, daß es kein besseres Schuhgeschäft in Rom – was sage ich! – in ganz Italien gibt als Raffael. Und vergiß nicht, Signore Raffael einen Gruß von mir auszurichten – er weiß dann schon Bescheid!“

Der Schuhkauf mit den deutschen Gästen hatte sich in vielfacher Hinsicht als lohnend erwiesen: Erstens waren es berühmte Filmschauspieler gewesen – Hans Albers und Gustav Fröhlich hatte Putti sofort erkannt! Zweitens war er für seine Dolmetscherdienste mit einem fürstlichen Trinkgeld bedacht worden, und drittens hatte sich Signore Raffael, der Inhaber des eleganten Geschäfts, ebenfalls erkenntlich gezeigt: „Such dir ein Paar Schuhe aus, Ricardo“, hatte er gesagt, „ich schenke sie dir! Und grüße Signore Luigi von mir! Solche Kunden soll er mir jeden Tag schicken!“

Auch Madame de Lautrec und ihr Pudel waren eine sichere Einnahmequelle und ebenso Mrs. Campbell, deren *darling* er war, weil er ihr ständig Zigaretten der richtigen Marke besorgte. Da fiel es nicht sonderlich ins Gewicht, daß Lord Seymour ein ausgesprochener Geizkragen war, der angeblich nie Kleingeld bei sich hatte.

Alles in allem, so befand Putti, konnte er mit seinen finanziellen Aussichten auf die nähere Zukunft durchaus zufrieden sein. Bald schon würde er die seit langem geplante Anschaffung eines Tennisdresses samt der dazugehörigen weißen Kappe vornehmen können.

Auch wegen der Schule brauchte er sich keine Sorgen zu machen. Französisch bereitete ihm keine großen Schwierigkeiten, zumal es hauptsächlich galt, Texte von Molière und Fabeln von Lafontaine auswendig zu lernen, was ihm verhältnismäßig leichtfiel. In Italienisch war er besser als die meisten seiner Mitschüler, sämtlich Ausländer, die in der Mehrzahl noch nicht so lange in Italien lebten wie er.

Im Deutschunterricht nahmen sie glücklicherweise Schillers „Tell" durch, und von den übrigen Fächern machte ihm nur Englisch einige Mühe, wenn die Anforderungen über das hinausgingen, was die Besorgung von Ansichtskarten oder Zigaretten ihm täglich abverlangte. Aber, so fand er, Englisch würde er ja wohl ohnehin nie in größerem Umfang benötigen, nachdem Großbritannien gerade ein Flottenabkommen mit Hitler geschlossen hatte.

Überhaupt wollte Putti in Italien bleiben, wo es auch seinen Eltern gefiel, nachdem sie sich eingelebt hatten.

Seine Mama, die den kleinen Haushalt versah und inzwischen so viel Italienisch gelernt hatte, daß sie sich mit den Nachbarn, in den Geschäften und mit dem freundlichen Hausmeister Peppino gut verständigen konnte, hatte anscheinend kein Heimweh mehr und sagte zu Georg Krauss und anderen guten Freunden, die aus Deutschland zu Besuch kamen: „Ich beneide euch nicht, daß ihr zurück nach Berlin fahren könnt. Glaubt mir, ich bin froh, daß wir in Rom leben – ich möchte nirgendwo anders sein!"

Puttis Vater fühlte sich ebenfalls wohl in Rom, allerdings – wie Putti wußte – sehnte er sich nach seiner großen und angesehenen Anwaltspraxis. Hier war er ja nur ein Angestellter, zwar mit auskömmlichem Gehalt und dem Chef als Freund, aber eben nicht mehr sein eigener Herr.

Eines Tages, als Putti in die Schule kam, herrschte dort große Aufregung: Die Pflicht zum Beitritt in die faschistischen Jugendorganisationen war soeben auch auf die ständig in Italien lebenden Kinder von Ausländern ausgedehnt worden.

Der Direktor des Lycée Chateaubriand, ein imposanter Herr mit gepflegtem Bart, hielt ihnen eine Ansprache, die in der Feststellung gipfelte, dem in Italien genossenen Gastrecht stünden auch Gastpflichten gegenüber, die es freudig zu erfüllen gelte. Alle Schüler ab dem zwölften Lebensjahr hätten sich deshalb in die *Avanguardia* einzureihen und ebenso gute Faschisten zu werden wie ihre italienischen Kameraden. Mit Stolz sollten sie ihre Schwarzhemden tragen, und bis zum Ende der Woche müsse jeder Schüler eine Uniform haben! Bald käme der große Tag, an dem das ganze Lycée Chateaubriand unter seiner Führung geschlossen zur Piazza Venezia marschieren und dem Duce zujubeln würde: *Evviva l'Italia! Evviva il Duce!*

So bekam Putti zu seiner grünen Pagenuniform mit den blanken Messingknöpfen noch eine zweite, schwarze, die er allerdings nur selten tragen mußte, denn er hatte sich wegen seiner Arbeit im Excelsior vom regelmäßigen Dienst befreien lassen. Meist hing die schwarze Uniform im Schrank, aber jedesmal, wenn er sie an einem der zahlreichen faschistischen Feiertage anziehen mußte, seufzte seine Mutter.

„Ich hoffe sehr, Putti, daß dies die letzte ist, die du tragen mußt, und daß sie dich nicht auch noch zum Militär einziehen!"

„Aber, Mama, ich bin noch nicht mal fünfzehn!" beruhigte er sie.

Im Sommer 1936, kurz nach Puttis fünfzehntem Geburtstag, brach in Spanien ein blutiger Bürgerkrieg aus, in den bald auch – auf seiten des putschenden Militärs unter General Franco – deutsche und italienische Truppen eingriffen.

„Das gefällt mir gar nicht", hörte Putti seinen Vater einmal zu Willy Karol sagen. „Diese deutsch-italienische Waffenbrüderschaft in Spanien könnte dazu führen, daß Hitler auf Mussolini stärkeren Einfluß gewinnt."

Tatsächlich begann schon eineinhalb Jahre später, Ende Januar 1938, in ganz Italien plötzlich eine wilde Hetzkampagne gegen die Juden. Über Nacht wurden die Juden von einer bis dahin kaum beachteten religiösen Minderheit zu einer fremden Rasse, ja zum Feind der Nation – zum Glück nur in der offiziellen Propaganda! Die große Mehrheit der Italiener nahm von dieser neuen Erkenntnis der faschistischen Führung keinerlei Notiz. Sie betrachtete die neuen judenfeindlichen Parolen als eine Konzession Mussolinis an den immer mächtiger werdenden Hitler, der aber keine praktische Bedeutung zuzumessen wäre. Auch Willy Karol, der gute Beziehungen zu hohen Faschistenführern hatte, hielt die Kampagne für ganz ungefährlich: „Glaube mir, Curt, die Italiener sind völlig immun gegen dieses Gift!“ versicherte er. „Außerdem gibt es unter zweiundvierzig Millionen Einwohnern kaum fünfzigtausend Juden, die etwa zehntausend Flüchtlinge aus Deutschland und Österreich schon eingerechnet ... Macht euch also keine Sorgen – es passiert nichts!“

Aber Curt Eichelbaum traf dennoch einige Vorkehrungen. Da sie in ihrer kleinen Wohnung ohnehin nicht alles hatten unterbringen können, ließ er die wertvollsten Teile des Hausrats, darunter das Meißner Porzellan für vierundzwanzig Personen, das schon Lottchens Eltern von ihren Großeltern geerbt und das sie in Rom noch gar nicht ausgepackt hatten, nach Zürich zurückschicken, wo es die Spedition wieder auf Lager nahm.

Außerdem begann er nun, sich intensiv um Kontakte zu amerikanischen Filmgesellschaften zu bemühen.

Seine Sorgen, die er vor Lottchen und Putti zu verbergen suchte, verstärkten sich noch, als im März 1938 Hitlerdeutschland von Österreich Besitz ergriff. Nun wehte die Hakenkreuzfahne schon am Brenner; aus Wien und anderen österreichischen Städten kamen Schreckensmeldungen über die plötzliche grausame Verfolgung der dortigen Juden, und es kursierten Gerüchte, Hitler und Mussolini wollten ihre durch den Anschluß Österreichs an Deutschland etwas getrübten Beziehungen in Kürze wieder klären und alle „offenen Fragen“ besprechen.

Die wenigen deutschen Emigranten in Italien sahen diesem Spitzengespräch mit einiger Sorge entgegen. Willy Karol aber meinte: „Hitlers nächstes Angriffsziel ist die Tschechoslowakei. Das aber wird deren Garantiemächte, vor allem Frankreich, zum Eingreifen zwingen. Dann ist Hitler auf Mussolinis Unterstützung dringend angewiesen, und er wird ihm jedes gewünschte Zugeständnis machen müssen.“

„Karol hat recht“, meinte auch Georg Krauss, der zu Besuch gekommen war. „Ich glaube, ihr habt hier nichts zu befürchten.“

Putti, der dem Gespräch aufmerksam zugehört hatte, war nun sehr erleichtert. Wenn auch sein Onkel Georg fand, daß sich die Eltern unnötige Sorgen machten, stand der Ausführung seiner Pläne wohl nichts mehr im Wege: Signore Luigi, der Portier des Excelsior, hatte sich bereit erklärt, ihn im nächsten Jahr, wenn er achtzehn geworden war und die Schule hinter sich hatte, zu seinem Assistenten zu machen.

Am Abend des 2. Mai, als Putti mit seinen Eltern auf dem Balkon saß und gerade den ersten Versuch unternehmen wollte, sie mit den Vorschlägen des Signore Luigi bekannt zu machen, klingelte es.

Putti ging zur Wohnungstür. Als er sie öffnete, standen dort zwei bewaffnete Schwarzhemden. Etwas im Hintergrund sah er Peppino, den Hausmeister, sehr verlegen und ihm stumm bedeutend, es sei nicht zu verhindern gewesen.

„Sie und Ihr Vater, der *Dottore,* müssen leider mitkommen", erklärte der eine der beiden Bewaffneten – freundlich, aber bestimmt.

Putti erfuhr dann zu seinem Entsetzen, daß er und sein Vater verhaftet seien, aber zehn Minuten Zeit hätten, das Nötigste, das sie im Gefängnis brauchen würden, einzupacken.

„Gefängnis? Hören Sie, das muß eine Verwechslung sein! Wir haben nichts getan, ich bin *Avanguardisto,* mein Vater ist Anwalt in Cinecittà, unsere Papiere sind in Ordnung!"

Er zeigte ihnen seinen Ausweis – es half nichts. Sie mußten mit und in den vergitterten Transportwagen steigen, der auf der Straße vor dem Haus wartete, umlagert von neugierigen Nachbarn. Die Mutter stand am Fenster, fassungslos schluchzend.

„Verständige sofort Willy!" rief sein Vater ihr noch zu, ehe er in den Wagen stieg, wo schon acht andere Gefangene saßen – alle aus Deutschland geflüchtete Juden!

Die Fahrt ging nach Trastevere, dem Stadtteil auf dem rechten Tiberufer, zu dem uralten Gefängnis dort. Unterwegs hörten sie von ihren Mitgefangenen, ihre Einlieferung sei nur eine Sicherheitsmaßnahme zum Schutze Hitlers, der am nächsten Tag in Rom zu einem Staatsbesuch erwartet wurde.

Mehr als hundert Emigranten, meist ältere Leute, warteten mit ihnen zusammen viele Stunden, bis die beiden Beamten, die deutschen Namen mühsam buchstabierend, endlich alle Verhafteten registriert hatten. Putti warf immer wieder besorgte Blicke auf seinen Vater, der kein Wort sprach und wie versteinert wirkte.

Durch endlose Gänge mit Eisentüren brachte man sie dann zu ihren Zellen. Es waren schlimme Stunden, die sie in der Zelle verbrachten. Die harten Pritschen mit den vor Schmutz starrenden Decken und selbst die Wanzen, die sie bald zu plagen begannen, waren indessen nicht halb so schwer zu ertragen wie die bittere Enttäuschung aller ihrer Hoffnungen, die Ungewißheit ihres weiteren Schicksals und die Sorge um die zu Hause allein und verzweifelt zurückgebliebene Lotte.

Erst am nächsten Morgen, als man sie gegen neun Uhr aus ihrer

Zelle holte und in ein leeres Büro führte, ohne daß sie dort eingeschlossen wurden, ließ bei Curt die nervöse Spannung etwas nach.

Noch eine Stunde, die ihnen endlos erschien, ließ man sie warten. Schließlich kam ein freundlicher Beamter, der ihnen umständlich erläuterte, daß sie entlassen seien und nach Hause gehen könnten. Nur müßten sie versprechen, für die Dauer des „Führerbesuchs" in Rom keinesfalls ihre Wohnung zu verlassen.

Vor dem Gefängnistor wartete Willy Karol auf sie in einem Taxi, dessen Zähler bereits eine stattliche Summe anzeigte. Karol kam ihnen rasch entgegen und umarmte sie. Er sah müde aus.

„War es sehr schwierig ...?" fragte Curt seinen Freund.

„Schwierig war es nur, einen der hohen Herren zu finden", sagte Karol und gähnte. „Ich habe die Nacht mit der Inspektion aller Nachtklubs und geheimen Lasterhöhlen von Rom verbracht. Erst gegen fünf Uhr wurde ich fündig – dann war es eine Kleinigkeit, eure Freilassung zu erwirken. Erheblich langwieriger war es, anschließend den Instanzenweg zu durchlaufen – bis zu dem Beamten, der das Tor auch tatsächlich aufschließen kann. Jedenfalls habt ihr nun nichts mehr zu befürchten. Nehmt es als ein betrübliches Versehen – es wird sich nicht wiederholen! Und der zuständige Parteifunktionär, der euch im Auge behalten muß, bis Hitler wieder abgereist ist, wird euch keine Schwierigkeiten machen."

„Auch das noch! Ein Aufpasser!" Curt war ganz deprimiert. „Und wieso bist du sicher, daß er uns –?"

„Reg dich nicht auf, Curt", fiel ihm Karol ins Wort, „der zuständige Funktionär heißt Peppino und ist euer Hausmeister."

Putti lachte, und auch sein Vater beruhigte sich nun wieder. Aber obwohl nun äußerlich der Alltag wieder einkehrte, sollte es noch etliche Wochen dauern, bis die Eichelbaums sich von dem Schrecken erholten.

Dann, Ende Juli 1938, als sich schon die Sommerhitze über Rom gelegt hatte und alle Aktivitäten erlahmten, gab es eine neue Überraschung, doch diesmal eine erfreuliche: Eine amerikanische Filmgesellschaft von internationalem Rang bot Dr. Eichelbaum, dessen Ruf als hervorragender Jurist inzwischen auch die Chefetagen von Hollywood erreicht hatte, einen langfristigen, gutdotierten Vertrag an; er sollte künftig allein die umfangreichen Interessen der Gesellschaft in Italien vertreten.

„Wir haben es geschafft!" erklärte Puttis Vater strahlend, als er von den Verhandlungen nach Hause kam.

„Bleiben wir in Rom?" wollten Frau und Sohn wissen.

„Auf alle Fälle! Ich werde nur ab und zu nach Mailand oder Venedig reisen müssen – das nächste Mal in vier Wochen zur Unterzeichnung der Verträge. Und bis dahin – so habe ich mir gedacht – machen wir endlich mal wieder Urlaub und erholen uns ein bißchen! Wir könnten zum Beispiel nach Como fahren und die Erbslöhs besuchen. Was haltet ihr davon?"

Lottchen und auch Putti stimmten begeistert zu.

Como–Lugano–Lausanne–Paris–Le Havre

Vier sonnige Augustwochen Urlaub in Como – es war fast wie früher gewesen, als sie von Berlin aus Ferien in der Schweiz gemacht hatten, deren Grenze ja nur wenige Kilometer von Como entfernt verlief.

Sie waren wieder im „Albergo Barchetta" abgestiegen, hatten häufig Erbslöhs getroffen, gemeinsame Ausflüge unternommen und abends zusammen auf der Caféhausterrasse an der Piazza gesessen.

In der Eisdiele gleich um die Ecke arbeitete Maddalena, eine Sizilianerin, kaum älter als Putti, in die er – und leider auch Karl – sich verliebt hatten.

Maddalena hatte am kommenden Freitag – das war schon übermorgen – bis gegen sechzehn Uhr frei. Dann, so hatte sie versprochen, werde sie die beiden Freunde auf einen Ausflug begleiten. Putti plante, ein kleines Boot zu mieten und mit ihr auf den See hinauszurudern. Karl Erbslöh ruderte nicht gern – vielleicht würde er im Strandcafé auf sie warten, wenn er zum Trost einen großen Eisbecher spendiert bekäme.

Es verlief dann am Freitag zunächst wirklich alles so, wie Putti es sich erhofft hatte: Es war der 2. September 1938, sein Vater war in Venedig und wurde erst am nächsten Tag zurückerwartet. Seine Mutter und Frau Erbslöh hatten sich zu einem Besuch des Palazzo Giovio entschlossen, wo sie das Antikenkabinett besichtigen wollten, und Karl war tatsächlich im Strandcafé zurückgeblieben. Also konnte er allein mit Maddalena auf den See hinausrudern.

Er hatte ihr bereits versichert, daß er sie ganz toll finde, und alles schien zum besten zu stehen, da sagte Maddalena plötzlich: „Schau mal, Ricardo, da am Steg, wo wir abgelegt haben, da winken sie uns ganz aufgeregt zu!"

Er drehte sich um und erkannte in der Ferne seine Eltern und Erbslöhs, die ihnen aufgeregt bedeuteten, schleunigst zurückzukommen.

So endete die Ferienromanze, noch ehe sie so recht begonnen hatte, und es war auch Schluß mit dem unbeschwerten Urlaub in Como, Schluß mit Italien und mit allen Plänen und Hoffnungen, denn als sie in Rufweite waren, hörte Putti seinen Vater schreien: „Beeil dich, Junge, wir müssen rasch zum Bahnhof! Der Zug nach Chiasso fährt in zwölf Minuten!"

Ein Taxi stand bereit. Putti, noch in Trainingsanzug und Tennisschuhen, war kaum am Ufer, da zogen ihn die Eltern auch schon mit sich. Er konnte gerade noch dem erstaunten Mädchen und Erbslöhs „*Ciao* – bis bald!" zurufen, und schon fuhren sie ab. Vor sich im Taxi sah er die drei kleinen Koffer, mit denen sie aus Rom gekommen waren.

„Was ist denn los? Müssen wir weg?"

„Ja", erklärte sein Vater, und es klang sehr deprimiert. „Heute früh hat die italienische Regierung beschlossen: Alle Juden – außer solchen mit amerikanischen Pässen – müssen Italien bis zum 31. März nächsten Jahres verlassen – oder sie werden nach Abessinien deportiert!"

„Aber dann haben wir doch noch ein halbes Jahr Zeit, Papa – weshalb beeilen wir uns so?"

„Es ist keine halbe Minute mehr zu verlieren – jeden Augenblick kann die Schweiz die Grenzen schließen!"

Sie trafen am Bahnhof ein, als der Zug aus Mailand schon einlief, der sie in die nahe Schweiz bringen sollte. Er war völlig überfüllt. Vor allen Wagentüren hingen Menschentrauben. Es grenzte an ein Wunder, daß es ihnen gelang, Lottchen in ein Abteil zu drängen und selbst noch mitzukommen, wenn auch unter Verlust von Papas grauem Homburg und zweier Koffer. „Halt dich nur ja gut fest!" rief der Vater Putti vom Trittbrett des nächsten Wagens aus zu, noch ganz außer Atem. Zum Glück waren es nur fünf Kilometer bis zur Grenze.

Die allermeisten Passagiere waren deutsche Emigranten, die ebenfalls nicht gezögert hatten, alles stehen- und liegenzulassen, um noch in die Schweiz zu kommen. Alle waren erschöpft und verzweifelt. Als der Zug in Chiasso hielt, herrschte nervöse Spannung.

Die schweizerischen Grenzbeamten waren zunächst sprachlos vor

Staunen. Die Nachricht von der Ausweisung aller deutschen Flüchtlinge aus Italien hatte sie noch nicht erreicht, und es waren ihnen keine Instruktionen für einen solchen Sonderfall erteilt worden. Nach kurzer Beratung machten sie sich an die Abfertigung, versahen Paß um Paß mit ihrem Stempel. Die in den Abteilen zusammengepferchten Menschen atmeten auf. Die Paßkontrolle nahm mehr als eine Stunde in Anspruch. Die Hitze im stehenden Zug und das Gedränge wurden zur Qual.

Endlich ruckte der Zug an und fuhr weiter. Eine Viertelstunde später erreichte er Lugano.

Es war 19 Uhr 30, als sie wieder vereint auf dem Bahnsteig standen: Papa im eleganten Zweireiher, Lottchen im leichten Sommerkostüm und Putti im hellblauen Trainingsanzug. In der Hand hielt er das einzige gerettete Köfferchen mit Mamas Nachtzeug und Kosmetika.

„Wir müssen sehen, daß wir noch in einem Hotel unterkommen – es ist Freitagabend –, bis Montag wird mein Bargeld wohl reichen", sagte sein Vater.

Als sie durch die Bahnhofshalle gingen, hörten sie einen Beamten seinem Kollegen zurufen: „He, Giulio – Anweisung aus Bern! Ab sofort dürfen Flüchtlinge aus Italien nicht mehr einreisen! Gib es rasch durch nach Chiasso – da läuft gleich der Expreß aus Rom ein!"

Jetzt erst wurde es Putti klar, daß es kein Zurück mehr gab – kein Abitur am Lycée, keine Juniorpartnerschaft mit Signore Luigi, auch kein Zuhause mehr mit eigenen Sachen. Alles, aber auch tatsächlich alles, was sie nicht auf dem Leibe trugen, war in Rom und Como zurückgeblieben!

Er dachte an Willy Karols kühne Prognose, daß sie in Italien absolut sicher seien. Wahrscheinlich hatten Karols heute früh Rom verlassen – mit dem Expreßzug, der jetzt in Chiasso einlief. Aber um Karol brauchte man sich keine großen Sorgen zu machen. Der würde schon Mittel und Wege finden, an einen sicheren Ort zu gelangen, und bestimmt würde er auch nicht allen Besitz zurücklassen.

„Hebt alles Geld von der Bank ab", hatte er ihnen schon Mitte August geraten, als die Sudetenkrise erhöhte Kriegsgefahr vermuten ließ. Papa hatte daraufhin den größten Teil ihres Geldes nach Zürich überweisen lassen, so daß sie nun zum Glück nicht völlig mittellos waren.

Was ihre Pässe betraf, so hatte Willy Karol ihnen dringend geraten, sie vor dem Urlaub verlängern zu lassen, da sie bald abliefen. Zum Glück hatten sie auch diesen Rat befolgt, so daß sie jetzt deutsche Reisepässe hatten, die bis August 1943 gültig waren – allerdings jeder nun versehen mit einem drei Zentimeter hohen, roten „J", das ihnen ein Beamter der deutschen Botschaft in Rom auf die erste Seite gestempelt hatte. Auch die dafür erhobenen Gebühren – zwanzig Lire für jeden – waren im Paß korrekt vermerkt; niemand sollte glauben, die amtliche Kennzeichnung als Jude wäre gratis gewesen.

Wie bei Familie Eichelbaum, so nahmen die Hoteliers auch bei den vielen anderen Flüchtlingen aus Italien deren Notlage zum Anlaß, ihnen die schlechtesten Zimmer zu stark erhöhten Preisen zu vermieten.

In der Schweiz waren schon Tausende von Flüchtlingen aus Deutschland, Österreich und der bedrohten Tschechoslowakei, zu denen nun auch noch die aus Italien kamen. Ihnen allen gewährten die schweizerischen Behörden nur befristete Aufenthalts- und keine Arbeitserlaubnis. Je nachdem, wieviel Geld sie noch hatten, war die Frist kürzer oder länger.

Dottore Eichelbaum erhielt im Hinblick auf sein Züricher Bankkonto für sich und seine Angehörigen drei Monate Aufenthalt bewilligt. Wie man ihm mitteilte, durfte er sich aber keine Hoffnung auf Verlängerung machen, vielmehr sollte er sich so schnell wie möglich nach Auswanderungsmöglichkeiten umsehen.

Das Traumziel aller, die wie Eichelbaums nur eine befristete Erlaubnis zum Aufenthalt in der Schweiz hatten, waren die USA. Aber weil sich der Zustrom in die Staaten so gewaltig verstärkt hatte, waren die Wartezeiten für Einwanderer immer länger geworden. Puttis Vater, der schon kurz nach der Ankunft in Lugano nach Zürich gefahren war und das dortige amerikanische Generalkonsulat aufgesucht hatte, war zwei Tage später sehr niedergeschlagen zurückgekommen.

„Ihr könnt euch nicht vorstellen, wie es dort zugeht! Hunderte von verzweifelten Menschen belagern das Haus und müssen sich wie lästige Bettler behandeln lassen. Der Herr Generalkonsul ist für niemanden zu sprechen, und auch der für die Einwanderung zuständige Vizekonsul will keine Audienz gewähren. Statt dessen hat sich sein Gehilfe, ein Mann namens Harry D. Solobkovey, nun zum Herrn über Leben und Tod aufgeschwungen. Wie man hört, läßt er gelegentlich Gnade walten – für bare fünftausend Dollar pro Kopf."

„Wenn wir alles zusammenkratzen, Curtchen", sagte Lotte Eichelbaum daraufhin zögernd, „dann – meinst du nicht ...?"

Ihr Mann schüttelte energisch den Kopf. „Ich will nicht mittels Bestechung nach Amerika einreisen und dann zittern, weil es herauskommen könnte und wir mit Schimpf und Schande aus dem Land gejagt würden. Nein, das kommt nicht in Frage. Außerdem hätten wir dann keinen Pfennig mehr – wovon sollen wir die erste Zeit leben?"

„Du könntest doch unser Porzellan verkaufen."

Ihr Mann sah sie überrascht an. Er schien sehr gerührt. „Nein, nein", sagte er dann. „Das kommt nur in Frage, wenn alle Stricke reißen!"

„Und wie lange werden wir auf unsere Einreiseerlaubnis nach Amerika warten müssen? Stimmt es, daß es jetzt regulär mindestens drei Jahre dauert?"

Er nickte, zögerte etwas und sagte schließlich: „Es ist aber noch gar nicht sicher, daß wir die Visa überhaupt bekommen! Mr. Solobkovey hat sich für die Flüchtlinge aus Deutschland eine neue Quälerei ausgedacht: Er akzeptiert keine Bürgschaften mehr, wenn sie von amerikanischen Freunden stammen wie unsere. Er verlangt, daß sich Verwandte in Amerika eidesstattlich für die Einwanderer verbürgen und notfalls für deren Unterhalt aufkommen!"

„Aber wir haben doch keine Verwandten in den USA!"

„Eben, und deshalb müssen wir versuchen, erst einmal in ein anderes Land zu kommen. Sind wir erst einmal in Südamerika, zum Beispiel in La Paz ..."

„... oder in Norwegen", schlug Putti vor.

„Norwegen", meinte sein Vater, „wäre mir am liebsten – das ist ein freundliches Land. Man wäre noch in Europa und bräuchte trotzdem keine Angst zu haben, daß Hitler dort seine Wehrmacht einmarschieren läßt wie jetzt in die Tschechoslowakei."

Doch aus Oslo kam ein paar Tage später ein langer Brief. Es täte ihnen sehr, sehr leid, schrieben die norwegischen Bekannten, aber die Behörden dort stellten jetzt unerfüllbare Bedingungen. Trotzdem wollten sie sich weiter bemühen.

Es war ein unfreundlicher Novembertag, an dem auch diese Hoffnung zerstob. Putti hatte sich nach dem Frühstück wieder auf sein Zimmer begeben, denn es gab absolut nichts für ihn zu tun. So saß er im Trainingsanzug lesend im Bett. Es fror ihn in dem kalten Zimmer, deshalb entschloß er sich, noch den Pullover überzuziehen, den er sich die Woche zuvor von seinem letzten Geld gekauft hatte. Von seinen römischen Ersparnissen, die zum Glück nicht in Como zurückgeblieben waren, hatte er sich Sandalen, Strümpfe, etwas Unterwäsche und drei Polohemden gekauft. Von Papa hatte er Geld für eine Hose bekommen, aber die hing im Schrank; um sie zu schonen, trug er sie nur zu besonderen Anlässen. Im Hotel kannte man ihn daher nur in der Kleidung, in der er in Lugano angekommen war. Der Geschäftsführer rümpfte jedesmal die Nase, wenn er seiner ansichtig wurde.

An diesem kalten Novembertag kamen jedoch zwei Pakete aus Rom, die zur allgemeinen Verblüffung an die Eichelbaums adressiert waren – vom „besten Schneider der Stadt, ja ganz Italiens!" Jedenfalls stand dessen Name in Goldprägung auf den Kartons.

Barone di Campresi di Montecuccoli, einer von zwei adligen Hotelgästen, die häufig mit Putti Karten spielten, unterhielt sich gerade mit dem Geschäftsführer in der Halle, als der Postbote die beiden Pakete aus Rom beim Portier ablieferte. Gleich darauf kam Putti aus dem Fahrstuhl, um sich nach etwa eingetroffener Post zu erkundigen. Er nahm mehrere Briefe sowie die beiden Pakete in Empfang. Erstaunte Blicke folgten ihm, als er, wie immer im Trainingsanzug, damit nach oben fuhr. Auf dem Etagenflur begegnete er seiner Mutter, die ebenfalls nach Post hatte fragen wollen.

Putti in seinen besten Sachen

„Denk dir nur, Mama", rief er ihr zu, „wir haben zwei Pakete aus Rom bekommen und einen Brief von Onkel Willy! Was soll ich zuerst aufmachen?"

Die Pakete, die Putti eilig auspackte, während seine Mutter noch den Brief von Willy Karol las, enthielten zu ihrer beider Staunen einen hocheleganten, mitternachtsblauen Smoking sowie einen taillierten Wintermantel aus feinstem Tuch der gleichen Farbe mit aufstellbarem Persianerkragen. Ein Begleitbrief des römischen Schneiders klärte sie darüber auf, daß diese Kleidungsstücke der Mode letzter Schrei und für den hochgeschätzten Signore Karol angefertigt worden seien; Signore Karol habe sie aber bedauerlicherweise nicht mehr in Empfang nehmen können, da er Rom überraschend habe verlassen müssen. Signore Karol habe jedoch brieflich darum ersucht, die von ihm dringend benötigte Garderobe seinem Freund und Mitarbeiter, *Dottore* Eichelbaum, zu senden.

„Willy Karol braucht dringend seinen Smoking und seinen neuen Wintermantel?" wunderte sich die Mama. „Und das auf Kuba! Wo es dort doch so heiß ist!"

Karols, so erfuhr Putti nun, waren, wie er es vermutet hatte, am selben Tag wie sie in die Schweiz aufgebrochen, waren aber in Chiasso von den Grenzbeamten abgewiesen worden. Sie waren daraufhin nach Rom zurückgekehrt und hatten dort ihren Haushalt aufgelöst. Anschließend hatten sie sich in Genua kubanische Visa und eine Schiffspassage nach Havanna beschafft. Schon seit Mitte Oktober lebten sie in der kubanischen Hauptstadt, die ihnen, abgesehen von der Hitze, sehr gut gefiel. Sie wohnten im „El Presidente", dem ersten Haus am Platze, hatten auch schon einige nützliche Beziehungen geknüpft und hofften, die Zeit des Wartens auf die Erlaubnis zur Einwanderung in die USA gut zu überstehen. Vielleicht würden sie demnächst eine Filmgesellschaft gründen.

Eichelbaums derzeitige Adresse hatten sie von Erbslöhs in Como. Sie rieten den Freunden dringend, ebenfalls nach Havanna zu kommen. Um die Visa und die unbefristete Aufenthaltserlaubnis würden sie sich bemühen, sobald sie – möglichst telegrafisch – Nachricht von ihnen hätten.

Auch von dem Smoking und dem Mantel, die sie bitte mitbringen sollten, war in dem Brief die Rede. „Falls Euer Ricardo den Mantel brauchen sollte – Curt wird er ja nicht passen –, so soll es mir recht sein. Aber er soll ihn ja immer auf einen Bügel hängen!" So kam Putti – leihweise – zu einem hocheleganten Wintermantel.

Sein Vater, der den Tag bei der Kantonspolizei verbracht hatte, um eine Verlängerung ihrer Aufenthaltserlaubnis zu erreichen, entwarf ein Telegramm an Karols in Havanna, das er am nächsten Morgen aufgeben wollte: „Brief eben erhalten. Nehmen Angebot dankbar an.

Eile geboten. Sind wohlauf, aber nur befristet erwünscht. Kabeln demnächst neue Adresse Lausanne. Herzlich Curt."

„Meinst du, Curtchen, daß Willy es schafft, uns Visa zu besorgen?"

„Wenn einer es schafft, dann Willy Karol! Er findet sich immer zurecht. Er kommt in ein fremdes Land, dessen Sprache er nicht spricht, aber nach vierundzwanzig Stunden hat er sich mit dem Bruder der Geliebten des Polizeipräsidenten angefreundet, bekommt eine Aufenthaltsgenehmigung, gründet eine Filmgesellschaft – es ist unfaßbar! Er schafft alles ..."

Lottchen erfuhr nun auch, daß ihr Mann bereits zwei Zimmer in Lausanne gemietet hatte, „von begrenzter Pracht", wie er sagte, „aber zumindest geheizt. Sie liegen über der Backstube einer Bäckerei mit Aussicht auf den See!" Und im Kanton Waadt, zu dem Lausanne gehörte, hatten sie jetzt Aufenthaltserlaubnis – bis Ende Januar 1939.

„Meinst du, daß es so lange dauern wird, bis wir nach Kuba reisen können – drei Monate?"

Curt war optimistisch. Er rechnete mit noch höchstens sechs Wochen und wollte gleich am darauffolgenden Tag, wenn er das Telegramm abgeschickt hatte, zum Reisebüro gehen und sich nach Schiffsabfahrten erkundigen. Lottchen und Putti sollten derweilen ihre wenigen Sachen packen. Am frühen Nachmittag würden sie dann zunächst nach Zürich fahren, wo noch einiges zu erledigen war, tags darauf weiter nach Lausanne.

Die Informationen, die Curt Eichelbaum über die Schiffsverbindungen nach Havanna erhielt und über die er Lottchen und Putti während der Eisenbahnfahrt ausführlich berichtete, dämpften seine Hoffnungen, schon sehr bald nach Kuba zu kommen, erheblich: Es gab nur ganz wenige Abfahrten, und da sie kein deutsches und auch kein italienisches Schiff benutzen wollten, kamen im nächsten halben Jahr nur vier Termine in Frage.

„Außerdem ist die Überfahrt teurer, als ich dachte – die Reedereien nutzen die Konjunktur aus und haben die Preise kräftig erhöht. Auch verlangen sie von Flüchtlingen die Hinterlegung der Kosten für die Rückreise, für den Fall, daß sie am Bestimmungsort nicht an Land gelassen werden."

„Verkauf das Porzellan, Curtchen, und alles, was sonst noch beim Spediteur auf Lager ist. Wir können es ja doch nicht mitnehmen!"

Diesmal wies Puttis Vater das Angebot nicht zurück. Tatsächlich waren alle Flüchtlinge aus dem Machtbereich Hitlers jetzt von Panik ergriffen, auch wenn sich an ihren Lebensverhältnissen im Exil kaum etwas geändert hatte. Der Grund dafür lag in zwei Aktionen der Nazis, die zum einen gezeigt hatten, daß man sich nirgendwo vor ihnen sicher fühlen konnte, und die zum andern neue Massen von Flüchtlingen in die wenigen noch aufnahmebereiten Länder strömen ließen: die brutale Zerschlagung der Tschechoslowakei, deren Westgebiete Hitlerdeutschland kurzerhand annektiert hatte, und der schreckliche, verharmlosend „Reichskristallnacht" genannte Massenpogrom, der, neben zahlreichen Morden und der Verschleppung Tausender in Konzentrationslager, die totale Ausplünderung und wirtschaftliche Vernichtung der deutschen Juden bewirkt hatte. Die jetzt noch in die Schweiz kommenden Flüchtlinge brachten nur noch mit, was sie auf dem Leib trugen.

Die jüdischen Hilfsorganisationen nahmen sich zwar dieser Mittellosen an und versahen sie mit dem Nötigsten. Die Emigranten erhielten aber nur kurzfristige Aufenthaltsgenehmigungen und verstärkten bei ihrer verzweifelten Suche nach Auswanderungsmöglichkeiten den Ansturm auf die Konsulate der überseeischen Länder.

Tatsächlich dauerte es drei lange Monate, bis endlich – am 13. Februar 1939 – das sehnsüchtig erwartete Telegramm aus Havanna eintraf: EURE VISA HEUTE ABGESCHICKT. RÜCKDRAHTET SCHIFFSANKUNFT. SEID JEWEILS TAUSENDMAL UMARMT. WILLY.

„Was bedeutet das – jeweils tausendmal?" fragte Lottchen.

„Nicht mehr, als daß die Visa für Kuba für jeden von uns tausend Dollar kosten." Curt seufzte leise, fügte aber rasch hinzu: „Aber das spielt nun auch keine Rolle mehr! Die Hauptsache ist, daß wir jetzt wegkommen!"

Es wurden nun komplizierte Berechnungen angestellt: Ihre Aufenthaltserlaubnis im Kanton Waadt war schon Ende Januar abgelaufen. Bei Vorlage des Telegramms aus Kuba würde man sie ihnen wohl noch ein letztes Mal verlängern – aber für wie lange? Würden zwei Monate reichen?

Der Brief mit dem Visum konnte in frühestens achtzehn, vielleicht auch erst in zwanzig oder mehr Tagen eintreffen – in jedem Fall zu spät, dann erst eine Schiffsreservierung vorzunehmen. Ohnehin kamen ja nur noch zwei Dampfer in Frage, von denen der eine Anfang April von England über das französische Le Havre nach Havanna fuhr, der andere erst Ende Mai von Cherbourg aus. Konnten sie es riskieren, eine Kabine auf dem britischen Schiff fest zu buchen?

Cook's Reisebüro erklärte ihnen, es wäre fraglich, ob überhaupt noch Plätze für die Abfahrt Anfang April frei seien. Das Schiff habe schon mehr Reservierungen, als es an Passagieren aufnehmen könne. Aber erfahrungsgemäß bekämen nicht alle, die gebucht hatten, ihr kubanisches Visum und müßten dann auf die reservierten Plätze verzichten. Jedenfalls werde man sie sofort benachrichtigen, wenn sie reisen könnten, und sie sollten sich inzwischen um französische Durchreisevisa bemühen.

Sie beantragten also sofort beim französischen Außenministerium die Erlaubnis, zum Schiff nach Le Havre zu reisen, obwohl sie noch gar nicht sicher sein konnten, daß sie Plätze auf dem Dampfer bekämen.

Am letzten Februartag – weder aus Havanna noch aus Paris hatten sie bisher Post erhalten – kam ein Anruf vom Reisebüro für *Dottore* Eichelbaum: Drei Schiffsplätze in der zweiten Klasse seien eben frei geworden – die betreffenden Kunden hätten keine kubanischen Visa erhalten. Falls Monsieur noch interessiert sei ...

Putti rannte schon voraus, sein Vater eilte hinterher. Die Summe, die man ihnen dann abverlangte, war erschreckend hoch: 3500 Dollar für ihre Passage, dazu pro Kopf 500 Dollar Kaution, die man ihnen in Havanna wieder auszahlen werde, sobald die kubanischen Behörden ihre Visa akzeptiert hätten ... Zum Glück hatten ihre Sachen, vor allem Lottchens Meißner Porzellan, auf einer Auktion in Zürich hohe Preise erzielt.

In den folgenden Tagen überstürzten sich die Ereignisse: Zunächst kam ein Brief aus Oslo, der ihnen mitteilte, es sei gelungen, für sie die Einreise- und Aufenthaltserlaubnis zu erwirken – nachdem ihr Bekannter dem König von Norwegen in einer Privataudienz ihren Fall hatte vortragen können! „Du meine Güte! Wer hätte das für möglich gehalten?" meinte Curt. „Aber es nützt uns nichts mehr! Jetzt steckt unser ganzes Geld bereits im Kubaprojekt!"

Während er noch überlegte, welche am meisten bedrängten Freunde er den Norwegern ans Herz legen sollte, damit sie an ihrer Statt dort Aufnahme fänden, hörte er im Treppenhaus eine vertraute Stimme: Georg Krauss war aus Berlin gekommen!

„Ich muß morgen schon wieder zurück in den Saustall – aber ich wollte euch unbedingt auf Wiedersehen sagen!"

Er schloß sie in die Arme, und Lottchen weinte vor Freude. Dann packte er eilig seine Mitbringsel aus: „Rügenwalder Teewurst – die magst du doch so gern, Lottchen, und ein bißchen Königsberger Marzipan. Für Putti habe ich einen Fotoapparat – er muß uns Bilder von euch schicken. Aber ich vergesse die Hauptsache: Hier, Curt, eine Reiseschreibmaschine, und das sind Honorare, die noch für dich eingegangen sind." Er steckte Curt einen dicken Umschlag zu und wechselte dann rasch das Thema. Für einige Augenblicke war es wie in alten Zeiten, nur die Nachrichten, die Georg Krauss mitbrachte, waren beängstigend: „In Kürze gibt es Krieg, Curt – der Einmarsch in Prag war nur das Vorspiel!"

„Wenn nur das Visum endlich da wäre!" seufzte Lottchen.

Krauss beruhigte sie. Vor dem Herbst, meinte er, werde Hitler nicht losschlagen. Dann allerdings sei die Gnadenfrist für alle, die sich aus seinem Machtbereich noch retten wollten, wohl endgültig abgelaufen. Bald gäbe es kein Land mehr in Europa, in dem man vor den Faschisten noch sicher wäre.

Er berichtete von den alten Freunden und ließ sich von Curt und Lotte, die mit den zumeist längst aus Deutschland Geflüchteten ebenfalls in Briefwechsel standen, erzählen, was sie noch erfahren hatten: Goldstaubs waren bereits in New York und wohnten in Yonkers. Cremers hatten auf dem Weg nach Japan die ganze Sowjetunion durchquert, säßen aber, was Eichelbaums noch nicht wußten, nun in Schanghai fest. Hans und Helli Engelmann waren in London, ihr Sohn emsig damit beschäftigt, Geld, Wertsachen und Möbel dorthin zu schaffen, so lange wie ihm das noch möglich sei.

„Ja, Bernt hat mir gestern geschrieben", teilte Putti mit. „Bis Anfang August hofft er, es geschafft zu haben. Er hat auch schon einen Studienplatz in Aussicht – irgendwo in Nordengland."

„Ich fürchte –", begann Georg Krauss, als es klingelte. Ein Eilbote brachte einen Brief aus Havanna – das Visum!

„Endlich!"

„Das müssen wir feiern! Habt ihr jetzt auch wirklich alle Papiere beisammen?"

Curt Eichelbaum zählte es ihm an den Fingern her: Aufenthaltserlaubnis in der Schweiz bis Ende März; gültige deutsche Reisepässe; Schiffskarten für das britische Motorschiff *Reina del Pacifico*, entweder für den Nachmittag des 9. April ab Southampton oder für die Nacht zum 10. April ab Le Havre; amtsärztliche Impf- und Gesundheitszeugnisse; die Quittung für die bei der Reederei hinterlegte Kaution und nun auch die von Señor Manuel Benitez Gonzalez, dem Generaldirektor der kubanischen Einwanderungsbehörde, eigenhändig unterzeichnete Genehmigung, zu dritt nach Kuba einzureisen und sich dort aufzuhalten, bis sie ihre Erlaubnis zur Einwanderung in die USA oder irgendein anderes Land erhalten hätten – mit der einzigen Auflage, „sich innerhalb der kubanischen Republik jeglicher Arbeit gegen Entgelt strikt zu enthalten".

„Es fehlt tatsächlich nur noch das französische Durchreisevisum", fügte Curt Eichelbaum hinzu. „Aber das kriegen wir bestimmt. Warum sollte man es uns nicht geben, jetzt, da wir Schiffskarten und die kubanische Einwanderungserlaubnis haben?"

Georg Krauss war längst wieder abgereist, der Monat März ging zu Ende, und noch immer war das Durchreisevisum nicht eingetroffen. Lottchen war schon ganz verzweifelt, wenn Curt von seinem täglichen Gang zum Konsulat wieder ohne Resultat zurückkehrte.

Am 31. März jedoch fand das Warten dann doch noch ein glückliches Ende. Puttis Vater war fassungslos vor Glück, als er das langersehnte Papier endlich in den Händen hielt. Schließlich sagte er: „Noch heute nacht fahren wir ab! Um null Uhr siebzehn geht ein Zug nach Paris."

Bei der Paßkontrolle im Nachtzug gab es keine Schwierigkeiten, und in Paris, wo sie am Morgen des 1. April eintrafen, empfing sie herrliches Frühlingswetter. Sie mieteten sich in einem kleinen Hotel am linken Seineufer ein und genossen eine unbeschwerte Woche.

In Frankreich herrschte ungetrübter Friede. Die Kriegsgefahr, hörten sie die Leute sagen, sei nun glücklich vorbei. Paris und London hatten sich mit dem Sieg der Faschisten in Spanien, mit dem deutschen Einmarsch in Prag und mit Mussolinis Eroberung Abessiniens abgefunden. Die Erleichterung der Menschen, noch einmal davongekommen zu sein, machte sie fast übermütig.

Am 8. April fuhren die Eichelbaums weiter nach Le Havre. Eine Barkasse brachte sie hinaus aufs Meer, wo die *Reina del Pacifico* vor Anker gegangen war. Alle Kabinenfenster und Bullaugen waren erleuchtet, die Decks und die Aufbauten in Scheinwerferlicht getaucht. An der Reling drängten sich zahlreiche Passagiere, die der Einschiffung der Neuankömmlinge zuschauen wollten.

„Sobald wir die Schiffsplanken betreten", verkündete Curt Eichelbaum feierlich den Seinen, „sind wir nach internationalem Recht auf britischem Boden. Dann können uns alle Verfolger und Bedrücker nichts mehr anhaben."

Bermudas–Bahamas–Kuba

Putti und sein Vater waren nach dem Mittagessen auf das Promenadendeck gegangen, während sich Lottchen gleich in die Kabine zurückgezogen hatte.

Erleichtert und amüsiert hörten Vater und Sohn, wie unbeschwert sich die anderen Passagiere, fast ausnahmslos jüdische Emigranten aus Deutschland, Österreich und der Tschechoslowakei, die es sich auf Liegestühlen bequem gemacht hatten, an diesem sonnigen Nachmittag unterhielten. Seit die *Reina del Pacifico* die Biskaya hinter sich gelassen hatte und sich bei ruhiger See auf südwestlichem Kurs immer weiter von Europa entfernte, wurde wieder ungezwungen geplaudert, gelacht und geflirtet.

Die Erleichterung, nun der Verfolgung entronnen zu sein, war allen anzumerken.

„Wie wär's mit einem Drink, Papa?" fragte Putti. „Ich lade dich ein!"

„Nanu, bist du plötzlich ein Krösus geworden?"

„Das gerade nicht – aber ein Drink kostet nur fünfzehn Cent. Und nachdem ich heute schon beim Schach zwei Dollar gewonnen habe –"

„Was, du spielst um Geld?! Was wäre denn gewesen, wenn du verloren hättest? Du warst doch völlig blank!"

„Aber, Papa! Gegen Herrn Joel konnte ich gar nicht verlieren. Ich habe gesehen, wie schlecht er spielt, und er freut sich so, wenn er einen Partner findet. Außerdem kann er den Verlust leicht verschmerzen – er reist mit Frau und zwei Söhnen in Luxuskabinen."

Kopfschüttelnd folgte Curt Eichelbaum seinem Sohn in die Bar, ließ sich erstmals von Putti zu einem Cognac einladen und hörte mit wachsender Verwunderung, was sein Sohn über die Mitreisenden schon alles in Erfahrung gebracht hatte.

„Hier an Bord spricht sich alles im Nu herum, Papa", erklärte Putti. „Und Herr Natkin, der mit dem Pudel, ist eine ausgezeichnete Informationsquelle."

Lew Natkin, ein etwa vierzigjähriger Junggeselle, teilte sich mit Putti die Zweibettkabine neben der von Puttis Eltern. Er war ein frommer Jude, der 1918 aus Rußland nach Berlin gekommen war und dem im Osten der Stadt zwei gutgehende Kinos und ein koscheres

Restaurant gehört hatten. Daneben war Herr Natkin, der einen gepflegten schwarzen Vollbart trug, ein ausgebildeter Bariton und ehedem Vorsänger der Synagoge in der Oranienburger Straße gewesen.

Als einziger Passagier hatte er einen Hund mit an Bord gebracht: einen schon älteren, graumelierten mittelgroßen Pudel. Seinetwegen hatte Herr Natkin, der schon viel früher hätte reisen können, auf ein britisches Schiff gewartet, weil, wie er sagte, nur Engländer hundefreundlich sind. Allabendlich sang Natkin im Gesellschaftsraum, am Flügel begleitet von einem früheren Mitglied der Berliner Philharmoniker, für die Mitreisenden beliebte Solopartien aus Opern und Operetten, wofür er viel Beifall erntete.

„Ist es nicht wunderbar, Curtchen?" hörte Putti seine Mutter sagen. „Diese acht Tage ohne Ängste und Sorgen haben uns alle wieder aufleben lassen."

Kurz darauf wurde bekanntgegeben, das Schiff werde am nächsten Morgen die Bermudas erreichen. Von neun bis zwölf Uhr könnten alle an Land gehen und sich die Hauptstadt Hamilton anschauen. Eine Paß- oder Zollkontrolle fände nicht statt, denn die Insel sei britisch.

Am nächsten Vormittag, beim Anblick des kaum dreitausend Einwohner zählenden Städtchens Hamilton, in dem auf dem Platz vor dem Rathaus sommersprossige irische Bauern Frühkartoffeln und Gemüse verkauften und Offiziere in bunten Uniformen durch die engen Gassen ritten, fühlte sich Lottchen Eichelbaum wieder an alte Zeiten erinnert: „Herrje! Das ist ja wie früher in Ostpreußen! Hier scheint die Zeit stehengeblieben zu sein, und die Mamsellchen tragen noch lange Unterröcke!"

Sie schrieben dann noch Ansichtskarten an die engsten Freunde: an Georg Krauss in Berlin, an Hirschfelds in Stockholm und an Goldstaubs in New York.

Putti überraschte seine Eltern, als er plötzlich in einem weißen Leinenanzug an ihren Tisch trat. „Er kostet nur fünf Dollar, Papa! Du solltest dir auch einen kaufen!"

„Vielleicht auf Kuba", meinte sein Vater. „Hast du wieder mit Herrn Joel Schach gespielt?"

„Nein, Papa, ich gebe Frau Meyrowitz und ihren beiden Töchtern Französischunterricht. Fünfundsiebzig Cent bekomme ich für die Stunde. Sie haben ein Visum für Haiti – das einzige, das noch zu haben war."

Die Reina del Pacifico *vor Kuba*

Schon drei Tage später, nach einem kurzen Aufenthalt auf den Bahamas, verbreitete sich an Bord das Gerücht, Kuba ließe keine Emigranten mehr einreisen – auch nicht mit gültigem Visum! Unter den Passagieren, die eben noch so unbeschwert gewesen waren, machte sich Nervosität breit. Keiner von denen, die in Havanna von Bord gehen wollten, konnte noch schlafen. Am letzten Abend vor der Ankunft herrschte bei den Kubaeinwanderern beinahe Panik.

Putti stand mit seinem Vater bereits bei Morgengrauen an Deck. Es dauerte etwa eine Stunde, bis sie am Horizont Land auftauchen sahen, und noch weitere zwei Stunden, bis der Lotse an Bord kam und die *Reina del Pacifico* in Schlepp genommen wurde.

Das große Schiff wurde durch die enge Fahrrinne gezogen, mitten in die Stadt hinein. Havanna breitete sich in seiner ganzen Schönheit vor ihnen aus, aber sie hatten keinen Blick dafür. Sie konnten an nichts anderes denken als an die bevorstehende Paß- und Visakontrolle. Was sollte aus ihnen werden, wenn man sie nicht von Bord gehen ließe?

Überall am Ufer standen Leute, die dem Schiff zuwinkten. Je näher sie den Landungsbrücken kamen, desto dichter wurde die Menge, immer lauter ihr Geschrei.

Kaum hatte der Dampfer an den Landungsbrücken festgemacht, als Putti in der wartenden Menge am Kai Willy Karol entdeckte.

„Papa, Mama! Da unten steht Onkel Willy! Er macht uns Zeichen – ich glaube, er meint damit, daß alles in Ordnung sei."

Karol bemühte sich, ihnen durch beruhigende Gesten klarzumachen, daß sie nichts zu befürchten hätten. Dann zeigte er auf ein Paar, das neben ihm stand: einen hochgewachsenen Mann in weißer, goldbetreßter Uniform und eine junge, dunkelhaarige Frau in einem rot und weiß gestreiften Sommerkleid. Auch sie winkte ihnen zu.

In diesem Augenblick kamen zwei Militärlastwagen und hielten an der Landungsbrücke. Die Menge wich zurück, als Soldaten absprangen und den Zugang zum Schiff sperrten.

Zehn Mann mit Gewehren kamen an Bord, ihnen folgten einige Offiziere und Zollbeamte. Über die Schiffslautsprecher wurde bekanntgegeben, alle Passagiere nach Havanna sollten sich im Speisesaal der ersten Klasse einfinden. Den übrigen Passagieren, die schon zum Landgang und Einkaufsbummel bereitstanden, wurde mitgeteilt, niemand dürfe von Bord; die kubanischen Behörden hätten den üblichen Landausflug mit Stadtbesichtigung untersagt.

Das alles klang nicht gerade beruhigend, und als die Eichelbaums in der Warteschlange endlich bis in die Nähe der Tische vorgerückt waren, an denen die kubanischen Beamten die Pässe und Visa kontrollierten, ließ sie das Weinen und Geschrei weiter vorn das Schlimmste befürchten.

Im Raum herrschte Treibhaustemperatur. Vor und hinter ihnen brachen Mitreisende zusammen. Lottchen stand mit zusammengepreßten Lippen neben ihrem Mann, der sichtlich um Fassung rang, und flüsterte ihm zu: „Wir schaffen es schon, Curtchen!"

Er nickte schwach. Putti holte rasch einen Stuhl für ihn herbei. Dabei sah er gerade noch, wie Herr Natkin von zwei Soldaten abgeführt wurde. Markus, der Pudel, lief japsend neben seinem Herrn her.

„Sie bringen ihn ins Castillo del Morro, die alte Festung auf der anderen Seite", hörte Putti jemanden sagen. „Da ist die Quarantänestation."

Dann stand plötzlich die junge Frau im rot-weiß gestreiften Kleid neben ihnen, frisch und munter, unberührt von dem Elend im Raum und der drückenden Hitze, wie es schien.

„Familie Eichelbaum? Willkommen in Havanna!"

Margot, wie sie bat, genannt zu werden, versicherte ihnen, sie könnten unbesorgt sein. Es habe zwar unerwartete Schwierigkeiten gegeben, aber die seien in Kürze behoben.

Dann rief ihr der Soldat an der Tür, der sie hereingelassen hatte, ein paar Worte auf spanisch zu.

„Ich muß wieder gehen – aber keine Sorge, wir sehen uns später!"

Als die Eichelbaums an den Tisch traten und zitternd dem Einwanderungskommissar ihre Pässe und Visa vorlegten, kam der Goldbetreßte, der neben Willy Karol gestanden hatte, hinzu. Er warf einen flüchtigen Blick auf die Papiere. Der Kommissar blickte fragend zu ihm auf, und der Goldbetreßte nickte.

Dreimal knallte der Stempel des Kommissars auf die vor ihm liegenden Pässe.

Ein Soldat öffnete ihnen die Tür, und an der Gangway kam ihnen schon Willy Karol entgegen und schloß sie in die Arme.

Zwanzig Minuten später, nachdem sie mit einem Taxi quer durch die bunte, dampfende, von Hitze und Lärm erfüllte Innenstadt hinaus in den eleganten Villenvorort Vedado gefahren waren, saßen sie auf der schattigen Terrasse des Luxushotels Presidente, zusammen mit Willy und Anni Karol, die dort Dauergäste waren.

Sie erfuhren nun, daß von den sechsundneunzig Passagieren der *Reina del Pacifico*, die in Havanna von Bord gehen wollten, nur fünf Familien mit zusammen dreiundzwanzig Personen die Paß- und Visakontrolle passiert hatten. Noch etwa zwanzig Passagiere, darunter Frauen und Kinder, waren – wie Herr Natkin und sein Pudel – ins Castillo del Morro gebracht worden, das als Gefängnis und Quarantänestation diente. Die übrigen würden mit dem Schiff nach Südamerika weiterreisen müssen.

Aus der Quarantäne, meinte Willy Karol, bekäme man wohl alle bald frei. Der Chef der Gesundheitsbehörde werde bestimmt noch im Laufe des Tages, spätestens morgen, den Preis nennen, den er verlangte – normalerweise fünfzig Dollar für jeden. Viel schlimmer sei, daß die Regierung plötzlich sämtliche Visa für ungültig erklärt habe.

„Vom ersten Mai, also schon von nächster Woche an, läßt Kuba keine Flüchtlinge mehr einreisen, auch nicht mit teuer erkauften gültigen Visa – das ist ein schwerer Schlag! Rund zwölftausend Menschen in Europa sind davon betroffen."

„Wird man uns abschieben?" fragte Lotte Eichelbaum ängstlich.

Karol beruhigte sie. „Jetzt, wo ihr im Land seid, habt ihr nichts mehr zu befürchten. Solange ihr nicht mit dem Gesetz in Konflikt kommt und noch etwas Geld habt, kann euch auf Kuba nichts passieren – es sei denn, ihr mischt euch in die Politik ein. Dann ist mit Batista, dem hiesigen Diktator, nicht zu spaßen!"

Curt versicherte ihm, nichts läge ihm ferner, als sich um kubanische Angelegenheiten zu kümmern. Auch wollten sie ja so bald wie möglich weiter – in die USA. Von hier aus müßte es doch einfacher sein, das amerikanische Visum zu bekommen. Aber Willy Karol meinte, sie sollten sich lieber auf eine längere Wartezeit einrichten. „Ich habe schon eine Wohnung für euch", fügte er hinzu. „Zwei Zimmer mit Bad, WC und Küchenbenutzung – etwas spartanisch zwar, aber sauber und vor allem nicht allzu teuer –, ganze fünfunddreißig Dollar im Monat! Wir bringen euch nachher hin."

Putti hatte sich schon ein bißchen umgehört und erste Beziehungen geknüpft. Der Chefportier des Presidente, Señor Marcello, war Italiener und hatte eine Kubanerin zur Frau, deren Mutter ihre künftige Wirtin war. Señora Marcella hatte einen kleinen Laden in der Innenstadt und verkaufte selbstgefertigte Strohhüte, wie die amerikanischen Touristen sie liebten; nur kamen die Amerikaner leider nicht von allein, denn das Geschäft lag in einer stillen Seitenstraße.

Putti hatte dem Portier von seiner Arbeit als Page im römischen Hotel Excelsior und von seinen Sprachkenntnissen erzählt.

„Kommen Sie doch in den nächsten Tagen mal vorbei", hatte Señor Marcello daraufhin gesagt. „Ich glaube, wir werden ganz gut zusammenarbeiten."

Tatsächlich war Putti in den nächsten Wochen so beschäftigt, daß er erst Anfang Juni, fast ein Vierteljahr später, Zeit fand, seinen alten Freunden in Europa einen längeren Brief zu schreiben.

Lieber Bernt, lieber Poldi und Frank, lieber Wolfi, queridissimos amigos (d. h. liebste Freunde)! Ich schreibe Euch allen auf einmal (mit 3 Durchschlägen), weil sonst die Zeit nicht reichen würde, denn ich habe sehr viel zu tun. Havanna ist eine großartige Stadt, zwar nicht so groß wie Berlin, aber mit dreimal soviel Betrieb bis spät in die Nacht hinein. Und ein Krach! Meine Eltern wohnen zur Straße, parterre, und jammern sehr. Ich habe ein Zimmer nach hinten, da ist es nicht so laut. Die beiden möblierten Zimmer nebst Bad und WC sind unsere Wohnung. Die Küche, wo Mama für uns kocht, muß sie sich mit Señora Martinez teilen, unserer sehr netten Wirtin. Sie wohnt im 1. Stock, gleich unterm

Dach, denn hier sind die meisten Wohnhäuser nur zweistöckig. Große Wohnblocks, altmodische Paläste und Wolkenkratzerhotels gibt es vor allem in Vedado, zwanzig Minuten Busfahrt von hier. Dort ist auch das Presidente, wo Karols wohnen, anfangs auch Lew Natkin mit seinem Pudel. Er und Markus waren gleich nach der Ankunft in ein unterirdisches Verlies eingesperrt worden. Nach langen Verhandlungen mußte Herr Natkin hundert Dollar Strafe bezahlen und dreißig Dollar für Kost und Logis!

Durch den Pudel bin ich zu meinem ersten Job gekommen: Ich führe Markus jeden Morgen aus, weil Natkin als Nachtportier im „Ambassador" arbeitet und schlafen muß. Da meinte Señor Marcello, der Portier vom Presidente, dann könnte ich auch die Hunde seiner Gäste mitnehmen. Also fahren Markus und ich jeden Morgen nach Vedado und führen fremde Hunde aus für je zwanzig Cent. Damit verdiene ich vier bis fünf Dollar in der Woche! Meinen Hundespaziergang beende ich um halb neun, wenn es noch nicht so heiß ist, und bis zehn Uhr lerne ich Englisch in einem Kurs, den das Hilfswerk für Emigranten eingerichtet hat. Englisch ist wichtiger, als ich dachte – wegen der Touristen aus den USA!

Jeden Vormittag kommt ein Dampfer aus Florida, das ja ganz nah liegt, voll mit Amerikanern. Wenn sie in Scharen von Bord kommen, stürzen sich die kubanischen Jungen auf sie wie hungrige Möwen. Jeder will sich einen Yankee angeln und ihm alles zeigen. Am leichtesten fängt man einzelne Ehepaare – nach spätestens zehn Minuten haben sie sich verlaufen oder zanken sich, weil der Mann in eine Bar und die Frau lieber einkaufen will. Im richtigen Moment, wenn sie ratlos sind, taucht man auf und bietet freundlich Hilfe an. Und schon hat man Kunden und bekommt von den Geschäftsleuten, zu denen man sie führt, zehn Cent von jedem Dollar, den sie dort ausgeben.

Seit ich Geld verdiene, habe ich mir einiges sparen können, obwohl ich das meiste den Eltern gebe, die ja nicht arbeiten dürfen! Aber dreißig Dollar habe ich mir beiseite gelegt und werde demnächst ins große Geschäft einsteigen. Ihr seht, ich lasse mich nicht anstecken von der Niedergeschlagenheit, die hier unter den etwa sechstausend Emigranten seit der Tragödie mit der *St. Louis* herrscht. Ihr habt ja sicherlich davon gehört, daß dieser deutsche Dampfer mit über neunhundert jüdischen Flüchtlingen an Bord in Havanna nicht anlegen durfte, obwohl sie alle kubanische Visa hatten! Es war schrecklich, was sich hier abgespielt hat, denn viele, die hier sind, hatten ihre Frauen und Kinder an Bord oder, wie Margot, ihre Eltern. Margot, die uns und anderen bei der Ankunft sehr geholfen hat, konnte diesmal nichts machen; ihr Freund, der Chef der Einwanderungsbehörde war, ist strafversetzt worden – zum Völkerbund nach Genf. Auch Papa hat sich als ehrenamtlicher Anwalt des

Hilfskomitees ganz vergebens abgerackert – es war alles umsonst! Die *St. Louis* mußte umkehren, und nachdem auch die USA sich weigerten, die Flüchtlinge aufzunehmen, und die Küstenwache gegen das Schiff einsetzten, besteht keine Hoffnung mehr. Man wird die fast tausend Menschen nach Deutschland zurückschaffen ... Bei diesem Gedanken graust es mir so sehr, daß ich jetzt lieber aufhöre – und dabei haben wir alle, auch ich, oft große Sehnsucht nach Deutschland. Dagegen hilft, sagt Herr Natkin, nur eins: ein Bild von Hitler, das man sich nur anzuschauen braucht, wenn einen das Heimweh packt.

Macht's gut, schreibt bald, und seid herzlichst gegrüßt von Eurem Ricardo (früher Putti)

PS: Ich denke oft an Euch und an Berlin.

Während die Wochen ins Land gingen, verschlechterte sich die finanzielle Lage der Eichelbaums zusehends. Wenn nicht Putti auf geheimnisvolle Weise, die zu ergründen seine Eltern längst aufgegeben hatten, die Haushaltskasse immer wieder nachgefüllt hätte, wären ihre letzten Barmittel bald erschöpft gewesen. Es wurde höchste Zeit, daß sie endlich von Kuba weg und in die USA kamen, fanden Puttis Eltern. Doch gerade jetzt, im Spätsommer 1939, türmten sich für alle, die ungeduldig auf ihre Einwanderungserlaubnis warteten, neue Schwierigkeiten auf: Während bis dahin jedes amerikanische Konsulat eine eigene Warteliste führte und die Wartenden sich ausrechnen konnten, wann sie an die Reihe kamen, hatte die Regierung in Washington nun eine gemeinsame Warteliste für alle Einwanderungswilligen in der ganzen Welt eingeführt. In Europa aber waren bei jedem Konsulat schon Zigtausende registriert, und wer sich in Havanna bislang hatte erhoffen können, noch vor Jahresende in die USA einreisen zu dürfen, sah sich jetzt zurückgeworfen auf einen Platz, der erst viel, viel später an der Reihe sein würde.

Sie lasen in der Zeitung, daß Hitlers Wehrmacht in Polen eingefallen war und daß England und Frankreich daraufhin Deutschland den Krieg erklärt hatten.

Überall in Havanna, wo Emigranten, die nicht arbeiten durften, die Zeit vertrödelten, wurde eifrig die Frage erörtert, ob das nun gut oder schlecht sei.

Dr. Eichelbaum, von allen Seiten gedrängt, die neue Lage zu deuten, beschränkte sich auf den Rat, abzuwarten und die Entwicklung sorgfältig zu beobachten. Im engeren Familien- und Freundeskreis erklärte er, daß für die Juden in Hitlers Machtbereich der Krieg nichts Gutes bedeuten könne, solange Deutschland nicht besiegt sei. Für die deutschen Flüchtlinge in England und Frankreich müsse man befürchten, daß man sie als Staatsangehörige einer feindlichen Macht interniere.

„Und was wird mit uns? Wird man uns hier auch internieren?" fragte Lottchen besorgt.

„Kuba ist doch neutral – da gibt es keinen Grund für eine solche Maßnahme. Auch wird der Krieg wohl nicht allzu lange dauern. Sobald die Briten und Franzosen die Mobilmachung beendet haben und richtig angreifen ... "

Aber sie warteten den ganzen Herbst und Winter hindurch vergeblich auf eine alliierte Großoffensive. An der deutschen Westfront rührte sich nichts. Polen war längst erobert und zerstückelt; die Sowjetunion, Hitlerdeutschlands neuer Waffengefährte, hatte das kleine Finnland bezwungen, und im Atlantik versenkten deutsche U-Boote alliierte und auch neutrale Schiffe.

Aber die Westmächte zögerten immer noch mit dem Angriff auf Deutschland, und es war nicht abzusehen, wie sich die Dinge weiter entwickeln würden.

„Italien ist neutral geblieben, und den Juden dort ist nichts von alledem passiert, was Mussolini ihnen vor anderthalb Jahren angedroht hat. Wir wären besser dort geblieben", meinte Willy Karol.

„... oder nach Norwegen gegangen", seufzte Lottchen.

„Hinterher ist man immer klüger", erwiderte ihr Mann. „Aber der Krieg ist noch nicht zu Ende."

Nachdem im Januar und Februar die Temperaturen um fünfundzwanzig Grad gelegen hatten, stieg Ende März das Thermometer bereits auf nahe vierzig Grad. Putti, der in sein Touristenprogramm auch Eintrittskarten für die Stierkampfarena aufgenommen hatte, konnte nur noch Schattenplätze verkaufen.

Anfang April kam ein Brief vom amerikanischen Konsulat, adressiert an „Hochwohlgeboren Señor Don Curto Eicklbaun". Es dauerte eine Weile, bis sie den Sinn des in sehr blumigem Spanisch abgefaßten Schreibens enträtselt hatten, denn der Vizekonsul, der als „Euer Hochwohlgeboren gehorsamster Diener" unterzeichnet hatte, war wohl der Meinung gewesen, sie seien keiner anderen Sprache mächtig als der, wie sie einst die Hofkanzlei in Madrid benutzt hatte.

„Was meint er denn nur, Curtchen?"

„Er gestattet sich höflichst anzufragen, ob unsere Gnaden noch belieben, sich eventuell in die Vereinigten Staaten begeben zu wollen, in welchem Falle wir die für uns bereitliegenden Papiere gütigst abholen lassen sollten – aber da wir unserer Dienerschaft Urlaub gewährt haben, fahre ich wohl besser selbst rasch hin!"

Zum erstenmal seit ihrer Ankunft in Havanna vor fast einem Jahr leistete sich Curt Eichelbaum ein Taxi. Eine Viertelstunde später konnte er auf dem Konsulat die Einwanderungspapiere entgegennehmen.

Schon tags darauf, nachdem die Eichelbaums mit allen Freunden und Bekannten Abschied gefeiert hatten, gingen sie gegen Abend an Bord des Fährschiffs *Evangeline* nach Miami. Willy und Anni Karol begleiteten sie auf das Schiff. Karols, deren Einwanderungsgesuch der polnischen Quote zugezählt wurde, weil Willy in Lemberg geboren war, rechneten damit, daß sie noch lange auf die Erlaubnis zur Einreise in die USA würden warten müssen.

„Ich habe dir meinen Wintermantel mitgebracht, Richard. In New York wirst du froh sein, ihn zu haben, und ich brauche ihn hier bestimmt nicht!"

„Vielen Dank, Onkel Willy!"

Als einer der letzten erschien Lew Natkin mit Markus. „Nun reisen wir wieder zusammen – ob es das letzte Mal ist? Übrigens, ich war eben noch an der Plaza, um die neuesten Nachrichten zu lesen." *El Mundo,* die größte Zeitung der Insel, unterrichtete allabendlich die Habaneros in Leuchtschrift über das Weltgeschehen. „Die Wehrmacht ist heute in Dänemark einmarschiert und auch in Norwegen gelandet – Oslo hat schon kapituliert!"

Dann wurden über die Lautsprecher alle Besucher aufgefordert, das Schiff zu verlassen.

Karols mußten von Bord.

„Hoffentlich kommt ihr bald nach!"

„Gute Reise!"

Die Schiffssirenen tuteten. Die *Evangeline* legte ab. Sie blieben noch lange an der Reling stehen, genossen den Fahrtwind, der etwas Kühlung brachte, und nahmen Abschied von Havanna, dessen Lichter bald im Dunst verschwanden.

„Wie gut", sagte Lottchen leise, „daß wir uns für Havanna entschieden haben und nicht für Oslo."

Miami–New York

Lieber Bernt, lieber Poldi und Frank, lieber Wolfi – dear friends! Ich kann nur hoffen, daß es Euch nicht so mies ergangen ist wie uns. Meine Postkarten vom April aus Miami werdet Ihr ja erhalten haben, so daß Ihr wißt, daß wir tatsächlich in den USA gelandet sind – aber fragt mich nicht, wie!

Der Dampfer, der uns von Havanna zum Festland brachte, die *Evangeline,* ging dann gleich für zwei Monate in Reparatur. Kurz vor Mitternacht gerieten wir nämlich in etwas, das der Kapitän „die Ausläufer eines Hurrikans" nannte – wenn das stimmt, möchte ich nicht wissen, wie es mit dem Hurrikan selbst ist! Jedenfalls sah ich plötzlich eine haushohe Welle auf uns zu kommen, raste unter Deck in den Speisesaal, und dann ging auch schon alles drunter und drüber. Mama sauste mit ihrem Stuhl rückwärts durch den ganzen Saal, andere Passagiere rutschten am Boden liegend gegen die Wände. Alles schrie durcheinander – das reinste Tollhaus!

Vom Rest der Nacht will ich lieber schweigen – es wurde jedenfalls alles an Seekrankheit Versäumte nachgeholt, und wir waren völlig erschöpft, als wir in Miami festmachten. Die Beamten von der Zoll- und Paßkontrolle bestaunten uns Elendsgestalten so, daß sie fast vergaßen, unsere Pässe zu stempeln.

Vom Joint, der jüdischen Hilfsorganisation, bekamen wir Saft und Sandwiches, auch jeder fünf Dollar sowie Busfahrscheine nach New York. Mrs. Kelly, die Schwester von Herrn Erbslöh, die wir vom Hafen aus anriefen, holte uns dann ab, und wir wohnten eine Woche lang in ihrem Haus und erholten uns von dem Schrecken.

Papa erkundigte sich beim Joint nach Arbeitsmöglichkeiten in Miami, und man bot ihm sofort eine Stelle an – als Butler bei einem reichen Konservenfabrikanten! Papa war sprachlos. Jedenfalls hat er dankend abgelehnt; er wolle lieber versuchen, in New York als Jurist unterzukommen... Er hatte da noch einige Illusionen, was die USA betrifft, wo es derzeit mehr als zehn Millionen Arbeitslose gibt und jeder jeden Job annimmt, egal, was es ist.

Ich hätte sofort einen Job in einem Hotel am Strand bekommen können – achtzehn Dollar die Woche plus Trinkgeld für weiter nichts als Eiswasser servieren! Aber Papa bestand darauf, daß wir zusammen weiter nach New York reisten und daß ich dort studieren oder einen „ordentlichen" Beruf erlernen sollte...

Die Busfahrt nach New York dauerte alles in allem gut sechzig Stunden. Wir machten aber öfter Pause wegen der Hitze, die erst in

North Carolina etwas erträglicher wurde; dann, kurz vor New York, herrschte plötzlich Winter.

Bei unserer Ankunft wurden wir von Herrn Goldstaub am Busdepot in der zweiundvierzigsten Straße herzlich begrüßt und anschließend zur U-Bahn gelotst. Wir kamen uns vor wie Beduinen in der Arktis: Mama im Sommerkleid, darüber meinen Pullover und eine Strickjacke; um den Kopf einen Schal gewickelt; Papa und ich in unseren ehemals weißen, völlig zerknitterten Leinenanzügen, ich zum Glück noch in Willy Karols Mantel, beladen mit ramponierten Koffern und Paketen! Siebzig Minuten dauerte die U-Bahn-Fahrt bis Yonkers.

An der Endstation der U-Bahn mußten wir in eine Straßenbahn umsteigen, und von deren Endstation bis zu Goldstaubs Wohnung waren es dann noch zwanzig Minuten zu Fuß bei eisigem Regen. Goldstaubs, die mit Verwandten gemeinsam eine Dreizimmerwohnung für acht Personen haben, nahmen uns mit großer Herzlichkeit auf. Die Eltern schliefen auf einer Couch im Wohnzimmer, ich im Liegestuhl auf dem nur mit Fliegendraht und Pappe gegen die Kälte geschützten Balkon, wo ich trotz der vier Decken gefroren habe. Inzwischen haben wir aber eine Wohnung im Haus nebenan, zumindest provisorisch: Ein Einzimmerappartement mit Kochnische für siebzehn Dollar monatlich. Dusche und WC müssen wir uns mit den Nachbarn teilen. Mein Schlafplatz ist auf einer Matratze in der Diele. Ich schlafe aber nur noch selten dort, weil ich einen Job gefunden habe, wo ich auch übernachten kann. Mr. Natkin hat ihn mir besorgt. Er ist bei Verwandten, die ein Kino in der zweiundvierzigsten Straße besitzen, als stellvertretender Geschäftsführer untergekommen, samt Markus natürlich, der die Kinokasse bewachen soll, aber meistens schläft.

Neben dem Kino befindet sich ein Tanzlokal, das „Dixie Dance Land“, geöffnet bis drei Uhr früh. Die Attraktion des Lokals sind die Taxigirls, mit denen die Gäste tanzen können. Es sind fünfundvierzig Mädchen, und mein Job ist es, sie draußen vor dem Lokal anzupreisen sowie Handzettel zu verteilen, auf denen die Schönheiten abgebildet sind. Das mache ich an sechs Abenden in der Woche für zwölf Dollar wöchentlich.

Papa verdient auch nur zwölf Dollar in der Woche – als Nachtkassierer in einer Cafeteria in Harlem, die rund um die Uhr geöffnet ist. Außer Tellerwäscher war das der einzige Job, den er finden konnte.

Mr. Natkin hat mir inzwischen einen Tagesjob besorgt: Von elf bis siebzehn Uhr arbeite ich als Platzanweiser in der „Radio City Music Hall“ in der Seventh Avenue – eine feine Sache, abgesehen von der blöden Uniform – weinrot mit goldenen Knöpfen und einem Käppi mit Goldlitzen und Kinnriemen. Bis vier Uhr nachmittags ist kaum etwas los – man kann lesen oder Briefe schreiben. Zum Dixie Dance Land ist es nicht weit, und nachdem mir der Chef, Mr. Levine, erlaubt hat, nach Geschäftsschluß in seinem Büro auf der Couch zu schlafen, fahre ich nur noch am Wochenende zu den Eltern nach Yonkers. Inzwischen ist es in New York, beinahe über Nacht, heißer Sommer geworden – mit Temperaturen wie in Havanna.

So, nun noch das Wichtigste, soweit es mich betrifft: Stellt Euch vor, ich habe jetzt eine amerikanische Freundin! Sie heißt Josy, ist neunzehn wie ich und arbeitet im Schnellimbiß neben dem Dixie Dance Land. In dem Imbiß habe ich mich ab und zu aufgewarmt, und sie gefiel mir auf den ersten Blick. Aber daß auch sie mich mag, weiß ich erst seit kurzem.

Gleich beginnt die große Nachmittagsshow, und ich muß deshalb jetzt Schluß machen. Schreibt mir bitte bald! Das gilt vor allem für Bernt und Wolfi, von denen ich so lange nichts gehört habe. Achtet bitte auf den Absender, ich habe den Namen gewechselt – warum, das erkläre ich Euch ein andermal. Herzlichst Euer Richard.

PS: Wir ziehen demnächst in eine bessere Wohnung. Es geht jetzt aufwärts mit uns!

Ging es wirklich aufwärts? Gewiß, sie hatten geschafft, was sie jahrelang vergeblich ersehnt hatten: die Einwanderung in die USA. Aber das Leben in New York war um vieles härter als alles, was sie bisher in den sieben Jahren ihres Exils hatten ertragen müssen. Ihre Ersparnisse waren restlos aufgebraucht. Für Dr. Eichelbaums juristische Kenntnisse gab es keine Verwendung, und nachdem er seinen Job in Harlem – zweimal täglich anderthalb Stunden Hin- und Rückfahrt, neun Stunden Nachtdienst in einem Brutkasten aus kugelsicherem Glas – wegen völliger Erschöpfung hatte aufgeben müssen, war er nun Sortierer in einer Knopffabrik. Lottchen, das Schneeflöckchen, hatte einen Halbtagsjob in einer Tagesstätte für schwererziehbare Kinder, die sie nicht selten an den Haaren rissen und gegen das Schienbein traten, was im Wochenlohn von acht Dollar inbegriffen war, außerdem gab sie Nachhilfestunden in Englisch und versorgte den Haushalt.

Putti, mit zwanzig Dollar Wochenverdienst, von denen er fünfzehn in die Haushaltskasse zahlte, der Großverdiener der Familie, hatte nicht einmal ein eigenes Bett.

Dennoch ließ sich Putti nicht entmutigen. Um Josy zu gefallen, begann er, sich Stück für Stück neu einzukleiden – richtig amerikanisch, wie sie es mochte. Er ließ sich auch die Haare kürzer schneiden, so wie die *College Boys* sie trugen, und nahm, um den Eltern eine Freude zu machen und Josy zu imponieren, jeden Montag, wenn das

Dixie geschlossen war, an einem Abendkurs für Rechtswissenschaft der New Yorker Universität teil. Die Krönung des Ganzen aber fand Ende Juli statt, als er drei Monate im Land war und die Bestätigung seines Einbürgerungsantrags in Empfang nehmen konnte. Auf der langen Busfahrt nach White Plains, dem Sitz der für Yonkers zuständigen Einwanderungsbehörde, dachte er über sein neues Leben in Amerika nach. Die schnurgerade Straße war gesäumt von riesigen Plakatwänden, auf denen *Coca-Cola, Camel* und *Lucky Strike, Palmolive* und der gerade in New York anlaufende Monumentalfilm „Elizabeth and Essex" angepriesen wurden. Zwei Stunden lang hämmerten sich ihm die Schriftzüge der Reklametafeln ein, und als ihn der Beamte fragte, wie er fortan heißen wolle – er habe das Recht, jetzt Vor- und Zunamen kostenlos und ohne irgendwelche Formalitäten zu ändern, da erklärte Putti prompt: „Essex. Richard Henry Essex!"

„In Ordnung, Mr. Essex, bitte unterschreiben Sie hier mit Ihrem vollen Namen."

Seine Eltern waren zunächst sehr verwundert, als Putti ihnen eröffnete, daß sie nunmehr einen Mr. Essex zum Sohn hatten, nahmen es aber hin, ohne zu protestieren. Josy hingegen war begeistert, und das, fand Putti, war schließlich die Hauptsache. Allerdings mußte er wenig später mit Bestürzung feststellen, daß Josy noch einen anderen Verehrer hatte.

Vor dem Schnellimbiß stand ein schwarzer Cadillac. Am Steuer saß ein südländischer Typ von Mitte Dreißig, auffallend elegant gekleidet. Und dann kam Josy, die ihre Arbeit beendet hatte, und fuhr mit dem Kerl im Cadillac davon.

Als Putti sie tags darauf zur Rede stellte, lachte sie. „Bist du etwa eifersüchtig auf Gino? Er ist ein alter Freund von uns, sogar ein entfernter Verwandter! Da ist nichts dabei, Richard, wirklich nicht!"

Also glaubte er ihr, und sie verstand es, seine in den folgenden Wochen immer wieder beim Anblick des Cadillacs erwachenden Zweifel durch vermehrte Zärtlichkeit zu zerstreuen.

Eines Abends dann holte Josy ihn von der Straße in ihr Lokal und flüsterte ihm aufgeregt zu, Gino sei da und wolle mit ihm sprechen.

Gino empfing ihn ganz freundlich, lud ihn zum Essen ein und fragte dann, ob er Lust hätte, für ihn zu arbeiten. Gino war Werbemanager einer respektablen Firma, *La Rosa Spaghetti,* und produzierte an Italoamerikaner gerichtete Radioprogramme vornehmlich religiösen Inhalts, die freilich mit viel Spaghettiwerbung durchsetzt waren. Jetzt plante Gino, mit einer Werbeshow auf Tournee zu gehen. Er brauchte noch ein paar junge Leute – als Handlanger und zugleich als Komparsen.

„Für drei Monate, Richard – fünfundzwanzig Dollar die Woche, dazu freie Unterkunft und Verpflegung. Ist das ein Angebot? Na also, morgen früh geht's los!"

Am nächsten Morgen gegen neun Uhr lernte Putti seine künftigen Arbeitskollegen kennen – drei Dutzend Italiener, eine fröhliche Gesellschaft, die sich in einem großen Bus mit der Aufschrift LA ROSA SPAGHETTI versammelt hatte.

Zwei weitere Busse enthielten die Kostüme, Requisiten, Kulissen und zahlreiche große Kartons mit Tausenden von Probepackungen jener Teigwaren, für die zu werben der Sinn des ganzen Unternehmens war.

Gino stellte Putti den anderen vor: „Das ist Ricardo – er heißt zwar mit Nachnamen Essex, aber keine Sorge! Er spricht besser Italienisch, als man es für möglich hält!"

Im Nu war er in ihrem Kreis aufgenommen und hatte zum erstenmal seit der Ankunft in den USA das Gefühl, kein Fremder zu sein. Nur eines wunderte ihn, wenn er sich unter den Kollegen umsah. „Nun sagt mir bitte", erkundigte er sich deshalb, als sie dann losfuhren, „was ist das für eine Show – mit drei Dutzend *boys* und nur drei bildhübschen *girls?*"

Er erntete schallendes Gelächter. Die Damen, schon reiferen Alters, lächelten geschmeichelt. Eine von ihnen fragte mit gespielter Entrüstung: „Glaubst du wirklich, du Frechdachs, wir schwingen die Beine und wackeln mit dem Hintern? Weißt du nicht, daß wir die Leidensgeschichte unseres Herrn Jesus Christus aufführen? Ich bin die Garderobiere und einmal zwischendurch die Gemahlin des Pontius Pilatus, und Signora Bartucci hier ist die Mutter Maria und meine Schwester Gina die Magdalena. Und du bekommst von mir einen Brustpanzer und ein rotes Röckchen – damit darfst du einen von den miesen römischen Kriegsknechten spielen, die unseren Heiland kreuzigen! Aber vorher wirst du fleißig Kulissen schieben und hinterher Spaghetti verteilen – das ist unsere Show!"

In Yonkers, wohin die Eichelbaums zwei Tage zuvor umgezogen waren, schrieb Puttis Vater zur selben Zeit auf der alten Reiseschreibmaschine einen Rundbrief an die jetzt in der ganzen Welt verstreuten alten Freunde:

... Seit vorgestern haben wir eine kleine Mansardenwohnung mit Kochnische, Dusche und einem WC, ganz für uns allein – für monatlich fünfunddreißig Dollar im Haus von Dr. Löwenstein, einem Arzt, den Ihr vielleicht noch aus Wilmersdorf kennt.

Meinen Hilfsarbeiterjob als Knopfsortierer habe ich aufgegeben – täglich drei Stunden Bus- und U-Bahn-Fahrt waren einfach zuviel für mich, denn es ist hier inzwischen fast so heiß wie in Havanna. Ich habe jetzt einen Halbtagsjob als Fremdsprachensekretär in einer Ledergroßhandlung – weit weniger anstrengend und mit fünfzehn Dollar pro Woche weit besser bezahlt als mein Ganztagsjob in der Knopffabrik. Natürlich kann man mit sechzig Dollar im Monat, abzüglich sechs Dollar Fahrgeld, keine großen Sprünge machen, aber *si mangia*, wie man in Italien sagt, man ißt. Zum Glück haben wir ja unseren tüchtigen Sohn, der uns mächtig hilft.

An unserer ganzen Familie sieht man mal wieder, wofür Sprachkenntnisse so alles nützlich sein können: Ich korrespondiere mit Haiti und Kolumbien, hauptsächlich wegen Alligatoren und der auf sie zu gewährenden Rabatte, unser Sohn wirbt auf italienisch in einer Art Oberammergauer Passionsspiel für Jesus und Nudeln, und Lottchen gibt einem ungewöhnlich faulen Kind Nachhilfestunden in Englisch; die Tagesstätte, wo kleine Teufel sie (meist auf spanisch oder polnisch) beschimpfen und das arme Schneeflöckchen an den Haaren ziehen, hat glücklicherweise wegen Masern geschlossen, zahlt aber weiter den kargen Lohn. *Si mangia* ...

Buffalo–Florida

Erst waren sie durch Connecticut und Vermont bis in den höchsten Norden des Staates New York gezogen, von dort südwestlich bis Syracuse und weiter über Elmira, Belmont nach Westfield und am Eriesee entlang bis Lackawanna.

Wo sie ein Städtchen fanden mit genügend Italoamerikanern, die ein altes Kino oder Theater mit Platz für zweihundertfünfzig bis dreihundert Leute füllen würden, gaben sie eine Vorstellung der Supergalashow „Das Leben und Leiden unseres Heilands“. Die Show dauerte jeweils zweieinhalb Stunden, und kaum war der Vorhang gefallen, stürmten alle jüngeren Darsteller, der eben erst Gekreuzigte eingeschlossen, in ihren Kostümen von der Bühne ins Publikum, das sich noch die Tränen aus den Augen wischte, verteilten aus großen Körben Probepäckchen und priesen lautstark die Spaghetti des Hauses

La Rosa an: „La Rosa Spaghetti – ausgezeichnete Spaghetti! Hier, Signora, nehmen Sie diese Gratisprobe! Sie werden entzückt sein!"

Es waren arme Sizilianer und Kalabrier, die froh waren, daß mit der La-Rosa-Spaghetti-Show eine Abwechslung in ihr hartes, eintöniges Leben im fremden Land kam.

„Ich höre, Signore", wurde Putti oft nach der Show angesprochen, wenn er seine Spaghetti verteilt hatte, „Sie haben studiert – sogar in Rom! Wäre es Ihnen wohl möglich, für uns einen Brief zu schreiben?"

Der gelehrte Signore Ricardo wurde immer häufiger in Anspruch genommen, und es bildete sich auch bald ein Tarif heraus: ein Dollar Grundgebühr für die erste Seite, fünfzig Cent für jede weitere.

Als sie am Ende der zwölften Woche nach ihrer Abfahrt von New York in Buffalo die letzte Vorstellung ihrer Tournee gaben, hatte Putti über dreihundert Dollar gespart. Die Hälfte davon würde er den Eltern geben, mit der anderen wollte er etwas Neues beginnen – er wußte nur noch nicht, was. Auf jeden Fall sollte Josy dabei mitmachen.

Nach der letzten Vorstellung feierten sie alle zusammen noch in einem italienischen Restaurant das Ende der Tournee. Ehe sie dann ins Hotel aufbrachen, wandte sich Gino an Putti.

„Du kommst doch zu unserer Hochzeit, Ricardo?"

„Du willst heiraten? Wer ist denn die Glückliche?"

„Na, Josy natürlich!"

„Josy?"

Putti hatte mit den anderen aufbrechen wollen, aber nun blieb er in dem Lokal sitzen und versank für diese Nacht in Kummer und Rotwein. Luigi, der in der Show den Petrus gespielt hatte, leistete ihm stumme Gesellschaft. Er war von Beruf Fernfahrer und kräftig genug, Ricardo schließlich ins Hotel und zu Bett zu bringen.

Putti, der sonst wenig trank, verschlief am nächsten Morgen die Abfahrt des Busses nach New York und beinahe auch noch die des Dampfers nach Chicago, der um siebzehn Uhr ablegte. An Bord erholte er sich allmählich, erst von den Folgen seines Rausches, dann auch von dessen Ursachen.

Ein Lastwagenfahrer nahm ihn bis Columbus im Bundesstaat Ohio mit. Von dort bis Washington reiste er mit einem Zirkus, dessen Wagenkolonne auf dem Weg nach Florida war, wo die kleine Truppe zu überwintern gedachte.

„Keine schlechte Idee", fand Putti, der sich vorstellte, wie es in New

York im nächsten halben Jahr sein würde: eisiger Wind vom East River her, Schnee und Matsch und – keine Josy ... Also nahm er das Angebot an, das ihm der Zirkusdirektor gemacht hatte: dem Zirkus vorauszufahren und in den Kleinstädten, wo jeweils für zwei, drei Tage die Zelte aufgeschlagen würden, Plakate zu kleben und Handzettel zu verteilen. Für zwölf Dollar die Woche sowie freie Kost und Logis reiste er so im alten Ford des Direktors mit den Zirkusleuten bis Miami.

Es war kurz vor Weihnachten, als sie dort eintrafen. Die Stadt wimmelte von Touristen, die die Feiertage im warmen Süden unter Palmen verbringen wollten. Puttis erster Weg nach beendeter Arbeit führte ihn zu jenem großen Hotel am Strand, wo ihm gleich nach der Ankunft aus Kuba ein Job angeboten worden war – als Page, dessen Tätigkeit hauptsächlich darin bestand, den Gästen Eiswasser aufs Zimmer zu bringen.

Putti fragte nach Mr. Zuckerman, dem Geschäftsführer, der ihm seinerzeit für diesen Job achtzehn Dollar die Woche und freie Unterkunft geboten hatte. Aber Mr. Zuckerman war inzwischen mit der Leitung eines Hotels in Honolulu betraut worden. Sein Nachfolger, Mr. Kantor, ließ sich erst nach längerem Drängen zu einer Zusage bewegen. „Melde dich beim Chef der Zimmerkellner, damit er dir eine Pagenuniform besorgt, dir deine Schlafstelle zeigt und dir erklärt, was du zu tun hast", meinte er schließlich.

Schon eine Stunde später trat Putti in sandfarbener Pagenuniform den Dienst an und servierte von abends sechs bis zum frühen Morgen den Gästen auf ihre Zimmer, was Sammy Ginsburg, der Chef der Zimmerkellner, an telefonischen Bestellungen entgegennahm.

Jeden Sonntag telefonierte Putti mit seinen Eltern und schickte ihnen regelmäßig die Hälfte seiner Einnahmen, so daß er sicher sein konnte, daß sie einigermaßen über die Runden kamen. Aber er wußte, daß sie sich Sorgen um ihn machten, weil er keinen „ordentlichen" Beruf erlernte.

Mitte April 1941, die Saison in Florida war inzwischen zu Ende, kehrte Putti zurück nach New York. Seine Eltern erwarteten ihn schon am Bahnhof, glücklich, den Sohn wieder bei sich zu haben. Und noch glücklicher waren sie, als er ihnen schon bei der Begrüßung versprach, er bleibe jetzt fürs erste bei ihnen und werde sich gleich in der darauffolgenden Woche nach einer „ordentlichen" Arbeit umsehen und auch das Abendstudium wiederaufnehmen.

Es war indessen, wie sich dann zeigte, leichter gesagt als getan, in New York eine Stellung zu finden, die mehr war als ein Gelegenheitsjob. Noch immer herrschte große Arbeitslosigkeit, und Woche um Woche kamen neue Flüchtlinge aus Europa an, die das Heer der Arbeitssuchenden vermehrten und zwangsläufig auch die Löhne weiter verschlechterten. Am Ende mußte Putti froh sein, als ihm Mr. Natkin eine Anstellung in einer kleinen Schuhfabrik in New Jersey vermittelte.

Mr. Diamant, der Inhaber, beschäftigte rund fünfzig Arbeiter. Bis auf ein halbes Dutzend Italiener waren alle deutsche Emigranten, die ständig wechselten, weil sie, meist mittleren Alters und aus kaufmännischen oder akademischen Berufen kommend, die knochenharte, miserabel bezahlte Arbeit und vor allem das geforderte Tempo nicht lange durchhalten konnten.

> Meine Tätigkeit hier, so Putti in einem Brief von Ende Mai an seine Freunde in Europa, besteht seit nunmehr vier Wochen darin, täglich bis zu 350 Sandalen in Windeseile mit Brandsohlen zu versehen. Jede muß mit einem ekelhaft stinkenden Leim bestrichen, angeklebt, mit der Hand festgedrückt, angenagelt und dann kräftig mit dem Hammer bearbeitet werden, ehe man das Stück wieder aufs Fließband legen kann. Es hört sich leicht an, ist aber so anstrengend, daß ich in der Mittagspause, anstatt zu essen, sofort einschlafe. Auch in der U-Bahn – täglich drei Stunden Hin- und Rückfahrt! – schlafe ich, sogar im Stehen. Die Züge sind immer überfüllt, und einen Sitzplatz erwischt man erst kurz vor der Endstation. Dieser verdammte Job in Mr. Diamants Knochenmühle ist der mieseste, den ich je hatte. Und nur zwölf Dollar die Woche, abzüglich Fahrgeld, springen dabei raus – ich könnte heulen, wenn ich an Florida denke! Die meisten geben schon nach einer Woche auf, und ich werde das wohl auch nicht lange durchhalten ...

Puttis größte Enttäuschung waren die italienischen Kollegen, Sizilianer, die es bis zum Vorarbeiter gebracht hatten, das Dreifache verdienten und nun als Antreiber und Aufpasser die anderen schikanierten. Auf ihn, den braungebrannten „Sommerfrischler" aus Florida, hatten sie es besonders abgesehen. Nur weil sie nicht ahnten, daß Putti jedes Wort verstand, wenn sie unter sich verabredeten, wie sie ihn am besten plagen könnten, gelang es ihm meist, ihnen zuvorzukommen und das Schlimmste abzuwenden.

Puttis Laune verschlechterte sich von Tag zu Tag. Immer aufs neue verfluchte er seinen Entschluß, ein „ordentliches" Handwerk zu erlernen, dessen sich die Eltern nicht zu schämen brauchten. Jetzt hatte er Hände wie ein Galeerensträfling, lernte nichts, rackerte sich ab und verdiente weit weniger als zuvor. Das war auch deshalb schlimm, weil die Eltern wohl bald noch mehr auf seine Hilfe angewiesen sein würden, denn die Ledergroßhandlung, bei der sein Vater untergekommen war, stand kurz vor der Pleite.

Mitte Juni, als eine Hitzewelle die ganze Stadt in ein dampfendes Treibhaus verwandelte, hörte Putti, wie Mr. Diamant zwei italienischen Vorarbeitern einschärfte, das Arbeitstempo noch etwas zu steigern.

„Es wird auch zuviel Material verschwendet, Roberto! Wir müssen sparen und nochmals sparen!"

Roberto, der für Sandalen zuständige *capo*, nickte und sagte dann zu seinem Kollegen auf italienisch: „Er wird unseren Bonus erhöhen, Pietro! Meinst du, wir können noch mehr aus ihnen herauskitzeln, ohne daß sie uns schlappmachen?"

Pietro kam nicht mehr dazu, darauf zu antworten.

Der Maschinenlärm erstarb, die Bänder blieben stehen, denn Putti hatte den Strom abgeschaltet und schrie in die plötzliche Stille hinein: „Ich werde Ihnen sparen helfen, Mr. Diamant! Von jetzt an können Sie meinen Lohn sparen und das Material für die zweitausend Sandalen, die ich Ihnen wöchentlich herstelle! Ich habe genug von Ihnen und erst recht von diesen Strolchen, die Sie sich als Sklaventreiber halten!"

Es folgten ausführliche Verwünschungen auf italienisch, die Pietro und Roberto blaß werden ließen. Dann wandte sich Putti nochmals Mr. Diamant zu: „Ich kündige! Aber ganz New York soll von mir erfahren, was Sie für ein guter, frommer Jude sind, der hier Flüchtlinge schindet ..."

Fünfundvierzig erschöpfte Männer starrten, teils ängstlich, teils mit ungläubigem Staunen, erst auf Putti, dann auf den Chef, der puterrot geworden war.

Dann schaltete Roberto den Strom wieder ein, die Arbeit ging weiter, und Mr. Diamant bedeutete Putti mit einer Kopfbewegung, ihm ins Büro zu folgen. Doch anstatt ihm den Lohn auszuzahlen und die Tür zu weisen, erkundigte er sich ganz sachlich: „Paßt dir die Arbeit nicht, oder brauchst du keinen Job mehr?"

„Hören Sie, Mr. Diamant, ich wollte bei Ihnen einen Beruf erlernen, dessen ich mich nicht schämen muß. Ich habe vorher fast dreimal soviel verdient."

Zu Puttis Überraschung warf ihn Mr. Diamant nicht hinaus, sondern versprach, ihn in fünf Monaten in allen Sparten des Betriebs auszubilden – allerdings nach der regulären Arbeit und ohne Bezahlung der Überstunden. Außerdem könne er an den Wochenenden an der Lederstanzmaschine lernen, wie man Sohlen und Oberteile so aus den Häuten herausstanze, daß nur dünnste Streifen übrigblieben.

„Wenn du das schaffst, bist du Facharbeiter mit fünfunddreißig Dollar in der Woche plus Bonus und kannst Abendkurse für Schuhzeichner belegen, um eines Tages selbst Modelle zu entwerfen."

„Ich muß verrückt sein, Mr. Diamant, daß ich ein so mieses Angebot annehme – total meschugge! Aber, einverstanden – ich werde es schaffen!"

Draußen standen Roberto und Pietro, die Putti erwarteten. Putti wollte sich schon wegducken, aber da sagte Roberto: „Warum hast du dich nicht zu erkennen gegeben, Landsmann? Ich hätte dir alle Tricks gezeigt, wie man sich die Arbeit leichter machen kann."

„Dann zeig sie mir endlich! Ich werde sie bestimmt brauchen, und wenn sie etwas taugen, spendiere ich euch beiden je einen halben Liter *vino rosso!*"

Ihre Ratschläge erwiesen sich tatsächlich als zeit- und kräftesparend, und als sie nach Feierabend noch beisammensaßen, erklärte ihnen Putti nach dem zweiten Glas: „Was seid ihr beiden doch für Idioten! Anstatt allen zu helfen, damit es leichter und schneller geht mit der Arbeit, triezt ihr uns und macht uns das Leben zur Hölle! Wenn wir besser vorankommen, könnt ihr von Mr. Diamant den doppelten Bonus kriegen!"

Die beiden schwiegen zunächst verblüfft. Schließlich aber kapierten sie, was Putti meinte. Von da an wurde das Leben in Mr. Diamants Tretmühle etwas erträglicher, und obwohl Putti nun täglich noch eine Stunde länger arbeitete und als erstes eine Sohlennähmaschine bedienen lernte, fühlte er sich nicht mehr so völlig erschöpft, wenn er nach Hause fuhr.

Mitte Oktober arbeitete Putti bereits als Stanzer für zweiunddreißig Dollar die Woche, und Ende November, als die von Mr. Diamant geforderte Anlernzeit um war, brauchte er keine unbezahlten Überstunden mehr zu machen. Er belegte einen Abendkurs für Facharbeiter, die sich beruflich fortbilden wollten, und am ersten Samstag im Dezember fuhr er nach Manhattan und kleidete sich im Kaufhaus Macy's neu ein.

Für den nächsten Tag, Sonntag, den 7. Dezember 1941, nahm er sich vor, die Eltern mittags in ein Chinarestaurant einzuladen und ihnen dann Karten für die Nachmittagsshow in der Radio City Music Hall zu besorgen.

Doch aus alledem wurde nichts: Am Morgen dieses Sonntags erreichte die New Yorker die Schreckensnachricht von der Vernichtung der amerikanischen Pazifikflotte durch einen Überraschungsangriff der Japaner auf Pearl Harbor! Der Krieg, für die Amerikaner bislang ein fernes Ereignis, das sie nicht sonderlich bewegte, war ihnen nun auf den Leib gerückt. Sie empfanden ihre Niederlage als die härteste Demütigung, die sie als Nation je erlitten hatten.

Als sie aus der Betäubung erwachten, war ihre einmütige Reaktion ein Schrei nach Rache: „Das sollen sie uns büßen! Das lassen wir uns nicht gefallen!“, und Curt, Lottchen und Putti, die sich bislang noch keineswegs als Amerikaner gefühlt hatten, empfanden sich mit einem Male als der angegriffenen Nation ganz und gar zugehörig.

„Wir machen mobil!“ berichtete Putti seinen Eltern, als er am Montag von der Arbeit heimkam. „Wir stellen die stärkste Armee auf, die die Welt je gesehen hat!“

Sein Vater kam am Donnerstag mit der Nachricht nach Hause: „Stellt euch vor: Jetzt haben uns auch Hitler und Mussolini den Krieg erklärt! Sie müssen völlig übergeschnappt sein, wo sie doch nicht mal mit den Engländern fertig werden!“

Tatsächlich hatte die britische 8. Armee den Vorstoß des deutschen Afrikakorps gestoppt und war zum Gegenangriff übergegangen. Auch die deutsche Offensive in Rußland war vor Moskau zum Stehen gekommen, und seit Anfang Dezember griffen frische sowjetische Armeen die erschöpften deutschen Verbände mit einer Heftigkeit an, die Hitlers Hoffnungen auf einen raschen Sieg im Osten zunichte machten.

„Wir werden von jetzt an nicht nur die Engländer mit allem beliefern, was sie zur Kriegführung brauchen, sondern auch die Sowjets“, wußte Putti am Montag darauf zu berichten. „Mr. Diamants Betrieb wird ganz auf die Herstellung von Stiefeln umgestellt, und wir arbeiten vom zweiten Januar an in drei Schichten, Tag und Nacht! Und stellt euch vor: Mr. Diamant hat mich als Vorarbeiter in der Stanzerei vorgesehen – mit fünfundvierzig Dollar Wochenlohn plus Bonus!“

Auch sein Vater hatte gute Nachrichten: Jetzt, wo die Armee

Millionen junge Leute einzuberufen begann, wurden plötzlich auch ältere gebraucht, und das renommierte Kaufhaus Macy's hatte ihn eingestellt! Als Korrespondent in der Einkaufsabteilung verdiente er nun achtundzwanzig Dollar wöchentlich. Zudem befand sich sein Arbeitsplatz jetzt in einem mit Klimaanlage ausgestatteten Büro, und seine Fahrzeit in der überfüllten U-Bahn verringerte sich um täglich anderthalb Stunden.

„Wir sind über den Berg, Lottchen! Der Junge und ich verdienen jetzt mehr in der Woche, als wir bisher im Monat hatten! Du hörst sofort auf mit deiner anstrengenden Arbeit und gibst künftig auch die Wäsche zu Mr. Tschang zum Waschen."

Er war richtig euphorisch – bis er den Brief sah, der am Morgen gekommen war.

United States Department of Justice lautete der Absender. In dürren Worten teilte ihm das Justizministerium mit, daß er und seine Familienangehörigen gemäß dem Gesetz betreffend Ausländer feindlicher Nationalität nunmehr als *Enemy Aliens,* als „feindliche Ausländer", registriert seien und besondere Ausweise erhielten. Jede Adressenänderung sei binnen vierundzwanzig Stunden dem zuständigen Polizeirevier anzuzeigen, und im übrigen hätten sie sich dort alle drei Wochen zu melden.

Lottchen faßte sich als erste. „Dann braucht Putti wenigstens nicht zur Armee", stellte sie trotzig fest, sehr betrübt, daß ihr vermeintliches neues Vaterland sie als Feinde ansah, aber doch auch sehr erleichtert, was den einzigen Sohn betraf, der zu Hause bleiben konnte.

New York–Fort Dix–Fort Jackson

„Schütze Essex, was halten Sie sich da am Besen fest? Warum sind Sie nicht draußen beim Abladen?"

„Ich bin feindlicher Ausländer, Sir, und zum Stubendienst eingeteilt. Lastwagen darf ich nicht abladen!"

Es handelte sich zwar bloß um Kühlschränke für die Mannschaftsküche, mit denen sich die anderen Soldaten der I-Kompanie abplagten, aber der Leutnant war so beeindruckt von Puttis Mitteilung, daß er ihn nur noch einen Augenblick lang bestaunte und dann davonging.

Eine Stunde später begannen Puttis erschöpfte Kameraden mit dem Gewehrreinigen, denn kurz vor Dienstschluß war Waffenappell angesetzt. Ein fremder Sergeant schaute herein, sah Putti als einzigen untätig und brüllte ihn an: „Warum putzen Sie nicht Ihre Knarre, Mann?! Haben Sie das nicht nötig?!"

„Nein, Sergeant. Ich habe kein Gewehr, ich bin feindlicher Ausländer."

Der Sergeant faßte sich rascher als zuvor der Leutnant: „Na fein – also, wenn Sie nichts zu tun haben, kommen Sie mit in die Küche. Ein paar Stunden Kartoffelschälen werden Ihnen guttun!"

„Bestimmt, Sergeant! Aber es geht leider nicht. Bis Dienstschluß darf ich die Stube nicht verlassen – ich bin feindlicher Ausländer!"

Der Sergeant ging kopfschüttelnd davon.

„Sag mal, Essex, wie macht man das?" wollte der Stubenälteste wissen. „Wie wird man feindlicher Ausländer? Das ist doch wirklich 'ne prima Sache!"

„Also, wenn du ein bißchen Zeit hast, will ich es dir gern erklären: Als erstes mußt du dir Eltern anschaffen, die Staatsangehörige eines Landes sind, das Amerika den Krieg erklärt hat. Sodann mußt du in dem feindlichen Land zur Welt kommen –"

„Verdammt, wie soll ich das machen?"

„Drängle dich nicht danach", riet ihm Putti. „Es ist halb so schön, wie du glaubst."

Schon im Januar 1942 war Putti zur Musterung befohlen worden. Er hatte seinen *Enemy-Alien*-Ausweis vorgelegt und erwartet, man würde ihn, den Feind, wieder wegschicken – aber weit gefehlt! Der Krieg hatte, wie er bald merken sollte, bei den Amerikanern alle Gesetze der Logik außer Kraft gesetzt. Nach gründlicher Prüfung befand ihn die Musterungskommission für „uneingeschränkt tauglich".

Vier Wochen später traf sein Gestellungsbefehl ein. Am 31. März hatte er sich am Bahnhof von Yonkers einzufinden – zum Transport nach Fort Dix, dem Sammellager für Rekruten aus dem Staat New York. Der Tag der Abreise kam, und nach tränenreichem Abschied traf Putti am Abend in Fort Dix ein. Dort waren an diesem Tage noch fünfzehn weitere Züge mit Rekruten aus allen Teilen des Staates New York angekommen. Die Kleiderkammer konnte etwa achtzig Rekruten pro Stunde abfertigen, doch durch sorgfältige Dezentralisierung war es gelungen, jedem der Neuankömmlinge im Verlauf von vierundzwanzig Stunden jeweils mindestens ein Uniform- oder Ausrüstungsteil zukommen zu lassen.

„Ich bin jetzt seit einer Woche hier“, erzählte Puttis Vordermann in der Warteschlange, ein baumlanger Schwarzer aus Harlem, der mit Militärunterwäsche und zwei Wolldecken bekleidet war. „Hier soll es Mützen geben – aber wenn wir Pech haben, machen sie da drinnen einen Intelligenztest mit uns. Das ist mir schon zweimal passiert.“

Tatsächlich herrschte in Fort Dix ein Chaos ohnegleichen, an dem die meisten Rekruten aus New York und Umgebung schier verzweifelten, das aber Putti wenig ausmachte. In neun Jahren der Emigration hatte er gelernt, sich ins Unvermeidliche zu fügen oder durch rasche Improvisation einen Ausweg zu finden.

Mit der Verpflegung war Putti, im Gegensatz zu den meisten seiner Kameraden, über alle Maßen zufrieden. Noch nie hatte er, seit sie Berlin verlassen hatten, soviel erstklassiges Fleisch, soviel Eier, Butter, frisches Gemüse und Obst, soviel Kuchen und Pudding gesehen. Noch ehe er vollständig eingekleidet und ausgerüstet war, hatte er sechs Pfund zugenommen.

Eines Nachmittags gegen Ende der ersten Woche befahlen barsche Stimmen aus den Lautsprechern ein vollzähliges Antreten der gesamten Garnison von Fort Dix.

Auf dem Appellplatz harrten Tausende von Rekruten dicht zusammengedrängt der Dinge, die da kommen sollten. Vorne am Rande des riesigen Areals stand ein hölzernes Gerüst, auf dem sich nur als Punkte erkennbare Personen bewegten. Dann wurden die Lautsprecher, die das weite Feld beschallten, eingeschaltet, und eine blecherne Stimme behauptete, der Fort Dix kommandierende General zu sein und sich sehr zu freuen, sie willkommen heißen zu können. Die kurze Ansprache gipfelte in der Feststellung, sie könnten mächtig stolz sein, von Fort Dix aus ihre militärische Laufbahn beginnen zu dürfen.

Sodann wurden sie von einer unangenehm hohen und einer wohlklingenden tiefen Stimme über Lautsprecher zu Gottesfurcht und Gehorsam ermahnt und gesegnet, wobei der schöne Bariton sich als Major Finkelstein, Oberfeldrabbiner von Fort Dix, ausgab. Schließlich bellte jemand anders Befehle zum Heben des rechten Arms und zum Nachsprechen unverständlicher Worte. Die Militärkapelle spielte etwas, das der Nationalhymne der Vereinigten Staaten ähnlich klang, und damit war die Vereidigung beendet. Sie durften in ihre Unterkünfte zurückkehren. Am nächsten Tag wurden Marschbefehle verteilt. Von den dreißig Mann in Puttis Baracke zogen neunundzwanzig aus, jeder in ein anderes Ausbildungslager irgendwo in den

Staaten. Putti blieb als einziger zurück. Transportzüge brachten neue Rekruten, und es herrschte wieder das gleiche Chaos wie bei Puttis Ankunft, bis die Neuen zehn Tage später, eingekleidet, ausgerüstet und vereidigt, in ferne Ausbildungslager abreisten und wieder ein neuer Schub kam.

Niemand kümmerte sich um den Schützen Essex, der dreimal vereidigt wurde. Putti nahm alle Mahlzeiten regelmäßig und reichlich ein und verbrachte die übrige Zeit lesend oder schlafend in seiner Unterkunft. Endlich war er aller Fron und jeder Verantwortung ledig, denn den Hauptbeitrag zur Haushaltskasse der Eltern, den bisher er geleistet hatte, zahlte seit seiner Einberufung pünktlich zu jedem Monatsende Vater Staat! So wäre Putti ohne weiteres bis Kriegsende in Fort Dix geblieben, ohne sich deshalb Sorgen zu machen, obwohl er wußte, daß die anderen feindlichen Ausländer nach zehn Tagen, wie alle anderen, auf die verschiedenen Ausbildungslager verteilt wurden. An seinem Status konnte es also nicht liegen, daß man ihn vergessen hatte.

Nach anderthalb Monaten und kurz bevor der vierte neue Schub Rekruten Fort Dix wieder verließ, wurde Putti auf die Schreibstube befohlen. Ein Stabsgefreiter erkundigte sich mit verblüffender Höflichkeit, ob er seinen Schläger mitgebracht habe und welche Bälle er bevorzuge; der General habe angeordnet, ihm alles zu besorgen, was er für das Turnier benötige, und er sei auch nicht abgeneigt, mal ein morgendliches Match mit ihm zu wagen.

Putti, sonst um rasche Improvisation nicht verlegen, war ratlos. Es mußte wohl eine Verwechslung vorliegen, und so war es auch. Bedauerlicherweise war er nicht, wie der Stabsgefreite angenommen hatte, der Tennischampion Reginald Howell Essex aus Long Island, sondern Richard Henry Essex aus Yonkers, und er hätte allenfalls Tennisschuhe produzieren können, aber nicht die vom General erhofften Schmetterbälle. Infolgedessen wurde er noch am selben Tag, zusammen mit dreihundertfünfzig anderen Rekruten, einem Transport mit unbekanntem Ziel zugeteilt.

Ihr Zug rollte zunächst gemächlich in südlicher Richtung. Am Morgen des zweiten Tages waren sie in Richmond im Bundesstaat Virginia eingetroffen und hatten dort gut gefrühstückt. Aber nur sieben Mann waren dann in Richmond zurückgeblieben, und der Zug fuhr nun gen Westen, zunächst bis Lexington in Kentucky, wo elf Soldaten ausstiegen. Von Lexington aus fuhren sie eine ganze Nacht hindurch bis Poplar Bluff in Missouri, wo dann aber nur zwei Rekruten zurückblieben. Die nächste Station war Little Rock im Bundesstaat Arkansas, und dort verließen einundvierzig nach Fort Smith Abkommandierte den Zug, der in südwestlicher Richtung seine Fahrt fortsetzte – bis San Antonio in Texas.

Putti rechnete aus, daß sie nun schon etwa dreitausend Kilometer zurückgelegt hatten, um insgesamt einundsechzig Soldaten zu ihren Kasernen zu bringen – eine stolze Leistung, wie offenbar auch die Planer gefunden hatten, denn von San Antonio aus ging der Zug auf Gegenkurs und rollte nun ostwärts durch Louisiana, Mississippi und Alabama bis Pensacola in Florida, wo nur noch fünfzehn Soldaten übrig waren, darunter Putti und Giorgio Azzolino, ein weiterer feindlicher Ausländer aus New York.

Wieder wechselte der Zug die Richtung und fuhr nun überraschenderweise nordwärts – durch Georgia nach South Carolina. Nachdem sich dort weitere dreizehn Kameraden verabschiedeten, waren Putti und Giorgio die einzigen, die von dem Transport noch übrig waren, abgesehen vom Bahnpersonal und dem Major, der das Unternehmen befehligte.

Von Charlotte aus fuhr der Zug wieder nach Süden. In Chester hielten sie zu einem guten Frühstück. Der Major blickte sehr verwundert auf die zwei Rekruten, die noch übrig waren, holte seine Liste, studierte sie lange, schüttelte dann energisch den Kopf und erklärte: „Ich habe nur noch einen von euch abzuliefern – wer ist Essex?" Drei Stunden später, in Columbia im Bundesstaat South Carolina, mußte sich Putti von Giorgio verabschieden, der wieder nach Fort Dix zurückfuhr.

Ein Korporal nahm Putti in Empfang. Putti erfuhr dann unterwegs zum nahen Fort Jackson, daß er der dortigen 100. Division zugeteilt sei, die nur aus New Yorkern bestand, die alle zuvor in Fort Dix eingekleidet worden waren.

In Fort Jackson herrschte ein noch größeres Durcheinander als in Fort Dix. Niemand wußte so recht etwas mit den vielen tausend Rekruten anzufangen, von denen das Lager überquoll. Um die alten Kasernen herum waren Tausende von Behelfsunterkünften errichtet worden, jede für zwölf Rekruten.

Die I-Kompanie, der Putti zugeteilt worden war, hatte ihr Quartier in den jüngsten und dürftigsten der Hütten aus Kistenholz, Wellblech und Pappe. Da das Regiment noch keine Gewehre empfangen hatte, die man hätte putzen können, dienten die Nachmittage der Pflege des Eßgeschirrs.

Schließlich begann die Ausrüstung der Rekruten mit Waffen, Gasmasken und Erkennungsmarken. Jeder Mann des 397. Infanterieregiments erhielt ein nagelneues M1-Gewehr, mußte es mehrmals täglich in sämtliche Einzelteile zerlegen und wieder zusammensetzen, Griffe damit üben und es auf dem Gepäckmarsch mitschleppen – nur Putti nicht. Von den anderen Rekruten wurde er gleichermaßen bewundert wie beneidet, auch immer häufiger um Rat gebeten, wie man es anstellen könne, ebenfalls feindlicher Ausländer zu werden.

Als Rekrut in Fort Jackson

Der für kulturelle Betreuung und Unterhaltung zuständige Oberleutnant Silverstone ließ Putti eines Tages zu sich kommen. „Wie ich gehört habe, sind Sie Komiker, Essex. Ausgebildeter Schauspieler oder mehr Conférencier? Wo sind Sie denn zuletzt aufgetreten?"

„Ich war letztes Jahr auf Tournee im ganzen Staat New York", erwiderte Putti wahrheitsgemäß, „bis Buffalo und Rochester, Sir, aber –"

„Kein Aber, Schütze Essex! Sie sind engagiert! Ich höre, Sie können auch Hitler imitieren? Das wäre etwas, das Colonel Webster bestimmt gefiele!"

Putti hatte seinen Kameraden einmal an einem langweiligen Abend vorgemacht, wie es sich anhörte, wenn der deutsche „Führer" zu seinen „lieben Volksgenossen und Volksgenossinnen" sprach. Er hatte die Stimme früher oft im Radio gehört, und seine Imitation war bei den Rekruten der I-Kompanie ein voller Erfolg gewesen. Aber daß Oberleutnant Silverstone auch davon schon wußte ...

„Sie kommen mir wie gerufen, Essex!" Silverstone, dessen jüngerer Vetter Mike Lowenstein Rekrut bei der I-Kompanie war und dem Oberleutnant schon allerhand von Putti erzählt hatte, klopfte ihm auf die Schulter. „Wenn Sie Ihre Sache heute abend im Offiziersklub gut machen, werden Sie sich bestimmt nicht zu beklagen haben. Wie lange sind Sie schon bei der Armee?"

„Morgen sind es genau drei Monate, Sir."

„Na fein. Dann ist Ihre Ausbildungszeit ja beendet, und ich garantiere Ihnen: Wenn Colonel Webster sich gut amüsiert, macht er Sie noch heute nacht zum Sergeant – brauchen Sie Garderobe für Ihren Auftritt?"

FORT JACKSON–FORT BRAGG–NEW YORK

PUTTIS erster Auftritt als Alleinunterhalter gefiel Colonel Webster über alle Maßen. Der Oberst, ein sonnengebräunter Mittvierziger mit spiegelblanker Glatze und gestutztem Schnurrbart, ernannte Putti noch in der Nacht zum Sergeanten.

Putti war zunächst als Conférencier aufgetreten, hatte den versammelten Offizieren einen Ausflug nach Havanna versprochen, auch *a pretty Cuban girl,* und hatte dann, abwechselnd als amerikanischer Tourist und als Señorita Conchita, zweisprachig die Verhandlungen parodiert, die zwischen Tür und Angel hastig geführt werden mußten, weil die Ehefrau des Touristen nebenan eine Krokodillederhandtasche kaufte. Dazu hatte das Grammophon *La Cucaracha* gespielt.

Danach lud Putti das Publikum nach Paris ein und sang mit blonder Perücke und im Abendkleid *La vie en rose.*

Dann wetterte Putti, mit dem schwarzen Käppi als Duce verkleidet, auf italienisch und mit den temperamentvollen Gesten Mussolinis gegen das Laster im allgemeinen, den Grappakonsum im besonderen, und zum Abschluß lieferte er, mit Schirmmütze und Chaplin-Bärtchen, eine eindrucksvolle Führer-Rede, die damit endete, daß ihn zwei stämmige Korporäle in Kampfanzügen, amerikanische Fahnen schwingend, abführten und er dabei immer noch „Heil, heil!" rief.

Vielleicht hätte Putti mit seiner abwechslungsreichen Einmannshow nicht gerade den Broadway erobern können, aber für den

Offiziersklub von Fort Jackson war das Ganze eine höchst willkommene Abwechslung. Am meisten beeindruckte er sein Publikum mit seinen Kenntnissen von Sprachen und Lokalkolorit. Oberleutnant Silverstone erhielt viel Lob für seine Entdeckung, und seine Bitte, den Sergeanten Essex seiner Abteilung zuzuteilen, fand sofort Gehör.

Oberst Webster erklärte, kommenden Samstag werde er diesen Essex mit zu seinem Wohnort Myrtle Beach nehmen und die Rotarier sowie die Handelskammer zu einer Vorstellung einladen. Sergeant Essex solle sich aus diesem Anlaß eine Extrauniform von der Schneiderei anfertigen lassen.

Aber da war noch ein kleiner Haken, wie Oberleutnant Silverstone sich beeilte, dem Colonel zuzuflüstern: Essex sei ja immer noch feindlicher Ausländer, und das könne in Myrtle Beach doch vielleicht ... Doch der Oberst wollte von solchem Firlefanz nichts hören. Er freue sich schon auf die Vorstellung am Wochenende, und alles andere solle gefälligst Silverstone regeln.

So mußte Putti, ehe er am Samstag mit Colonel Webster in Wochenendurlaub fuhr, mit Oberleutnant Silverstone auf das Bezirksgericht in Columbia. Richter Legrange wollte gerade zum Mittagessen gehen und hatte es eilig. Die Sache war dann im Handumdrehen erledigt.

Putti mußte bei Gott schwören, an diesen zu glauben, kein Anarchist und kein Kommunist zu sein, Mr. Franklin D. Roosevelt, dem Präsidenten der USA, nicht nach dem Leben zu trachten, auch die Verfassung sowie die Gesetze der Vereinigten Staaten jederzeit ...

„Wie war Ihr Name? Essex, richtig. Also, Sergeant Essex, Sie sind nun ein Bürger der Vereinigten Staaten von Amerika. Meinen Glückwunsch. Ich hoffe, Sie sind jetzt zufrieden, Herr Oberleutnant. Auf Wiedersehen, meine Herren!"

Bis zum Herbst mußte Putti noch insgesamt zweiundzwanzigmal mit seiner Einmannshow auftreten, stets mit großem Erfolg. Während jenseits des Atlantiks die deutsche Wehrmacht ihre Stellungen am Ärmelkanal und an der Biskaya ausbaute und im Osten ihre letzte Großoffensive zur Niederringung der Sowjetunion startete, führte Sergeant Essex als Oberleutnant Silverstones rechte Hand ein geruhsames Leben in Fort Jackson. Gemeinsam hatten sie nur dafür zu sorgen, daß die Männer des 397. Infanterieregiments kulturell betreut und unterhalten wurden, wobei es natürlich vor allem darauf ankam, Oberst Webster bei guter Laune zu halten. Dafür war in erster Linie

Putti zuständig, und daher war er von jedem Außendienst und von allen Übungen befreit – mit einer Ausnahme.

„Hören Sie, Essex, wir müssen für sechs Wochen nach Tennessee", hatte Oberleutnant Silverstone eines Morgens im Sommer gesagt. „Colonel Webster besteht darauf, daß sein gesamter Stab diese Übung mitmacht – wegen des Abzeichens, das wir dann kriegen. Es hebt sein Renommee, wenn er nur von *Rangers* umgeben ist. Also, bringen wir's hinter uns – ab in die Wildnis."

Die Männer sollten ein vierzehntägiges Überlebenstraining unter Extrembedingungen in den Wäldern von Tennessee absolvieren – die bekannte und gefürchtete Rangerprüfung, an der nach dem Willen von Colonel Webster sein ganzer Regimentsstab teilzunehmen hatte. Dabei galt es, sich in Gruppen von drei bis fünf Mann ohne Kompaß und Karte durch die Wildnis zu einem vorgegebenen Ziel durchzuschlagen.

Schon die vierwöchige Vorbereitung auf die Prüfung erwies sich als die reine Hölle: Mit Eskaladierwänden und Übungen am Trampolin fing es an, mit Hochseilakrobatik, Fassadenklettern, nächtlichem Durchschwimmen von Flüssen mit mächtiger Strömung und drei Fallschirmabsprüngen hintereinander endete es.

Der dritte Absprung – bei Nacht und aus geringer Höhe – war der Beginn des Überlebenstrainings. Unter Anspannung aller Kräfte kämpften sie sich Tag um Tag durch die unwegsamen Wälder, litten entsetzlich unter der schwülen Hitze und den Stechfliegen und waren überglücklich, wenn sie endlich eine Wasserstelle fanden, an der sie ihren Durst stillen konnten. Alles in allem wurde die Rangerprüfung zu einem Alptraum voll körperlicher und seelischer Strapazen, und als Putti und seine beiden Begleiter schließlich am vierzehnten Abend das Ziel erreicht hatten, erschien ihnen die Scheune, in der sie sich ausschlafen konnten, wie ein Fünfsternehotel.

Einige Monate später, im November 1942, kam plötzlich der Befehl zum Standortwechsel. Doch wurde die 100. Division nicht, wie alle dies angenommen hatten, an die Front nach Afrika oder in den Pazifik entsandt, sondern nur von Fort Jackson in South Carolina nach Fort Bragg in North Carolina verlegt – immerhin in weit bessere und bequemere Quartiere nahe dem Städtchen Fayetteville.

Wer Hoffnungen gehegt hatte, Kriegsruhm zu erwerben, wurde enttäuscht: Den Kadern der 100. Division, also auch Sergeant Essex von der Abteilung Kulturelle Betreuung und Unterhaltung, wurde

Putti als frischgebackener Ranger

vom General selbst in einer markigen Rede erläutert, daß sie die wichtige Aufgabe erhalten hätten, bis zum Ende des Krieges so viele Rekruten auszubilden, wie irgend möglich – bis Ende 1943 hunderttausend, 1944 insgesamt hundertachtzigtausend, bis Ende 1945 nochmals zweihunderttausend Mann . . .

Oberleutnant Silverstone, nunmehr zuständig für die Unterhaltung der ganzen 100. Division, raufte sich die Haare, weil er nicht wußte, wie er angesichts der kargen Zuweisungen, die die Zentrale Truppenbetreuung ihm zuteil werden ließ, zweimal monatlich eine Show auf die Beine stellen sollte, wie es die Pläne von ihm verlangten. Die

Divisionskasse hatte dafür nur spärliche Mittel. „Hören Sie, Essex", wandte er sich an Putti, „bis Weihnachten haben wir ja noch die Truppe, die wir vom Theater in Fayetteville übernommen haben. Aber von Januar an wird's kritisch! Haben Sie keine Beziehungen zu Agenturen in New York? Wir brauchen einen zuverlässigen Agenten, der sich in der Unterhaltungsindustrie auskennt und der mit jeder Schwierigkeit fertig wird."

Putti dachte an Willy Karol. Der wäre jetzt der richtige Mann für sie.

Aber Willy Karol – er wußte es von den Eltern – hatte noch immer keine Erlaubnis zur Einwanderung in die USA und würde sie wohl auch erst in etlichen Jahren erhalten. Er war inzwischen irgendwo in Mexiko, und es ging ihm jetzt miserabel, denn seine Ersparnisse waren erschöpft.

Anni, seine Frau, arbeitete als Hutmacherin, und er selbst hatte sich irgendwo im Nordosten, nahe der texanischen Grenze, als Erntehelfer verdingt.

„Sir, ich wüßte jemanden! Der wäre genau der Richtige – ein Mann aus dem Filmgeschäft! Der beste Produzent, den es gibt – aber er ist momentan in Mexiko."

Er erzählte Oberleutnant Silverstone von Willy Karols Erfolgen bei der Ufa und in Cinecittà.

„Wie kriegen wir diesen Karol? Meinen Sie, Essex, daß er uns, wenn er wieder in New York ist, Shows zusammenstellen würde? Die Armee würde sich in jeder Weise erkenntlich zeigen!"

Noch am selben Tag telefonierte Putti mit seinen Eltern und ließ sich Willy Karols letzte Adresse geben. Eine Stunde später ging ein Telegramm nach Mexiko ab: „Ihre und Ihrer Frau Anwesenheit in New York dringend erforderlich. Näheres über US-Konsulat Chihuahua. Unterschrift: Colonel Webster, 100. Infanteriedivision, Fort Bragg."

Der Regimentsadjutant bekam Instruktionen und telefonierte mit jemandem von der Kulturabteilung des Außenministeriums, der seinerseits kopfschüttelnd die Einwanderungsbehörde unterrichtete. Diese fragte sicherheitshalber noch einmal beim Kriegsministerium nach, das aber die dringende Anforderung des Ehepaares Karol durch die 100. Division in Fort Bragg nur bestätigen konnte. So erging an das amerikanische Konsulat in Chihuahua die telegrafische Anweisung, den beiden polnischen Verbündeten Willy und Anna Karol sofort eine Einwanderungserlaubnis zu erteilen und sie zu instruieren, sich unverzüglich nach New York zu begeben, wo ein Kurier aus Fort Bragg sie schon erwarte. Die Kontaktadresse: Dr. Curt Eichelbaum, 43, St. Andrew's Place, Yonkers …

„Habt ihr noch meinen Wintermantel aus Rom? Ich brauche ihn dringend!" Willy Karol, halb erfroren, denn New York wurde gerade von einem Schneesturm heimgesucht, wurde von Lottchen erst einmal mit heißem Kaffee gewärmt. Seine Frau war in Laredo im Bundesstaat Texas zurückgeblieben, denn für beider Fahrgeld hatte es nicht gereicht. Jetzt, nach der Begrüßung durch die alten Freunde und einem gemeinsamen Abendessen, beschäftigte ihn die Frage, wie er Anni nach New York kommen lassen könnte und wovon sie hier leben sollten.

„Mach dir keine Sorgen", sagte Curt Eichelbaum, „Mr. Essex regelt alles!"

Eine Stunde später traf Putti aus Fort Bragg ein. Seine Eltern, die ihn so lange nicht gesehen hatten, waren sehr beeindruckt, daß sie nun einen amerikanischen Sergeant zum Sohn hatten. Sie waren zwar von ihm stets telefonisch unterrichtet worden, aber erst die Uniform mit den drei Streifen und die Urkunde vom Bezirksgericht, die er mitgebracht hatte, machten es zur glaubhaften Realität, die noch untermauert wurde durch die herrlichen Geschenke, die Putti ihnen mitgebracht hatte, darunter sogar eine Flasche echten Cognacs.

Es wurde ein langer Abend. Willy Karol hörte mit wachsendem Staunen, was man von ihm erwartete.

„Du meine Güte! Wie stellst du dir das vor, Richard? Ich bin seit Jahren aus dem Geschäft, besitze keine zehn Dollar mehr und kenne niemanden in New York außer euch – und Sam Cohen, falls es ihn noch gibt."

Sam Cohen, einer der führenden Agenten im Showgeschäft, war ein Jugendfreund von Willy Karol. Als Karol ihn am nächsten Tag in seinem Büro aufsuchte, wurde er auf das herzlichste empfangen. Aber als Sam Cohen dann hörte, was Karol von ihm wollte, schlug er die Hände über dem Kopf zusammen.

„Um Himmels willen. Was verlangst du von mir, Willy?! Armee, Marine und Luftwaffe haben schon alles unter Vertrag, was ein Bein schwingen oder ein Instrument spielen kann – und sei es ein Triangel! Um die armseligsten Nummern reißen sie sich – schon mit einem

Papagei, der *Good Morning, Sir!* krächzen kann, bist du heutzutage ein Star! Und ich soll dir noch eine erstklassige Show auf die Beine stellen?!“

„Bis nächste Woche, Sam! Und natürlich kannst du das, wenn du willst! Denk doch nur, was für Anni und mich davon abhängt – und für den Jungen, der uns die Einwanderung in die USA ermöglicht hat, auf die wir so viele Jahre gewartet haben!“

Willy Karol bekam eine Show, nicht gerade eine erstklassige, aber für Fort Bragg war sie immer noch eine Sensation. Nach der ersten Vorstellung rief Putti in New York an und meldete Karol den Erfolg.

„Stell dir vor, Onkel Willy – der Oberst war so begeistert, daß er Silverstone zum Captain vorgeschlagen hat, und ich bin Staff Sergeant geworden! Ich hoffe, du bist auch zufrieden.“

Willy Karol, inzwischen Sam Cohens rechte Hand in dessen Künstleragentur und mit der Betreuung der 100. Division in Fort Bragg beauftragt, bestätigte, daß es ihm ausgezeichnet gehe. Anni war längst nach New York nachgekommen, und sie hatten schon eine kleine Wohnung in der Bronx bezogen, verdienten nicht schlecht und waren zuversichtlich, was die Zukunft betraf.

Karol erkundigte sich dann noch, wie die Reise nach Fort Bragg gewesen sei und wann Putti wieder einmal nach New York käme. Putti berichtete stolz, daß er diesmal die lange Bahnfahrt im klimatisierten *Silver Meteor* sehr bequem zurückgelegt habe und spätestens im Frühjahr wieder auf Urlaub käme.

Was er Willy Karol und auch sonst niemandem erzählte, war die Sache mit Sylvia. Es war beiderseits Liebe auf den ersten Blick gewesen, noch bevor der Silver Meteor den New Yorker Bahnhof verlassen hatte.

Putti war schon zehn Minuten vor der Abfahrt eingestiegen und hatte es sich bequem gemacht, als eine sehr schick angezogene junge Dame mit lustigen braunen Augen ihn vom Gang aus kurz gemustert und sich lächelnd erkundigt hatte, ob sie neben ihm Platz nehmen dürfe. Er war aufgesprungen und ihr mit ihrem Gepäck behilflich gewesen, und dabei hatten sich ihre Hände berührt. Sie hatten sich einen Augenblick lang in die Augen gesehen, und damit war eigentlich schon alles Weitere entschieden gewesen.

Sylvia Rubinstein war die Tochter eines New Yorker Arztes, ihre Mutter stammte aus einer italienisch-jüdischen Familie, und Sylvia war vor dem Krieg einmal in Rom auf Verwandtenbesuch gewesen und hatte erst unlängst Urlaub in Havanna gemacht. Es gab also Gesprächsstoff genug, bis es Zeit war, im Speisewagen gemeinsam das Abendessen einzunehmen. Als Putti ihr dort erklärte, er müsse nach Fort Bragg zurück, antwortete sie freudestrahlend: „Ich steige auch in Fayetteville aus – da haben wir ja noch eine lange gemeinsame Reise! Ist das nicht herrlich?!"

Später dann, als sie zu ihrem Abteil zurückkamen, hatte der Schaffner die Pullman-Sitze bereits in Schlafkojen verwandelt. Hinter dem Vorhang, der Sylvias Unter- und Puttis Oberbett vom schwach erleuchteten Gang trennte, küßten sie sich zum erstenmal. Irgendwann in der Nacht, als der Silver Meteor durch Virginia brauste, erkundigte sich Putti: „Sag mal, Sylvia, was machst du ausgerechnet in Fayetteville?"

„Ich bin in Fort Bragg stationiert. Das ist doch toll, was?"

Putti war überglücklich.

Sie würden sich täglich nach Dienstschluß treffen können! „Bist du richtig bei der Armee? Ich meine, so mit Dienstverpflichtung und Uniform?"

„Ganz richtig." Sie küßte ihn sanft auf die Nasenspitze. „Und ich bin sogar deine Vorgesetzte! Du mußt gehorchen, wenn ich dir etwas befehle!"

Entsetzt richtete er sich auf und starrte sie entgeistert an. „Du machst Spaß – oder?"

Sie lachte. „Ich bin Oberleutnant Rubinstein vom Sanitätskorps. Nehmen Sie Haltung an, Staff Sergeant Essex!"

Putti stöhnte. „O Sylvia! Es gibt doch Hunderte von Berufen für ein braves jüdisches Mädchen! Warum mußt du ausgerechnet Offizier sein?"

„Was ist denn daran so Schreckliches? Ich werde dich nicht durch den Sand robben lassen, mein armer Liebling!"

„Das werden andere tun, Sylvia, wenn sie es herausbekommen! Und dich werden sie vor ein Kriegsgericht stellen wegen Unzucht mit Untergebenen."

Sylvia lachte. „Das ist mir ganz egal – wir sollten nur dafür sorgen, daß es sich lohnt, wofür sie uns bestrafen, findest du nicht auch?"

Ihr Argument überzeugte ihn.

Das ganze Jahr 1943 hindurch trafen sie sich fast jeden Abend. Sie gingen zusammen, was nicht verboten war, in Restaurants, ins Kino und in Tanzlokale. Sie nahmen schließlich auch zur selben Zeit ihren

Jahresurlaub, und Putti lernte Sylvias Familie kennen, die ihn freundlich und sehr großzügig aufnahm.

„Dein Ricky ist doch Jude?“ erkundigte sich Mrs. Rubinstein besorgt bei ihrer Tochter.

„Nun ja“, antwortete Sylvia, „seine Eltern und er gehören keiner Gemeinde an und sind nicht religiös. Aber Mr. Essex kommt aus einer guten jüdischen Familie – der Vater war Rechtsanwalt und Notar in Berlin.“

„Das meine ich doch nicht“, fiel ihr die Mutter mit gespielter Entrüstung ins Wort. „Ich will nur wissen, ob er es ernst mit dir meint, wie man es von einem netten jungen Mann aus einer anständigen jüdischen Familie erwarten kann ... Du verstehst mich doch, Sylvia?“

„Wenn du meinst, ob ich ihn heiraten will, so ist die Antwort: ja. Und wenn du wissen willst, ob er mich zur Frau haben will, so kann ich dir verraten, daß er längst mit euch darüber gesprochen hätte, wenn nicht ...“

Mit Sylvia in Fayetteville

Und sie klärte die Mama über die abgrundtiefe Kluft auf, die die Bestimmungen der Militärbehörden für sie bedeuteten. „Wir müssen eben warten, bis der verdammte Krieg vorbei ist“, meinte sie abschließend.

Zu diesem Zeitpunkt erreichte der Krieg eben seine entscheidende Phase. Ende Januar 1943 hatte die in Stalingrad eingeschlossene 6. Armee kapituliert, im Februar war von Goebbels im Berliner Sportpalast der „totale Krieg“ proklamiert worden. Im März hatte die Welt erstmals Genaueres über Massenmorde an Juden in Polen erfahren. Im August und September waren die Alliierten auf dem italienischen Festland gelandet, hatten Brückenköpfe errichtet und standen in schweren Kämpfen mit der deutschen Wehrmacht. Die italienische Armee hatte inzwischen kapituliert.

Im Oktober war Korsika von den Alliierten erobert worden, Italien hatte Deutschland den Krieg erklärt, und im Osten hatte die sowjetische Herbstoffensive begonnen. Im November schließlich war Berlin von dem bis dahin schwersten alliierten Luftangriff verwüstet worden.

Im gleichen Zeitraum hatte die 100. Division in Fort Bragg fast zweihunderttausend Rekruten ausgebildet, und bei den Regimentern war ein ständiges Kommen und Gehen gewesen. Die Abteilung Kulturelle Betreuung und Unterhaltung hatte sechsundzwanzig Aufführungen von sechs verschiedenen New Yorker Shows organisiert, außerdem zweiundfünfzig Filme im Soldatenkino laufen und ebenso viele Vorträge halten lassen und damit alle Hände voll zu tun gehabt. Dreizehn der Vorträge hatte Staff Sergeant Essex gehalten, alle zum Thema: „Wie verhält sich der Soldat in Italien, in Frankreich, in Deutschland?“

Er erklärte darin jedesmal den aufmerksam lauschenden Rekruten, daß die Franzosen und neuerdings auch die Italiener Verbündete seien und daß man sich als amerikanischer Soldat der Zivilbevölkerung Frankreichs und Italiens gegenüber mindestens ebenso korrekt verhalten müsse wie gegenüber den Einwohnern von Fayetteville. Dann brachte er ihnen je ein halbes Dutzend Worte Französisch, Italienisch und Deutsch bei: „Hände hoch!“, „Keine Angst!“, „Kommen Sie mit!“, aber auch „Wollen wir tanzen?“, „Sie sind sehr nett“ und sogar „bitte“ und „danke“.

„Essex ist wirklich fabelhaft!“ fand der Regimentskommandeur, und so wurden Putti volle einundzwanzig Tage Weihnachtsurlaub zuteil – soviel wie Oberleutnant Sylvia Rubinstein, die außer sich vor Freude war, als Putti ihr davon erzählte.

Die Freude machte sie beide übermütig, denn an diesem Abend Mitte Dezember vergaßen sie alle Vorsichtsmaßnahmen und übernachteten gemeinsam, obwohl Sylvia ihre Uniform trug, in einem Hotel in Fayetteville.

Sie waren gerade eingeschlafen, als es energisch an der Tür klopfte. „Bitte öffnen Sie! Militärpolizei! Ausweiskontrolle!" Dann ging alles sehr schnell.

Sylvia blieb schluchzend zurück, nachdem ihr Name notiert worden war. Ihr Ricky hingegen war in Handschellen abgeführt worden!

Der Wachhabende im Militärgefängnis, der Putti in Empfang nahm, blickte erstaunt auf, als ihm der neue Häftling präsentiert wurde. Ein Ranger-Staff-Sergeant in Extrauniform und durchaus nüchtern, wie es schien, war eine Seltenheit.

„Was hat er denn ausgefressen?" erkundigte er sich bei dem Streifenführer, der Putti gerade die Handschellen abnahm.

„Kohabitation mit einem Offizier ... Paragraph 567, 2. Absatz."

„Was is'n das?"

„Das heißt: wilde Ehe oder so ähnlich – mit einem Oberleutnant ..."

Der Wachhabende staunte. „Tatsächlich?" fragte er zweifelnd.

„... mit einem weiblichen Oberleutnant!" korrigierte der Streifenführer die Gedanken des anderen.

Es dauerte eine Weile, bis der Wachhabende alles richtig begriffen hatte. Dann betrachtete er seinen Arrestanten mit deutlicher Hochachtung.

Colonel Webster hingegen war außer sich, als er von Puttis Festnahme erfuhr. „Ausgerechnet jetzt, Silverstone, wo wir die große Weihnachtsshow proben! Konnten Sie das denn nicht verhindern?"

Trotz seiner Verärgerung setzte Webster bei der Division die unverzügliche Freilassung von Staff Sergeant Essex durch – zwecks dessen sofortiger Bestrafung.

„Wir müssen den Burschen von der Militärjustiz zuvorkommen, Silverstone! Essex wird sich bei mir noch heute zum Rapport melden – ich werde ihn degradieren und ihm Stubenarrest verpassen. Dann kann er nicht nochmals bestraft werden, und nach dem Weihnachtsurlaub werde ich ihm dann seine Streifen zurückgeben – es wäre ja gelacht, Silverstone, wenn wir uns unseren besten Mann wegnehmen ließen."

Putti kehrte also aus dem Militärgefängnis zurück und durfte sich, wenn auch seiner vier Streifen beraubt, den letzten Proben der großen Weihnachtsshow widmen, mußte aber bis zu seinem Urlaubsantritt auf jeden Ausgang verzichten.

„Nanu, wo hast du denn deine Sergeantstreifen gelassen?" wunderte sich die Mama, als Putti zum Weihnachtsurlaub in New York eintraf.

„Das war wieder so ein Einfall der Planungsstäbe – zu unserem Schutz! Weißt du, Mama, sie meinen, der Feind schießt zuerst auf die Ranghöchsten."

„Ach so – das ist wirklich sehr fürsorglich gedacht – aber du bist doch gar nicht an der Front!?"

„So ist das eben beim Militär, Mama. Solche Anordnungen gelten für alle, auch wenn sie eigentlich ganz überflüssig sind ..."

Damit war diese Angelegenheit, die die Eltern hätte betrüben können, zum Glück erledigt, und Putti verbrachte einen unbeschwerten Weihnachtsurlaub, erst mit ihnen, dann mit Sylvia. Curt und Lottchen wurden von ihrem Sohn ins Theater, zu einer Show und zum Essen in ein vorzügliches italienisches Restaurant ausgeführt und natürlich reich beschenkt. Doch am letzten Tag vor der Rückfahrt nach Fort Bragg waren die Eltern plötzlich ganz verzweifelt. Nur mühsam die Tränen unterdrückend, gab ihm der Vater einen Brief, der aus Europa gekommen war.

Georg Krauss war es gelungen, sie unter einem Decknamen, den er mit ihnen noch in Lausanne verabredet hatte, von allem zu unterrichten, was sich in Deutschland inzwischen ereignet hatte. Über das Rote Kreuz und Hirschfelds in Stockholm war sein Brief, nachdem er insgesamt vier Monate unterwegs gewesen war, zu ihnen gelangt.

Verschlüsselt zwar, doch unmißverständlich hatte Georg Krauss sie darüber informiert, daß alles, was sie selbst und auch er bislang unternommen hatten, um ihre in Deutschland zurückgebliebenen Verwandten – Curts Schwestern und deren Familien – noch zu retten, vergeblich gewesen war. Man hatte sie bereits vor elf Monaten aus ihren Wohnungen in Berlin „evakuiert" und dann nach Polen abtransportiert. Dem zuständigen Standesamt, bei dem Krauss sich erkundigt hatte, war längst schon die Nachricht zugegangen, daß alle „verstorben" seien: Tante Hetty und Tante Gertrud mit ihrem Mann, dem im Ersten Weltkrieg dreimal verwundeten, beinamputierten und mit dem EK I ausgezeichneten Onkel Hermann, auch deren Töchter, Susanne und Lily, ebenso Lilys Mann und selbst deren erst kurz vor der „Evakuierung“ geborenes Baby.

Georg Krauss selbst, so war zwischen den Zeilen zu lesen, hatte in Berlin ausgeharrt, war mit seiner Familie samt den Untergetauchten, die er in seinem Haus versteckt hatte, ausgebombt worden, und auch die Anwaltspraxis nahe dem Brandenburger Tor war einem Fliegerangriff zum Opfer gefallen. Familie Krauss schien irgendwo auf dem Lande, in Westdeutschland, Zuflucht gefunden zu haben, er selbst rechnete damit, in Kürze eingezogen zu werden.

Dies alles ging Putti durch den Kopf, als er in der Nacht vom 15. zum 16. Januar 1944 im Silver Meteor neben Sylvia im Schlafabteil lag. Er starrte ins Dunkle und dachte an die ermordeten Tanten und Onkel, die Cousinen, mit denen er als kleiner Junge gespielt hatte, an das Baby von Lily, das auch nicht verschont worden war ... Während er mit den Eltern aus einem Land ins andere geflohen war, hatten sie weiter auf Recht und Gesetz vertraut, gehofft, daß es schlimmer nicht werden könne ...

Und Georg Krauss, der die Nazis haßte, war auch in Deutschland geblieben und hatte auf seine Art Widerstand geleistet.

Es wird Zeit, daß etwas geschieht, dachte Putti, daß wir nicht noch weiter davonlaufen ...

Am Nachmittag des nächsten Tages traf er im Stabsgebäude des 397. Infanterieregiments in Fort Bragg, wo er seine Sachen zusammengeräumt hatte, um zur I-Kompanie umzuziehen, einen älteren Captain, der einen ziemlich ratlosen Eindruck machte. Er kam ihm den langen Gang entgegen, öffnete mal hier, mal dort eine Tür, blickte hinein und warf sie wieder zu.

Dann sah er Putti und rief: „He, Sie, kommen Sie mal her! Sie scheinen das einzige Lebewesen in diesem verdammten Stabsgebäude zu sein! Wo stecken denn die anderen?“

„Ich weiß es nicht, Sir – ich bin erst vor ein paar Minuten aus dem Weihnachtsurlaub zurückgekommen, und heute ist Sonntag!“

„Weihnachtsurlaub bis Mitte Januar!“ schnauzte der Captain ärgerlich. „Sonntag – und kein Mensch vom Stab ist da! Wir haben Krieg, Mann! Hören Sie, Sie kommen mir wie gerufen! Ich brauche dringend fünfunddreißig Spezialisten. Hier ist die Liste – sie sollen noch heute in Marsch gesetzt werden! Auf der Schreibstube ist kein

Mensch, der die Marschbefehle ausstellen kann, und allein finde ich mich da nicht zurecht. Wissen Sie Bescheid?"

„Jawohl, Sir. Ich werde alles für Sie regeln. Kommen Sie bitte mit."

Das war um 16 Uhr 30 gewesen. Nun war es kurz vor 20 Uhr, und die fünfunddreißig Spezialisten saßen bereits in einem Eisenbahnwagen, der dem um 20 Uhr 03 von Fayetteville abfahrenden Nachtexpreß nach Washington angehängt werden sollte: neunzehn Fahrzeugmechaniker, drei Schirrmeister, zwei Köche, ein Proviantmeister, drei Funker – alles ausgebildete Freiwillige.

„Ich bin Ihnen wirklich sehr dankbar, Essex", sagte der Captain gerade, als einer der schon Eingestiegenen wieder aus dem Wagen kletterte und sich bei ihm meldete: „Verzeihung, Sir, da muß wohl in der Eile jemandem ein Irrtum unterlaufen sein – ich bin nicht B 7, wie auf dem Marschbefehl steht! Ich bin als G 7 ausgebildet ..."

Die nächsten Worte gingen unter im Zischen und Fauchen des einlaufenden Zuges. Zwanzig Sekunden lang war keine Verständigung möglich – Zeit genug für Putti, eine Entscheidung zu treffen.

„Wenn Sie gestatten, Sir, dann tausche ich mit dem Mann. Er geht zurück nach Fort Bragg, und ich fahre mit. Für den Papierkrieg haben wir unterwegs Zeit genug."

Camp Woburn–Chiltern Hills–Plymouth–Omaha Beach

Täglich aufs neue verfluchte Putti in den folgenden fünf Monaten seinen Entschluß, sich dem zum Fronteinsatz bestimmten Spezialistentransport angeschlossen zu haben. Schon in der ersten Nacht, noch im Zug, der nach Washington fuhr, wurde ihm klar, daß er sich ganz unnötigerweise auf ein sehr gefährliches Abenteuer eingelassen hatte, bei dem nicht mal halbwegs sicher war, daß es ihn zurück nach Europa führen würde. Seine Kameraden waren fest davon überzeugt, daß sie irgendwo im Pazifik zur Eroberung der von den Japanern besetzten Inseln eingesetzt werden würden.

Ade Fort Bragg, ade Sylvia, ade Mama und Papa! sann Putti vor sich hin. Euer Richard wollte gern den Helden spielen, Tante Hetty und die anderen rächen. Allerdings hatte er dabei an Deutschland, Italien und Frankreich gedacht, war im Geiste bereits aufgrund seiner Sprachkenntnisse als Kundschafter ausgeschickt worden ...

Als sie am nächsten Vormittag von Washington aus nicht wie

erwartet in Richtung Pazifik weiterfuhren, sondern nach Nordosten an die atlantische Küste, atmete Putti erleichtert auf. Die anderen hatten sich geirrt – es ging doch nach Europa! Das gab ihm wieder etwas Mut.

Der Captain, der sie aus Fort Bragg geholt hatte, hatte von Puttis militärischer Blitzkarriere gehört und wollte weitere Einzelheiten wissen, vor allem, wo und wie er denn zu seinen umfassenden Sprachkenntnissen gekommen sei. Er erklärte schließlich: „Menschenskind, Essex! Da werden sich aber die Burschen vom MIS in Camp Woburn die Hände reiben – Sie sind doch genau der richtige Mann für die!"

MIS – Putti kannte dieses Kürzel noch nicht – stand für Military Intelligence Service, was soviel wie Nachrichten- oder Geheimdienst bedeutete. Bei einer Infanteriedivision im Einsatz stellte dies jedoch keine höheren Anforderungen als die Fähigkeit, eingebrachte Gefangene gründlich zu verhören – natürlich in deren Muttersprache – und aus den Ergebnissen die richtigen Schlüsse zu ziehen, was die Kampfkraft des Gegners und seine weiteren Absichten betraf.

Putti war etwas enttäuscht. Er hatte sich interessantere Aufgaben erhofft – kühne Erkundungen hinter der feindlichen Front, aufregende Einsätze zur Zerschlagung von Spionagezentren der Gestapo – vielleicht in Casablanca, Lissabon oder Lugano.

Wie sich aber bald zeigte, nahmen die Leute vom MIS in Camp Woburn, einem riesigen Truppenlager in der Nähe Bostons, von Putti überhaupt keine Notiz. Sieben lange Wochen verbrachte er in dem Lager, ohne mit wichtigeren Aufgaben betraut zu werden, als die Mannschaften im Kreis herum marschieren zu lassen und ab und zu einen nächtlichen Probealarm durchzuführen. Von einem Einsatz in Europa schienen sie weiter entfernt als zuvor, denn sie hatten weder Waffen noch Feldausrüstung.

Ein Glück, daß es ihnen in Camp Woburn gestattet war, jederzeit zu telefonieren. Sie durften nur niemandem verraten, wo sie sich befanden. Putti sprach häufig mit den Eltern in Yonkers, auch mit Sylvia, die außer sich darüber war, daß er sie verlassen hatte. Durch beinahe tägliche Anrufe hoffte er, sie dazu bewegen zu können, etwas Verständnis für seinen spontanen Entschluß aufzubringen.

Der März verging und auch der halbe April. Inzwischen waren amerikanische Verbände auf Neuguinea gelandet, die Sowjets hatten Teile der Krim und Odessa zurückerobert, und nur in Italien kamen die Alliierten nicht voran, weil die Wehrmacht den Monte Cassino südlich von Rom verbissen verteidigte.

Plötzlich, am Sonntag, dem 7. Mai, gerade als zweitausend britische und amerikanische Bomber Berlin mit Bombenteppichen in Schutt und Asche legten, wurden abends in aller Eile Kampfanzüge, Waffen und vieles andere ausgegeben, und mit einer Hast, die ihnen in fast vier Monaten stumpfsinnigen Kasernenalltags gründlich abgewöhnt worden war, mußten die Kompanien nun alles Versäumte nachholen, sich eilig vertraut machen mit ungewohntem Gerät und mit nagelneuen M1-Gewehren. Um Mitternacht begann der Abmarsch zum Hafen von Boston, wo die zum Truppentransporter umgebaute *Constitution,* ein ehemaliger Luxusdampfer der Nordatlantikroute, sie aufnahm.

Sechstausend Mann gingen an Bord. Buchstäblich jeder Zentimeter des riesigen Schiffes wurde mit Menschen und Material vollgestopft. In den Schlafsälen, wo jeweils dreihundert Mann in dreistöckigen Betten untergebracht waren, herrschte eine unerträgliche Hitze, und bald auch, nachdem das Schiff ausgelaufen war und mit Höchstgeschwindigkeit ostwärts fuhr, furchtbarer Gestank, denn einer nach dem anderen wurde seekrank.

Aber auch in dieser Situation fand Putti einen Ausweg. Als er auf dem Bahnhof in Fayetteville für einen andern eingesprungen war, hatte er sich als B 7-Spezialist ausgegeben, ohne zu wissen, daß er sich damit zum „Wetterfrosch" erklärt hatte. Die meteorologischen Spezialisten von B 7 waren nämlich für die Wettervorhersage zuständig. Jetzt auf dem überfüllten Truppentransporter kam dies Putti sehr gelegen.

„Was machen Sie denn da im Rettungsboot, Staff Sergeant Essex?"

„Ich habe hier meine provisorische Station, Sir – als B 7, Sir."

„Ach so. Na, da haben Sie es besser als wir alle – Sie schlafen auch da drin?"

„Jawohl, Sir. Ich mache hier Dienst rund um die Uhr – nur ab und zu nehm ich mir eine Mütze voll Schlaf, Sir, und irgendwann werde ich wohl auch Essen fassen müssen."

„Können Sie denn essen, Mann? Uns allen wird schlecht, wenn wir nur daran denken ..."

„Mir macht das nichts, Sir. Die Hauptsache ist, man hat frische Luft, etwas im Magen und ab und zu einen Kaffee mit Brandy."

„Ich werde Ihnen alles raufschicken, Essex. Sie sind wirklich zu beneiden."

Der Soldat, der ihm dann aus der Offiziersmesse appetitliches Essen, Obst, Schokolade und Kekse sowie eine Thermosflasche Kaffee mit Brandy brachte, war grün im Gesicht. Putti nahm ihm das Tablett ab, riet ihm, ein bißchen an der frischen Luft zu bleiben und es sich bei ihm im Rettungsboot bequem zu machen.

„Danke, Staff Sergeant – unter Deck ist es schlimmer als in der Hölle! Die Leute kommen fast um vor Gestank und Angst."

„Vor Angst?"

„Na ja – wenn Sie da unten wären, zusammengepfercht wie die Ölsardinen. Fast siebentausend Mann sind an Bord, wenn man die Besatzung mitrechnet, dazu Tonnen von Munition – wenn uns ein U-Boot erwischt! Wir fahren ohne Geleitschutz."

Putti nickte verständnisvoll. Schließlich waren es ebendiese Gesichtspunkte, die ihn zur Auswahl seines Quartiers bewogen hatten.

Nachdem er sein Mahl beendet und der Mann, Korporal Brewster, sich einigermaßen erholt hatte, sagte Putti bedächtig: „Es wäre noch Platz hier für Sie, Brewster – wenn Sie wollen, können Sie auch hier wohnen. Besorgen Sie uns aber erst noch ein halbes Dutzend Wolldecken. Und bringen Sie mir noch einen kleinen Nachschlag aus der Küche mit – vielleicht gibt's Spaghetti, die mag ich am liebsten – und ein Kartenspiel ..."

Korporal Brewster nahm das Angebot dankbar an, und so hatte Putti Gesellschaft während der sieben Tage, die die Überfahrt dauerte.

Am 15. Mai 1944 liefen sie im englischen Hafen Bristol ein. Noch geschwächt und ziemlich blaß von den Strapazen der Überfahrt, bestiegen sie die schon bereitstehenden Züge, und ein paar Stunden später wurden sie weit im Nordwesten von London auf freiem Feld wieder abgesetzt.

„Willkommen in Chiltern Hills!" vernahmen sie aus Lautsprechern, die an in den Wiesen aufgestellten Masten befestigt waren. Eine Stimme mit deutlich britischem Akzent ermahnte sie, sich absolut korrekt zu betragen, strengste Disziplin zu halten, Befehle britischer Offiziere widerspruchslos zu befolgen und das Lagergelände keinesfalls zu verlassen.

So weit das Auge reichte, reihte sich eine Wellblechbaracke an die andere. Zwischen den Baracken waren Bretter gelegt, auf denen man sich durch den Morast bewegen konnte. Offenbar regnete es nicht nur im Augenblick, sondern bereits seit Wochen. Den Soldaten, die die Neuankömmlinge mit allerlei wenig ermunternden Zurufen begrüßt hatten, sah man an, daß sie durchnäßt waren und erbärmlich froren. Ein hoher Stacheldrahtzaun, der anscheinend das ganze Lager von der Außenwelt trennte, verstärkte noch den Eindruck, daß sie nun Gefangene waren.

Putti, der im C-Abschnitt ein kleines Blockhaus ausgemacht hatte, aus dessen Schornstein Rauch aufstieg, fragte einen der durchnäßten Soldaten: „Was ist das da für ein nettes Häuschen?"

„Da ist irgend so 'n Tommy drin, ganz allein, Staff Sergeant."

„Das ist der Dolmetscher", teilte ihm ein anderer Soldat mit.

Putti ging auf das Haus zu, Brewster folgte ihm.

LANCE CORPORAL A. S. MARLBOROUGH, DOLMETSCHER stand auf dem kleinen Pappschild an der Tür.

Putti bedeutete Brewster, mit ihren Kleidersäcken draußen zu warten, und trat ein, ohne anzuklopfen. Ein Lance Corporal war schließlich nur ein Obergefreiter.

Ein langer, dünner Rotschopf mit vielen Sommersprossen, etwa so alt wie er selbst, sprang erschrocken auf und nahm Haltung an. Er hatte sich gerade Tee eingeschenkt. Neben dem Becher stand ein Mikrofon.

„Hallo, sind Sie Marlborough? Ich heiße Essex! Freut mich, Sie kennenzulernen." Er streckte ihm die Hand entgegen. „Was dolmetschen Sie denn so?" Zugleich ließ Putti seinen Blick durch die Stube schweifen. Ein Kanonenofen verbreitete wohlige Wärme. Alles war mustergültig sauber und aufgeräumt.

„Polnisch", ließ ihn der Obergefreite A. S. Marlborough wissen. „Bis vor kurzem lag hier ein Regiment der polnischen Legion. Auch Tschechisch – und Deutsch."

„Na, da gibt's ja kaum Überschneidungen", meinte Putti freundlich. „Ich bin Dolmetscher für Französisch, Italienisch, Deutsch und Spanisch – wo sind Sie her?"

„Aus Kattowitz, Sir."

„Ach ja? Ich bin übrigens ein schlichter Staff Sergeant – Sie brauchen mich nicht mit ‚Sir' anzureden. Marlborough aus Kattowitz? Sonderbar – bei uns ist das eine Zigarettenmarke. Es paßt aber gut zu Essex, finden Sie nicht auch? Essex und Marlborough, Dolmetscher." Er öffnete die Tür und gab Brewster ein Zeichen, ihre Kleidersäcke hereinzuschaffen.

Marlborough wurde von Panik ergriffen. „Sie – Sie wollen hier –?"

„Wir werden Sie nicht weiter behelligen, Lance Corporal – und auch nicht Ihre Durchsagen stören." Er deutete auf das Mikrofon. „Es geht mir nur um ein gemütliches, trockenes und warmes Quartier, und hier ist ja genug Platz. Außerdem werden wir uns erkenntlich zeigen mit bester Verpflegung und allem, was Sie sonst noch brauchen!"

Damit war das Eis gebrochen. Der Obergefreite Marlborough strahlte, denn die Versorgung der US-Streitkräfte war im Vergleich zu dem, was das hungernde England seinen Soldaten bieten konnte, wie das Angebot eines Luxushotels gegen das einer bescheidenen Familienpension.

Fast drei Wochen, in denen es nur viertelstundenweise nicht regnete, lag Puttis Regiment im Schlamm des Lagers Chiltern Hills. Er selbst und in seinem Gefolge der dankbare Korporal Brewster waren während dieser Zeit Gäste im Blockhaus des Obergefreiten Marlborough, der aus dem Staunen nicht herauskam, wenn er sah, wie üppig die Vettern von jenseits des Atlantiks verpflegt wurden.

Marlborough hatte ein Radio und war gut über das Kriegsgeschehen informiert: Am 18. Mai hatten die Deutschen den Monte Cassino räumen müssen, am 21. Mai war die „Hitler-Linie", der letzte deutsche Sperriegel vor Rom, von den Alliierten durchbrochen worden, und am 4. Juni hatten sie die italienische Hauptstadt besetzt.

„Jetzt", meinte Marlborough, „werdet ihr wohl bald über den Kanal schippern."

Auch Putti war davon überzeugt und nickte beklommen. Gestern beim Abendappell waren sie aufgefordert worden, an ihre Angehörigen zu schreiben – natürlich ohne Erwähnung ihres gegenwärtigen Standorts. Es sei für einige Zeit die letzte Gelegenheit, Post aufzugeben.

Am Nachmittag des 5. Juni kam der Befehl zum Standortwechsel – Abmarsch in dreißig Minuten!

Putti, der gerade mit Marlborough eine Partie Schach gespielt hatte, erhob sich seufzend. „Du hast es gut, Marlborough, du bleibst in deinem warmen Häuschen, während wir die Kreidefelsen stürmen", meinte er bedauernd.

Eine halbe Stunde später nahm das Regiment Aufstellung, bereit zum Einsteigen in den Zug, der schon herandampfte. Die Fahrt an die englische Südküste dauerte etliche Stunden, und es war schon fast dunkel, als sie den Hafen von Plymouth erreichten. Der Zug fuhr direkt an den Pier. Dort hatten nebeneinander dreißig *Liberty*-Schiffe festgemacht – flache, plumpe Kästen von je zehntausend Bruttoregistertonnen, eilig aus Aluminiumblechen zusammengenietet und wenig vertrauenerweckend.

Jedes dieser Schiffe war schon voll beladen mit Kriegsmaterial und lag tief im Wasser, faßte aber noch jeweils knapp vierhundert Soldaten.

In drei Innenräume, tief im Bauch des Schiffes, wurden dann je hundertdreißig Mann gepfercht. Jeder mußte sich sofort, mit dem Stahlhelm auf dem Kopf und dem Gewehr im Arm, auf eines der Betten legen, weil sonst kein Platz war. Die Betten, drei übereinander, waren sehr schmal und standen so dicht nebeneinander, daß man sich eben noch bis zur letzten Reihe durchquetschen konnte. In einem schmalen, nur durch eine dünne Blechwand abgetrennten Nebenraum waren sechs kleine Waschbecken und sechs ohne Trennwände dicht nebeneinander aufgestellte WCs.

Schon als sie hereinkamen, war die Luft im Schlafraum stickig. Sobald der hundertdreißigste Soldat hereingestolpert war, hatte man die Tür zur schmalen eisernen Leiter, die an Deck führte, von außen verriegelt.

„Du lieber Himmel", stöhnte Brewster, der wie Putti ein Oberbett ergattert hatte, neben dem ein Luftschacht einmündete, „wir werden alle erstickt sein, ehe wir die Hälfte der Überfahrt hinter uns haben – wie lange wird es dauern?"

„Keine Ahnung – je nachdem, wohin sie uns bringen, kann es vier, sechs, acht oder auch zehn Stunden dauern. Aber wir haben ja noch gar nicht abgelegt. Keine Maschine läuft, nicht mal für die Ventilation – außer Dieselgestank kommt nichts aus diesem Schacht."

Putti verfluchte zum hundertsten Male seinen Entschluß, sich zur Fronttruppe zu melden, und er schimpfte noch mehr, als sie eine Lautsprecherdurchsage hörten: „Willkommen an Bord! Unsere Abfahrt wird sich verzögern. Das wird für alle einige Unbequemlichkeiten mit sich bringen, die Sie aber mannhaft ertragen müssen. Niemand darf die Schlafräume verlassen. Die Verpflegung erhalten Sie durch die Luke in der Tür gereicht. Essen müssen Sie im Bett. Die Eßgeschirre dürfen nicht mit Wasser gereinigt werden, da unser Vorrat begrenzt ist. Beschränken Sie Ihre Gespräche auf das absolut Notwendige, und atmen Sie möglichst flach. Die Belüftung setzt erst bei der Abfahrt ein, und die Atemluft kann knapp werden."

Stunde um Stunde verging, ohne daß ein Maschinengeräusch die Abfahrt angekündigt hätte. Und als es draußen gewiß schon heller

Tag geworden war, gab es wieder eine Lautsprecherdurchsage: Die Abfahrt werde sich noch verzögern, und dann wiederholte die verhaßte Stimme ihre Anordnungen vom Vorabend.

Es war der 6. Juni 1944 – *D-Day,* der langerwartete Tag der Invasion in Frankreich! Während die Männer des Infanterieregiments, dem der Staff Sergeant Essex zugeteilt war, im Bauch eines am Pier von Plymouth liegenden Aluminiumkastens einen Grad der Verzweiflung erreicht hatten, der jeden Augenblick zu Tobsuchtsausbrüchen führen konnte, waren an der normannischen Küste bereits acht kriegsstarke Regimenter gelandet – nach stundenlanger Artillerievorbereitung durch schwere Schiffsgeschütze der größten Flotte der Weltgeschichte, nach pausenlosen Bombenangriffen der alliierten Geschwader und dem Einsatz von Luftlande- und Fallschirmjägerdivisionen im Rücken der deutschen Küstenverteidigung.

Am Abend dieses 6. Juni 1944, des „längsten Tages“ dieses Krieges, hatten sich die amerikanischen Landungstruppen zwei kleine, voneinander getrennte Brückenköpfe erkämpft, „Utah Beach“ und „Omaha Beach“ genannt, obwohl es sich um die Küste der Normandie handelte; Briten und Kanadier waren erfolgreicher gewesen und im Besitz eines zusammenhängenden Küstenstreifens von dreißig Kilometer Länge und zehn Kilometer Tiefe. Die *Liberty*-Schiffe des Infanterieregiments, zu dem Putti gehörte, aber lagen noch immer in Plymouth, die eingesperrten Männer drohten bereits zu ersticken, und trotz ihrer Atemnot begannen sie untereinander wüste Schlägereien aus nichtigen Anlässen. Gerade als es zu einem allgemeinen Verzweiflungsausbruch zu kommen drohte und einige schon den sinnlosen Versuch machten, die Tür aufzubrechen, sprangen die Maschinen an, und sofort war es mucksmäuschenstill im Raum.

„Tatsächlich!“ rief Putti. „Jetzt blasen sie uns endlich Luft herein!“

Eine Stunde lang liefen die Schiffsmaschinen, pumpten verbrauchte Luft ab und frische herein. Dann aber wurden sie wieder abgestellt, und bald war es wieder so unerträglich wie zuvor. So ging es drei Tage und drei Nächte, grau und grün im Gesicht lagen die Männer apathisch auf ihren Betten. Keiner aß mehr, allen war übel von dem Gestank im engen Raum. Dann liefen wieder die Maschinen an, aber diesmal gab es nicht nur Frischluft! Jeder spürte es, daß das Schiff abgelegt hatte und Fahrt aufnahm. Bald machte sich der Seegang bemerkbar, dem der schwerfällige Kasten ausgesetzt war. Einer nach dem anderen wurde seekrank.

Etwa drei Stunden nach der Abfahrt von Plymouth kam wieder eine Lautsprecherdurchsage. Erstmals erfuhren sie, daß die Invasion bereits stattgefunden hatte und geglückt war. In zirka zwei Stunden würden sie in die Sturmboote gehen und an Omaha Beach landen. An der Front, nur einige Kilometer landeinwärts, würden sie dringend gebraucht.

„Na, wunderbar!“ meinte Putti zu Brewster, der völlig teilnahmslos auf dem Rücken lag. „Erst richten sie unsere Kampfeinheit zugrunde, und dann sollen wir anderen zu Hilfe kommen.“

Eine Stunde später, nachdem alle Offiziere und Unteroffiziere an Deck befohlen worden waren, erfuhr Putti zu seiner grenzenlosen Verblüffung, daß nicht etwa ein Maschinenschaden sie in Plymouth zurückgehalten hatte, sondern daß ihre dreitägigen Leiden bewußt herbeigeführt worden waren – ein Planungsstab in Washington hatte lange darüber nachgedacht, wie man Soldaten die Angst nehmen und ihnen den Sturm ins feindliche Feuer wie das Paradies erscheinen lassen könnte.

„Vielleicht kein sehr glücklicher Einfall“, meinte der britische Offizier trocken und besah die Elendsgestalten, die noch vor drei Tagen das Rückgrat eines Eliteregiments gewesen waren. Dann hieß er die Unteroffiziere, wieder zu ihren Leuten hinunterzusteigen, sie darüber aufzuklären, daß jeder außer seinem Sturmgepäck und seiner Waffe einen Seesack mit ins Sturmboot und dann an Land schleppen müsse, und zwar bis hinauf auf die Klippen oberhalb des schmalen Strandes. Nur so könne die Ladung rasch gelöscht und die Versorgung sichergestellt werden.

Die nächsten vier Stunden durchlebte Putti wie in Trance: Kaum noch fähig, auf den Beinen zu stehen, wurden sie einen Kilometer vor der Küste von den britischen Matrosen samt den Säcken buchstäblich in die Sturmboote geworfen, die dann zu Wasser gelassen wurden und mit ohrenbetäubendem Lärm zur Küste brausten. Dann wurden sie ins Wasser gestoßen, das ihnen bis ans Kinn reichte, gelangten schließlich, zum Umfallen erschöpft, mit ihren schweren Säcken in nur noch knietiefes Wasser, dann auf trockenen Strand, wo sie sich durch den Sand kämpften und mit letzter Kraft die Anhöhe erreichten.

Aber kaum hatten sie sich ihrer Säcke entledigt und sich zu Boden fallen lassen, um etwas zu verschnaufen, wurden sie von stämmigen Sergeanten der Militärpolizei mit Geschrei und Fußtritten wieder aufgescheucht. Erst einen halben Kilometer vom Strand entfernt war der Sammelplatz. Dort konnten sie sich eine Viertelstunde lang erholen, bis alle beisammen waren. Sie sahen, wie unten am Strand Hunderte von Schwerverwundeten eilig in die Sturmboote verladen wurden, von denen sie abgesetzt worden waren. Die *Liberty*-Schiffe draußen auf See tuteten wiederholt zum Zeichen, daß höchste Eile geboten sei.

Schon wurde Munition ausgegeben, und das Regiment formierte sich zum Einsatz. Schnell verbreitete sich das Gerücht, eine dreimal so starke SS-Division läge in nur zwei Kilometer Entfernung, und sie hörten auch deutlich heftiges Geschütz- und Maschinengewehrfeuer.

Schließlich kam der Befehl zum bataillonsweisen Abmarsch. Der Regimentskommandeur nahm den Vorbeimarsch der bleichen, unrasierten, verdreckten und zum Kämpfen kaum noch fähigen Männer ab. Er blickte jedem ins Gesicht und, falls vorhanden, auf die Ärmelstreifen. Als er Putti und dessen vier Streifen sah, winkte er ihn zu sich. „Wie heißen Sie, Staff Sergeant?"

Landung in der Normandie am 6. Juni 1944

„Essex, Sir. Ich bin Ranger und Dolmetscher für Französisch, Italienisch, Deutsch und Spanisch."

Der Colonel, eben noch so freundlich, begann zu toben: „Zum Donnerwetter, Maxwell, warum erfahre ich das nicht?! Ich fordere seit Wochen bei der Armee einen Dolmetscher für Französisch an!"

Maxwell, der Adjutant, trat an den Colonel heran und flüsterte ihm etwas zu.

Der Colonel wirkte enttäuscht. „Zeigen Sie mal her", sagte er und ließ sich von Maxwell den Armeebefehl geben. Er überflog ihn und wandte sich dann an Putti. „Sie sind mit sofortiger Wirkung versetzt, Essex. Schade. Ein Oberst Webster vom 397. Infanterieregiment hat Sie bei der Armee angefordert. Sie seien ihm gestohlen worden, behauptet er. Also, nehmen Sie diesen Wisch, und hauen Sie ab!"

„Wohin, Sir?"

„Wohin soll er, Maxwell?"

„Nach Rom, Sir – können Sie tatsächlich auch Italienisch, Essex?"

„Jawohl, Sir. Aber wie komme ich nach Rom?"

„Wie kommt er von hier nach Rom, Maxwell?"

„Von hier aus bestimmt nicht, Sir. Er muß zurück nach Plymouth. Dort wird ihm unser Stab den Marschbefehl ausstellen und für Transport sorgen."

„Also, dann sehen Sie zu, Mann, daß Sie noch in eins der Sturmboote kommen!"

Kaum zu fassen, ging es Putti durch den Kopf, während er eilig zurück zum Strand lief, immer macht einem Frankreich Schwierigkeiten bei der Durchreise ...

Plymouth–Rom–Nizza–Neufchâteau

„Um Himmels willen, Essex! Was haben die verdammten Nazis mit Ihnen gemacht? Sind Sie gefoltert worden?" Major Killingworth, der Chef des rückwärtigen Regimentsstabs, starrte Putti entsetzt an.

„Ich bin unverletzt, Sir – bis auf ein paar Beulen, Kratzer und blaue Flecken."

Putti berichtete von den Leiden, die sie drei Tage und Nächte hatten erdulden müssen, von der Landung an Omaha Beach und daß er vom Kommandeur zurückgeschickt worden war, um hier seinen Marschbefehl nach Rom entgegenzunehmen. Über seine Rückfahrt nach

Plymouth schwieg er sich aus. Das dunkelblauviolette, fast zugeschwollene linke Auge, die aufgeplatzten Lippen und auch sein Humpeln waren darauf zurückzuführen, daß er sich geweigert hatte, auf dem *Liberty*-Schiff unter Deck zu gehen. Nach erfolgreicher Abwehr der britischen Matrosen war er in der Funkerkabine, in die er sich gerettet hatte, sofort eingeschlafen und erst wach geworden, als man ihn zwei Stunden nach der Ankunft in Plymouth unsanft geweckt und von Bord gejagt hatte.

Angesichts des Durcheinanders, das in Plymouth herrschte, war es schwierig gewesen, das rückwärtige Stabsquartier des Regiments, ein kleines Hotel im Stadtteil Devonport, aufzuspüren. Aber nun war er da und wollte seinen Marschbefehl haben.

„Hören Sie, Essex“, meinte Major Killingworth, nachdem er sich Puttis Bericht angehört hatte, „wir können unmöglich die Kisten wieder auspacken! Alle Formulare und Stempel sind längst verpackt – wie soll ich Ihnen einen Marschbefehl ausstellen lassen?“

Da Putti nichts darauf erwidern konnte, fuhr der Major nach kurzer Überlegung fort: „Vielleicht kann ich einen anderen Stab dazu bewegen, daß er Ihnen die Papiere fertigmacht und für Transport sorgt – bis dahin erholen Sie sich, und sorgen Sie dafür, daß Sie wieder halbwegs wie ein Mensch aussehen. Besorgen Sie sich Quartier und Verpflegung, und melden Sie sich morgen früh wieder bei mir – ich will versuchen, ob ich den Divisionsstab noch erreichen kann.“

Der Proviantmeister war so erschrocken bei Puttis Anblick, daß er alles herausrückte, was dieser forderte – unter anderem auch drei Stangen Zigaretten, die Putti sich geben ließ, obwohl er Nichtraucher war.

Anschließend ging's zur Kleiderkammer, wo Putti Wäsche, Schuhe, Strümpfe, eine neue Uniform und einen Kleidersack erhielt. Danach verbrachte er anderthalb Stunden beim Kleinstadtfriseur im Nebenhaus, gab dem beglückten Meister zwei Stück der in England streng rationierten Seife und ließ sich zeigen, wo er ein heißes Bad nehmen könnte. Der Friseur führte ihn bereitwillig in seine Wohnung und in das Badezimmer.

„Kann ich bei Ihnen auch übernachten?“

Zwei Päckchen „Lucky Strike“ wechselten den Besitzer, Putti bezog das Gästezimmer im ersten Stock, wurde aus eigenen Beständen aufs beste verpflegt und verschlief am nächsten Morgen die Einschiffung des rückwärtigen Stabes seines Regiments, der schon in aller Frühe das Hotel geräumt hatte und unterwegs nach Frankreich war.

Immerhin fand er auf Major Killingworth' verlassenem Schreibtisch einen Zettel, worauf vermerkt war, daß beim noch in Plymouth liegenden Troß der 1. US-Division ein Oberstleutnant Murray für seinen Marschbefehl und Transport sorgen würde. Nach stundenlangem vergeblichem Suchen traf Putti den Oberstleutnant am späten Abend rein zufällig im Gasthaus Crown & Anchor.

„Staff Sergeant Essex meldet sich zur Stelle, Sir!"

Der Oberstleutnant, der gerade mit schwerer Zunge eine sechste Runde Gin bestellte, schwankte bedrohlich auf seinem Hocker. Schließlich gelang es ihm, Putti mit glasigen Augen zu fixieren.

„Sie sind Eschex? Das ist fein ..., hupp." Dann dämmerte ihm, daß ihm irgend jemand diesen Essex betreffend etwas aufgetragen hatte. „Sie müssen zu General Harriman, Essex! 81. Fliegerdivision – drüben in Exeter! Und zwar sofort, Essex! Das ist ein Befehl – ich hab's ihm ..., hupp ..., versprochen. Also, was stehn Sie noch hier rum, Mann?!"

„Wie soll ich nach Exeter kommen, Sir? Zu Fuß?"

Der Wirt kam ihm zu Hilfe: „Ich fahre morgen in aller Frühe nach Exeter – da können Sie mitfahren, Staff Sergeant, und ich setze Sie beim Hauptquartier ab."

Am nächsten Morgen um neun Uhr meldete sich Putti im Vorzimmer des Kommandeurs der 81. Fliegerdivision, der sein Hauptquartier in einem schönen alten Schloß nahe Exeter hatte, knapp hundert Kilometer nordöstlich von Plymouth. Ein Captain nahm seine Meldung entgegen. Als er hörte, daß Putti nach Rom kommandiert sei, zeigte er plötzlich lebhaftes Interesse.

„Na endlich, Staff Sergeant! Der General hat Sie schon gestern erwartet! Los, kommen Sie!"

Der General empfing ihn überraschend freundlich. Er hatte wohl gerade Tennis gespielt, denn er trug noch weiße Shorts und ein weißes Polohemd. Nachdem Putti seine Meldung erstattet hatte, nickte der General und fragte: „Sagen Sie mal, Essex, Sie sprechen Italienisch und sind nach Rom kommandiert? Verstehen Sie auch etwas von Schuhen?"

„Jawohl, Sir. Herren- oder Damenschuhe?"

„Es handelt sich um – hm – Damenschuhe, Essex. In Italien soll es die besten geben. Und Sie kennen sich damit aus?"

„Ich bin unter anderem gelernter Schuhmacher, Sir, und Rom kenne ich wie meine Westentasche.“

„Besorgen Sie mir als erstes die Schuhe, sobald Sie in Rom eintreffen – sechs Paar, wie meine – äh – Mitarbeiterin es aufgeschrieben hat.“ Er reichte ihm einen Zettel. „Nehmen Sie so viele Stangen Zigaretten, wie Sie meinen, daß Sie dafür brauchen. Mein Adjutant wird alles besorgen – auch den Marschbefehl, die Kuriermaschine und einen Jeep am Flughafen, wenn Sie dort ankommen.“

Eine Stunde später erlebte Putti zwar nicht den ersten Flug seines Lebens, aber den ersten über Feindesland. Er flog in einer riesigen Boeing, die von einem Flugplatz nahe Exeter gestartet war, in großer Höhe über das noch von der deutschen Wehrmacht besetzte Frankreich.

Gegen Mittag gab es auf Korsika eine Zwischenlandung. Ein Dutzend freifranzösische Offiziere, außer Putti die einzigen Passagiere an Bord, verließen nun die Maschine, die für den Weiterflug nach Rom aufgetankt wurde.

Zu seiner Überraschung erfuhr Putti, daß die Crew und er im Hotel Excelsior übernachten sollten, wo auch auf ihren Rückflug wartende amerikanische Regimentskommandeure untergebracht waren. Eine Hoffnung keimte in ihm auf: Wenn Signore Luigi noch da war, dann würde der, falls in Rom überhaupt noch Damenschuhe aufzutreiben waren, sie ihm bestimmt beschaffen können.

Über die Via Appia kamen sie vom Flughafen aus im Jeep durch die Porta San Sebastiano, bogen am Circus Maximus zum Kolosseum ab – „Da haben unsere Jungs vom Bomberkommando aber ganze Arbeit geleistet!“ hörte Putti den Captain zum Kopiloten sagen –, kamen zur Piazza Venezia, fuhren den Corso hinauf, dann über die Via del Tritone in die Via Veneto bis zum Hotel Excelsior.

Signore Luigi fiel aus allen Wolken, als plötzlich Putti vor ihm stand.

„Ricardo! Ist es die Möglichkeit! Unser Ricardo ist ein *Americano!* Und so groß ist er geworden!“

Mit Staunen sahen der Captain und seine Crew, wie ihr Staff Sergeant von dem italienischen Hotelportier umarmt und geküßt wurde.

Putti, der auf der Fahrt vom Flughafen in die Stadt bereits gesehen hatte, daß sich die Zerstörungen durch Fliegerbomben auf den Industriegürtel beschränkten und in der Stadt selbst alles wie früher war, wandte sich an den Captain und erklärte kühn: „Bis morgen mittag werde ich meinen Auftrag erfüllt haben, Sir! Das Paket für den General liegt dann hier am Empfang für Sie bereit!"

Er selbst verbrachte den Abend mit Signore Luigi und dessen Frau in einer nur von Italienern frequentierten *Trattoria*. Er mußte viel erzählen und unzählige Fragen beantworten.

„Dieser Krieg! Alles bringt er durcheinander, Ricardo", stellte Signore Luigi seufzend fest. „Was hätten wir zusammen für glänzende Geschäfte machen können!"

Damit lieferte er Putti das Stichwort. „Hören Sie, Signore Luigi, wir können mit den Geschäften sofort beginnen: Ich brauche dringend sechs Paar elegante Damenschuhe. Hier ist der Zettel – da steht alles drauf: Größe, Farben und so weiter. Gibt es noch das Geschäft von Signore Raffael?"

„Hast du Zigaretten, Ricardo? Ich brauche mindestens zwei Stangen, vielleicht auch drei."

„Sie bekommen von mir zehn Stangen – sie liegen im Hotel."

„Zehn Stangen Zigaretten!" rief Luigi begeistert und erklärte dann: „Signore Raffael mußte untertauchen, als die Deutschen hier waren – aber er hat noch seine Fabrik und das Lager –, ich weiß, wo ich ihn finde!"

Eine halbe Stunde später kam er strahlend zurück. „Die Sache ist perfekt. Morgen früh liefert er. Sehr schicke Modelle."

Am nächsten Morgen machte sich Putti auf die Suche nach dem Stab des 397. Infanterieregiments.

Bis zum frühen Nachmittag hatte er sich durchgefragt bis zum Hauptquartier der 5. US-Armee. Dort erklärte ihm der diensthabende Sergeant kategorisch: „Wir haben hier kein 397. Infanterieregiment – auch noch nie eines gehabt!"

„Aber ich bin ausdrücklich angefordert vom Kommandeur des 397. Infanterieregiments, und zwar nach Rom."

„Und wie heißt dieser Kommandeur?"

„Colonel Webster."

„Webster? Ist das so ein schnauzbärtiger Südstaatengentleman, etwa Mitte Vierzig, mit einer Glatze, blank wie eine Billardkugel?" mischte sich ein Captain ein, der zeitunglesend in einer Ecke gesessen hatte.

„Jawohl, Sir, das ist er!"

„Diesem Colonel Webster bin ich in letzter Zeit ein paarmal

begegnet. Er gehört zu einer Gruppe von drei Dutzend Offizieren von der Heimatfront, die mal sehen sollen, was die Jungs zu leisten haben, die sie zu Hause ausbilden. Sie sind vor knapp vier Wochen hier angekommen. Und wozu hat dieser Colonel Webster Sie angefordert, Staff Sergeant?"

„Als Dolmetscher, Sir."

„Sie sprechen Italienisch?"

„Jawohl, Sir. Ich bin hier zur Schule gegangen. Außerdem kann ich Deutsch, Französisch und Spanisch."

„Großartig, Staff Sergeant! Am besten, Sie kommen mal mit! Ich will Sie First Lieutenant Perlman vorstellen."

Oberleutnant Perlman, an dessen Bürotür Putti das Kürzel für den militärischen Nachrichtendienst „MIS" las, hörte sich interessiert an, was ihm der Captain und dann auch Putti selbst zu berichten hatten.

„Erstaunlich, daß Ihr Regiment uns nicht längst von Ihnen Nachricht gegeben hat! Wir suchen dringend Leute wie Sie!"

„Ich habe mich wiederholt zu einem Lehrgang gemeldet, Sir. Aber unser Kommandeur, Colonel Webster, hat jedesmal abgelehnt – er meinte, er bräuchte vielleicht selbst mal einen Dolmetscher. Deshalb hat er mich ja auch jetzt nach Rom kommen lassen."

Der Captain übernahm es, First Lieutenant Perlman aufzuklären, um welchen Colonel es sich handelte. Der Oberleutnant begann sogleich herumzutelefonieren, und nach dem fünften Gespräch legte er auf und verkündete, sehr zufrieden, wie es schien: „Colonel Webster ist gar nicht mehr hier! Er ist mit seiner Gruppe schon auf der Heimreise. Das trifft sich ausgezeichnet! Denn nun kann ich Sie bei der Personalstelle der Armee anfordern und hierbehalten, Staff Sergeant! Der nächste Lehrgang beginnt übermorgen – haben Sie schon ein Quartier?"

„Jawohl, Sir."

„Um so besser. Morgen früh melden Sie sich nebenan auf der Schreibstube und helfen dem Sergeant, die tausend Formulare auszufüllen, die sich Washington für solche Versetzungen ausgedacht hat. Dann gehen Sie zur Kammer und lassen sich neu einkleiden. Und übermorgen melden Sie sich pünktlich um acht Uhr beim Lehrgangsleiter in der Via Salaria. Sonst noch was?"

„Darf ich fragen, Sir, wie lange der Lehrgang dauert?"

„Acht Wochen. Danach sind noch ein paar Tage für die Abschlußprüfung vorgesehen. Für alle, die bestanden haben, gibt es dann noch acht Tage Urlaub am Standort."

Überglücklich verließ Putti das Stabsquartier. Endlich hatte ihn der MIS, der militärische Nachrichtendienst, entdeckt! Bis Ende August würde er nun in Rom bleiben können, alle Wochenenden freihaben, dazu ein schönes Zimmer mit Bad im Excelsior!

In den folgenden acht Wochen, in denen Putti lernte, wie man Kriegsgefangene verhört und wie die Ergebnisse auszuwerten sind, wurden an der Küste der Normandie immer neue Verstärkungen und Unmengen von Nachschub gelandet, ohne daß es zunächst gelang, die gewonnenen Brückenköpfe auszuweiten. Gleichzeitig brach an der Ostfront der deutsche Mittelabschnitt unter dem Ansturm der Roten Armee zusammen.

Am 13. Juli begann die sowjetische Offensive im Nordabschnitt. Am 20. Juli wurde auf Hitler ein Anschlag verübt, dem er knapp entging.

Am 23. Juli befreiten die Sowjets das Konzentrationslager Maidanek und stießen in Richtung Warschau vor. Am 31. Juli durchbrachen die Alliierten den Nordflügel der deutschen Abwehrfront in der Normandie. Am 1. August mußte die Wehrmacht Florenz räumen, am 13. August erlitten die Deutschen in Frankreich eine schwere Niederlage; ihre 7. Armee wurde gänzlich aufgerieben. Am 15. August landeten starke freifranzösische Kräfte an der Mittelmeerküste Frankreichs.

Am selben Tag bestand Putti die Abschlußprüfung, und am 18. August, als gerade die Befreiungskämpfe um Paris begannen, gab ihm Oberleutnant Perlman seinen Urlaubsschein.

„Er gilt im Umkreis von dreißig Kilometern – bleiben Sie in Rom?"

„Ich will nach Ostia fahren, Sir, zum Baden."

„Gute Idee! Denn wenn Sie am 28. August wieder Ihren Dienst antreten, kriegen Sie von mir Ihren Marschbefehl. Sie werden dann bei Ihrer neuen Einheit zunächst noch gewöhnlichen Dienst tun – bis ich Sie hole. Es kann eine Woche oder zwei dauern. Sobald ich eintrudle, werden unsere MIS-Einheiten zusammengestellt, und dann brauche ich Sie."

Zusammen mit Bill, seinem Fahrer, lag Putti dann in der heißen Augustsonne am Badestrand von Ostia und warf den von zahllosen Brüdern und besonders von der Mama streng bewachten Töchtern des Landes sehnsüchtige Blicke zu.

Inzwischen – er wußte es erst, seit vor drei Tagen Post aus den USA eingetroffen war – hatte er auch Sylvia verloren: *Wir haben geheiratet. Captain Sylvia Rubinstein – Major Arthur Shapiro,* war alles, was sie ihm mitzuteilen hatte – in goldenem Prägedruck auf Bütten.

Aufs neue verwünschte er seinen Einfall, sich freiwillig zum Dienst in Europa zu melden.

Sonntag, der 27. August 1944, als Franzosen und Amerikaner bereits in Paris eingezogen waren und ihre Siegesparade vorbereiteten, war Puttis letzter Urlaubstag. Am nächsten Morgen pünktlich um acht Uhr nahm er in Rom seinen Marschbefehl in Empfang: Versetzt zur 5. US-Infanteriedivision, Abflug nach Nizza um 9 Uhr 15.

In Nizza angekommen, wurden Putti und einige andere zum Bahnhof gefahren, wo ein langer Transportzug auf sie wartete.

Während der nächsten Tage ging es im Schneckentempo nach Norden. Es dauerte drei volle Tage, bis sie den Industriegürtel von Paris erreichten, von wo aus die Reise in Richtung Osten fortgesetzt wurde.

Am Abend des vierten Tages, als sie sich bereits auf eine weitere Nacht im Abteil einrichteten, hielt der Zug mit einem Ruck auf einem Güterbahnhof mit der Aufschrift NEUFCHÂTEAU.

„Los, los, raus, in Zweierreihe antreten!"

„Beeilung, Leute! Tempo! Tempo!"

Große Militärlastwagen fuhren mit dröhnenden Motoren und abgedunkelten Scheinwerfern heran. Aufgemalte rote Kreise auf den Türen wiesen sie als *Redballs* aus – vorfahrtsberechtigte Mannschaftstransportwagen für den Frontnachschub. Als sie ihre Motoren abstellten, hörte man aus nicht allzu weiter Entfernung das Rattern von Maschinengewehren, dann auch Einschläge von Artilleriegeschossen.

„Verdammt, wo bringt ihr uns hin?" fragte Putti den Fahrer des ihm am nächsten stehenden Lastwagens.

„Na, wohin wohl, Staff Sergeant? Drei Kilometer von hier ist die Front. Da brauchen sie dringend Verstärkung."

Der fünfte Tag nach Puttis Abreise von Rom hatte noch nicht begonnen. Es war also nicht damit zu rechnen, daß Oberleutnant Perlman schon da war, um ihn zu erretten. Leise fluchend kletterte Putti auf den LKW, der gleich darauf abfuhr. Im Schrittempo und mit ausgeschalteten Scheinwerfern krochen die Lastwagen über eine holprige Landstraße, die durch eine hügelige Gegend führte. Endlich bogen sie von der Straße ab auf einen Feldweg und hielten zweihundert Meter weiter am Rande eines Wäldchens.

Aus der Finsternis kam halblaut der Befehl zum Absitzen. Eine Taschenlampe blitzte auf.

„Einzeln dort in das Zelt!"

Jeder empfing ein Verbandspäckchen, das am Koppel zu befestigen war, eine Gasmaske und hundert Schuß Munition.

„Staff Sergeant, sorgen Sie mir dafür, daß die Leute zusammenbleiben, mucksmäuschenstill sind und keinesfalls rauchen. Es wird noch eine Weile dauern – etwa zwei Stunden."

Dankbar für die Gnadenfrist, befahl Putti seiner Gruppe, sich vor einem nahen Gebüsch ins Gras zu setzen.

Zwei Stunden vergingen. Plötzlich tauchte ein Leutnant auf. „Lassen Sie die Leute antreten und mir folgen, Staff Sergeant!"

Im Gänsemarsch ging es noch ein paar hundert Meter weiter am Waldrand entlang und über einen Acker. Zahlreiche weitere Gruppen waren zum Sammelplatz unterwegs. Im Osten begann es zu dämmern, und sie erkannten die Umrisse eines Mannes, der etwas erhöht auf einem Baumstumpf stand. Der Offizier sprach von der Ehre, General Pattons berühmter 5. Infanteriedivision anzugehören und jetzt für die Freiheit zu kämpfen. Es folgten Anweisungen, was sie sagen dürften, wenn sie in Gefangenschaft gerieten: nur ihren Namen, Dienstgrad und die Bezeichnung ihrer Einheit. Dann erklärte er ihnen, wie sie verfahren sollten, wenn sie deutsche Gefangene machten. Die angeblich deutschen Worte, die er ihnen vorsprach, waren für Putti unverständlich.

„Verzeihung, Sir! Das versteht bestimmt kein Deutscher. Gestatten Sie, daß ich es nochmals wiederhole?" Er kletterte auf den Baumstamm. „Noch mal herhören! Es ist wichtig, daß ihr euch merkt: ‚Hände hoch!', ‚Mitkommen!', ‚Welche Einheit?'"

„Woher können Sie Deutsch, Staff Sergeant?"

„Ich bin in Deutschland geboren und aufgewachsen, Sir. Außerdem bin ich geprüfter MIS-Dolmetscher für Deutsch, Französisch –"

„Was, Französisch können Sie auch?"

„Ich bin auf eine französische Schule gegangen, Sir."

„Wie heißen Sie?"

„Staff Sergeant Essex, Sir."

„Warten Sie hier, Essex. Ich bringe die Leute jetzt nach vorn, und in spätestens zwanzig Minuten hole ich Sie hier ab. Ich kann Sie gut gebrauchen. Und falls jemand Sie fragt, wer Ihnen befohlen hat hierzubleiben: Ich bin Lieutenant Cohen vom Stab der 5. Division. Bis gleich!"

Er gab den anderen Gruppenführern Befehl zum Abmarsch zur Front.

Aufatmend setzte sich Putti auf den Baumstumpf und blickte den Männern nach, die in der Dunkelheit verschwanden. Gerade wollte er seinen Helm abnehmen, als das Artilleriefeuer einsetzte. Eine Granate nach der anderen schlug in den Acker ein, auf dem seine Kameraden eben noch gestanden hatten.

Augenblicklich warf er sich zu Boden, nahm volle Deckung und hörte die Splitter über sich hinwegsausen. So rasch er konnte, robbte er vom Acker weg in das Wäldchen, geriet dabei in einen Stacheldraht, der seinen Kampfanzug zerriß, und sah dann zu seinem Schrecken, daß das Artilleriefeuer ihm gefolgt war. Nun schlugen die Granaten in das Waldstück ein.

Also robbte er zurück und rutschte in einen Trichter, wobei er seinen Helm verlor. Schließlich erreichte er einen tiefen Graben neben dem Feldweg, in den er sich fallen ließ. Von fauligem Wasser und Schlamm bedeckt, den Kopf an den Grabenrand gepreßt, fühlte er sich nun etwas sicherer, zumal sich die Einschläge entfernten. Wenn er nur nicht Leutnant Cohen verfehlte! Die zwanzig Minuten mußten längst vorüber sein, aber gewiß hatte der Feuerüberfall den Leutnant auch aufgehalten ...

Die Minuten im schlammigen Graben wurden Putti zu Stunden. Schließlich wagte er, da die Einschläge nun deutlich weiter weg lagen, aus seinem Versteck zu kriechen. Bis auf die Haut durchnäßt, robbte er, von Trichter zu Trichter, zurück an den Waldrand.

Es wurde langsam heller, und bald erkannte Putti auf dem Feldweg die Umrisse eines Jeeps, der rasch näher kam. In gebückter Haltung rannte er dem Fahrzeug entgegen. Zwei Soldaten saßen vorn. Der Fahrer, ein Schwarzer mit Sergeantstreifen am Ärmel, ließ ihn hinten einsteigen, wendete und fuhr zurück, so rasch er konnte.

„Sie sind doch Essex?" vergewisserte er sich.

Putti, noch ganz erschöpft und außer Atem, nickte nur. Er bemerkte erschrocken, daß der Mann neben ihm die Rangabzeichen eines Oberstleutnants trug.

„Staff Sergeant Essex zur Stelle, Sir!" brüllte Putti eilig, wie er es gelernt hatte.

„Um Himmels willen, schreien Sie nicht so!“ stieß der Oberstleutnant mit gepreßter Stimme hervor. Er saß vornübergebeugt und tastete mit den Händen am Boden herum. „Mein Rosenkranz – er ist mir vor Schreck aus der Hand gefallen ...“

„Soll ich halten und Licht machen, Sir?“ erkundigte sich der Fahrer und holte schon eine Taschenlampe hervor.

„Um Gottes willen, Hastings, nein, nein! Machen Sie, daß wir so rasch wie möglich von hier wegkommen! Ich werde ihn schon finden.“

Hastings grinste Putti an und raunte ihm zu: „Hat mächtig Schiß, ist aber ganz harmlos.“

„Wie weit haben wir es noch?“ erkundigte sich der Oberstleutnant gleich darauf.

„Noch etwa zwanzig Minuten, Sir. Geht's dann gleich weiter?“

„Nein, nein, Hastings. Ich muß mich erst erholen. Nach dem Frühstück – sagen wir, um neun Uhr dreißig.“

Putti, dem der hohe Offizier immer sympathischer wurde, hatte Mühe, noch die Augen offenzuhalten. Er bemerkte kaum, daß sie eine kleine Stadt erreichten und daß Hastings ihn dort zu einer Schule fuhr, in ein Zimmer im Erdgeschoß führte und ihm zwei Wolldecken brachte.

Ein paar Stunden später erwachte er und erhob sich mühsam von dem Kartentisch, auf dem er geschlafen hatte. Es roch deutlich nach Kaffee und gebratenem Speck! Er steckte den Kopf zur Tür hinaus und sah auf dem Gang ein Dutzend Soldaten in blitzsauberen Khakiuniformen, mit Krawatten und blankgeputzten Schuhen, die zum Frühstücksempfang angetreten waren.

Putti humpelte hinüber, und die anderen machten ihm, der offensichtlich aus der vordersten Linie kam, respektvoll Platz. Er holte sein Eßgeschirr aus dem Leinenbeutel am Koppel und wischte mit dem Finger den Dreck heraus.

Der Koch, der dies beobachtet hatte, reinigte eigenhändig Puttis Eßgeschirr mit heißem Wasser.

Noch während Putti dann sein Frühstück vertilgte und dankbar das Angebot des Kochs annahm, ihm einen weiteren Eimer voll heißem Wasser zum Waschen und Rasieren zu überlassen, kam der schwarze Fahrer des Jeeps.

„Hallo, Staff Sergeant, Sie sollen sofort zu Lieutenant Cohen kommen. Er wartet draußen!“

Putti schlang den letzten Bissen hinunter und folgte ihm. Leutnant Cohen, der im Jeep saß, betrachtete ihn staunend. „Sie sind Essex? Der Bursche, der Deutsch und Französisch spricht? Mann, hat Sie ein Panzer überrollt?"

„Nein, Sir – ein Artillerieüberfall. Ich habe volle Deckung in einem Graben genommen."

„O Gott! Aber in diesem Zustand kann ich Sie Pater O'Flaherty nicht ausleihen! Sie sollen in zwei Stunden seine Predigt für deutsche Kriegsgefangene übersetzen. Er ist unser katholischer Divisionspfarrer. Also, lassen Sie sich erst mal in einen Menschen verwandeln! Hastings zeigt Ihnen, wo Sie alles bekommen – und dann werden Sie den ‚Krauts' eine zackige Predigt hinlegen, verstanden?"

Thionville–Neufchâteau

„Stillgestanden! Die Augen – links!" kommandierte Putti mit donnernder Stimme den knapp tausend deutschen Kriegsgefangenen, vornehmlich Panzergrenadiere, Fallschirmjäger und Angehörige der Waffen-SS. Dann meldete er Pater O'Flaherty, der aus einigen Metern Entfernung das Schauspiel staunend verfolgte, daß die Lagerinsassen zum Gottesdienst angetreten seien.

Putti konnte Pater O'Flahertys Predigt für deutsche Kriegsgefangene längst auswendig. Leider wurde der milde, menschenfreundliche Text, den der Pater entsprechend sanft vortrug, bei Puttis Übersetzung immer lauter und am Ende heiser gebrüllt vorgetragen, denn der Gottesdienst fand im Freien statt, und es gab keine Lautsprecheranlage.

Anfangs hatte Putti angenommen, daß der Pater ihn nur als Aushilfe für einen erkrankten oder beurlaubten katholischen Dolmetscher brauchte, doch Pater O'Flaherty betrachtete ihn als seinen regulären Gehilfen. Schon seit zwölf Wochen war Putti nun beim Stab der 5. US-Infanteriedivision, die zur neugebildeten 3. Armee des legendären Generals Patton gehörte und in Neufchâteau, einem winzigen Städtchen am Zusammenfluß von Mouzon und Meuse, ihr Hauptquartier hatte.

Die Reste der deutschen Wehrmacht waren schon seit August auf dem Rückzug aus Frankreich, das sie nahezu geräumt hatten. Rund zweihundertfünfzigtausend deutsche Soldaten waren gefallen, ebenso viele in Gefangenschaft geraten, und die Wehrmacht hatte fast alle Panzer, Geschütze und Lastwagen zurücklassen müssen.

Die Alliierten beherrschten den Luftraum, und Briten und Kanadier hatten bereits den größten Teil Belgiens erobert.

Eigentlich hätte es nun in unaufhaltsamem Vormarsch nach Deutschland hineingehen müssen. Der Gegner war angeschlagen und im Augenblick kaum noch fähig, energische Vorstöße abzuwehren. Aber der alliierte Oberbefehlshaber, General Eisenhower, hatte das weitere Vorrücken seiner Armeen gestoppt. Erst müßten, so fand er, sämtliche Lücken in den Verpflegungs-, Treibstoff- und Munitionsdepots aufgefüllt werden, weitere große Mengen an Waffen, Fahrzeugen und Gerät sowie zahlreiche neue Divisionen herangeführt werden. Ohne erdrückende Überlegenheit an Menschen und vor allem an Material sollten seine Streitkräfte nicht den Risiken des Krieges ausgesetzt werden.

Während dieser monatelangen Verschnaufpause beschäftigte sich Putti im Auftrag von Lieutenant Cohen hauptsächlich damit, in Neufchâteau für gutes Einvernehmen zwischen den knapp fünftausend Einwohnern und den vierhundert Amerikanern zu sorgen sowie *Public Relations* genannte Reklame für die 3. US-Armee des ruhmreichen Generals George Patton zu machen.

Wenn Putti nicht gerade ausgeliehen wurde, etwa als Übersetzer von Pater O'Flahertys Standardpredigt für „Krauts", leitete er den französisch-amerikanischen Klub von Neufchâteau in einer früheren Kohlenhandlung. Dort konnten die Einwohner des Städtchens ab und zu einen amerikanischen Film sehen, bekamen gratis Kaffee, Zigaretten und Kekse sowie mancherlei Broschüren.

Putti war alles in allem durchaus zufrieden und vermißte nicht einmal mehr First Lieutenant Perlman, der noch immer nicht eingetroffen war. Auch hatte er sich ein angenehmes Quartier besorgt – im ersten Stock des Hauses, in dem sich der Klub befand –, genoß wegen seiner Französischkenntnisse hohes Ansehen beim Stab wie bei der Zivilbevölkerung und war inzwischen auch für die Beziehungen zur Stadtverwaltung unentbehrlich geworden.

Am Samstag, dem 16. Dezember 1944, mußte Putti vormittags im Rathaus dolmetschen, für den Nachmittag und Abend hatte er sich mit Ninette verabredet, der hübschen Sekretärin des Bürgermeisters. Erst für Sonntag früh war er von Pater O'Flaherty zur Mitfahrt in ein Kriegsgefangenenlager befohlen worden.

Am späten Vormittag des Samstags jedoch – die Verhandlungen zwischen dem Standortkommandanten, Major Curtis, und dem Bürgermeister waren in vollem Gange – erschien Sergeant Hastings mit neuen Befehlen von Pater O'Flaherty: Abfahrt nicht erst morgen früh, sondern schon in einer halben Stunde. Reiseziel: Thionville. Staff Sergeant Essex sollte auch den Klappaltar mitbringen, der unter der Woche im Klub als Landkartenständer diente. Die Sitzung wurde auf Montag vertagt, Putti mußte Ninette auf die folgende Woche vertrösten, und um dreizehn Uhr fuhren sie zu dritt mit dem Jeep nach Thionville.

Es war kalt und neblig, und auf den Straßen hatte sich Glatteis gebildet. Hastings mußte langsam fahren und fluchte leise vor sich hin. Pater O'Flaherty hatte sich vorschriftswidrig auf dem Rücksitz niedergelassen, um für seine langen Beine Platz zu finden. In der einen Hand den Rosenkranz, in der anderen sein Brevier, schlief er friedlich.

Putti starrte hinaus in das milchige Halbdunkel, dachte, wie schön es jetzt mit Ninette sein könnte, und ärgerte sich.

„Wie weit ist es wohl noch bis zu diesem verdammten Nest?" fragte Hastings nach anderthalb Stunden. „Wir müßten doch bald dasein – nach der Karte sind es knapp hundertzwanzig Kilometer."

„Halten Sie doch mal an der nächsten Kreuzung, dann sehe ich nach."

Inzwischen war es dunkel und noch nebliger geworden. Sie kamen an eine Wegkreuzung, Putti stieg aus und las im Schein seiner Taschenlampe: METZ 33 KM, BRIEY 14 KM, darunter in kleiner Schrift: *Hayange 1,5 km.*

„Wir sind vom Weg abgekommen", meinte Putti. „Nehmen Sie die linke Abzweigung – da müßte gleich ein Dorf sein, und dort werde ich mich mal erkundigen."

Aber sie kamen nicht mehr ins nächste Dorf.

An diesem 16. Dezember 1944 hatte Hitler, ungeachtet der rastenden, unverdrossen ihre Vorräte auffüllenden Amerikaner, die letzten deutschen Reserven an der Westfront zum Angriff befohlen. Fünfundzwanzig deutsche Divisionen, darunter neun Panzerdivisionen, waren bereits zwischen Monschau und Echternach weit vorgestoßen und hatten die überraschten Amerikaner aus ihren Stellungen geworfen.

Der Jeep hatte gerade die zweite Kurve der Straße nach Hayange genommen, als ihnen eine Kolonne entgegenkam. Hastings fuhr scharf rechts ran und stoppte. Lkws mit aufgeblendeten Scheinwerfern brausten an ihnen vorbei. Putti sprang auf die Straße und winkte. Aber erst der letzte Wagen bremste kurz ab, und der Fahrer brüllte ihm aus dem Fenster zu: „Kehrt um! Die Deutschen sind uns auf den Fersen!"

Hastings wendete sofort, ließ Putti rasch einsteigen und jagte der Kolonne nach. Sie fuhren trotz Glatteis und Nebel ziemlich schnell, ohne zu wissen, wohin. Dann verloren sie die Kolonne aus den Augen und kamen an eine Kreuzung. Welche Richtung sollten sie nun einschlagen? Eines der Straßenschilder wies nach Metz.

„Wir fahren entgegengesetzt", entschied Putti. „Metz liegt östlich – also fahren wir nach Westen!"

Aber die Straße führte, wie sie eine halbe Stunde später feststellten, keineswegs nach Westen, sondern nach Norden, denn nachdem sie jubelnd ein Schild NEUFCHÂTEAU 23 KM entdeckt hatten und ihm gefolgt waren, sahen sie schon ein paar hundert Meter weiter neue Schilder, die ihnen klarmachten, daß sie im Begriff waren, nach Neufchâteau in Belgien zu fahren!

Hastings wendete fluchend. Aus der Ferne hörten sie jetzt Geschützfeuer, und es schien von links zu kommen.

Also bogen sie an der nächsten Kreuzung nach rechts ab, hatten nun völlig die Orientierung verloren und waren sehr erleichtert, als sie ein kleines Dorf erreichten und beim ersten Haus hinter einem der geschlossenen Fensterläden einen schwachen Lichtschein entdeckten.

„Halten Sie an!" sagte Putti. „Ich versuch mal herauszufinden, wo wir eigentlich sind. Vielleicht können wir hier übernachten."

Er klopfte an die Haustür, hörte Schritte. Ein Riegel wurde zurückgezogen, die Tür öffnete sich einen Spalt. Eine Männerstimme fragte auf französisch, wer er sei und was er wolle.

„Wir sind Amerikaner, Monsieur – ein katholischer Feldgeistlicher und zwei Sergeanten. Wir haben uns im Nebel verirrt. Vielleicht dürfen wir uns bei Ihnen einen Augenblick aufwärmen, und Sie könnten uns dann den Weg zeigen?"

Der Mann nahm das Päckchen Zigaretten, das Putti ihm hinhielt, und erkundigte sich, ob sie Waffen hätten und ob wirklich ein Priester bei ihnen sei. „Also, kommen Sie – aber leise!" meinte er schließlich. „Aber schieben Sie erst den Jeep dort in die Scheune, und decken Sie ihn mit Stroh ab! Machen Sie ja keinen Lärm!"

Er ließ sie dann in die Küche eintreten, wo es wohlig warm war. Sie bekamen einen Kaffee mit Schnaps, und während sie ihn tranken und ihre steifen Glieder reckten, schien das Mißtrauen des Bauern langsam zu schwinden.

„Ich glaube, Sie sind wirklich Amerikaner", sagte er.

„Wieso?" fragte Putti überrascht. „Kennen Sie nicht unsere Uniformen?"

„Die anderen tragen auch solche – aber es sind keine Amis! Ich habe es gleich gemerkt – zwei haben leise deutsch miteinander gesprochen. Bei denen ist auch kein Schwarzer dabei – die gibt's bei den Deutschen nicht. Und sie sind alle schwer bewaffnet."

„Mann, wovon reden Sie?"

„Von den anderen – als Amis verkleidete Deutsche!"

„Wo sind die?"

„Nebenan – beim Nachbarn." Er machte eine Kopfbewegung auf das nächste Haus zu, das kaum fünfzig Meter weiter im Nebel gerade noch erkennbar war. „Es sind zehn oder zwölf, ganz junge Leute – bis auf den Anführer. Alles lange Kerle, fast so wie der da!" Er zeigte auf Pater O'Flaherty, der mit dem Rosenkranz in der Hand am Ofen eingenickt war und nichts von der Gefahr ahnte, in der sie sich befanden.

Hastings fragte besorgt: „Ist was nicht in Ordnung?" Putti erklärte es ihm. Hastings' Augen wurden immer größer. „O Mann! Was sollen wir machen?"

Putti überlegte. Er mußte jetzt entscheiden. Sollten sie zu zweit die Deutschen angreifen – mit zwei Pistolen? Oder einfach abhauen – aber wohin?

„Gibt's hier irgendwo Telefon?"

„Im Gasthof drüben – aber die Deutschen haben gleich als erstes die Leitung durchgeschnitten."

„Wann sind sie gekommen?"

„Na, so vor etwa drei Stunden – mit 'nem Lastwagen und 'nem Jeep."

„Wo liegen denn die nächsten amerikanischen Einheiten?"

„In Paliseul waren welche – Fronttruppen, die sich ausruhen. Meine Frau hat sie heute früh dort noch gesehen."

„Wie weit ist das – Paliseul?"

„Vierzehn Kilometer – wir nehmen immer die Bahn. Hinter meinem Feld ist ein Haltepunkt, gleich hinter der Bahnschranke. Da fällt mir ein: Antoine, der alte Schrankenwärter, hat 'ne eigene Leitung zum Bahnhof in Paliseul – aber man muß ziemlich dicht drüben am Haus vorbei, wo die Deutschen sind. Ich werde es Ihnen aufzeichnen."

Mit ein paar Bleistiftstrichen skizzierte er die Lage der Häuser, der Eisenbahn und des Bahnübergangs und markierte die kritische Stelle.

Putti prägte sich alles ein, erklärte Hastings seinen Plan und machte sich auf den Weg. Er kam an die Hecke des Nachbarhauses, die den kleinen Garten von dem schmalen Fußweg trennte, hielt inne, lauschte und schlich weiter.

Plötzlich hörte er Stimmen und erstarrte.

„... Sauwetter!" sagte jemand leise auf deutsch. Nur die Hecke trennte ihn von dem Sprecher.

Er schlich rasch weiter, fand die Landstraße, die Eisenbahn und das Schrankenwärterhaus. Drei Minuten dauerte es, bis ihm dort geöffnet wurde, nochmals ein, zwei Minuten, bis er dem schreckensbleichen Antoine erklärt hatte, daß er nach Paliseul telefonieren müsse. Noch schwieriger war es, den dortigen Bahnhofsvorsteher dazu zu bewegen, den amerikanischen Transportoffizier zu holen.

„Aber auf Ihre Verantwortung, Monsieur! Ich rufe zurück, sobald er hier ist."

Die Viertelstunde, die es dauerte, bis im Bahnwärterhäuschen das Telefon schrillte, erschien Putti endlos, aber auch dann kam es ihm noch wie eine Ewigkeit vor, bis der Leutnant in Paliseul endlich begriffen hatte, worum es ging. Doch anstatt nun sofort Unterstützung zuzusagen, flüchtete er sich in Ausreden.

„Hören Sie, meine Leute sind abgekämpft – wenden Sie sich doch an die Division in –"

„Dies ist ein Befehl, Sir!" schnauzte ihn Putti mit dem Mut der Verzweiflung an. „Schicken Sie sofort mindestens dreißig Mann hierher mit zwei, drei MGs!"

„Wer, zum Teufel, sind Sie, daß Sie glauben, mir Befehle erteilen zu können?!"

„Staff Sergeant Essex vom Stab der 5. Infanteriedivision im Auftrag von Oberstleutnant O'Flaherty."

Der hohe Dienstgrad des schlafenden Pfarrers wirkte Wunder. Der Leutnant versprach, sofort alles zu veranlassen. Sechs Mann Militärpolizei vom Bahnhof würden die Leute zusammenholen. Eine Lokomotive und einen Waggon habe er – ob sie sonst noch etwas benötigten?

„Ein Megaphon und zwei Scheinwerfer, wenn möglich Funksprechgeräte. Außerdem Verpflegung, ein paar Pfund Kaffee und ein paar Stangen Zigaretten."

„Wozu denn das?"

„Befehl von Oberstleutnant O'Flaherty."

Vierzig Minuten später waren das Nachbarhaus und dessen Scheune umzingelt, zwei Maschinengewehre in Stellung gebracht. Putti, der als ranghöchster Unteroffizier das Kommando führte, vernahm aus dem Funksprechgerät, daß es losgehen könne. Er wischte sich den Schweiß vom Gesicht und dachte sekundenlang daran, welche Angst seine Eltern um ihn hätten, wenn sie wüßten, daß er drauf und dran war, ein SS-Kommando zu überrumpeln. Dann ließ er die Scheinwerfer einschalten und richtete sein Megaphon auf das Haus: „Achtung! Achtung!" rief er in akzentfreiem Deutsch. „Ihr seid umzingelt – *you understand?* Ergebt euch! Einzeln rauskommen, *one by one!* Waffen wegwerfen und Hände hoch!" Gespannt wartete er ab.

Dann sah er mit ungeheurer Erleichterung, daß sein Trick gewirkt hatte. Einzeln kamen sie heraus – dreizehn Mann in amerikanischen Kampfanzügen mit Militärpolizeiarmbinden und neuesten amerikanischen Gewehren, die sie fallen ließen – fest davon überzeugt, von Deutschen umzingelt zu sein, die sie für echte Amerikaner hielten.

Sie fielen aus allen Wolken, als ihnen klar wurde, daß es umgekehrt war. Aber da hatten sie ihre Chance, noch die Helden zu spielen, verpaßt.

„Bringt sie mir einzeln dort ins Haus nebenan zum Verhör – als erstes den Anführer!" befahl Putti den Militärpolizisten aus Paliseul und ging voraus.

„Ich verstehe das alles nicht, Essex – was war denn los?" Pater O'Flaherty, der erst aufwachte, als alles vorbei war, schaute ihn ganz verstört an.

Putti hatte die Gefangenen ausgefragt und erfahren, daß sie zur 150. SS-Panzerbrigade gehörten, einer neuaufgestellten Sondereinheit unter dem Kommando von SS-Sturmbannführer Otto Skorzeny. Es waren Siebzehn- bis Neunzehnjährige mit guten Englischkenntnissen, die man in amerikanische Kampfanzüge gesteckt und mit Beutefahrzeugen durch die in die Front gerissenen Lücken hatte vorstoßen lassen, um als Militärpolizisten im Rücken der Amerikaner Verwirrung zu stiften. Nur der Anführer war ein älterer SS-Unteroffizier.

„Was wird mit ihnen geschehen?“ fragte Pater O’Flaherty besorgt.

Sie fuhren bereits wieder durch den Nebel, der sich kaum gelichtet hatte.

Gleich nach dem Frühstück waren sie aufgebrochen und hatten ihre ganzen Vorräte dem Bauern und dessen Familie gelassen. Putti und Hastings waren übernächtigt, der Pfarrer hingegen hatte ausgeschlafen und wollte jetzt Genaueres erfahren.

„Nach Kriegsrecht müßten sie alle erschossen werden“, ließ Putti nach kurzem Zögern wissen. „Unsere Militärpolizei meinte sogar, daß dies an Ort und Stelle zu geschehen habe.“

„Um Gottes willen! Das haben Sie doch nicht zugelassen, Essex?“

„Nein, Sir. Ich habe die Burschen ins Kriegsgefangenenlager Thionville einliefern lassen.“

„Dem Himmel sei Dank! Das war ganz in meinem Sinne, Essex!“

„Dann sagen Sie das bitte auch dem General, Sir – falls er danach fragen sollte. Sonst geht’s mir an den Kragen.“

„Nein, nein – ich übernehme dafür die volle Verantwortung! Aber wieso sollte der General mich fragen?“

„Weil wir auf dem Weg zu ihm sind, Sir. General Patton hat uns zur Berichterstattung in sein Hauptquartier befohlen!“

„Ach du meine Güte! Zu General Patton! – Hören Sie, Essex, ich habe von der ganzen Aktion nichts gesehen und überhaupt – mit militärischen Dingen habe ich nichts zu tun. Man sagt, daß General Patton ziemlich – äh – ärgerlich werden kann, wenn ihm etwas nicht gefällt.“

„Wir sind doch nur zum Rapport befohlen, Sir, Sie und ich. Ich glaube, wir haben nichts zu befürchten. Der General will sich wohl bloß über die feindlichen Störaktionen hinter der Front informieren ...“

Knapp anderthalb Stunden später standen sie vor General Patton. Der General trug, außer vielen Orden, gekreuzte Patronengurte. Umgeben von Adjutanten und Ordonnanzoffizieren sowie etlichen großen und kleinen Hunden, empfing er sie leutselig, wenngleich etwas schwankend und mit deutlicher Whiskeyfahne.

„Sie hatten das Kommando, Oberstleutnant? Zeigen Sie mir mal auf der Karte, wo Sie diese verdammten Krauts erwischt haben!“

„Ich habe Staff Sergeant Essex das Kommando übertragen, Sir. Als Divisionspfarrer ...“

Patton wandte sich Putti zu und ließ ihn an den Kartentisch treten.

Putti glaubte seinen Augen nicht trauen zu dürfen: Der General führte Krieg mit einer gewöhnlichen Michelin-Straßenkarte, wie man sie an jeder Tankstelle bekam!

„Hier, Sir!" Er zeigte aufs Geratewohl auf einen Punkt, der ungefähr in der Nähe des Geschehens liegen mußte. „Genau zwölfeinhalb Kilometer südsüdöstlich von Paliseul, Sir, dicht an der Eisenbahnlinie."

„Sehr gut gemacht, Staff Sergeant! Weiter so! Sie und Ihre Leute haben sich Orden verdient – notieren Sie sich die Namen, Fairbanks! Lobende Erwähnung und so weiter. Sie sind doch von meiner Fünften? Tja, das sind die Besten! Meine Schule!"

Er nickte ihnen zu, die Audienz schien beendet, doch Major Fairbanks raunte dem General etwas ins Ohr, und der hielt sie mit einer Handbewegung zurück.

„Okay, okay", sagte er unwirsch zu seinem Adjutanten. „Aber die Kerle sollen sich beeilen ..."

Er seufzte, stellte sich am Kartentisch in Pose und winkte O'Flaherty und Putti herbei. Putti mußte nochmals den Finger auf den Punkt legen, wo der SS-Trupp gefangengenommen worden war.

Ein Rudel uniformierter Reporter und Fotografen war inzwischen hereingelassen worden.

Auch Sergeant Hastings war plötzlich da, wurde neben Putti postiert und grinste verlegen.

General Patton bleckte die Zähne, Blitzlichter flammten auf, Kameraverschlüsse klickten. Dann schrie der General: „Genug, Jungs! Schluß jetzt!"

Die Presseleute verließen eilig den Raum. Putti, Hastings und O'Flaherty salutierten und wurden von Major Fairbanks ins Vorzimmer gedrängt, wo die Reporter sie mit Fragen überschütteten.

„Ihre Adresse in New York, Staff Sergeant – Sie sind doch aus Yonkers?"

„Wie sind Sie der SS auf die Spur gekommen?"

„Woran werden Sie am Weihnachtsabend denken?"

Dann kam Major Fairbanks mit Urkunden und kleinen Pappschachteln. Sie mußten ihre Namen buchstabieren, bekamen je einen Orden, Putti darüber hinaus die silberne Nahkampfspange mit Eichenlaub, die begehrteste Infanterieauszeichnung.

Sie waren noch ganz benommen, als sie wieder im Wagen saßen, und Putti freute sich schon darauf, Ninette mit Bändchen und Spange imponieren zu können, aber er bekam Ninette nicht mehr zu Gesicht.

Gleich nach ihrer Rückkehr von der langen Wochenendfahrt, die eigentlich nur dem geistlichen Trost der Kriegsgefangenen von Thionville hatte dienen sollen, wurde Putti in Neufchâteau von First Lieutenant Perlman in Empfang genommen.

„Hallo, Essex – Sie müssen sofort zu Ihrem Team, beim Stab des 11. Infanterieregiments in Rémilly-Aillicourt. Sie melden sich dort bei Captain Huttinger, sobald er eintrifft. Hier ist Ihr Marschbefehl! Viel Glück, Staff Sergeant!"

Ardennen–Aachen–Frankfurt–Nürnberg–München–Schongau–Berlin

Zwei Tage vor Weihnachten – das Warenhaus Macy's in New York konnte sich vor dem Andrang kaufwütiger Kunden kaum noch retten – wurde Curt Eichelbaum ins Büro des obersten Chefs gerufen.

„Ich gratuliere!" empfing ihn Mr. Lammle. „Nennen Sie mich Sam. Wie heißen Sie? Curt? Fein. Nehmen Sie Platz, Curt, und schießen Sie los! Wie lange sind Sie schon bei Macy's? Drei Jahre? Na, und worüber haben Sie sich zu beklagen? Zahlt Ihnen Macy's nicht genug, oder gefällt Ihnen die Arbeit nicht?"

Puttis Vater, völlig überrascht, antwortete vorsichtig, natürlich könne er sich als erfahrener Jurist mit umfangreichen Sprachkenntnissen eine noch verantwortungsvollere Tätigkeit vorstellen als die eines Korrespondenten im Einkauf mit zweiunddreißig Dollar Wochenlohn – aber als Flüchtling sei er dankbar, daß Macy's ihn überhaupt –

Mr. Lammle winkte ab und meinte dann mit breitem Lächeln, es sei nun mal ein Prinzip von Macy's, daß jeder ganz unten anfangen müsse; nun aber sei die Zeit gekommen, treue Dienste zu belohnen. Ob Curt den gerade vakanten Parfümeinkauf übernehmen wolle? Eine feine Sache mit großer Zukunft, gerade jetzt, nachdem Frankreich befreit sei und bald wieder liefern könne. Auch durchaus passend, wenn man bedenke, wie wesentlich Curts Sohn dazu beigetragen habe, daß französisches Parfüm wieder zu haben sei ...

Er lachte fröhlich und freute sich über sein Geschick, die Heldentat des Sohnes mit der Beförderung des Vaters zu verbinden. „Also, Curt, Sie kriegen ab sofort wöchentlich achtundsechzig Dollar! Dazu einen Bonus, wenn der Umsatz stimmt. Na, ist das ein Wort?"

„Danke, Sam, vielen Dank! Aber, bitte, sagen Sie mir doch: Was ist mit meinem Sohn?"

Curt Eichelbaum war an diesem Tag noch nicht dazu gekommen, die Zeitung zu lesen, die unter der Überschrift: *General Pattons Bester: Staff Sergeant Essex, jüdischer Flüchtlingsjunge aus Yonkers, nahm SS-Kommando gefangen, rettete französische Familie,* ihren Lesern eine rührende Vorweihnachtsgeschichte aufgetischt hatte, dazu ein Foto, das Putti im Schmuck seiner Orden zeigte. Ein Satz in dem Artikel, unter der Zwischenüberschrift *Am Weihnachtsabend denkt er an zu Hause,* hatte Mr. Lammle alarmiert, denn da hieß es: ... *müssen hart schuften: der Papa, einst Berlins berühmtester Anwalt, als schlechtbezahlter kleiner Angestellter bei Macy's ...*

„Wir müssen das sofort regeln, Ernest", hatte Mr. Lammle am Morgen zu seinem Personalchef gesagt. „Es wäre schlecht fürs Geschäft, wenn wir das auf uns sitzen ließen. Also, lassen Sie den Vater unverzüglich kommen, Ernest – dann können wir noch vor zwölf eine Mitteilung an die Presse geben. Wir stellen ihn als glücklichen, stolzen Vater vor, in gutbezahlter, leitender Position bei Macy's und voller Begeisterung für uns und Amerika."

Aber Curt Eichelbaum wurde ganz blaß, als er dann von Mr. Lammle erfuhr, daß Putti ein SS-Kommando überrumpelt hatte.

„Um Himmels willen – meine Frau! Ich muß zu ihr! Wenn sie das erfährt."

„Aber natürlich, Curt!" sagte Mr. Lammle. „Nehmen Sie sich den Tag frei! Sie können beide mächtig stolz sein auf Ihren Sohn! Macy's ist ebenfalls mächtig stolz, und Sie sind doch auch glücklich und stolz, Curt, daß Sie einer von uns sind – nicht wahr?"

Er klopfte ihm auf die Schulter, heilfroh, die Angelegenheit so rasch beigelegt zu haben.

Putti hockte zu dieser Zeit mutterseelenallein in einem zerschossenen Haus, drei Kilometer außerhalb von Rémilly-Aillicourt am Fuße der Ardennen und wunderte sich, warum sich Captain Huttinger ausgerechnet diese Ruine als Quartier ausgesucht hatte. Er überlegte, wie er den einzigen noch einigermaßen intakten Raum und den Herd darin heizen könnte, denn es herrschte klirrende Kälte, und er hatte kein Brennmaterial.

Schließlich entschied er sich für eine der zahlreichen Nachschubkisten, die an der knapp zweihundert Meter entfernten Nationalstraße entlang des Flusses Meuse gelagert waren. Mehrmals täglich kam zwar eine Streife der Militärpolizei vorbei, die die Vollzähligkeit der Kisten kontrollierte, aber Putti war sicher, daß die MPs das Fehlen einer Kiste nicht bemerken würden. Außerdem war er neugierig, was darin sein mochte.

Die Kiste enthielt 144 Flaschen Whiskey – eine schöne Zugabe zu dem Brennholz, das für anderthalb Tage reichen würde! Putti machte sich zwar wenig aus Whiskey, war aber dennoch zufrieden. Den ganzen Vormittag war er damit beschäftigt, seine Beute erst in ein nahes Versteck und anschließend in seine Behausung zu schaffen. Ständig kamen Fahrzeuge aller möglichen Einheiten vorbei, und mehrmals wurde er gefragt, was er da so ganz allein zu suchen habe. Aber sein Marschbefehl war in Ordnung, ausgestellt vom Military Intelligence Service und mit der Anweisung, ebendort, wo er sich befand, auf das IPW-Team des 11. Infanterieregiments zu warten. IPW, das bedeutete *Interrogation of Prisoners of War,* Kriegsgefangenenverhör.

Jetzt, da er ein warmes Quartier hatte und über Whiskeyvorräte verfügte, war Putti bereit, geduldig abzuwarten, ob man ihn eines Tages doch noch abholen oder ihn, womöglich bis Kriegsende, vergessen würde. Er hatte ja nun etwas zum Tauschen, das angesichts der bevorstehenden Weihnachtstage besonders begehrt war.

Und tatsächlich sprach sich bei den in der Gegend liegenden amerikanischen Einheiten rasch herum, daß der MIS-Staff Sergeant, der da allein in der zerschossenen Ruine hauste, über Whiskey verfügte und ihn für die lächerlichsten Dinge herzugeben bereit war. Bald drängten sich die Kunden in seiner Küche.

Am Abend, als Putti sich unter drei neuen Wolldecken schlafen legte, hatte er für Wochen Proviant, wie er ihn sich wünschte, dazu jede Menge Brennholz, und noch immer verblieben ihm drei Dutzend Flaschen Whiskey.

Als er am Samstagmorgen, dem 23. Dezember 1944, erwachte, betrachtete er zunächst wohlgefällig seine Schätze, ehe er das Kaffeewasser aufsetzte.

Weihnachten wie noch nie! dachte er.

Etwa zur gleichen Zeit hatten sich im Zuge der Ardennenoffensive die Spitzen der 2. deutschen Panzerdivision bei Schnee und Nebel mühsam bis zum letzten Höhenrücken vorgeschoben, der sie noch vom Meusetal trennte, durch das sie in südlicher Richtung vorzupreschen gedachten – wobei sie sehr bald auch dem einsamen Putti begegnet wären –, nur hatten sie keinen Treibstoff mehr, um die letzten fünf Kilometer hinab in die Flußniederung zu rollen!

So lagen die Deutschen auf dem letzten Bergrücken vor dem Meusetal fest, und da sich das Wetter gebessert hatte, donnerten jetzt auch die alliierten Bombergeschwader wieder heran, attackierten die steckengebliebenen deutschen Kolonnen und brachten den im nahen Bastogne eingeschlossenen amerikanischen Einheiten Entlastung und Nachschub.

Damit war Hitlers ganze Ardennenoffensive zunächst einmal zum Stehen gebracht.

Am Morgen des 24. Dezember kamen noch einige Nachzügler zu Putti, die bei ihm Whiskey eintauschen wollten. Einer bot ihm warme Hausschuhe an, dazu einen Papagei, einen grauen Jako mit roten Schwanzfedern, der angeblich sprechen konnte. Putti gefielen eigentlich nur die Hausschuhe, aber er nahm beides. Der Besucher berichtete von schweren Kämpfen um Bastogne, wo sich die 101. Division gegen eine fünffache Übermacht der Waffen-SS zur Wehr setzte. Alle Urlauber, erzählte er, seien zurückbeordert, weil jetzt jeder Mann dringend gebraucht werde, um den Verteidigern von Bastogne zu Hilfe zu kommen.

Nur Putti wurde offenbar nicht benötigt. Er verbrachte einen ruhigen Weihnachtsabend, trank nach sehr reichlichem Mahl einen Schluck Whiskey und fütterte den Vogel, der bis dahin eisern geschwiegen hatte, ihm nun aber mit einem *Merde, alors!* dankte.

Am nächsten Morgen wurde Putti von Geschrei geweckt. „Hau ab, du Lump! *Merde, alors!*“ schrie der Papagei.

Eine zweite, ihm unbekannte Stimme forderte: „Los, steh endlich auf! Beeil dich! Sollen wir ohne dich Bastogne befreien?“

Ein kleiner Corporal mit viel zu großem Helm, dessen Nase der des Papageis glich, stand an seinem Lager, vor der Brust einen um den Hals gehängten Karabiner.

„Schrei nicht so“, brummte Putti und erhob sich, „heute ist Weihnachten – ein hoher Feiertag.“

„Nicht für mich. Ich bin Jude“, sagte der Eindringling.

„Ich auch. Aber ich feiere alle Feste nach dem Grundsatz unserer Verfassung: ohne Rücksicht auf Konfession, Geschlecht, Rasse oder Hautfarbe. Wo ist Captain Huttinger?“

„Er und Sergeant Meyer kommen gleich. Sie tanken in Rémilly-Aillicourt auf und holen uns gleich ab. Ich heiße übrigens Rogers.“

„Ich bin Essex, und ich müßte lügen, wenn ich sagte, daß es mich freut, dich zu sehen – trinkst du auch einen Kaffee?“ Putti begann seine Sachen zusammenzupacken.

Rogers sah sich um und meinte: „Mann, du hast aber viel Kram! Willst du das etwa alles mitnehmen?“

Putti wurde einer Antwort enthoben, denn zur Tür herein kam ein blonder Hüne.

Er trug keine Rangabzeichen, aber Putti salutierte und brüllte: „Staff Sergeant Essex wie befohlen zur Stelle, Sir!“

„Laß das doch, Essex, wir sind nicht so militärisch. Ich bin Captain Huttinger.“ Er gab ihm die Hand und fuhr fort: „Seit drei Stunden suchen wir herum! Irgend so ’n Witzbold hat unser Fähnchen hier in die Wildnis gestellt – unser Quartier ist die Schule in Rémilly.“

Putti, an Absonderlichkeiten gewöhnt, war bei seiner Ankunft der Markierung „MIS-IPW 11.I.R“ gefolgt und in der Ruine gelandet. Er wollte es dem Captain erklären, aber der hatte sich gerade umgesehen und rief: „Großer Gott! Das soll doch wohl nicht alles mit, Essex? Was ist in den Decken?“

„Dreißig Flaschen Whiskey, Sir, vom Besten. Auch drei Flaschen Champagner. Der Rest ist Rotwein.“

„Hm. Nicht schlecht. Dann müssen wir was anderes zurücklassen. Rogers, was können wir entbehren?“

Der Jeep, der vorgefahren war, bot einen seltsamen Anblick: Vor dem Kühler hing ein kleiner Kanonenofen. Auf der Dachplane lagen mit Schnüren befestigte kleinere und größere Bündel. Seitlich hingen drei gerupfte Hühner, eine Bratpfanne und ein großer Topf. Hinten war ein einachsiger Anhänger befestigt, der so hoch beladen war, daß er das Jeepdach samt den Bündeln darauf noch überragte, und über den Schlußlichtern des Anhängers baumelte ein Schaukelstuhl.

„Merde, alors!“ krächzte der Papagei.

Der Captain grinste, betrachtete den Vogel und sagte: „So einen wollte ich schon immer haben! Wir schmeißen das Eingemachte raus“, entschied er. „Das gibt’s überall in den Bauernhäusern. Und die Konservenvorräte – das müßte reichen!“

„Bist du aus Deutschland?“ erkundigte sich Putti bei Rogers, als er ihm half, den in Decken gehüllten Whiskey zu verstauen.

„Klar – ich bin aus Nürnberg und hieß früher Kurt Rosenbaum. Unser Fahrer ist Sergeant Meyer und stammt aus Frankfurt am Main.“

Putti begrüßte Sergeant Meyer, einen sommersprossigen Rotschopf seines Alters. Das Team gefiel ihm – aber wie mochte der Captain sein, der sich so unmilitärisch gab?

„Huttinger ist in Ordnung", beruhigte ihn Meyer. „Er ist aus München, aber kein jüdischer Emigrant. Er war ein so unerträglicher Lümmel, daß ihn seine verzweifelte Familie in die Staaten geschickt hat, zu einem Onkel in Illinois. Der Captain säuft zwar wie ein Loch, aber er wird nicht rabiat, eher das Gegenteil."

Eine Viertelstunde später fuhren sie ab. Der Captain, der vorn neben Meyer saß, hatte auch den Papagei mitgenommen, den er „Jakl" nannte und sorgsam vor Luftzug schützte.

Die Straßen waren jetzt von Militärkolonnen verstopft, aber der Captain verschaffte ihnen Vorfahrt. Schon nach anderthalb Stunden erreichten sie das rückwärtige Stabsquartier des 11. Infanterieregiments drei Kilometer südlich von Bastogne und hörten aus geringer Entfernung den Gefechtslärm.

Captain Huttinger nahm für sein Team sofort eine kleine Dorfschule in Beschlag, wo sie sich häuslich einrichteten.

Kaum waren sie damit fertig, wurden ihnen auch schon die ersten Gefangenen gebracht: sechs Männer der Waffen-SS, hohlwangig und verdreckt.

Putti ließ den ältesten von ihnen von einem Militärpolizisten in ein Klassenzimmer führen, bot ihm eine Zigarette an und begann das Verhör: „Name? Dienstgrad? Welche Einheit? Wie viele sind davon noch übrig? Wie heißt der Kompaniechef? Wo sind Ihre Stellungen? Zeigen Sie sie mir mal auf dieser Karte."

So ging es Stunde um Stunde, denn kaum waren sie mit den ersten fertig, da wurden neue Gefangene gebracht. Der Captain, Meyer und Putti verhörten sie, verfaßten dann Berichte, die Corporal Rogers, ihr Melder, sofort dem Nachrichtenoffizier des Regiments zu überbringen hatte.

An diesem Tag, dem 25. Dezember 1944, durchbrach General Pattons Hauptmacht den Belagerungsring um Bastogne, und wieder wurden einige tausend Deutsche gefangengenommen. Bis in die Nacht hinein verhörten Putti und die anderen die Neuen und schrieben Berichte. Corporal Rogers jagte zwischen Stab und IPW hin und her.

Tags darauf wurde Standortwechsel befohlen, und das Regiment rückte vor mit dem Ziel, den deutschen Panzerdivisionen in den

Ardennen den Rückzug abzuschneiden. Wieder wurden zahlreiche Gefangene eingebracht, und so ging es Tag um Tag, solange die amerikanische Gegenoffensive im Gange war.

In den ersten Januartagen, nachdem in der Silvesternacht die letzte der dreißig Flaschen Whiskey und der letzte Tropfen Champagner, vornehmlich von Captain Huttinger, ihrer Bestimmung zugeführt worden waren und der Captain sich an Puttis Schulter schluchzend als schlechter Mensch bekannt hatte, trat die deutsche Wehrmacht auf der ganzen Linie den Rückzug an, wobei sie fast alle Fahrzeuge und Panzer wegen Treibstoffmangels zurücklassen mußte. Am 15. Januar 1945 war die Wehrmacht zu ihren Ausgangsstellungen zurückgekehrt, vermindert um 100000 Mann, von denen mehr als die Hälfte in Gefangenschaft geraten war.

Auch die Amerikaner hatten hohe Verluste gehabt, aber sie konnten, was sie an Menschen und Material verloren hatten, sofort ausgleichen; die Wehrmacht indessen hatte keinerlei Reserven mehr. Die fehlgeschlagene Offensive machte den Zusammenbruch der gesamten Westfront unausweichlich, ja, sie mußte auch der deutschen Ostfront zum Verhängnis werden, weil Hitler dort jede ihm entbehrlich erscheinende Division abgezogen hatte, um im Westen einen Erfolg zu erzielen.

Bis Ende Januar hatten 180 Divisionen der sowjetischen Armee die Oder erreicht und an einigen Stellen schon überschritten. Ihre Spitzen standen nur noch knapp hundertfünfzig Kilometer von Berlin entfernt.

Zu diesem Zeitpunkt, am 27. Januar 1945, betrat Putti nach zwölfjähriger Abwesenheit erstmals wieder deutschen Boden! Wie oft hatte er sich in den vergangenen Jahren und besonders in den letzten Wochen ausgemalt, wie es sein würde, als strahlender Sieger im Triumph heimzukehren ins Vaterland, das seine Eltern und ihn einst als „Untermenschen“ ausgespien hatte.

Nun war es also soweit. Er hatte hinten im Jeep geschlafen, als sie spätabends in eine halbzerstörte Stadt eingefahren waren. Meyer hatte ihn geweckt.

„Was ist? Wo sind wir?“

„Aachen. Wir übernachten hier.“

„Eigentlich hatte ich vor, auf einem Schimmel einzureiten“, sagte Putti. Dann korrigierte er sich: „Nein, besser ohne Pferd – aber Blumen, die hätte man uns doch streuen können ...“

Von Blumen konnte jedoch keine Rede sein, vielmehr herrschte im besetzten Aachen strenges Reglement. Keine Kneipe, die nicht mit einem *Off-limits*-Schild versehen gewesen wäre, das allen Armeeangehörigen das Betreten verbot.

Jeder außerdienstliche Kontakt zur Zivilbevölkerung war untersagt und wurde, wenn man sich erwischen ließ, mit sechzig Dollar Geldstrafe geahndet.

So waren Putti und seine Kameraden nicht sonderlich traurig, als sie nach drei Tagen Erholungspause wieder in Frontnähe eingesetzt wurden.

Den ganzen Februar hindurch lagen sie dann stets dicht hinter der langsam vorrückenden Eifelfront und verhörten die immer zahlreicheren Gefangenen. Die totale Niederlage der Wehrmacht war nur noch eine Frage von Tagen, allenfalls Wochen.

Anfang März begann an der Westfront, vom Niederrhein bis zum Südschwarzwald, die letzte Großoffensive der Alliierten. Amerikanische Truppen eroberten das linksrheinische Köln, und wenig später überschritt General Pattons 3. Armee samt Captain Huttingers IPW-Team den Rhein weiter südlich bei Oppenheim.

Am 28. März lagen sie vor Frankfurt, wo die Hauptkampflinie mitten durch die Stadt ging.

„Wir müssen näher ran", meinte Captain Huttinger. „Am Opernplatz sind noch Widerstandsnester. Vielleicht können wir sie zum Aufgeben bewegen."

Zwanzig Minuten später stand ihr Jeep in der Taunusanlage. Ganz aus der Nähe hörten sie MG-Feuer, dazwischen Detonationen von Handgranaten. Mitten auf dem Opernplatz brannte ein Panzer. Ein Gefangener wurde ihnen gebracht, ein älterer Feldwebel, den rechten Arm in einer Schlinge. „Was für ein Wahnsinn", hörte Putti ihn sagen. „Das bißchen, was noch heil ist, geht jetzt auch noch kaputt..."

„Los, Mann!" Putti gab ihm ein Megaphon. „Wir schleichen uns ran, und dann brüllst du denen zu, sofort Schluß zu machen! Dich kennen sie doch und glauben dir ... In fünf Minuten fahren hier Haubitzen auf – dann ist ohnehin Feierabend ..."

„Bist du Deutscher?" fragte der Feldwebel erstaunt, aber Putti hatte keine Lust, jetzt Nationalitätsfragen zu klären. Er schob den Mann vor sich her, bis sie dicht genug dran waren. „Achtung! Achtung! Hier spricht Feldwebel Mallwitz!" schallte es über den Opernplatz. „Feuer einstellen! Mit erhobenen Händen hier auf den Platz kommen! Beeilung, Leute! Gleich fahren die Amis Haubitzen auf!" Er gab Putti das Megaphon zurück, wischte sich den Schweiß vom Gesicht und nahm dankbar das Päckchen Zigaretten, das Putti ihm hinhielt.

„Da hast du ganz zum Schluß noch mal 'ne gute Tat vollbracht, Mallwitz!"

„Es sind halbe Kinder", sagte der Feldwebel.

Sie sahen, wie aus den halbzerstörten Gebäuden immer mehr Gestalten mit erhobenen Händen hervorkamen und in die Mitte des Platzes liefen, wo der Panzer brannte.

Einige Tage später rückte Captain Huttingers Team entlang der Reichsstraße acht nach Franken vor bis kurz vor Neustadt an der Aisch, wo sich ihnen ein erstaunlicher Anblick bot: Ein Regiment Infanterie, oder was davon noch übrig war, hatte sich selbst gefangengenommen! Mit drei Bataillonen und einer Stabskompanie war es angetreten, ohne Waffen und Gerät. Außerhalb des Stacheldrahtzauns, den das Regiment bereits um sich errichtet hatte, lagerten säuberlich aufgeschichtet die Gewehre und standen exakt ausgerichtet ihre Fahrzeuge mit leeren Benzintanks.

Der Kommandeur meldete Captain Huttinger seine Truppe, bereit zur Kriegsgefangenschaft. Der Adjutant hielt eine komplette Namensliste bereit, der Zahlmeister vorbereitete Quittungen für die Übergabe seiner Bargeldbestände.

„Fabelhaft!" befand Putti, als der Captain die Deutschen in ihr umzäuntes Zeltlager hatte wegtreten lassen. „Wenn sie es überall so gemacht hätten, was wäre uns an Arbeit erspart geblieben! Im Grunde genommen hätten sie den Krieg gleich so anfangen können."

Am 16. April kampierte Captain Huttingers Team auf dem Reichsparteitagsgelände in Nürnberg. Auf dem weiten Feld, wo vor dem

Krieg der Führer alljährlich Heerschau gehalten und vor Hunderttausenden seiner uniformierten Gefolgsleute stundenlang Hetzreden gehalten hatte, lagerten nun unzählige erschöpfte deutsche Soldaten als Gefangene der Amerikaner.

Corporal Rogers, in Nürnberg zu Hause, stand sinnend auf der „Führertribüne". Putti und Sergeant Meyer befürchteten schon, er werde nun eine Rede halten, aber Rogers fragte sie nur: „Ob es ihn kränkt, daß ich jetzt hier stehe? Ja? Meint ihr? Nu, dann soll es ihn kränken!"

Zehn Tage später fuhren sie in ihrem Jeep in Richtung tschechische Grenze. Auf dem ganzen Weg kamen ihnen Flüchtlingstrecks entgegen: Frauen, Kinder und Greise mit den Resten ihrer Habe auf Fahrrädern, die sie schoben, oder nur mit Rucksäcken auf dem Buckel und Koffern in der Hand, zwischendurch hochbeladene Pferdefuhrwerke. Längst hatten die Amerikaner alles an Schokolade oder was sie sonst entbehren konnten an die Kinder verteilt. Seitdem redeten sie kaum noch. Das Elend machte sie schweigsam. Putti dachte an seine Eltern, die Flucht von Como in die Schweiz, mit nur noch einem Köfferchen ...

Ein neuer Marschbefehl beorderte Puttis Team nach Ingolstadt, zur Autobahn Nürnberg–München.

Captain Huttinger spekulierte aufgeregt: „Vielleicht sind wir schon übermorgen in München. ... zifix, halleluja! Zwanzig Jahre war ich nicht mehr da ... Ob es die Arcisstraße noch gibt?"

Zwei Tage später fuhren sie tatsächlich von Norden her in München ein.

Es war früher Nachmittag, und etwa zur gleichen Zeit gingen in Berlin die Kämpfe zu Ende, wehte auf dem Brandenburger Tor und auf der Ruine des Reichstags schon die rote Fahne, und Hitler hatte im Tiefbunker der Reichskanzlei, zusammen mit Eva Braun, Selbstmord begangen.

Nur noch im norddeutschen Küstengebiet sowie außerhalb Deutschlands gab es vereinzelt operierende deutsche „Kampfverbände", die in den folgenden Tagen nacheinander kapitulierten.

Ihre IPW-Tätigkeit sei beendet, hatte Captain Huttinger gerade erfahren. Die Hunderttausende, die noch in Kriegsgefangenschaft gerieten, brauchten nicht mehr verhört zu werden.

„Was machen wir jetzt?" fragte Putti.

„Jetzt biegen wir rechts ab."

Huttinger dirigierte den Jeep, mit dem sie die Leopoldstraße stadteinwärts gefahren waren, in die Franz-Josef-Straße, dann am Elisabethplatz zu einem großen, stark beschädigten Gebäude, das wie eine Schule aussah. Die zahlreichen zerstörten Häuser, Trümmerhaufen und noch rauchenden Ruinen schienen ihn nicht sonderlich zu interessieren. Er suchte etwas.

„Dort rein! Das ist sie – wollen mal sehen, ob er noch da ist und funktioniert! Was man einmal angefangen hat, muß man auch sauber zu Ende bringen."

Meyer sah Putti, Putti sah Rogers an. War der Captain plötzlich verrückt geworden?

„Da ist er! Anhalten!"

Der Captain hatte sich schon besorgt, was er brauchte, und hantierte damit an einem Feuerwehrhydranten.

„Hoffentlich hat er genug Druck!" rief er ihnen zu.

Da schoß auch schon eine Fontäne hoch, ein armdicker Strahl, fast bis zur Höhe des dritten Stockwerks der benachbarten Häuser!

Huttinger strahlte. „Ich hab ihn damals nur zur Hälfte aufgekriegt. Hier in der Arcisstraße habe ich gewohnt – bei meinen Tanten Steffi und Carla – ich hoffe, sie leben noch, die alten Hexen, sitzen im Keller bei ihrem Eingemachten und werden tüchtig naß."

Die Straße war ringsum bereits überflutet. Captain Huttinger, selbst völlig durchnäßt, wollte es gerade genug sein lassen, da hörten sie über das Zischen des Hydranten hinweg einen grellen Schrei.

„Der Karli! Jessasmariaundjosef! Der Karli ist wieder da!"

Zufrieden stellte der Captain den Hydranten ab.

Bald darauf trennten sich ihre Wege.

Am Mittwoch, dem 9. Mai 1945, nachdem in der Nacht zuvor die bedingungslose Kapitulation der Wehrmacht und die angeordnete Waffenruhe in Kraft getreten waren, trafen Putti, Meyer und Rogers in Freising ein. Dort, etwa dreißig Kilometer nördlich von München, war in einer ehemaligen Wehrmachtskaserne nun das Hauptquartier des MIS der 3. US-Armee.

Übernächtigt, denn sie hatten mit dem Captain lange und am Ende tränenreich Abschied gefeiert, warteten sie frühmorgens auf dem Gang, bis sie zum Rapport beim Kommandeur vorgelassen wurden. Colonel Firestone gab ihnen feierlich bekannt, daß sie nun, da die eigentlichen Kampfhandlungen beendet seien, neue, große Aufgaben hätten. Sie würden jetzt dem jeweiligen MIS-Team der von der 3. US-Armee besetzten Landkreise zugeteilt: Rogers dem in Altötting, Meyer dem in Fürstenfeldbruck und Essex dem in Schongau. Colonel Firestone schloß mit der Feststellung: „Wir haben zwar Waffenstillstand, Männer, aber der Kriegszustand dauert fort!“

Damit waren sie entlassen. Da sie den Rest des Tages dienstfrei hatten, beschlossen sie, nach München zu fahren und sich die „Hauptstadt der Bewegung“ näher anzusehen. Bisher kannten sie ja nur die nördlichen Vororte und die Arcisstraße.

Für Putti war München eine große, stark zerstörte Stadt wie all die anderen, die er auf dem Vormarsch gesehen hatte. Er kannte niemanden, der dort gewohnt hatte, und war nur mäßig interessiert an dem, was Rogers darüber berichtete, der darauf brannte, die Straße zu suchen, wo seine Verwandten ein Geschäft gehabt hatten.

„Laßt mich hier“, sagte Putti und stieg aus.

Er sah sich um. Das von alten Kastanien beschattete Isarufer sah ganz einladend aus.

Dann rief er ihnen zu: „Ich lege mich da am Fluß ein bißchen ins Gras. Ihr könnt mich dann hier wieder abholen, wenn ihr genug gesehen habt.“

Er hatte deutsch gesprochen, und einige Passanten blieben stehen und starrten ihn an. Der Jeep war gerade erst außer Sichtweite, und Putti hatte am Isarufer noch keinen Platz gefunden, der ihm zusagte, als er plötzlich jemanden rufen hörte: „Putti! Du bist es doch – oder nicht? Du bist doch der Putti Eichelbaum?“

Es war Wolf Oppen.

Sie umarmten sich und konnten es zunächst gar nicht fassen, daß sie sich ausgerechnet hier, in einer fremden Stadt, nach zwölf langen Jahren wiedersahen.

Wolf Oppen, nach zweieinhalb Jahren an der Ostfront und nach einem, wie er es nannte, „Heimatschuß“ gerade erst aus dem Lazarett entlassen, hatte gehört, wie Putti mit den anderen Amerikanern deutsch gesprochen hatte, und ihn daraufhin erkannt.

„Immerhin – wir haben's überlebt. Der Spuk ist vorbei. Los, erzähl mal, wie es dir ergangen ist!“

Sie setzten sich ins Gras.

Das Haus in Wilmersdorf, wo sie beide gewohnt hatten, stehe nicht mehr, berichtete Wolfi. „Meine Eltern sind irgendwo in Oberbayern untergekommen.“

„Meine in Yonkers bei New York – es geht ihnen ganz gut und Goldstaubs auch."

„Dein Onkel Georg, der mir damals die dufte Taschenlampe geschenkt hat, hat's auch überlebt."

Wolf Oppen hatte Georg Krauss erst vor wenigen Tagen getroffen – in Zivil und auf der Suche nach seiner Familie. Er war als Major in Frankreich gewesen, hatte vielen Verfolgten geholfen, sich noch rechtzeitig von der Wehrmacht abgesetzt und wollte in die französische Besatzungszone nach Baden-Baden.

„Was ist mit Bernt?"

Wolfi zögerte mit der Antwort.

„Sie haben ihn erwischt – die Gestapo ist ihm am Ende doch noch auf die Spur gekommen. Er war lange im Gefängnis und ist dann ins KZ abtransportiert worden. Genaueres weiß ich nicht ..."

„Ob er es überstanden hat?"

„Vielleicht – wir sind ja ein zäher Jahrgang."

Es fiel Putti schwer, sich von Wolfi wieder zu trennen. Er gab ihm, was sie im Jeep noch an Konserven und Zigaretten hatten.

„Komm mich in Schongau besuchen – da bin ich die nächste Zeit!"

„Mach ich! Bestimmt! Halt die Ohren steif!"

Am nächsten Tag fuhr Putti mit Sergeant Meyer, von dem er dann in Fürstenfeldbruck Abschied nahm, in einem Jeep der MIS-Fahrbereitschaft von Freising nach Schongau.

Es war warm und sonnig. Putti genoß die gemächliche Fahrt durch die friedliche Voralpenlandschaft mit ihren sanften Hügeln, Wiesen und Wäldern, den so glimpflich davongekommenen Dörfern und Kleinstädten und dachte dabei an seine Eltern in Yonkers. Wie erleichtert sie sein mochten, daß der Krieg nun endlich vorbei war. Gestern, nachdem er Wolfi getroffen und so viele Neuigkeiten erfahren hatte, war er nicht mit den anderen ausgegangen, sondern hatte einen langen Brief nach Hause geschrieben.

Der Fahrer setzte ihn vor einem Gasthof ab.

Putti hievte seinen Armeesack aus dem Jeep, traf drinnen auf eine freundliche Wirtin und fragte sie nach Oberleutnant Hauser, bei dem er sich melden sollte.

Die Wirtin wischte sich die Hand an der weißen Schürze ab, ehe sie sie ihm zur Begrüßung reichte.

„Der Herr Oberleutnant Hauser wird gleich kommen – ein wirklich sehr netter Mann! Ein Segen, daß wir ihn bei uns haben!"

Gleich darauf konnte sich Putti selbst von der Richtigkeit dieses Urteils überzeugen. Der neue Chef des MIS im Landkreis Schongau nahm Putti kameradschaftlich in Empfang und sagte auf deutsch: „Ich bin Ernest Hauser aus Salzburg – du kannst mich Ernest nennen, Richard, solange kein hoher Vorgesetzter dabei ist. Ich freue mich, dich hier zu haben. Captain Huttinger hat mir von dir erzählt. Ich denke, wir werden gut miteinander auskommen. Schade, daß du noch mal wegmußt ..."

Putti, sehr erstaunt, wollte eine Frage stellen, aber Hauser wandte sich einer jungen Deutschen zu, die gerade hereinkam. „Erika, laß mich dir unseren zweiten Mann im Team vorstellen; das ist Staff Sergeant Richard Essex, und das ist Erika, meine Sekretärin!"

Hauser zwinkerte Putti vielsagend zu.

Die blonde Erika reichte Putti die Hand. „Ich muß noch mal nach oben", sagte sie, „wir essen ja gleich zusammen."

„Ich nehme an, Richard", sagte Oberleutnant Hauser, sobald sie außer Hörweite war, „du wirst dir auch eine Sekretärin zulegen, sobald du zurück bist. In zehn Minuten gibt's Mittagessen, dort in der Gaststube. Bis dann."

Damit war er weg, und Putti, einesteils beglückt, es mit Hauser so gut getroffen zu haben, andernteils in Sorge wegen dessen Andeutungen, er müßte gleich wieder weg, ließ sich sein Zimmer zeigen und richtete sich dort ein.

Als er dann in die Wirtsstube kam, saßen Hauser und Erika schon am Tisch. Die Wirtin schaffte herbei, was ihre Küche, ergänzt durch amerikanische Rationen, zu bieten hatte, und sie ließen es sich gut schmecken.

Plötzlich sah Hauser auf die Uhr und rief: „Du mußt dich beeilen, Richard – du wirst doch gleich abgeholt! Habe ich vergessen, es dir zu sagen? Tut mir leid. Du solltest dich nur hier melden und deinen Kram abladen. Um 15 Uhr 30 fliegst du von Fürstenfeldbruck aus los. Deine Papiere bekommst du dort, auch noch genauere Instruktionen. Ich hoffe, die behalten dich nicht – das wäre schade!"

„Wohin ...?" begann Putti, da kam schon der Fahrer herein, der ihn zum Flugplatz bringen sollte.

„Das weißt du nicht? Du gehörst zum Vorauskommando für unseren Sektor, den wir demnächst übernehmen werden – im Tausch gegen Thüringen und Westsachsen."

„Welchen Sektor denn?"

„Na, von Berlin natürlich – du bist doch Berliner – oder?"

Am späten Nachmittag dieses Tages Ende Mai 1945 landete Putti mit sehr gemischten Gefühlen auf einem kleinen Flugplatz in der Umgebung der einstigen Reichshauptstadt, die aus der Luft so ausgesehen hatte, als sei dort alles Leben erloschen. Ein amerikanischer Verbindungsoffizier, ein Captain Cook, nahm ihn in Empfang.

Den ganzen Monat Juni hindurch hielt sich Putti in der Trümmerwüste auf, in die der Krieg seine Heimatstadt verwandelt hatte. Von früh bis spät war er emsig damit beschäftigt, in den zum künftigen amerikanischen Sektor gehörenden Stadtteilen – Kreuzberg, Tempelhof, Neukölln, Schöneberg, Steglitz, Dahlem und Zehlendorf – Quartiere und Büros für den MIS zu suchen. Schließlich hatte Putti die Aufträge zufriedenstellend erledigt. Besonders stolz war er darauf, daß es ihm gelungen war, die fast unversehrte, geräumige Villa eines geflüchteten SS-Generals im vornehmsten Dahlem ausfindig zu machen und zu beschlagnahmen.

Berlin 1945

Ein paar Stunden blieben ihm noch bis zum Rückflug nach Bayern und damit auch Zeit für Privates. Bislang hatte er sich um nichts Außerdienstliches kümmern können, sogar seinen vierundzwanzigsten Geburtstag hatte er glatt vergessen! Dabei war es an diesem 9. Juni 1945 genau zwölf Jahre her gewesen, daß sie Berlin verlassen hatten.

Obwohl er ja von Wolfi wußte, daß ihr Haus in der Badenschen Straße den Bomben zum Opfer gefallen war, fuhr er nun doch noch rasch in den künftigen britischen Sektor, nach Wilmersdorf. Dort ließ er, obwohl es in Strömen goß, den Jeep an der Ecke Berliner und Babelsberger Straße stehen und sah sich zu Fuß in der Ruinenlandschaft um.

Ihr altes Haus war tatsächlich nur noch ein Trümmerhaufen. Vom Garten, von der Sandkiste – keine Spur. Nur die häßliche Schule, wo Herr Strelow sie unterrichtet hatte, war noch einigermaßen intakt. Sowjetische Soldaten waren dort untergebracht.

Zu seiner Überraschung war das Haus, in dem Hirschfelds gewohnt hatten, kaum beschädigt.

Er trat in den Hausflur – es war noch alles wie früher! Weißer Marmor, darüber rote Läufer, mit Messingstangen befestigt. Er stieg die Treppe hinauf ins Hochparterre. Hinter dieser Tür, dachte er, haben wir unsere letzte Nacht in Deutschland verbracht, als die Gestapo uns noch heimgesucht hat ...

Er überlegte gerade noch, ob er noch einmal am Treppengeländer herunterrutschen sollte wie früher mit Poldi, Frank, Wolfi und Bernt. Da hörte er die Stimme der Portiersfrau: „Es ist doch imma detselbe mit die jungen Leute – se können sich nich in acht nehm' ...", brabbelte sie halblaut vor sich hin, mit tiefer Mißbilligung seine Fußspuren auf dem weißen Marmor betrachtend.

Dann sah sie ihn, erschrak erst ein wenig vor der fremden Uniform, faßte sich aber rasch und holte ein gestempeltes Papier aus der Schürzentasche, das sie entfaltete und wie einen Schutzschild vor sich hielt: „Also, Mister", sagte sie, „hier is' *Off limits!* Zutritt verboten. Wa sin' schon beschlachnahmt – 'ne polnische Dame wa' da, und morjen kriejen wa 'n Schüld ran. Also: *Off limits,* klar? Und außerdem – wat heeßt bloß Stiebel abtreten?"

Putti grinste. „Kennen Sie mich nicht mehr, Frau Pietschke? Wir haben nebenan gewohnt."

Einen Augenblick war sie sprachlos, starrte ihn an mit offenem

Mund. Dann erkannte sie ihn. „Ach nee! Isset denn die Möchlichkeit! Der Putti Eichelbaum! Und ick müh mir hier ab mit Englisch, wat janich nötich is'! Du bist doch der Putti – oder? Klar!"

Sie besann sich auf die Gebote der Höflichkeit einem siegreichen Heimkehrer aus Amerika gegenüber. Flüchtig wischte sie ihre rechte Hand an der Schürze ab, streckte sie ihm entgegen und sagte: „Also, denn – herzlich willkommen und nischt für unjut! Wo haste denn solange jesteckt?"

Es waren keine Fanfarenklänge, keine Blumen, die man ihm streute.

Aber immerhin: kein Wort mehr über den verschmutzten Marmor, kein Gekeif.

Ein Sieger war heimgekehrt.

Foto: Petra Schramek

Bernt Engelmann und „Putti Eichelbaum"

„Zu den fünfundvierzig Berufen, die du bisher schon ausgeübt hast, kommt jetzt eben noch ein sechsundvierzigster hinzu", meinte Bernt Engelmann nach einem gemeinsamen Vortragsabend schmunzelnd zu seinem Freund Richard Essex. „Du bist nun eine reisende literarische Figur." Und tatsächlich ist Putti, der leibhaftige Held von Engelmanns Roman, seit Erscheinen des Buches fast ständig auf Reisen – diesmal allerdings freiwillig und auf Einladung von zahlreichen Schulen und Verbänden, die von Puttis ebenso amüsanten wie informativen Vorträgen gehört haben. Humorvoll wie eh und je, berichtet Putti, der inzwischen, man glaubt es kaum, Großvater ist, seinem Publikum vom Schicksal der Emigranten und schildert dann, wie es nach 1945 mit ihm selbst weiterging.

„Nach Amerika zog mich damals nichts zurück", erzählt er, „schließlich waren mir die harten Zeiten in New York noch allzu deutlich in Erinnerung. Also blieb ich bei der US-Armee in Deutschland und genoß die angenehmen Seiten des militärischen Daseins. Im Lauf der Zeit brachte ich es sogar zum Posten eines Vizekonsuls in Innsbruck, einschließlich Chauffeur und imposanter Villa."

Erst 1957 quittierte Richard Essex den Militärdienst, und sein Abgang war durchaus stilgerecht: Bei einem Offiziersball hatte Putti mit einer schwarzen Schönheit aus Paris zuviel Aufsehen und Mißgunst erregt, und so drohte ihm eine Strafversetzung, der er durch seine Verabschiedung ins Zivilleben zuvorkam. Putti ließ sich als Makler in

München nieder. Sein geschäftlicher Erfolg erlaubte ihm Anfang der sechziger Jahre sogar, seine Eltern zu sich nach Deutschland zu holen, wo ihnen noch viele Jahre in Ruhe und Frieden vergönnt waren. „Es war mir eine große Genugtuung, daß die beiden noch ein anderes Deutschland kennenlernen konnten als jenes, das wir 1933 zusammen verlassen hatten", betont Putti und fügt anschließend hinzu: „Wenn ich mich heute überall in der Bundesrepublik den Leuten zum Gespräch stelle, dann geschieht dies auch im Andenken an meinen Vater, der bis zu jenen schrecklichen Wochen nach Hitlers Machtergreifung ein stolzer und angesehener Bürger Berlins gewesen war."

Gebürtiger Berliner ist auch Bernt Engelmann, der erst in den sechziger Jahren wieder auf den Freund aus Wilmersdorfer Kindertagen stieß. Puttis Mutter hatte damals einen Fernsehbeitrag Engelmanns gesehen und beim Sender daraufhin dessen Adresse ermittelt.

Wie im Roman angedeutet, erlitt auch Bernt Engelmanns Familie im Dritten Reich die Schrecken politischer Verfolgung. Von Düsseldorf aus, wohin die Engelmanns 1932 umgezogen waren, unterstützten sie bedrohte Juden und Regimegegner, bis Bernts Eltern sich schließlich zur Emigration gezwungen sahen. Bernt blieb in Deutschland und diente nach dem 1938 abgelegten Abitur bei der Luftwaffe. Da er aktiv in der Widerstandsbewegung mitwirkte, wurde er 1944 von der Gestapo verhaftet und ins KZ gebracht, aus dem er erst bei Kriegsende von den Amerikanern befreit wurde.

Von 1948 an betätigte sich Engelmann als freier Journalist, und Anfang der sechziger Jahre erschien sein erstes Buch *Meine Freunde, die Millionäre,* dem ein außergewöhnlicher Erfolg beschieden war. Eine Reihe weiterer auflagenstarker Bücher festigten Engelmanns Ruf als gesellschaftskritischer Sachbuchautor. 1977 wurde Engelmann zum Vorsitzenden des Verbands deutscher Schriftsteller gewählt, ein Amt, das er rund sechs Jahre lang versah.

Der Autor lebt mit seiner Frau in Rottach-Egern am Tegernsee, wo er neben seinen vielfältigen schriftstellerischen Aktivitäten immer wieder Zeit findet, sich seinem bevorzugten Hobby zu widmen: Der Pflege und Erweiterung einer einzigartigen Sammlung von Handschriften zur deutschen Literatur.

DIE SCHWARZE BESTIE

Eine Kurzfassung des Buches von
HJALMAR THESEN

Ins Deutsche übertragen von
Gisela Geisler

Illustrationen von John Thompson

Er ist schwarz
wie die Nacht –
ein Leopard von
vollendeter Schönheit.
Das Dunkel
des Urwalds
bietet ihm Schutz,
allein seine blitzenden
Augen durchdringen
die Finsternis.
Mit Mühe entging er
einst einer Falle
der Menschen.
Nun dürstet es ihn
nach deren Blut.
So schleicht er
katzenhaft flink,
lautlos und tödlich
durchs grüne Dickicht,
stets auf der Suche
nach frischer Beute …

Erstes Kapitel

Zwei Adler kreisten langsam und in großer Höhe über der Küste der südlichen Kapregion. Sie überblickten eine Hochebene, die von ausgedehnten Wäldern bedeckt und von tiefen Flußtälern durchfurcht war. Die Raubvögel sahen auch eine Hügelkette, die sich halbkreisförmig um die südafrikanische Stadt Knysna und ihre Lagune legte und in einer bizarren Felsformation endete. Bei diesen Klippen lag der Strand, den der Ozean wie ein riesiges atmendes Meerestier in stetem Wechsel überspülte und wieder freigab. Die weite, grüne Hochebene mit ihren weißen Farmhäusern und rötlichen Schotterstraßen reichte bis hin zu einem blauen Gebirgszug im Hinterland, und hätten sich die Adler die Mühe gemacht, eines der kleinen Felder am Fuß der Berge näher ins Auge zu fassen, wären ihnen zwei Männer aufgefallen, die sich am Feldrain über einen kahlen Busch beugten, aus dem etwas Weißes herausschaute.

Ein Schaf lag auf dem Rücken und reckte die steifen Beine himmelwärts. Das trockene Buschwerk, unter dem es versteckt war, sah aus, als hätte es noch einmal Blüten getrieben, denn es war über und über mit weißen Wollflocken und Klumpen von schwärzlichem, geronnenem Blut bedeckt.

Die Männer ließen das tote Schaf im Busch liegen und kletterten ein paar Meter aufwärts, in den Wald hinein, der gleich hinter dem lichten Saum aus Dornensträuchern und jungen Bäumen steil anstieg und sich rasch verdichtete. Auf einer kleinen Lichtung liefen sie eine Weile hin und her und schienen dabei allerlei Berechnungen anzustellen.

Endlich lehnte der größere der beiden seine doppelläufige Flinte an einen Ast, hieb zwei kräftigen Baumschößlingen mit einem Beil die Spitzen ab und befestigte die Waffe an den biegsamen Stämmchen. Dann machte er sich daran, gemeinsam mit seinem jüngeren Gefährten aus ein paar stärkeren Ästen und Reisig eine käfigartige Falle zu bauen und die Gewehrmündung sorgfältig auf ihren Eingang auszurichten.

Der schmächtigere der beiden Männer legte sich schließlich bäuchlings in die Falle und schaute durch eine Lücke im Blattwerk zu seinem Begleiter hinüber, der mit der nicht geladenen Waffe auf ihn zielte.

„Höher!" krächzte er. „Nein, John, das war zuviel! Tiefer ... und jetzt wieder ein bißchen höher. Gut so! Komm her, und sieh es dir selber an!"

Endlich schienen sie mit ihrem Werk zufrieden und kehrten zu dem toten Schaf zurück. Mit vereinten Kräften schleiften sie den Kadaver die Böschung hinauf und bugsierten ihn durch die schmale Öffnung in die Falle. Der ältere, stämmige Mann, der vorher die Axt gehandhabt hatte, griff nach einer dünnen Nylonschnur, die sein Begleiter schon von einer Rolle abgespult hatte. Er führte sie nach einem komplizierten Plan vom Gewehrabzug über eine kleine Rolle, die er seitwärts an einen Baum nagelte, dann weiter zu einer zweiten Rolle, schließlich hinunter zur Falle und zwanzig Zentimeter über dem Erdboden quer über ihren Eingang. Eine Weile prüfte und korrigierte er noch die Führung und die Spannung der Schnur. Währenddessen tippte der jüngere Mann mit dem Finger auf den straffen Faden im Falleneingang. „Es müßte klappen", meinte er, „egal, ob er von oben darauf tritt oder von unten dagegen stößt."

Der Ältere verfolgte noch einmal mit zusammengekniffenen Augen die Richtung des Gewehrlaufs. „Wenn er überhaupt wiederkommt, schleicht er sich bestimmt dicht an den Boden gepreßt in die Falle", sagte er. „Und sowie er an dem Schaf zieht und dabei einen Buckel macht, berührt er die Schnur von unten. Probier es mal mit der Hand! Drück die Schnur ganz langsam hoch!"

Die erwartungsvolle Stille wurde von einem harten, metallischen Geräusch durchbrochen – dem Klicken von Hammer und Zündstift des Jagdgewehrs.

„Na also!" rief der Ältere.

Sie luden die Waffe, traten einen Schritt beiseite und versuchten sich vorzustellen, was hier nach Einbruch der Dunkelheit geschehen würde. Dann kehrten sie zu ihrem Lastwagen zurück, der am Ende des Feldes abgestellt war. Die Schafe auf der Weide nebenan, die neugierig aufgeblickt hatten, fraßen wieder weiter.

Zur gleichen Stunde saß eine junge Frau in der nahe gelegenen Schlucht auf einem sonnendurchglühten Felsen, der in ein Flüßchen hineinragte und dem Wasserlauf die Richtung wies. Sie war im Fluß geschwommen und ließ sich nun in der Sonne trocknen. Eine leichte

Brise strich durch die Bäume am oberen Rand der Schlucht, doch bis auf ihren Grund drang kein Lufthauch; die dunkle Wasserfläche neben dem Felsen sah so spiegelglatt aus wie ein kleiner, stiller Teich. Außer den schrillen Vogelschreien, die von den Wänden der Schlucht widerhallten, hörte die junge Frau lediglich das leise Plätschern des Flüßchens, das unterhalb ihres Sitzplatzes einen kleinen Wasserfall bildete. Ihre Füße, die vom flachen Wasser überspült wurden, schimmerten so blaßgolden wie die Flußkiesel und der Sand.

Sie zog die Knie an und begann, ihr langes schwarzes Haar, das ihr wie eine Kaskade über den Rücken fiel, mit einem blauen Handtuch zu trocknen. Dabei wandte sie das Gesicht der Sonne zu, so daß ihre blasse Haut auffallend mit dem dunklen Haar kontrastierte. Schließlich ließ sie das Handtuch sinken; die Sonne würde schon den Rest besorgen.

Jean Mannion lebte erst seit wenigen Jahren hier im Süden des Landes. Daß sie ihre Rolle als Farmersfrau von Anfang an mühelos ausgefüllt hatte, war gewiß der gründlichen Ausbildung bei ihrem Vater zu verdanken, der oben im Norden, im Herzen der großen Viehzuchtregion, eine Farm besessen hatte. Auch John Avery, ihr um vier Jahre jüngerer Bruder, war beim Vater in die Lehre gegangen, doch Johns Ausbildung hatte ein jähes Ende gefunden, als der Vater starb. Jean hatte ein Jahr nach dem Tod des Vaters Simon Mannion geheiratet und war ihm in den Süden gefolgt. Sie hatte Simon sehr geliebt, und jedesmal, wenn sie in der Schlucht an ihrer Lieblingsstelle saß, überwältigten sie die Erinnerungen an die herrlichen Stunden, die sie mit ihrem Mann hier verbracht hatte. Dann krampfte sich ihr Herz zusammen, und Tränen verschleierten ihren Blick, bis ein Laut über ihre Lippen kam, der wie ein klägliches Stöhnen klang. Simon würde immer bei ihr sein, wohin sie auch ging.

Sie wischte die Tränen beinahe zornig fort, wie sie es schon so oft getan hatte. Simon war tot; er war bei einem Autounfall vor einem halben Jahr ums Leben gekommen, und sie würde ihn nie, nie mehr wiedersehen. Sie mußte lernen, sich mit dieser Tatsache abzufinden, um eines Tages über Simons Tod hinwegzukommen.

Simon hatte ihr die Farm hinterlassen, die „Longlands" hieß, und bald nach seinem Tod war John zu ihr gezogen. Die Anwesenheit des Bruders hatte ihr geholfen, die ersten dunklen Wochen des Alleinseins zu ertragen, und allmählich war das Interesse an der Farm wieder in ihr erwacht.

Es war Johns Einfall gewesen, die Schafe anzuschaffen, und der Verlust von fünf Tieren innerhalb kurzer Zeit hatte ihn verständlicherweise wütend gemacht. Anfangs hatte er noch geglaubt, die Tiere seien gestohlen worden, doch eines Tages fand Henry Appels, Jeans farbiger Aufseher, einen angefressenen Schafskadaver, und John holte Japie Kampmuller von der Nachbarfarm herüber. Japie sagte, der Verantwortliche sei mit Sicherheit ein Leopard, und er schlug auch gleich den Bau einer Selbstschußanlage vor.

Der stets freundliche, große, sonnengebräunte Farmer war ungefähr fünfzig Jahre alt. Meist trug er einen Jagdanzug aus Khaki und einen schweißfleckigen Hut, und er sprach und lachte fast immer dröhnend laut. Bei Simons Beerdigung hatte er sich auf Jeans Bitten hin unter die Sargträger gereiht, und da er diese Aufforderung als große Ehre und ein Zeichen echter Freundschaft betrachtete, spielte er seither auf seine gutmütig-polternde Art den Ratgeber und Beschützer der jungen Witwe.

Longlands war etwa sechshundert Hektar groß und hatte schon oft den Besitzer gewechselt, denn der schlechte Boden gab nicht viel her. Dafür war die Umgebung herrlich, und glücklicherweise war Jean ohnehin nicht auf die Erträge aus der Landwirtschaft angewiesen.

Die Farm lag auf der Hochebene, die sich in west-östlicher Richtung zwischen dem Bergland und dem Indischen Ozean erstreckt. Das Meer konnte man zwar nur von einem einzigen Punkt aus erspähen, doch bei Westwind hörte man das ununterbrochene schwere Rollen der Brandungswellen, das wie weit entfernter Kanonendonner klang.

Als eines Tages Paviane in den Obstgarten eingefallen waren, hatte sich Jean kaum aufgeregt. Ein andermal hatten sich offensichtlich Busch- oder Stachelschweine über ihre Blumenzwiebeln hergemacht, und auch da war ihr Ärger über den entstandenen Schaden rasch verflogen. Doch ein Leopard, der nachts auf Longlands umherschlich – darüber konnte sie nicht einfach hinwegsehen! Zunächst hatte sie sich geweigert, an eine so ungeheuerliche Vorstellung zu glauben. Auch als das erste Schaf vermißt worden war, hatte sie noch überlegt, ob sie vielleicht am Abend vergessen hätte, den Hundezwinger zu verriegeln. Vorsichtshalber vergewisserte sie sich seither jedesmal vor dem Schlafengehen, daß die Tiere wirklich eingesperrt waren. Dennoch waren vier weitere Schafe gerissen worden.

Jean blickte von ihrem Felsen auf. Die Dämmerung war in der Schlucht hereingebrochen, und die Vögel hatten im Vorgefühl der nahenden Nacht eine veränderte Tonart angeschlagen. Vielleicht hatte sich auch in Jean die uralte, unbewußte Erinnerung an die Gefahren der Dunkelheit geregt, denn nun stand sie unvermittelt auf, schaute prüfend in die Runde und begann unverzüglich, sich anzukleiden.

Keine dreißig Meter von der jungen Frau entfernt lag ein Leopardenweibchen im Farnkraut und spähte auf das Flüßchen hinab. Als die Raubkatze auf den Felsen eine Bewegung wahrnahm, erstarrte sie, doch gleich darauf entspannte sie sich wieder, legte die Ohren an und schaute mit friedlich wedelndem Schwanz auf die zweibeinige Gestalt hinab.

Einen Augenblick war die Leopardin verunsichert gewesen, denn lange Erfahrung hatte sie gelehrt, mit der Witterung solcher Zweibeiner bestimmte Laute zu verbinden. Dank ihres hochempfindlichen Gehörs konnte sie auch ein geflüstertes Wort oder das leise Kratzen eines Streichholzes auffangen und die Stelle, von der das Geräusch ausging, genau orten. Die Gestalt auf dem Felsen hatte sich zunächst kaum geregt, doch nun gab sie sich durch ihre Bewegungen als Zweibeiner zu erkennen, und für die Leopardin war alles wieder in Ordnung. Sie beruhigte sich vollkommen, während das zweijährige Jungtier, das ihr über die Schulter schaute, vor Aufregung immer noch keuchte.

Die junge Frau kleidete sich ahnungslos an. Sie warf das Handtuch über die Schulter, schüttelte noch einmal das feuchte schwarze Haar, so daß es in breiten Strähnen über den Rücken fiel, und machte sich auf den Heimweg.

Die Leopardin war ein muskulöses, gerade sieben Jahre altes Tier. Ihr glänzendes, makelloses Fell wies nur eine einzige Narbe auf, die sich vom rechten Ohr über das rechte Auge hinzog. Vom gelbbraunen Haarkleid der Rückenpartie und dem weißen Bauchfell hob sich scharf die ringförmige schwarze Zeichnung ab. Jetzt am Abend, als die letzten Sonnenstrahlen noch ein paar goldene Tupfen auf den schattigen Waldboden setzten, bildete ihr geflecktes Fell eine mustergültige Tarnung.

Die Leopardin begann nun, lautlos das baumbestandene Steilufer zu erklimmen; ihr Weg führte sie zu ihrem gegenwärtigen Lagerplatz. Das fast ausgewachsene Jungtier folgte ihr auf den Fersen. Erst als sich die Bäume lichteten und der nackte Fels begann, hob die alte Leopardin den Kopf und schaute mit weit geöffneten Augen sichernd in die Runde. Dann nahm sie alle Kraft zusammen, stellte den

Schwanz auf und jagte mit mühelosen, federnden Sprüngen die zerklüftete Wand hinauf zu ihrem Ruheplatz, einer Höhle, die in den Felsen unter einer vorspringenden Steinplatte lag. Sekunden später war auch das Jungtier da, und ein Weilchen saßen Mutter und Sohn nebeneinander, blickten über die Schlucht hinweg und lauschten den Geräuschen der hereinbrechenden Nacht.

Die enge Bindung zwischen der Leopardin und ihrem Jungen beruhte eher auf Gewohnheit als auf besonders ausgeprägten mütterlichen Gefühlen. Das zweijährige Männchen stammte aus einem Wurf mit vier Leopardenjungen, die die Mutter wie üblich drei Monate lang in der Höhle gesäugt hatte. Danach waren die Kleinen allein im Lager zurückgeblieben, wenn die Leopardin stundenlang unten in den Tälern oder an den Berghängen Jagd auf Beutetiere machte.

Zu jener Zeit hatte es in dieser Gegend noch von Stachelschweinen gewimmelt, die sich von Wurzeln und Pflanzenknollen ernährten und ihrerseits eine kräftige Nahrung für den Leopardennachwuchs abgaben. Die Kleinen entwickelten sich prächtig, und nach zahllosen Jagdlektionen, bei denen zunächst Grillen, Frösche, Mäuse und später kleinere Antilopenarten die Beute bildeten, betrachtete die Mutter ihre Aufgabe allmählich als erfüllt. Kehrten die Jungen nach ihren eigenen Jagdausflügen ins Lager zurück, geschah es immer öfter, daß die Mutter nicht mehr da war. Nur das letzte der vier Geschwister ließ sich nicht abschütteln. Hartnäckig folgte es der großen Leopardin auf Schritt und Tritt, und da ihr diese Anhänglichkeit offenbar nicht lästig war, dauerte es nicht lange, bis Mutter und Sohn partnerschaftlich auf Jagd gingen.

Eines Tages aber war die Leopardin wieder paarungsbereit, und ihre Haltung gegenüber dem jungen Männchen änderte sich schlagartig. Es wurde wütend angefaucht und mit groben Tatzenhieben traktiert, aber richtig Angst bekam es erst, als eines Nachmittags auf einer Waldlichtung ein mächtiges männliches Tier auftauchte und grimmig zu ihm herüberstarrte. Der fremde Leopard stolzierte an der Mutter vorbei geradenwegs auf das Jungtier zu, das eiligst Fersengeld gab. Sobald die Paarung vorüber war, stellte sich der Sohn aber wieder bei der Mutter in der vertrauten Felsenhöhle ein. Zur Begrüßung leckte sie ihm freundlich das Gesicht, und alles war wieder gut; die gewohnte Lebensweise konnte fortgeführt werden.

Abgesehen von dieser Mutterbindung zeigte der junge Leopard in seinem Verhalten keine Auffälligkeiten. Doch er besaß ein äußeres

Merkmal, das ihn zu einem höchst ungewöhnlichen Exemplar seiner Gattung machte: Von der Schnauze bis zur Schwanzspitze war sein Fell vollkommen schwarz. Am allerschwärzesten aber schien der Kopf zu sein, ein Eindruck, der vielleicht nur dadurch entstand, daß sich die hellen, funkelnden Augen scharf vom dunklen Haarkleid abzeichneten. Tagsüber, wenn Sonnenlicht durch die Baumkronen sickerte, sah dieses Augenpaar smaragdgrün aus, aber nachts, wenn sich Lichter oder die Flammen eines Feuers darin spiegelten, glich es brennendroten Irrlichtern.

Das Revier, das Mutter und Sohn für sich beanspruchten, gehörte ihnen keineswegs allein, doch ein System gut aufeinander abgestimmter Jagdzeiten sorgte dafür, daß sie den Konkurrenten, darunter zwei ausgewachsenen männlichen Leoparden, nur selten ins Gehege kamen. Die Witterung eines fremden Leoparden verriet immer rechtzeitig, wann und wohin er auf Jagd ging, so daß das empfindliche Gleichgewicht der Natur im Revier gewahrt blieb, jedenfalls, solange es reichlich Nahrung gab. Doch schon mehrten sich die Anzeichen für den Rückzug der wichtigsten Beutetiere. Buschböcke, Paviane und kleinere Affen wurden immer seltener, die Warzenschweine waren aus den Bergtälern längst verschwunden. Die steigende Kopfzahl der Nutzviehherden führte dazu, daß sich die Weideflächen immer weiter in die freie Wildbahn vorschoben. Auch hier war die Zivilisation dabei, ihr Territorium auszudehnen, indem sie uralte natürliche Grenzen überschritt.

Trotz des verminderten Nahrungsangebots hatte die alte Leopardin noch nie ein Schaf getötet. Da die Herde unmittelbar am Waldrand graste und die Tiere sich weder durch Hörner noch durch sonderliche Schnelligkeit zu schützen vermochten, hätte sie hier mühelos Beute machen können, aber es war das Jungtier gewesen, das eines Tages als reine Jagdübung das erste der fünf Schafe riß. Seine Mutter nahm erst an der Mahlzeit teil, nachdem der junge Leopard den Kadaver in einem Dornengestrüpp in Sicherheit gebracht hatte. Das Fleisch schmeckte gut, aber die Wolle, die vorher mit der Zunge abgeschabt werden mußte, war unangenehm.

Nun ruhten Mutter und Sohn unter dem Felsendach auf einem weichen Polster aus verrottendem Laub. Die Leopardin leckte dem Männchen mit mütterlicher Sorgfalt Gesicht und Ohren; das Jungtier hielt die Augen geschlossen und genoß die Behandlung mit kindlichem Wohlbehagen. Es war jetzt schon fast so schwer und so muskulös wie seine Mutter. In ein paar Monaten würde es ausgewachsen sein; dann wog es beinahe achtzig Kilogramm und maß mit ausgestrecktem Schwanz gut zwei Meter zwanzig.

Das Licht der untergehenden Sonne tauchte die nach Westen offene Höhle in herrliche rosenrote Farbtöne. Die Leopardin sah aus, als sprühe sie Funken, so heftig reflektierte ihr spiegelblankes Fell das Licht. Die unregelmäßigen schwarzen Ringe auf ihrer Rückenpartie umschlossen Flächen, die noch intensiver gelbbraun gefärbt waren als das übrige Fell. Die Zeichnung der Beine bestand dagegen aus schwarzen Flecken, die zu den Pfoten hin in tropfenförmigen Punkten ausliefen. Der Kopf des Jungtiers ruhte auf der rechten Vorderpfote der Mutter; die linke hatte sie ihm um die Schulter gelegt.

Die Leopardin und ihr Sohn beobachteten, wie im Farmhaus auf der gegenüberliegenden Seite des Tals Lichter angingen, und sie hörten die Hunde bellen – Laute, die ihnen wohlvertraut waren. Aus großer Entfernung drangen auch noch schwache Gitarrenklänge und das Brummen eines Automotors an ihr Ohr, doch mit diesen Geräuschen wußten die beiden nicht viel anzufangen; allenfalls konnten sie sie der Welt der Zweibeiner zuordnen.

Das Tal war längst in tiefe Finsternis getaucht, als sich die Leoparden endlich aufrichteten und einen schmalen Hohlweg hinaufstiegen, der hinter ihrem Lager zum oberen Rand der Schlucht hinaufführte. Dort am Waldrand stand die nächste Mahlzeit für sie bereit.

Dicht hintereinander und unbeirrt von der Dunkelheit, legten Mutter und Sohn zielstrebig den Weg zur Schafweide zurück. Der weitverstreuten Herde schenkten sie überhaupt keine Beachtung. Sie liefen die kleine Böschung hinunter, die die Weide vom Wald trennte, und tauchten in den Schutz der vorderen Baumreihen ein. Von den Schafen, die sich oben auf der Wiese wie eine verschwommene helle Wolke grasend vorwärts bewegten, hörten sie lediglich das leise Getrappel der Hufe.

Die beiden Raubtiere huschten jetzt behende und nahezu lautlos durch den Wald. Mit federnden Bewegungen schnellten sie vorwärts, wobei sie den Boden immer zuerst mit der Außenkante ihrer gut gepolsterten Pfoten berührten, so daß beim Auftreten keine Geräusche entstanden. Die feinen Härchen in ihren Ohren registrierten selbst die geringste Änderung der Windrichtung; so konnten sie sich leicht an Beutetiere anschleichen, ohne daß der Wind diesen ihre

Witterung zutrug. Schließlich bildete jedes ihrer zuckenden Schnurrhaare ein hochempfindliches Tastorgan, das nie versagte, wenn es darauf ankam, im Dunkeln Schlupflöcher auszuloten oder Hindernisse zu umgehen.

Bald war die Stelle erreicht, an der sie in der letzten Nacht ihre Beute zurückgelassen hatten. Eine Weile liefen sie verwirrt und mißtrauisch schnüffelnd vor dem Busch hin und her, bis sie merkten, daß das tote Schaf nicht mehr da war. Doch der Geruch des Kadavers war deutlich wahrnehmbar und lenkte sie endlich zu einem Gewirr von Ästen und Reisig weiter oben im Wald. Hier roch es nicht nur nach Schaf, sondern auch nach Zweibeinern, doch das schreckte die beiden Raubtiere nicht ab. Die alte Leopardin hatte im Laufe ihres siebenjährigen Lebens schon viele Male menschliche Lagerplätze aufgesucht; sie war an erloschenen Feuerstellen vorbeigekommen und kannte den eigentümlichen Geruch von frisch geschlagenem Holz, Tabak und Kaffee, der diesen Orten anhaftete.

Das Männchen umkreiste mit durchgedrücktem Kreuz die gut getarnte Falle. In Erwartung der Mahlzeit peitschte sein langer Schwanz schon aufgeregt durch die Luft, doch seine Mutter duckte sich erst einmal auf den Boden nieder und schickte einen wachsamen Blick in die Runde. Das Männchen versuchte nun, äußerst vorsichtig und von der Längsseite der Falle her an die Beute heranzukommen. So ließ sich der Kadaver vielleicht am leichtesten aus dem Versteck herausziehen. Außerdem bot sich hier ein Baumschößling als Hebel zum Auseinanderspreizen des Gestrüpps an.

Der junge Leopard hatte sich mit dem Vorderkörper schon durch Äste und Blattwerk gearbeitet, als die Nacht zu explodieren schien. Seine Mutter, die noch immer in einiger Entfernung auf dem Boden kauerte, erkannte einen grellen Blitz, der die Dunkelheit zerriß, ehe sie sah, wie das Männchen kopfüber, kopfunter den Abhang hinunterrollte und im krachenden, knackenden Unterholz verschwand. Im nächsten Augenblick setzte ihr Fluchtreflex ein; sie stob durch das Dornengestrüpp davon, während das Echo zweier Schüsse im Tal widerhallte. Eine halbe Stunde später lag sie wieder in ihrer Höhle unter dem schützenden Felsendach und dachte an nichts anderes als an ihren immer noch ungestillten Hunger.

Sie streckte sich auf dem Laublager aus und wartete dösend auf die Rückkehr des Männchens. Das Geräusch herabfallender Steinchen weit unterhalb der Höhle ließ sie sofort hellwach hochfahren, doch ebenso schnell legte sie sich beruhigt wieder hin; sie wußte jetzt, daß das Männchen auf dem Weg zur Höhle war. Doch etwas stimmte nicht; die Geräusche hörten sich sonderbar an. Das Jungtier schien sich ungewöhnlich schwerfällig zu bewegen, und die Leopardin witterte Blut und Angst.

Das Männchen quälte sich mit letzter Kraft über die Kante des Felsbandes und begann sofort, sich heftig zu belecken. Die Leopardin blieb erst einmal auf ihrem Ruhelager im Hintergrund der Höhle liegen und schaute aufmerksam zu dem Jungtier hinüber. Endlich erhob sie sich und machte sich daran, dem Männchen beim Lecken der klaffenden Wunde zu helfen, die vom rechten Schulterblatt bis zum unteren Rippenbogen reichte. Der Verletzte überließ sich erschöpft ihrer Fürsorge. Geschwächt vom starken Blutverlust, legte er den Kopf auf die Pfoten und blinzelte verwirrt in die Finsternis.

Zu seinem Glück hatte der junge Leopard versucht, sich von der Seite her an den Kadaver in der Falle heranzuarbeiten. So hatte er nur einen Streifschuß an Schulter und Flanke abbekommen, wohingegen ihn die geballte Schrotladung im Falleneingang unweigerlich getötet hätte. Dennoch – die Wunde blutete heftig. Viel schlimmer aber war die Verletzung der rechten Hinterpfote. Der Leopard hatte sich mit einem Hinterbein den Zugang zum Schafskadaver offengehalten, und so waren ihm von der Schrotladung sämtliche Zehen und dazu noch die halbe Pfote abgerissen worden.

Gegen Morgen wurde die alte Leopardin unruhig. Nervös trabte sie auf dem Felsband hin und her und stieß immer wieder hohe, stöhnende Laute aus, die an das Miauen einer Katze erinnerten. Dann warf sie einen letzten Blick auf das Männchen, kletterte den rückwärtigen Hohlweg hinauf und machte sich davon, indem sie den verblassenden Sternen folgte, die noch über den Gipfeln des fernen Gebirges standen. Sie hatte es jetzt eilig. Die Erinnerung an die Falle und das furchtbare Getöse, dazu die Blutspur, die nun zu ihrer Höhle führte, und nicht zuletzt das verletzte Jungtier selbst – alles das signalisierte Gefahr und hatte in ihrem Gehirn einen Alarm ausgelöst. Und da die Geburt des neuen Wurfs kurz bevorstand, gab ihr der Instinkt ein, nur noch auf Sicherheit und das eigene Überleben bedacht zu sein.

Das Männchen hatte unterdessen wieder begonnen, seine Wunden zu lecken. Einmal, als es eine Pause einlegte und in die Morgendämmerung hineinhorchte, vernahm es in einiger Entfernung, irgendwo auf dem gegenüberliegenden Hang, die Stimme seiner Mutter. Mit ihrem tiefen, kehligen Bellen schien sie dem Wald sagen zu wollen, er möge noch stiller sein, als er es ohnehin schon war, und der Wald gehorchte.

Zweites Kapitel

Es GIBT nichts Schöneres, als aus einem tiefen, sorglosen Schlaf im Freien zu erwachen. Wer dabei auf weichem, sonnenbeschienenem Gras ruht, über sich einen grünen Blätterbaldachin, im Ohr das Rauschen des nahen Ozeans, der taucht am liebsten gleich noch einmal ein in diesen leichten, süßen Schlummer, der ihn so wohlig umfängt wie den Fisch das warme Wasser der Uferzone. Und wacht der Schläfer endgültig auf, wird er lächeln.

Ebendies geschah Cliff Turner. Mit einem zufriedenen Seufzer reckte er sich und fegte mit den Händen das trockene Laub rings um seinen Kopf beiseite. Dann sprang er energisch auf und begann in geradezu leichtsinnigem Tempo den schmalen Pfad entlangzurennen, der über ein paar baumbestandene Klippen zum Strand hinunterführte. Auf halbem Weg blieb er unvermittelt stehen und schaute eine Weile auf die unendliche Weite des Ozeans hinaus. Dort im Süden, etwa zweitausend Seemeilen entfernt, lag die Antarktis mit ihren Packeisküsten. Schließlich setzte er seinen Weg fort, der unweit vom Strand vor dem Eingang seiner derzeitigen Behausung endete.

Mit der Höhle, die ihm Obdach bot, hatten schon die ursprünglichen Bewohner eine gute Wahl getroffen. Knapp dreißig Meter über dem Meeresspiegel lag sie mitten in einem ausgetrockneten Flußbett, das einen tiefen Einschnitt in den roten, steil aufragenden Klippen bildete. Hundert Meter höher lief eine Forststraße durch den nahezu undurchdringlichen Wald, der sich von der Küste bis zur großen Fernstraße oben auf der Hochebene erstreckte.

Da die Höhle nicht sonderlich tief war, bekam sie auch noch am späten Nachmittag bis in den hintersten Winkel genügend Licht. Auf der einen Seite tröpfelte ein Rinnsal zwischen Moos und Farnen in ein kleines Steinbecken, und vor dem Eingang sorgten ein paar Bäume für einen ausreichenden Windschutz.

Eines Tages hatte Cliff auf dem Höhlenboden ein kleines, aus Knochen geschnitztes Werkzeug entdeckt, und seither fand er es immer wieder aufregend, diesen Gegenstand in die Hand zu nehmen und sich vorzustellen, daß vor langer Zeit, vielleicht vor mehr als tausend Jahren, ein anderer Mensch an derselben Stelle gesessen und dem Rauschen der Brandung gelauscht hatte. Doch die Höhle hätte dieser Mensch nicht wiedererkannt: In einer Ecke stand unter einem Felsvorsprung ein Feldbett, ordentlich ausgestattet mit Bettüchern und einem weißen Kopfkissen. Der Vorsprung diente als Ablage für die unterschiedlichsten Gegenstände: mehrere Rucksäcke, Petroleumlampen, Pfannen und Vorratskisten. Näher zum Eingang hin befand sich eine steingefaßte Feuerstelle, und dort standen auch ein Klapptisch, drei Feldstühle und ein Petroleumkocher. Den sandigen Boden in der Höhlenmitte hatte Turner, so gut es ging, mit Treibholzplanken abgedeckt, die er am Strand gefunden hatte.

Ein Stapel beschriebener Blätter auf dem Klapptisch war mit einem Stein beschwert, und ein schmales Heft daneben trug die Aufschrift: „Clifford Turner – Beobachtungen über den Leoparden der südlichen Kapregion“. Unter dem Tisch standen eine Reiseschreibmaschine und eine Aktentasche.

Cliff stellte den gefüllten Wasserkessel auf den Petroleumkocher und pfiff dabei vor sich hin. Er war ein großer, sportlicher Mann mit kräftigen Schultern. Zu verwaschenen Jeans trug er ein Khakihemd, dessen oberste Knöpfe offenstanden, und seine Füße steckten in schweren Stiefeln. Er hatte dunkles Haar und eine tiefbraune Gesichtsfarbe; sein Dreitagebart ließ ihn älter aussehen, als er in Wirklichkeit war.

Cliff hielt sich nun schon ein Jahr lang in dieser Gegend auf. Obwohl er das Leben eines Einzelgängers führte, wurde doch viel über ihn geredet. Das lag an seiner Tätigkeit: Als junger Naturwissenschaftler hing er der modernen, philosophisch ausgerichteten Zoologie an, die sich intensiv mit der Frage beschäftigte, welch große Verantwortung für die Natur dem Menschen im beschränkten Lebensraum unserer Erde zukomme. Für seine Forschungsarbeiten bekam er ein Stipendium, und er hatte auch schon umfangreiches Material über den Kapleoparden zusammengetragen. Erwartungsgemäß betrachteten die Farmer des Umlandes Cliffs Tätigkeit mit gemischten Gefühlen. Die meisten von ihnen bedachten ihn mit gutmütigem Spott, und eine kleine Minderheit verhielt sich feindselig. Nach außen hin schien er seiner Arbeit fröhlich, aber mit einem gewissen Gleichmut nachzugehen, doch insgeheim interessierte er sich lebhaft für Großkatzen im allgemeinen und Leoparden im besonderen. Im Laufe der Zeit war er zu der Überzeugung gelangt, daß gerade der gebirgige und bewaldete Küstenstreifen hier im Süden trotz landwirtschaftlicher Nutzung, vieler Campingplätze und einiger Hotels einen idealen Lebensraum für Leoparden abgeben müßte. Vorteilhaft war außerdem, daß sich dieser Landstrich überwiegend in Staatseigentum befand. Folgte man allerdings den neuesten zoologischen Verbreitungskarten, so mußte man annehmen, daß es hier keine oder nur ganz wenige Leoparden gab. Kein Wunder also, daß sich Cliff wie ein Edelsteinsucher vorkam, der fortwährend auf neue, unerwartete Schätze stieß.

Unter seinen Universitätskollegen gab es nur wenige, die wußten, wie schwierig und gefährlich es war, Leoparden zu beobachten, diese vollkommen lautlos und überaus gewandt arbeitenden Nachtjäger. Dennoch legte Cliff Wert darauf, allein zu arbeiten. Er hatte lediglich zwei farbige Helfer, mit denen er ein fotografisches Überwachungsnetz aufbaute, das allmählich immer dichter wurde und ständig neue Einblicke in die Tierwelt dieser Region gewährte. Im Umkreis um sein Lager hatte er Stationen eingerichtet, die mit je zwei automatischen Blitzlichtkameras ausgerüstet waren. Eine elektronische Steuerung verband diese mit Sensoren, deren Batterien eine Lebensdauer von nahezu einem Jahr hatten. Die Aufnahmen lieferten einerseits ungewöhnlich gute Informationen über die Lebensgewohnheiten der Leoparden, und andererseits verhalfen sie Turner zu einer Porträtgalerie der übrigen Bewohner des Reviers, die sich immer mehr vervollständigte. Inzwischen besaß er zahlreiche gute Farbfotos von nicht weniger als neunzehn Tierarten, und so durfte er mit dem Verlauf seines Forschungsprogramms zufrieden sein.

Jeden Morgen kontrollierte er mehrere Kamerastationen. Einige mußten jeweils abgebaut und an neue Standorte gebracht werden, deren Lage vorher sorgfältig zu errechnen war. In dieser schluchtenreichen Gegend bereiteten diese Arbeiten Mühe, und manchmal brauchte er einen ganzen Tag für die Errichtung einer neuen Station. Er schlug sich einen Weg durch das dichte Unterholz des Waldes, schleppte dann die Geräte an Ort und Stelle, legte mit Duftstoffen frische Lockspuren, justierte Kameras und Sensoren, kämpfte sich zurück zu seinem Landrover und begann an anderer Stelle die ganze Prozedur von vorn. Doch die Ergebnisse übertrafen meist seine Erwartungen. Sie bewiesen, daß er keinem Phantom nachstellte, sondern ernsthafte Forschungsarbeit betrieb; diese galt überdies einer Tierart, die in freier Wildbahn auszusterben drohte. Daß bei seiner Vorgehensweise keines der Tiere körperlichen Schaden nahm, erfüllte ihn zusätzlich mit Befriedigung.

Nach dem Tee machte sich Cliff auf den Weg zu einer Waldarbeiterhütte in der Nähe der Forststraße, wo er sein Auto, Benzin, Werkzeuge und allerlei Ausrüstungsgegenstände untergebracht hatte. Wie fast jeden Nachmittag stieg er auch diesmal in seinen Landrover und fuhr auf einen kurzen Besuch hinüber in das zehn Kilometer entfernte Forstamt von Rooikrantz. Dort erhielt er seine Post, und der Förster Machek Prewalski, von seinen Freunden Mike genannt, nahm auch telefonische Meldungen über das Auftauchen eines Leoparden in seinem Revier entgegen. Anfangs hatten die Farmer der Umgegend das Forstamt als Beschwerdestelle betrachtet; sie riefen an, weil sie von Prewalski ein schnelles „amtliches" Vorgehen gegen die Großkatzen erwarteten. Doch nachdem sie dahintergekommen waren, daß der Förster die Meldungen an den jungen Wissenschaftler weitergab, der auf seiten der Leoparden stand, hatte die Zahl der Anrufe auffällig abgenommen. Trotzdem war es Cliff gelungen, sich unter den Farmern auch Freunde zu machen. Mit viel diplomatischem Geschick brachte er in Vorträgen, die er auf englisch und afrikaans hielt, den Leuten einige Grundbegriffe der Ökologie näher, die selbst dem rückständigsten Farmer noch einleuchten mußten. Doch der Leopard galt nun einmal als Viehräuber und stellte, unter unglücklichen Umständen, auch eine Gefahr für den Menschen dar. Und so fürchtete sich Cliff nur vor dem Tag, an dem er die Nachricht erhielt, daß ein verletzter Leopard – meist das Opfer einer Selbstschußanlage – in der Gegend herumstreune. Solch ein Tier wäre in der Tat unberechenbar.

Er lenkte den Landrover durch die Eichenallee, die zum Forstamt führte, und stellte ihn im Hof ab. Die Frau des Försters stand im Büro vor einem Wandspiegel und brachte ihr Haar in Ordnung. Als Cliff plötzlich in der Tür auftauchte, fuhr sie so heftig herum, daß sie einen Stapel Papiere vom Schreibtisch fegte.

„Mich so zu erschrecken!" rief sie vorwurfsvoll. Polly Prewalski war eine attraktive Frau; sie hatte blaue Augen und tiefschwarzes Haar, in dem sich die ersten grauen Strähnen zeigten.

„Entschuldigen Sie bitte, Polly", erwiderte Cliff. „Ich hätte nicht so hereinplatzen sollen." Er sammelte die Papiere vom Fußboden auf.

„John Avery hat angerufen", meinte Mrs. Prewalski. Sie trat an ein

Tischchen, auf dem eine Warmhalteplatte mit einer blauen Kaffeekanne und zwei Tassen stand. „Er hat mir von einem verletzten Leoparden erzählt, den er auf dem Gewissen habe. Sie möchten bitte zurückrufen."

Cliff fuhr herum. Das durfte doch nicht wahr sein! „Dieser Idiot!" rief er. „Wie, zum Teufel, hat er das fertiggebracht? Wahrscheinlich mit einer Selbstschußanlage..."

„Regen Sie sich nicht so auf, Cliff. Hier – trinken Sie erst mal einen Schluck Kaffee."

Sie reichte ihm eine Tasse, und Cliff bedankte sich mit einem Kopfnicken. Er hatte inzwischen ärgerlich zum Telefon gegriffen, dessen Hörer er in der Faust beinahe zerquetschte. Als sich die Vermittlung meldete, gab er ihr John Averys Telefonnummer durch und legte wieder auf. Stirnrunzelnd hockte er auf der Schreibtischkante und schlürfte den heißen Kaffee, während er auf das Gespräch wartete. Plötzlich packte ihn wieder der Zorn. „Wie kann man bloß so eine Riesendummheit begehen!" schimpfte er. „Wetten, daß Japie Kampmuller mit von der Partie war? Der alte Bursche ist doch schon lange scharf darauf, einen Leoparden vor die Flinte zu bekommen!"

„Aber Leoparden sind nun mal gefährliche Tiere", wandte Mrs. Prewalski ein. „Sie müssen auch an die Menschen denken, die hier leben, Cliff."

„Da haben Sie recht, Polly. *Dieser* Leopard ist jetzt gefährlich, und John Avery ist daran schuld." Er schwieg einen Augenblick und fügte dann hinzu: „Natürlich kann es auch sein, daß das Tier inzwischen tot ist."

Die Förstersfrau setzte ihre Kaffeetasse ab. „Leoparden sind sowieso zu nichts nütze", meinte sie kampflustig. „Möchte wissen, warum Sie sich für das Raubzeug so stark machen."

Er musterte sie kritisch. „Weil ich auf der Seite des Lebens stehe, Polly", erwiderte er, „deshalb." Schließlich verzog er das Gesicht zu einem schiefen Lächeln. „Aber vielleicht haben Sie recht, und ich bin schon ein bißchen verrückt. Bekomme ich noch einen Kaffee?"

Sie reichte ihm die gefüllte Tasse. Durch die geöffnete Tür sah Cliff, daß der Hof bereits in vollem Sonnenlicht lag. Drinnen im Büro war es sehr still.

„Wann wollte Mike denn zurückkommen?" fragte Cliff endlich.

Mrs. Prewalski blickte von ihrer Tasse auf. „Machen Sie jetzt bloß höfliche Konversation, oder haben Sie wirklich ein Anliegen? Ich will

Ihnen mal was sagen: Mike ist ein Esel! Jawohl, ein Esel! Heute ist er schon seit dem frühen Morgen fort, aber wenn Sie es genau wissen wollen: Mir ist das gerade recht!"

Cliff lächelte. Er hatte bei den Prewalskis schon so viele Ehekräche und darauffolgende Versöhnungen erlebt, daß ihn dieser Ausfall nur amüsierte.

Das Telefon klingelte, und er nahm erleichtert den Hörer ab. „Sind Sie's, John?" fragte er. „Ja, richtig, ich bin hier im Forstamt." Eine Weile hörte er sich John Averys Erklärungen schweigend an. Dann sagte er bloß: „Aha, eine Selbstschußanlage also. Welcher Typ? Kugeln oder Schrot?" Mit den Fingern trommelte er ungeduldig auf der Tischplatte. „Welches Kaliber? Zwölf Millimeter ... Gut, ich bin gleich da." Er wies John Avery noch an, mit Paul Stander Verbindung aufzunehmen, dem leitenden Beamten der Naturschutzbehörde. Dann legte er den Hörer auf.

„Müssen Sie sich jetzt wirklich auf die Suche nach dieser unseligen Bestie machen?" fragte Mrs. Prewalski.

Cliff seufzte. „Ich glaube schon ..." Er stand auf und brachte sogar ein Lächeln zustande. „Danke für den Kaffee", sagte er zum Abschied.

Mit tief bekümmerter Miene kletterte er in den Landrover, schaute auf die Armbanduhr und rechnete aus, wieviel Zeit es ihn kosten würde, sein Gewehr zu holen. Die Vorstellung, es benützen zu müssen, war ein Greuel – das krasse Gegenteil von allem, wofür er lebte und arbeitete. Und lebensgefährlich war es obendrein.

Cliff und John Avery bewegten sich dicht hintereinander und so lautlos wie möglich vorwärts. Noch waren die Bäume niedrig und der Boden staubig, doch schon bald gerieten sie in ein dunkleres, feuchteres Waldgebiet. Abgesehen von vereinzelten Vogelrufen war es hier vollkommen still. Cliff, der hinter dem jungen Farmer ging, war froh, daß auch nicht die leiseste Brise das Blätterdach über ihren Köpfen zum Rascheln brachte. So war die Gefahr geringer, das tiefe Durchatmen oder leise Fauchen eines sprungbereiten Leoparden zu überhören.

Als sie bei der Falle ankamen, hatten sich ihre Augen schon an das Dämmerlicht gewöhnt. Die drei Mischlingshunde, die John Avery von seinen Landarbeitern ausgeliehen hatte, zeigten unübersehbare Zeichen von Angst, und erst jetzt begann Cliff sich ernsthaft mit der Möglichkeit auseinanderzusetzen, daß es sich bei dem Schafdieb tatsächlich um einen Leoparden und nicht um eine Meute streunender Hunde handeln könnte. Die Tiere begannen zu tänzeln, als werde ihnen der Boden unter den Pfoten zu heiß. Mit dem Schwanz wedelten sie längst nicht mehr, statt dessen schnüffelten sie nervös an der Falle mit ihrer abstoßenden und gleichzeitig aufregenden Leopardenwitterung herum.

Die Zweige und Blätter, die über dem Schafskadaver ein provisorisches Dach gebildet hatten, waren durch die Wucht der Detonation zerfetzt worden, und die Männer konnten sich kaum vorstellen, daß ein so großes Tier wie der Leopard ohne tödliche Verletzungen aus der engen Falle entkommen sein sollte. Der Boden vor dem Falleneingang war auch übersät mit kurzen, dunklen Tierhaaren, und dazwischen lagen kleine blutgetränkte Hautfetzen und eine fast vollständige Kralle. Cliff und John Avery beugten sich schweigend über diese traurigen Überreste; ein Kommentar erübrigte sich. Vorsichtig stiegen sie die Böschung hinunter; am niedergetretenen Farnkraut erkannten sie, in welche Richtung sich der Leopard davongemacht hatte. Auf einem schattigen, mit Aronstab bewachsenen Plätzchen entdeckten sie schließlich den Beginn einer kräftigen Blutspur; die Tropfen hoben sich deutlich vom grünen Untergrund ab. Behutsam, Schritt für Schritt, setzten sich die Männer nun auf diese Fährte.

Während sie marschierten, umklammerte Cliff sein Gewehr immer fester. Nach einer Stunde waren seine Finger ganz steif und verkrampft, und John Avery, der nun hinter ihm ging, atmete immer schwerer. Es wurde Zeit, eine Pause einzulegen. Die Hunde hatten sich längst heimwärts getrollt, doch die blutige Spur des Leoparden war immer noch deutlich zu erkennen.

Cliff beschlich die Ahnung, daß das Tier vielleicht doch nicht so schwer verletzt war, wie er angenommen hatte. Wenn sie Pech hatten, lauerte es ihnen sogar hier ganz in der Nähe auf. Hin und wieder entdeckte er an Bäumen in Kniehöhe auffallend breite Blutstreifen. Offenbar hatte der Leopard an der Rinde seine Wunden gescheuert, weil er den Schmerz auf diese Weise loszuwerden hoffte. Auf einem großen Aronstabblatt war außerdem deutlich der Abdruck einer blutigen Pfote zu erkennen. Ein Streifschuß also! Das war die einzig mögliche Erklärung. Und die abgerissene Kralle neben der Falle? Ob der arme Kerl vielleicht eine Pfote eingebüßt hatte? Vielleicht doch nicht, denn dann wäre die Blutspur noch breiter gewesen. Im Geist begleitete Cliff das verwirrte, halb betäubte Tier auf seiner Flucht vor Angst und Schmerzen, und wieder packte ihn heftiger Zorn.

John Averys Gesicht glänzte inzwischen vor Schweiß. Besessen vom Jagdfieber, wandte er unentwegt den Kopf hin und her und spähte aufmerksam bald in diese, bald in jene Richtung. Cliff hoffte dagegen immer noch, der Leopard werde der Begegnung mit dem Menschen ausweichen und auf diese Weise mit dem Leben davonkommen. Aber für einen kurzen Moment hätte auch er das seltene Tier gern mit eigenen Augen gesehen.

Die Spur führte abwärts, zum Flüßchen am Grunde der Schlucht hinunter, und dann wieder steil aufwärts, hinweg über Felskanten und große, moosbedeckte Steinbrocken. Sie war ganz frisch, höchstens eine Stunde alt. Auf einmal entdeckte Cliff eine zweite, ältere Fährte, die schon vertrocknet aussah und parallel verlief. Beide Spuren führten auf eine Felsformation zu, die zwischen den Baumstämmen sichtbar wurde. Die Männer traten aus dem Schatten des Waldes und schauten hinauf zum strahlendblauen Himmel, vor dem sich die Felswand, die aus mächtigen, übereinandergetürmten grauen und roten Gesteinsbrocken bestand, scharf abzeichnete. John Avery atmete hörbar auf, und Cliff war nicht weniger erleichtert. Hier im hellen Sonnenlicht standen ihre Chancen gegen das Raubtier deutlich besser, und sie konnten sich eine kurze Ruhepause gönnen.

„Ich glaube, er ist dort hinaufgeklettert“, flüsterte Cliff. „Siehst du den Einschnitt dort zwischen den Felsen ... über diesem kleinen Sims?“

John Avery schluckte. „Könnte stimmen“, sagte er. „Und was machen wir jetzt?“

Cliff ließ sich Zeit mit der Antwort. „Diese frische Blutspur neben der vertrockneten bedeutet, daß der Leopard offenbar die ganze Nacht dort oben verbracht hat. Zwischendurch ist er heruntergekommen und wieder hinaufgeklettert, und zwar erst vor kurzem. Also dürfte er nicht lebensgefährlich verletzt sein. Wir können aber von hier aus nicht einfach zu seinem Lagerplatz hinaufsteigen; damit würden wir uns mutwillig in Gefahr begeben. Versuchen wir lieber, einen Bogen um die Felsen zu schlagen und uns die Sache von der Rückseite anzusehen.“

Der „Bogen“ um den Felsen bedeutete eine lange, mühselige Klettertour. Doch obwohl sie sich über steiles, von Dornengestrüpp überwuchertes Gelände vorkämpfen mußten, waren sie jetzt viel

entspannter, denn hier drohte keine Gefahr aus einem unübersichtlichen Hinterhalt. Cliff wußte, daß ihre Chancen, den Leoparden aufzustöbern, nun, da sie keine Fährte verfolgten, gering waren. Wenn das Tier nicht allzu schwer verletzt war, hatte es sich wohl längst in die Tiefe des Waldes zurückgezogen. Cliffs Hoffnung, es wenigstens für einen Augenblick zu Gesicht zu bekommen, schwand.

Endlich hatten sie die Stelle erreicht, von der sie die Felsen einigermaßen überblicken konnten. Vorsichtig schauten sie ins Tal hinunter, doch die Baumwipfel unterhalb der Steilwand bildeten eine eintönige grüne Fläche, so daß die Männer nicht zu sagen wußten, ob sie sich über der Stelle befanden, die sie für das Lager des Leoparden gehalten hatten. Behutsam kletterten sie über die Felskante talwärts. Sie hatten gerade eine grasbewachsene Rinne erreicht, als sie von dem Raubtier überrascht wurden. Cliff hörte das Geräusch von rieselndem Sand und herabfallenden Steinen und fuhr erschrocken herum. Da sah er den pechschwarzen Leoparden wenige Meter über sich auf der Felskante. Noch während er das Gewehr hochriß, setzte die kehlig fauchende Raubkatze zum Sprung an. Im selben Augenblick schob sich John Avery in die Schußlinie und taumelte ein paar Schritte rückwärts. Der Leopard warf sich blitzschnell herum, sprang den jungen Mann mit einem Riesensatz an und schlug ihm mit einem Prankenhieb die Waffe aus der Hand. Im nächsten Moment war er schon ins Dickicht eingetaucht. John Avery, der zu Boden gegangen war, versuchte zähneknirschend, wieder auf die Beine zu kommen. Dabei stammelte er: „Was war denn los, Cliff? Mein Gott, was war denn los?"

„Hast du etwas abbekommen?" fragte Cliff besorgt.

„Nein – alles in Ordnung! Der Bursche ist mir doch glatt über den Kopf gesprungen! Außerdem ist er ja schwarz . . ."

„Ja, kohlrabenschwarz . . ." In Cliffs Tonfall mischten sich ungläubiges Staunen und kaum verhohlene Begeisterung. „Ein schwarzer Panther, John! Und ein großes, herrliches Exemplar obendrein!"

Drittes Kapitel

Wie jedes Jahr um diese Zeit begann im Badeort Knysna wieder einmal die Feriensaison. Endlose Schlangen von Autos mit Wohnwagen, Bootsanhängern und überladenen Dachgepäckträgern schoben sich durch das Küstenstädtchen, und schließlich ließen sich die ankommenden Touristen als lärmende, buntscheckige Menge so nahe wie möglich beim Wasser nieder. Aus Campingplätzen und Hotels ergossen sich die Feriengäste in alle Himmelsrichtungen und verwandelten die Lagune an der Flußmündung in ein ausuferndes Vergnügungszentrum. Jachten mit knatternden leuchtendbunten Segeln, Rennboote, Wasserskiläufer und Fischerboote tummelten sich auf dem Meer und zeichneten mit ihrem weiß schäumenden Kielwasser raffinierte Muster auf die smaragdgrüne Wasseroberfläche.

Jean Mannion parkte den Range-Rover im Schatten einer großen Eiche. Dann reihte sie sich in den Strom der Touristen ein und spazierte die Hauptstraße entlang. Obwohl Jean noch nicht lange in dieser Gegend lebte, wurde sie doch immer wieder von Bekannten begrüßt – flüchtige Begegnungen nur, die für sie aber zu den unentbehrlichen Freuden eines Stadtbummels gehörten. Sie kaufte Patronen für Johns Jagdgewehr und Zahnpasta, vereinbarte mit dem Tierarzt einen Impftermin für die Hunde und bestellte einen Bulldozer, da sie in der Nähe der Farm einen Damm aufschütten lassen wollte. Schließlich ließ sie sich auch noch von Freunden zum Mittagessen am Sonntag einladen.

Als Jean alle Besorgungen erledigt hatte, war es schon später Nachmittag. Während sie zu ihrem Range-Rover zurückkehrte, begann es zu tröpfeln, und als sie schließlich im Wagen saß, regnete es in Strömen. Sie wünschte, das Unwetter hätte noch ein, zwei Stunden auf sich warten lassen, damit sie trocken nach Hause gekommen wäre.

Gerade wollte sie den Motor anlassen, als Cliff Turners Gesicht verschwommen vor der regenblinden Windschutzscheibe auftauchte. Unwillkürlich zuckte sie zusammen. Cliff war mit einem Sprung neben dem Auto und lachte fröhlich, als Jean das Seitenfenster herunterließ. Sein Haar troff vor Nässe, und er schnappte nach Luft.

„Hallo! Ich habe Sie von weitem einsteigen sehen und hatte schon Angst, Sie könnten mir entwischen.“ Er holte tief Luft. „Na ja, so ein bißchen Lauftraining ist ganz nützlich. Ich wollte übrigens auf einen Drink in den Jachtklub gehen. Kommen Sie mit?“

Jean runzelte die Stirn. „In den Jachtklub? Da bin ich nicht mehr gewesen, seit ...“

Sie hielt inne. „Seit Simon tot ist“, hatte sie sagen wollen, aber Cliff wußte auch so, was sie meinte. Cliff überspielte die Situation rasch. „Oder trinken wir woanders einen Kaffee?“ fragte er.

Jean überlegte kurz, ehe sie mit fester Stimme erwiderte: „Nein, Cliff, gehen wir doch in den Jachtklub! Warum auch nicht? Wir setzen uns draußen hin, ja? Ich wollte Sie schon längst einmal über Ihr Abenteuer mit dem Leoparden ausfragen."

SIE saßen in der kleinen überdachten Veranda des Klubs. Vor ihnen erstreckte sich die weite Wasserfläche der Lagune, auf der vereinzelte Boote und Windsurfer wie bunte Federn dahintrieben. Jean nippte an ihrem Glas, während Cliff Turner redete.

„Ich glaube, kaum ein Tier beschäftigt die Phantasie der Menschen so sehr wie der schwarze Panther", meinte er. „Aber genaugenommen ist schon die Bezeichnung ungenau. Ein schwarzer Panther ist nichts anderes als ein schwarzer Leopard. Wir Wissenschaftler nennen eine solche Schwarzfärbung, die auch beim Jaguar auftritt, Melanismus. Zu dieser Erscheinung kommt es, wenn bei der Vererbung der Fellfarbe die schwarzen Anteile überwiegen. Das Merkmal ist rezessiv, und das heißt, daß im allgemeinen die Nachkommen von einem schwarzen und einem normalfarbigen Elternteil das übliche helle Fell mit der dunklen Zeichnung haben. Bei der Paarung von Schwarz und Schwarz wird durchschnittlich ein dunkles Junges auf drei helle geboren."

„Also ist diese Schwarzfärbung selten."

„Sehr selten, besonders hier in der Kapregion. Der afrikanische schwarze Panther tritt fast nur in tropischen Zonen auf, also in Zentralafrika. Hier unten bei uns ist er so gut wie unbekannt. Ihr Bruder und ich sind wohl die ersten Menschen in dieser Gegend, die ein schwarzes Exemplar zu Gesicht bekommen haben."

„Um so schwerer wiegt die Sache mit Johns Falle ..."

Cliff schwieg und trank einen Schluck Wein. Dann fuhr er fort: „Sie sollten sich deswegen nicht allzu viele Gedanken machen, Jean. Leoparden sind zähe Burschen. Sie kennen doch die Redensart: ‚Eine Katze hat neun Leben.' Die Erfahrung zeigt, daß sie oft die schlimmsten Verletzungen überstehen. Problematisch wird für sie in diesen Fällen nur die Ernährung, die Jagd auf größere Beutetiere. Aber notfalls kommen sie auch eine Weile mit Käfern, Fröschen und Eidechsen aus ..."

„... oder sie gehen auf Menschen los!"

Cliff lachte. „Äußerst selten. Ich bin auf diesem Gebiet kein Experte, aber soviel weiß ich: Durch das Zusammentreffen unglücklicher Umstände kann der Leopard schon mal zum Menschenfresser werden. Aus Indien wird zum Beispiel berichtet, daß Großkatzen erst auf den Geschmack kamen, nachdem sie durch Zufall auf eine menschliche Leiche gestoßen waren. Aber hierzulande ist meines Wissens noch nie ein Mensch gefressen worden."

Jean erwiderte nichts. Sie starrte immer noch aufs Wasser hinaus, während Cliff ihr Glas nachfüllte. Voll Bewunderung betrachtete er ihr Profil und ihr schönes schwarzes Haar, das ihr in weichem Schwung bis auf die Schultern fiel.

„Herrlich, diese Ruhe hier, nicht wahr?" sagte er.

Sie strich sich eine Haarsträhne aus dem Gesicht und sah ihm in die Augen. „Ja, Cliff. Aber ich muß jetzt nach Hause fahren."

„Bleiben Sie doch noch ein Weilchen! Wir könnten auch irgendwo etwas essen gehen."

„Gern, Cliff, wirklich..., irgendwann mal, aber nicht heute abend."

Er suchte immer noch nach einem Grund, um Jean zum Bleiben zu bewegen, sah aber bald die Aussichtslosigkeit seiner Bemühungen ein. Und so wiederholte er nur: „Ach bitte, bleiben Sie doch noch!"

Sie schaute ihn prüfend an und lächelte. „Meinetwegen", sagte sie schließlich. „Meinen Wein kann ich ja noch austrinken." Die nervöse Spannung, wenn nicht sogar Traurigkeit in Cliffs Zügen war ihr nicht entgangen. Um so erleichterter reagierte er auf ihr Entgegenkommen.

Er füllte ihr Glas von neuem und mit so viel Schwung, daß sich ein Spritzer über Jeans Arm ergoß. Sofort sprang Cliff auf, beugte sich besorgt über sie, tupfte die Tropfen mit seinem Taschentuch auf und hielt dabei ihre Hand. In diesem Moment brach eine kleine Gästeschar in die Veranda ein und schwärmte in vollen Tönen von dem herrlichen Sonnenuntergang. Der flüchtige Augenblick des Einvernehmens zwischen Jean und Cliff war vorüber.

Als der schwarze Leopard den beiden Männern oben auf dem Felsplateau begegnet war, hatte er zum zweitenmal innerhalb kurzer Zeit Todesängste ausgestanden, doch diese Furcht war unvermittelt in wilden Überlebenswillen umgeschlagen. Für einen Augenblick hatte er sogar seine Schmerzen vergessen und sich mit einem gewaltigen Sprung in Sicherheit gebracht. Jetzt, im kühlen Wald, bewegte er sich wieder langsamer auf den drei gesunden Pfoten vorwärts. Von Zeit zu Zeit blieb er stehen, leckte den unaufhörlich blutenden Stumpf der zerrissenen Hinterpfote und horchte auf verdächtige Geräusche.

Der Blutverlust hatte ihn geschwächt, außerdem verspürte er Hunger und Durst. Gegenwärtig schien zwar keine Gefahr zu drohen, doch beim Laufen litt er schrecklich unter dem dumpfen Schmerz im Hinterbein und der zunehmenden Steifheit der verletzten Schulterpartie. Hier im Dunkel des Waldes war er perfekt getarnt, aber wenn ihn ein Sonnenstrahl streifte und sein pechschwarzes Fell schimmern ließ, blitzte an seiner Flanke ein verräterischer roter Fleck auf: Aus der Schußwunde quoll immer noch Blut.

Neben einer Gruppe hoher Farne war die Erde aufgewühlt; offenbar hatten hier Buschschweine nach Futter gesucht. In dem aufgelockerten Boden zeichnete sich außerdem deutlich die Vorderpfote eines ausgewachsenen Leoparden ab. Der wohlvertraute Geruch, der daran haftete, sagte dem Jungtier, daß hier eine Chance auf Rettung winkte. Mit gesenktem Kopf begann er langsam der Spur zu folgen, die seine Mutter auf dem Weg in die Berge hinterlassen hatte.

Am späten Nachmittag lagen endlich die tiefen Täler und steilen Hänge hinter ihm, die ihm das Vorwärtskommen so schwergemacht hatten. Doch selbst oben auf dem bewaldeten Plateau verursachte ihm das Laufen auf drei Pfoten unerträgliche Schmerzen, so daß er immer wieder Pausen einlegen mußte. Einmal kreuzte er einen kleinen Wasserlauf. Er stillte seinen Durst und nahm wieder die Witterung seiner Mutter auf, die er im überhängenden Blattwerk eines Baumfarns besonders stark wahrnahm. Vor ihm lag nun eine grasbewachsene ehemalige Forststraße. Sie war ungeschützt und deshalb gefährlich, aber sie erleichterte das Vorankommen.

Hinter einer Wegbiegung blieb der Leopard vor Schreck wie angewurzelt stehen: Zwei Waldarbeiter mit zwei hochbeinigen Rhodesian-Ridgeback-Hunden kamen ihm entgegen. Die Hunde waren spielend vor den Männern hergetrabt und sahen sich nun so unvermittelt dem schwarzen Raubtier gegenüber, daß sie nicht mehr zwischen Angriff und Flucht wählen konnten. Die voranlaufende Hündin jaulte entsetzt auf. Im ersten Schreck machte sie einen Satz rückwärts, rempelte den Rüden an und schnappte wütend nach ihm. Doch im nächsten Moment baute sie sich schon kampfbereit vor dem Leoparden auf: die Beine fest gegen den Boden gestemmt, den Rücken durchgedrückt, die Fänge entblößt. Beide Hunde spürten, daß ihnen hier ein Feind gegenüberstand und die Chancen gleich verteilt waren. Griffen sie selbst an, begaben sie sich in Todesgefahr. Rannten sie davon, weckten sie in ihrem Gegner den Angriffsinstinkt.

Eine Sekunde lang herrschte atemlose Spannung. Der schwarze Leopard hatte Angst, aber angesichts der beiden Hunde und der großen Zweibeiner, die mit offenem Mund reglos hinter ihren Tieren standen, löste sich seine Erstarrung und schlug um in wilde Panik. Einer der Männer stieß einen Schreckensruf aus, und das genügte, um im schmerzbetäubten Gehirn der Raubkatze einen einzigen Impuls auszulösen – den Impuls zu töten.

Der Leopard legte die Ohren an, seine Augen verengten sich zu schmalen Schlitzen, und sein langer Schwanz peitschte durch die Luft. Noch ehe der vorderste der Waldarbeiter sich umdrehen und davonrennen konnte, war das Raubtier vorgeschnellt und hatte sich mit ausgestreckten Vorderpfoten auf die Hunde geworfen. Die Hündin tötete es mit einem einzigen Tatzenhieb auf den Schädel; den Rüden, der noch einmal auf die Beine kam und sich durch einen mächtigen Satz seitwärts retten wollte, zerfetzte es in der Luft. Während der Hundekadaver auf den Boden fiel, stürzte sich der Leopard auf die flüchtenden Männer. Blind vor Mordlust schlug er um sich, ehe er schließlich auf dem Forstweg davonpreschte.

Sobald nur noch die Stimmen der Zweibeiner zu hören, aber nichts Gefährliches mehr zu sehen war, sprang er ins Unterholz, das ihm vertrauter war. Er hielt erst im Laufen inne, als er versehentlich gegen einen jungen Baum prallte. Keuchend legte er sich nieder und rollte sich auf die gesunde Flanke. Auch jetzt lauschte er noch mit aufgestellten Ohren, doch die Stimmen der Zweibeiner wurden zunehmend schwächer. Da inzwischen die Dämmerung hereingebrochen war, blieb er auf dem weichen Polster aus abgestorbenen Blättern liegen. Lange vor Tagesanbruch erwachte er wieder und begann sogleich, mit großer Sorgfalt den Schmutz von dem blutverkrusteten Hinterpfotenstumpf abzulecken. Eine Zeitlang war im Wald lediglich das Schaben seiner rauhen Zunge zu hören. Dann stimmte die erste Dschungeltimalie ihr Lied an, und nach und nach wurden auch die übrigen gefiederten Waldbewohner munter. Der Leopard machte sich wieder auf den Weg.

Der tiefe Schlaf der Erschöpfung während der Nacht hatte ihm gutgetan. Er fühlte sich nun kräftig genug, die Spur der Mutter von neuem aufzunehmen. Sie führte einen nicht mehr benutzten Forstweg entlang, dann durch Buschwald hinauf in die Region der taufunkelnden kahlen Felsen. Im feuchten Sand zwischen den Büschen hatte der Leopard die Witterung der Mutter leicht verfolgen können, doch allmählich wurde sie immer schwächer. Jenseits des Felsenkammes, auf der Südseite, ließ sie sich nicht mehr wahrnehmen. Hier unter den sengenden Sonnenstrahlen war sie längst verflogen, und es roch nur noch nach heißem Gestein und würzigen Kräutern. Er blieb stehen und starrte in das weite, kesselförmige Tal hinunter. Die Felswände, das grüne Buschland und die glitzernden Gebirgsbäche, alles war in gleißendes Sonnenlicht getaucht. Mühsam schleppte er sich zu einer tiefer gelegenen Geröllhalde. Ein überhängender Felsblock mit einem schmalen, grasbewachsenen Sims und einem verkrüppelten Baum boten ein wenig Schutz vor der Sonne. Dort blieb er schwer atmend liegen; seine Körper- und Willenskräfte waren erschöpft.

Bis zum Einbruch der Dunkelheit hatte er sich genügend erholt, um in der unmittelbaren Umgebung seines neuen Lagers auf die Suche nach Nahrung gehen zu können. Doch ein stechender Schmerz machte diesem Versuch schnell ein Ende. Mit der zerfetzten Pfote war er auf einen scharfkantigen Stein getreten, und erst jetzt, viele Stunden nach dem Unglück, gab der Leopard seinem Elend lauthals Ausdruck. Er stieß ein tiefes, klagendes Gebrüll aus, das in ein unheimlich klingendes Bellen überging und in einem jammervollen Miauen endete. So kündete sich der nahende Tod an und erfüllte das ganze Tal mit Trauer. Es war eine Trauer voll großer Kraft und Schönheit, wie sie nur die Wildnis noch kennt.

Immer wieder, die halbe Nacht lang, erscholl das schaurige Geheul. Die Leopardin, die unten im Tal an einem gluckernden Bach auf die Jagd ging, horchte auf. Das war kein Brunstschrei! Sie machte kehrt, erklomm den Hang und begann schließlich, auf das Geheul zu antworten. Vorsichtig die Witterung prüfend, mit halb geöffnetem Maul, näherte sie sich dem Lager des schwarzen Männchens. Kurz darauf begrüßten Mutter und Sohn einander mit behutsamem Nasenreiben und zufriedenem Grunzen. Dann ließ der junge Leopard den Kopf erlöst auf die Vorderpfoten sinken, und die Mutter machte sich daran, seine Flankenwunde zu säubern.

Am frühen Morgen stiegen sie gemeinsam hinunter ins Tal, wo sich ein Fluß durch eine enge Schlucht wand, und noch vor Sonnenaufgang kamen sie im neuen Lager der Leopardin an. Es war eine Höhle in der Steilwand der Schlucht; sie lag oberhalb einer dunklen Wasserfläche, die von dichtem Gebüsch gesäumt war, und erhielt zusätzlichen Schutz von der steilen Felswand auf der gegenüberliegenden Seite. Am Vormittag, als die Sonne schon ziemlich hoch am Himmel stand, war es in der Höhle immer noch dunkel und kühl, und das Männchen streckte sich sofort wieder auf dem Boden aus. Nur die Spitzen seiner Reißzähne blitzten schneeweiß, und das feuchte Fell schimmerte silbern, wenn ein verirrter Sonnenstrahl darauf fiel. Einen Augenblick war vor dem Höhleneingang das gelbe, gefleckte Fell der alten Leopardin zu erkennen, die zur Jagd aufbrach. Sie tauchte in das mit Felsblöcken durchsetzte Gebüsch ein und war bald unten am Flußufer verschwunden.

Gegen Abend kehrte sie satt, mit geschwollenem Leib in die Höhle zurück und begann, große Mengen von noch dampfendem Springbockfleisch hervorzuwürgen. Das Jungtier schleppte sich halb laufend, halb kriechend zu dem Futterberg und fing sofort gierig zu fressen an.

Eine Woche lang machte die Leopardin an den Berghängen Jagd auf Springböcke, ehe die Herde in ein sicheres Revier flüchtete. Doch inzwischen hatte die Gesundung des schwarzen Leoparden schon gute Fortschritte gemacht. Der Stumpf der Hinterpfote, dessen zerfranste Ränder nun sauber glattgebissen waren, wurde fleißig geleckt, und die Wunde an der Flanke zog sich allmählich zu einer langen grauroten Narbe zusammen.

Am zehnten Tag suchte die alte Leopardin ein neues Lager auf, das sie ein Stück flußabwärts in der Schlucht vorbereitet hatte. Dort brachte sie zwei Junge zur Welt, beide gelb mit schwarzen Flecken. Schon nach kurzer Zeit kehrte sie mit dem neuen Wurf in die Höhle zurück, und wenn sie die noch blinden Kleinen säugte, gesellte sich der große schwarze Leopard dazu, und seine Mutter ließ ihn gewähren.

Sie boten einen seltsamen Anblick: das mächtige gefleckte Muttertier, das entspannt auf der Seite ruhte, ihr ebenso großer schwarzer Sohn, der im rechten Winkel zu ihr lag, und die zwei hellen Winzlinge, die sich an den erwachsenen Bruder schmiegten und mit ihm um die Wette tranken. Doch er beanspruchte mehr Milch, als ihm zustand, und die Leopardin wurde unruhig. Vier Tage nach der Geburt der Kleinen nahm sie den erwachsenen Sohn zum erstenmal wieder mit auf die Jagd. Er hinkte noch, als er, der Mutter auf den Fersen, den sonnenbeschienenen Berghang erklomm, doch sein Fell sah schon weniger stumpf aus, und er reagierte bereits wieder mit raschen, lebhaften Kopfbewegungen auf jedes noch so leise Geräusch, das vom Berg her kam.

Viertes Kapitel

CLIFF saß in Jean Mannions Range-Rover auf dem Rücksitz und genoß die Fahrt. Er betrachtete die vorbeihuschenden bewaldeten Hänge zu beiden Seiten der Straße und paffte mit sichtlichem Behagen seine Zigarre. Seine einsame Höhle in den Felsen am Strand schien unendlich weit fort zu sein. Doch sowie er sich seiner augenblicklichen Zufriedenheit bewußt wurde, fragte er sich, was sich wohl als stärker erwiese: sein Hang zum Einsiedlerleben oder seine stetig wachsende Zuneigung für Jean Mannion. Im nächsten Augenblick faßte er einen Entschluß. Er beugte sich vor und sagte: „Was halten Sie davon, Jean, wenn ich für Sie und John und noch ein paar Leute eine Strandparty gebe? Unten bei meiner Höhle? Hätten Sie Lust zu kommen?"

Jean, die am Steuer saß, drehte sich kurz um. „Ja, wir kommen gerne, Cliff. Vielen Dank für die Einladung. Eine großartige Idee!"

„Für den romantischen Mondschein sorgt natürlich der Gastgeber", sagte John Avery, der auf dem Beifahrersitz saß.

„Selbstverständlich", entgegnete Cliff; dann schwiegen alle drei.

Nach einer Weile fragte John: „Was steht heute bei dem Informationsabend eigentlich auf dem Programm? Forstangelegenheiten? Naturschutzfragen? Oder etwas anderes ...?"

„Hauptsächlich geht es um den Naturschutz. Wie jede Woche hatten wir letzten Mittwoch unseren Zoologenstammtisch. Und da kam uns nach der Besprechung eine gute Idee: Naturschützer und Mitarbeiter der staatlichen Forstbehörde in froher Runde vereint – alle sollten einmal Gelegenheit bekommen, sich gegenseitig kennenzulernen, Vorschläge zu machen, zusammenzuarbeiten. Ihr könnt euch vorstellen, was das bedeutet."

„Ich muß noch mal auf eure Besprechung zurückkommen", sagte John. „Es ging da nicht zufällig um Leoparden? Oder, anders herum ausgedrückt: Haben sie dir nicht ein bißchen wegen deiner Vorliebe für Großkatzen eingeheizt?"

„Überhaupt nicht", erwiderte Cliff. „Ich mußte bloß ein Referat halten, das war alles." Doch dann fügte er hinzu: „Na ja, diskutiert wurde schon darüber, vor allem wegen der beiden Waldarbeiter, die neulich etwas abbekommen haben."

„Wie geht es denn den Leuten?" fragte Jean.

„Tim Barnard liegt noch im Krankenhaus. Er hat ein paar üble Fleischwunden am Rücken. Aber Dick Barker hat Glück gehabt, er wurde von dem Leoparden nur am Arm erwischt."

„Ist schon etwas über die Falle durchgesickert", fragte Jean, „und ... und wird John verdächtigt?"

„Sie wissen lediglich, daß eine Selbstschußanlage im Spiel war und wo sie gestanden hat. Juristisch betrachtet herrscht in der Sache Unsicherheit, da es darum geht, Herdenvieh oder sogar Menschenleben zu schützen. Dennoch sind Selbstschußanlagen gerade durch diesen Fall derart in Verruf geraten, daß die Leoparden jetzt auf die Liste der besonders geschützten Tierarten gesetzt werden sollen, wenigstens in unserer Region."

„Und das freut Sie, nicht wahr?" sagte Jean. Und ehe Cliff antworten konnte, fügte sie hinzu: „Mich übrigens auch."

„Es ist schön zu wissen", meinte Cliff schließlich, „daß Sie genauso denken. Aber die Leute von der Naturschutzbehörde werden deswegen noch Ärger bekommen und ich auch."

„Als ob wir Farmer keinen Ärger hätten!" warf John verdrossen ein. „Wir sind schließlich auch betroffen – Jean, ich, Kampmuller und alle anderen!"

Cliff seufzte verstohlen. Das sah nach einer langen Nachtsitzung aus! Er wartete ab, bis sich die gereizte Stimmung ein wenig gelegt hatte. Dann sagte er freundlich: „Euren Schafen passiert bestimmt nichts mehr, John. So viele Leoparden gibt es nun auch wieder nicht in unserer Gegend." Eigentlich wollte er noch hinzufügen: Und sie vergreifen sich nur an Schafen, wenn keine anderen Beutetiere mehr da sind. Aber er schwieg lieber. Wäre dieser verwünschte Leopard doch nur irgendwo dort oben in den Bergen geblieben, in diesem dünnbesiedelten Landstrich, der noch genug Lebensraum bot! Statt dessen war er hierhergekommen und hatte damit einen brisanten lokalpolitischen Streit heraufbeschworen! Japie Kampmuller, dessen Stimme in Gemeinde- und Kirchenangelegenheiten Gewicht hatte, trommelte bereits sämtliche Leopardengegner der Gegend zusammen. Die Meinungen prallten viel härter aufeinander, als es die Vorfälle rechtfertigten.

In der Nähe des Forstamts standen die Autos dicht gedrängt, so daß sie lange suchen mußten, bis sie einen Parkplatz fanden. Zu Fuß gingen sie auf der Schotterstraße bis zu dem Gebäude, das über einem weiten Tal auf einer grasbewachsenen Hügelkuppe thronte. Wenn

Jean über eine Pfütze sprang, stützte sie sich mit der einen Hand auf Johns Arm; mit der anderen raffte sie den Saum ihres wadenlangen rostbraunen Rockes hoch. Sie trug dazu eine dunkelgrüne Jacke mit Gürtel, und in ihr langes schwarzes Haar hatte sie ein grünes Seidentuch geflochten. Wo immer sie auftauchte, zog sie bewundernde Blicke auf sich, und für die annähernd hundert Leute, die sich schon vor dem Forstamt versammelt hatten, war Jean Mannion die Verkörperung einer gutaussehenden Frau schlechthin.

Cliff holte sich etwas zu trinken und beobachtete dann Jean, die in der Menge stand. Sie sah wunderschön aus, und wenn sie lächelte, schienen ihre dunklen Augen zu leuchten. Er mußte sich gewaltsam von diesem Anblick losreißen und sich auf andere Gesichter und Namen konzentrieren. Von einem hölzernen Podium aus, das extra für diese Versammlung aufgestellt worden war, hatte man einen herrlichen Ausblick auf den tiefer liegenden Wald. Eine kleine Gruppe geladener Gäste plauderte schon dort oben und war sichtlich stolz darauf, ein Kabinettsmitglied in ihrer Mitte zu haben. Vier dieser Leute waren Naturschutzbeauftragte und Forstbeamte, mit denen Cliff schon zu tun gehabt hatte. Von den übrigen kannte er nur zwei oder drei und auch die nur vom Sehen.

Bei Anbruch der Dunkelheit wurden Lampen angezündet, und nun spürte man die Abgeschiedenheit des Försterhauses inmitten der Wildnis überdeutlich. Die Menschen drängten sich unwillkürlich enger zusammen. Die Holzbänke füllten sich, und erwartungsvolle Stille senkte sich über den Platz.

Der leitende Forstbeamte eröffnete die Versammlung – zuerst in Afrikaans, dann in Englisch. Danach sprach der Minister eine gute Viertelstunde lang, ebenfalls in Afrikaans, und Cliff stellte dankbar fest, daß er Leoparden in seiner Rede überhaupt nicht erwähnte. Während der Rede des Ministers schaute sich Cliff ein bißchen um und sah im Hintergrund Dick Barker unter einem Schutzdach stehen. Der Forstarbeiter trug den dick verbundenen Arm in einer Schlinge.

Auf den Minister folgten noch drei weitere Redner, aber sie alle ließen Gnade walten und faßten sich kurz. Das Publikum war bald erlöst und erhob sich, um das kalte Büfett zu stürmen.

Cliff gesellte sich zu Dick Barker, der sich mit Kampmuller unterhielt. Einerseits wollte er Genaueres über den Zusammenstoß mit dem schwarzen Leoparden erfahren; andererseits lag ihm daran, Kampmullers Haltung auszukundschaften. Obwohl sie in nahezu allen Fragen entgegengesetzte Meinungen vertraten, mochte er den Farmer; ganz besonders hatten es ihm seine sarkastischen Reden angetan, die ihn stets amüsierten.

„Hallo, alter Freund!" trompetete Kampmuller und drückte seine schwere Pranke auf Cliffs Schulter. „Da sehen Sie mal, was Ihr Kätzchen angerichtet hat!" Er wies auf Barkers Arm.

„Schwache Leistung", erwiderte Cliff und lächelte Barker zu, „statt der Kehle bloß den Arm zu erwischen! Ich glaube, ich muß mit der Dressur noch mal von vorn anfangen."

Kampmuller prustete los und lachte schließlich so hemmungslos, daß er sich verschluckte. Cliff aber entschuldigte sich bei Dick Barker mit einem schiefen Grinsen und war erleichtert, als ihn der Waldarbeiter nicht mehr ganz so zornig ansah. Kampmuller kam endlich wieder zu sich und trocknete sich die Augen mit dem Taschentuch. „Dick hat mir erzählt, daß das Biest direkt auf ihn und seinen Kumpel losgegangen ist. Sie sind nur um Haaresbreite dem Tod entkommen."

„Der Leopard war doch schwer verletzt", warf Cliff ein. „Sie wissen ja, wie gefährlich ein Raubtier in dieser Situation werden kann. Es war einfach ein unglücklicher Zufall, daß ihm die Männer auf dem Forstweg begegnet sind. Hätte er sie rechtzeitig gehört, wäre er sogleich im Unterholz verschwunden."

Kampmuller gab sich nicht so leicht geschlagen. „Als das Biest Sie und John Avery überrascht hat, wäre es dem Jungen doch auch beinahe an die Gurgel gegangen", sagte er hartnäckig.

„Wir waren ja auch dabei, seine blutige Spur zu verfolgen! Da hat man selber schuld, wenn etwas passiert."

„Und wie wollen Sie wissen, daß Ihnen die Bestie nicht aufgelauert hat?"

Cliff lachte. „Wozu denn? Vielleicht, um uns zu fressen?"

„Schon möglich", erwiderte Kampmuller todernst. „Es könnte sich durchaus um einen menschenfressenden Leoparden handeln."

„Einen menschenfressenden Leoparden?" wiederholte Cliff ungläubig. Er mußte sich eingestehen, daß er an diese Möglichkeit noch gar nicht gedacht hatte.

„Ich habe mal in Sambia gearbeitet", fuhr Kampmuller fort. „Da hat ein Leopard innerhalb eines Jahres vierzehn Leute getötet. Dann wurde er endlich erschossen."

„Ich bestreite gar nicht, daß es menschenfressende Leoparden gibt, aber warum sollte gerade hier einer auftreten – und so plötzlich?"

„Immerhin sind in unseren Wäldern schon Leute spurlos verschwunden ... oder etwa nicht?“ gab Kampmuller mit hochgezogenen Augenbrauen zu bedenken. „Und dieser schwarze Panther verhält sich äußerst merkwürdig. Außerdem ist er sehr groß. Das haben Sie selbst gesagt.“

„Ja, es ist ein Riesentier“, bestätigte Barker. „Und als er auf uns losging, wollte er auch töten. Das sah man seinen Augen an.“

Kampmuller klopfte Cliff erneut auf die Schulter. „Mir ist es egal, ob dieses Vieh unter Naturschutz steht oder nicht, Cliff“, sagte er und schüttelte den Kopf. „Wenn es auf meiner Farm aufkreuzt und mir vor die Flinte läuft ...“

Er konnte den Satz nicht beenden, denn ein hochgewachsener älterer Herr war zu der kleinen Gruppe getreten und begrüßte Cliff. Er hatte wirres graues Haar und trug eine Brille mit Metallgestell. Cliff stellte ihn als Dr. Williams aus Kapstadt vor.

Dr. Williams schüttelte Kampmuller die Hand und wandte sich lächelnd an Cliff. „Ihr schwarzer Leopard hat also inzwischen traurige Berühmtheit erlangt“, sagte er. „Die Beweise für sein Vorhandensein sind außergewöhnlich zahlreich.“ Dann schaute er Barker an und fügte hinzu: „Und Sie hat er am Arm erwischt! Konnten Sie das Tier deutlich erkennen?“

Barker schwieg, so daß sich Cliff bemüßigt fühlte, ihm auf die Sprünge zu helfen. „Dr. Williams ist Zoologe, Dick. Und schwarze Panther sind in unserer Gegend etwas sehr Ungewöhnliches.“

Barker schien verlegen. „Ich habe die Bestie wohl gesehen, Dr. Williams, ich lag ja so gut wie unter ihr.“

„Und Ihr Schreck war riesengroß, nicht wahr?“ fuhr Dr. Williams verständnisvoll fort. „Was ist Ihnen an diesem Tier besonders aufgefallen?“

„Ich glaube, die Augen ... und die Zähne, weil es das Maul so weit aufgerissen hatte.“ Von der Farbe sagte er nichts. Schon John Avery hatte der Anblick des mächtigen Raubtiers so kopflos gemacht, daß ihm das schwarze Fell nicht sonderlich wichtig vorgekommen war.

„... ja, und der Schwanz“, fuhr Barker fort.

„Der Schwanz?“ Dr. Williams legte den Kopf ein wenig schief.

„Ja, der Schwanz. Der war gewaltig lang, und als der Leopard an mir vorbeisprang, hat er mir damit einen Schlag auf die Backe verpaßt. Das hat beinahe am meisten weh getan. Die Krallen in meinem Arm habe ich gar nicht so sehr gespürt, aber den Schwanz, der mich wie eine große schwarze Schlange ins Gesicht geschlagen hat ..."

„Wollen Sie sagen, daß der Schwanz schwarz war?"

„Das ganze Tier war doch schwarz, Dr. Williams. Schwarz wie Kohle!"

Dr. Williams rieb sich das Kinn. „Sehr ungewöhnlich, vor allem hier im äußersten Süden." Er starrte in das dunkle Tal hinunter, das vor ihnen lag. „Ich wünschte, ich hätte dieses Tier auch mal sehen können. Es muß ein herrliches Exemplar sein. Sie werden doch versuchen, ein Foto von ihm zu machen, Cliff?"

Cliff nickte. „Ich habe schon neue Kamerastationen eingerichtet, aber ob wir gute Bilder bekommen ...? Die Distanz wird auf jeden Fall sehr groß sein."

„Das ist mir klar", erwiderte Dr. Williams. „Aber jetzt will ich mir noch ein Glas von diesem hervorragenden Wein genehmigen."

Cliff streifte ziellos zwischen den Leuten umher, begegnete aber niemandem, dessen Gesellschaft ihn für längere Zeit zu fesseln vermochte. Als er plötzlich in der Menge Jean entdeckte, starrte er sie einen Augenblick so überrascht und fasziniert an, als sähe er sie zum ersten Mal. Im weichen Licht der Lampen erschien ihm ihr Gesicht bezaubernd. Er zündete sich mit zittrigen Fingern eine Zigarette an, und als das Streichholz aufflammte, erkannte sie ihn. Sie winkte ihm zu, und er erwiderte den Gruß mit einer zögernden Handbewegung. Dann wandte er sich wieder ab.

Fünftes Kapitel

Der schwarze Leopard war bei seiner Mutter und ihrem neuen Wurf geblieben, bis sie ihm zu erkennen gab, daß er nicht länger erwünscht sei. Ihr war nicht entgangen, daß er mehr Futter für sich beanspruchte, als er bei der gemeinsamen Jagd erbeutete. Das war vor drei Tagen gewesen. Seither hatte es ununterbrochen geregnet, und seine Nahrung war überwiegend auf Käfer und Eidechsen beschränkt gewesen. Die Jagd auf Springböcke und Paviane verlangte einen Endspurt, und der fiel ihm auf diesen steilen, steinigen Hängen noch zu schwer. Drei Versuche waren gescheitert, und zu allem Überfluß hatte der Pfotenstumpf wieder zu bluten begonnen. Über die ganze alte Forststraße zog sich, Tropfen um Tropfen, die rote Spur. Sie folgte dem Leoparden wie ein Schatten des Todes immer dicht auf den

Fersen, doch nicht dicht genug, um die herrlichen grünfunkelnden Augen zum Erlöschen zu bringen.

Mitten in der Nacht kam er auf Kampmullers Farm an. Das Herdenvieh interessierte ihn nicht; er konzentrierte sich auf die Hunde, die in der kleinen Siedlung der farbigen Landarbeiter wie von Sinnen bellten und an den Ketten zerrten. Aus der Art des Gebells schloß der Leopard, daß es sich um einzelne, völlig verängstigte Hofhunde handelte und keine geschlossene Meute. Beruhigt zog er immer engere Kreise um die Häuschen, bis er unter dem klaren Sternenhimmel die Umrisse von Dächern und Schornsteinen deutlich erkannte. Lautlos schlich er über den festgetretenen Erdboden vor dem ersten Gebäude, und der Hund, der auf der Veranda angekettet war, begann in hohen, langgezogenen Tönen zu jaulen. Der Leopard tötete ihn mit einer einzigen, blitzschnellen Bewegung, so, wie eine Hauskatze eine Maus tötet. Dann beugte er sich über den Kadaver, nahm ihn vorsichtig mit dem Maul auf und lief los, hinein in die Dunkelheit.

Die lange Kette schepperte hinter ihm auf dem harten Boden. Sie brachte ihn ruckartig zum Stehen, als er gerade das Tempo beschleunigen wollte, und riß ihm die Beute aus dem Maul. Einen Augenblick verlor er das Gleichgewicht, und als er sich wieder nach dem toten Hund bückte, fiel schon grelles Licht auf den Sandweg, und vom Haus her kamen Geräusche. Der Leopard warf sich schützend über seine Beute und sog zugleich die kräftige Witterung jener zweibeinigen Wesen ein, die so schrecklich funkelnde Augen hatten und an deren Duftmarke jeder Leopard erkannte, daß sie gefährlich waren. Er fletschte die Zähne, und sein Gesicht erstarrte zu einer Maske aus Angst und höchster Spannung.

Eine Gestalt löste sich aus der offenen Tür und kam auf den Leoparden zu. Instinktiv richtete sich das Raubtier auf und trat aus dem Schatten in den hellen Lichtkegel. Der Panther fauchte, visierte den Kopf des Mannes an, und im nächsten Augenblick hatte er sich schon auf den Zweibeiner geworfen. Mit seinen schweren Pranken schlug er den Mann nieder, und seine Krallen gruben sich bis zu den Ansätzen ins Fleisch des Opfers. Fast gleichzeitig riß er sein gewaltiges Maul auf, und mit einem Biß brach er dem Mann das Genick.

Noch immer bellten in der Siedlung die Hunde. Der Leopard, der wußte, daß seine Beute nicht mehr lebte, blickte sich kurz um. Dann packte er den Toten mit den Zähnen und schleifte ihn fort, hinunter ins Tal unterhalb der Kampmuller-Farm. Bald schloß sich über ihm das schützende Dach des Buschwaldes, aber da er in einiger Entfernung aufgeregte Stimmen hörte, lief er mit seiner Beute weiter. Trotz seines Hungers hielt er erst an, als sich der Himmel zwischen den Baumwipfeln grau färbte. Mit Zähnen und Krallen riß er die Kleider in Fetzen von der Leiche herunter. Dann begann er zu fressen.

Am Morgen, als das Konzert der Frösche einsetzte, fühlte er sich endlich einmal wieder satt. Er lief zum Fluß, löschte seinen Durst und zog sich danach auf eine nahe gelegene Felsengruppe zurück. Inmitten jasminartig duftender Kräuter streckte er sich auf dem glühendheißen Boden aus und hielt Mittagsschlaf. Am späten Nachmittag weckte ihn ein helles, metallisches Klicken. Er verengte die Augen zu Schlitzen und nahm auf dem gegenüberliegenden Hang, nur wenige hundert Meter von ihm entfernt, eine flüchtige Bewegung wahr.

Cliff Turner wußte, daß es den Leuten in seiner Begleitung, die eine Art Jagdgesellschaft bildeten, kaum gelingen würde, den Leoparden zu Gesicht zu bekommen. Er hatte sich der Teilnahme an dem Unternehmen nicht entziehen können. Daß der Mörder des unglücklichen Landarbeiters ein Leopard war, stand fest; die Blutspur hatte sich ohne Schwierigkeiten bis in das Tal hinunter verfolgen lassen, in dem man schließlich den verstümmelten Leichnam fand. Der Vorfall war ein Schock gewesen und zugleich eine Herausforderung für die Menschen, die in dieser Region bisher in so sicheren Verhältnissen gelebt hatten.

Sieben Männer standen an diesem sonnigen Sonntagmittag auf dem felsigen Bergkamm, wo Cliff und John Avery dem Leoparden begegnet waren. Der einzige in der Gruppe, der seine Aufregung nicht verbarg, war der Reporter des Lokalblattes. Zwei Polizisten, die Lederjacken trugen, schwitzten fürchterlich, die beiden hatten – für den unwahrscheinlichen Fall, daß das Raubtier angriff – ihre Dienstwaffen dabei, doch Cliff vertraute noch am ehesten der 9-mm-Waltherpistole, die in Sergeant Bothas Halfter steckte.

Martin Botha war ein kraftstrotzender Mann mit graumeliertem Haar und tief zerfurchten Gesichtszügen. Cliff kannte ihn gut und mochte ihn. Die dunklen, buschigen Augenbrauen des Polizeibeamten schienen seine ungebrochene Vitalität zu unterstreichen; seit vielen Jahren war er in einem weiten Umkreis der Schrecken der kleinen Diebe, Drogenhändler und prügelnden Ehemänner. Alle diese Missetäter fürchteten und respektierten Botha, der privat ein freundlicher, eher melancholischer Mensch war und in seiner Freizeit Orchideen züchtete. Im übrigen hatte er den Ruf eines unfehlbaren Schützen.

Kampmuller war mit einem großkalibrigen Gewehr ausgerüstet. Seinen Tropenhelm zierte ein Band aus Leopardenfell, was Cliff ärgerte, denn er sah darin ein Sinnbild der Arroganz und Aggressivität des Trägers. Anfangs hatte Kampmuller seine Befriedigung darüber, daß seine finsteren Prophezeiungen in Erfüllung gegangen waren, schlecht verhehlen können. Doch inzwischen war diese Regung dem Zorn über das grausige Schicksal des Landarbeiters gewichen, der seit vielen Jahren bei ihm in Diensten gestanden hatte und ein tüchtiger Traktorfahrer gewesen war.

John Averys Gesicht war von der Hitze gerötet. Er trug eine zünftige Mütze aus Tweed, und über seiner Schulter hing Simon Mannions teures englisches Jagdgewehr. Der junge Mann genoß sichtlich die Rolle des selbstbewußten, erfahrenen Leopardenjägers.

Der siebte Angehörige der Gruppe war Hendrik Witbooi, ein Bruder des Toten. Nur wenige Minuten nachdem der Leopard mit seiner Beute geflüchtet war, hatte die Frau des Opfers den toten angeketteten Hund und eine Blutlache im Sand entdeckt und ihren Schwager herbeigerufen. Hendrik hatte zunächst versucht, die fassungslos Schluchzende zu beruhigen. Dann war er zu Kampmullers Haus gelaufen und hatte den Farmer alarmiert. Gemeinsam waren sie mit dem Lastwagen zu Witboois Häuschen zurückgefahren, wo sie im gleißenden Licht der Scheinwerfer auf die Leopardenspur stießen.

Inzwischen war es Nachmittag geworden. Auch Cliff hatte die Spur untersucht. Neben dem Abdruck von drei gesunden Pfoten war ihm ein vierter, runder aufgefallen, der nur von einem zehenlosen Stumpf stammen konnte. Also hatte der schwarze Leopard tatsächlich fast die ganze Hinterpfote eingebüßt. Zunächst vergewisserte sich die Jagdgesellschaft, daß sich das Raubtier nicht irgendwo in der Nähe versteckt hielt. Dann wandten sich die Männer der unangenehmen Aufgabe zu, den toten Landarbeiter in die kleine Siedlung zu schaffen und ihn der Obhut der Familie zu übergeben.

Schließlich kehrten sie an den Fundort der Leiche zurück. Cliff blickte zu den Baumwipfeln empor und sagte zu Martin Botha: „Eigentlich haben wir nur eine Chance: Wir müssen auf einen dieser Bäume klettern und auf den Leoparden warten. Den Hund, den er getötet hat, legen wir als Köder aus. Wenn der Leopard zurückkommt, macht er sich bestimmt gleich über den Kadaver her."

Botha kratzte sich am Kopf und sog an der Pfeife. „Mein lieber Mann, das ist vielleicht ein Vorschlag! Wenn du mich fragst: Mir ist nicht wohl bei der Sache."

Cliff war selbst nicht ganz geheuer bei der Vorstellung, vielleicht die ganze Nacht in einer Baumkrone hocken zu müssen, während ein blutdürstiger Leopard in der Gegend umherschlich. „Keine Angst, Martin", antwortete er schließlich. „Ich bitte Paul Stander, mir da oben im Baum Gesellschaft zu leisten. Strenggenommen ist er ja für dieses Revier verantwortlich."

Jean Mannion, die Cliff über Funk verständigt hatte, gelang es noch im Laufe des Nachmittags, Paul aufzuspüren. Der Naturschutzbeauftragte hatte seinen freien Tag im Haus von Freunden verbracht, und Cliff war sichtlich erleichtert, als Jean mit ihrem Auto auftauchte und den uniformierten Beamten gleich mitbrachte. Sergeant Botha schien darüber nicht weniger froh zu sein, wenn auch aus anderen Gründen. Er war ein guter Polizist und verläßlicher Freund, aber die Jagd auf menschenfressende Leoparden fiel nun einmal nicht in seinen Aufgabenbereich. Dennoch hätte er es kaum gewagt, Cliff im Stich zu lassen, aber mit Standers Erscheinen war die heikle Situation Gott sei Dank ausgestanden.

John Avery und Japie Kampmuller erboten sich, gemeinsam mit Cliff und Paul Nachtwache zu halten, doch Cliff lehnte ab. Schon wegen der unvermeidlichen Geräusche wäre ein Team aus vier Leuten kaum sinnvoll gewesen. Auf jeden Fall packten John Avery und Kampmuller noch tüchtig mit an, als es darum ging, in einer Baumkrone eine provisorische Plattform zu errichten. Auch Jean machte sich nützlich. Zweimal mußte sie zur Farm und wieder zurück fahren, bis alle unentbehrlichen Ausrüstungsgegenstände für die kommende Nacht herangeschafft waren: Bretter, Taschenlampen, Batterien, Klebeband, eine Thermosflasche mit Kaffee, Butterbrote und, nicht zu vergessen, ein kleines Fläschchen Brandy.

„Passen Sie gut auf sich auf", sagte sie zu Cliff. „Und morgen früh kommen Sie zum Frühstück auf die Farm."

Dann waren Cliff und Paul allein. Wie verabredet, verständigten sie sich nur noch lautlos mit Hilfe von Handzeichen. Cliff befestigte eine der kleinen Stableuchten mit Klebeband am Lauf seines Gewehrs. Eine zweite Taschenlampe brachte Paul an einem Ast über seinem Kopf an. Dann korrigierte er die Position der Lampe, bis ihr Lichtkegel ungefähr die Stelle erfaßte, an der der tote Hund lag.

Als alle Arbeiten erledigt waren, machten es sich die beiden Männer auf der grob zusammengezimmerten Plattform, so gut es ging, bequem. Der Abend senkte sich über den Wald; es war windstill, und kein Blatt rührte sich. Cliff und Paul hatten die Gewehre schon entsichert, denn sie fürchteten, daß in dieser Stille selbst das schwache Klicken eines Sicherungshebels verräterisch wäre. Cliff, dessen Herz so stark hämmerte, daß er schnaufen mußte, begann vorsichtshalber mit offenem Mund zu atmen.

Einmal röhrte ein Buschbock in unmittelbarer Nähe des Verstecks, und danach trat Totenstille ein, die etwa zehn Sekunden dauerte. Erst als es nach und nach wieder an allen Ecken und Enden im Unterholz zu rascheln, zu knistern und zu knacken begann, merkten die Männer, wie lebhaft es doch im nächtlichen Wald zuging. Beide atmeten immer rascher. Cliff spürte, wie sein Finger am Gewehrabzug zitterte, während er unverwandt auf die Leuchtziffern seiner Armbanduhr starrte und das langsame Vorrücken der Zeiger verfolgte. Die erste Viertelstunde der Nachtwache verbrachten sie tatsächlich so reglos wie Statuen, doch länger ließen sich die Anspannung und die verkrampfte Haltung nicht ertragen. Zum einen war das nächtliche Ansitzen auf einen menschenfressenden Leoparden für beide eine vollkommen neue Erfahrung; zum anderen machte ihnen die Vorstellung zu schaffen, daß sie einem herrlichen schwarzen Panther auflauerten, den zu töten sie gezwungen wären, sobald er den Köder unter dem Baum berührte.

Als sich Cliff ein wenig beruhigt hatte, begann er, erneut über den Leoparden nachzudenken. Vermutlich war in dem Tier ein Angstreflex ausgelöst worden, der es dazu gebracht hatte, den Mann zu töten, und mit großer Wahrscheinlichkeit würde der Leopard nicht wagen, zum zweitenmal einen Menschen anzufallen. Andererseits war nicht auszuschließen, daß er durch diesen Zwischenfall eine neue Nahrungsquelle entdeckt hatte, aus der er sich ohne große Anstrengung bedienen konnte. In diesem Fall würde er wieder zuschlagen, wenn sich die Gelegenheit dazu ergab.

Cliff schaute auf. In der Dunkelheit war Pauls Gesicht kaum noch zu erkennen. Noch hörte Cliff keine verdächtigen Geräusche, aber ihn schauderte bei dem Gedanken, daß sich der schwarze Panther vielleicht schon dort unten in der Finsternis an den Köder heranschlich, mit angelegten Ohren, unheimlich geweiteten Pupillen und eingezogenen Krallen. Als Biologe wußte er natürlich, daß sich ein schwarzer Leopard in nichts von seinen hellen Artgenossen unterscheidet, und doch verband sich für ihn mit diesem Bild auf einmal die Vorstellung von einem echten Menschenfresser, einem Räuber, der das Fleisch von Männern, Frauen und Kindern jeder anderen Nahrung vorzog. Sobald der Leopard auch noch die Verhaltensweise der Menschen durchschaute, wußte er, daß diese ihm wehrlos ausgeliefert waren, wenn er sie überraschte. War dieser schwarze Panther eines jener unberechenbaren Ungeheuer, wie etwa die Bestie von Panar in Nordindien, die vierhundert Menschen getötet hatte? Oder – ein Vergleich, der näherlag – wie der Leopard von Chambeshi in Sambia, dem in einem einzigen Jahr siebenunddreißig Menschen zum Opfer gefallen waren?

Im Gebüsch unter dem Hochsitz war plötzlich ein leises Rascheln zu hören. Mit angehaltenem Atem sahen sich Cliff und Paul kurz an, um sich auf diese Weise ihre Wahrnehmung zu bestätigen. Natürlich konnte jedes kleinere Tier dieses Geräusch verursacht haben; außerdem hatte die Nacht gerade erst begonnen. Cliff beruhigte sich noch mit solchen Überlegungen, als Paul einen erstickten Schrei ausstieß und so unvermittelt aufsprang, daß er beinahe von der Plattform gestürzt wäre, wenn er sich nicht blitzschnell an dem Ast über seinem Kopf festgehalten hätte. Der ganze Baum mitsamt dem Hochsitz begann heftig zu schwanken. In der nächsten Sekunde ertönte ein ohrenbetäubender Knall, als sich aus Pauls Gewehr ein Schuß löste. Nun verlor auch Cliff fast das Gleichgewicht, und während er sich an den Stamm klammerte und nach unten schaute, starrte er plötzlich in das Gesicht des schwarzen Leoparden. Genaugenommen erkannte er unter der Plattform nur die glimmernden grünen Augen und die schneeweißen Reißzähne, aber er nahm deutlich den strengen Geruch der Raubkatze wahr. Dann sah er, wie der Leopard zu ihnen emporkletterte und hinter Pauls Rücken auftauchte. Gerade als der Panther mit seiner riesigen Pranke zum Schlag ausholte, packte Cliff sein Gewehr beim Lauf und ließ den Kolben mit aller Kraft auf den Schädel des Tieres niedersausen. Schließlich hörte er nur noch, wie Paul vornüberfiel und der Leopard durch das Geäst des Baums auf den Boden purzelte. Im nächsten Moment herrschte wieder tiefe Stille.

„Großer Gott!" rief Paul. Beide Männer hatten sich aufgerichtet und hielten sich an einem dicken Ast fest.

Cliff knipste die Taschenlampe an, und dann stocherten sie mit den Gewehrläufen in den Zweigen unterhalb der Plattform herum. Der

Leopard war fort. „Paul, bist du in Ordnung?" fragte Cliff besorgt.

„Das ... war wirklich der schwarze Leopard!" stammelte Paul. „Mein Gott, der hatte es tatsächlich auf uns abgesehen ..."

„Dreh dich mal um, Paul", meinte Cliff, und der Naturschutzbeauftragte gehorchte. Der dicke Pullover, den er sich um die Taille geschlungen hatte, war vollkommen zerfetzt, genau wie der Hemdrücken. Sein Ledergürtel war in der Mitte durchgerissen und hing in zwei Teilen herunter, aber ihm selbst war nichts passiert.

„Alles heil, Paul", sagte Cliff. „Du hast Glück gehabt – nicht eine Schramme! Aber wir müssen aufpassen, der Bursche kann jederzeit wiederkommen." Erneut richtete er den Lichtkegel der Stableuchte nach unten. Am Fuß des Baumes erkannte er die Stelle, an der sie den Köder ausgelegt hatten. „Sieh mal", fügte Cliff hinzu, „er hat den Hund mitgenommen."

Sie starrten schweigend auf den Boden hinunter; beiden war klar, daß sie noch mehrere Stunden auf der Plattform verbringen mußten, denn es verbot sich von selbst, vor Tagesanbruch durch den Wald zur Siedlung zurückzugehen. So leerten sie im Laufe der nächsten drei Stunden die Brandyflasche, rauchten, redeten und hofften inständig, daß die Taschenlampenbatterien bis zum Morgen durchhielten. Jetzt waren sie nicht mehr die Jäger, sondern die Gejagten, und die Morgendämmerung ließ schrecklich lange auf sich warten.

Von Zeit zu Zeit erhoben sie sich kurz, um die steifen Glieder zu strecken, und dann verhielten sie sich wieder still. Einmal fiel Cliff in einen kurzen, unruhigen Schlaf. Er träumte, Jean Mannion laufe vor ihm her und gebe ihm durch Winken zu verstehen, daß er ihr folgen solle. Aber sie war eine dunkle, wunderschöne, unerreichbare Geistererscheinung, und ihre Kleidung ähnelte dem Fell des schwarzen Panthers. Sie schien spöttisch zu lächeln und eilte leichtfüßig mit weit ausgreifenden Schritten davon. Zuletzt sah er nur noch ihr schwarzes Haar, das im Wind flatterte.

Sechstes Kapitel

LEOPARDEN im allgemeinen und der schwarze Leopard im besonderen beherrschten drei Wochen lang die Schlagzeilen der Lokalblätter, und auch danach verschwanden sie nur zögernd aus der Presse. Natürlich wurden alte Geschichten aufgewärmt, Geschichten über Leute, die irgendwann einmal spurlos verschwunden waren. Eines Tages erschien in einer der Zeitungen ein hysterischer Bericht über die Entdeckung einer unheimlichen Spur, die sich schließlich als der Pfotenabdruck einer dänischen Dogge entpuppte, die im Nachbarhaus des Reporters gehalten wurde. Erst einige Monate später war die Raubkatzengefahr in Vergessenheit geraten, und außer Cliff und Paul dachte kaum noch jemand an Leoparden.

Es war Februar geworden, und in der ersten Vollmondnacht feierte Cliff seine Strandparty. Schon am Mittag begann er, mit seinen beiden Gehilfen Gläser, Kisten mit Getränken und Fleischwaren, zusätzliche Lampen und Brennholz zur Höhle hinunterzuschleppen. Dann wurde so gut wie möglich Ordnung gemacht, und zum Schluß stellte Cliff einen batteriebetriebenen Plattenspieler auf, den er sich ausgeliehen hatte. Der Nachmittagshimmel ließ auf eine jener warmen, stillen Nächte hoffen, die ihn so oft melancholisch stimmten, weil er niemanden hatte, mit dem er sich gemeinsam an so viel Naturschönheit hätte freuen können – am Silberschimmer der Wellen und des Strandes und an den zarten Wasserschleiern, die sich beim Zurückweichen jeder Brandungswelle über die sanft geschwungene Küstenlinie breiteten.

Schließlich waren etwa dreißig Gäste, fast alle in Strandkleidung, in der Höhle versammelt. Kerzen und Petroleumlampen tauchten die steinernen Wände und das hochgewölbte Felsendach in weiches, flackerndes Licht und erweckten die Vorstellung eines mittelalterlichen Festsaales, den lodernde Holzscheite erleuchteten. Die gefüllten Weingläser funkelten wie rubinrote große Leuchtkäfer, und selbst das Meer konnte an diesem Abend mit einem faszinierenden Lichtspiel aufwarten: Phosphoreszierende Kleinlebewesen bewirkten, daß jede Welle von einem an- und abschwellenden Feuerwerk in magischen Grüntönen begleitet wurde.

Nach einiger Zeit begab sich die Gästeschar hinunter an den Strand. Das Wasser war warm und einladend, und bald vergnügte sich die ausgelassene Gesellschaft in den Wellen. Eine Ausnahme machten nur Kampmuller, Mike Prewalski, der Förster, und zwei Waldarbeiter; ihre Silhouetten zeichneten sich scharf vor dem Lagerfeuer am Strand ab. Paul Stander und John Avery standen nebeneinander im Wasser, hüpften mit jeder neuen Welle in die Höhe und kämpften offenbar spielerisch um eine Weinflasche. Nicht weit von ihnen brach ein junges Mädchen immer wieder in glucksendes Gelächter aus. Cliff wanderte am Strand entlang und dachte an Jean, die irgendwo in der Nähe sein mußte. Er watete ganz langsam durchs Wasser, die Füße von der weißen Gischt überspült, in den Ohren das Dröhnen der Wogen. An diesem Abend hatte er nur einen einzigen Gedanken. Er mußte versuchen, Jean näherzukommen, denn er sehnte sich schon seit langem nach ihr.

Zwischen den muschelbedeckten Felsen, die eine kleine Bucht begrenzten, entdeckte er sie. Sie lag im flachen Wasser, und ihr nasses dunkles Haar glänzte wie ein Seehundfell. Als er sie beim Namen rief, drehte sie sich nach ihm um. Nur zögernd richtete sie sich aus der schäumenden Gischt auf, als sei sie zwischen Angst und Verlangen hin und her gerissen. Plötzlich überschüttete ein herrlicher Schauer grünlichen Meeresleuchtens ihre ebenmäßige Gestalt, und auch Cliff war von phosphoreszierenden Ringen umgeben, als er auf sie zuwatete.

Jean stand in den Wellen und blickte ihm vertrauensvoll entgegen. Ein ungeheures Glücksgefühl durchströmte Cliff, ein Echo dieser herrlichen, vom an- und abschwellenden Meeresbrausen erfüllten Mondnacht. Sie waren sich nun sehr nahe; Cliff umarmte Jean und küßte sie auf den Mund, der nach Salz, Erdbeeren und ihrem süßen Atem schmeckte. Sie schmiegte sich an ihn, während er ihre Schultern streichelte.

Schließlich löste sich Jean behutsam aus seiner Umarmung. „Ich schwimme jetzt zu den anderen zurück“, flüsterte sie. „Du wartest noch ein bißchen, ja?“ Rasch glitt sie wieder ins Wasser, und im nächsten Augenblick hatten die weiße Gischt und die Dunkelheit ihre Gestalt verschluckt.

Cliff stürzte sich nach einer Weile in die Wellen, und während er mit energischen Bewegungen loskraulte, stieß er einen Freudenschrei aus, der sogar das Tosen der Brandung übertönte.

ALS der Leopard in der Nacht zu der Stelle zurückgekehrt war, an der er den getöteten Zweibeiner zurückgelassen hatte, waren ihm allerlei Veränderungen aufgefallen: Auf unerklärliche Weise schien seine Beute ein gutes Stück höher, in die Krone eines Baumes, gelangt zu sein, und an ihrer Stelle lag der tote Hund auf dem Boden. Es war ihm schwergefallen, den Baum zu erklimmen, denn mit der linken Hinterpfote fand er auf der Rinde keinen Halt mehr. Deshalb hatte er auch sofort das Gleichgewicht verloren, als ihm einer der Zweibeiner einen Schlag auf den Kopf gab. Der darauffolgende ohrenbetäubende Knall und die weißen Lichtkegel, die durch das Blattwerk strichen, paßten zu dem Muster, das sich für ihn mit dem Auftreten dieser Zweibeiner verband. Bei seiner Flucht über die Lichtung packte er rasch noch den toten Hund; kaum hundert Meter weiter ließ er sich bereits mit dem Kadaver nieder und fraß ihn auf. In seinem Unterbewußtsein nahmen jetzt aber Zweibeiner den ersten Rang unter den Beutetieren ein; sie lockten ihn mehr als Paviane oder Kleinaffen. Doch sein Instinkt gebot ihm, sich stets nur an ein einzelnes Opfer heranzumachen.

Solange es dunkel war, zog er weiter nach Norden. Den nächsten Tag verbrachte er wieder in den Felsen, hoch über der Schlucht, durch die sich der Fluß wand. Nach zwei weiteren Tagen und Nächten machte ihn der Hunger unruhig. Er kletterte in die Schlucht hinunter und folgte dem Fluß, bis er in flaches Land mit Feldern und Pflanzungen gelangte. Von nun an hielt er sich an die Pfade, die seine neuen Beutetiere benutzten.

Hier auf der Südhalbkugel der Erde war jetzt Hochsommer, und Straßen und Strände wimmelten von Menschen. Im Laufe der nächsten Tage holte sich der Leopard zwei weitere Opfer. Das erste war ein Schäfer, und da der alte Mann allein lebte, wurde sein Verschwinden erst nach zehn Tagen bemerkt. Dem Farmer, für den der Mann Schafe hütete, fiel auf, daß er am Zahltag seinen Lohn nicht abholte. Da niemand etwas über den Verbleib des Schäfers wußte, stellte sein Arbeitgeber, der den alten Invaliden immer gut hatte leiden können, einen Suchtrupp zusammen, der die felsigen Ausläufer des Gebirges durchstreifte. Schließlich fanden die Leute die Überreste des Schäfers. Entsetzt kehrten sie zurück und benachrichtigten die Polizei.

Fast einen Kilometer weit folgte der Leopard einer kleinen Gruppe farbiger Kinder. Nur hin und wieder blieb er stehen, um an den Spuren zu schnüffeln, die ihre nackten Fußsohlen im Sand hinterlassen hatten. Einmal setzte er sich hin und schaute zu, wie sie mit Steinen nach einem Telegrafenmast warfen. Eigentlich folgte er diesem Trüppchen singender und dahintrödelnder Zweibeiner mehr aus Neugier denn aus Hunger. Ohnehin waren diese Exemplare viel kleiner als die anderen Beutetiere dieser Art, die er bisher gerissen hatte. Als sie einen staubigen offenen Platz erreichten, blieb er ihnen immer noch auf den Fersen, und er zog sich erst zurück, als er von

einer Fensterscheibe geblendet wurde und ein Hund anschlug. Die Nacht verbrachte er in der Nähe der Häuser. Am frühen Morgen kehrte er zu dem Sandweg zurück, suchte sich einen wilden Olivenbaum und legte sich darunter, das Kinn auf den Pfoten.

Wie üblich kamen zuerst die Schüler den Weg entlang, denn der Unterricht begann zeitig. Die Kinder verhielten sich bedeutend stiller als am Nachmittag zuvor. Ein kleiner Junge, der noch schlaftrunken wirkte, stolperte müde durch den Staub und fiel bald hinter die anderen zurück. Die kleine Gruppe war noch weit vom Ruheplatz des Leoparden entfernt, als er sie bereits hörte. Er ließ die Kinder an sich vorbeiziehen, doch als er den einzelnen Jungen bemerkte, der hinterhertrottete, drückte er sich mit angespannten Muskeln und gestrecktem Schwanz flach an den Boden, und seine grünen Augen leuchteten in Erwartung einer leichten Beute. Der kleine Junge hörte den Leoparden nicht, der sich auf dick gepolsterten Pfoten lautlos an ihn heranschlich; er spürte auch den einzigen Tatzenhieb nicht, der ihn tötete. Im selben Augenblick schrie ein Mädchen aus der Gruppe der Vorausmarschierenden entsetzt auf. Die ganze Kinderschar drehte sich um und sah mitten auf dem Weg das große schwarze Tier stehen, das den kleinen Jungen unter sich begraben hatte. Das Mädchen hatte sich zufällig nach seinem Bruder umgeschaut, weil es ihn wegen seiner Trödelei ausschelten wollte. Und so hatte die Schülerin mit ansehen müssen, wie eine schattenhafte Gestalt plötzlich vom Wegrand her auftauchte, einen mächtigen Satz machte, blitzschnell mit der Tatze zuschlug und dann reglos stehenblieb und mit erhobenem Kopf aus grünen, funkelnden Augen zu ihr herüberstarrte.

Die Kinder kamen schluchzend und schreiend in den Schulhof gerannt. Immer wieder stammelten sie etwas von einem großen schwarzen Ungeheuer. Verärgert wegen des Lärms hatte sich der Lehrer von seinem Pult erhoben, und als die schreienden Schüler ins Klassenzimmer drängten, rief er: „Ruhe! Was fällt euch denn ein!“ Doch im nächsten Augenblick begriff er schon, daß etwas Schreckliches vorgefallen sein mußte. Er begann, die hysterisch weinenden Kinder auszufragen.

Schließlich führten sie den Lehrer auf den Sandweg, machten aber ein Stück vor der Unglücksstelle halt. Nur zwei größere Jungen folgten dem Mann zaghaft bis zu dem Fleck, auf den die anderen Kinder von weitem zeigten. Von dem kleinen Jungen war nichts zu sehen, doch entdeckten sie eine Blutlache und Schleifspuren. Der Lehrer spürte, wie Übelkeit in ihm aufstieg.

„Ein großes schwarzes Ungeheuer?" wiederholte er. „Wie sah es denn aus? Wie ein Affe? Oder wie ein Hund?"

„Wie eine riesige schwarze Katze", erhielt er zur Antwort.

SEIT der Nacht, in der Kampmullers Landarbeiter getötet worden war, hatte Cliff sein Beobachtungsprogramm unterbrochen, da nur noch der schwarze Leopard sein Denken beherrschte. Es wurde Zeit, die Forschungsarbeit wiederaufzunehmen. Dazu mußte er seine Kamerastationen aus dem Tal unterhalb von Jeans Farm abziehen und an anderer Stelle aufbauen. Gerade das fiel ihm schwer, denn seine Kameras waren ein Vorwand gewesen, Jean öfter zu besuchen. Zwar konnte er meist nur in Gegenwart ihres Bruders mit ihr sprechen, doch ihre Nähe, der Duft ihres Parfüms, der Klang ihrer Stimme waren ihm längst unentbehrlich geworden. Jean war keine Frau, die sich auf eine flüchtige Affäre einließ, das wußte er. Und er wußte auch, wie sehr sie Simon Mannion geliebt hatte. Doch all dieses Wissen half ihm nichts. Seit sie in sein Leben getreten war, herrschte Verwirrung, denn nun kamen ihm plötzlich Dinge unwichtig vor, die ihm bisher viel bedeutet hatten. Selbst das Abfassen seines monatlichen Forschungsberichts wurde ihm zur Last.

Es war Donnerstagnachmittag, als er von der jüngsten Untat des schwarzen Leoparden hörte. Er hatte seine Post im Forstamt Rooikrantz abholen wollen, doch als er mit seinem Auto vorfuhr, kamen ihm Mike und Polly Prewalski schon entgegengelaufen.

„Der Leopard hat einen kleinen farbigen Jungen getötet", schrie die Förstersfrau, „und einen alten Mann wahrscheinlich auch!"

„O nein!" rief Cliff und kletterte aus dem Auto. „Wann habt ihr es erfahren?"

„Die Polizei hat angerufen und kurz darauf Paul Stander. Der Junge war auf dem Weg zur Schule von Bosnek, als ihn das Untier überfallen hat."

„Und der alte Mann war Schäfer auf der Engelmansfarm", fuhr Mr. Prewalski fort. „Über eine Woche wurde er schon vermißt. Viel soll von ihm nicht übriggeblieben sein."

„Und was ist mit dem Jungen? Wurde der auch gefunden?"

„Es ist erst heute früh passiert; noch hat sich niemand auf die Suche gemacht."

Plötzlich trat Stille ein. Cliff rieb sich das Kinn, während ihn die Prewalskis anstarrten. Er fragte sich, ob seine Augen die Angst verrieten, die in ihm aufzusteigen begann.

„Sie sollen gleich Paul Stander und Martin Botha anrufen", sagte Mrs. Prewalski. „Der Sergeant hat mir eine Nummer gegeben."

Mr. Prewalski bat Cliff mit einer angedeuteten Verbeugung ins Haus. Der schmächtige Förster war Ende Fünfzig, doch er wirkte älter; aus seinen Zügen sprach Verschlagenheit. Seine altmodische Förmlichkeit legte sich erst, wenn er ein paar Gläser Wodka getrunken hatte, aber Cliff Turner war und blieb für ihn der „junge Herr Doktor".

Mit ausholender Handbewegung bot er Cliff die Benutzung des Schreibtischsessels und des Telefons an. Cliff wählte Martin Bothas Nummer, aber der Sergeant war nicht da. Dann rief er das Forstamt in Bosnek an. Paul Stander war auch nicht da, hatte aber die Nachricht hinterlassen, Cliff möge in die Volksschule von Bosnek kommen. Er selbst sei schon dort.

Cliff legte den Hörer auf. „Vielen Dank, Mr. Prewalski. Dieser Leopard ist übrigens leicht an seiner Spur zu erkennen, denn an seiner rechten Hinterpfote fehlen ihm die Zehen. Auf nassem Boden müßte man es deutlich sehen können."

„Ich werde die Augen offenhalten", erwiderte Prewalski. „Im übrigen habe ich eine Schrotflinte, und ich werde auch eine Falle aufstellen." Aus dem Mund des Försters klangen diese Worte so, als sei die Angelegenheit schon erledigt.

Da wandte sich seine Frau noch einmal an Cliff. „Sorgen Sie bloß dafür, daß das Biest nicht hierherkommt", sagte sie heftig. „Schließlich halten sich im Augenblick eine Menge Touristen in unserer Gegend auf."

Cliff lächelte. Ihr gereizter Tonfall verriet, daß sie für die Leopardenmisere die Naturschützer verantwortlich machte, deren Versuche, diese Tierart zu erhalten, Menschen wie sie, Polly Prewalski, in Gefahr brachten. Cliffs Lächeln schwand allerdings, als er an Jean dachte, die so gern unten in der Schlucht schwamm. Er wußte nicht genau, ob er sie schon gewarnt hatte, und voller Unruhe verabschiedete er sich und fuhr los.

Paul Stander, Sergeant Botha und ein farbiger Polizist hatten sich schon vor dem Schulhaus von Bosnek eingefunden. Das Polizeiauto war neben dem Gebäude geparkt, und zahlreiche Schaulustige umringten die Beamten. Etwa hundert Meter weiter auf dem Sandweg stand ein Mann, und neben ihm, mitten auf dem Weg, lagen Äste eines Dornbuschs.

„Wir haben es für richtig gehalten, auf dich zu warten", sagte Paul, als Cliff eintraf. „Der Mann auf dem Weg dort unten ist Mr. Abraham, der Lehrer. Er versucht, die Spur so frisch wie möglich zu halten, aber irgendjemand war schon darauf getreten, als ich ankam."

Cliff kletterte aus seinem Wagen und wandte sich an Botha. „Also . . ., was geschieht jetzt?" Bewußt stellte er sich mit dieser Frage ins zweite Glied, und er merkte sogleich, daß der Sergeant nicht darauf vorbereitet war, die führende Rolle zu übernehmen.

Der Polizeibeamte kratzte sich am Hinterkopf und legte die Stirn in Falten. „Höchstwahrscheinlich war es der schwarze Leopard", sagte er. „Die Kinder haben ihn gesehen."

„Daran besteht gar kein Zweifel, Cliff", fügte Paul hinzu. „Die Spur ist deutlich zu erkennen. Wollen wir sie mal ansehen?"

Sie gingen zu Mr. Abraham hinüber und schauten schweigend auf den bräunlichen Blutfleck, der unter den dürren Ästen sichtbar war. Schließlich ließ Cliff den Blick über das Tal schweifen, das unterhalb ihres Standortes tief in die Hochebene einschnitt. Mit seinem niedrigen Unterholz glich es einem grünen Fluß, der in den dahinterliegenden Wald wie in ein großes Meer mündete. Und jenseits des Waldes war als scharfe Linie am Horizont der Ozean zu erkennen.

„Vielleicht sollten wir von der Forstbehörde die Jagdhundmeute anfordern", sagte Paul nachdenklich. „Ehe die Hunde hier sind, ist die Spur zwar kalt, aber laß uns trotzdem den Versuch machen. In Anbetracht der Lage werden sie uns die Meute bestimmt für eine ganze Woche überlassen."

„Du willst damit sagen, daß sich der Leopard innerhalb der nächsten acht Tage vermutlich wieder ein Opfer sucht?" meinte Cliff.

„Ja, das fürchte ich . . ."

IM LAUFE der nächsten Woche verlegte Cliff sein Hauptquartier aus der Höhle in das Forstamt von Bosnek. Hier verfügte er über ein Büro mit Telefon und über eine Schlafhütte, in der es drei Feldbetten, einen Kamin und eine kleine Küche mit Propangas gab, so daß er sogar heißes Wasser hatte. Nach dem Höhlenleben war dies der reine Luxus.

Den raschen Umzug hatten seine Vorgesetzten in Kapstadt veranlaßt. Sie fanden, daß sein Höhlendasein dem Ansehen der Behörde schaden könnte, zumal Cliff einige Tage zuvor Besuch von dem Reporter einer großen Zeitung bekommen hatte. Der junge Journalist hatte ganze Arbeit geleistet, und sein Artikel löste eine neue Welle des öffentlichen Interesses an dem Leoparden aus. In dem Bericht war die Frage aufgeworfen worden, ob für diese Tierart in einer ihr feindlich gesinnten Welt überhaupt noch Raum sei. Dann war Kampmuller interviewt worden. Er empörte sich darüber, daß mit öffentlichen Geldern der Schutz so gefährlicher Bestien finanziert werde. Aber er gab sich auch eine Blöße, als er meinte, daß der Leopard allein schon wegen seiner ungewöhnlichen Färbung als gefährlich zu betrachten sei.

Cliffs ausgewogene, wissenschaftlich begründete Ansichten waren dagegen ein Meisterstück an Diplomatie und Objektivität. Sie wurden, begleitet von einigen Fotos seiner Höhle, auf derselben Seite wie das Interview mit Kampmuller abgedruckt. Cliff hatte sich zunächst vergewissert, daß der Reporter auch alle Aspekte des Problems richtig begriffen hatte. Dann war er dazu übergegangen, den jungen Mann mit einer Fülle leichtverdaulicher Informationen zu füttern, in denen die Begriffe „Ökologie“ und „Ökosystem“ eine große Rolle spielten.

Den ersten Anruf in der neuen Unterkunft bekam Cliff von Japie Kampmuller. Der Farmer war sehr stolz auf sein Zeitungsinterview, und er gratulierte Cliff sozusagen als ebenso berühmtem Kollegen.

Der zweite Anrufer war Paul Stander. Er teilte mit, daß die Hundemeute da sei, sechs Exemplare einer Kreuzung zwischen Beagle und Foxhound, die sich in offenem Gelände bei der Jagd auf Schakale und Wüstenluchse sehr bewährt hatten. Cliff erkundigte sich, ob die Hunde auch für bewaldetes Gelände geeignet seien, aber Paul konnte ihm keine Auskunft geben.

Am selben Tag erhielt Cliff noch einen dritten Anruf: Der Direktor der Forstbehörde teilte mit, daß er in Kürze der Region einen Besuch abstatten werde.

Als Cliff den Hörer auflegte, wünschte er den schwarzen Leoparden zum Teufel. Auf einem Tischchen aus Kiefernholz lag ein Notizblock, auf dem er schließlich traumverloren herumkritzelte. Er schrieb eine bestimmte Telefonnummer auf, verzierte sie mit einer reich beblätterten Girlande und verwandelte die beiden Nullen in Gewehrmündungen. Aus der einen ließ er eine Sonnenblume sprießen, aus der anderen schoß ein vielzackiger Blitz. Er strich das Ganze wieder aus und zeichnete schließlich einen beinahe perfekten Leopardenkopf, den er mit dem Kugelschreiber schwarz ausmalte. Unter den Kopf schrieb er „Jean Jean Jean Jean Jean“.

Siebtes Kapitel

DIE meiste Zeit seines Lebens hatte Mike Prewalski damit zugebracht, als begeisterter Jäger durch alle möglichen Weltgegenden zu ziehen. Doch auch wenn ihm das Jagdglück hold war, schien ihn diese Tätigkeit nie ganz zu befriedigen. Seit seiner Ernennung zum Forstbeamten in einem Naturschutzgebiet nutzte er seinen Jagdinstinkt in abgewandelter Form: Er vervollkommnete sich als Spuren- und Fährtenleser und als Beobachter der Tiere in freier Wildbahn.

In der Nacht vom Freitag zum Samstag hatte es fast ununterbrochen geregnet. Am Morgen besserte sich das Wetter, und die Prewalskis brachen nach dem Frühstück in ihrem VW zu Pollys Eltern auf, die in Mosselbaai wohnten, einer knapp sechzig Kilometer entfernten Stadt an der Küste. Der Förster nahm das Mittagessen noch dort mit der Familie ein. Dann ließ er seine Frau bei den Schwiegereltern zurück und fuhr wieder nach Hause.

Das Forstamt wirkte wie ausgestorben. Er stellte das Auto in der Garage ab und marschierte über die Maultierkoppel auf den Wald zu. Im Sand, in dem sich die Maultiere so gern wälzten, entdeckte er eine frische Buschbockfährte, und er blieb stehen. Also war der große Bock wieder dagewesen, den er Anfang der Woche zum erstenmal gesehen hatte. Er wollte schon weitergehen, als ihm eine zweite Spur ins Auge sprang. Sie bestand aus vier Abdrücken, die sich überaus deutlich abzeichneten: zwei Vorderpfoten und zwei Hinterpfoten, die eine davon ein runder Stumpf ohne Zehen. Jeder Abdruck war etwa so groß wie Prewalskis Hand mit gespreizten Fingern! Er ging in die Hocke, um die Spur genauer zu betrachten. Sie konnte kaum älter sein als sechs Stunden. Er beugte sich noch tiefer über den Abdruck der unvollständigen Pfote, und seine Mundwinkel begannen verräterisch zu zucken. Als er sich wieder aufrichtete, lächelte er böse, und schließlich ließ er den Blick schweifen. Seine blauen Augen waren geweitet, und seine Gesichtszüge wirkten auf einmal jungenhaft eifrig. Die Spur stammte von dem menschenfressenden schwarzen

Panther, da gab es überhaupt keinen Zweifel! Im Geist heimste Prewalski schon große Ehren ein, egal, ob er nun Cliff Turner informierte und so zum Übermittler einer wichtigen Botschaft wurde oder ob er den Mund hielte und selbst zur Tat schritte.

Nachdenklich kaute er an einem eingerissenen Fingernagel. Im Schuppen hatte ein Forscherteam, das im Jahr zuvor im Forsthaus einquartiert war, einen mannshohen Käfig aus Maschendrahtgitter zurückgelassen. Aus Transportgründen war er zwar in sechs Einzelteile zerlegt worden, aber die ließen sich mit Hilfe leichter Ketten rasch wieder zusammenfügen. Prewalskis Gedanken überschlugen sich: Er brauchte jetzt sofort zwei Leute, die mit ihm den Käfig noch vor Anbruch der Nacht aufstellen würden. Für den Transport wäre der Landrover groß genug. Das Gewehr müßte er mitnehmen und genügend Patronen, außerdem eine Thermosflasche mit starkem Kaffee, Butterbrote, seine große Taschenlampe mit Ersatzbatterien und, nicht zu vergessen, ein Fläschchen Brandy. Alle diese unerläßlichen Ausrüstungsgegenstände standen ihm sofort zur Verfügung. Hatte seine Expedition keinen Erfolg, wollte er am Morgen Meldung machen; durch diese kleine Verzögerung würde bestimmt niemand zu Schaden kommen. Er wandte sich um und stapfte hinüber zur Landarbeitersiedlung.

Prewalskis Plan stand fest: Er würde keinen Geringeren als sich selbst dem Leoparden als Köder anbieten – einen lebenden Köder, der aber gut geschützt in dem Drahtkäfig saß und im richtigen Moment von Taschenlampe und Gewehr Gebrauch machen würde.

Mit zwei Helfern fuhr er zu der Stelle, die er sorgfältig für sein Unternehmen ausgesucht hatte: eine Lichtung neben einem Waldweg. Sie lag, gerade einen Kilometer vom Forstamt entfernt, ungefähr in der Laufrichtung des Leoparden, die sich aus der Spur im Sand ablesen ließ. Die Männer bauten den Käfig auf, ketteten Seitenwände und Decke zusammen und verstärkten die Verbindung an einigen Stellen noch mit Eisendraht. Erst als Prewalski seine Ausrüstung in den Käfig schleppte, wurden die beiden Helfer unsicher. Vor allem Tom Windwaai, ein Traktorfahrer, zeigte sich besorgt. Er hielt es durchaus für möglich, daß sich der Leopard auf diese oder jene Weise den Forstbeamten schnappte. Der aber saß schon im Käfig, spähte zwischen den Maschendrahtgittern hervor und schwenkte lachend sein Brandyfläschchen. Die beiden Landarbeiter traten nervös lächelnd den Rückweg an; so viel Heldenmut erfüllte sie mit ehrfürchtiger Scheu.

Sie waren kaum fort, als Prewalski merkte, daß ihm ein Fehler unterlaufen war. Er hätte den Männern den Auftrag geben sollen, ihn am Morgen abzuholen. Doch so schlimm war die Sache nun auch wieder nicht. Er würde einfach abwarten, bis es nach Sonnenaufgang hell genug wäre, um den Käfig zu verlassen und ungefährdet zum Forstamt zurückzumarschieren.

Als die letzten Vogelstimmen verstummt waren, klappte er einen Feldstuhl auf, zog einen dicken Uniformmantel an und goß die erste, großzügig bemessene Portion Brandy in einen Plastikbecher. Von diesem Augenblick an sorgte die Schnapsflasche dafür, daß ihn sein Optimismus und seine freudige Erregung nicht mehr verließen. Eine Eule, die über ihm in einem Baum saß, weckte ihn mit ihrem klagenden „Schuhu" aus einem leichten Halbschlaf. Einmal hörte er das Bellen eines aufgeschreckten Buschbocks, dann Blättergeraschel und das Knacken trockener Zweige – offenbar hatte der Bock die Flucht ergriffen.

Prewalskis Spannung stieg. Immer wieder ließ er den Lichtkegel seiner Taschenlampe um den Käfig kreisen. Um drei Uhr morgens aß er das letzte Butterbrot und trank den Rest des Kaffees. Danach döste er noch einmal ein, war aber sofort hellwach, als ein Pavianmännchen sein durchdringendes Warngebell ausstieß. Mit hämmerndem Puls und trockenem Mund horchte Prewalski auf die Fluchtgeräusche einer davonstürmenden Affenherde. Erst allmählich verloren sich Gebell und Angstgeschrei in der Ferne.

Angestrengt starrte Prewalski in die Finsternis, die nur zögernd der Morgendämmerung wich. Er atmete tief durch, um des Zitterns Herr zu werden, das ihn von Kopf bis Fuß schüttelte. Daß sich ein Leopard in der Nähe des Käfigs aufhielt, wußte er jetzt, und er spürte ein Prickeln unter der Kopfhaut, während ihm kalte Schauer über den Rücken rannen. Eine volle halbe Stunde saß er reglos da und klammerte sich an dem entsicherten Gewehr fest, das auf seinen Knien lag.

Als endlich der Tag anbrach und die Vögel zu zwitschern anfingen, schmerzten seine Arme unerträglich. Er legte das Gewehr auf den Boden, warf sich daneben, gähnte und genoß es, sich endlich entspannen zu können. Für ihn war das nächtliche Warten auf den Leoparden beendet, er hatte sein möglichstes getan. Jetzt wollte er ein bißchen schlafen und danach, wenn es richtig hell wäre, ins Forsthaus zurückkehren und Cliff Turner anrufen.

DAS Schnarchen des Zweibeiners störte den Leoparden, der sich im Gebüsch versteckt hielt, nicht im geringsten. Viermal hatte er in der Nacht den Käfig umkreist und sich anschließend in einem Gebüsch auf die Lauer gelegt.

Jetzt rührte sich der Zweibeiner, und die Muskeln des Leoparden spannten sich. Seine Augen verengten sich zu Schlitzen, und er registrierte mit höchster Konzentration jede Lageveränderung der Gestalt hinter den Gittern. Erst als der Zweibeiner den Käfig verließ und davonging, löste sich das Raubtier aus seiner Erstarrung und nahm die Verfolgung auf. Geduckt, mit vorgestrecktem Kopf, angelegten Ohren und halboffenem Maul glitt es wie ein schwarzer Schatten durch das Unterholz. Auch als der Leopard seine Schritte beschleunigte, bewegte er sich noch völlig geräuschlos.

TOM WINDWAAI erhob sich von der quietschenden Bettstelle, die er mit seiner Frau teilte, und trat vor sein wellblechgedecktes Holzhäuschen. Zufrieden stellte er fest, daß der Himmel einen schönen Sonntag versprach; es war windstill, und von Westen her zogen keine Wolken auf. Er gähnte und reckte und streckte sich. Dann wusch er sich unter dem Hahn des Regenwassertanks und spülte sich auch noch den Mund aus. Plötzlich fiel ihm Mike Prewalski in seinem Käfig ein. Einen Augenblick überlegte er, ob er den Förster mit dem Landrover aus dem Forstamt abholen sollte. Aber Tom wollte keine Zeit verlieren; er hatte sich vorgenommen, angeln zu gehen, und die Ebbe wartete nicht. Außerdem wäre es auch nicht schlimm, wenn Prewalski den knappen Kilometer allein zu Fuß zurücklegte. Den Käfig konnten sie später abtransportieren.

Im schwarzen Herd in der Küche war nur noch ein bißchen Glut. Tom setzte deshalb lieber den Gaskocher in Gang, stellte einen Topf Kaffee zum Aufwärmen darauf und nahm währenddessen schon das Angelzeug von einem Haken an der Küchenwand.

Der Kaffee war stark, schwarz und süß. Tom tunkte ein Stück zusammengerollten Pfannkuchen hinein und kaute bedächtig. Aus der Kammer nebenan kamen leise Schnarchtöne; seine Frau schlief immer noch. Tom war an diesem Sonntagmorgen mit sich und der Welt zufrieden. Schließlich erhob er sich von seinem Küchenstuhl, zog den zerfledderten Vorhang beiseite, der als Tür zum Schlafzimmer diente, und angelte seinen Hut von einer der Kugeln, die die Pfosten der klapprigen Bettstelle schmückten. Mit der Angelausrüstung verließ er das Haus und marschierte unter den ersten Sonnenstrahlen des neuen Tages auf den ausgetretenen Pfad zu, der zuerst durch den Wald und dann über die Klippen hinunter zum Meer führte.

Da Ebbe herrschte, fand er genügend Köder für seine Angel: kleine Fische, ein paar Sandwürmer und drei rote Krabben. Nachdem er sich an einem geeigneten Plätzchen auf den Felsen niedergelassen und sein Hemd ausgezogen hatte, breitete er um sich her das ganze Zubehör des perfekten Anglers aus: ein Sortiment kleiner Angelhaken, Schwimmer, Messer, einen langen Fischhaken, eine Brotbüchse und den Korb mit den Ködern. Er befestigte die erste der Krabben mit großer Sorgfalt an einem Spezialhaken, visierte unten im Wasser einen hellgrün schimmernden Fleck an, der auf sandigen Untergrund schließen ließ, und beförderte den Köder mit einem mächtigen Schwung der Angel ins Ziel. Von nun an hieß es warten, sehr lange warten, aber dieses Geduldspiel machte für Tom Windwaai den Reiz des Angelns aus.

Gegen vier Uhr nachmittags, als er seine letzte Krabbe ausgeworfen hatte, trat der langersehnte große Augenblick ein: Die Nylonschnur spannte sich und vibrierte, als flösse durch sie elektrischer Strom. Dann gab es einen Ruck, die Angelrute bog sich, und die Leine spulte sich rasend schnell von der quietschenden Rolle ab. Tom brach in Triumphgeheul aus. Er stemmte die Beine fest in den Boden und erlebte während der nächsten Viertelstunde diese seltsame Mischung aus Ungewißheit und Aufregung, die nur der Angler kennt. Immer wieder versuchte der Fisch, in den Schutz dunkler Felsenhöhlen zu entkommen, aber die Nylonschnur folgte ihm unerbittlich über Riffe und Untiefen, bis er sich endlich ergab.

Tom fing an, die Leine aufzuspulen. Es dauerte nicht lange, bis das blausilberne Schuppenkleid des Fisches aufblitzte. Dann tauchte die Beute auch schon aus dem Wasser auf. Der Fisch schlitterte über den glitschigen, mit schwarzen Miesmuscheln dicht besetzten Felsboden, und der Kampf war zu Ende.

Tom saß hoch über dem Wasser auf seinem Felsen und beobachtete die letzten Lebenszeichen des Dreißigpfünders: das rhythmische Klatschen der Schwanzflosse, die auf den heißen Stein schlug. Plötzlich hörte er jedoch vom Strand her ein ganz anderes Geräusch: ein helles, jaulendes Bellen. Gleich darauf tauchten am Strand sechs schwarz-weiß-braun gefleckte Spürhunde auf, die vor Erschöpfung Ohren und Zunge hängen ließen. Doch nacheinander verschwanden sie gleich wieder zwischen den Bäumen unterhalb der kahlen Klippen.

Unwillkürlich mußte Tom wieder an Prewalski und dessen Nachtwache im Käfig denken. Er musterte aufmerksam den Saum des Waldes, doch kein Jäger trat auf den Strand heraus. So verpackte er sein Angelzeug und die Beute und machte sich auf den Heimweg.

Beim Anblick der vielen Autos vor dem Forstamt blieb Tom unvermittelt stehen; er ahnte, daß etwas passiert sein mußte. Acht, neun verschiedene Fahrzeuge an einem Sonntagnachmittag unter Prewalskis Bürofenster – das allein wäre schon ungewöhnlich gewesen. Doch als Tom den weißen Rettungswagen sah, überfiel ihn nackte Angst. Er hätte gern gewußt, was vorgefallen war, aber das Gesetz verbot ihm, sich unter die Weißen zu mischen. So trat er zu der Landarbeitergruppe, die unter der Eiche auf dem Hof stand.

Die Leute bestätigten seine schlimmsten Befürchtungen. „Prewalski, der Förster – er ist tot!" berichteten sie aufgeregt. „Der schwarze Leopard hat ihn erwischt!"

DER Leopard hörte, wie eine Lastwagentür scheppernd zuschlug, und er vernahm auch die Stimmen von Zweibeinern und das metallische Klirren von Ketten, aber er setzte sich erst in Bewegung, als Hundegekläff an sein Ohr drang. Sein Instinkt riet ihm, sich nach Norden zu wenden, in die hochgelegenen Bergwälder. Aber dazu hätte er erst die Stelle passieren müssen, an der sich die Zweibeiner aufhielten, die er als gefährlich einstufte. So trottete er lieber einen Pfad entlang, der talwärts führte. Plötzlich wurde das Hundegebell hinter ihm unerträglich laut. Mit einem mächtigen Satz sprang er ins Unterholz und verfiel in einen zügigen Trab. Seine Schulterblätter bewegten sich gleichmäßig auf und nieder wie mechanisch arbeitende Kolben, während er den Kopf dicht über dem Boden hielt. Seine Augen stellten sich so gut auf das Dämmerlicht ein, daß sie auch die kleinste Öffnung im Blätter- und Dornendickicht wahrnahmen, durch die er wie durch einen Tunnel schlüpfen konnte.

Als das Unterholz endete, ging er vom Trab in gestreckten Galopp über. Ein Beobachter hätte ihn jetzt nur noch als flüchtigen Schatten wahrgenommen. Dann war auch der Wald zu Ende, und da gleichzeitig das Hundegebell wieder näher rückte, bekam der Leopard Angst. Vergeblich sah er sich nach einem hohen Baum um, auf den er sich hätte retten können, und so blieb ihm nichts anderes übrig, als über die nackten, heißen Felsen auf den Strand hinunterzuflüchten. Er stöhnte bei jedem Sprung, denn die Belastung, die sein Gewicht auf die Vorderbeine ausübte, war gewaltig. Mit der Hundemeute auf den Fersen jagte er ein Stück weit über den Strand, ohne das Meer überhaupt wahrzunehmen. Dann bog er so abrupt nach rechts ab, daß der grobkörnige Sand unter seinen Pfoten wie eine Fontäne aufspritzte. Zwischen verkrüppelten Ginsterbüschen und Felsbrocken hetzte er wieder die Klippen hinauf. Mit letzter Kraft bezwang er eine kahle, drei Meter hohe Steinwand. Benommen von der Anstrengung, mit heraushängender Zunge, streckte er sich auf einem schmalen Sims aus und ließ den Kopf auf seine muskulösen Vorderpranken sinken. Die Sonne brannte noch immer höllisch heiß auf das nach Westen gerichtete Felsband nieder. Der Leopard schloß die Augen zu ganz schmalen Schlitzen, und seine aufgestellten, nervös zuckenden Ohren verrieten äußerste Wachsamkeit. Tatsächlich dauerte es nicht lange, bis die Hunde in der Nähe waren: Er vernahm das Kratzen ihrer Pfoten auf dem steinigen Boden, das Rascheln von Blättern, das Poltern losgetretener Felsbrocken. Der Leopard hob den Kopf und machte die Augen wieder weit auf, denn inzwischen wanderte die Sonne schon auf den Horizont zu, und über die Felsen legten sich Schatten. Auf einmal brach direkt unter seinem Lager ein Höllenlärm los: Die Meute kläffte wie von Sinnen. Der Leopard antwortete mit einem wütenden Fauchen. Er verstummte, als er vom Fuß der Felsen her leiseres Geschnüffel und Gewinsel vernahm, das unmittelbare Gefahr bedeutete. Offenbar suchte der Leithund einen Weg die Klippe hinauf. Schließlich kam auch noch von oben ein ganzer Schauer aus Sand und Steinen, begleitet von dem ununterbrochenen Rufen aufgeregter Zweibeiner, die ganz nahe zu sein schienen.

Die Augen des Leoparden paßten sich gut dem schwindenden Tageslicht an, daß das grauschwarze Mosaik aus Abhängen, Mulden und Felsvorsprüngen für ihn so klar erkennbar blieb wie vorher im Sonnenschein. Mittlerweile hatte er neue Kräfte gesammelt. Er erhob sich, legte die Vorderpfoten auf ein Felsband, das über ihm lag, und ging auf den Hinterbeinen in die Hocke. Dann schnellte er vorwärts und jagte in mächtigen Sätzen über das Gestein bergan. Halb springend, halb kletternd bezwang er den Rest der steilen Wand. Die Zweibeiner, die ihm oben den Weg abschneiden wollten, konnten gerade noch einen Warnruf ausstoßen und auseinanderstieben. Im nächsten Augenblick spürte der Leopard schon den federnden Boden des Waldes unter den Pfoten und verschwand.

Der steile, bewaldete Hang, der zur Schlucht hinunterführte, lag schon zur Hälfte hinter ihm, als er immer noch Hundegebell hörte. Aber das Geräusch kam nicht näher, er wurde also nicht mehr verfolgt. So schlug er eine gemächlichere Gangart an und lief zunächst flußaufwärts, den Bergen entgegen, und noch ehe es Mitternacht wurde, waren die Schrecken der Hetzjagd seinem Gedächtnis entfallen. Er wandte sich wieder westwärts und trabte auf dämmrigen, sternenbeschienenen Waldwegen auf die beiden Täler unterhalb von Jean Mannions Farm zu, die sein Territorium im Westen begrenzten.

Im Forstamt saß Polly Prewalski schluchzend in einer Ecke des Büros, und ihre Eltern beugten sich fürsorglich und tröstend über sie. Cliff hatte der Witwe sein Beileid ausgesprochen, und im Hinausgehen versuchte er, sich die Vorgänge während der langen Nachtwache des Försters auszumalen. Cliff war überzeugt, daß Prewalski am Sonntag auf eine frische Spur des schwarzen Leoparden gestoßen war. Der Landarbeiter Tom Windwaai versicherte zwar, der Förster habe nichts dergleichen erwähnt, doch ohne zwingenden Grund hätte Mike Prewalski gewiß nicht so umständliche Vorkehrungen getroffen.

Cliff fiel wieder das niedergetretene Gras rund um den Käfig ein und Mikes Ausrüstung, die kaum fünfundzwanzig Meter vor dem Käfig auf dem Boden verstreut war: der Uniformmantel, der Rucksack aus Segeltuch und das entsicherte Gewehr, aus dem kein Schuß abgegeben worden war. Aus diesen Anzeichen ließ sich leicht schließen, daß der Leopard gewartet hatte, bis Mike den Käfig verließ, um ihn dann aus dem Hinterhalt zu überfallen. Das Raubtier hatte schon von seinem Opfer gefressen.

Cliff schauderte. Nur zu gut kannte er die unterschwellige Angst, die sich während der langen, öden Stunden vor der Morgendämmerung einstellte und die keinen vernünftigen Gedanken mehr aufkommen ließ. Andererseits deutete nichts darauf hin, daß Mike in Panik geraten und deshalb aus dem Käfig geflohen war. Der Förster hatte seinen Gegner offenbar unterschätzt und dafür mit dem Leben bezahlt. Das Unglück bewies, daß inzwischen eine Situation eingetreten war, der niemand gewachsen war. Eine menschenfressende Bestie! So etwas erschien in dieser hochtechnisierten Welt, im Zeitalter der Elektronik und der Raumfahrt wie ein Ungeheuer aus grauer Vorzeit, dessen Existenz Cliff am liebsten geleugnet hätte. Doch alles

Verdrängen half nichts: Tatsache war, daß sich fortan in einem weiten Umkreis niemand mehr sicher fühlen konnte. Das Raubtier würde wieder zuschlagen, wo und wann es ihm gefiel, und kein Mensch vermochte es daran zu hindern.

Achtes Kapitel

SCHWERER Regen trommelte auf das Blechdach, als um fünf Uhr früh der Wecker schrillte. Cliff schlug mit der Hand darauf, um das aufdringliche Geklingel zu unterbrechen. Er setzte sich auf und ächzte. Die Regenfluten fielen beinahe senkrecht vom Himmel, und binnen kurzem würden auch die letzten schwachen Reste der Leopardenspur ausgelöscht sein. An einen erneuten Einsatz der Hunde war also nicht mehr zu denken.

Cliff stellte den Wasserkessel auf den Propangasherd, hockte sich wieder auf die Bettkante und rieb sich die Stirn.

Martin Botha hatte ihn davon unterrichtet, daß inzwischen eine lange Vermißtenliste von Leuten vorlag, die außerhalb geschlossener Siedlungen gelebt hatten. Wie viele darunter wirklich tot oder einfach nur weggezogen waren, ließ sich nicht feststellen. Jedenfalls stellte der Leopard eine tödliche Gefahr dar, die viel ernster war, als Cliff anfangs geglaubt hatte. Dennoch fiel es ihm schwer, eindeutig Stellung für oder gegen dieses Tier zu beziehen. Käme er unmittelbar in die Situation, das Leben eines Menschen zu retten, würde er den Panther, ohne zu zögern, erschießen, dessen war er sicher. Oder etwa doch nicht ganz? Zumindest würde er der Versuchung erliegen, das herrliche Geschöpf vorher noch eine Sekunde lang richtig zu betrachten. Eines jedenfalls wußte er: Ohne dieses einmalige Geschöpf wäre der Wald bedeutend ärmer. Also empfand er doch Sympathie für den Gejagten. Der Leopard tötete ja nicht, weil er von Natur aus bösartig war; erst durch das Zusammentreffen mit der Zivilisation war er zum Mörder geworden. Der Hang des Menschen, seinen Besitz zu schützen, hatte dieses Tier zum Krüppel gemacht.

Cliff hockte immer noch auf der Bettkante, und während er den dampfenden Kaffee schlürfte, malte er sich zum soundsovielten Mal in allen Einzelheiten aus, was Mike Prewalski in jener schrecklichen Nacht erlebt haben mußte. Leider war das Ungeheuerliche kein Traum, sondern Wirklichkeit, und dieser Wirklichkeit mußte er, Cliff

Turner, sich nun endlich stellen. Doch im Augenblick dachte er lediglich an das Schicksal des Försters, der stets ein hilfsbereiter Mensch gewesen war und ihm, dem „Höhlenbewohner", von Anfang an viel Sympathie entgegengebracht hatte.

Das Stichwort „Höhle" lenkte Cliffs Gedanken in eine andere Richtung: Er dachte an die Nacht am Strand, als er inmitten der phosphoreszierenden Brandung Jean in den Armen gehalten hatte. In jenem Augenblick hatte er sich Hoffnungen gemacht, die sich jedoch nicht erfüllt hatten. Er war behutsam, aber entschieden von Jean abgewiesen worden.

Inzwischen war alle Müdigkeit von ihm gewichen. Er zog sich an und beschäftigte sich dabei in Gedanken mit dem Schutzkäfig, den Mike Prewalski benutzt hatte. Prewalskis Plan an sich war gut gewesen; der Förster hatte nur einen einzigen tödlichen Fehler begangen. Wer diesen Plan noch einmal aufnehmen wollte, mußte denselben Fehler unbedingt vermeiden. Aber Cliff dachte noch weiter. In seinem Kopf reifte bereits ein Projekt, dank dessen es vielleicht doch gelingen würde, den schwarzen Leoparden lebend zu fangen. Er machte sich sein Frühstück und rief Paul Stander an. Der Regen, der bereits nachgelassen hatte, hörte nun vollends auf und hinterließ nur noch ein paar Nebelfetzen, die unten im Tal über das grüne Blätterdach des Waldes trieben.

Paul fuhr zum Forsthaus von Rooikrantz und zerlegte den Käfig mit Hilfe einiger Landarbeiter. Dann transportierte er die Teile in eine Werkstatt nach Knysna. Am späten Nachmittag waren dort die vorgesehenen Änderungen schon angebracht worden. Er hatte den großen Käfig um eine zweite, durch Maschendraht rundum geschützte Zelle erweitert, die aber so eng war, daß sie nur einen sitzenden Mann aufnehmen konnte. Cliff und Paul hatten ursprünglich daran gedacht, die beiden Zellen durch eine automatische Falltür zu verbinden, die gleichzeitig mit der Haupttür des großen Käfigs zuschnappen sollte. Bei dieser Konstruktion hätte es aber für einen kurzen, kritischen Moment keine Trennwand zwischen dem Leoparden und dem Zweibeiner gegeben, und der schutzlose Mensch wäre für das Raubtier gewiß eine willkommene Beute gewesen. Cliff und Paul hatten daher ihren Plan wieder fallengelassen, zumal sich die Gefahr durch technisches Versagen noch mehr vergrößert hätte.

„Wenn du aber einschläfst ...?" hatte Paul eingewandt.

„Ich schlafe bestimmt nicht ein."

„Du könntest ja vor Schreck wie gelähmt sein ..."

„Oder gleich in Ohnmacht fallen, wolltest du wohl sagen", hatte Cliff augenzwinkernd entgegnet. „Na schön, wir sind uns einig: Es gibt keine Verbindungstür, sondern lediglich eine völlig abgeschlossene Zelle im Innern, in der ich sitze. Aber die Falltür am großen Käfig muß von Hand auszulösen sein. Wenn der Bursche irgendeine mechanische Vorrichtung unter den Pfoten spürt, könnte er immer noch weglaufen, und das wollen wir nicht mehr riskieren."

„Eine Schwierigkeit bleibt aber bestehen", hatte Paul nachdenklich hinzugefügt. „Die Falltür muß genau im richtigen Moment heruntersausen. Erwischt sie das Tier noch im Rückgrat oder auf den Hinterbacken, zuckt es zurück und macht sich aus dem Staub."

Als plötzlich aufkommender Wind die Wassertropfen von den Bäumen schüttelte, erhob sich der Leopard von seinem laubgepolsterten Lager und dehnte und streckte sich. Dann trottete er im erwachenden Wald einen alten, grasbewachsenen Forstweg entlang und genoß die ersten Sonnenstrahlen, die schräg zwischen den Bäumen einfielen. Unterhalb einer Felsnase wurde das Flüßchen sichtbar, ein schmales schwarzes Band, das sich in vielen Windungen talwärts schlängelte.

Als die Sonne schon höher am Himmel stand, verließ der Leopard die Hochebene und schlug einen Weg ein, der zum Flüßchen hinunterführte. Je näher er dem Wasser kam, desto dichter wurde das Farngestrüpp, und desto stärker roch die Luft nach Feuchtigkeit und würzigen Kräutern.

Zum Trinken suchte er sich eine Stelle, die von einem überhängenden Ast beschattet wurde, während auf der freien Wasserfläche goldene Sonnenkringel tanzten. Danach lief er mit weit ausgreifendem Schritt flußabwärts bis zu der Badestelle, die Jean Mannion früher so gern aufgesucht hatte, seit längerer Zeit aber mied. Von nun an war dem Leoparden die Gegend vertraut. Bis zur Felsenhöhle, die ihm und seiner Mutter so lange Schutz geboten hatte, war es nicht mehr weit, und das Haus der Mannions lag auch nur ein paar hundert Meter von der Höhle entfernt jenseits des Hügelkammes.

Der Leopard trank drei-, viermal ohne Hast von dem kühlen Wasser; fast sah es aus, als wolle er nur kosten. Um so gieriger sog er den Duft des grünen, mit Minze bewachsenen Flußufers ein. Dann lief er langsam und immer noch schnuppernd in den Wald hinein.

Die Sonne stand nun senkrecht über ihm. Zwischen den Bäumen war es mittäglich still; nur hier und da zwitscherte ein Vogel. Auf halber Höhe am Hang kreuzte er eine Geröllhalde, aber er hob erst den Kopf, als der zerklüftete, steil aufwärts weisende Felseinschnitt auftauchte, der nur noch von abgestorbenen Baumstümpfen gesäumt war und zum alten Lager seiner Mutter hinaufführte. Er sammelte Kraft, richtete den Schwanz steil auf und jagte mit weiten Sprüngen zur Höhle hinauf. Nach gründlicher Inspektion stellte er befriedigt fest, daß ihm hier weder von bösartig zischenden Puffottern noch von giftigen Skorpionen Gefahr drohte, und endlich warf er sich, erleichtert seufzend, auf den Boden und rollte sich auf die Seite.

Er ruhte und schlief den ganzen Nachmittag, die folgende Nacht und noch drei weitere Tage und Nächte. Nur wenn ihn der Durst quälte, wagte er sich für kurze Zeit zum Flüßchen hinunter. Am vierten Tag meldete sich der Hunger.

Im schwachen, bläulichen Licht des Mondes, der im letzten Viertel stand, erklomm der Leopard den Hohlweg oberhalb der Höhle. Dann lief er am Rand der umzäunten Viehweide entlang und steuerte geradenwegs auf die Häuschen zu, die von Kampmullers Landarbeitern bewohnt wurden. Die bellenden Hunde beeindruckten ihn nicht, doch vorsichtshalber blieb er in Deckung und behielt dabei jeden Hund, jede Hütte der kleinen Siedlung im Auge. Das Licht, das aus einem der Fenster fiel, zog ihn unwiderstehlich an, denn er brachte es mit seinen zweibeinigen Beutetieren in Verbindung. Obendrein hörte er Stimmen in dem Häuschen, das typische Geräusch der Zweibeiner, in das sich noch der Lärm der Mundharmonikas, Gitarren und einer kleinen Trommel mischte. So schlich er mit hellwachen Sinnen, den Körper dicht an den nackten Boden gepreßt, um das ganze Gebäude und schnüffelte an den Türen. Dreimal wiederholte er den Pirschgang, und schließlich richtete er sich an einem der Fenster auf den Hinterbeinen auf und kratzte und zerrte an der Jalousie. Nichts geschah – der Lärm im Innern des Häuschens hielt unvermindert an. So drehte der Leopard eine letzte Runde um das Haus, den Hühnerstall und das kleine Nebengebäude, ehe er enttäuscht den Rückweg antrat.

Auf der Kuppe eines baumlosen, sanft gerundeten Hügels kam er an Jean Mannions Haus vorbei. Lichtschein fiel aus dem Fenster und tauchte das Gras der Weide, die unverkennbar nach Schaf roch, in ein fahles Gelb. Der Leopard schlüpfte so gewandt unter dem Zaun hindurch, daß er den unteren Spanndraht kaum berührte. Nun spürte er weichen Rasen unter den Pfoten, der jeden Laut verschluckte. Hier roch die feuchte Nachtluft durchdringend nach Hund und den Früchten eines Obstgartens. Das Haus auf der Hügelkuppe zeichnete sich mit seinen klaren Umrißlinien wie ein Felsblock vor dem dunklen Himmel ab.

Der Leopard lief über den Rasen und folgte dem dumpfen Geruch, der vom Schwimmbecken ausging. Er schlabberte ein bißchen von dem Wasser, verwendete aber viel mehr Zeit auf die Inspektion eines Paars Sandalen im Gras und eines Badehandtuchs, das über der Lehne eines Gartenstuhles hing. Zu guter Letzt machte er eine Runde um das Haus, warf einen Blick auf Fenster und Türen und trat den Rückweg an.

Neuntes Kapitel

Jean befand sich auf dem Flughafen des Städtchens George, das gut sechzig Kilometer westlich von Knysna lag. Sie stand auf der Aussichtsterrasse und schaute zu, wie ein Düsenflugzeug lärmend in die Startbahn einschwenkte, beschleunigte und mit elegantem Schwung vom Boden abhob.

Die Maschine würde ihren Bruder nach Kapstadt bringen. John wollte einen Besuch auf der Farm eines Vetters in Stellenbosch machen und vier Tage fortbleiben. So lange wäre sie also allein – ein Gedanke, der ihren Puls ein bißchen beschleunigte.

Während der letzten vierzehn Tage war sie Cliff Turner kaum noch begegnet, aber er hatte viermal angerufen. Zweimal hatte er mit John gesprochen, die beiden anderen Male mit Jean, weil der Bruder außer Haus war. Daß sich Cliff unverhohlen freute, wenn sie selbst an den Apparat kam, war ihr nicht entgangen. Da die Leitung aber ein Sammelanschluß war, hatten sie möglichst unverfänglich, wenn auch ausgiebig miteinander geplaudert. Jedenfalls mußte sie sich eingestehen, daß ihre Beziehung zu Cliff inzwischen einer Knospe glich, die nur darauf wartete, aufblühen zu dürfen. Doch Jean litt immer noch unter Schuldgefühlen. Auch jetzt, während der Rückfahrt vom Flughafen, dachte sie unausgesetzt an Simon. Immerhin empfand sie diese Erinnerungen zum ersten Mal seit langer Zeit nicht mehr als schmerzlich. Simon hätte gewiß nicht gewollt, daß sie, um sein Andenken zu ehren, für immer allein blieb. Sie wußte, daß ihre

Schuldgefühle unbegründet waren, aber diese stellten sich nun einmal ein, ohne daß sie etwas dagegen tun konnte.

Jean fuhr bewußt langsam und versuchte, die Küstenlandschaft mit den Augen eines Fremden zu betrachten. Es war tatsächlich eine Bilderbuchgegend. Als sich die Straße senkte, kam hinter einem Felsen der lange honiggelbe Badestrand in Sicht. Auf der anderen Seite tauchten Ferienhäuser auf, die schon leer standen, denn der Sommer ging zu Ende. Die Straße wand sich durch Dünen, vorbei an Strandseen, auf denen Jachten vor Anker lagen; sie führte an riesigen Schwärmen von Flamingos vorüber, die sich für die Reise ins Winterquartier versammelt hatten und wie eine riesige rosafarbene Wolke aussahen. Schließlich überquerte die Straße den dunklen Fluß, der aus den Wäldern des Berglandes kam. Von der Brücke aus überblickte Jean die weite Flußmündung, an der Knysna lag. Noch zwanzig Minuten, und sie war zu Hause! Nachdem sie zur Farm abgebogen war, fuhr sie langsam über die schmale rote Schotterstraße, die an der Weide entlang zum Wohnhaus führte. Nahe dem Straßenrand graste eine Herde Angusrinder. Sie hielt an, stieg aus und stellte sich an den Zaun, die Hände auf den Spanndraht gestützt.

Das Fell der wohlgenährten Kühe glänzte prächtig, und Jean war mit sich selbst zufrieden, weil sie die Tierhaltung strikt nach Simons Vorschriften fortgeführt hatte. Dennoch machte ihr die Zukunft angst. Sie zweifelte daran, ob sie jemals eine perfekte Farmerin würde. Der harte, saure Boden im Buschveld, dem John Avery und sie mit viel Mühe diese fast unnatürlich grün aussehenden Weiden abgerungen hatten, drohte stets wieder die Oberhand zu gewinnen. Dazu kamen noch die vielen Insekten- und Parasitenarten, die keine Sekunde ruhten und einen gnadenlosen Kleinkrieg gegen das Mastvieh führten. Und John wäre auch bald nicht mehr da. Jean wollte den Bruder auf ein College schicken; das war sie dem Vater schuldig. Sie wollte sich aber auch nicht mit der Vorstellung abfinden, für alle Zeiten allein auf Longlands zu leben und Landwirtschaft zu betreiben. So, wie sich die Natur ständig wandelte, wandelte sich auch der Mensch in seinen Wünschen und Ansichten.

Sie blickte zum Himmel auf. Im Abendrot sah sie in großer Höhe eine Schar Gänse mit lautlosem Flügelschlag vorüberziehen. Und während sie den Vögeln nachsah, die im schwindenden Tageslicht bald nur noch als helle Punkte erkennbar waren, wurde ihr plötzlich bewußt, daß sie von Simon Abschied nahm.

Rings um das Haus war es schon dunkel und still. Jean blieb noch eine Weile stehen und hörte dem Chor der Frösche und dem Zirpen der Grillen zu. Auf einmal fühlte sie sich wirklich einsam. Sie schaltete die Außenbeleuchtung am Haus aus, trat in den Flur und verriegelte die Tür von innen. Als sie am Telefon vorbeikam, zögerte sie einen Augenblick, aber dann ging sie doch entschlossen weiter in die Küche, bereitete ein Omelett zu und schenkte sich ein Glas Wein ein. Nach dem Essen setzte sie sich vor den Fernseher, ihre Siamkatze auf dem Schoß. Schließlich nahm sie ein heißes Bad und ging zu Bett. Den spannenden Kriminalroman, den sie kürzlich angefangen hatte, wollte sie an diesem Abend nicht zu Ende lesen, denn ihr war ein wenig unheimlich zumute. Außerdem gab es zwischen der Heldin in dieser Geschichte und ihr allerlei Ähnlichkeiten: Sie hatte zum Beispiel ebenfalls auf ihrem Nachttisch eine Waffe, Simons Smith & Wesson, und eine Taschenlampe liegen. Die Pistole war alt, funktionierte aber, und sie konnte auch damit umgehen.

Es war schon fast Mitternacht, als sie das Licht ausschaltete. Eine Zeitlang lag sie hellwach in der Dunkelheit. Dann knipste sie das Licht wieder an, stieg, so schwer es ihr fiel, nochmals aus dem Bett und verschloß sorgfältig die Schlafzimmertür. Sie verriegelte auch noch die beiden Fenster, die auf den vorderen Rasen hinausgingen. Lediglich das Schiebefensterchen rechts neben ihrem Bett ließ sie einen Spalt offenstehen, damit frische Nachtluft hereinkommen konnte. Draußen herrschte tiefe Stille, die nur einmal kurz vom Alarmruf eines Regenpfeifers unterbrochen wurde.

Ein kühler Lufthauch strich über den Hügel und das von den Schafen kurzgehaltene Gras. Das Haus oben auf der Kuppe war von schweren Düften eingehüllt: von einem eigentümlich erdigen Geruch, der immer nur für kurze Zeit im Frühherbst auftrat, vom süßlichen Aroma reifender Orangen, von der Witterung eines Hundes. Doch am stärksten nahm der Leopard den warmen Blutgeruch wahr, der von einem Zweibeiner ausging. Seine Augen glitzerten erwartungsvoll, er sperrte schon das Maul auf und leckte sich die Lefzen. Noch war die Morgendämmerung nicht angebrochen, und in der tiefen Dunkelheit nahm er sich aus wie ein fließender Schatten, der seine Gestalt mühelos veränderte, wenn er eine Bodensenke durchqueren oder unter einem Zaun durchschlüpfen mußte.

Im grasbewachsenen Hof war die Hundewitterung sehr stark. Der

Leopard blieb einen Augenblick unschlüssig stehen, machte dann aber rasch kehrt und schlich zur Vorderseite des Hauses, in sicherer Entfernung vom Hundezwinger. Er machte unter einem Fenster halt und ließ die Ohren spielen, um alle Geräusche des Hauses einzufangen: das metallische, rhythmische Ticken, das von der Uhr herrührte, das Brummen des Kühlschranks und, viel leiser noch, die Atemzüge der schlafenden Beute.

Aus der offenstehenden Küchentür kam ein warmer Luftstrom. Mit hochgezogenen Schultern, gesträubten Schnurrhaaren und zusammengekniffenen Augen betrat der Leopard die Küche. Vorsichtig setzte er auf dem kalten, ungewohnten Fliesenboden Pfote vor Pfote. Mit hin und her schlenkernder Zunge folgte er der Witterung, die von seiner Beute ausging. Seine Pfoten registrierten den Übergang vom kalten Fliesenboden zu warmen Holzdielen und weichen Teppichen, und auf einmal sagte ihm ein sechster Sinn, daß sich sein Opfer dort hinter der geschlossenen Tür befinde, die nur eine Körperlänge von ihm entfernt war.

Für gewöhnlich schlief Jean sehr fest, und so wunderte sie sich, als sie schon im Morgengrauen aufwachte. Die Zeiger auf dem Leuchtzifferblatt ihrer Armbanduhr zeigten gerade erst vier Uhr. Ihr Herz klopfte schneller als üblich. Ein ungewöhnlicher Laut hatte sie geweckt; das wußte sie genau. Ein Einbrecher? Sie blieb mit angehaltenem Atem liegen, die Augen hatte sie weit aufgerissen. Da war das Geräusch wieder, aber es klang seltsam, wie ein unerklärliches Rascheln. Dann vernahm Jean plötzlich einen dumpfen Laut, der sich anhörte, als schlage ihre Siamkatze mit dem Schwanz gegen eine geschlossene Tür. Aber die Katze lag doch fest schlafend am Fußende ihres Bettes! Jean überlegte fieberhaft, ob sie vor dem Zubettgehen die Küchentür verschlossen hatte. Wenn nicht, dann konnten die Geräusche draußen durchaus von einem Einbrecher herrühren, der auf Strümpfen im Haus umherschlich. Schlagartig war sie hellwach und überlegte. Dabei griff sie automatisch zum Nachttisch, tastete über den Wecker und die Taschenlampe und packte schließlich die Pistole. Sie setzte sich auf, stemmte sich mit dem Rücken fest gegen das Kopfende der Bettstelle und benützte die angezogenen Knie als Auflage für den Lauf der Waffe.

Ein tiefes, grollendes Knurren ließ sie zusammenfahren, so daß die Pistole in ihrer Hand zitterte. Doch der Laut war nur von ihrer Katze gekommen, die jetzt aufsprang, sich unter das Bett verkroch und so laut fauchte und kreischte, daß es Jean Schauer über den Rücken jagte. Ihr Herz raste, und ihre Atemzüge wurden zu einem nervösen Keuchen.

Erst als die Katze zu kreischen aufhörte, konnte sich Jean von neuem auf die Geräusche im Haus konzentrieren, doch alles blieb still. Sie begann wieder ruhiger zu atmen und löste die verkrampften Finger vom Pistolengriff, der schon ganz warm geworden war. Nun hörte sie nur noch das Ticken des Weckers und das Rufen des aufgeregten Regenpfeifers irgendwo in der Ferne. Dennoch war die unbestimmte Angst vor einer tödlichen Gefahr allgegenwärtig. Ihr schien, als sei in ihr ein längst eingeschlummerter Sinn erwacht und hätte in ihrem Bewußtsein eine Tür aufgestoßen, hinter der die Schreckgespenster aus den Urzeiten der Menschheit lauerten: die todbringenden Stürme der Eiszeit, Bären, die am Eingang von Felsenhöhlen schnüffelten, riesige, den Menschen auflauernde Raubkatzen – alle diese unheimlichen Bilder ließen ihr keine Ruhe mehr.

Doch das Schnüffeln an der Schlafzimmertür war keine Einbildung, genausowenig wie das Geräusch leise hin und her tappender weichgepolsterter Pfoten. Kurz polterte etwas gegen die Tür, dann trat wieder Ruhe ein. Jean bemerkte, daß es draußen bereits dämmerte. Gerade hatte sie sich ein wenig entspannt, als die Klinke der Schlafzimmertür kräftig heruntergedrückt wurde. Einen Augenblick sah es so aus, als werde die Tür aus den Angeln gehoben, doch zum Glück hielt sie dem Ansturm des unbekannten Eindringlings stand.

Eine lähmende Angst schnürte Jean die Kehle zu. Endlich fiel ihr wieder die Pistole ein, und sie vergewisserte sich, daß sie die Waffe entsichert hatte. Plötzlich begannen die Hunde im dreißig Meter entfernten Zwinger hysterisch zu bellen. Jean legte den Zeigefinger auf den Abzug ihrer Waffe und spürte seinen kalten, stählernen Druck. Von der Tür her schien inzwischen jedoch keine Gefahr mehr zu drohen. Jean hatte das Gefühl, als ziehe sich das Schreckgespenst von dieser Stelle zurück, und im Geist verfolgte sie es auf seinem Weg durch die Diele in die Küche, durch die offene Küchentür hinaus in den Hof, um das Haus herum bis unter das Fenster, rechts von ihrem Bett, das einen Spaltbreit offenstand und sich als graues Rechteck von der dunklen Wand abhob. Und während Jean noch wie gebannt auf diesen hellen Fleck starrte, begann schon das Fensterbrett zu knarren; die muskulöse Vorderpfote eines großen Tieres schob sich vorsichtig ins

Thompson

Zimmer. Sie wirkte körperlos, als sie blind tastend in der Luft umherfuhr. Dann sah Jean auch schon den Kopf einer schwarzen Raubkatze mit aufgerichteten spitzen Ohren. Sie drückte ab.

Der Rückstoß war gewaltig, und der peitschende Schuß zerriß buchstäblich die Stille im Zimmer. Jean hörte nur mit halbem Ohr ihr eigenes ersticktes Schluchzen, während sie zum zweitenmal abdrückte. Sie hielt den Pistolengriff jetzt mit beiden Händen umklammert, zielte und schoß und zielte und schoß, bis in der Fensteröffnung nur noch der fahle Himmel zu sehen war. Die Hunde bellten laut. Dann verstummten sie, und auf einmal flötete, pünktlich wie jeden Morgen, nur noch die Dschungeltimalie ihr zartes Morgenlied.

Jean wurde noch immer von stoßweisen, schmerzhaften Schluchzern geschüttelt, als die ersten Sonnenstrahlen in ihr Schlafzimmer fielen. Eine Viertelstunde später erlaubte sie sich endlich, den Blick von dem Fenster zu lösen und auf die Uhr zu schauen. Fast schon sieben Uhr! Höchste Zeit, daß sie Cliff von dem nächtlichen Zwischenfall unterrichtete! Er hatte die Gefahr also nicht überschätzt, und sie schauderte bei dem Gedanken, wie sie immer wieder in Versuchung geraten war, Cliffs Mahnung, nicht in der Schlucht zu schwimmen, in den Wind zu schlagen.

Die Sonne schien nun mit ganzer Kraft in ihr Zimmer, und jetzt erst fiel Jean ein, daß sie den Leoparden mit ihren Schüssen vielleicht tödlich getroffen haben könnte. Gespannt und ein bißchen aufgeregt kletterte sie aus dem Bett. Mit der Pistole im Anschlag trat sie ans Fenster und schaute hinaus, sah aber nichts Auffälliges. Sie ließ den Blick über den Hof und den Rasen wandern – nichts! Hielt sich der Leopard etwa noch im Haus versteckt und lauerte auf sie?

Hastig zog sie ihre Bluse, Jeans und Sandalen an und erinnerte sich dabei der Hunde. Richtig, die Hunde könnten ihr vielleicht helfen! Auf jeden Fall wäre ihr draußen auf dem sonnenüberfluteten Hof wohler zumute als im Schlafzimmer. Mit klopfendem Herzen kletterte sie aus dem Fenster, rannte zum Zwinger und öffnete die Tür. Die Hunde schossen wie der Blitz heraus, eine jaulende, galoppierende Meute. Zuerst rasten sie kreuz und quer über den Hof, dann ins Haus hinein, von Zimmer zu Zimmer und wieder hinaus ins Freie. Jean gab ihnen ein paar Minuten Auslauf, ehe sie sie zurückrief und wieder in den Zwinger sperrte. Dann erst ging sie durch die Küche ins Wohnzimmer, legte die Pistole auf das Telefontischchen und bat die Vermittlung um Verbindung mit Cliff Turner. Als sie seine Stimme hörte, war sie unendlich erleichtert.

„Bleib, wo du bist“, sagte Cliff. „Mach alle Fenster und Türen zu, und schließ dich ein. Ich bin gleich da.“

Zehntes Kapitel

Cliff brachte Paul Stander mit. Sie trugen Khakianzüge und schwere Stiefel. In Jeans Schlafzimmer mit seinem Orientteppich, den goldverzierten Möbeln und dem Baldachin über dem Bett nahmen sich die beiden Männer ein wenig merkwürdig aus, doch sie machten sich sofort daran, das saubere Durchschußloch in der Fensterscheibe zu begutachten. „Du hast ihn höchstens um eine Handbreite verfehlt“, meinte Cliff. Er zeigte auf eine Stelle im Fensterrahmen, an der Holz abgesplittert war. „Und das hier wäre auch fast ein Treffer geworden.“ Dann schaute er zur Decke hinauf und lächelte. „Über die Einschüsse dort oben schweigen wir lieber.“

Jean spielte ein bißchen die Beleidigte und knuffte ihn leicht am Arm. Dann fiel ihr Blick auf den Lastwagen in der Auffahrt, der mit allerlei Metallrahmen und Maschendrahtgittern bepackt war. „Soll das eine Falle werden?“ fragte sie. „Richtig“, erwiderte Paul. „Unser Plan müßte funktionieren – wir hoffen es jedenfalls!“

„Du hast unglaubliches Glück gehabt“, sagte Cliff und legte Jean die Hand auf die Schulter. „Ich kann mir gut vorstellen, wie schlimm diese Nacht für dich war. Aber du bist sehr tapfer gewesen.“

„Tapfer?“ wiederholte Jean ungläubig. „Du hättest mich sehen sollen! Vor Angst ist mir fast schlecht geworden.“

Bei einer Tasse Kaffee erklärten ihr die Männer, was sie mit dem Käfig vorhatten, wie die Falltür funktionieren und wer den Köder abgeben sollte. Es klang alles so einfach, daß das Unternehmen völlig ungefährlich erschien. Dennoch war Jean entsetzt.

„Cliff, das darfst du nicht tun! Ausgeschlossen!“ erklärte sie mit Nachdruck.

„Der Leopard kommt doch gar nicht an mich heran. Es gibt für ihn keinen Zugang zu meiner Zelle. Ich spiele nicht den Helden, Jean – das mußt du mir glauben! Aber sprich mit niemandem über unser Vorhaben. Paul und ich unternehmen den Versuch mehr oder minder auf eigene Faust. Und so soll die Sache ablaufen: Paul bleibt heute nacht bei dir, und ich gehe in den Käfig. Wir halten Verbindung über Funksprechgeräte. Wenn alles vorbei ist, kannst du uns ja am Morgen zum Frühstück einladen."

Sie setzten den Käfig in der Nähe der Stelle zusammen, an der Japie Kampmuller und John Avery die Selbstschußanlage aufgebaut hatten. Am frühen Nachmittag war alles fertig, und während Paul die drei Mechaniker, die bei den Arbeiten geholfen hatten, nach Knysna brachte, blieben Jean und Cliff auf der Farm zurück.

Gemeinsam schauten sie dem Lastwagen nach, bis er außer Sicht war. Danach gingen sie schweigsam in das angenehm kühle Wohnzimmer zurück, und Jean schloß das Fenster. Schließlich trat Cliff neben sie und legte ihr den Arm um die Schultern.

„Ich darf gar nicht an das denken, was du gestern nacht durchgemacht hast, Jean", sagte er noch einmal. „Es muß ein schlimmes Erlebnis gewesen sein."

Sie wandte ihm das Gesicht zu, und er drückte sie fest an sich. Ihre Lippen trafen sich, zuerst zaghaft, dann entschlossener, drängender, bis alle Zurückhaltung vergessen war.

Der Gesang der Vogelarten in den Küstenwäldern ist zeitlich so präzise aufeinander abgestimmt, daß er fast wie eine Uhr bestimmte Morgen- und Abendstunden anzeigt. Zuallererst melden sich frühmorgens die Timalien, kleine Sänger, deren Lärm die anderen Waldbewohner aus dem Schlaf holt. Es folgen die Stare und Kap-Brillenvögel, danach der Kuckuck und schließlich die Würger und die Fliegenschnäpper, und keiner verpaßt seinen Einsatz. Das Abendkonzert klingt feierlicher als der fröhliche Lärm, mit dem der Morgen begrüßt wird; die Sänger spüren schon die lauernden Gefahren der Nacht. Nach und nach verabschieden sie sich, zuletzt die Eulen, deren schauriges „Schuhu, schuhu!" durch den nächtlichen Wald hallt.

Cliff, der in seinem Käfig hockte, hatte das Ausklingen des Vogelstimmenkonzerts miterlebt und wartete nun auf den Ruf der Eulen. Immer wieder fiel ihm Mike Prewalski ein, und jedesmal versuchte er, den Gedanken an das schreckliche Schicksal des Försters zu verdrängen. Simon Mannions Pistole lag geladen und entsichert neben einer Thermosflasche mit Kaffee auf dem Käfigboden. Auf so engem Raum war diese Waffe handlicher als ein Gewehr oder eine Schrotflinte, aber sie war ja ohnehin nur für den Notfall gedacht. Müßte er von ihr Gebrauch machen, wäre der Plan, den er mit Paul entwickelt hatte, schon gescheitert. Den Einfall, Walkie-talkies zu benutzen, hatte Paul gehabt. Die Geräte funktionierten gut, und Cliff befürchtete auch nicht, daß das Geräusch der Stimmen den Leoparden vertreiben könnte. Im Gegenteil – es war vielleicht ein zusätzliches Lockmittel!

„Hörst du mich laut und deutlich?" fragte er Paul nach einiger Zeit.

„Klar wie das Abendglöckchen, Cliff!" antwortete Paul. „Ende ..."

„Glöckchen ist gut!" entgegnete Cliff. „Hier dröhnt ein ganzes Orchester ..., mindestens eine Million Frösche, die gerade aufgewacht sind. Hörst du sie? Bestätige noch mal, daß du mich verstehst, wenn ich so leise wie jetzt eben spreche. Ende ..."

„Wir verstehen dich gut, Cliff. Und wir hören auch die Frösche. Jean will noch mit dir reden."

Jean nahm das Funksprechgerät zur Hand. „Hallo, Cliff!" sagte sie. „Wir denken immerfort an dich. Paul paßt gut auf mich auf. Alle Fenster und Türen sind geschlossen. Deine hoffentlich auch. Ende ..."

„Schön, deine Stimme zu hören", erwiderte Cliff. Und nach einer Weile fuhr er fort: „Irgend etwas schleicht hier herum. Ein paar Stachelschweine sind schon getürmt."

Jean und Paul schauten einander an; die Spannung spiegelte sich auf ihren Gesichtern wider. Es folgte eine längere Funkstille. Endlich meldete sich Cliff von neuem: „Ich spüre es ganz deutlich: Da ist etwas in der Nähe, aber ich will noch nicht die Taschenlampe benutzen. Wenn nichts weiter geschieht, melde ich mich jede halbe Stunde. Ende ..."

Paul schaute seufzend auf seine Uhr. „Kann eine lange Nacht werden, Jean. Wollen Sie nicht lieber zu Bett gehen? Ich wecke Sie."

Jean schwieg zunächst. Sie trat ans Fenster und starrte in die Dunkelheit hinaus. Wenn sie nun anstelle von Cliff dort draußen in dem Käfig sitzen müßte, den vermutlich ein Leopard umkreiste? Die Vorstellung ließ sie so heftig schaudern, daß ihre Schultern bebten. „Ich möchte Ihnen lieber Gesellschaft leisten", antwortete sie schließlich. „Am besten, Paul, ich setze mich mit einem Buch da drüben aufs Sofa."

Um halb fünf Uhr klang Cliffs Stimme im Funksprechgerät schon recht müde. „Ich mache mir wegen des Blitzlichts Sorgen, Paul", sagte er. „Vielleicht fallen mir gerade in dem Moment, wenn es losgeht, die Augen zu, und ich verpasse es."

Cliff hatte eine seiner Kameras im hinteren Drittel des großen Käfigs installiert. Wenn der Leopard eine Lichtschranke durchquerte und so den Elektronenblitz auslöste, war er schon weit genug in den Käfig eingedrungen – für Cliff das Signal, hinter der Raubkatze die Falltür zuschnappen zu lassen.

„Außerdem hätte ich doch lieber ein Gewehr mitbringen sollen“, fuhr er fort. „Vielleicht hat sich der Bursche hier irgendwo auf die Lauer gelegt und wartet bloß darauf, daß ich herauskomme. Aber solange ich nicht Entwarnung gegeben habe, dürft ihr beide auf keinen Fall herkommen, und ihr solltet auch dann noch eine Weile im Auto bleiben. Die Schrotflinte könnt ihr zu Hause lassen – das Jagdgewehr ist besser wegen der größeren Reichweite. Wie geht es Jean? Ende ...“

„Jean geht es bestens, sie ist auf dem Sofa eingeschlafen“, antwortete Paul. „Mach dir wegen des Blitzlichts keine Sorgen. Das siehst du auch noch durch die geschlossenen Augenlider.“

Cliffs Stimme ertönte plötzlich ganz leise. „Er ist da!“ flüsterte er. „Ganz bestimmt ist er es. Er schleicht um den Käfig. Bleib auf Empfang!“

Mit dem Walkie-talkie in der Hand ging Paul zum Sofa hinüber und weckte Jean. Sie war sofort hellwach und setzte sich auf.

„Cliff will, daß wir auf Empfang bleiben“, erklärte ihr Paul rasch. „Offenbar ist der Leopard ganz in seiner Nähe. Wie er das bloß wissen will? Vielleicht bildet er sich alles nur ein ..., jedenfalls habe ich es für besser gehalten, Sie aufzuwecken.“

Plötzlich schien der Empfänger des Funksprechgeräts vor Lärm zu bersten. Gleich darauf war Cliffs Stimme zu hören. Er schrie etwas Unverständliches, das im furchtbaren Wutgeheul einer großen Raubkatze unterging. Das Tier brüllte ohne Unterlaß und warf sich offenbar mit aller Kraft gegen die ratternden Gitterwände des Käfigs.

„Wir haben ihn! Wir haben ihn!“ Cliffs Stimme überschlug sich. „Mein Gott, was für ein Tier! Was für ein herrliches Tier!“ Erneut wurden seine Worte übertönt von wütendem Fauchen und dem Scheppern des Maschendrahtgitters. Paul fürchtete um den Lautsprecher des Walkie-talkies in seiner Hand.

„Keine Angst, der Käfig hält!“ schrie Cliff. „Ihr könnt jetzt kommen, aber haltet Abstand, und richtet die Scheinwerfer auf den Leoparden!“

Paul und Jean starrten einander mit weit aufgerissenen Augen an. Wieder hörten sie das gefangene Tier fauchen, diesmal jedoch schon schwächer. Und Cliff fügte prompt hinzu: „Armer Kerl!" Seine Stimme verriet Mitleid. Im nächsten Augenblick stellte er das Funksprechgerät ab.

Jean und Paul fielen sich um den Hals, und als sie zum Lastwagen hinausrannten, trocknete sich Jean noch rasch die Tränen. Die Scheinwerferkegel des Autos bohrten sich in die Dunkelheit und tanzten über die unebene Schotterstraße. Die beiden Wageninsassen schwiegen; sie waren unglaublich aufgeregt. Endlich lag das große Tor zur Farm hinter ihnen, und das Weideland begann. Im schwachen Licht der Morgendämmerung tauchte am Ende der Schafweide der Käfig auf, und viel früher als erwartet erkannten sie den gefangenen Panther mit seinen leuchtendgrünen Raubtieraugen.

In der Nähe des Käfigs stellte Paul den Motor ab, und eine Weile blieben er und Jean still sitzen. Der Leopard war inzwischen verstummt. Mit angelegten Ohren und gesenktem Kopf trabte er ruhelos an den Gitterwänden hin und her, und im Licht der Autoscheinwerfer zeichnete sich der Maschendraht als Schattenmuster auf seinem makellosen Fell ab.

„Ich habe noch nie ein so schönes Tier gesehen", flüsterte Paul. Er öffnete die Wagentür, kletterte vom Fahrersitz und näherte sich vorsichtig der abgetrennten Zelle im Käfig, aus der Cliff gerade auf Händen und Knien herausgekrochen kam. Der Leopard drehte sich einmal um die eigene Achse, fauchte dabei und warf sich von neuem gegen die Käfigwand. Endlich sank er mit rasselndem Atem zu Boden.

Die beiden Männer gingen zum Lastwagen, in dem Jean immer noch saß. Sie brachte kein Wort heraus, sondern starrte Cliff nur schweigend an. Im fahlen Morgenlicht sah er erschöpft aus, aber er wirkte seltsam entrückt – ein Fremder von fast klassischer Schönheit mit seinem langen, schmalen Gesicht und der kräftig vorspringenden, geraden Nase.

„Und was geschieht jetzt, Paul?" fragte er. „Was wird die Forstbehörde bloß mit ihm anfangen?"

„Sie werden ihn wohl töten", erwiderte Paul und rieb sich das Kinn. „Und wir können ihn jetzt schlecht wieder laufenlassen."

„Es muß einen Ausweg geben", meinte Cliff. „Ich kann nur im Augenblick nicht nachdenken." Er schwieg eine Weile. Schließlich fuhr er fort: „Bei diesem schwachen Licht kann man es schlecht erkennen, aber der Leopard hat tatsächlich einen Teil der Hinterpfote eingebüßt. Das wird der Grund für sein aggressives Verhalten sein."

„Vor mir brauchst du ihn doch nicht zu verteidigen, Cliff", antwortete Paul. „Am Ausgang der Sache ändert das sowieso nichts. Kein Mensch würde es riskieren, ihn in einem Wildreservat freizulassen. Er ist viel zu gefährlich."

„Könnte ihn nicht ein Zoo aufnehmen?" fragte Jean.

„Vielleicht", sagte Paul. „Dagegen wäre sicher nichts einzuwenden." Jean und Paul sahen Cliff an, der deprimiert wirkte. „Mann, laß den Kopf nicht so hängen", fuhr Paul fort. „Wir haben mit unsrem Plan Erfolg gehabt, und das müssen wir feiern. Außerdem solltest du dich so schnell wie möglich ans Telefon hängen. Du kennst doch Dr. Williams ..., den Zoologieprofessor. Der möchte sich unsern Prachtkerl bestimmt gern ansehen, und damit wäre schon Zeit gewonnen."

Cliff raffte sich auf. „Du hast recht", erklärte er. „Ich will versuchen, Dr. Williams zu erreichen. Aber in der Zwischenzeit müssen wir unseren Gefangenen gut im Auge behalten. Es wird nicht mehr lange dauern, und die halbe Kapprovinz ist hier vor dem Käfig versammelt. Ich sehe schon förmlich, wie der alte Japie Kampmuller die Leute dazu aufstachelt, den Leoparden an Ort und Stelle abzuknallen."

Um sieben Uhr rief Cliff den Direktor der Forstbehörde in seiner Wohnung in Kapstadt an, und er war insgeheim überrascht, daß ihm der erleichterte Beamte für sein Vorgehen ein großes Lob aussprach. Paul, an den Cliff den Hörer weiterreichte, wurde ebenfalls mit Anerkennung bedacht. Schließlich telefonierte Cliff auch noch mit Dr. Williams. Zu seiner großen Freude fand der Vorschlag, den Leoparden in einem Zoo unterzubringen, sofort die Zustimmung des Professors. Sowohl der Direktor der Forstbehörde wie auch Dr. Williams versprachen, sich mit zoologischen Gärten in Verbindung zu setzen. Zuletzt unterrichtete Cliff die Polizei von der Gefangennahme des schwarzen Leoparden.

Es dauerte nicht lange, bis die ersten Autos mit Neugierigen eintrafen; der Zustrom der Schaulustigen hielt den ganzen Vormittag an. Es kamen Forstbeamte, Polizisten, der Bürgermeister von Knysna, zwei Reporter, Japie Kampmuller mit anderen Farmern aus der Gegend und Landarbeiterfamilien in hellen Scharen.

Einerseits hielten es Cliff und Paul für wichtig, daß sich all diese Leute mit eigenen Augen von der Gefangennahme des gefürchteten Menschenfressers überzeugten. Andererseits waren sie sehr erleichtert, als endlich drei uniformierte Beamte von der Verwaltung der Wildreservate mit einem Lastwagen erschienen, der für den Transport von Tieren aus freier Wildbahn eingerichtet war. Alfred de Villiers, der Leiter der Gruppe, war von der mächtigen schwarzen Großkatze sichtlich beeindruckt und machte sich unverzüglich an die Arbeit. Er kramte eine Weile im Medikamentenkasten herum und marschierte dann, mit einer aufgezogenen Spritze in der Hand, auf den Käfig zu. An einer der Längswände kniete er nieder und brachte es tatsächlich fertig, dem fauchenden Leoparden, ohne mit der Wimper zu zucken, ein Betäubungsmittel ins aufgerissene Maul zu spritzen. Da sich das Tier im selben Moment gegen das Gitter warf, schwankte der Käfig gefährlich, und de Villiers fuhr zurück, aber er hatte sein Ziel schon erreicht. Die Zuschauer setzten sich auf den Boden und warteten.

Eine ganze Weile geschah nichts; die Bewegungen des Leoparden waren so lebhaft wie zuvor. Doch allmählich begann das Tier zu schwanken, es wirkte benommen, und seine Augen starrten ins Leere. Als es endlich zusammensackte, standen de Villiers' Helfer schon bereit.

Die Spitze des Leopardenschwanzes schaute ein Stück weit aus dem Maschendrahtgitter hervor. Die beiden Uniformierten packten zu und zerrten das Tier, das mit den Pfoten nur noch schwach in der Luft herumruderte, näher an die Käfigwand heran. Den Schwanz hielten sie so lange fest, bis de Villiers dem Leoparden mittels einer Injektionsspritze eine weitere starke Dosis des Betäubungsmittels verpaßt hatte. In den nächsten Stunden konnte man sich dem gefangenen Tier gefahrlos nähern.

Die Männer öffneten die Falltür des Käfigs, und die Zuschauer wichen unter lautem Angstgeheul ein paar Schritte zurück. Mit den Vorderpfoten fuhrwerkte der Leopard immer noch hilflos in der Luft herum, als die Beamten mit ihrer schweren Last aus dem Käfig geschwankt kamen. Die Männer ließen das Tier behutsam auf eine Plastikplane nieder und breiteten einen Sonnenschutz über seine weit geöffneten Augen.

Der Leopard wurde nun gemessen, gewogen, gründlich untersucht und vorsichtig in den Transporter bugsiert. Dann war schon alles vorüber.

Als der Lastwagen in einer Staubwolke verschwand, zerstreuten sich auch die Neugierigen, und Cliff, Jean und Paul kehrten gemeinsam zur Farm zurück.

Cliff lag bekleidet auf Jeans Bett und schlief fest. Als der Wecker schrillte, fuhr er erschrocken auf. Er stellte die Klingel ab und sah dabei auf dem Nachttischchen eine Tasse Tee und ein blaues Blatt Papier, das daran gelehnt war. „Ich bin an meiner Lieblingsstelle in der Schlucht. Komm nach, wenn Du Lust dazu hast", stand darauf in Jeans Handschrift. An den unteren Rand des Zettels hatte sie ein kleines Herzchen gemalt.

Cliff trank den lauwarmen Tee, zog seine Stiefel an und machte sich auf den Weg. Die Luft war heiß und feucht. Vielleicht gab es bald ein Gewitter; über den Bergen ballten sich schon Wolken zusammen. Ihm war, als hätte er in einem langen Fieberschlaf gelegen, aus dem er nun mit jedem Schritt ein wenig mehr aufwachte. Eine große körperliche und seelische Last war endlich von ihm genommen.

Jean lag an ihrem Badeplatz auf einem moosbedeckten Felsen und sonnte sich. Cliff behielt nur die Shorts an, watete ins Wasser und war mit wenigen Schwimmzügen bei ihr. Er sprach kein Wort, und Jean beobachtete ihn lächelnd, das Kinn auf die Handrücken gestützt. Endlich richtete sie sich auf, kletterte von ihrem Liegeplatz herunter und glitt neben Cliff ins Wasser.

Die beiden Adler, die über der Schlucht kreisten, hatten sich von einer aufsteigenden Luftströmung in große Höhe tragen lassen. Für die Vögel sah die dunkle Wasserfläche wie ein tiefschwarzes Fenster im grünen Wald aus. Doch die kaum wahrnehmbaren Bewegungen der Schwimmer erregten sofort ihre Aufmerksamkeit. Sie stellten die ruderblattförmigen Schwingen schräg und stießen in einer weitgezogenen Kurve in die Tiefe; mit leisem Zischen strich die Luft durch die vibrierenden Adlerflügel. Allerdings erkannten die Raubvögel mit ihren scharfen Augen bald, daß es sich bei den beiden Schwimmern um Menschen handelte. Unbemerkt von Jean und Cliff drehten sie wieder ab und überließen die grüne Wildnis dort unten sich selbst und ihren ewigen Geheimnissen.

Hjalmar Thesen

„Tiere in freier Wildbahn zu beobachten ist meine Lieblingsbeschäftigung", erzählt der Schriftsteller Hjalmar Thesen über seine Hobbys. „Die Landschaft rund um Knysna, wo ich seit meiner Kindheit wohne, hat viel von ihrer Ursprünglichkeit bewahrt, und so begann ich schon recht früh, mich für die Natur und ihre Artenvielfalt zu interessieren."

Der Autor stammt aus einer Familie, die seit über hundert Jahren im Holzhandel tätig ist und bis vor kurzem mehrere Sägemühlen besaß. Hjalmar Thesen war Direktor dieses Familienbetriebs, ehe die Firma mit einem größeren Unternehmen fusionierte. Seither beschäftigt sich der Schriftsteller mit der Errichtung eines ausgedehnten Wildparks. Das Gelände ähnelt einem Reservat: Es ist zweihundert Hektar groß, von einem zweieinhalb Meter hohen Zaun umgeben und beherbergt hauptsächlich Zebras, Strauße und Antilopen. Ganz besonders widmet sich Hjalmar Thesen der Hege des Buntbocks, einer Antilopenart, die in Südafrika sehr selten ist.

Leoparden haben die riesige Anlage bisher verschont, aber zum Leidwesen des Autors stellen gelegentlich die kleineren, luchsartigen Karakals seinen Tieren nach. Da es Hjalmar Thesen nicht übers Herz bringt, die Raubkatzen abzuschießen, fängt er sie mit Hilfe jener großen Gitterfallen ein, die er in seinem Roman beschrieben hat. Mit dem Lastwagen transportiert er die „Bösewichter" ab und läßt sie außerhalb des Tierparks wieder laufen. „Bleibt nur zu hoffen", meint der Autor, „daß die Biester nicht wiederkommen und ich von vorn anfangen muß."

Die schwarze Bestie ist das vierte Buch aus der Feder des Schriftstellers, der auch als Kolumnist für eine Zeitung tätig ist. Im Augenblick arbeitet er an einem neuen Roman, in dessen Mittelpunkt wiederum der Naturschutz steht.

Und doch singt die Amsel

Eine Kurzfassung
des Buches von
ERIC MALPASS

Nach der Übersetzung von
Susanne Lepsius

Illustrationen von
Dietrich Lange

John Pentecost, Gaylords Opa, fragt sich erbittert, ob es sich nicht vielleicht doch hätte verhindern lassen, daß seine Schwester Priscilla, der alte Giftzahn, zur Feier seines siebzigsten Geburtstags eingeladen wurde.

Währenddessen hat sich in einer Höhle auf Opas weitläufigem Anwesen ein „Eremit" eingefunden, jedenfalls hält Gaylord den alten Vagabunden für einen solchen; und sein Herz und seine Phantasie fühlen sich aufgefordert, den „Einsiedler" vorm Hungertod zu retten.

Gaylords Vater Jocelyn wartet in einer Werkstatt darauf, daß sein Auto repariert wird; zu dieser Zeit sollte er eigentlich in der Linienmaschine nach Zürich sitzen. Als er enttäuscht und verärgert zu Hause ankommt, erfährt er, daß dieses Flugzeug von Luftpiraten entführt worden ist. Schrecken und Mitleid ergreifen ihn; aber bald wird er von Schuldgefühlen überwältigt …

Da sind sie wieder: die liebenswürdigen, versponnenen Figuren und das vertraute Szenarium, denen der Autor seit seinem Erfolgsroman Morgens um sieben ist die Welt noch in Ordnung *treu geblieben ist.*

I

WENN Gaylord Pentecost etwas mit seinem Hund William gemeinsam hatte, so war es die allzeitige Bereitschaft, anderen Lebewesen zu helfen. Bedauerlicherweise waren die anderen Lebewesen nicht immer bereit, sich helfen zu lassen.

Zum Beispiel Duncan Mackintosh, Opas Gutsverwalter, der sich mutterseelenallein abmühte, eine Schafherde in einen Lastwagen zu verfrachten. Er hatte eine Rampe an den Lastwagen gelehnt und zwischen dem Pferch und der Rampe rechts und links Hürden aufgestellt. Doch just als er sich anschickte, seine Opfer durch diesen Gang zu scheuchen, erscholl eine muntere junge Stimme: „Können wir Ihnen helfen, Mr. Mackintosh?"

Obwohl sich Duncan sehr ungern bei der Arbeit stören ließ, scheute er davor zurück, den Enkel seines Chefs lautstark zur Hölle zu wünschen. Statt dessen grunzte er nur mißvergnügt.

Ein wenig mehr Begeisterung hatte Gaylord schon erwartet, aber sogar er hatte gelernt, daß man von dem Schotten keinen übertriebenen Dank erwarten durfte. „Was können wir tun?" rief er.

„Bleibt, wo ihr seid!" schrie Duncan aufgeregt, als ein Dutzend Schafe plötzlich die Rampe hochjagte. Erleichtert ging er zur hinteren Wagenklappe, um sie zu schließen. Aber er hatte nicht mit dem sechs Monate alten William gerechnet.

William war ein Bobtail, der in seinem kurzen Leben schon die elementarsten Dinge erfaßt hatte, wie zum Beispiel den Respekt vor seinem kleinen Herrn und die Wichtigkeit des Fressens. Doch der Anblick der Schafe mußte irgendwelche Urinstinkte in ihm geweckt haben. Schafe, fand er plötzlich, waren sein Geschäft.

In Sekundenschnelle raste er die Rampe hinauf und in den Lastwagen hinein. Die erschrockenen Schafe flüchteten wieder aus dem Lastwagen, durchbrachen die Hürden und stoben in alle Richtungen. Duncan Mackintosh packte den Hund wutentbrannt beim Kragen.

William, dem sein Erfolg zu Kopf gestiegen war, biß Duncan.

Duncan preßte sein Taschentuch auf die blutende Wunde an seiner Hand und verfluchte alles Englische, Hunde und Kinder eingeschlossen. Gaylord übersah er geflissentlich.

Gaylord schätzte es ganz und gar nicht, übersehen zu werden. Andererseits mußte er zugeben, daß er und William vielleicht nicht ganz so hilfreich wie sonst gewesen waren. „Können wir Ihnen helfen, die Schafe wieder einzufangen, Mr. Mackintosh?“

Mackintosh antwortete nicht. Er war ein schweigsamer, tüchtiger Mann, der auf bewundernswerte Weise mit den vielen Schwierigkeiten des Lebens fertig wurde; eine davon war, seine mutterlose, gelähmte achtjährige Tochter aufzuziehen. Aber den Engländern, stellte er als Schotte resigniert fest, war er nicht gewachsen. Sie nahmen nichts wirklich wichtig, und man wußte nie, wann sie einen Scherz machten. Er blickte auf seine Hand, die schmerzte, auf seine Schafe, die ihn verstört aus der Ferne beobachteten, und auf das Trent-Tal, das wie ein flacher Teller vor ihm lag. Und er dachte an die heimatlichen Berge. Ach, dachte er, könnte ich nur nach Schottland zurückkehren. Aber da gab es noch eine ungelöste Frage, die Wendy Thompson betraf, die Lehrerin seiner Tochter. Julia würde sie sehr vermissen. Und er? Wendy war ein anziehendes kleines Geschöpf, und er mochte sie gern. Aber – unentbehrlich war sie für ihn nicht. Duncan hielt niemand für unentbehrlich, dazu war dieser kräftige, finster dreinblickende Mann viel zu unabhängig.

Zur selben Zeit war auf dem Londoner Flughafen Gatwick eine andere, aber ähnliche Aktion im Gange, nur daß dort statt Schafen Passagiere zu einer Herde zusammengetrieben und zu einem Flugzeug gedrängt wurden.

Angefangen hatte diese langwierige Prozedur am Check-in-Schalter, wo eine Angestellte, Miß Cranford, die Passagierliste überprüfte. Plötzlich stieß sie ein erstauntes „Oh!“ aus.

Ihre Kollegin beugte sich über ihre Schulter und war enttäuscht, als der rotlackierte Fingernagel auf Pentecost, J. wies. „Nie gehört“, sagte sie.

„Der Schriftsteller! Ich wette, er ist schrecklich nett. Seine Bücher sind so reizend.“

„Nun, wenn er nicht bald hier ist, dann versäumt er das Flugzeug“, bemerkte Miß Cranfords Kollegin achselzuckend. (Schriftsteller interessierten sie nicht; wenn es ein Fernsehstar gewesen wäre . . .)

Jocelyn war tatsächlich verspätet. Die Vorbereitungen für den Flug RU 777 näherten sich bereits ihrem Ende. Die Caravelle stand auf ihrer Position. Der Einsteigetunnel kroch wie eine riesige, gierige Raupe auf das Flugzeug zu und heftete sich an. Der Lautsprecher verkündete: „Die Passagiere für den Flug RU sieben-sieben-sieben nach Zürich werden gebeten, sich zum Ausgang neunzehn zu begeben."

„Wo bleiben Sie, Mr. Pentecost?" murmelte seine Verehrerin und starrte besorgt in die große Halle. „Ich würde gern wissen, wie Sie aussehen."

Aber kein Mr. Pentecost erschien!

Die Besatzung der RU 777 führte ihre Routinekontrolle durch; der letzte Fluggast passierte die Sicherheitskontrolle. Noch einmal krächzte der Lautsprecher: „Letzter Aufruf für die Passagiere des Fluges RU sieben-sieben-sieben nach Zürich. Bitte begeben Sie sich umgehend zum Ausgang neunzehn." Dann hob die Einstiegsraupe den Kopf und schlängelte sich seitwärts fort.

„Aus und vorbei, Mr. Jocelyn Pentecost", sagte seine Verehrerin am Check-in-Schalter und fügte ein wenig verachtungsvoll hinzu: „Er hat seinen Flug verpaßt, der Trottel."

Jocelyn Pentecost saß seit drei Stunden in der Kfz-Werkstatt an der Autobahn M1 fest und wußte, daß er seinen Flug verpaßt hatte. Gleichzeitig hatte er auch die Party verpaßt, die sein Verleger zum Erscheinen seines neuen Romans heute abend gab. Aber was half's? Ihm blieb nichts anderes übrig, als wieder nach Hause zu fahren. Falls überhaupt jemand dieses geheimnisvolle Ding, diesen Motor, wieder ins Leben zurückrufen konnte!

Er war zu sehr damit beschäftigt, sich mit Selbstvorwürfen zu überhäufen, um seine Enttäuschung voll auskosten zu können. Aber er *war* enttäuscht! Jahrein, jahraus schrieb er seine mäßig erfolgreichen Romane, eine einsame und oft recht unbefriedigende Arbeit. Und dann war diese Einladung aus dem Ausland gekommen – zu einer eigens für ihn gegebenen Party. Und statt nun seinem Ziel entgegenzueilen, saß er hier in der Werkstatt fest. Flugzeuge rauschten über seinen Kopf hinweg; Fernlaster rollten grollend an ihm vorbei, und Schnellzüge rasten dahin, während für ihn Zürich in unerreichbare Ferne rückte. Und dann plötzlich hörte er ein Aufbrüllen, das in ein stetes, zufriedenes Schnurren überging. Der Mechaniker zog seinen

Kopf unter der Motorhaube hervor, und sein Mund verzog sich zu einem breiten Grinsen. „Das wär's, Sir, die Karre ist wieder okay."

„Vielen Dank, ich bin Ihnen wirklich sehr dankbar. Aber . . . woran hat es denn gelegen?" Jocelyn war es völlig egal, was an seinem Wagen kaputt gewesen war, den technischen Kram begriff er ja doch nie. Danach fragen mußte er dennoch, wenn er nicht in den Verdacht kommen wollte, ein völliger Idiot in technischen Fragen zu sein. Der Mechaniker erging sich in ausführlichen Erklärungen. Jocelyn nickte und hörte nicht zu. Das Flugzeug würde in einer Stunde starten, aber er brauchte noch mindestens zwei Stunden bis Gatwick. Und mit einem späteren Flugzeug käme er nicht mehr rechtzeitig an.

Fast krank vor Enttäuschung, rief er aus einer Telefonzelle in Zürich an und entschuldigte sich für sein Nichterscheinen. Er fuhr zur nächsten Ausfahrt weiter, überquerte die Autobahnbrücke und fuhr nordwärts zurück. Was für ein Narr er doch war! Warum hatte er nicht den Ratschlag seiner Frau befolgt, früher aufzubrechen? Er hätte wissen müssen, daß etwas mit dem Wagen schiefgehen konnte. Warum hatte er nie gelernt, einen Motor zu reparieren, und hatte sich stets unter dem Vorwand seiner Arbeit vor allen praktischen Dingen gedrückt? Wirklich, er war hilflos wie ein neugeborenes Baby, völlig abhängig von seiner Frau, von Automechanikern, Klempnern und Elektrikern. Das einzige, was er konnte, war das Bücherschreiben. Und das war auch nicht gerade welterschütternd. Er wußte seit Jahren, daß er nie sehr erfolgreich sein und wirklich gut schreiben würde. Ja, nicht mal zu einem Interview im Fernsehen hatte er es gebracht.

DAS Flugzeug nach Zürich rollte gemächlich zur Startbahn, blieb dort eine Weile stehen, ehe es mit ohrenbetäubendem Donnern die Betonpiste entlangbrauste, schneller und immer schneller wurde, bis die Erde plötzlich unter ihm fortzuschwimmen schien. Immer höher stieg das Flugzeug in den Himmel und zerriß hier und da kleine Wolkenfetzen. Das bösartige Brüllen der Triebwerke ging in ein friedliches Brummen über.

Die Stewardeß Sally Lunn griff nach dem Mikrofon: „Meine Damen und Herren, Sie können jetzt rauchen. Wir würden Ihnen jedoch empfehlen, während des ganzen Fluges angeschnallt zu bleiben . . ." Plötzlich drückte ein harter Arm gegen ihre Kehle, riß ihren Kopf zurück und erwürgte sie fast. Ihre Beine wurden schwach, und sie dachte: Jetzt ist's passiert. Gott steh uns bei!

GAYLORD, dem es nicht gelungen war, jemanden zu finden, der seine Hilfe brauchte, schlenderte mit William am Flußufer entlang in der Hoffnung, einen Wal oder eine Seejungfrau zu sehen; aber wie immer sah er nur Elritzen. Das Leben war fad, einfach fad.

Mit einer Ausnahme: der Eremitenhöhle. Die Eremitenhöhle war alles andere als fad, Gaylord wurde ihrer nie überdrüssig. Sie war aus einem Sandsteinfelsen gehauen und lockte fern und einsam am Fluß. Legenden umwoben sie als einen Ort voll Magie. Mami mochte die Höhle nicht, aber das war typisch für Mami. Kaum gefiel Gaylord etwas, schon war sie aus Prinzip dagegen. So schien es ihm jedenfalls.

Aber da die Höhle auf Opas Land lag, hatte sie ihm den Zutritt nicht verboten. Opa und sein Verwalter Mackintosh verfolgten Eindringlinge sonst so unerbittlich, daß sogar der Präsident der Archäologischen Gesellschaft von Ingerby, der in aller Naivität die Höhle hatte erkunden wollen, mit knapper Not einer Schrotladung entkommen war. Zur größten Beruhigung von May Pentecost übrigens, die sich sagte, daß ihr Sohn Gaylord auf einem so scharf bewachten Besitz keinem unerwünschten Fremdling begegnen würde.

Und so hatte die Höhle, abgesehen von allen anderen Vorzügen, noch den zusätzlichen Reiz, daß sie ein Ort war, den Mami nicht mochte, aber auch nicht ausdrücklich verboten hatte. War es daher verwunderlich, daß Gaylord so oft wie möglich seine Freunde Henry Bartlett und Julia Mackintosh einlud, die Nachmittage dort zu verbringen und die unterirdischen Gänge zu erforschen?

Heute jedoch war er allein – und starr vor Staunen. Jemand hatte ein Feuer in der Höhle angezündet. Ein Haufen Holzasche war übriggeblieben – und noch warm!

Gaylord hielt es nicht für ausgeschlossen, daß der Geist des Eremiten das Feuer angezündet hatte. Aber wäre es dann noch warm? Wärme und Geister paßten irgendwie nicht zusammen. Er plagte sich noch mit diesem metaphysischen Problem ab, als er seinen Großvater am Flußufer erspähte. „Opa, warte mal!" Opa würde es ihm erklären können. Die Erwachsenen hatten auch sonst auf alles eine Antwort.

TATSÄCHLICH gab es eine ganz einfache Erklärung für das Feuer. Ein gewisser Evan Evans aus Wales hatte es angezündet.

Es war eine traurige Geschichte. Er und die Seinen hatten in ihrer Heimat Wales vergebens ihr Glück versucht. Sein Sohn Ivor kaufte Schrottautos, verwandelte sie in halbwegs fahrtüchtige Wagen und verkaufte sie weiter. Mutter Evans veranstaltete Wohltätigkeitssammlungen im Namen der verschiedensten Organisationen. Der Inhalt ihrer Sammelbüchse kam allerdings ausschließlich ihr selbst und der Familie zugute. Ivors Brüder, Prosser und Robert, hatten eine alte Teermaschine gekauft, mit der sie jedem Hausbesitzer, der sich darauf einließ, die Zufahrt asphaltierten.

Die wirtschaftliche Lage in Wales hatte die verschiedenen Geschäftszweige der Familie verdorren lassen. Evan Evans hatte Frau und Söhnen jedoch wie einst Moses den Israeliten das Gelobte Land verheißen, und so waren sie eines Tages samt Schrottautos und Teermaschine nach England aufgebrochen.

Auch hier machte sich die Rezession bemerkbar. Es fiel kein Manna vom Himmel, sondern kalter Herbstregen. Und so war Evan Evans auf der Suche nach einer Unterkunft für den Winter in der Umgebung von Ingerby auf die Höhle gestoßen.

Er war es leid, in einem Schrottauto die kalten Nächte zu verbringen. Hier in der geräumigen Höhle konnte er nach Belieben die Beine ausstrecken, und Brennholz fand sich in der Umgebung noch für viele Winter. Bald würde er die ganze Großfamilie hier einquartieren können.

„Opa, warte mal!" Es war sinnlos, so zu tun, als habe er diesen Ruf nicht gehört. Man kann diesem Gaylord einfach nicht entkommen, dachte John Pentecost ärgerlich. Und ein Mann seines Alters hatte doch das Recht, in seine eigenen Erinnerungen versunken, ungestört den Fluß entlangzugehen. Wer siebzig wurde, brauchte Einsamkeit und Zeit, um zu meditieren. Aber mit einem Jungen wie Gaylord in der Familie ist dies wohl kaum möglich, sagte er sich voller Grimm.

Gaylord holte ihn ein, ging neben ihm her und grinste ihn vergnügt an. „War das nicht ein Glück, daß ich dich gesehen habe? Eine Minute später, und du wärst weg gewesen."

„Glück für wen?" fragte John Pentecost.

„Für uns beide natürlich."

„Natürlich", wiederholte John.

„Jemand hat ein Feuer in der Eremitenhöhle angezündet", sagte Gaylord aufgeregt.

Zu Gaylords großer Enttäuschung geriet Opa nicht in Harnisch. Dem alten Herrn gingen wichtigere Dinge durch den Kopf.

Gaylord versuchte, seinen Großvater aufzustacheln. „Meinst du, der Geist des Eremiten hat das Feuer angezündet?"

„Sehr gut möglich", erwiderte Opa und stapfte weiter. Unter dem blauen Herbsthimmel schienen die Bäume in Flammen zu stehen. Herbst, dachte er und fragte sich: *Mein* Herbst? Nein, mein Herbst ist längst vergangen. Für mich ist es jetzt dunkler Winter ohne Aussicht auf ein Frühjahr. Seit wann bin ich so melancholisch?

Gaylord blickte fragend zu ihm auf. „Opa?"

„Ja, was?"

„Opa, was heißt zelebrieren?"

War er etwa ein wandelndes Lexikon? Wo er sich nichts mehr wünschte, als in Ruhe über Dinge wie Leben, Tod, Himmel und Hölle nachzudenken. „Zelebrieren heißt, irgendeine Gelegenheit ernst und feierlich zu begehen. Zum Beispiel mit einer Messe in der Kirche."

Gaylord brauchte eine ganze Weile, um diese Erklärung in sich einsinken zu lassen. Schließlich sagte er empört: „Dann versteh ich aber nicht, warum Mami und Paps davon reden, daß sie deinen siebzigsten Geburtstag zelebrieren wollen. Das bedeutet doch, daß du so gut wie tot bist, nicht?"

„Nein, zum Teufel, das bedeutet es nicht!" schnaubte sein Großvater.

„Aber so steht's in der Bibel. In der Bibel heißt es: ‚Unser Leben währet siebzig Jahre.' Glaub mir's, Opa."

„Red nicht so geschwollen daher." John Pentecost ging schweigend weiter. Das milde Sonnenlicht fiel schräg durch die Bäume, das dichte Laubwerk leuchtete, und er stand mit beiden Füßen fest auf seiner englischen Erde.

Ja, er wußte genau, was ihm gefiel: jede Art von Wetter, kräftiges Essen, gute Weine, die vier Jahreszeiten, die Gemütlichkeit vor einem Kaminfeuer; aber vor allem liebte er es, allein sein kleines Reich abzuschreiten und die Kraft und den Segen der Erde unter seinen Füßen zu spüren. Konnte einem Mann all dies fortgenommen werden? Ja, es würde ihm eines Tages wieder genommen werden.

„Ich wette, Gott wird sich freuen, dich zu sehen, Opa", meldete Gaylord sich erneut. Soweit er beurteilen konnte, hatte Opa mit Gott vieles gemein, und sie mußten auch ungefähr gleichaltrig sein.

Nun riß dem alten Herrn der Geduldsfaden, er stieß seinen schweren Stock wütend in die Erde. „Zum Teufel, *noch* bin ich ja nicht tot. Abgesehen davon, bin ich gar nicht so sicher, ob sich Gott freuen würde, mich zu sehen."

Gaylord war fassungslos. „Ja, warum denn nicht? Hast du mal etwas Schlimmes angerichtet?"

„Ich glaube nicht, aber sehr viel Gutes habe ich auch nicht getan."

Gaylord fiel auf, daß die Stimme seines Großvaters etwas wehmütig klang. Da beschloß er, ihn aufzuheitern. Sicher hatte Opa etwas getan, das Gott gefallen hatte. Aber was? Ah – natürlich! „Du hast Paps gezeugt, und Paps hat mich gezeugt." Er strahlte vor Selbstzufriedenheit.

„Und du meinst, das spricht zu meinen Gunsten?"

„Bestimmt", sagte Gaylord. „Schließlich werden eine Menge Leute in der Bibel namentlich erwähnt, nur weil sie irgend jemanden gezeugt haben."

Eine abendliche Brise kräuselte den seidenglatten Fluß. Die Sonne sandte ihre Strahlen jetzt fast waagerecht aus, und die Baumstämme wirkten wie Stäbe vor einem erleuchteten Fenster.

„Opa?" sagte Gaylord.

„Ja?" klang es überdrüssig zurück.

„Opa? Wie zeugt man eigentlich?"

Der alte Mann stand einen Augenblick unbeweglich im goldenen Licht der sinkenden Sonne. Dann hakte er die Krücke seines Stocks um Gaylords Hals. „Komm jetzt nach Hause, vielen Dank für deine Begleitung", brummte er mürrisch. Im stillen jedoch sagte er sich, daß er ohne dieses lästige Geplauder womöglich in ungehöriges Selbstmitleid verfallen wäre.

Auch Gaylord war erleichtert. Er hatte sich nämlich schon ernstlich gefragt, ob Großvater über seine Begleitung wirklich so froh war, wie man hätte annehmen sollen.

II

May Pentecost war eine heitere und tüchtige Frau. Sie führte ruhig und umsichtig ihren großen Haushalt im Zypressenhof, besänftigte ihren störrischen Schwiegervater, wenn's nötig war, und hatte ein stets wachsames Auge auf ihren Sohn und ihren meist etwas zerstreuten Mann.

Doch diese scheinbar so ausgeglichene Frau litt unter einer geheimen Angst – der Angst, ihren Mann Jocelyn durch einen Unglücksfall zu verlieren. Die Liebe zu ihrem Mann war der Dreh- und Angelpunkt ihres Lebens. Dabei war sie nicht blind für seine Fehler; sie wußte aber seine Tugenden zu schätzen, machte sich zuweilen über ihn lustig und brachte ihn öfter auf Trab, doch vor allem liebte sie ihn. Das einzige an ihm, was sie immer wieder aufs neue in Schrecken versetzte, war seine Sterblichkeit.

An den meisten Tagen wurde diese Angst durch die beruhigende Gewißheit gemildert, daß Jocelyn ungefährdet in seinem Arbeitszimmer saß oder in nächster Umgebung durch die friedliche Landschaft wanderte. Aber nicht so heute. Heute war er der gehetzten, rücksichtslosen Welt der achtziger Jahre ausgesetzt. Während sie in der Küche stand, hing er am Himmel – nur die Luft zwischen sich und den kalten Wassern des Ärmelkanals. Allein die Vorstellung, daß ein so zerstreuter Mensch wie er seinen Weg von ihrem entlegenen heimatlichen Winkel in Mittelengland zu einem Hotel in Zürich finden mußte, machte ihr das Herz schwer.

Sie zählte sich alle tröstlichen Statistiken auf: Allesamt besagten sie, daß es sicherer war, in einem Flugzeug zu sitzen, als ins Nachbardorf zu fahren.

Doch das half nichts. Sie wollte ihren Jocelyn in Reichweite haben, um jederzeit nachprüfen zu können, daß er noch atmete.

Kurz vor fünf Uhr schaltete sie das Radio ein, um Nachrichten zu hören. Man weiß ja nie, dachte sie, wohl wissend, daß sie sich töricht benahm. Sie beschloß, um sich zu beruhigen, Jocelyns Socken zu stopfen. Es war genau 16 Uhr 57, sie fädelte einen Faden ein und machte sich an die erste Socke. Eine häuslichere Beschäftigung konnte man sich kaum vorstellen, und dennoch war ihr Mund trocken, und ihr Herz klopfte. Zu albern!

Dann die Fünfuhrnachrichten. Das übliche weltweite Chaos. Katastrophenmeldungen, aber natürlich keine solchen Nichtigkeiten, wie sie ihrem geliebten Jocelyn zustoßen könnten. Nichts, was den steten Rhythmus von Mays Nadel und Faden zu stören vermochte.

Doch ganz zum Schluß, als sie bereits über ihre unsinnigen Ängste lächelte: „Soeben erhalten wir die Nachricht, daß die Funkverbindung zu einem Verkehrsflugzeug, das sich auf dem Weg von Gatwick nach Zürich befindet, unterbrochen ist. Die Maschine startete planmäßig um sechzehn Uhr. Um sechzehn Uhr zehn brach aus bislang noch nicht bekannten Gründen die Funkverbindung ab. Das Linienflugzeug sollte um siebzehn Uhr dreißig in Zürich landen. Sobald weitere Informationen eintreffen, schalten wir uns ins laufende Programm ein."

Da! Jetzt war es passiert! Jocelyn sollte um vier Uhr abfliegen und um halb sechs in Zürich ankommen. Sie sprang auf und warf ihre Stopfarbeit auf den Tisch. Sie mußte etwas tun, alles herausfinden, jemanden anrufen. Aber wen? Die Polizei? Woher sollte die Polizei mehr wissen als der Nachrichtensprecher? Gatwick? Die hatten genug um die Ohren. May zitterte am ganzen Körper. Das konnte doch nicht wahr sein! Es gab zahllose Menschen, die seit Jahren in der Welt herumflogen und denen nie etwas passierte. Jocelyn konnte nicht bei seinem ersten Flug abgestürzt sein! Das wäre zu ungerecht.

Da sie eine vernünftige Frau war, wurde ihr bald klar, daß es nur eine Möglichkeit gab, Näheres herauszufinden: nämlich sich ruhig hinzusetzen und Radio zu hören.

Und so saß May vor dem kleinen Kofferradio, von dessen krächzender Stimme ihr ganzes Glück abhing. Plötzlich beschlich sie eine andere, vernunftwidrige Angst: Was wäre, wenn nun ihr Schwiegervater oder Gaylord gerade in dem Moment ins Zimmer gestürzt käme, wenn eine neue Meldung durchgegeben würde und sie nichts verstehen könnte? Sie schlich auf Zehenspitzen zur Tür und schloß sie ab, dann setzte sie sich wieder hin und wartete.

In den Kurznachrichten um 17 Uhr 30 hieß es nur: „Wir haben noch keine weiteren Informationen über die Linienmaschine von Gatwick nach Zürich, zu der zehn Minuten nach dem Start die Funkverbindung abriß. Eine Luft- und See-Rettungsaktion ist bereits eingeleitet."

Das schloß alle Zweifel aus! Die zuständigen Stellen glaubten offenbar nicht an ein technisches Versagen des Funkverkehrs. Schiffe, Flugzeuge und Helikopter suchten bereits die grausame See nach Jocelyn ab.

May wanderte unruhig im Zimmer auf und ab. Um sechs Uhr war das vermißte Flugzeug die Sensation des Tages. Es war nicht in Zürich gelandet, und auch Funksprüche waren nicht aufgefangen worden. Es bestehe jedoch die Möglichkeit, daß es irgendwo zur Landung gezwungen worden sei. Jedenfalls wäre es voreilig, einen Absturz anzunehmen. Für die Angehörigen sei eine Sondernummer eingerichtet worden. Der Sprecher nannte die Rufnummer und ging zur nächsten Nachricht über.

Eine Telefonnummer! Wenigstens das! Anrufen konnte keinesfalls schaden. Vielleicht waren dort neue Nachrichten eingetroffen. Sie hatte sich die Nummer notiert, ergriff den Zettel, schloß die Tür auf und lief in die Halle.

JOCELYN fuhr in trübseliger Stimmung heimwärts. Er sah auf die Autouhr: 17 Uhr 40. Wäre er nicht so ein Narr, würde sich ihm jetzt eine fremde, aufregende Stadt am Rande der Alpen eröffnen. Statt dessen kehrte er in die flachen, langweiligen Midlands zurück.

Oh, natürlich würde es May ehrlich leid tun, daß er sein Festessen mit allem Drum und Dran versäumt hatte. Aber ein kleines, mokantes Lächeln würde sie sich nicht verkneifen können. *Sie* hatte ihm ja geraten, zwei Stunden früher loszufahren.

Und sein Vater – er würde nicht einmal versuchen, seine Verachtung zu verbergen. Der arme Jocelyn, würde er sagen, aber was kann man schon anderes erwarten von einem Mann, der in einem Wolkenkuckucksheim lebt. Und Gaylord? Der würde aus dem Häuschen sein. Katastrophen jeder Art waren für ihn wie Manna. Er würde jede Einzelheit wissen wollen.

Aber da waren sie ja, direkt vor ihm – sein Vater, sein Sohn und William, der Hund; gemeinsam trotteten sie am Fluß entlang. Er verminderte das Tempo. Gaylord drehte sich um und rief strahlend: „Papa! Opa, es ist Papa!" Er lief auf den Wagen zu. „Paps, streiken die Flugzeuge?"

„Nein, aber mein Auto hat unterwegs gestreikt."

John Pentecost sah seinen Sohn erstaunt an. „Ich dachte, du würdest in zwei Stunden in Berlin oder sonstwo eine Rede halten?"

„Zürich – es war Zürich. Ich habe gerade Gaylord gesagt, daß mein Wagen eine Panne hatte. Die Reparaturwerkstatt hat drei Stunden gebraucht, um ihn wieder in Gang zu bringen. Und danach" – er seufzte – „wäre es sinnlos gewesen, nach Gatwick zu fahren. Wollt ihr nicht einsteigen?"

Jocelyn hielt vor der Haustür; er war zutiefst deprimiert und überließ es seinem Vater und Gaylord, den Hund William aus dem Wagen zu locken. Er selbst ging gesenkten Hauptes ins Haus.

MAY hatte nach dem Telefonhörer gegriffen und murmelte wie eine Irre die Telefonnummer vor sich hin.

Die Haustür sprang auf, und Jocelyn kam herein – groß und

schlaksig, unverkennbar Jocelyn, trotz des ungewohnten dunkelblauen Anzugs.

May tat etwas für sie höchst Ungewöhnliches: Sie stieß einen schrillen, spitzen Schrei aus. Danach wippte sie auf ihren Hacken, starrte ihren Mann mit offenem Mund und ungläubigen Augen an, als sei er ein aus dem Jenseits Zurückgekehrter.

Gaylord hörte den Schrei, und das köstliche Gefühl einer bevorstehenden Katastrophe durchrieselte ihn. Er raste ins Haus. „Mami! Was hast du? Was ist los?“ Er war eher enttäuscht, als er sah, daß seine Eltern sich wortlos mit starrem Blick gegenüberstanden. Dann aber lief seine Mutter auf Paps zu und schlang ihre Arme um seinen Hals, preßte ihr Gesicht gegen seine Brust und weinte herzzerreißend.

„May? Ist dir nicht gut? Ist was Schreckliches passiert?“ fragte Jocelyn beunruhigt.

Sie löste sich von ihm, um in sein Gesicht zu sehen. „Aber nein, du Idiot. Es geht um dein Flugzeug. O Jocelyn, wie kannst du nur so gleichmütig sein? Wieso bist du hier? Du solltest doch jetzt im Flugzeug sitzen.“

„Flugzeug?“ fragte Jocelyn verwirrt. „Was ist damit?“

„Heißt das etwa, du weißt nichts? Hast du nicht gehört . . .?“ Sogar in dieser emotionsgeladenen Situation empfand May eine leise Genugtuung, daß sie die einzige war, die von dem Drama Kenntnis hatte. „Liebling, es ist verschwunden, die Funkverbindung brach zehn Minuten nach dem Start ab. Hast du das wirklich nicht gewußt?“

Das war eine Sensation, die Gaylords kühnste Träume weit übertraf. „Ich wette, es ist ins Meer gestürzt. Ich wette . . .“ Er vollführte mit der linken Hand eine sturzflugartige Bewegung, die er mit einem lauten, schrillen Klageschrei begleitete.

Jocelyn fuhr ihn barsch an: „Genug, Gaylord, geh raus und spiel!“ Dann befreite er sich aus den Armen seiner Frau und ging ins Wohnzimmer. „Komm bitte, May!“

Sie folgte ihm. Er stand am Fenster mit dem Rücken zum Zimmer und starrte auf den Rasen und die dämmerige Landschaft. „Erzähl schon, was du weißt“, sagte er. „Von Anfang an.“

Sie berichtete kurz, dann ging sie zu ihm und umarmte ihn liebevoll. „Hauptsache, du bist hier“, sagte sie. „Hier und am Leben.“

Er starrte noch immer durch das Fenster. „Wann kommen die nächsten Meldungen?“ fragte er.

„Um sieben.“ Sie fühlte sich plötzlich schwerelos. Jocelyn war zurück und gesund, und solange das so blieb, würde sie nie wieder über etwas klagen. „Komm, setz dich hin, entspann dich, und laß uns einen Sherry trinken." Sie versuchte, ihn sanft zu einem Stuhl zu geleiten, aber er blieb unbeweglich stehen und starrte in die sinkende Dämmerung.

„Vielleicht wäre ich jetzt tot", sagte er tonlos.

„Aber du bist es nicht, Gott sei Dank."

„Mein Wagen hatte eine Panne", sagte er. „Ein kaputter Draht, ein wenig Schmutz – irgend so was. Und das rettet einem dann das Leben. Warum?"

„Warum was, Liebling?"

„Warum dieser Zufall?"

May war plötzlich auf der Hut, ein sechster Sinn sagte ihr, daß dies ein Moment war, in dem sie unbedingt das Richtige sagen mußte. Sie erwiderte: „*Das* werden wir nie erfahren. Komm, setz dich, Liebling."

Jetzt ließ er sich von ihr zum Sofa führen. May schenkte den Sherry ein. Dann sagte sie, um ihn von seinen düsteren Gedanken abzulenken: „Ich habe lange über das Festessen für den Geburtstag deines Vaters nachgedacht. Es soll so schön wie möglich werden. Schließlich ist es ein großer Tag für ihn."

Jocelyn blickte auf seine Uhr.

„Willst du nicht meine Vorschläge hören?"

„Doch", sagte er wie aus weiter Ferne. „Ja, vielen Dank, May. Was haben sie in den Nachrichten über das Flugzeug gesagt?"

„Daß es unauffindbar sei. Eine Rettungsaktion sei eingeleitet."

„O Gott", sagte er schaudernd. Hastig leerte er sein Glas und hielt es ihr zum Auffüllen hin. „Was hast du gerade über Vater gesagt?" fragte er wie jemand, der sich an einen Traum erinnert.

„Daß ich ihm zeigen möchte, wie gern ich ihn habe. Ihn und seine Gäste! Ich würde mich sogar an ein Cordon-bleu-Rezept wagen, aber ich fürchte, was er am meisten schätzt, ist ein Rinderbraten mit Yorkshire-Pudding."

„Ja." Er nahm nachdenklich einen Schluck aus seinem Glas. „Ich habe auf der Autobahn über einiges nachgedacht."

Sie war beunruhigt. Jocelyn wirkte so seltsam distanziert. Aber war das nicht auch verständlich? Jeder Mensch, der dem Tod so knapp entronnen war, würde ähnlich reagieren. Doch da war noch etwas anderes. Ihr Mann machte den Eindruck, als lausche er fremden Lauten, einer Stimme, die nicht die ihre war.

Wieder schlang sie ihre Arme um ihn und küßte seinen Mund, seine Wangen und Augen. „O Liebling, es ist so wunderbar, dich zurückzuhaben; am liebsten würde ich dich nie mehr aus den Augen lassen." Sie seufzte. „Aber ich muß ja wohl das Abendessen kochen." Mein Gott, dachte sie, ich habe das Flugzeug fast schon vergessen.

In diesem Augenblick erschienen ihr Schwiegervater und Gaylord in der Tür.

„Komm mit, Gaylord", sagte May.

„Wohin?"

„In die Küche."

„Warum kann ich nicht hierbleiben bei Paps und Opa, Mami?"

„Weil ich deine Hilfe brauche."

Gaylord wußte genau, daß das nur eine Ausrede war, um ihn aus dem Zimmer zu locken, damit Opa und Paps ungestört miteinander reden konnten. Er war schließlich nicht auf den Kopf gefallen. Trotzdem folgte er ihr, wenn auch widerstrebend. Schon vor langer Zeit hatte er gelernt, daß seine Mutter wirklich böse wurde, wenn er bockte. Nein, mit Mami war nicht zu spaßen. „Jemand hat in der Eremitenhöhle ein Feuer angezündet", sagte er beiläufig, als sie das Zimmer verließen.

May blieb abrupt stehen. „Wer?" fragte sie scharf.

„Ich weiß es nicht, Mami. Aber ich glaube, es war der Geist des Eremiten, ein Mensch kann es ja nicht gewesen sein – nicht auf Opas Besitz", fügte er hastig hinzu.

Sie sagte stirnrunzelnd: „Ich glaube, es wäre besser, du würdest nicht mehr in der Höhle spielen."

Verflixt, da hatte er sich beinahe was eingebrockt. Aber ein Verbot war das nicht; denn schließlich hatte Mami nur gesagt: „... es wäre besser, du würdest nicht ..." Damit waren weitere Besuche in der Eremitenhöhle nicht ausgeschlossen.

Der Abend sickerte in die Täler, und der Nebel kroch über die Flüsse. Schwer legte sich das Schweigen der einbrechenden Nacht über die Landschaft. Das Rascheln der Gräser unter Gaylords Füßen war das einzige Geräusch.

Es war ein mühseliger Marsch, und ihm war ein wenig bange. Zum erstenmal ging er zu einer so späten Stunde zur Eremitenhöhle. Die Aschenreste dort hatten seine Neugier angestachelt. Doch wollte er den Geist des Eremiten wirklich sehen? Das wurde ihm selbst mit der heraufziehenden Nacht immer fragwürdiger. Einmal erwog er sogar, umzukehren und Mami zu fragen, ob sie gegen seinen Besuch der Höhle *wirklich* nichts einzuwenden hatte. Doch er wies diesen Gedanken gleich wieder von sich. Unsicher mochte er sein, doch feige – nein, das nicht.

Er stapfte weiter. Das Herz klopfte ihm bis zum Hals, aber aufgeben wollte er nicht.

Der Fluß hatte eine Ausbuchtung, wo das Wasser sich staute, und Riedgras und Unkraut wucherten, beschattet von alten verkrüppelten Bäumen. In dieser wenig anheimelnden Umgebung befand sich die Höhle. Es schien Gaylord, als tummelten sich hier in der Dämmerung alle möglichen Geister. Trotzdem marschierte er tapfer weiter, obwohl er sich im Grunde nach seinem gemütlichen, warmen Zuhause sehnte.

Dann endlich kam die Höhle in Sicht, und er sah, daß sie matt erleuchtet war. Das Licht, das den Eingang und die beiden kleinen Öffnungen erhellte, gab dem glatten Sandsteinfelsen den Anschein eines riesigen, innen beleuchteten Schädels.

Mit pochendem Herzen schlich Gaylord zum Eingang und spähte ins Innere der Höhle.

Ein dicker, gutmütig aussehender Mann hockte neben einem Feuer aus brennendem Reisig; seine schwarzen, wachsamen Augen glitzerten im Flammenlicht. „Willkommen, mein Junge." Seine Stimme klang herzlich und hatte einen seltsamen rhythmischen Schwung. Gaylord hatte nie etwas Ähnliches gehört, aber vielleicht sprachen Eremiten so.

„Sind Sie der Eremit?" fragte Gaylord.

„Was für einen Eremiten meinst du, mein Sohn?" fragte der Mann, ohne Gaylord aus den Augen zu lassen.

„Na, den, der seit Hunderten von Jahren hier lebt."

„Nun, ganz so alt bin ich noch nicht." Der Mann sah die Enttäuschung in dem Gesicht des Jungen und änderte seine Taktik. „Na ja, die Zeit verfliegt ..." Er blickte auf die kalten Sandsteinwände. „Nicht gerade der ideale Aufenthaltsort für mehrere Jahrhunderte!"

Gaylord fand das Ganze hochinteressant. „Sie müssen also noch älter als Opa sein", sagte er beifällig.

Die Stimme des Eremiten klang plötzlich argwöhnisch. „Wer ist Opa?"

Das war nicht leicht zu beantworten. Opa existierte einfach, so wie Gott oder William. „Er ist – eben Opa."

„Wohnt er in dem großen Haus?"

„Ja."

Der Eremit seufzte. „Muß schön sein, in so einem Haus zu leben."

Gaylord konnte sich nichts Schöneres vorstellen, als in einer Höhle mit einem prasselnden Feuer zu wohnen. Trotzdem erkundigte er sich höflich: „Haben Sie denn kein Haus?"

„Ich?" Der Eremit lachte. „Nein, mein Junge. Jemand wie ich kraucht unter, wo er kann. Aber sieh dir deinen Großvater in dem großen Haus an und dann mich. Bin ich nicht ebensoviel wert wie er? Nur – ich muß in einer Höhle Zuflucht suchen."

„Aber – ich dachte, Sie leben seit Jahrhunderten hier. Haben Sie denn nicht die Höhle aus dem Stein gehauen?"

„Oh – gewiß doch, mein Junge", sagte der Eremit listig. „Und verdammt mühsam war's. Aber komm doch näher und wärm dich." Er lächelte freundlich und aufmunternd.

Wenn das nicht aufregend war! Gaylord setzte sich neben den

Eremiten ans Feuer. Der Mann warf einige Zweige in die Glut, und die Funken sprühten. Gaylord beobachtete den zuckenden Widerschein an der Decke und kreuzte die Arme. Hier saß er, Gaylord Pentecost, zusammen mit einem Eremiten in dessen Höhle. Seine Freunde Julia und Henry würden Augen machen, wenn er ihnen das erzählte.

Zu Gaylords Bestürzung fing der Eremit ganz plötzlich zu weinen an. Die Tränen liefen ihm die dicken Wangen hinunter und versickerten in seinem Stoppelbart.

Gaylord fühlte sich unbehaglich. Erwachsene weinten nicht; das war gegen alle Regeln. „Was haben Sie denn?" fragte er verstört.

Der Eremit wischte sich die Tränen fort und sagte bekümmert: „Ich kann dir leider nichts anbieten. Bin ein schlechter Gastgeber!"

„Ach, das macht doch nichts", sagte Gaylord. „Ich bin nicht hungrig – ehrlich." Er stand auf. Dieser Erwachsene brachte ihn aus der Fassung. Gaylord ging zum Ausgang, der Eremit tapste neben ihm her. „Nicht mal eine Tasse Tee!"

„Das macht doch nichts", wiederholte Gaylord und warf einen mitleidigen Seitenblick auf seinen Gastgeber. Der sieht wirklich so aus, dachte Gaylord, als lebe er hier schon seit endlosen Zeiten: unrasiert, ungekämmt, ja sogar ungewaschen. Aber vielleicht sah man eben so aus, wenn man keinen hatte, der ständig darauf achtete, daß man sich den Hals wusch und die Haare kämmte.

Der Eremit lehnte am Eingang. „Und jetzt gehst du zurück in dein schönes, warmes Haus, was?" Er zitterte vor Kälte.

Gaylord nickte bedrückt.

„Oh, ich beklag mich ja nicht", sagte der Eremit, der seine Heiterkeit wiedergewonnen hatte. „Ich kann dich eben nicht bewirten, was ich sonst gern getan hätte. Aber wenigstens hab ich ein Dach überm Kopf. Das ist auch was wert."

Gaylord fühlte sich etwas besser.

„Nur der Hunger, Junge, an den gewöhnt man sich nicht. Verstehst du das?"

„Ja", sagte Gaylord und empfand wieder Mitleid.

„Es ist nicht meine Art, um etwas zu bitten", sagte der Eremit, und Gaylord sah, wie schwer ihm die nächsten Worte fielen, „aber du hast nicht zufällig eine Brotkruste oder so was in der Tasche?"

Gaylord kramte in seinen Taschen. „Ich habe nur ein Pfefferminzbonbon."

„Na, besser als nichts. Hör mal, ich denk mir, bei dir zu Haus wird doch sicher nicht alles aufgegessen. Sollte deine Mutter mal einen Kanten Brot rumliegen lassen oder ein Stück Braten ..." Er gab Gaylord einen Stups. „Es könnte einem armen Eremiten vielleicht das Leben retten ..."

Gaylord nickte, tief gerührt. Er blickte sich in der leeren Höhle um und dachte an Mamis Tiefkühltruhe. „Ich werde versuchen, was zu bringen", versprach er, bevor er in die Dunkelheit hinaustrat.

„Danke, mein Junge. Der menschliche Körper hält Entbehrungen auf die Dauer nicht aus."

Um 18 Uhr 57 nahm Jocelyn das Radio und ging damit in die Küche. Er räusperte sich und sagte bedrückt: „Ich dachte, ich höre mir die Nachrichten hier an. Vater würde zu viele Erklärungen verlangen."

May blickte ihn prüfend an. „Ja, setz dich. Gaylord ist mal wieder spurlos verschwunden. Wir sind also ungestört."

Sie setzten sich dicht beieinander an die Tischecke, ihr Knie berührte das seine. Seltsam, dachte sie, noch vor einer Stunde glaubte ich, es sei mein Problem, und zwar eins, mit dem ich mich ganz allein auseinandersetzen müßte, und jetzt ist es seines. Und vermutlich kann ich ihm nicht einmal helfen.

„Ich stelle jetzt an", sagte er, und seine Stimme klang noch immer belegt.

Eine dieser albernen Quizsendungen war gerade zu Ende. Nach einer lastenden Stille ertönte das Zeitsignal. „Wir bringen die Neunzehnuhrnachrichten. Ein Flugzeug, das heute nachmittag planmäßig in Gatwick nach Zürich startete, scheint entführt worden zu sein. Den letzten Berichten zufolge wurde die Maschine in Mailand aufgetankt und steht kurz vor dem Abflug mit unbekanntem Ziel. Man nimmt an, daß sich ungefähr fünfundsiebzig Passagiere an Bord befinden, die meisten sind britische Staatsangehörige. Verwandte, die weitere Informationen wünschen, werden gebeten, die Sondernummer anzurufen. Sie lautet –"

Jocelyn stellte das Radio ab. May sah, daß er erregt war. „Entführt", sagte er. „Das Schlimmste, was passieren konnte."

Sie wußte, was er meinte. Eine Absturzkatastrophe war vielleicht noch besser als diese lange, erniedrigende Marter vor einem schlimmen Ende. Doch sie zwang sich zu sagen: „Sie sind noch am Leben, sie haben noch Hoffnung, Liebling."

Sie schwiegen eine Zeitlang, dann sagte Jocelyn: „Sie müssen das Unerträgliche ertragen. Aber was mir unvorstellbar ist, daß auch ich, wäre ich unter den Passagieren, das Unerträgliche hätte ertragen müssen."

„Jocelyn!" rief May. „Bitte denk nicht daran. Ich weiß, wie schwer es dir fällt, damit fertig zu werden, daß du das Gefühl hast, daß gerade du noch einmal davongekommen bist." Sie nahm seine Hand in ihre beiden Hände. „Laß es dir nicht so nahegehen. Es war ja nicht deine Pflicht, in dem Flugzeug zu sein. Ein blinder Zufall hat dich davor bewahrt."

Er sah sie durchdringend an. „Du meinst also, es sei nur blinder Zufall gewesen?"

„Ich ..., ich glaube nicht so recht an göttliches Eingreifen, aber ich gebe zu, es ist möglich. Besonders wenn jemand es wert ist, gerettet zu werden – so wie du."

„Ich habe nicht an ein göttliches Eingreifen gedacht, sondern vielmehr an meine Torheit. Nur sie war der Grund, warum ich das Flugzeug verpaßt habe. Hätte ich deinen Rat befolgt und wäre zwei Stunden früher losgefahren, säße ich jetzt vielleicht mit einer Pistole an meiner Schläfe in diesem Flugzeug."

Sie ließ seine Hand los und lehnte sich erschöpft zurück. „Du bedauerst ja geradezu, nicht dabeizusein."

„Nein!" rief er.

„Was meinst du wohl, wie mir in diesem Augenblick zumute wäre, wenn du die Maschine erreicht hättest?" Sie griff wieder nach seiner Hand. „Liebling, ich hätte es nicht durchgestanden."

„Du hättest es durchstehen müssen, so wie sie es durchstehen müssen."

Sie senkte den Kopf. „Verzeih, aber ich versteh dich einfach nicht, was mit dir los ist. Meinst du ..."

Er lachte nervös. „Es ist nicht leicht. Vermutlich habe ich Schuldgefühle, ähnlich wie ein Mann, der an einem Krieg nicht teilgenommen hat, der seine ganze Generation vernichtete." Er fröstelte.

Lange Zeit sprach keiner von beiden. Schließlich sagte May: „Komm, Liebling, vergiß eine Zeitlang das Flugzeug, und ich lese dir die Gästeliste für das Festessen vor."

„Als ob ich das Flugzeug auch nur eine Sekunde lang vergessen könnte", murmelte er bitter.

„Also, erst mal die Familie, die weiß bereits Bescheid. Dann habe ich Gaylord versprochen, daß Julia Mackintosh und Henry kommen dürfen. Mrs. Bartlett, Henrys Mutter, hilft mir wie immer bei solchen Gelegenheiten. Die anderen habe ich noch nicht eingeladen, außer Duncan Mackintosh und der kleinen Wendy, er hat sie ja sehr gern."

Jocelyn mochte es nicht, daß seine Frau Miß Thompson so herablassend als „die kleine Wendy" bezeichnete. Laut sagte er: „Ja, Vater wird es dir hoch anrechnen, daß du Duncan eingeladen hast. Und du hast völlig recht, daß Duncan sich ohne Miß Thompson verloren fühlen würde."

May sagte: „Ich weiß nie, wie die beiden gerade zueinander stehen. Ich hoffe, er entschließt sich endlich, sie zu heiraten."

Eine leise Stimme sagte: „Ich glaube nicht, daß sie Mr. Mackintosh heiraten wird, Mami."

May wirbelte herum. Gaylord saß auf einem Stuhl in der Ecke und machte den Eindruck, als säße er dort schon eine Ewigkeit. Bei Gaylord war man nie sicher; er schätzte es, möglichst unauffällig zu verschwinden und wiederaufzutauchen.

„Wo bist du denn gewesen?" fragte May.

Gaylord mißfiel der Ton, in dem die Frage gestellt worden war, und er erwiderte vorsichtig: „Ich bin am Fluß spazierengegangen, Mami." Was irgendwie auch der Wahrheit entsprach.

„Und warum glaubst du, daß Miß Thompson Mr. Mackintosh nicht heiratet?" fragte seine Mutter. Der Junge steckt voller Überraschungen, dachte sie. Meist schien er völlig versunken in seine eigene kleine Welt, aber hie und da machte er Bemerkungen, die verrieten, daß er die Erwachsenen beobachtete wie ein Wissenschaftler eine Bakterienkultur unter einem Mikroskop. „Nun sag schon!"

„Weil ich glaube, daß sie in Paps verliebt ist. Und daher wird sie niemand anderen heiraten, denn wenn sie es tut und du sterben würdest, dann ist sie die Dumme. Ist doch klar."

„Na, hat man da noch Töne! Und was hat dich auf die Idee gebracht, daß sie in deinen Vater verliebt ist?"

„Die Art, wie sie ihn ansieht. So schmachtend."

Jocelyn wünschte – und das nicht zum erstenmal –, daß Gaylord sich mehr mit seinem Metallbaukasten beschäftigen würde, statt seine Nase in die Angelegenheiten der Erwachsenen zu stecken. „Nun?" fragte May und blickte ihren Gatten lächelnd an.

Jocelyn betrachtete seine Frau. May lächelte oft. Meist war es ein liebevolles, heiteres Lächeln, voll von Lebensfreude wie ein Sommertag, aber gelegentlich war es wie jetzt, frostig kühl wie die Wintersonne, die auf einem vereisten Teich glitzert. Er schützte totale Unwissenheit vor. „Was meinst du mit ‚nun'?"

„Nun, ist die kleine Wendy in dich verknallt?"

„Ach was!" erwiderte er ärgerlich, sah aber betreten drein. Er schätzte Wendy Thompson; sie war eine vernünftige Frau, in der mehr steckte, als man auf den ersten Blick vermutete. Und es war eine unleugbare Tatsache, daß sie ihn für einen bedeutenden Schriftsteller hielt (sie selbst war ja Mitglied des literarischen Zirkels von Ingerby).

May sagte: „Was heißt ‚ach was'? Du solltest weder dich noch mich unterschätzen. Wenn ich auf dich geflogen bin, warum nicht auch sie?"

Den nächsten Schuß jedoch feuerte sie zu Jocelyns Erleichterung auf ihren Sohn ab. „Und du gehst jetzt zu Bett!" Nun würde wohl die allabendliche Zubettgehdebatte beginnen.

Doch zu ihrem größten Erstaunen entgegnete Gaylord: „Ja, Mami", stand auf und ging zur Tür.

Sie fragte verblüfft: „Bist du so müde von deinem Spaziergang?"

Gaylord mimte überzeugend einen zu Tode Erschöpften, er gähnte laut und antwortete: „Ja, zum Umfallen müde."

Seine Mutter blickte ihn argwöhnisch an, sagte jedoch nur: „Na, dann troll dich!"

Normalerweise hätte Gaylord um jede Minute gefeilscht. Aber er wollte weiteren Gesprächen lieber aus dem Wege gehen. Mami könnte am Ende noch die Höhle zum Sperrgebiet erklären, und der arme Eremit würde weiter hungern müssen. Er hielt ihr sein Gesicht zum Kuß hin. „Gute Nacht, Mami."

„Gute Nacht, mein Schatz." Sie beobachtete mißtrauisch den Abgang ihres Sohnes, der widerspruchslos zu Bett ging.

Ein ausgeklügelter Ehrenkodex bestimmte Gaylords Leben. Er konnte zum Beispiel durchaus listig sein – nur eine faustdicke Lüge oder gar Diebstahl kam nicht in Frage. Und das erschwerte ihm seine Aufgabe, den armen, hungrigen Eremiten mit Essen zu versorgen.

Mami ins Vertrauen zu ziehen schied von vornherein aus, sie würde nur viele Fragen stellen, ihm die Höhle verbieten oder den netten Eremiten davonjagen. Nach längerem Grübeln beschloß er, daß es nur einen einzigen Menschen gab, den er, ohne Gottes Zorn hervorzurufen, bestehlen konnte – und das war er selbst. Aber sogar diese

Selbstverleugnung war nicht so einfach mit seiner allgegenwärtigen Mutter. Gewiß, als sie ihm zum Abendbrot Milch und ein Butterbrot gebracht hatte und noch mal kurz aus dem Zimmer gegangen war, gelang es ihm, aus dem Bett zu schlüpfen und das Butterbrot in seiner Jackentasche verschwinden zu lassen. Doch selbst da wurde sofort ihr Mißtrauen wach. „Mein Gott, du hast dein Essen ja hinuntergeschlungen! Warst du denn so hungrig?"

Mit vollendeter Unschuldsmiene antwortete er: „Ja, Mami, ziemlich."

„Dann beschwer dich aber nicht über Bauchweh bei mir. Gute Nacht, schlaf gut." Sie ließ einen sehr besorgten Sohn zurück. Ihm schien es durchaus möglich, daß er selbst während der Nacht elend verhungern würde. Er war noch nie ohne Abendbrot zu Bett gegangen. Aber er wußte, auch wenn der Hunger ihn noch so peinigen würde, das Brot würde er nicht essen.

Um 20 Uhr brachten die Fernsehnachrichten das Bild eines von Scheinwerfern angestrahlten Flugzeugs, das einsam auf dem Mailänder Flughafen stand.

Jocelyn starrte es mit einer Intensität an, als wollte er mit den Augen den Flugzeugrumpf durchdringen.

Doch weder seine Augen noch seine Phantasie konnten ihm weiterhelfen, ebensowenig wie der Nachrichtensprecher. Weder wußte man, wie viele Terroristen an Bord waren, noch wer sie waren. Forderungen waren bislang nicht gestellt worden.

Eine Stunde später gab das Fernsehen dann bekannt, daß die Terroristen verlangten, nach Dubai geflogen zu werden. Auf dem Bildschirm erschien das Flugzeug, das tatsächlich auf die Startbahn rollte und abhob. Paradoxerweise unter der Mithilfe der gesamten zivilisierten Welt, die ihre technischen Kenntnisse einsetzte, um dieses von Terroristen besetzte Flugzeug sicher auf den Weg zu bringen. Aber es gab keine andere Lösung, wie Jocelyn und jeder andere wußten – zumindest nicht für die zivilisierte Welt.

„Ich gehe ein wenig ins Freie", sagte Jocelyn.

„Tu das, Liebling." Sie hätte ihn gern begleitet, aber dazu kannte sie ihren Jocelyn zu gut. Wenn irgendwas ihn von diesem schwarzen Schatten befreien konnte, dann nur die Einsamkeit.

Er trat in die nächtliche Stille. Kein Luftzug regte sich. Nur der leuchtende Mond und die silberne Schlange des sich dahinwindenden

Flüßchens – sonst nichts. Er blickte auf die vertraute, geliebte Landschaft. Ja, er lebte, er fühlte, er, Jocelyn Pentecost.

Sie dagegen reisten wie Sklaven nach Dubai oder vielleicht sogar in den Tod. Und keiner von ihnen – vermutlich nicht einmal ihre Entführer – wußte, was die nächsten Stunden bringen würden.

Warum? Warum waren gerade ihm die silberne Pracht des Mondlichts, die Aussicht auf ein bequemes Bett und auf kommende Sonnenaufgänge vorbehalten?

Noch während er über diese Frage grübelte, sah er die Autoscheinwerfer, die entlang der Uferstraße auf ihn zu kamen.

III

GLÜCKLICH sind all jene – wie grau und schwierig ihr Alltag auch sein mag –, die wissen, daß ihnen ab und zu kleine Freuden bevorstehen: ein Braten am Sonntag, ein Theaterbesuch, ein Familientreffen an Festtagen. Diese Freuden sind wie erleuchtete Gasthäuser an dunklen Straßen und erleichtern die beschwerliche Reise des Lebens.

Für Julia Mackintosh, die in World's End Cottage mit ihrem grimmigen, schweigsamen Vater lebte, war der Freitagabend das Leuchtfeuer, das die ganze Woche erhellte. Denn jeden Freitag gleich nach Schulschluß kuschelte sie sich in den Vordersitz des Mini, der ihrer Lehrerin Miß Thompson gehörte, und die beiden fuhren durch die stille Landschaft zusammen nach World's End Cottage.

Julia Mackintosh und Wendy Thompson fühlten sich an diesem Abend in ein Märchenland versetzt. Jetzt im Herbst schimmerte der Fluß matt wie Zinn, und der Himmel war belebt wie eine Großstadtstraße: zerzauste Wolkenfetzen, aufblitzende Sterne und heimwärts strebende Vögel.

Am Ende des Waldweges erwarteten sie im hübschen Cottage aber weder Lampenschein noch Kaminfeuer, denn Duncan Mackintosh, der Hausherr, ging auch noch zu später Stunde im Gehölz seiner Arbeit nach.

Selbst die geschickteste Frauenhand konnte das Haus eines puritanischen Schotten nicht in ein gemütliches Heim verwandeln. Doch Miß Thompson tat ihr Bestes.

Ein Streichholz – und das Feuer loderte, die Lampen flammten auf; gemeinsam mit Julia zog sie die Vorhänge zu, während das Mondlicht die waldige Landschaft verzauberte. Und dann bereitete sie in Erwartung des Hausherrn das Abendbrot vor.

Schon das Abendbrot war wunderschön, aber der eigentliche Höhepunkt für Julia kam später, wenn Miß Thompson sich an ihr Bett setzte, ihr vorlas und ihr, bevor sie die Kerze auslöschte, einen Kuß gab. Danach lag Julia ganz still im Dunkeln und lauschte dem allmählich leiser werdenden Motorgeräusch von Miß Thompsons Mini. Zuweilen weinte Julia ein bißchen, weil der Abend vorbei war, aber die Traurigkeit war ein wohliger Schmerz, da die Zärtlichkeit des kommenden Freitags die Tage bis dahin erhellte.

Eines Abends, als ihr Vater Julia einen zärtlichen, aber unbeholfenen Gutenachtkuß gab, sagte sie: „Vater, warum heiratest du nicht Miß Thompson?" Ihre Stimme war vor Aufregung heiser. Er sah sie erstaunt an.

„Was hast du gesagt, mein Kind?"

Sie wiederholte die Frage.

Er ging zum Fenster und starrte hinaus. Sie fürchtete schon, daß er böse mit ihr sei, da sagte er ruhig, jedoch ohne sie anzusehen: „Wie gut erinnerst du dich eigentlich noch an deine Mutter?"

In letzter Zeit wurden die schwachen Erinnerungen an ihre Mutter immer häufiger von den frischen Erinnerungen an Miß Thompson überdeckt. Sie antwortete bedrückt: „Nicht mehr sehr gut, Vater."

Duncan Mackintosh seufzte. „Sie war eine liebe und gute Frau, Julia. Wenn du sie noch so deutlich im Gedächtnis hättest wie ich, wäre dir diese Frage nicht in den Sinn gekommen."

Dennoch beschäftigte diese Frage auch ihn. Für Julia wäre es zweifellos das beste, wenn er Wendy heiraten würde. Und wie sollte er auch ohne weibliche Hilfe seine achtjährige Tochter aufziehen? Schon Julias wegen mußte er wohl versuchen, Wendy Thompson zu überreden, ihn zu heiraten. Abgesehen davon mochte er sie wirklich gern.

Bisher hatte er diese Art Gedanken immer von sich gewiesen und sich mit einem „Nun, vielleicht eines Tages" beruhigt. Aber jetzt, da er sich schon mit der Absicht trug, nach Schottland zurückzukehren, konnte er die Entscheidung nicht mehr länger hinauszögern. Er beschloß, Miß Thompson am nächsten Freitag ohne viel Umschweife zu fragen.

Allein bei dieser Vorstellung trat ihm der kalte Schweiß auf die Stirn. Er war ein praktischer und entschlußfreudiger Mann, wenn es sich um seine Verwaltertätigkeit handelte. Aber persönliche Angelegenheiten verwirrten und beunruhigten ihn.

Jeden Freitagabend, wenn Wendy nach unten kam, nachdem sie Julia vorgelesen hatte, war er ängstlich bemüht, sie loszuwerden, da seine puritanische Seele es als höchst unschicklich empfand, mit einer dreißig Jahre alten Frau allein im Wohnzimmer zu sein.

Und Wendy? Ihr waren diese Freitagabende vielleicht noch wichtiger als Julia, denn sie hing nicht nur an dem kleinen Mädchen, sondern war auch dem Vater sehr zugetan. Oder, um die volle Wahrheit zu sagen: Sie hatte sich im Laufe der letzten Monate in den verschlossenen Schotten bis über beide Ohren verliebt. Ach, wenn er sie doch nur um ihre Hand bäte, sie wüßte die Antwort. Doch seine Hauptsorge an diesen Freitagen schien zu sein, sie möglichst schnell vor die Tür zu setzen. Und zwar so brüsk, daß sie öfter während der einsamen Heimfahrt ein wenig weinte.

Aber an diesem Abend war alles anders. Duncan Mackintosh hatte seinen Sonntagsanzug angezogen, sein sonst immer etwas stoppeliges Kinn war tadellos rasiert, und er roch nach Rasierwasser. Als sie das Zimmer betrat, sprang er von seinem Stuhl auf und sagte lächelnd: „Ah, Miß Thompson."

Menschen, die selten lächeln, haben gegenüber der freundlich lächelnden Mehrheit den Vorteil, daß ihr Lächeln mehr beachtet und geschätzt wird – so wie ein Sonnenstrahl an einem grauen Tag. Wendy war bezaubert von diesen leicht gekräuselten schmalen Lippen, den Fältchen um seine Augen und dachte: Wenn er sich doch nur dazu überwinden könnte, mich Wendy zu nennen.

Als Julia dann schlief und sie wie üblich gehen wollte, sagte sie, so wie jeden Freitagabend: „Es ist Zeit, daß ich mich auf den Weg mache, Mr. Mackintosh."

Die übliche Antwort darauf war: „Ja, na dann ..." und ein übereiltes Aufreißen der Haustür.

Diesmal stürzte er nicht zur Tür, sondern sagte höchst unerwartet: „Wie wär's denn mit einem kleinen Whisky?" Es klang fast wie ein Befehl.

„Einen Whisky?" fragte sie erschrocken.

„Ja."

„Nein. Ich ... habe noch nie im Leben Whisky getrunken. Und ich muß noch Auto fahren. Aber vielleicht ein Glas Sherry ...", stammelte sie verwirrt.

Er sah ratlos und verärgert aus. Das war eigentlich vorauszusehen! Diese Engländer! Sie waren ganz erpicht auf das scheußliche süßliche Zeug. „Tut mir leid, ich hab nur Whisky da."

Sie spürte sein Unbehagen und lächelte. „Ach, vielleicht sollte ich ja wirklich einmal probieren, wie Whisky schmeckt. Ich hatte eben Angst wegen des Fahrens."

„Ich gebe Ihnen nur einen winzigen Schluck." Dann merkte er, daß sie beide unbeholfen in der Mitte des Zimmers standen, und wies mit einer Kopfbewegung auf einen Stuhl. „Setzen Sie sich doch."

„Vielen Dank." Sie blickte sich im Raum um. Er enthielt alles, was man zum Leben brauchte: einen Tisch, Stühle, eine Anrichte, sogar Bilder, aber keinen einzigen wirklich hübschen oder anheimelnden Gegenstand. Die Vorhänge, die Tapeten und die Teppiche sahen so unauffällig farblos und langweilig aus wie nur möglich. Nun, wenn es Duncan Mackintosh so gefiel, würde sie sich damit abfinden.

Er goß ihr einen kleinen Whisky ein und sich selbst einen großen. Dann setzte er sich auf die Stuhlkante und prostete ihr lächelnd zu.

Sie nippte an ihrem Glas. Es schmeckte weit besser, als sie erwartet hatte. Aber warum hatte er sie aufgehalten? Wollte er ihr endlich einen Heiratsantrag machen? Vielleicht hing ihr Schicksal von ihrem Verhalten in den nächsten paar Minuten ab: Entweder sie würde – höchste Glückseligkeit – die Frau von Duncan und die Mutter von Julia werden, oder sie würde eben eine alte Jungfer werden. Um sich zu entspannen, nahm sie noch einen Schluck und stellte zu ihrem Bedauern fest, daß sie ihr Glas schon geleert hatte. Das Schweigen wurde fast unerträglich.

Endlich sagte Duncan: „Ich habe gedacht, Miß Thompson ..." Weiter kam er nicht.

Da bat sie ihn nach einigem Zögern: „Nennen Sie mich doch Wendy, wir kennen uns schließlich lange genug."

Er schien erfreut. „Wenn Sie mir das gestatten, Miß Thompson." Schweigen.

„Sie wollten mir sagen, was Sie gedacht haben", ermunterte sie ihn.

„Ja." Er erhob sich. „Noch einen kleinen Schluck?"

Sie hatte wirklich wenig getrunken, und so hielt sie ihm ihr Glas hin, und er goß ihr einen weiteren Fingerhut voll ein, dann setzte er sich wieder. „Und meine Kleine? Ist sie gut in der Schule?"

Wendys Augen leuchteten auf. Endlich ein Thema, das sie beide interessierte, obwohl sie dem Gespräch lieber eine andere Richtung gegeben hätte. „O ja, sie macht sich ausgezeichnet. Sie ist . . . meine liebste Schülerin. Es ist ein Jammer“, sie sah ihn scheu von der Seite an, „daß sie diesen Unfall hatte.“

Er nickte nachdenklich. „Trotzdem stehen ihr viele Berufe offen.“

„Nicht der, an dem ihr Herz hängt“, erwiderte sie schnell. „Sie wäre eine wunderbare Ballerina geworden.“

„Vielleicht, vielleicht auch nicht.“ Er starrte auf sein Glas.

Sie dachte: Nur nicht mehr davon reden, sonst gibt es noch Streit.

Duncan führte sein Glas an die Lippen. Und erst in diesem Moment bemerkte sie die lose Bandage an seiner Hand. „Was ist denn da passiert?“ fragte sie, froh, einen neuen Anknüpfungspunkt zu haben.

„Ach, weiter nichts. Der Hund der Pentecosts hat mich gebissen.“

Sie sagte streng: „Ihre Schafe würden Sie besser behandeln als sich selbst, nicht wahr? Also, zeigen Sie mal her.“

Er ging zu ihr hin, halb verärgert, halb beschämt. Wendy nahm die Mullbinde vorsichtig ab und strich zart über die wunde Stelle. Sie fühlte sich heiß und entzündet an. „Ihr Männer“, murmelte sie. „Ich werde jedenfalls die Wunde säubern.“

„Ach was, das ist doch nicht nötig.“

„Auch bei der kleinsten Verletzung muß man vorsichtig sein . . .“ Plötzlich wurde ihr peinlich bewußt, daß sie noch immer seine Hand hielt. Sie zog ihre Hand zurück. „Ich hole heißes Wasser“, sagte sie leise, ging in die Küche und kehrte mit Wasser, Handtuch und frischem Verbandszeug zurück. Duncan stand noch immer an derselben Stelle.

Vielleicht genoß er die Sanftheit ihrer Hände, den Duft ihrer Haare, die zufälligen Berührungen. Und war zu scheu, es zu zeigen. Erst als sie mit ihrer Hand leicht den angelegten Verband umfing und sagte: „So, das hätten wir“, erwiderte er: „Sie sind sehr nett – Wendy.“

Sie lächelte ihn an. Endlich hatte er sie beim Vornamen genannt! Eine Sekunde lang überlegte sie sich sogar, was geschähe, wenn sie die Arme um ihn schlingen und flüstern würde: Duncan, du Esel, heirate mich doch!

Nein, sagte sie sich, das wäre das Ende. Seine puritanische Seele würde sich über ein derart unweibliches Verhalten empören. Der Augenblick war verpaßt. Er wandte sich ab, füllte die Gläser erneut, setzte sich und hob sein Glas. „Ihr Wohl!“ sagte er.

Sie blieb stehen und sagte: „Es ist spät geworden, ich kann nur hoffen, daß ich nicht im Zickzack nach Hause fahre.“

„Wird schon gehen", sagte er und stand auf; dann fügte er mit einer schrecklich frostigen Höflichkeit hinzu: „Miß Thompson, ich wollte Ihnen noch danken für alles, was Sie für meine Kleine tun."

Wendy war den Tränen nahe. „Duncan", murmelte sie fast unhörbar, „ich könnte noch viel, viel mehr für sie tun . . ., wenn ich die Möglichkeit dazu hätte."

Er stand ihr gegenüber – linkisch, betreten und schweigend, obwohl er wußte: jetzt oder nie! Er brauchte nur zu sagen: Wendy, du bekommst die Möglichkeit. Heirate mich!

Aber die Worte kamen nicht über seine Lippen. War es Unsicherheit oder Verstocktheit? Die Worte blieben ihm einfach in der Kehle stecken. Oh, als er seine Jeannie umwarb, da hatte es ihm nicht an Mut gefehlt; die lustige Jeannie war ihm auch auf halbem Weg entgegengekommen. Diese Wendy scheute jedoch vor jeder heiklen Situation genauso zurück wie er. Wenn sie wirklich an ihm interessiert war, sollte man doch denken, daß sie ihm beispringen würde. Aber vielleicht war sie nicht an ihm interessiert, vielleicht war sie einfach eine altjüngferliche Lehrerin, die an seiner Tochter einen Narren gefressen hatte. Plötzlich mißfiel ihm Miß Wendy Thompson. Kein Mann konnte zarte Gefühle für eine Frau hegen, die ihm seine eigene Ungeschicklichkeit bewußtmachte.

„Nun, dann", sagte er schließlich und öffnete die Haustür.

Wendy trat in die Dunkelheit hinaus. „Gute Nacht, Mr. Mackintosh", sagte sie mit belegter Stimme und tastete sich zu ihrem Wagen.

Jocelyn beobachtete die näher kommenden Scheinwerfer, die ihn an die Positionslichter eines landenden Flugzeugs erinnerten. Zu seiner Überraschung hielt Wendy Thompsons Wagen neben ihm. „Mr. Pentecost", fragte sie mit flehendem Ton in der Stimme, „würden Sie mir helfen?"

„Falls ich kann", erwiderte er mannhaft, wenn auch nicht sehr zuversichtlich. „Wo fehlt es denn?"

Die Frage war nicht so leicht zu beantworten. „Würden Sie sich einen Moment lang zu mir setzen", sagte Wendy. „Es ist alles ein wenig . . . kompliziert."

„Natürlich." Er ging um den Wagen herum zum Beifahrersitz.

„Na, was ist?" fragte er und verstaute seine langen Beine im dunklen Wageninnern.

Sie sagte mit unsicherer Stimme: „Ich habe Whisky getrunken . . ., zu viel. Und nun fürchte ich mich, nach Hause zu fahren. Ich habe etwas . . . die Kontrolle verloren."

„Über sich oder über den Wagen?" fragte er lächelnd.

„Über beides." Sie begann zu schluchzen.

Jocelyn ließ sie eine Zeitlang weinen, dann fragte er mitfühlend: „Aber das ist nicht alles, meine Liebe?"

„Ist das nicht genug?" Sie schniefte.

„Nein, nicht für Tränen einer sonst so beherrschten Frau wie Sie."

Sie schwieg, dann sagte sie: „Mir ist das Ganze so peinlich. Ich könnte es niemandem außer Ihnen erzählen."

Er wartete.

Schließlich fuhr sie fort: „Duncan Mackintosh wollte mir heute abend einen Heiratsantrag machen. Ich bin mir dessen ganz sicher. Aber irgendwie habe ich falsch reagiert und ihn gegen mich aufgebracht. Und nun ist alles aus."

„Das glaube ich nicht. Wenn er Sie liebt, wird er Sie bei anderer Gelegenheit um Ihre Hand bitten." Er hielt kurz inne und setzte dann hinzu: „Hören Sie, Wendy, wenn Sie Angst haben zu fahren, dann tun Sie es besser nicht. Das könnte schlecht ausgehen. Ich fahre Sie zum Zypressenhof, und morgen früh, wenn Sie ausgeschlafen sind, können Sie unbesorgt nach Hause kutschieren."

„Ich möchte Ihrer Frau keine Umstände machen", sagte Wendy.

„Unsinn. Eins der Gastbetten ist immer gerichtet, und May wird sich freuen, Sie zu sehen."

Jocelyn wünschte, er wäre von der Richtigkeit dieser Behauptung überzeugt. Merkwürdig, dachte er unglücklich, May ist so eine patente Person, und man sollte meinen, daß sie für jemanden wie Wendy nur Zuneigung empfindet. Tatsächlich hatte sie Wendy Thompson aber von Anfang an Mißtrauen entgegengebracht. Nun, es war nicht weiter wichtig, sondern nur ein wenig deprimierend, daß selbst die nettesten Frauen nie so offen und großherzig sind wie Männer.

Sie wechselten die Plätze. „Ich hätte Ihnen das alles nicht erzählen sollen", sagte Wendy kläglich, als sie wieder im Auto saßen.

„Im Gegenteil, es war das einzig Richtige. Dazu sind Freunde schließlich da."

„Jocelyn." Sie legte ihre Hand auf seinen Arm. „Sie sind so lieb zu mir." Es klang, als ob sie gleich wieder in Tränen ausbrechen würde. Stockend fuhr sie fort: „Können Sie mich nicht zu Hause absetzen und dann zum Zypressenhof fahren? Ich hole mir den Wagen irgendwann morgen ab."

„Nein, ich muß jetzt zurück, sonst macht sich May Sorgen. Ich ..., ich war nämlich etwas durcheinander, als ich fortging. Ein Flugzeug ist entführt worden."

„Ja, und?"

„Dasselbe Flugzeug, mit dem ich heute hätte fliegen sollen."

Es war plötzlich sehr still in dem kleinen Wagen. „O Jocelyn!" rief sie. „Gott sei Dank sind Sie in Sicherheit!" Sie schlang die Arme um ihn und küßte ihn leidenschaftlich auf die Wange.

Er machte sich behutsam von ihr frei und versuchte, heiter und sachlich zu klingen: „Also, auf geht's."

May Pentecost war beunruhigt. Jocelyn wanderte nun schon über eine Stunde im Mondschein herum.

Sie versuchte sich in ihn hineinzudenken. Ein feinnerviger, musischer Mann, entsetzt über die ständig zunehmende Brutalität in der Welt, wäre selbst fast einem Gewaltakt zum Opfer gefallen. Aber da ihm dieses grauenvolle Erlebnis erspart geblieben war, ließ ihm seine Phantasie keine Ruhe. Armer Jocelyn! Er würde sich weiter quälen, bis man die Geiseln freiließ.

Wenn er bloß schon zu Hause wäre! Sie ging ins dunkle Wohnzimmer und starrte durch die Terrassentür in die Dunkelheit.

Nichts. Kein Laut. Dann sah sie die Autoscheinwerfer auf der Straße, die zum Zypressenhof führte.

Besuch so spät am Abend? Sie lief zur Haustür, öffnete sie und zwang sich, ruhig zu warten.

Die Scheinwerfer und der Motor wurden abgestellt, und ein langbeiniger Mann wand sich aus dem Fahrersitz eines kleinen Autos. Jocelyn! Er fuhr einen fremden Wagen?

Nun stieg eine Frau auf der anderen Seite aus. Miß Thompson! Was wollte sie hier?

May wußte es nicht, wollte es auch gar nicht wissen. Das einzige, was sie wußte, war, daß seit einiger Zeit jedesmal, wenn sie die Haustür öffnete, Miß Thompson auf der Schwelle zu stehen schien. Und das wollte May nicht zur Gewohnheit werden lassen.

Die beiden kamen auf sie zu. Sogar im Mondlicht, dachte May, sieht Jocelyn reichlich betreten aus. Miß Thompson folgte ihm zögernd.

„Ah, guten Abend, Miß Thompson." Der Empfang war ungefähr so warm wie die Sonne im Dezember.

Jocelyn erklärte: „Ich habe Miß Thompson angeboten, bei uns zu übernachten. Sie fühlt sich nicht wohl und sollte die lange Heimfahrt besser nicht riskieren."

„Aber natürlich", entgegnete May und dachte: Ach, nun spielt sie auch noch das hilflose kleine Ding! May war die Großzügigkeit in Person, aber sobald es sich um Wendy Thompson handelte, schrumpften ihre gütigen Regungen wie Kartoffeln im Frühjahr.

JOCELYN stellte um Mitternacht nochmals die Nachrichten an, als er und May schon im Bett lagen.

Das Flugzeug war in Dubai gelandet, und die Luftpiraten hatten ihre Bedingungen gestellt: die Freigabe von zwanzig politischen Gefangenen, die über ganz Afrika verteilt in Haft saßen, sowie ein Lösegeld von zwei Millionen Dollar. Sollten diese Forderungen nicht innerhalb vierundzwanzig Stunden erfüllt sein, würde eine Geisel nach der anderen erschossen.

May fragte: „Was ist denn mit der kleinen Wendy los?"

„Duncan Mackintosh hat ihr zuviel Whisky eingeschenkt. Und sie hat vernünftigerweise beschlossen, nicht Auto zu fahren."

May brach in Gelächter aus. „Wendy betrunken? Darauf wäre ich allerdings nicht gekommen."

„Betrunken ist sie nicht", entgegnete Jocelyn. „Aber sie glaubt, sie sei es, und daher wollte sie nicht fahren. Hast du gehört, die Entführer haben eine vierundzwanzigstündige Frist gesetzt. Wenn sie abgelaufen ist, fangen sie an, die Geiseln zu erschießen."

„Hast du Wendy erzählt, daß man dich fast mit entführt hätte?"

„Ja." Seine Stimme klang plötzlich ungeduldig und kühl.

„Und wie hat sie reagiert?"

„Sie hat gesagt: ‚O Jocelyn! Gott sei Dank sind Sie in Sicherheit!' Dann hat sie mich umarmt und mir einen Kuß gegeben."

Eisiges Schweigen herrschte im Schlafzimmer. May warf sich auf ihre Seite des Bettes und blieb dort in einigem Abstand von ihm bewegungslos liegen. Jocelyn machte das Licht aus, streckte sich auf dem Rücken aus und starrte ins Dunkel. Es war schon lange her, daß May und er sich gestritten hatten, und sogar noch länger, daß ihr Streit den Sonnenuntergang überdauert hatte. Aber heute nacht hatte er weder die Energie noch den Wunsch, etwas dagegen zu tun. Er war ganz woanders mit seinen Gedanken. Männer und Frauen, Durchschnittsbürger wie er, befanden sich in Todesgefahr. Nicht daß dies etwas Neues war, Menschen befanden sich tagtäglich in Todesgefahr. Doch diese Tragödie konnte er nicht vergessen, denn sie hatte ihn gestreift.

Die Nacht war vorbei, und in Dubai ging sengend die Sonne auf. Bald würde die Hitze über der Wüste flimmern und über dem Flugzeug, das gespenstisch einsam auf dem gesperrten Flughafengelände stand.

In England sank der Mond unter den Horizont, die Sterne verblaßten, und der Morgen dämmerte herauf. Als Gaylord erwachte, war es halb neun Uhr. Da er schon gefürchtet hatte, daß er während der Nacht womöglich vor Hunger sterben könnte, war er um so beruhigter, das herbstliche Sonnenlicht vor seinem Fenster zu sehen. Er zwickte sich, um ganz sicher zu sein, daß er tatsächlich noch am Leben war.

Beim Frühstück mit Mami, Paps, Opa und Miß Thompson versuchte er, seinen wohldurchdachten Sparplan in die Tat umzusetzen. Er erklärte seiner Mutter, daß er eine lebenslängliche Gewohnheit zu ändern gedenke und statt seiner üblichen Frühstücksflocken lieber zwei Scheiben Knäckebrot wolle.

Seine Mutter sah ihn verblüfft an. „Aber warum denn das?“

„Ich glaube, Knäckebrot in Milch und Zucker schmeckt vielleicht besser als Frühstücksflocken.“

„Nun, wie du willst.“

Gaylord nahm zwei Scheiben Knäckebrot und legte sie in sein Schälchen. Aber das brachte ihn seinem Ziel um keinen Schritt näher, denn Mami erwartete jetzt von ihm, daß er sie in Milch und Zucker einweichen und verzehren würde. Warum in aller Welt konnten sich die anderen eigentlich nicht auf ihr eigenes Frühstück konzentrieren?

Mami wartete. „Hast du keinen Appetit?“ fragte sie schließlich.

„Hm, nein“, antwortete Gaylord, obwohl er heißhungrig war.

„Du mußt versuchen, ein wenig zu essen“, sagte May besorgt.

In diesem Augenblick gab ihr Gast, Miß Thompson, den Versuch auf, ihren Kaffee auszutrinken. Sie sagte entschuldigend: „Bitte verzeihen Sie, Mrs. Pentecost, aber ... ich muß wirklich nach Hause.“

May stand auf. „Ja, wenn Sie es eilig haben ...“

Jocelyn und Opa erhoben sich. Gaylord, dem wegen seiner eigenen Sorgen bisher gar nicht aufgefallen war, daß Miß Thompson am Frühstückstisch saß, zeigte plötzlich Interesse. „Wieso ist Miß Thompson hier?"

„Dein Vater hat sie gestern abend getroffen und sie mitgebracht."

„Warum?" Dann dämmerte es bei ihm. „Ach, weil sie in Paps verknallt ist..."

„Es war so nett, Sie bei uns zu haben", sagte May hastig. Sie und Jocelyn geleiteten Miß Thompson eiligst zur Tür.

Für Gaylord hieß es nun, nicht lange zu fackeln. Eine Scheibe Knäckebrot verschwand blitzgeschwind, von Opa unbemerkt, in Gaylords Tasche, dann ließ er flink, bevor er die zweite Knäckebrotscheibe mit Zucker überhäufte und mit Milch überschwemmte, zwei Toastscheiben mitgehen.

Jocelyn hatte zu jeder vollen Stunde am Morgen die Nachrichten gehört. Nichts Neues. Fieberhafte Tätigkeit hinter den Kulissen – das war alles, was der Nachrichtensprecher zu melden hatte. Was hieß, daß die Passagiere weiterhin in Lebensgefahr schwebten. Es war schrecklich.

Dennoch verabschiedete er sich von Miß Thompson mit der ihm eigenen unaufdringlichen Höflichkeit, und May, die sich für ihre Frostigkeit am vergangenen Abend schämte, war so herzlich, daß Wendy getröstet und fast wohlgemut nach Hause fuhr.

Sie blickten ihr nach, dann hob May eine Handvoll Briefe von der Türmatte auf, griff reuig nach Jocelyns Hand, und gemeinsam kehrten sie ins Eßzimmer zurück, wo der alte Mann hinter seiner Zeitung saß und Gaylord sie aus unschuldigen dunklen Kinderaugen anstrahlte.

May sah die Post durch. „Alles Antworten auf meine Einladungen, wie mir scheint." Sie schlitzte die Umschläge einen nach dem anderen auf.

Das Haus der Pentecosts war so weitläufig, verwinkelt und unpraktisch, wie es nur ein viktorianisches Gutshaus sein kann, das fernab von jeder Zivilisation mitten in der Landschaft steht. Aber John Pentecost liebte das Haus über alles.

Desgleichen May – trotz aller Unzweckmäßigkeit des Baus und der damit verbundenen Unbequemlichkeiten und der Mehrarbeit für sie. Sie führte den Haushalt mit der Präzision eines Uhrwerks und hatte ihren unberechenbaren Schwiegervater, ihren Mann und ihren Sohn fest in der Hand. Aber wenn sie überdies noch ein Fest plante (so wie jetzt für den alten Herrn), dann war sie im siebten Himmel. Nichts freute sie mehr, als die Speisenfolge zusammenzustellen, möglichst viele Gäste einzuladen und sich zu überlegen, wie man sie am besten auf die Zimmer verteilte.

Jocelyn dagegen zog sich schon bei den ersten Anzeichen festlicher Vorbereitungen fluchtartig zurück.

Und so las May ungestört die Antworten auf ihre Einladungen. „Rose und Stan kommen“, sagte sie und legte den ersten Brief beiseite. „Ah, und hier ist die Zusage von Jocelyns Freundin Wendy und die von Duncan Mackintosh und Julia. Du meine Güte, alle Großtanten erscheinen, Schwiegervater, sogar Priscilla.“

John Pentecost funkelte sie über den Tisch hinweg an. „Mein Gott, du hast *Priscilla* eingeladen?“

„Ja, das hab ich“, sagte May schnippisch. „Und rückgängig kann ich es nicht mehr machen.“ Da haben wir den Salat, dachte sie. Jetzt, da die Zusagen kommen, fängt er an, meine Gästeliste zu kritisieren. Laut sagte sie: „Und ich fürchte, sie wird nicht in bester Laune sein, ich habe das Kuvert nämlich an Fräulein Priscilla Pentecost adressiert.“

Der alte Herr sah sie irritiert an. „Ja, so heißt sie doch, verdammt noch mal.“

May sagte kühl: „Sie läßt sich lieber mit ‚Frau‘ anreden.“

Der alte Mann schnaubte: „Mein Gott, was für ein Unsinn!“ Eine dunkle Wolke hatte sich über das Fest gesenkt.

Auch Gaylord war das Fest nicht ganz geheuer. Gut, er hatte sich mit der Tatsache abgefunden, daß er zu Weihnachten immer von diesen tätschelnden Weibern verfolgt wurde. Aber wenn Mami etwa damit anfing, zu jedem Geburtstag das Haus mit Großtanten zu füllen, dann wurde das Leben unerträglich.

„Wer ist Priscilla?“ fragte er.

„Deine Großtante, und merk dir das bitte.“

„Hör endlich auf, von ihr zu reden“, fauchte der alte Herr. „Sie kann jedes Fest verderben! Wie ein Mensch Abstinenzler *und* Vegetarier sein kann, ohne die Lust am Leben zu verlieren . . .“ Er schüttelte den Kopf und drohte seiner Schwiegertochter mit dem Finger. „Und daß du mir ja keine Biobuletten für sie machst. Wenn Vegetarier sich weigern, wie normale Leute zu essen, sollen sie gefälligst zu Hause bleiben.“ Damit stand er auf und verließ verdrossen, aber mit Würde das Eßzimmer.

Als Gaylord aus seiner Tasche eine Scheibe Knäckebrot, zwei Scheiben trockenen Toast und ein Butterbrot hervorholte, stellte er zu seinem Kummer fest, daß sein neuer Freund nicht gerade begeistert aussah. „Tut mir leid", sagte Gaylord entschuldigend, „aber mehr konnte ich nicht auftreiben."

„Leben wohl nicht gerade im Luxus, deine Leute, was?"

„Doch, doch", sagte Gaylord. „Bloß ..., ich kann sie doch nicht direkt bestehlen."

Der Eremit schwieg, dann griff er sich an den Magen und versuchte, ein Stöhnen zu unterdrücken. Er sagte: „Man kann schon mal eins der Zehn Gebote übertreten, um ein Menschenleben zu retten, meinst du nicht?"

Gaylord kniete auf dem Boden der Höhle und betrachtete beschämt seine Opfergabe. Sie sah recht kärglich aus, das mußte er selbst zugeben. Vor Enttäuschung standen ihm die Tränen in den Augen.

„Könntest du nicht ein Stück Huhn oder was Ähnliches organisieren? Das wäre was."

Hier muß angemerkt werden, daß viele Leute diesem „Eremiten" geraten hätten, sich samt Knäckebrot, Toast und Butterbrot zum Teufel zu scheren. Nur – zu denen gehörte Gaylord nicht. Er nahm einfach an, weil er selbst relativ aufrichtig war, daß ein Erwachsener nicht log.

Und so machte er sich Sorgen. Nur wenige Achtjährige tragen die Verantwortung für ein Menschenleben.

Plötzlich kam ihm ein glänzender Einfall. In ein paar Tagen stieg ja Opas Geburtstagsparty. Und Gaylords beste Freunde Henry Bartlett und Julia Mackintosh würden kommen. Das war seine Chance. Irgendwann, wenn Mamis Aufmerksamkeit abgelenkt war, sollte es ihm und seinen treuen Gefolgsleuten eigentlich gelingen, wirklich nahrhafte Lebensmittel für den Eremiten in Plastiktüten verschwinden zu lassen. Direkter Diebstahl war das nicht.

Die einzige Schwierigkeit war: Wie sollten sie sich mit ihrer Beute unbemerkt vom Tisch entfernen? Aber dieses schwierige Manöver würde die ganze Unternehmung spannend machen.

Bei dem Gedanken an die Augen des armen Eremiten, die sich mit Tränen der Dankbarkeit füllen würden, fing er selbst fast zu weinen an. Er eilte davon, um Henry und Julia seinen Plan zu unterbreiten.

Gefolgsmann Henry war davon nicht sehr angetan. Obwohl er ansonsten gutmütig war, hatte er keine große Lust, seine Mahlzeit mit einem unbekannten Eremiten zu teilen, besonders da er nur eine sehr ungenaue Vorstellung davon hatte, was ein Eremit eigentlich war. Aber Gaylord gelang es in Kürze, ihn zu seinem Plan zu überreden; Henry war Wachs in Gaylords Händen.

Die weichherzige Julia hingegen war sofort entzückt von der Aussicht, das Leben eines Unglücklichen zu retten.

Aber ein Problem blieb noch ungelöst, und zwar ein schwieriges. Was war, wenn der Eremit vor Opas Geburtstagsfeier verhungerte?

Und so lief Gaylord zum Eremiten zurück und bat ihn, doch bitte bis Opas Geburtstag durchzuhalten. Hilfe sei auf dem Weg.

Mr. Evans lag auf seinem Lager aus Zweigen und Laub und seufzte: „Nun ja . . ., ich hoffe, ich bin dann noch von dieser Welt." Er drehte sein Gesicht zur Wand.

Gaylord starrte auf den Rücken des alten Mannes und hoffte inständig auf ein freundliches Abschiedswort. Doch keines kam. Unglücklich, die Hände tief in den Taschen vergraben, ging er gesenkten Kopfes auf der Uferstraße heimwärts.

JOHN PENTECOST fuhr hinter seiner Zeitung hoch, als es energisch an die Tür pochte.

Duncan Mackintosh trat ein. „Haben Sie einen Moment Zeit für mich, Mr. Pentecost?"

„Natürlich." Der alte Herr faltete die Zeitung zusammen und sah seinen Verwalter an. „Nun, was gibt's, Duncan? Setzen Sie sich."

Duncan ließ sich auf der äußersten Kante eines Stuhls nieder. „Ich wollte mit Ihnen reden, Mr. Pentecost."

John Pentecost wartete. Er wußte, daß Duncan Mackintosh sich schwertat mit Worten.

Mackintosh sagte: „Ich habe gern für Sie gearbeitet, Mr. Pentecost. Sie sind ein Mensch, mit dem man auskommen kann."

Der alte Herr nickte nachdenklich. Das war vermutlich als Kompliment gedacht. So fürchtete er sich schon vor dem nächsten Satz; denn wenn Schotten sich zu einem Kompliment aufschwingen, folgt unvermeidlich ein Aber.

Er hatte recht.

„Aber", fuhr Mackintosh fort, „ich meine, es wäre an der Zeit, daß ich nach Schottland zurückkehre."

John Pentecost sah seine Welt zusammenbrechen. Er fühlte sich plötzlich alt, am Ende seiner Lebensspanne. Und nun wurde er auch noch des einzigen Mannes beraubt, der ihm die Illusion gegeben hatte, daß er noch immer imstande war, ein Gut zu bewirtschaften. Er sagte: „Es tut mir leid, das zu hören, Duncan. Ich werde Sie mehr vermissen, als ich sagen kann."

„Hm, ja, zugegeben, ich habe gute Arbeit geleistet. Aber wissen Sie, es ist hauptsächlich Julias wegen, Mr. Pentecost. Einem schottischen Mädel tut es nicht gut, in England verzärtelt zu werden. Und mir fehlen hier die Berge."

„Verstehe."

„Daher wollte ich es Ihnen rechtzeitig sagen. Wenn ich eine gute Stellung in der Zeitung sehe, werde ich mich bewerben."

„Ich weiß Ihre Offenheit zu schätzen, Duncan."

„Hm, ja." Er stand auf. „Mein Vertrag sieht eine monatliche Kündigung entweder Ihrer- oder meinerseits vor, wie Ihnen bekannt ist." Er lächelte frostig und ging.

Der alte Herr blieb zurück mit einem Problem: Er mußte einen neuen Verwalter finden oder den Hof verkaufen. Allein konnte er ihn nicht mehr bewirtschaften. Die Zeiten, als er mit zwei Männern in mühseliger Arbeit die Ernte eingebracht hatte, waren endgültig vorbei.

Mitternacht. Die Frist in Dubai war abgelaufen. Jocelyn hörte sich alle Berichte an, die durch den Äther schwirrten. Aber erst am nächsten Morgen um sieben Uhr wurde das Flugzeug wieder erwähnt. Die Mitternachtsfrist war ohne Zwischenfall verstrichen. Im Flugzeug schien sich nichts zu rühren. Niemand war in der Morgendämmerung zu sehen.

So blieb es auch. Es gab wenig zu berichten. Stunden und Tage vergingen. Neue Forderungen wurden gestellt und abgelehnt, weitere Fristen verstrichen. Das Ereignis verschwand fast ganz aus den Nachrichten und aus dem Gedächtnis der Leute – nur nicht aus Jocelyns.

IV

John Pentecost rasierte sich sorgfältig, griff nach der Schere, stutzte seinen eindrucksvollen weißen Schnurrbart und musterte zufrieden sein markantes rotwangiges Gesicht im Rasierspiegel. Siebzig Jahre wurde er heute. Das sah ihm keiner an! Er hatte sich eben nie gehenlassen und hatte fest vor, es auch in Zukunft nicht zu tun.

Dies war sein großer Tag. Sogar Jocelyn hatte sich einmal überwunden und lebhaft und liebevoll gratuliert: „Guten Morgen, Vater, hier ist dein Tee. Meine besten Wünsche." Ganz anders, als er es von dem Morgenmuffel Jocelyn gewohnt war.

Nett von May, dieses Festessen zu arrangieren. Obwohl er, ehrlich gesagt, einen ruhigen Abend vorgezogen hätte.

Ihm war zum Beispiel gar nicht danach zumute, seine aggressive Schwester Priscilla wieder mal in ihre Schranken weisen zu müssen. Aber er durfte nicht undankbar sein. Im übrigen würde Priscilla morgen um diese Zeit bereits ihre Koffer wieder gepackt haben und abgereist sein.

Er ging hinunter zum Frühstück. Gaylord löffelte bereits seine Frühstücksflocken, sprang aber sofort auf und gab ihm einen milchig-zuckrigen Kuß. May kam aus der Küche mit seinem Haferbrei. „Guten Morgen, Schwiegervater, herzlichen Glückwunsch!" Sie stellte den Teller hin, faßte ihn bei den Schultern und betrachtete ihn liebevoll. „Gut siehst du aus", sagte sie leichthin, drückte ihn an sich und küßte ihn herzhaft auf beide Wangen.

Damit war der Tag für ihn gerettet. Ihre Zuneigung, ihr Respekt und ihre Bewunderung für ihn waren mit dieser Umarmung besser ausgedrückt als mit jeder Rede.

EIN Wagen näherte sich dem Zypressenhof. Gaylord und sein Großvater beobachteten ihn.

Großvater sagte anklagend: „Nur meine Schwester Bea kann ein Auto so mißhandeln." Er seufzte. „Rette sich, wer kann! Die Kostgänger kommen!" Er ging ihnen entgegen.

Gaylord schlurfte mißmutig in die Küche. „Mami, muß ich mich von den alten Großtanten wieder abknutschen lassen? Es ist doch nicht Weihnachten."

Sie sagte: „Nein, du *mußt* nicht, du darfst."

Sie bemerkte seinen erstaunten Blick und sagte: „Es ist eben so, daß Frauen, die keine eigenen Kinder haben, gern viel Aufhebens um die kleinen Jungen anderer Leute machen. Kinder sind nun mal ein wichtiges Element im Leben von Frauen. Und wenn sie keine haben, dann sollte man doch versuchen, sie ein wenig dafür zu entschädigen."

Gaylord nickte jetzt voller Mitgefühl. „Ich schau mal nach, ob sie schon da sind“, sagte er und schritt tapfer davon, um seine Opferpflicht zu erfüllen.

Sie standen schon in der Halle: die Großtanten Priscilla und Bea, auch Dorothea und deren französischer Ehemann Monsieur Édouard Bouverie. Dieser hatte nicht nur John Pentecosts Freundschaft, sondern auch dessen Hochachtung gewonnen, was hauptsächlich darauf zurückzuführen war, daß sich Monsieur Édouard auf seinem Gut in Schottland so englischen Beschäftigungen wie der Jagd und dem Forellenfang hingab.

John begrüßte seine Schwestern zurückhaltend, voller Angst, sie könnten „Happy birthday to you“ anstimmen. Danach reichte er Édouard die Hand. „*Ah, mon vieux, comment ça va, hein?* – Na, mein Lieber, wie geht's denn?“

Édouard wußte aus Erfahrung, daß eine Antwort in Französisch auf totales Unverständnis stoßen würde. Daher erwiderte er auf englisch mit tiefer, kehliger Stimme: „Mir geht es ausgezeichnet, alter Freund. Wie könnte es auch anders sein, wenn man von so einem Engel wie deiner Schwester umsorgt wird. Herzliche Glückwünsche!“ Die beiden alten Herren klopften sich auf die Schulter, strahlten und lachten vergnügt.

Niemand nahm Notiz vom Opferlamm Gaylord. Bea beschwerte sich bitter über einen Trottel, der sie auf der engen Straße nach Ingerby nicht vorbeigelassen hatte, so daß sie zum Schluß gezwungen war, ihn fast in den Straßengraben zu drängen. „Einer von diesen Clowns mit Hut, die immer die ganze Straße blockieren“, fügte sie erklärend hinzu.

Dorothea beobachtete entzückt die herzliche Begrüßung der beiden Menschen, die ihrem Herzen am nächsten standen: ihr geliebter Édouard und ihr Bruder John. Priscilla schien Gaylord nicht einmal bemerkt zu haben; sie inspizierte mit geringschätziger Miene die große Halle mit den schweren Eichenmöbeln durch ihr Monokel.

May kam lächelnd auf sie zu. Priscilla sah sie an. „Ah, du mußt May sein. Ich bin Priscilla. Freut mich, dich kennenzulernen. Typisch männliche Atmosphäre hier.“

„Entschuldige bitte, ich verstehe dich nicht ganz.“

„Ich meine, daß du wenig getan hast, um deiner Umgebung einen weiblichen Stempel aufzudrücken. Hoffentlich bist du wenigstens nicht der Typ der unterwürfigen Hausfrau.“

„Nein, das würde ich nicht sagen“, erwiderte May ruhig. „Ich glaube, mein Mann, mein Schwiegervater und mein Sohn würden dir bestätigen, daß ich einen gewissen Einfluß auf diesen Haushalt ausübe." Sie wandte sich betont brüsk ab. „Hallo, Tante Bea, hallo, Tante Dorothea. Wie nett, euch zu sehen." Ihre Stimme war wieder voller Wärme.

Gaylord blieb ungeküßt und unbeachtet und fühlte sich allmählich vernachlässigt. Er beschloß, sich Großtante Priscilla vorzuknöpfen. Er ging zu ihr hin und sagte höflich: „Ich bin Gaylord."

Sie umfaßte seine Hand mit festem Griff. „Verdammt ausgefallener Name. Ich heiße Priscilla. Freut mich, dich kennenzulernen, mein Junge." Sie musterte ihn scharf durch ihr Monokel.

Gaylord fürchtete zusammenzuschrumpfen wie unter einem Brennglas. Er sagte in einem leichten Plauderton: „Ich habe so was noch nie gesehen."

„Was?"

„Das Augenglas."

„Ach so. Sehe rechts schlecht. Das ist ein Monokel. Nützliches Ding. Vor allem intimidiert es."

Gaylord fragte sich, was „intimidieren" bedeuten mochte. Vielleicht hieß das, daß man damit ein Lagerfeuer anzünden konnte. Bevor er sich jedoch diese Annahme bestätigen lassen konnte, öffnete sich die Haustür, und seine Tante Rose und Onkel Stan kamen herein. Keiner von beiden sah besonders erfreut aus.

Rose sagte: „Hallo, herzlichen Glückwunsch" und küßte ihren Vater. Dann wandte sie sich mit eisiger Stimme an Bea: „Hallo, Tante Bea. Ist das dein Wagen da draußen? Der blaue?"

„Ja."

„Dann hast du uns vorher fast in den Straßengraben gedrängt!" Roses langes blasses Gesicht rötete sich vor Zorn. „Noch nie im Leben habe ich eine so rücksichtslose Fahrerin gesehen." Sie warf Stan einen um Bestätigung bittenden Blick zu.

„Du hast uns wirklich in eine heikle Lage gebracht, Tante Bea", sagte Stan.

„Dicht hinter uns herfahren unter ständigem Gehupe, so benimmt sich keine Dame", schimpfte Rose.

„Und warum nicht?" fragte Priscilla. „Frauen haben das gleiche Recht wie Männer, die Straßen des Königreiches zu benutzen."

Bea ging endlich ein Licht auf. „Mein Gott, Stan, du bist der Clown mit dem Hut!"

„Wie kannst du es wagen, meinen Mann einen Clown zu nennen?“ fuhr Rose sie an.

„Jeder, der mein Leben im Straßenverkehr gefährdet, ist ein Clown für mich“, erwiderte Bea.

„Mit allem Respekt, Tante Bea, aber *dein* Leben war nicht in Gefahr“, erlaubte sich Stan zu bemerken.

„O nein, es sind immer die armen, schwachen Männer, deren Leben gefährdet ist“, warf Priscilla sarkastisch ein.

Jocelyn saß in seinem Arbeitszimmer, als die Wagen ankamen; er schrieb einen Absatz zu Ende, dann legte er mit einem Seufzer den Füllfederhalter beiseite und ging hinunter.

Aber als er auf dem Treppenabsatz innehielt und auf die versammelten Pentecosts hinunterschaute, hätte er am liebsten kehrtgemacht und sich in sein Arbeitszimmer zurückgeschlichen.

Ein Blick auf May sagte ihm, daß etwas nicht in Ordnung war. Gaylord stand verloren zwischen den Erwachsenen. Rose, Bea, Stan und Tante Priscilla – wenn er sich recht erinnerte – stritten sich. Mit anderen Worten: eine typische Pentecostsche Familienfeier. Die einzigen, die zufrieden aussahen, waren sein Vater, Onkel Édouard und Tante Dorothea.

Er ging hinunter und betrat die Halle just in dem Augenblick, in dem das dramatische Wiedersehen Johns mit Priscilla stattfand.

John Pentecost lächelte nur selten, aber bei besonderen Gelegenheiten konnte er ein Lächeln aufsetzen, das soviel menschliche Wärme ausstrahlte wie das Mondlicht über der arktischen Eiswüste. Seine Augen glitzerten dabei amüsiert, und sein Mund zog sich breit, wobei er die Zähne bleckte. „Nun, *Mrs. Pentecost?“* Er musterte ihre füllige Figur von oben bis unten. „Hältst du noch deine Knäckebrot-und-Zitronensaft-Diät ein?“

Priscilla lächelte süßlich. „Und du deine Whisky-und-Steak-Diät?“ Sie klemmte ihr Monokel ein und starrte auf seine wohlgerundete Körpermitte. „Wie kann man solch einen Bauch haben und seine Selbstachtung behalten ...“ Sie wandte sich schaudernd ab.

May führte die Gäste nach oben, zeigte ihnen ihre Zimmer und ließ sie dann allein, damit sie sich frisch machen und umziehen konnten. „Ich erwarte euch später unten“, sagte sie freundlich.

Jocelyn verschwand in seinem Arbeitszimmer, um die Nachrichten zu hören. Das entführte Flugzeug war seit Tagen kaum mehr erwähnt worden. Aber nun hieß es: „Das letzte Ultimatum der Luftpiraten ist

heute um vierzehn Uhr abgelaufen. Kurz danach öffnete sich eine der Flugzeugtüren, und eine Leiche wurde hinausgeworfen. Die Terroristen drohten, jeden zu erschießen, der sich in die Nähe der Maschine begibt. Daher liegt der Tote noch auf dem Rollfeld. Es scheint ein Mann mittleren Alters zu sein."

MAY ging in die Küche zurück. Alles war bisher verhältnismäßig glatt verlaufen oder zumindest so glatt, wie man es erhoffen konnte, wenn zwei oder drei Pentecosts zusammentrafen. Aber das wichtigste war, daß Jocelyn sein seelisches Gleichgewicht wiedergefunden hatte. Die Flugzeugentführung hatte ihm verständlicherweise arg zugesetzt, aber noch ein paar Tage, und die Terroristen würden sich ergeben und die Geiseln freilassen.

Mrs. Bartlett erschien mit ihrem geschrubbten und gebürsteten Sohn Henry.

May freute sich, Mrs. Bartlett zu sehen. Sie war eine unbekümmerte, zuverlässige Person, die sich im Pentecostschen Haushalt genau auskannte, das Leben so nahm, wie es kam, und stets freundlich und heiter war. „Hallo, Mrs. Bartlett", sagte May. „Alles in Ordnung?"

„Ja, Mrs. Pentecost, wir werden's schon hinkriegen."

Doch in diesem Augenblick betrat Priscilla die Küche. „Ah, die weiblichen Sklaven! Ich dachte, den guten Jocelyn hier in einer Schürze vorzufinden."

„Jocelyn", sagte May kühl, „hat andere Talente."

„Das behaupten die Männer immer. Sie drücken sich alle um Küchenarbeit."

May sagte ungeduldig: „Tante Priscilla, dies ist Mrs. Bartlett. Ohne sie wäre ich aufgeschmissen."

„Guten Tag." Priscilla nickte vage in Mrs. Bartletts Richtung, dann kam sie auf das Eigentliche zu sprechen. „May, meine Liebe, ich möchte dir keine zusätzliche Arbeit machen, aber du weißt, ich habe meine Prinzipien. Wäre es möglich, daß du mir eine *Omelette aux fines herbes* machst?"

„Ja, natürlich", sagte May lustlos.

„Und ein Glas Ananassaft, das wäre prächtig. Wie du siehst – ich möchte, daß du dir keine Umstände machst."

Ananassaft! „Es tut mir leid . . .", begann May.

„Ich weiß, du brauchst gar nicht weiterzureden. Natürlich haben diese Chauvis kistenweise Whisky, aber keinen Ananassaft gekauft. Mach dir keine Gedanken, meine Liebe. Eine Tasse Tee ist mir ebenso recht. Wenn möglich, Assam aus der letztjährigen Ernte. Nur keine Umstände." Und damit entschwand Tante Priscilla.

Wendy Thompson fuhr in bedrückter Stimmung zum Zypressenhof. Sie fürchtete, May würde sie neben Duncan setzen, und was sollte sie mit ihm reden? Aber dazu kam noch eine weitere Angst. Ihr war erst während der Fahrt siedend heiß eingefallen, daß Monsieur Bouverie bestimmt kommen würde; Monsieur Bouverie, der glücklich bei dem Gedanken, daß Julia eine Ballettschule besuchen würde, abgereist war und der so viel zur Erreichung dieses Ziels beigetragen hatte. Vermutlich wußte er nichts von der Tragödie, die inzwischen alle diesbezüglichen Hoffnungen zerstört hatte. Er würde entsetzt sein und vielleicht verärgert, weil sie ihn nicht informiert hatte. O Gott, wenn dieser Abend bloß schon vorbei wäre!

Als sie ankam, war das Wohnzimmer bereits voller streitbarer Pentecosts.

Jocelyn eilte ihr entgegen, nahm ihre Hand und küßte sie auf die Wange. „Wendy, was kann ich Ihnen bringen?"

Sie sah ihn verlegen und überrascht an. Das war nicht der Jocelyn, den sie kannte; er wirkte, als glühe er vor innerer Aufregung. Wendy war zu naiv, um zu bemerken, daß die innere Aufregung von drei Gläsern Sherry herrührte, die er zu hastig getrunken hatte, um die Gedanken an das entführte Flugzeug in Dubai zu verdrängen und mit Anstand den Abend durchzustehen.

„Kann ich einen trockenen Sherry haben?" Sie hätte einen süßen vorgezogen, wußte aber, daß in Gesellschaft ein trockener als korrekter galt.

Er brachte ihr einen trockenen Sherry, der wie Medizin schmeckte, und sagte: „Kommen Sie doch und gratulieren Sie meinem Vater."

Aber sie kam nicht dazu, ihre Glückwünsche anzubringen, denn neben John Pentecost stand Édouard Bouverie; sein Gesicht leuchtete bei ihrem Anblick auf, und seine Lippen hauchten einen Kuß auf ihre Hand. „Ah! Meine verhinderte Primaballerina!" rief er aus. „Ich bin entzückt, Sie zu sehen, meine Liebe." Er ergriff ihren Arm und führte sie mit ausgesuchter Höflichkeit in einen weniger überfüllten Teil des Zimmers. „Und wie geht es Ihrem bezaubernden kleinen Schützling?"

„Darüber wollte ich gerade mit Ihnen sprechen, bevor sie ..." Aber in diesem Augenblick öffnete sich die Tür, und Julia kam am Stock humpelnd herein; ihr Vater folgte ihr.

Édouards Augen weiteten sich vor Schrecken, dann wandte er sich Wendy zu. „Mein Gott! Warum haben Sie mich das nicht wissen lassen?"

„Ich war gerade dabei", sagte sie, „aber ..."

„Nicht jetzt. Warum haben Sie mir nicht schon lange geschrieben? Da muß man etwas unternehmen. Oder ist es nicht so schlimm, wie es aussieht?"

„Es ist sehr schlimm. Sie ist beim Versteckenspielen von der Scheune gefallen. Man kann nichts für sie tun."

„Unsinn. Hat man es denn überhaupt versucht?"

„Der Arzt sagt, es sei hoffnungslos. Und so ..."

„Hoffnungslos? Die Hoffnung darf man nie aufgeben, bevor man nicht alle Möglichkeiten ausgeschöpft hat. Ich habe Ihnen gesagt, daß Geld das einzige ist, was ich in diesem speziellen Fall anzubieten habe, aber Geld ist zuweilen sehr nützlich, Madame."

Wendy kämpfte mit den Tränen, während sie sagte: „Ich bin nicht Julias Mutter, Monsieur."

„Ich weiß." Er legte seine Hand mit einer beruhigenden Geste auf ihren Arm. „Und ich habe die Zurechtweisung verdient." Er drehte sich um, ging auf Julia zu und begrüßte sie charmant. Dann wandte er sich an Duncan: „Monsieur, es tut mir so leid, daß Ihre Tochter diesen Unfall erlitten hat."

„Ich danke Ihnen für die Anteilnahme", erwiderte Duncan mit Rührung in der Stimme.

„Miß Thompson sagt mir, daß man nichts tun kann. Und damit haben Sie sich abgefunden?"

„Ja. Und jeder andere, der das Bein gesehen hat und einen Funken gesunden Menschenverstand besitzt, hat dasselbe gesagt."

Édouard entgegnete: „Ich persönlich glaube, daß Geld Wunder wirken kann. Vielleicht bin ich zu dieser Überzeugung gekommen, weil ich reich bin." Er hielt inne. „Aber ich vermute, daß Sie als stolzer Schotte ..."

Duncan lächelte bitter. „Mit Geld kann man nicht alles kaufen, Mr. Bouverie. Das Bein ist zerschmettert. Julia ist aus zehn Meter Höhe gefallen."

„Trotzdem finde ich, daß wir einen Versuch machen sollten."

„*Wir,* Mr. Bouverie?"

„Ja, wir, Mr. Mackintosh. Sie als ihr Vater und ich als jemand, der glaubt, daß es eine Sünde ist, eine Chance ungenutzt zu lassen."

Mackintosh sah ihn verwirrt an. „Sie glauben doch nicht etwa, daß sie je wieder tanzen kann, das arme Hinkebein?"

Julia fühlte sich erniedrigt. Mit festem Griff umklammerte sie ihren Stock und humpelte durch den Raum auf Miß Thompson zu.

Doch nach einigen Schritten stellte sich Gaylord ihr in den Weg. Er sah sie prüfend an. „Was ist denn mit dir los?"

„Nichts. Warum?" fragte sie fast feindselig.

„Du heulst."

„Nein, tu ich nicht."

„Doch, du heulst."

Sie schwieg, dann entgegnete sie: „Vater hat gesagt, ich wäre ein Hinkebein." Wütend bohrte sie ihren Stock in den Teppich und stützte sich schwer auf ihn.

Gaylord fand, Hinkebein klänge eigentlich lustig. Er borgte sich den Stock aus und spielte ein wenig Hinkebein. Dann trat er mit einer Verschwörermiene dicht an sie heran und warf verstohlene Blicke um sich, bevor er eine zusammengepreßte weiße Plastiktüte aus der Tasche zog und sie Julia in die Hand drückte. „Versuch sie zu füllen", zischte er ihr zu.

May kam herein. „Das Essen ist angerichtet", verkündete sie.

Unter Gelächter und Geplauder begab man sich ins Speisezimmer.

May hatte stundenlang über der Tischordnung gebrütet, es war so kompliziert und unterhaltsam gewesen wie Schach mit lebenden Personen. Als erstes hatte sie Duncan Mackintosh und Wendy Thompson entschlossen nebeneinandergesetzt. Die Kupplerin, die in jeder Frau steckt, hatte über die Gastgeberin gesiegt. Dann hatte sie ihren Schwiegervater und Tante Priscilla mit gleicher Entschlossenheit so weit wie möglich voneinander entfernt plaziert, den alten Herrn zu ihrer Rechten und Priscilla neben den armen Jocelyn.

Gaylord setzte sie an Priscillas andere Seite. Das wird *ihm* den Mund stopfen, dachte sie grimmig. Neben Gaylord folgten die kleine Julia und Henry Bartlett. Und neben Henry Bartlett, der bekannt dafür war, daß er nie redete, kam Tante Bea, die bekannt dafür war, daß sie unaufhörlich redete.

May blickte in die Runde, und alles war so, wie sie es sich ausgemalt hatte: Mrs. Bartlett, adrett und lächelnd, servierte den ersten Gang.

May sah das glänzende Silber, die polierten Gläser, die Blumen und das vielversprechende tiefe Gold des Weins, und ein köstlicher Duft stieg ihr in die Nase. Freude erhellte die Gesichter der Gäste wie Sommersonnenschein, und das Lachen und die Scherze der Freunde klangen süßer als Musik in den Ohren der Hausfrau.

Sie legte ihre Hand auf die des alten Herrn. „Alles nach Wunsch, Schwiegervater?"

„Könnte nicht besser sein." Er nahm ihre Hand in seine und drückte sie. „Ich danke dir, May. Es war viel Arbeit für dich." Und er bedachte sie mit einem Lächeln.

WENDY THOMPSON saß wie auf glühenden Kohlen. Sie, eine unbedeutende Lehrerin, deren einziger Anspruch auf Ruhm darin bestand, daß sie den dritten Preis im Poesiewettbewerb des literarischen Zirkels von Ingerby erhalten hatte, nahm als Außenseiterin an einer Familienfeier teil, die ein berühmter Schriftsteller für seinen Vater gab.

Hinzu kam, daß in diesem Raum zwei Männer ihre Gefühle stark berührten. Der eine war Jocelyn, der liebe, nette, amüsante Jocelyn.

Wendy war allerdings viel zu vernünftig, um sich ernsthaft in einen verheirateten Mann zu verlieben, besonders nicht in einen mit einer Frau, die alles zu sehen und zu hören schien. Aber nach den dreißig Jahren des Zusammenlebens mit ihrer Mutter war es wirklich an der Zeit, daß sie sich in jemanden verliebte, und sie hatte sich ja auch trotz häufiger Unstimmigkeiten in den anderen verliebt. Und dieser andere war Duncan Mackintosh, neben dem sie jetzt saß.

Ihre Beziehung war eigenartig. Was sie beide verband, war Duncans Tochter Julia. Ohne sie hätten der wortkarge Schotte und das scheue englische Mädchen wohl keine gemeinsame Gesprächsbasis gehabt. Wendy fragte: „Sieht Julia nicht entzückend aus?"

„Hm", machte Duncan nur, der noch immer über den Franzosen erbost war.

Von der anderen Tischseite kam ein klagender Ausruf: „Meine Birne sieht innen ganz scheußlich aus. Sie ist voller Maden. Henry, sieht deine auch so aus?"

Henry Bartlett blickte Mrs. Pentecost ängstlich an und sagte: „Ja, ein bißchen", im Versuch, einen Kompromiß zwischen Wahrheit und Höflichkeit zu finden.

May erklärte: „Das sind Avocados, Gaylord, die sehen nur so aus wie Birnen. Und das, was du als Maden bezeichnest, sind Krabben."

Gaylord war empört. Das mindeste, was er zu Opas Geburtstag erwartet hätte, waren anständige Birnen; wer wußte, ob es nicht Opas letzte Chance war, Birnen zu essen? Und er konnte sich nicht vorstellen, daß der Eremit diese gelben Birnen mochte, er jedenfalls nicht. Und so ließ er sie, als Mami wegschaute, in seine Plastiktüte gleiten und flüsterte seinen Gefolgsleuten zu, das gleiche zu tun. (Mrs. Bartlett überlegte beim Abräumen der Teller kurz, ob die Kinder die Avocados mit der Schale verzehrt hatten.)

Während alle anderen am Tisch pausenlos redeten, wußte Wendy nicht, was sie zu Mr. Mackintosh sagen sollte, und erst recht nicht zu dem furchteinflößenden alten Mann zu ihrer Linken. Der wandte sich zu ihrem größten Schrecken nun an sie, musterte sie anerkennend, strich sich über seinen weißen Schnurrbart und sagte: „Sie sehen entzückend aus, wenn ich mir die Bemerkung erlauben darf, Miß Thompson."

„Vielen Dank", murmelte sie, vor Freude errötend.

Er drehte sich zu seiner Schwiegertochter um. „War nett von dir, May, mich zwischen zwei so hübsche Frauen zu setzen. Das gibt einem Siebzigjährigen mächtig Auftrieb." Er grinste vergnügt.

May tätschelte liebevoll seine Hand, lehnte sich vor und sagte: „Er hat recht, Miß Thompson, Sie sehen ganz reizend aus." Dann erhob sie die Stimme. „Finden Sie nicht auch, Mr. Mackintosh?"

„Hm, das tut sie wohl", stimmte dieser ohne große Begeisterung zu. Er lehnte sich über die Rückenlehne von Wendys Stuhl. „Ich habe heute eine interessante Annonce im *Scotsman* gesehen, Mr. Pentecost. Kann sein, daß ich darauf antworte."

John nickte, und Wendy, noch ganz animiert von den Komplimenten, rief fröhlich: „Oh, was kaufen Sie denn, Mr. Mackintosh?"

Die Frage ärgerte ihn offensichtlich. „Ich kaufe nichts, ich verkaufe."

„Ach, wirklich? Was denn?"

Er schwieg. „Meine Arbeitskraft", sagte er schließlich.

Seine Arbeitskraft? Der *Scotsman?* Sie schluckte, dann brachte sie hervor: „Soll das heißen, daß Sie uns verlassen?"

Duncan sah sie verärgert an. „Wenn Sie schon so direkt fragen – ja."

Die Kälte in seiner Stimme ließ sie frösteln. Sie starrte auf ihren Teller. Ihr war zumute, als hätte ihr jemand, den sie liebte und verehrte, ins Gesicht geschlagen. Sie blickte zu Julia hinüber, die über etwas, das Gaylord sagte, kicherte. Duncan mußte doch einsehen, daß Julia sie brauchte. Sie sagte leise: „Ich werde Julia sehr vermissen."

„Ja." Und nach einigem Nachdenken fügte Duncan großmütig hinzu: „Und Julia wird Sie vermissen, Miß Thompson."

„Danke." Miß Thompson war so niedlich und zierlich wie ein Zaunkönig, aber sie besaß auch die Vitalität dieses winzigen Geschöpfes. Sie schluckte wieder, wischte sich eine Träne aus dem Augenwinkel und hob den Kopf. „Vielleicht täusche ich mich, Mr. Mackintosh, wenn ich mir einbilde, daß ich in den letzten Monaten Julia zum Teil die Mutter ersetzt habe. Oh, ich weiß, nur zu einem sehr geringen Teil, aber haben Sie das Recht, auch nur dieses Wenige Julia wegzunehmen?"

„In Schottland gibt es auch Lehrerinnen, sehr gute sogar", antwortete er grob.

Sie kämpfte mit den Tränen. „Ich habe Julia wahrscheinlich mehr zu geben, als es eine fremde, uninteressierte Lehrerin in Schottland könnte."

Er blickte sie fest und nachdenklich an. „Ich habe Ihre Einsatzfreude immer bewundert, Miß Thompson, und bin Ihnen sehr dankbar für alles, was Sie für meine Kleine getan haben. Dabei wollen wir es belassen." Er nahm einen kräftigen Schluck Wein.

„Aber ich bin nicht bereit, es dabei zu belassen. Weiß Julia Bescheid? Haben Sie es mit ihr besprochen?"

„Hol's der Teufel! Ich selbst weiß noch nichts – bis jetzt. Ich habe noch nicht mal geschrieben", sagte er gereizt. Dann wandte er sich ab und begann eine Unterhaltung mit seiner anderen Nachbarin Rose.

Mrs. Bartlett servierte jetzt das Roastbeef und den Yorkshire-Pudding, die traditionelle Eierkuchenbeilage, und stellte große Schüsseln mit Gemüse auf den Tisch. Jocelyn schenkte Wein nach, und May, die kurz in der Küche verschwunden war, kam mit einem silbernen Tablett mit Tee und Milch und einem Omelett herein, für das sie mit einiger Mühe in Reichweite von Priscilla Platz machte.

„Du meine Güte, Milch!" rief Priscilla aus und betrachtete die silberne Kanne, wie Sokrates den Schierlingsbecher betrachtet haben mochte. „Nein, laß nur, meine Liebe", sagte sie hastig, „ich trinke den Tee schwarz. Du brauchst mir wirklich keine Zitrone zu bringen."

„Ich hole gleich eine Zitrone", sagte May und eilte in die Küche zurück, wobei sie sich an die alte Erfahrung erinnerte: Unter deinen Gästen ist immer einer, der so viel Mühe macht wie die anderen zusammen.

Gaylord, der seine Mutter fortgehen sah, nahm sich drei Kartoffeln aus der Schüssel und ließ zwei davon mit dem unschuldigsten Gesichtsausdruck der Welt in seine Plastiktüte gleiten.

May Pentecost fing an, sich Sorgen zu machen. Wenn sie nicht alles täuschte, hatte Miß Thompson den Schotten in solche Wut versetzt, daß er jede Minute überkochen konnte. Keine angenehme Situation für eine Gastgeberin. Zum Glück waren sie bereits bei Kaffee und Likör angelangt. Wenn Jocelyn doch bloß bald mit seiner Rede beginnen würde, dann könnte noch alles gutgehen.

Aber wie konnte sie seinen Blick erhaschen? Er redete unablässig auf den armen Édouard Bouverie ein, der unterdessen seine Blicke über die anwesende Weiblichkeit gleiten ließ. So bemerkte Édouard auch, daß May versuchte, die Aufmerksamkeit ihres Mannes auf sich zu lenken. „Jocelyn, mein Lieber, May will dir etwas mitteilen." Jocelyn fuhr schuldbewußt herum.

Endlich, dachte May und hoffte, daß Jocelyn nicht zu lange brauchen würde, um ihren Blick richtig zu deuten.

„Oh, ach ja", murmelte Jocelyn. Mit einer enormen Willensanstrengung erhob er sich. Eine Zentnerlast lag ihm auf der Seele. Während der letzten Tage hatte er wie May geglaubt, daß die Flugzeugentführung mit der Kapitulation der Terroristen und der Freilassung der Geiseln enden würde. Aber dann war vor ein paar Stunden ein Mann getötet und auf das Rollfeld geworfen worden. Und all dies war geschehen, während er, Jocelyn, gebadet, sich rasiert und für das Dinner angezogen hatte. Nein, er war nicht in der Stimmung, eine amüsante Rede zu halten.

Er hielt sie trotzdem. Sie war kurz, witzig, herzlich und – wie bei Jocelyn nicht anders zu erwarten – mit einigen Zitaten angereichert. Sie wurde mit Applaus und Lachen quittiert.

Bedauerlich war nur, daß die einzige, die die Zitate wiedererkannt hätte, nicht zuhörte. Normalerweise hätte Wendy Thompson an den Lippen ihres Helden gehangen, aber nicht heute abend. Duncan hatte ihr mitgeteilt, daß sie Julia *und* ihn verlieren würde, und er hatte es auf eine verletzende Art getan. Damit hatte er ihr nicht nur die Freude an diesem Abend genommen, sondern auch das zarte Gewebe der

Illusionen grausam zerrissen, in das sie sich seit dem Tod ihrer Mutter verstrickt hatte.

Jocelyn schloß seine Rede und hob sein Glas. „Auf meinen Vater", sagte er stolz, „auf John Pentecost."

Alle erhoben sich. „Auf John Pentecost." Sie wandten sich dem Jubilar zu, lächelten und verbeugten sich und stießen mit ihm an. In ihren Augen lagen Liebe, Respekt und Zuneigung. O gewiß, er war ein schwieriger alter Bursche, halsstarrig und jähzornig. Dennoch war er im Grunde genommen die Güte in Person, und zuweilen konnte er direkt sentimental werden.

Wie zum Beispiel jetzt. John blickte in die lächelnden, liebevollen, glücklichen Gesichter. Er war tief gerührt, aber gerade als ihm die Tränen aufsteigen wollten, traf sein Blick auf seine Schwester Priscilla, und seine Miene verfinsterte sich. „Was zum Teufel denkt sich Priscilla eigentlich?"

May setzte ihr süßestes Lächeln auf. „Sie trinkt auf deine Gesundheit, Schwiegervater."

„Aber sie hält eine Teetasse in der Hand!" Er blickte seine Schwiegertochter verwirrt an. „May! Sie – sie prostet mir doch nicht etwa mit Tee zu?"

„Schwiegervater, du weißt doch, sie ist Antialkoholikerin", sagte May entwaffnend sachlich.

„Soll sie meinetwegen von Bambussprossen und Kokosmilch leben, aber ich verbitte mir, daß sie mit Tee auf *meine* Gesundheit trinkt."

„Nun, sie hat es getan", sagte May munter. „Vergiß bitte nicht, daß du dich bei allen bedanken mußt."

Er funkelte sie an, dann umschloß er mit seiner großen Tatze ihre Hand. „Ich danke dir, May, fast hätte ich meine guten Manieren vergessen." Er stand gewichtig auf und bedankte sich kurz, etwas altmodisch, aber voller Charme.

Langsam gingen die Gäste plaudernd und lachend in den Salon, wo nun allseits gute Laune herrschte.

May schlüpfte für einen Moment in die Küche, um Mrs. Bartlett zu unterstützen. Gleich darauf schaute auch deren Sohn Henry herein.

„Ach, da bist du ja, Henry. Na, hat es dir gefallen?" wollte seine Mutter wissen und zog ihn vollends in den Raum.

„Ja, danke, sehr", erwiderte Henry ungewöhnlich artig. May sah verdutzt zu ihm hin und bemerkte eine Pfütze, die sich vor dem

Jungen am Boden bildete. Dann fiel ihr Blick auf die pralle Plastiktüte zu Henrys Füßen.

„Was hast du denn da?“ rief Mrs. Bartlett. Sie hob die Tüte auf und inspizierte sie. Dann sah sie ihren Sohn an, und ihr Gesicht verzog sich, als würde sie im nächsten Moment in Tränen ausbrechen. Sie hielt May die Tüte hin und sagte: „*Essensreste,* Mrs. Pentecost.“ May schwieg.

Mrs. Bartlett beteuerte: „Er kriegt genug zu essen, Mrs. Pentecost, ganz bestimmt mehr als genug.“ Sie griff ihren Sohn beim Kragen. „Du hast es doch nicht nötig, Mrs. Pentecost zu bestehlen, mein Junge.“

Henrys Lippen zuckten, aber es dauerte eine Weile, bis er verständliche Laute hervorbrachte. „Ich . . ., ich hab nicht geklaut, das ist nur, was ich nicht aufgegessen habe . . . Gaylord hat gesagt . . .“

Da ging May zum Frontalangriff über. Sie hatte die ganze Zeit über schon geahnt, wo der Hase im Pfeffer lag. „*Was* hat Gaylord gesagt?“

„Er hat gesagt, wenn wir nicht alles aufessen, dann ist das kein Diebstahl.“

May seufzte fast unhörbar. Typisch Gaylord. „Aber was bezweckt er damit?“

Henry starrte auf seine Schuhe und schwieg.

Mrs. Bartlett fuhr ihn an: „Henry, Mrs. Pentecost hat dich etwas gefragt.“

Henry schwieg beharrlich weiter. Ihm würde niemand mehr ein Wort entlocken können.

May ging, steckte den Kopf durch die Wohnzimmertür und rief ihrem Mann zu: „Liebling, sag Gaylord, er soll kommen, und zwar sofort.“

GAYLORD war mit sich hoch zufrieden. Er hatte seinen und Julias Plastikbeutel in seiner Sockenschublade verstaut. Der Rest war einfach. Morgen nach dem Frühstück würde er die beiden Beutel nehmen und sich unauffällig verdrücken. Und einem Menschen war geholfen.

Nur ein Zweifel nagte an ihm. Und der betraf Henry. Sie waren in dem ganzen Durcheinander getrennt worden. Bloß gut, daß Henry wußte, was er zu tun hatte: hinauf in Gaylords Zimmer laufen, das Essen in die Schublade stopfen, unauffällig herunterkommen und sich unschuldig unter die Gäste mischen.

Doch als sich Gaylord seinerseits wieder unter die Gäste mischte, erwartete ihn ein böser Schock. Er fuhr zusammen, als er die Stimme seines Vaters vernahm. „Gaylord, du sollst sofort in die Küche zu deiner Mutter kommen. Was in aller Welt hast du nun wieder angestellt?"

„Nichts, Paps." Er setzte eine harmlose Miene auf, die besagen sollte: Mami hat zuweilen einen Sparren zuviel, aber du, Papa, weißt ja, daß ich nie etwas Dummes anstelle. Trotzdem war er beunruhigt. Mami und ein schlechtes Gewissen, das war eine unheilverheißende Kombination.

Und seine düsteren Ahnungen bestätigten sich, als er die Küche betrat, wo Mami, Mrs. Bartlett und ein unglücklich dreinschauender Henry ihn schweigend erwarteten.

Eine Weile musterte Mami ihn wortlos, ein Trick von ihr, der ihm immer aufs Gemüt schlug. Dann befahl sie munter: „So, mein Goldsohn, nun sag mir, für wen das Essen bestimmt ist."

Gaylord blickte sie verständnislos an. „Essen, Mami?"

„Ja, das Essen, Gaylord." Sie nahm den Plastikbeutel und warf einen kurzen Blick auf den Mischmasch von Avocados, Roastbeef, Yorkshire-Pudding, Kuchen, Schlagsahne und Schokoladenplätzchen.

Gaylord schaute kurz in den Beutel. „Wo hast du ihn gefunden, Mami?"

„Henrys Mutter hat ihn damit erwischt. Sie ist sehr böse auf ihn, und ihm blüht wohl eine schlimme Standpauke, wenn du nicht mit der Wahrheit herausrückst."

„Ich, Mami?" Seine fragenden Augen waren so hell und unschuldig wie ein Sommerhimmel.

„Ja, du, Gaylord."

Gaylord schluckte. „Es ist nicht Henrys Schuld, Mami, *ich* habe ihn darum gebeten."

„Und warum?" fragte May scharf.

„Um das Leben eines armen alten Mannes zu retten."

Die Hochherzigkeit der Antwort und die tragische Miene, mit der ich sie vorbringe, müssen selbst das härteste Herz schmelzen lassen, dachte Gaylord. Jede Mutter würde ihren Sohn gerührt in die Arme schließen.

Aber nicht die seine. „Welcher alte Mann, Gaylord?"

Er starrte unglücklich auf den Boden, dann blickte er sie an, arglos und flehentlich. „Ich glaube nicht, daß du ihn kennst, Mami."

Sie stampfte ungeduldig mit dem Fuß auf. „Deshalb will ich ja wissen, wer er ist."

„Er ist alt, Mami, sehr alt und sehr arm."

„Also gut, wenn du mir nicht sagen willst, wer er ist, sag mir, woher du ihn kennst."

Erneutes Schweigen, erneutes Zu-Boden-Starren.

„Henry, kannst du es nicht Mrs. Pentecost sagen?" meinte Mrs. Bartlett.

Henry ließ den Kopf hängen, gab aber keinen Ton von sich.

May sagte kurz angebunden: „Ich habe ein Dutzend Gäste im Haus und kann keine weitere Zeit vergeuden. Aber du wirst mir Rede und Antwort stehen, Gaylord, verlaß dich drauf!"

V

Miss Wendy Thompson fuhr nach Hause. Ihr Mini sauste die Straße entlang, die Scheinwerfer leuchteten neugierig jeden Busch und Graben ab.

Miß Thompsons Gedanken rotierten so emsig wie der Motor. Sie war fortgefahren, ohne sich von dem alten Herrn zu verabschieden. Unentschuldbar! Sie hatte Mrs. Pentecost kühl und höflich danke gesagt und eine ebenso kühle Antwort erhalten. Dabei sehnte sie sich danach, Herzlichkeit zu geben und zu empfangen. Hatte sie sich bei Jocelyn Pentecost zu überschwenglich bedankt? Sie fürchtete, ja. Aber er war seinerseits so nett und charmant gewesen, daß sie nie erfahren würde, ob sie sich eine Blöße gegeben hatte. Der liebe Jocelyn! Ein Mann, der so wundervolle Bücher schreiben konnte und trotzdem umgänglich und bescheiden blieb! Wie verschieden von diesem empfindlichen, stolzen und sturen Duncan! „Auf Wiedersehen", hatte Duncan barsch gesagt und ihr kurz seine schwielige Hand gegeben.

„Gute Nacht", hatte sie erwidert. Und unwillkürlich hinzugefügt: „Sie werden mich wissen lassen, wenn . . . eine Entscheidung fällt?"

„Ja, werd ich", hatte er kurz geantwortet und dann gesagt: „Komm, Julia, verabschiede dich von Miß Thompson."

Das Mädchen hatte sich in Wendys Arme geworfen. „Auf Wiedersehen, Miß Thompson, bis zum nächsten Freitag." Wendy dachte plötzlich, daß Julia vermutlich die einzige war, die sich mit Bedauern von ihr verabschiedet hatte, allen übrigen war ihre

Anwesenheit auf dem Fest bestimmt mehr als gleichgültig gewesen.

Daheim angekommen, ging sie ins Haus, schaltete das Licht an, verschloß und verriegelte die Eingangstür. Nun war sie allein, so wie sie es sich nach der Enttäuschung beim Fest sehnlich gewünscht hatte, und einsam, bedrückend einsam.

Sie machte sich eine Tasse Kakao, stellte sie neben ihr Bett, legte sich hin und starrte an die Decke. Und so, dachte sie, werde ich immer daliegen – allein und einsam.

AUCH die meisten anderen Teilnehmer der Geburtstagsfeier lagen jetzt allein in ihren Zimmern, während draußen die gefiederten Jäger der Nacht lauerten und dann plötzlich auf ihre Beute hinunterstießen.

Gaylord wußte, daß er die ganze Nacht kein Auge würde schließen können; tatsächlich lag er zehn Minuten voller Angst wach und überlegte, was ihm wohl von seiner Mutter drohte.

Julia Mackintosh schlief den süßen Schlaf der Unschuldigen. Doch ihr Vater war wach. Dieser sonst so selbstgerechte Mann wurde von Gewissensbissen geplagt: War er etwa zu hart mit Wendy Thompson umgegangen? Sie war immerhin eine bemerkenswerte Frau. Der Gedanke daran, wie sie so verloren und traurig von ihm fort zu ihrem komischen kleinen Wagen gegangen war, weckte in ihm plötzlich den Beschützerinstinkt.

Wenn Julia sie brauchte, konnte es nicht sein, daß Wendy ihrerseits der kräftige Arm eines Mannes fehlte? Vielleicht würde er doch nicht auf die Annonce im *Scotsman* antworten.

MAY lag bereits im Bett, während Jocelyn sich auszog, ins Badezimmer ging, wieder herauskam und sich verzweifelt Mühe gab, dem dahinplätschernden Gespräch zu folgen.

May konnte schnell ungeduldig werden, wenn sie merkte, daß er ihr nicht seine volle Aufmerksamkeit schenkte; leider passierte ihm das nur allzuoft.

„Du sagst . . ., alle drei hatten diese Plastikbeutel?"

„Ja."

„Hm." Er setzte eine besorgte Miene auf und gab sich den Anschein, als sei er im Begriff, eine zufriedenstellende Erklärung für das rätselhafte Verhalten seines Sohnes abzugeben. In Wahrheit jedoch versuchte er, sich zu erinnern, was die Beutel enthalten hatten. Er fragte zögernd: „Was, hast du gesagt, war in den . . .?"

„Ich sag dir doch – Essen!“

„Ach ja, richtig.“ Nun konnte er wirklich nachdenken. „Man fragt sich, was um alles in der Welt sie mit dem Essen vorhaben. Ein Fest im Schlafsaal vielleicht?“

„Jocelyn! Denk nach! Sie sind in keinem Schlafsaal.“

„Ach, verzeih! Wie dumm von mir.“

„Gaylord hat nur zugegeben, daß das Essen für einen armen alten Mann bestimmt sei. Das sagt gar nichts“, berichtete May.

Jocelyn sagte nachdenklich: „Ist es dir eigentlich schon aufgefallen, May, daß Gaylord oft das Falsche tut, aber *immer* aus sehr moralischen Gründen?“

„Und was nützt mir das?“ fragte sie scharf.

Er schwieg ratlos.

„Wenn ich in seinem kleinen Verstand richtig lese“, folgerte May, „dann wird er sich im Morgengrauen aus dem Haus stehlen, um ... diesem Fremden das Essen zu bringen.“

Jocelyn schwieg. Er empfand ein leichtes Unbehagen, ihm schwante nichts Gutes. Und sein Vorgefühl trog ihn nicht.

May fuhr fort: „Ich finde, du solltest ihm nachgehen, Jocelyn. Wir können nicht zulassen, daß der Junge sich mit unbekannten Personen trifft.“

„Nein, natürlich nicht. Aber einem Kind nachzuspionieren! Es gibt gewisse Dinge, die ein Gentleman einfach nicht tut“, entgegnete er brüsk.

„Sogar wenn das eigene Kind dadurch in Gefahr gerät?“

Er seufzte. „Vermutlich hast du recht. Wann geht die Sonne auf? Ich stell den Wecker.“

May freute der Sieg nicht. Jocelyn war gekränkt, aber er würde ihre Anweisung befolgen. Es war höchste Zeit einzulenken. „Liebling“, sagte sie, als er ins Bett stieg, „deine Rede war großartig. So amüsant und gleichzeitig so einfühlsam ...“ Sie erging sich in Lobeshymnen und spürte, daß er sich allmählich entspannte. Bald wird Jocelyn wieder so freundlich und lenkbar sein wie eh und je, dachte sie glücklich.

Doch einmal unterbrach er sie und sagte: „Hör mal zu! Das war kein Thema für eine Geburtstagsfeier, deshalb hab ich nicht früher darüber gesprochen – sie haben eine der Geiseln erschossen.“

„O Liebling, wie furchtbar.“ Sie schlang ihre Arme um ihn, und ihr wurde bewußt, wie sehr er immer noch mit den Passagieren litt.

Monsieur Bouverie war ein ausgesprochen netter Mann und ein sehr reicher Mann dazu.

Und Monsieur Bouverie war ein unverbesserlicher Romantiker. Noch jetzt geisterten in ihm die Erinnerungen an Paris und einen kurzen verzauberten Frühling mit einer jungen Ballerina.

Hatte Miß Thompson die Wahrheit gesprochen, so würde ein anderes liebliches Geschöpf nie mehr sein Talent zum Tanzen entwickeln können. Aber da hatte er, Édouard Bouverie, noch ein Wort mitzureden. Erst wenn sein Freund, ein Pariser Chirurg, ihm bestätigte, daß der Fall hoffnungslos sei, würde er sich geschlagen geben. Um diese Diagnose zu erhalten, mußte er den Stolz eines halsstarrigen Schotten brechen. Doch Édouard Bouverie hatte großes Zutrauen zu sich selbst.

Allerdings würden seine Frau und er schon in der Frühe abreisen müssen. Édouard verbrachte eine unruhige Nacht.

Der Morgen dämmerte, als Wendy Thompsons Gedanken unscharf wurden und ineinander verschmolzen. Und sie dachte dabei erleichtert: Endlich werde ich Schlaf finden. Schon träumte sie, daß das Telefon im Sekretariat der Schule klingelte und die Sekretärin den Hörer ans Ohr hielt und verwirrt aussah. Doch es war nicht das Schultelefon, sondern ihr eigenes, das wie wild klingelte.

Sie sprang aus dem Bett, lief nach unten und griff keuchend nach dem Hörer. „Wer ist denn da?“

„Miß Thompson? Mackintosh hier. Miß Thompson, ich war wohl ein wenig grob zu Ihnen gestern abend.“

„Nein . . ., aber nein, ganz und gar nicht.“

„Hm, ja . . . Also, ich habe mir beim Frühstück einiges durch den Kopf gehen lassen. Und . . . nun, Miß Thompson, ich will sagen, es ist gar nicht so sicher, daß ich von hier fortgehe . . ., zumindest nicht so bald. Weil ich doch so ’n bißchen kratzbürstig war, hab ich mir gedacht, ich sag’s Ihnen gleich. Auch, weil Sie doch meine Kleine so gerne haben . . .“

„Oh, Mr. Duncan, Mr. Mackintosh, meine ich, vielen Dank für den Anruf. Ich war wirklich ganz verzweifelt bei dem Gedanken, Julia zu verlieren.“

„Ja, hm, ich wollte nur, daß Sie Bescheid wissen. Also bis dann.“ Er legte auf.

Sie stand im Halbdunkel und hielt den Hörer noch in der Hand. Er blieb! Julia und er blieben. Und er hatte sich entschuldigt. Wie nett von ihm, sie anzurufen. Aber dann hatte er den Hörer aufgelegt, der Narr! Feinfühligkeit, dachte sie mit einem etwas gequälten Lächeln, kann man von einem Duncan Mackintosh wohl nie erwarten.

Fröhlich summend, machte sie sich eine Tasse Tee und trug sie leichten Herzens hinauf in ihr Schlafzimmer.

VI

DIE Sonne ging auf, zielstrebig und heiter, über einer blankgeputzten Welt. Jede Brombeere, jede Hagebutte war über Nacht poliert worden, jede Hecke war behangen mit glitzernden Spinnweben, jeder Grashalm war ein Diamant auf grünem Samt, jede Blutbuche flammte wie Feuer.

Es muß freilich gesagt werden, daß dieser farbenprächtige erste Akt nur ein sehr begrenztes Publikum hatte: Duncan Mackintosh, der trotz der langen Geburtstagsfeier keine Sekunde später als sonst aufgestanden war und jetzt mit einem Jagdgewehr unter dem Arm über die taunassen Wiesen schritt; Gaylord und – Jocelyn.

Gaylord war erwacht, und sofort stürzten die Probleme auf ihn ein: Da war dieser Mann, der fast am Verhungern war, und da war diese Schublade, vollgestopft mit Essen. Wenn Mami *das* fand, dann war der alte Mann geliefert – und er, Gaylord, ebenfalls.

Der Junge lauschte angestrengt. Das Haus war still. Mit größter Behutsamkeit rollte er sich aus dem Bett, zog sich an, hielt eine Hand unter den Wasserhahn und befeuchtete, um der Form zu genügen, seine untere Gesichtshälfte. Dann ergriff er die Plastikbeutel und öffnete vorsichtig die Tür. Der Korridor war leer. Er schlich die Treppe hinunter. In der Halle blieb er stehen und horchte.

Stille. Er öffnete die Hintertür und schloß sie leise. Jetzt! Ein schneller, geräuschloser Spurt über den Hof. Geschafft! Er atmete auf. Mamis und Paps' Schlafzimmer ging nach vorn hinaus. Und selbst wenn Mami Augen im Hinterkopf hatte, wie sie behauptete, würde es ihr sehr schwer fallen, ihn jetzt zu sehen.

Er blies vor Erleichterung die Backen auf. Nun endlich konnte er sich in aller Ruhe die Freude ausmalen, die er dem alten Mann bereiten würde.

Als er sich der Eremitenhöhle näherte, wurde sie von den schrägen

Morgensonnenstrahlen erleuchtet, blaue Rauchwolken quollen aus dem Eingang.

Er war also nicht zu spät gekommen! Zumindest hatte der Eremit noch genug Lebenskraft, um sich ein Feuer anzuzünden!

Gaylord stürzte glücklich in die Höhle, konnte aber nach dem hellen Sonnenschein in dem rauchigen Halbdunkel kaum etwas sehen. Er rief: „Hallo, ich habe Ihnen zu essen gebracht!" Und wartete auf laute Dankesausrufe. Doch die kamen nicht.

Langsam konnte er undeutlich eine Gestalt erkennen, die sich im Hintergrund bewegte. Sie schien nach etwas zu suchen. Gaylord war von dem kühlen Empfang seines Freundes enttäuscht!

Er rief wieder: „Hallo, ich habe Berge von Essen!"

Diesmal schien der Eremit ihn gehört zu haben, er bewegte sich auf ihn zu. Nur war es nicht der Eremit, sondern Mr. Mackintosh – und zwar ein sehr verärgerter Mr. Mackintosh. „Ach, du bist's." Seine Stimme klang alles andere als erfreut. „Nach wem hast du denn hier gerufen?"

„Nach dem Eremiten", antwortete Gaylord und schluckte.

„Wenn das ein Eremit ist, dann bin ich ein Bischof der schottischen Kirche."

Armer Duncan. Er machte so selten einen Scherz, und dieser verpuffte völlig wirkungslos. Gaylord sagte ernst: „Aber er *ist* ein Eremit."

„Hm." Duncan blickte streng auf Gaylord hinunter. „Was soll der Unsinn mit dem Essen?"

„Er ist irre hungrig. Deshalb habe ich ihm was zu essen gebracht."

„So! Während ich also versuche, Landstreicher von deines Großvaters Besitz zu vertreiben, gibst du ihnen hinter meinem Rücken zu essen. Wirklich nett von dir."

„Ja ...", gab Gaylord bedrückt zu. Er war sich nicht ganz sicher, was er falsch gemacht hatte, aber er hatte das dunkle Gefühl, daß seine Mutter eher Mr. Mackintosh' Partei ergreifen würde.

Sein dunkles Gefühl steigerte sich zu einer bösen Vorahnung, als Mr. Mackintosh sagte: „Tut mir leid, Junge, aber wenn du dergleichen noch mal machst, muß ich es deinem Großvater sagen."

Gaylord bekam panische Angst, weil er den alten Mann keinesfalls verhungern lassen durfte. Aber wo sollte er ihn finden? Mit Unschuldsmiene fragte er: „Wo ist denn der Eremit, Mr. Mackintosh?"

„Auf und davon, er hat mich kommen sehen und die Kurve gekratzt."

„Ich wette, der verhungert jetzt."

„Unsinn! So, und nun gib mir diesen Fraß, der ist sowieso ungenießbar, und dann troll dich nach Haus, aber dalli."

Gaylord war außer sich. „Nein!" rief er und blieb wie ein Fels in der Brandung stehen. „Nein!"

„Komm schon", sagte Mackintosh ungeduldig. „Ich geb der Sau das Zeug zu fressen."

Das war zuviel! Die Nahrungsmittel, die er mit soviel Mühe eingesammelt hatte, sollten im Schweinetrog enden! Gaylord umklammerte die Plastiktüten und stürzte aus der Höhle – direkt in die Arme seines Vaters.

Jocelyn war zu dieser frühen Morgenstunde noch nicht recht wach. Der letzte, den er in diesem Zustand zu treffen wünschte, war Duncan Mackintosh. Dieser zupackende Schotte übte eine lähmende Wirkung auf ihn aus. Duncan, dachte er bitter, kann einfach *alles* – außer Bücher schreiben natürlich, was er sowieso verachtete.

Doch da kam er ihm schon entgegen und sah zu alledem noch sehr verärgert aus. „Mr. Pentecost, was tun Sie denn hier in aller Herrgottsfrühe?"

Jocelyn antwortete zögernd: „Ich komme mit meinem Buch nicht recht voran und hab gedacht, daß ein Spaziergang mich vielleicht inspiriert."

„Na, Mann, jeden Tag dichten, ich weiß nicht, wie Sie das fertigbringen", sagte Duncan unerwartet verständnisvoll. Er deutete nach hinten in die Höhle. „Irgendein Landstreicher hat da drin sein Lager aufgeschlagen."

Jocelyn ging trotz seiner morgendlichen Unzurechnungsfähigkeit ein Licht auf. „Gaylord! Ist das der Mann, dem du das Essen bringen wolltest?"

Doch bevor Gaylord sich noch eine Ausrede zurechtbasteln konnte, fragte Mackintosh in einem unangenehmen Ton: „So, Sie wußten also die ganze Zeit über Bescheid, Mr. Pentecost? Womöglich haben Sie und Mrs. Pentecost auch noch das Essen geliefert, was?"

„Natürlich nicht! Und überhaupt, soweit ich weiß, ist es das erste Mal, daß mein Sohn ihm Essen gebracht hat. Stimmt's, Gaylord?"

„Nicht so ganz", erwiderte Gaylord kläglich.

Duncan Mackintosh sagte: „Mr. Pentecost, eines wollen wir hier einmal klarstellen. Ihr Vater bezahlt mich, damit ich seinen Besitz vor Eindringlingen schütze. Aber wenn Gaylord mit Ihrem Einverständnis diesen Vagabunden hinter meinem Rücken ernährt, dann untergraben Sie meine Autorität auf unentschuldbare Weise."

O Gott, dachte Jocelyn hilflos, ich könnte diese Anschuldigung so leicht widerlegen, wenn bloß mein Gehirn funktionieren würde! „Machen Sie doch aus einer Mücke keinen Elefanten, Sie Esel!" rief er irritiert.

Daß ein Engländer wagte, ihn einen Esel zu nennen – das ließ Duncan sich nicht bieten. Keinen Tag länger würde er mehr hier bleiben. Er blickte Jocelyn verachtungsvoll an und ging gemessenen Schrittes davon.

Gaylord griff nach der Hand seines Vaters, und sie kehrten schweigend nach Hause zurück. Jetzt haben wir den Salat, dachte Jocelyn. Aber so was passiert eben, wenn man in aller Herrgottsfrühe in die Kälte gejagt wird, noch bevor der Verstand auf Touren gekommen ist.

Obwohl Gaylord seinen Großvater sehr gern hatte, war er doch enttäuscht, als er ihn wie üblich sein Frühstück verzehren sah. Er hatte ein sehr ordentliches kleines Gehirn und fand es daher nicht ganz in Ordnung, daß Großvater, nachdem er sein einundsiebzigstes Lebensjahr erreicht hatte, einfach weiterlebte, als sei nichts geschehen.

Jocelyn war nicht gerade entzückt, seinem Vater jetzt zu begegnen. „Ich fürchte, ich habe Mackintosh verärgert", gestand er und ließ sich auf seinen Stuhl fallen.

John Pentecost blickte ungehalten auf. Er war bester Laune aufgestanden. Der gestrige Tag war großartig gewesen, in zwei Stunden würden Priscilla und der Rest der Gäste aus dem Haus sein, und er konnte wieder seine geliebte Routine aufnehmen. Er hatte sogar beschlossen, noch einmal in aller Ruhe mit Mackintosh zu reden und zu versuchen, ihn mit einer Gehaltserhöhung zum Bleiben zu bewegen. In seiner Hochstimmung war er fast sicher gewesen, daß ihm das auch gelingen würde. Und jetzt das! „Wie hast du es denn geschafft, meinen besten Mann zu verärgern?" fragte er spitz.

„Ich hab ihn einen Esel genannt."

John Pentecost starrte seinen Sohn wütend an, dann verfiel er in ein bedrohliches Schweigen. Doch plötzlich schlug er so wuchtig mit der Faust auf den Tisch, daß Teller und Tassen klirrten. „Wie kannst du es wagen, meinen Verwalter zu beschimpfen!" brüllte der alte Herr. „*Ich* bezahle Duncan Mackintosh, und nur *ich* habe das Recht, ihn einen Esel zu nennen!" Dann fügte er mit eisiger Höflichkeit hinzu: „Und was, wenn ich fragen darf, hattest *du* überhaupt zu dieser frühen Stunde draußen zu suchen?"

May mischte sich hastig ein. „Ich habe ihn darum gebeten nachzuforschen, wem Gaylord das Essen rausgebracht hat."

John Pentecost wandte sich an Gaylord. „Was für Essen? Wem hast du Essen gebracht, junger Mann?"

„Na, eben Essen, Opa. Für einen Eremiten."

Der alte Herr schnaubte verächtlich. Gaylord sagte aufgebracht: „Er *ist* ein Eremit, Opa, und Mr. Mackintosh hat ihn vertrieben, und der Eremit hat nun nichts zu essen und verhungert." Er kämpfte die Tränen nieder.

Bea trat ein und verkündete munter: „Heute wirst du uns noch nicht los, John. Priscilla hat neununddreißig Grad Fieber."

„Das hat mir noch gefehlt!" John starrte sie entsetzt an.

„Es könnte der Blinddarm sein", sagte Bea. „Sie hat Schmerzen rechts im Unterleib."

„Ich werde nach ihr sehen", sagte May und stand auf, „und dann den Arzt rufen."

„Ich sollte mich wohl bei ihm entschuldigen", sagte Jocelyn bedrückt zu seinem Vater.

„Ja, allerdings, und zwar schleunigst", erwiderte dieser wutschnaubend. „Er ist der beste Mann, den ich je hatte. Und nun haben wir auch noch Priscilla am Hals. Verflixt und zugenäht!" Niemals, dachte er, hat ein heiterer Morgen sich so schnell bewölkt.

May mußte zu ihrer Schande gestehen, daß sie mehr an sich als an die kranke Priscilla dachte. Bald war Weihnachten. Und Weihnachten mit einer Patientin im Haus war eine Belastung. Normalerweise nahm sie solche Hürden im Flug, aber diesmal sah sie schwarz.

Sie betrat das Zimmer der Kranken. Priscilla sah fiebrig und unwirsch aus. „Ach, da bist du ja. Hast du den Zitronensaft?"

„Ich wußte nicht, daß du Zitronensaft wolltest", sagte May.

„Natürlich will ich Zitronensaft. Das beste Mittel gegen Fieber."

May ging hinunter und drückte zwei Zitronen aus. Als sie zurückkam, wirkte Priscilla schon etwas freundlicher. „Ah, vielen Dank, May, meine Liebe. Also, May, ich will dir keinesfalls Umstände machen."

„Aber du siehst sehr krank aus. Wir müssen zumindest einen Arzt rufen."

„Sagtest du *Arzt?* Ich denke nicht daran, einen Mann zu konsultieren." Sie klemmte angriffslustig ihr Monokel ein. „Wenn schon einen Doktor, May, dann einen weiblichen."

May drehte sich auf dem Absatz um und verließ das Zimmer. Diese Priscilla war einfach unmöglich! Sie würde einen Arzt rufen – und froh sein, wenn überhaupt einer kam. May rief die Arztpraxis an, nach dem vierten Versuch kam sie durch und sagte: „Können Sie bitte einem der Ärzte sagen, er würde im Zypressenhof gebraucht."

„Kann der Patient nicht in die Sprechstunde kommen?"

„Nein, sie hat neununddreißig Grad Fieber."

Ein kurzes Zögern, dann: „Ist es ein ernster Fall?"

„Natürlich. Sonst würde ich nicht anrufen!"

Ein längeres Zögern. „Ich werde noch heute jemanden vorbeischicken."

„Danke", sagte May kühl und legte den Hörer auf. Sie ging zu Priscilla zurück, die sie drohend anfunkelte und fragte: „Hast du etwas erreicht?"

„Ja, ein Arzt kommt her."

„Was – hast du nicht auf einer Ärztin bestanden?"

May setzte sich aufs Bett. „Tante Priscilla, jeder, der weniger als vierzehn Tage wartet, bis ein Arzt ins Haus kommt, sollte seinem Herrgott auf Knien danken und nicht auch noch fragen, ob der Arzt betrunken oder nüchtern, männlich oder weiblich ist."

„Ich lasse mich nur von einer Frau untersuchen", sagte Priscilla.

„Da gibt's keine Ärztin!" rief May erbost.

„Dann hättest du eine Praxis anrufen sollen, in der Ärztinnen arbeiten."

May erhob sich. „Priscilla, jetzt hör mir mal gefälligst zu. Ich habe erreicht, daß ein Arzt kommt. Wenn du dich weigerst, ihn zu empfangen, weil er keine Frau ist, dann sind wir ohne ärztliche Hilfe. Einer Grippe oder Masern bin ich gewachsen, aber nicht einer Blinddarmreizung."

Priscilla blickte sie kühl an. „Ich hätte nie gedacht, daß du so hysterisch sein kannst, May. John hat dich als ruhig und tüchtig beschrieben. Ach ja, apropos Mittagessen. Bring mir bloß keinen bis zum Rand gefüllten Teller. Ich will nichts, absolut nichts, höchstens ein Stückchen gekochten Fisch."

Es klopfte an der Tür. John Pentecost trat ein und sah seine Schwester verdrossen an. „Was ist denn mit dir los? Hast gestern abend wohl zuviel gegessen, was?"

„Ach, John", sagte sie mit einer öligen Stimme, „wie nett von dir herbeizueilen, um deiner kranken Schwester einen Besuch abzustatten. Bring mir die *Times,* ich will das Kreuzworträtsel lösen."

„Sobald ich sie ausgelesen habe", erwiderte er gereizt.

„Das ist nicht nötig, reiß die Seite heraus, sie hat vorwiegend Anzeigen."

Es war vermutlich der ungeheuerlichste Vorschlag, der ihm je gemacht worden war. Die *Times* zu verstümmeln! Es grenzte an Gotteslästerung. Seine Zeitung und die zwei Stunden, in denen er sie las, waren ihm heilig. „Du kannst sie haben, wenn ich mit ihr fertig bin", sagte er unwirsch. „Aber keine Minute früher." Er blies die Backen auf und marschierte aus dem Zimmer.

„Und was ist mit dem *Telegraph?"* fragt Priscilla.

May entgegnete barsch: „Den liest Jocelyn."

„Hm, klingt mir so, als wäre er genauso egoistisch wie sein Vater." Sie dachte nach, wobei sie so heftig an der Bettdecke zwirbelte, daß May ihr am liebsten auf die Finger geschlagen hätte.

„Schick den Jungen ins Dorf, er soll mir den *Guardian* holen."

„Hier mußt du alle Zeitungen außer dem Gemeindeblatt im voraus bestellen."

Tante Priscilla starrte ihre angeheiratete Nichte giftig an. „Ihr seid alle so ablehnend, ja sogar feindselig. Schließlich ist es nicht meine Schuld, daß ich Fieber habe."

„Ist ja schon gut", beschwichtigte May. „Ich habe noch eine Menge zu tun, Tante Priscilla, wenn du mich also entschuldigst."

„Geh nur", sagte sie schmollend. „Und bitte vergeude deine kostbaren Morgenstunden nicht mit der Zubereitung meines Mittagessens, May. Ich mag keine Märtyrer."

Nicht jeder bringt es über sich, die Tür eines Krankenzimmers laut hinter sich zuzuknallen. May jedenfalls nicht, so gern sie es auch getan hätte.

Es wäre unfair zu behaupten, daß Édouard Bouverie die Nachricht, daß seine Schwägerin 39 Grad Fieber hatte, mit Freude vernahm. Aber ein Geschenk des lieben Gottes durfte man nicht ignorieren. Er konnte länger als geplant auf dem Zypressenhof bleiben. So zügelte er sein

Mitgefühl und beschloß, die Gelegenheit wahrzunehmen und Miß Thompson aufzusuchen.

Er erzählte ihr von seinem Freund, einem Pariser Chirurgen, und sagte abschließend: „Wenn jemand Julia helfen kann, dann er."

Wendy Thompson faltete die Hände. „O Mr. Bouverie, das wäre wunderbar! Sie sind so gütig, aber ..."

„Ja, ich weiß – der Vater der Kleinen, dieser schottische Dickkopf."

Sie dachte nach und sagte nach einer Weile: „Ich werde versuchen, mit Mr. Mackintosh zu reden."

„Miß Thompson, Sie sind eine Frau von Format. Ich wußte, daß Sie es wagen würden, Ihren Kopf in den Löwenrachen zu legen."

Sie lachte. Er sah sie bewundernd an. „Ich würde natürlich auch selbst mit ihm sprechen, aber ich fürchte, ich erreiche nur das Gegenteil."

„Ich tu es", sagte Wendy fröhlich. „O Mr. Bouverie, es wäre himmlisch, wenn ..."

Er sagte traurig: „Niemand weiß, wie ein solcher Versuch ausgeht, Miß Thompson. Wir dürfen uns keinen falschen Hoffnungen hingeben. Dennoch ..."

Nachdem Édouard Bouverie sich verabschiedet hatte, wählte Wendy mit Sorgfalt ein Kleid aus und fuhr nach World's End Cottage. Trotz ihrer schwierigen Mission sang sie auf der Fahrt. Duncan hatte ihr immerhin mitgeteilt, daß er noch eine Weile in England bleiben wollte, ja, er hatte sich sogar die Mühe gemacht, sie anzurufen. Dazu kam noch die Hoffnung, daß Julia eines Tages doch wieder normal gehen konnte.

Julia sah sie vom Fenster aus und humpelte strahlend vor die Tür, um sie zu begrüßen. „Vater, Vater!" rief sie. „Es ist Miß Thompson."

Zu Wendys Enttäuschung kam Duncan ihr nicht entgegen; so ging sie mit Julia ins Haus. Er saß am Schreibtisch im Wohnzimmer und schrieb einen Brief; nachdem er ihn unterzeichnet hatte, erhob er sich und begrüßte sie, ohne zu lächeln. „Miß Thompson, ich habe soeben auf eine Anzeige im *Scotsman* geantwortet, ich habe mich nämlich nun doch entschlossen. Ich wollte es Ihnen nur sagen."

Wendy stand neben Julia mit der Hand auf der Schulter des Kindes. „Julia, ich habe etwas mit deinem Vater zu bereden. Geh hinaus, spielen." Sie hatte in einem brüsken Ton gesprochen, und Julia sah sie ängstlich an, ging aber widerspruchslos in den Garten.

„Und warum haben Sie mich dann angerufen? Nur so zum Scherz?" wollte Wendy wissen.

„Nein, in der Zwischenzeit ist etwas vorgefallen."

„Für einen Schotten sind Sie erstaunlich wankelmütig."

Er machte eine verärgerte Miene, sagte aber nichts.

„Wollen Sie mir keinen Platz anbieten? Was ist vorgefallen?"

„Verzeihen Sie." Er zog einen Stuhl heran. „Einer Ihrer Landsleute hat mich beleidigt. Schon am frühen Morgen!"

„Danke sehr." Sie setzte sich. „Mr. Mackintosh, es heißt allgemein, daß Sie ein ausgezeichneter Verwalter sind. Ein Mann mit allen guten Eigenschaften Ihrer rauhen Heimat. Gleichzeitig sind Sie jedoch hochmütig und durch und durch egoistisch, aber auch, und das überrascht mich, wetterwendisch."

Er sah sie empört an, schwieg jedoch beharrlich.

„Ich bin Julia wie eine Mutter gewesen, wenn Sie mir dieses Eigenlob gestatten. Und nun wollen Sie mir Julia fortnehmen, nur weil Sie die Engländer nicht mehr ertragen können. Oder weil Sie heute morgen einer beleidigt hat? Damit nicht genug. Wie Ihnen bekannt ist, würde es Mr. Bouverie eine Freude sein, etwas für Julia zu tun. Doch Ihr maßloser Stolz verbietet es Ihnen, sein Angebot anzunehmen. Und Julia muß weiterhin leiden." Wendy hielt inne.

Er schwieg lange; endlich sagte er: „Warum sind Sie gekommen?"

Sie schlug ein Bein übers andere, strich ihren Rock glatt und beobachtete ihn amüsiert und neugierig. „Um Sie zu fragen, ob Sie noch immer bereit sind, mich zu heiraten, mein lieber Duncan."

Er wirkte verärgert, verwirrt und unsicher. Hinter ihm stand ein Küchenstuhl. Den zog er heran und ließ sich auf ihm nieder, ohne auch nur eine Sekunde lang den Blick von ihr zu wenden. „Soll das ein englischer Scherz sein, Miß Thompson?" fragte er kühl.

„Nein, ganz und gar nicht. Sie selbst haben mir vor einiger Zeit gesagt, daß die Liebe zu Julia uns verbindet. Ich glaube, es gibt noch mehr Verbindendes."

Nach einer Pause sagte er: „Soeben habe ich aber gehört, was Sie wirklich von mir denken."

„Ja, ich kenne jetzt Ihre Fehler, und das ist Ihr Glück. Jetzt weiß ich, daß Sie einen guten Ehemann abgeben würden – Ihre Fehler machen Sie menschlich. Würden Sie mich nun um Julias willen heiraten?"

„Sollte ich je wieder heiraten, Miß Thompson, werde *ich* den Heiratsantrag machen."

„Dann werden Sie nie heiraten, denn dazu sind Sie viel zu unentschlossen."

„Ich glaube, Sie sollten jetzt gehen, Miß Thompson." Duncan ging zur Tür und öffnete sie.

Wendy stand auf und blickte ihn verachtungsvoll an. „Ich fahre am Postamt von Ingerby vorbei, soll ich Ihren Brief einwerfen?"

Er starrte zurück und antwortete: „Vielen Dank", klebte eine Briefmarke auf den Umschlag und gab ihn ihr.

„Sie sind sehr vertrauensselig."

„Ich weiß, daß Sie ehrlich sind", erwiderte er rauh.

BESSY, die Sau, war an diesem Tag hoch zufrieden. Aber welche Sau wäre das nicht gewesen, der man Avocados, Roastbeef, Yorkshire-Pudding, Kuchen und Schokoladeplätzchen vorsetzte?

Doch Bessy war das einzige „Familienmitglied", das an diesem schönen Herbsttag glücklich war. Priscillas Krankheit hing wie eine düstere Wolke über May und John Pentecost. Aber auch der junge Arzt war nicht bester Stimmung. Priscilla hatte ihn von Anfang an mit Nichtachtung gestraft, besonders als sie merkte, daß er keine Ahnung hatte, was ihr fehlte. Wendy war erst recht deprimiert, weil sie dachte, daß sie alles zerstört hätte. Und Monsieur Bouverie war traurig, weil er von ihr erfahren hatte, daß ihre Mission erfolglos gewesen war.

Gaylord war verärgert, weil sein sorgfältig geplantes Unternehmen ein schmähliches Ende im Schweinetrog genommen hatte. Und er war besorgt, weil der arme Eremit ohne seine Hilfe vielleicht schon in den letzten Zügen lag. Aber er hatte auch das quälende Gefühl, daß seine kleine Welt nicht mehr ganz in Ordnung war.

Gaylord hatte bisher gedacht, daß er ziemlich genau wußte, was recht und was unrecht war. Die Erwachsenen hatten ihm beigebracht, daß man zu jedem Menschen nett sein mußte und, bevor man an sich dachte, an andere denken sollte. Daher hatte er angenommen, daß die Erwachsenen sich noch eifriger darum bemühen würden, diese Tugenden zu demonstrieren, als er. Jetzt kamen ihm Zweifel, besonders da es nicht das erste Mal war, daß er einer guten Tat wegen in der Klemme saß. Vermutlich war es sogar das erste Mal, daß die Erwachsenen seine gute Tat aktiv verhindert hatten. Sonst handelten seine Eltern, Opa und auch Mr. Mackintosh in allem sehr moralisch. Das war unbestritten. Warum benahmen sie sich dann diesmal nicht so, wie sie es von *ihm* verlangten? Darauf mußte es eine Antwort geben – aber welche? Er konnte noch nicht wissen, daß Unschuld und Realität auf dieser Welt unvereinbar sind.

VII

Am folgenden Tag endeten die Ferien, die Kinder gingen wieder in die Schule, und das Leben nahm seinen alltäglichen Verlauf.

Jocelyn verkroch sich in sein Arbeitszimmer. Sogar Tante Priscilla gelang es nicht auf die Dauer, die gesamte Familie zu tyrannisieren. Sie war nur eine von vielen, für die man kochen, treppauf, treppab laufen und eiserne Nerven aufbringen mußte. John und sein Freund Édouard schritten gemeinsam über die Felder, begutachteten mit Kennermiene Kühe und Schafe und ließen ihre Blicke über die herbstliche Landschaft schweifen.

Einmal trafen sie Mackintosh, der einen Bullen verarztete. Von den beiden war der Bulle vermutlich der an den Besuchern Interessiertere. Mackintosh begrüßte seinen Arbeitgeber mit einem kurzen „Morgen, Mr. Pentecost" und vermied es tunlichst, von dem Franzosen Notiz zu nehmen. Wenn man es einmal mit ihm verdorben hatte, war man Luft für diesen stolzen Schotten.

Sie gingen weiter. „Ausgezeichneter Mann", sagte John. „May findet, er rede zuviel, ich selbst kann das nicht feststellen."

„Ich auch nicht", stellte Édouard trocken fest. „Aber würdest du ihn empfehlen?"

„Der beste Mann, den ich je hatte. Nimmt mir alles ab."

„Du kannst dich glücklich schätzen, alter Freund."

„Ich wünschte, ich könnt's. Er will zurück nach Schottland."

„Wirklich?"

John nickte mißmutig. „Und ich werde ihn nicht zurückhalten. Wenn es einen Mann erst mal in den Füßen juckt . . ."

„Hat er dort schon eine Stellung?"

„Er hat sich um eine beworben."

„Und du, hast du schon einen Ersatz?"

„Nein, ich werde Land und Vieh verkaufen und nur das Haus behalten. Alles ist bereits eingeleitet."

„Das tut mir ehrlich leid", sagte Édouard mitfühlend.

„Ja, mir auch. Ich räume ungern das Feld, aber in diesem Fall ist es das vernünftigste."

„Gewiß." Édouard verfiel während der nächsten hundert Meter in ein für ihn ungewohntes Schweigen. Dann sagte er: „Nachdem

Mackintosh sowieso fortgeht, würdest du es mir verübeln, wenn ich ihn auf meinen schottischen Besitz hole?"

John Pentecost blieb stehen und sah seinen Schwager erstaunt an. Schließlich brummte er augenzwinkernd: „Gute Idee, du wirst mit ihm zufrieden sein. Aber sprich bald mit ihm, ehe er eine andere Stellung annimmt."

„Ich werde noch heute abend zu ihm fahren. Hattest du außer dem Gut nicht noch etwas anderes zu verkaufen?"

„Nein, das Haus am Wald gehört nicht mir, sondern Jocelyn. Er hat darüber zu entscheiden. May und er haben während ihrer ersten Ehejahre dort gewohnt."

„Ach, das wußte ich nicht." Der Franzose schwieg. Der Gedanke, daß Jocelyn und die bezaubernde May ihre ersten Ehejahre in diesem verwunschenen Cottage am Waldesrand verbracht hatten, rührte ihn.

WENDY THOMPSON hatte bereits vor den Ferien die Weihnachtsaufführung vorbereitet, die Kostüme des letzten Jahres durchgesehen, die passenden Lieder ausgesucht, aber vor allem hatte sie über die Besetzung nachgedacht.

Wie gern hätte sie Julia die Rolle der Jungfrau Maria gegeben, aber sie durfte niemanden bevorzugen. Daher gab sie die Hauptrolle einem kleinen Mädchen, das sie nicht einmal besonders mochte. Henry Bartlett, Julia und Gaylord würden die Heiligen Drei Könige spielen.

Henry Bartlett war trotz seiner Brille ein überzeugender Balthasar, Julia, auf ihren Stock gestützt, gab einen eindrucksvollen Melchior ab, aber der sonst so zugängliche Gaylord hatte von Anfang an gebockt. So war er außer sich gewesen, als er herausfand, daß er als Kaspar nur sein Gesicht und seine Hände schwarz färben sollte, während der Rest unter seinem prächtigen Gewand ein weißer Gaylord blieb. Er fand, man würde sich so die Leichtgläubigkeit des Publikums zunutze machen. Und als er dann entdeckte, daß das Jesuskind nichts als ein Bündel Staubtücher war, die man in einen Kopfkissenbezug gesteckt hatte, kannte seine sittliche Entrüstung keine Grenzen. Das erschien ihm verlogen, ja gotteslästerlich. Und das sagte er auch – höflich, aber bestimmt – seiner Lehrerin.

ES WAR Tage her, seit sie die erste Geisel getötet hatten. Und wie schon zuvor hatte die Welt das einsame Flugzeug in der Sonne Dubais vergessen. Aber dann erinnerte sich die Welt plötzlich wieder, denn eine zweite Leiche wurde auf das Rollfeld geworfen. Diesmal eine Frau. Als den Flughafenangestellten gestattet wurde, die Leiche zu entfernen, stellten sie fest, daß es Sally Lunn war, eine der Stewardessen.

Jocelyn sah auf dem Bildschirm ihren Leichnam, aber vor seinem geistigen Auge erstand die gesamte Szene im Flugzeug. Er sah, wie das junge Mädchen im Gang niederkniete, er hörte den Schuß, er sah, wie der Körper den Gang entlanggeschleift wurde und die entsetzten Blicke der Passagiere. Und eine hilflose Wut, ein durch nichts erklärbares Schuldgefühl, weil er nicht mit den anderen litt, übermannten ihn.

GAYLORD eilte jeden Tag heimlich zur Eremitenhöhle, weil er hoffte, seinen armen Freund zu sehen oder zumindest eine Botschaft von ihm vorzufinden. Aber die Höhle blieb kahl und leer, und Gaylords Sorge um den alten Mann wuchs, bis er es nicht mehr ertragen konnte und sich seinem Vater anvertraute. Er setzte sich neben ihn aufs Sofa.

Jocelyn sah ihn abwesend an. Er hatte noch den toten Körper der jungen Frau in der flimmernden Hitze der Wüste vor Augen.

„Paps – der arme Eremit! Ich wette, er ist vor Hunger halb tot. Wo kann ich ihn finden?“ Langsam begriff er, daß es seinem Vater gleichgültig war, wo der arme Eremit geblieben war.

Sein Vater beantwortete nicht einmal seine Frage, sondern sagte: „O Gott, Gaylord, wie konnte das bloß geschehen?“

Gaylord sah ihn verständnislos an. „Vielleicht ernährt er sich von Wurzeln und Beeren“, sagte er hoffnungsvoll.

„Wer?“

„Der Eremit, Paps.“ Gaylord war mit seinem Vater immer sehr geduldig. „Sag mal, Paps, warum wollt ihr alle zusammen, du, Opa, Mami und Mr. Mackintosh, daß der arme alte Eremit verhungert?“

Ein Schleier zerriß, und Jocelyn sah plötzlich erschreckend klar. „Gaylord!“ rief er zutiefst betroffen. „Wie kommst du darauf? Natürlich wollen wir das nicht!“ Er blickte seinen Sohn ungläubig an. „Das hast du also die ganze Zeit gedacht?“

„Na, Mami war ja furchtbar böse, als ich von Opas Geburtstagsessen ein wenig abgezweigt habe.“

„Weil du es hinter ihrem Rücken getan hast. Wenn du sie offen und ehrlich um Essen für einen armen Mann gebeten hättest, hätte sie dir bestimmt die Reste für ihn gegeben.“

Gaylord sah ihn zweifelnd an. „Das glaube ich nicht, Paps. Und selbst wenn sie es getan hätte, wären Opa und Mr. Mackintosh nicht einverstanden gewesen."

Jocelyn spürte, daß eine Krise im Anzug war. Wenn er jetzt keine überzeugende Erklärung fand, würde Gaylord ein unerbittliches Urteil über ihn und die Gesamtheit der Erwachsenen fällen. Er sagte: „Setz dich, Gaylord", preßte die Fingerspitzen zusammen, während er seine Worte wählte, und fuhr fort: „Zuweilen behaupten Leute, sie seien hungrig, um von gutmütigen Menschen wie dir Essen zu erbetteln."

„Willst du damit sagen, sie lügen?"

„Ja, leider ist es so."

„Oh, aber der würde nie lügen", sagte Gaylord im Brustton der Überzeugung. „Er ist doch ein Eremit."

Jocelyn seufzte. „Das glaube ich auch nicht, Gaylord. Er ist ein Landstreicher, ein Mann, der sich auf fremde Grundstücke schleicht, von Erbetteltem oder Gestohlenem lebt, kurz gesagt, ein lästiger Bursche."

„Trotzdem finde ich, daß man ihm zu essen geben sollte, wenn er hungrig ist", entgegnete Gaylord sachlich. „*Und* ihm erlauben sollte, weiter in der Höhle zu wohnen."

Jocelyn blickte in das ernste, sonnengebräunte Gesicht seines Sohnes. Aus ihm spricht das instinktive Wissen eines Kindes von Gut und Böse, dachte er.

Als er aufstand, erhob sich Gaylord ebenfalls. Jocelyn legte die Hand auf die Schulter seines Sohnes. „Wenn du den Mann findest, sag mir Bescheid. Ich würde ihn gern kennenlernen."

„Heißt das, du würdest ihm was zu essen geben, Paps? Und ihm erlauben, in der Höhle zu bleiben?"

„Nein, ich glaube, das ginge zu weit, obwohl ich das Gefühl habe, daß du irgendwie im Recht bist", sagte er traurig.

Gaylord wußte nicht genau, was sein Vater meinte, trotzdem hüpfte er glücklich davon und lief zur Höhle. Er verstand noch immer nicht die Einstellung der Erwachsenen, aber eines hatte sich zu seiner Zufriedenheit bestätigt: Paps war ein prima Kerl.

KEIN Zweifel, Mr. Evans' einfältiger Glaube, daß die Welt ihm Obdach und Essen schuldete, war letzthin kräftig erschüttert worden. Der grobe Kerl mit der Schrotflinte hatte ihn aus seinem Zufluchtsort vertrieben. Als er zu seiner Familie auf den Autofriedhof zurückkehrte, wurde er von seiner Frau mit Vorwürfen empfangen. „Du hast uns aus Wales nach England geschleppt und paradiesische Zustände versprochen, nun sorge wenigstens dafür, daß wir im Winter ein Dach über dem Kopf haben." Er sah sich im Kreise der Seinen um. Keiner wollte seinem Blick begegnen. Er, Evan Evans, hatte sie in die Wüste gelockt.

Da hörte er hinter sich eine vertraute Stimme: „Hallo, Paps!"

„Maria, was machst du denn hier?" Sprachlos starrte er seine Tochter an. Sie hatte bisher in einer Landkommune in Wales gelebt. Wenn sie hierhergefunden hatte, hieß das, daß er nun auch für sie aufkommen mußte.

Jocelyn gab sich seinen Gedanken hin. Aber schon nach wenigen Minuten, wie ihm schien, kam Gaylord wieder ins Zimmer gestürzt, und noch bevor Jocelyn wie so oft sein Bonmot loswerden konnte: Ich wette, Tolstoi wurde nicht so häufig unterbrochen, sonst hätte er nie „Krieg und Frieden" schreiben können, bemerkte er, daß sein Sohn nicht allein war.

„Ich habe den Mann gefunden, Paps, und ihn gleich mitgebracht", erklärte Gaylord. „Setzen Sie sich bitte", fügte er, an den Besucher gewandt, höflich hinzu.

Jocelyn hatte sich noch nicht von seinem Schreck erholt, als ihm der Besucher seine Hand hinstreckte und freundlich sagte: „Evans ist mein Name. Es ist sehr freundlich von Ihnen, mich zu empfangen, Mr. Pentecost." Dankbar sank er in den Lehnstuhl.

„Guten Tag, Mr. Evans, wie geht es Ihnen?" fragte Jocelyn unsicher.

„Es geht, es geht, Mr. Pentecost. Ein wenig unterernährt. Und" – er hustete krächzend – „der Flußnebel ist nicht gerade die beste Medizin für meine Bronchitis. Aber ich will nicht klagen, Mr. Pentecost." Sein Gesicht sah unter der Schmutzschicht fast vornehm aus.

„Sehr schön", sagte Jocelyn, dem nichts anderes einfiel.

Gaylord, der seinen Vater und den Eremiten mit an Verehrung grenzenden Blicken beobachtet hatte, fragte: „Meinst du nicht, Paps, daß sich Mr. Evans in der großen Scheune wohler fühlen würde?"

Mr. Evans warf hastig ein: „Um so was darfst du nicht bitten, Junge. Ein Gentleman wie dein Vater will jemanden wie mich nicht in seiner Nähe haben." Er lächelte Jocelyn verschwörerisch an. „Hab ich nicht recht, Mr. Pentecost?"

Jocelyn, der in ein listiges altes und ein rührend vertrauensvolles junges Augenpaar blickte, ahnte, daß Gaylords künftige Einschätzung seiner Person von dieser Antwort abhing. Er versuchte, sie zu umgehen. „Haben Sie sich je um einen Job bemüht, Mr. Evans?" fragte er höflich.

„O ja, natürlich, aber meine Familie und ich, wir kommen aus Wales, und es gibt so viele Vorurteile gegen die Waliser in England."

„Unsinn", erwiderte Jocelyn mürrisch.

Die Unterhaltung überstieg Gaylords Begriffsvermögen, und so zwang er jetzt, wie ein geübter Diskussionsleiter, die Beteiligten, aufs Hauptthema zurückzukommen. „Ich wette, Mr. Evans' Husten würde sich bessern, wenn er in der Scheune wohnen könnte."

„Die einzige Zeit, in der ich keine Schwierigkeiten mit meiner Gesundheit hatte", sagte der Alte, „war, als eine gute, christliche Bäuerin mir erlaubt hatte, in der Scheune zu schlafen, und mir die Reste von ihrem Tisch brachte. Aber" – er seufzte – „diese Sorte Mensch stirbt aus."

„Paps und Mami gehören zu der Sorte!" rief Gaylord loyal. „Nicht wahr, Paps?"

Jocelyn zog es vor, darauf nicht zu antworten. „Gaylord", sagte er, „du gehst jetzt spielen."

„Aber . . ."

„Gaylord!" Auch Paps konnte gelegentlich ganz barsch werden. Gaylord verdrückte sich wortlos.

Jocelyn sagte: „Mr. Evans, ich bin sehr beschäftigt. Ich arbeite nämlich für meinen Lebensunterhalt."

Mr. Evans verstand den Wink mit dem Zaunpfahl. Er grinste verlegen und sagte: „O ja, es ist wirklich sehr ungehörig, jemandem die Zeit zu stehlen, der *gerne* arbeitet." Er stand auf und sagte in einem vertraulichen Ton: „Da wär nur noch eins, Mr. Pentecost."

„Ja?" Jocelyn hatte bereits nach dem Füllfederhalter gegriffen.

Mr. Evans sah verlegen aus. „Ihr kleiner Junge hat die Scheune erwähnt." Er hob abwehrend die Hände. „Oh, für mich persönlich würde ich nie um etwas bitten, müssen Sie wissen. Aber – da ist meine Tochter. Ein liebes Mädchen. Nur im Moment . . . sitzt sie ein wenig in der Klemme . . ." Er hielt inne und sah noch verlegener aus.

„Fahren Sie fort", sagte Jocelyn kühl.

„Sie gehörte einer Landkommune an, meine Maria, wirklich nette, ordentliche Leute. Aber dann hatten sie ... eine kleine Auseinandersetzung mit der Polizei, und aus war der Traum."

„Wenn ich Sie richtig verstehe, erwarten Sie, daß ich Ihrer Tochter meine Scheune als Winterquartier zur Verfügung stelle und daß meine Frau ihr drei Mahlzeiten am Tag serviert", sagte Jocelyn scharf. „Nein, Mr. Evans, Ihre Tochter sollte so wie alle anderen in ihrer Lage eine Arbeit annehmen und dann ein Zimmer mieten."

„Oh, das täte sie sofort, Mr. Pentecost", sagte Mr. Evans hastig. „Wenn es nicht den kleinen Caradoc gäbe."

Nach einem kurzen Schweigen fragte Jocelyn ungeduldig: „Und wer ist der kleine Caradoc?"

„Ihr Baby. Ja, er ist ein Problem, der kleine Caradoc."

„Vielleicht für Sie, aber nicht für mich", sagte Jocelyn bestimmt. „Ist sie etwa unverheiratet?"

„Ja."

„Dann suchen Sie den Vater, Mann, und sagen Sie ihm, er soll sie heiraten."

Mr. Evans schüttelte den Kopf. „Geht nicht, Mr. Pentecost, der Bursche ist erst siebzehn. Will sich noch nicht binden, sagt er. Kann man ja auch verstehen, nicht wahr?"

„Ich nicht!" rief Jocelyn aus. „Und Sie als Vater sollten es erst recht nicht verstehen." Jocelyn geriet langsam in Wut. „Und überhaupt, warum erzählen Sie mir das alles? Das geht mich doch gar nichts an!"

Mr. Evans schwieg, dann sagte er nachdenklich: „Die Welt ist gewalttätig geworden, Mr. Pentecost: Mord, Flugzeugentführungen, Kindesraub ..."

Jocelyns Mund wurde trocken. Er fixierte den Waliser und sagte ärgerlich: „Ich hoffe, Mr. Evans, das ... soll keine Drohung sein?"

Mr. Evans sah ehrlich erstaunt aus. „Gott behüte, nein, Mr. Pentecost! Aber glauben Sie nicht, es würde weniger Gewalttaten auf der Welt geben, wenn die Menschen nicht so oft sagen würden: ‚Das geht mich nichts an'?"

Jocelyn stand auf. „Kann sein, Mr. Evans. Aber vor allem glaube ich, daß die Welt ein friedlicherer Ort wäre, wenn mehr Menschen sich ihren Lebensunterhalt auf ehrliche Weise verdienten."

Mr. Evans seufzte tief. „Ja, gewiß, Mr. Pentecost. In den Augen des Allmächtigen ist jeder von uns auf seine Weise schuldig, nicht wahr?"

Jocelyn hielt die Tür auf. Mr. Evans bestand darauf, ihm die Hand zu reichen, bevor er ging.

Als Jocelyn ans Fenster trat, sah er Mr. Evans langsam zum Tor schreiten. Von hinten gesehen, machte er in seinem verschlissenen Mantel und den mutlos herabhängenden Schultern den Eindruck eines gebrochenen alten Mannes.

An Arbeit war jetzt nicht mehr zu denken. Jocelyn schaltete den Fernseher ein: Das Geiseldrama hatte ein Ende gefunden. Er und die Welt wurden Zeugen des letzten Akts der Tragödie. Die Entführer, denen Lösegeld und freies Geleit zugesichert worden waren, verließen nacheinander das Flugzeug und hasteten auf ein für sie bereitgestelltes, aufgetanktes Flugzeug zu.

Da fiel plötzlich ein Schuß. Einer der Terroristen sank zu Boden. Die anderen hatten das für sie bestimmte Flugzeug erreicht und eröffneten ihrerseits das Feuer. Plötzlich gab es eine gewaltige Explosion, und das Fluchtflugzeug stand in Flammen: aufsteigende Rauch- und Feuersäulen, zersplitternde, in den Himmel jagende Metallteile. Das war auch das Ende der Entführer.

Die Entführten waren mit dem Leben noch einmal davongekommen. Aber um welchen Preis! Mit bleichen, von den Schrecken der vergangenen Tage gezeichneten Gesichtern sah man sie jetzt aus dem Flugzeug steigen. Wäre ich wohl unter den Geretteten gewesen? dachte Jocelyn. Welche Verpflichtung erwuchs ihm daraus, daß ihm durch einen gütigen Zufall diese Schrecken erspart geblieben waren? Aber konnte denn er, Jocelyn, die Welt verändern? Vielleicht konnte die Welt wirklich nur von Narren und unschuldigen Kindern gerettet werden.

VIII

Die Tage wurden kürzer, und Duncan Mackintosh kehrte jeden Tag etwas früher nach Hause zurück. Oft war er jetzt schon vor Julia da, vor allem dann, wenn sie nach dem Unterricht noch in der Schule blieb, um für das Weihnachtsspiel zu proben.

Es war weiß Gott ungemütlich, nach einem schweren Arbeitstag in ein kaltes, leeres Haus zu kommen, das Feuer im Kamin und die Lampen anzuzünden und darüber nachdenken zu müssen, was es zum Abendessen geben sollte. Sogar heute, am Freitag, würden ihm diese lästigen Pflichten wohl nicht abgenommen werden, denn es war kaum anzunehmen, daß Miß Thompson sich noch mal hier blicken ließ. „O Jeannie“, seufzte er, als eine mißgestimmte Flamme träge an einem Holzscheit züngelte und verlosch. Und dann, zu seiner eigenen Überraschung, murmelte er: „O Wendy.“

Wie war ihm denn das herausgerutscht? Wie konnte er den Namen dieser anmaßenden kleinen Lehrerin fast im gleichen Atemzug mit dem Jeannies aussprechen?

Duncan konnte sich nicht auf das Feuermachen konzentrieren. Auf seiner Fußmatte hatte ein sehr offiziell aussehender Brief gelegen, bestimmt war es die Antwort auf seine Bewerbung. Er überließ das unlustige Feuer sich selbst und riß den Umschlag auf.

Die Stelle war schon vergeben! Man bedauerte sehr. Ein Gefühl der Panik überkam ihn, obwohl sein Gesicht unbewegt blieb. Angenommen, er fände keinen anderen Job, angenommen, er müßte den Rest seines Lebens in England verbringen?

Er schickte sich an, das Holz im Kamin neu aufzuschichten, als er hörte, wie ein Auto vor dem Haus hielt.

Erstaunt bemerkte er, daß sein Herz wild zu klopfen anfing. Miß Thompson würde das Feuer in Gang bringen und ein wenig Heiterkeit in das düstere Haus tragen.

Der Motor wurde abgestellt, und Schritte näherten sich. Dann klopfte es an der Tür. Seltsam. Wenn es nicht Miß Thompson mit Julia war, wer sonst?

Er öffnete die Tür. Der Franzose stand auf der Schwelle.

„Ach, Sie sind’s“, sagte Duncan enttäuscht. „Wollen Sie reinkommen?“ fragte er mürrisch.

„Vielen Dank“, erwiderte Édouard und trat, als wäre es die charmanteste Aufforderung der Welt, mit einem strahlenden Lächeln ins Zimmer.

Duncan Mackintosh war nicht erfreut über diesen Besuch, aber die schottischen Höflichkeitsregeln mußten strikt befolgt werden. „Setzen Sie sich bitte“, sagte er. „Einen Whisky?“

„Danke, gern.“

„Mit?“ Das klang eher wie eine verächtliche Feststellung als wie eine Frage.

„Um Gottes willen, nein! Was für ein Frevel, guten schottischen Whisky zu verdünnen.“

Duncan warf seinem Besucher einen anerkennenden Blick zu. Mr.

Bouverie war um eine Sprosse in des Schotten Achtung gestiegen.

Duncan ging in die Küche, spülte sich geschwind Ruß und Staub vom Feuermachen von den Händen und kam mit einem Tablett zurück, auf dem eine Whiskyflasche und zwei Gläser standen. Er schenkte ein und hob sein Glas. Die beiden Männer tranken und setzten ihre Gläser ab.

„Malzwhisky", sagte Édouard anerkennend und stieg eine weitere Sprosse auf der Achtungsleiter.

„Zehn Jahre alt", sagte Duncan stolz.

„Das dachte ich mir. Ihr Land hat der Welt viel zu bieten, Mr. Mackintosh."

„Stimmt genau."

„Und das bringt mich zum Grund meines Besuchs. Ich habe eine delikate Sache mit Ihnen zu besprechen." Édouard nahm genießerisch einen zweiten Schluck. „Es handelt sich um meinen schottischen Besitz."

Duncan starrte ihn verdutzt an. Der Franzose wollte also gar nicht über Julia, ihr Talent zum Tanzen und das kaputte Bein reden, und wer hätte überhaupt gedacht, daß dieser Ausländer Ländereien in Schottland besaß? Duncan fühlte sich überrumpelt; daher begnügte er sich mit einem nichtssagenden Kopfnicken.

„Nur ein kleines Gut", sagte Édouard bescheiden. „Ungefähr dreitausend Hektar. Und an dem Schloß ist seit dem vierzehnten Jahrhundert kaum etwas restauriert worden."

Duncan nickte wieder mit undurchdringlicher Miene. Diesmal fehlten ihm wirklich die Worte.

Édouard trank seinen Whisky. „Das Gut liegt etwas westlich von Aberdeen. Guter Ackerboden, aber das Hauptgewicht liegt auf der Rinder- und Schafzucht. Und natürlich haben wir die Fischereirechte."

O Kaledonien! Duncan sah alles vor sich: das weite Hochland, das zufriedene Vieh, die nebelverhangene, ferne Horizontlinie des Meeres, die schreienden Möwen. Wortlos schenkte er Whisky nach.

Édouard nahm nachdenklich einen Schluck und seufzte. „Wissen Sie, es würde mir das Herz brechen, wenn mein schottischer Besitz verkäme, weil ich nur zwei Monate im Jahr dort verbringen kann."

„Und was passiert während der restlichen zehn Monate?"

Édouard sah ihn lange an. „Genau da liegt der Hase im Pfeffer. Mein Verwalter Mairn – erstklassiger Mann – scheidet aus, leichter

Schlaganfall, weit über siebzig. Und was jetzt, Mr. Mackintosh?" Er seufzte wieder.

Die beiden Männer tranken schweigend ihren Whisky und lauschten der Stille.

Plötzlich schlug Édouard Bouverie mit der flachen Hand auf den Tisch. „Zwölftausend im Jahr, zehn Monate sind Sie allein mit Ihren Arbeitern, haben ein eigenes Haus, ein Stück Land und den Fluß zum Fischen und fahren einen Range-Rover. Sie sind Ihr eigener Herr, wenn ich nicht da bin, und in der kurzen Zeit meiner Anwesenheit werden wir, glaube ich, nicht gleich Streit miteinander kriegen."

Duncans Hand zitterte leicht, als er die Gläser nochmals auffüllte. „Aber . . ."

„Ich weiß, Sie haben bereits eine andere Stellung. Mr. Pentecost hat mir gesagt, daß Sie sich beworben haben."

„Nein. Was ich sagen wollte – Sie kennen mich doch gar nicht. Sie brauchen jemand, dem Sie voll vertrauen können."

„Keine Sorge, ich kann Menschen beurteilen, und ich habe Sie bei der Arbeit beobachtet."

Duncan konnte es noch nicht fassen: ein idealer Job, gut bezahlt, in einer Gegend nach seinem Herzen.

„Sie täten mir einen großen Gefallen, wenn Sie den Posten annehmen würden, Mr. Mackintosh", meinte Édouard Bouverie. „Sie wissen ja besser als jeder andere, wie schnell ein Besitz verkommen kann."

Duncan nickte.

Bouverie fuhr fort: „Einen Punkt sollte ich jedoch erwähnen, bevor wir handelseinig werden . . ."

„Meine Kleine", sagte Duncan bitter. Das war also der Haken. Aber sogar mit der Erfüllung seines Herzenswunsches konnte man seinen Stolz nicht kaufen.

Bouveries Stimme klang verärgert. „Ich wollte nur das eine sagen: Wenn Sie sich bei mir wohl fühlen, dann hoffe ich, daß Sie als Verwalter gelegentlich vom Besitzer einen Rat annehmen."

Die beiden Männer sahen sich lange und durchdringend an. Schließlich sagte Mackintosh: „Einen Rat vielleicht, Geld nicht."

„Sie verdammter, stolzer Schotte." Aber dann lachte er. „Werden Sie kommen?"

„Ich sag Ihnen in zwei, drei Tagen Bescheid. Ich muß mir Ihren Besitz erst ansehen und mich über die Arbeitsbedingungen informieren. Sie können, während ich dort bin, schon den Vertrag aufsetzen."

„Das werde ich tun", sagte Édouard lächelnd, wobei er sich im stillen fragte, wer eigentlich wen anstellte. Andererseits gefielen ihm Männer, die wußten, was sie wollten.

Die Probe war zu Ende. „Julia, beeil dich!" rief Miß Thompson, „sonst versäumst du deinen Bus."

„Aber ... Miß Thompson? Es ist doch Freitag. Sie kommen doch ..., oder?"

„Heute nicht, Liebes", sagte Miß Thompson bestimmt.

„Aber es ist doch Freitag ..."

Julia, die mit Tränen in den Augen auf ihren Stock gestützt dastand, hätte weit härtere Menschen als Wendy von ihren Entschlüssen abgebracht. „Also gut", sagte Wendy und warf ihr die Autoschlüssel zu. „Steig schon ein, ich bin gleich zurück."

Als sie vor der Tür vor World's End Cottage hielten, war Wendy erleichtert, Mr. Bouverie zu sehen, der im Begriff war wegzufahren. So konnte sie, wenn auch nur für einige Minuten, die Notwendigkeit, mit Duncan zu sprechen, hinauszögern.

Mr. Bouverie lächelte Julia an, dann verbeugte er sich vor Wendy und zwinkerte ihr zu. Sie hatte nicht die geringste Ahnung, was das Zwinkern bedeuten sollte. Und dann war der unvermeidliche Augenblick gekommen, in dem sie Duncan gegenübertreten mußte.

Zu ihrer Überraschung bat er sie ins Haus, war freundlich und sachlich, so als sei nichts geschehen. „Miß Thompson, darf ich Sie um einen Gefallen bitten?" Er wirkte plötzlich fast ein wenig scheu. „Könnte Julia zwei Nächte bei Ihnen schlafen? Ich muß nach Schottland fahren und bin erst am Sonntag wieder zurück."

Julia klatschte in die Hände. „Zwei Nächte – herrlich!"

„Ja, mit dem größten Vergnügen", antwortete Wendy. Und dachte: Er wird sich in Schottland vorstellen wollen. Das Herz wurde ihr schwer, als sie in der Küche bei der Vorbereitung des Abendessens darüber nachgrübelte.

Sie hatte gelernt, daß es nicht angeraten war, Duncan Fragen zu stellen. Doch während des Essens übernahm das Julia: „Warum fährst du nach Schottland, Vater?"

„Um mir ein Gut anzusehen." Er wandte sich Wendy zu. „Mr. Bouverie besitzt Ländereien in Schottland. Er hat mir den Posten eines Verwalters angeboten." Sogar Duncan gelang es diesmal nicht ganz, seine Erregung zu unterdrücken. „Deshalb hat er mir den Namen und die Adresse des jetzigen Verwalters gegeben. Und zu dem fahre ich morgen in aller Frühe, wenn Sie und alle anderen noch in tiefem Schlaf liegen."

Doch da irrte er sich. Wendy Thompson konnte keinen Schlaf finden und war noch wach, als die Sterne verblaßten und Duncan in seinem Landrover die lange Fahrt nach Norden antrat.

FREUDE zu zeigen war für Duncan keine leichte Sache. Doch auf seinem Rückweg von Schottland vergaß er sich so weit, daß er einige Takte eines Volkslieds vor sich hin summte, in einem Pub ein Glas Bier bestellte und sich schweigend zuprostete.

Als er bei Miß Thompsons Haus ankam, um Julia abzuholen, schämte er sich bereits seiner Begeisterung und war entschlossen, sie nicht zu zeigen.

Julia warf sich in seine Arme, Wendy lächelte und hielt die Haustür weit auf. „Sie kommen gerade recht zum Nachmittagstee, Duncan."

„Vielen Dank, da sag ich nicht nein."

Auf dem Eßzimmertisch standen Butter und Brot, Miß Thompsons selbstgemachte Marmelade, Teegebäck, Kuchen und eine Kanne mit starkem, duftendem Tee. Als Duncan den reichgedeckten Tisch sah, sagte er sichtlich beeindruckt: „Donnerwetter!"

Sie setzten sich hin. Wendy schenkte den Tee ein. Julia fragte eifrig: „Wie war's, Vater? Ziehen wir nach Schottland?"

„Ja."

Sie beugte sich vor, umarmte und küßte ihn. „Vater! Wie herrlich! Ist es ein richtiges Schloß?"

„Ja. Aber wir werden in einem schönen neuen Haus wohnen." Dann fügte er in einem für ihn geradezu überschwenglichen Ton hinzu: „Ein großartiger Besitz, wirklich großartig!"

Julia rief: „O Miß Thompson, wie schön! Ein Schloß und Berge – nicht alles so flach wie hier."

„Ich freue mich von ganzem Herzen für dich und deinen Vater." Wendy lächelte gezwungen.

„Wann fahren wir – bald?" fragte Julia.

„Sehr bald, glaub ich. Mr. Bouverie braucht mich dringend."

Das kleine Mädchen klatschte in die Hände. „O Miß Thompson, ist das nicht toll?"

„Natürlich ist es das." Dann wandte sie sich an Duncan und sagte:

„Ich hoffe, Sie beide werden sehr, sehr glücklich in Schottland sein." Und sie meinte es aufrichtig.

„Danke, ja, es wird mir guttun, wieder unter meinen Landsleuten zu leben."

Als sie gingen, bedankte er sich: „Das war ein köstlicher Tee, Miß ... Wendy. Julia, sag Miß Thompson danke schön für alles, was sie für dich getan hat."

Julia gab Wendy liebevoll, aber ein wenig abwesend einen Kuß. „Vielen Dank, Miß Thompson, vielen tausend Dank."

Die Lehrerin winkte ihnen nach, dann ging sie bedrückt ins Haus zurück. In sechs Stunden war auch dieser Sonntag überstanden. Sie hätte am liebsten geheult wie ein Schloßhund.

IX

May und Jocelyn atmeten auf, als im Haus endlich wieder alltägliche Zustände herrschten.

Tante Bea war zusammen mit Édouard Bouverie und seiner Dorothea abgereist, um Weihnachten in Schottland zu verbringen.

John Pentecost war erleichtert, daß er seinen 70. Geburtstag hinter sich hatte und die Verantwortung für sein Gut bald los wurde. Nun richtete er sich darauf ein, ewig zu leben.

Duncan Mackintosh schickte sich an, mit Wendy Thompsons selbstloser Hilfe seine Habseligkeiten einzupacken.

Doch auf die erfreuliche Rückkehr zum Alltag fiel ein Schatten: Tante Priscilla weigerte sich abzufahren, da sie sich noch immer krank fühlte. Was vielleicht stimmte, obwohl niemand, nicht einmal der Arzt, genau wußte, was ihr fehlte. Aber wenn Priscilla sagte, sie sei krank, dann war sie krank. Und da sie allein in einem kalten, trostlosen Haus in Bradford wohnte und ihr Neffe und seine Frau zu nett waren, um sie zur Abreise zu drängen, und da Weihnachten vor der Tür stand, war das Ende der Krankheit vorläufig nicht abzusehen.

„Wann macht sich denn Priscilla endlich auf die Socken?" fragte John Pentecost eines Abends.

May antwortete honigsüß: „Ich weiß nicht, Schwiegervater, Jocelyn hat ihr angeboten, sie könne bleiben, solange sie wolle."

Johns Augen richteten sich auf seinen Sohn wie die Kanonenrohre eines Schlachtschiffes: „Und wie bist du auf diese Schnapsidee gekommen?“

„Sie hat mich gefragt, ob sie noch bleiben könne. Sie ist krank, Vater.“

„Unsinn!“

Jocelyn war dadurch geläutert, daß er nicht das Opfer der Flugzeugentführung geworden war. So sagte er jetzt sehr ernst: „Wir müssen endlich anfangen, hilfreich und nett zueinander zu sein, Vater, wenn wir die Gewalttaten in der Welt abschaffen wollen. Wir müssen bei uns selbst den Anfang machen.“

„Meinst du, wenn wir Priscilla nicht über Weihnachten hierbehalten, fängt sie an, mit Handgranaten zu werfen?“ fragte der alte Mann höhnisch.

Jocelyn schwieg. Seine christliche Botschaft war offensichtlich nicht auf sehr fruchtbaren Boden gefallen.

DUNCAN und Julia verließen World's End Cottage, das einsam am Waldrand zurückblieb. Miß Thompson winkte ihnen nach, dann nahm sie, wie verabredet, die Schlüssel an sich und übergab sie dem Besitzer, Jocelyn Pentecost. Jocelyn bedankte sich auf seine nette Art und dachte, daß Wendy ein wenig blaß aussah. „Sie werden Julia vermissen“, sagte er.

„Ich vermisse sie jetzt schon“, entgegnete sie mit Tränen in den Augen. Und auch Duncan, fügte sie in Gedanken hinzu.

„Warum verbringen Sie nicht Weihnachten bei uns?“ fragte er.

Sie sah ihn verdutzt an. „Was?“

„Warum verbringen Sie nicht Weihnachten bei uns?“ wiederholte er. Noch vor ein paar Tagen hätte er gezögert, eine solche Einladung auszusprechen, und hätte vor allem May vorher gefragt, die schließlich die zusätzliche Arbeit hatte. Aber über solche Bedenken würde er sich von nun an hinwegsetzen.

May war nicht sehr entzückt von Jocelyns großmütiger Tat, genau gesagt, sie war wütend. Der Haushalt war ihr Bereich. Und nun lud Jocelyn plötzlich jemanden ein, ohne vorher ihre Zustimmung zu erbitten.

Abgesehen davon – diese Miß Thompson tauchte neuerdings etwas zu oft bei ihnen auf und immer auf Jocelyns Einladungen hin. Mays gesträubtes Gefieder hatte sich noch nicht ganz geglättet, als ihr Schwiegervater sie am Ellbogen ergriff, sie den einsamen Gartenpfad entlangführte und in einem verschwörerischen Ton sagte: „May, diese Lehrerin ..., sie kommt verdammt häufig hierher. Meinst du, Jocelyn ...?"

„Aber keine Spur, Schwiegervater", beteuerte May, obwohl sie sich schon dieselbe Frage gestellt hatte.

„Nun ... trotzdem ..., halt die Augen auf, May." Er sah sie durchdringend an. „Sie ist ein anziehendes kleines Ding."

Das war eine Bemerkung, die in keiner Weise zu ihrer Beruhigung beitrug.

Aber May äußerte sich nicht weiter dazu. Statt dessen sagte sie nachdenklich: „Ich glaube, Schwiegervater, Jocelyn macht eine schwierige Phase durch."

Der alte Mann schnaufte verächtlich. „Mir scheint, dafür ist er ein bißchen zu alt."

May fuhr fort: „Ich glaube, ihn beunruhigt die ständige Zunahme von Gewalt und Haß in der Welt. Er ist ein sehr sensibler Mensch."

Zu ihrer Überraschung schwieg John Pentecost und sah sie nur mit einem wissenden Blick an. Schließlich sagte er: „Du bist eine gute und treue Ehefrau, May." Dann zog er sie an sich und gab ihr einen Kuß auf die Stirn.

Die Tage vergingen, und John Pentecost verkaufte, ohne je davon zu sprechen, seine geliebten Felder und seinen Viehbestand an die Bauern der Umgebung durch Mittelsleute, was ihn weniger schmerzte, als wenn er es selbst hätte tun müssen. Jocelyn schob den Verkauf von World's End Cottage von Woche zu Woche hinaus. Jedesmal, wenn solche praktischen Dinge an ihn herangetragen wurden, verkroch er sich wie eine Schnecke in ihr Haus, bis May sagte: „Was ist eigentlich mit dieser Sache?"

Und dann wußte er, daß es vorbei war mit dem Versteckspielen, und tat mit schuldbewußter Leidensmiene, was immer man von ihm verlangte.

„Was ist eigentlich mit World's End Cottage?" fragte May.

„Oh, ach ja", sagte Jocelyn.

Zu seinem Erstaunen forderte May ihn auf: „Komm, wir wollen es uns einmal ansehen."

Es war ein köstlicher Winternachmittag, trocken und frisch; noch wärmte die Sonne ein wenig.

Das Cottage stand am Ende eines Waldweges: ein anheimelnder

rötlicher Backsteinbau mit einem Strohdach, bescheiden, aber anmutig. Ein Haus, das zweihundert Jahre alt und ein Teil der Landschaft geworden war.

Sie gingen hinein. May sah sich nachdenklich um, und Jocelyn, der jede ihrer Stimmungen kannte, ahnte, daß etwas in ihr vorging. Sie hatten, seit sie von zu Hause fortgegangen waren, kaum ein Wort miteinander gesprochen, was selten vorkam. May schien eingesponnen in ihre Gedanken.

„Es ist hübscher, als ich es in Erinnerung hatte", sagte sie. „Nun, Mackintosh' Möbel haben kaum zur Verschönerung beigetragen. O Liebling, erinnerst du dich noch an damals – es war so gemütlich." Sie schwieg und schaute aus dem Fenster. „So könnte es wieder sein."

„Was meinst du damit?" fragte er.

Ohne den Blick von der abendlichen Landschaft zu wenden, antwortete sie: „Ich habe eine Idee, Jocelyn."

Die meisten Umwälzungen in ihrem Eheleben hatten mit diesem Satz begonnen. May ergriff schweigend seine Hand und führte ihn in den ersten Stock. „Wenn man bedenkt, daß Gaylord hier geboren ist – irgendwie merkwürdig, nicht wahr?"

„Stimmt."

„Erinnerst du dich an dein erstes Buch? Du hast die Post ins Schlafzimmer gebracht, und da war der Brief mit der Zusage von deinem Verleger dabei!"

O ja, wie gut er sich noch erinnerte. Nach all den Jahren der Ablehnungen und des Wartens hatte sich sein zerfleddertes Manuskript plötzlich wie durch ein Wunder in ein schmuckes Buch verwandelt. Es war ein unvergessener, nie wiederkehrender Augenblick gewesen. Die Nostalgie riß ihn wie eine Welle mit sich fort. Hier, in dieses idyllische Cottage hatte er dieses geheimnisvolle weibliche Wesen gebracht, seine May, die unverständlicherweise ihr Leben an das seine binden wollte.

Sie setzten sich auf die oberste Treppenstufe, noch immer Hand in Hand. Jocelyn fragte: „Und was für eine Idee ist das?"

„Ich habe genug davon, Jocelyn", antwortete May.

Er war verwirrt. Seine unermüdliche May wollte nicht mehr? „Was?" fragte er ungläubig.

Sie nickte. „Ja, mein Lieber, es hat mir Riesenspaß gemacht, einen großen Haushalt zu führen. Aber ... der Zypressenhof ist ein so weitläufiges, unbequemes Haus. Die vielen Kamine, die altmodische

Küche und die vielen Treppen ..." Sie drückte seine Hand. Dann flüsterte sie kaum hörbar: „Am liebsten möchte ich wieder in das Cottage ziehen, Liebling. Es hat fünf Zimmer, und das genügt uns doch wirklich."

Durch Jocelyns Kopf schossen drei Gedanken: Er würde das Cottage nicht verkaufen müssen – sehr gut. Sie würden umziehen müssen – weniger gut. Was würde sein Vater sagen? – Unvorstellbar. „Ich fürchte, mein Vater wird von deiner Idee nicht sehr begeistert sein", sagte er zögernd.

„Im Gegenteil, ich glaube, er wird hell begeistert sein. Natürlich mußt du es ihm geschickt beibringen."

„Ich?" Seine Stimme überschlug sich fast. „Wie zum Teufel soll ich ihn dazu überreden, den Zypressenhof zu verlassen?"

„Hör zu. Es ist genau der richtige Moment. Er verkauft sein Land. Warum sollte er nicht auch das Gutshaus verkaufen? Du kannst mir alle Schuld in die Schuhe schieben. Sag ihm, ich wäre in das Alter gekommen, wo ich es leichter haben sollte. Zeig dich zärtlich besorgt um deine liebe, kleine Frau, und du wirst sehen, innerhalb von Minuten ist er zu Tränen gerührt. Abgesehen davon ist es auch noch wahr." Jocelyn sah drein wie ein Soldat, dem man befohlen hat, mit bloßen Händen einen Panzer aufzuhalten.

„Und vergiß nicht", fügte May hinzu, „du hast einen Trumpf im Ärmel."

„Einen Trumpf?" Er sah sie verblüfft an.

„Natürlich, Tante Priscilla. Sie ist fest entschlossen, sich bei uns einzunisten. Dein Vater weiß das, und es kostet ihn den letzten Nerv."

Ein Licht, groß wie ein Scheinwerfer, ging ihm auf. „Ach, und du meinst, in World's End Cottage hätten wir keinen Platz für sie."

„Genau."

„Arme Tante Priscilla." Sein Mitleid war nicht übermäßig groß, seine Bedenken waren dafür um so größer. „Ich werde bei einem Glas Sherry mit Vater reden. Es wird nicht ganz leicht werden, May."

Sie gingen zurück zum Zypressenhof. Eine schwere Bürde lastete auf Jocelyns Schultern.

Er dachte an World's End Cottage, an die taufrischen Maimorgen, wenn die Kirschbäume am Weg mit Blüten übersät waren, als wäre ein sanfter Schneefall auf sie niedergegangen. Es mußte ihm einfach gelingen, seinen Vater zu überreden! Aber je näher die Stunde kam, desto unsicherer wurde er.

Die Uhr schlug sechs. Er holte tief Luft, stieß einen Seufzer aus und ging ins Wohnzimmer.

Sein Vater knurrte ihn über die Zeitung hinweg an und las weiter.

Nicht sehr ermutigend. Jocelyn goß sich einen Sherry und seinem Vater einen größeren Whisky als sonst ein. Er reichte dem alten Herrn das Glas.

John Pentecost nahm es entgegen und faltete seine Zeitung zusammen. „Na?"

„Prost", sagte Jocelyn mit Grabesstimme. Sie tranken. „Vater?"

„Hm?"

„Weißt du, ich habe mir überlegt, daß wir jetzt, nachdem du das Land und das Vieh verkauft hast, den Zypressenhof mit all seinen Nebengebäuden eigentlich nicht mehr brauchen. Was hältst du von World's End Cottage? Es hat Platz genug für uns alle und ist natürlich viel gemütlicher als dieser große Kasten. Ich meine ..., würdest du einen Umzug in Betracht ziehen?"

John Pentecost nippte schweigend an seinem Whisky und betrachtete seinen Sohn mit starrem Blick.

Jocelyn räusperte sich. „Es wäre für May eine große Entlastung", brachte er mühsam hervor. „Sie ist wirklich sehr mitgenommen. Und daher dachte ich, es wäre vielleicht an der Zeit, den Zypressenhof aufzugeben ..., ich meine ..., natürlich nur, wenn es dir recht ist."

Sein Vater starrte ihn weiterhin wortlos an. Dann plötzlich schlug er so hart auf die Sessellehne, daß eine Staubwolke aufwirbelte. „Und ob es an der Zeit ist, Jocelyn! Ich habe mich schon seit langem gefragt, wie du es zulassen kannst, daß die arme May sich in diesem großen Haus so abrackert. Ein Ehemann kann doch nicht immer nur nehmen, zuweilen muß er auch geben." Der alte Mann war der personifizierte Vorwurf.

Aber Jocelyn wußte aus Erfahrung, daß man sich bei Gesprächen mit seinem Vater auf Überraschungen gefaßt machen mußte. „Dir wäre es also recht, in World's End Cottage zu leben?" fragte er vorsichtig.

„Selbstverständlich, mein Junge." Seine Stimme klang plötzlich müde. „Ich leugne nicht, daß mir manches fehlen wird. Ich hänge an diesem Haus, aber" – glitzerte eine Träne an seiner Wimper? – „ich bringe gern Opfer, um May das Leben zu erleichtern. So eine großartige Frau! Ich kann nur hoffen, daß du weißt, was du an ihr hast, Jocelyn."

„O ja, natürlich, ja doch, gewiß." Er schenkte sich einen zweiten Sherry ein, nicht nur, weil er ihn brauchte, sondern vor allem, um im stillen auf seinen Erfolg zu trinken. Er hatte gesiegt! May würde stolz auf ihn sein.

Sein Vater ergriff das Wort. „Dieser Umzug hat leider auch eine Schattenseite, auf die May mich heute aufmerksam gemacht hat."

Jocelyn drehte sich so hastig um, daß er fast seinen Sherry verschüttet hätte. „Du hast ... bereits mit May das Ganze besprochen?"

„Nur andeutungsweise, mein Junge. So ganz nebenbei", er nickte weise, „sie hat dabei allerdings ein Problem angedeutet."

„Was für ein Problem?" fragte Jocelyn, Unwissenheit vortäuschend.

„Im Cottage gibt es keinen Platz für Priscilla", erwiderte John.

„Ach, die arme Priscilla", murmelte Jocelyn und dachte bitter: May hat die Saat gesät und gewartet, bis sie aufgeht, und Vater war, längst bevor ich mein Sprüchlein aufgesagt hatte, schon bereit umzuziehen. „Überleg's dir noch mal, Vater. May will dich zu nichts zwingen, aber das weißt du ja."

„Das braucht sie auch nicht." John hielt sein Glas zum Nachfüllen hin. „Schließlich ist es mehr oder minder unwichtig, wo ich meine restlichen Jahre verbringe, solange ich es warm habe, zu essen bekomme und von meinen Lieben umgeben bin ..." Die Träne, die an der Wimper gehangen hatte, löste sich und rollte die Wange hinunter.

Jocelyn hielt es nicht mehr länger aus. Er stand auf und ging zu May. „Ich dachte, du wolltest, daß *ich* das Wunder vollbringe."

„Ja, Liebling, das wollte ich auch. Aber dann konnte ich einfach nicht widerstehen, selbst einen kleinen Vorstoß zu riskieren."

„Mit Erfolg. Aber wie hast du es angestellt?"

„Was den Ausschlag gab, war mein diskreter Hinweis, daß es eine einzigartige Gelegenheit sei, Priscilla loszuwerden."

„Sehr listig von dir." Sie lachten sich an. Mays Augen funkelten mutwillig, so wie er es gern an ihr mochte. Und plötzlich ging ihm auf, daß es Monate her war, seit er sie so gesehen hatte. Er holte den Sherry, goß zwei Gläser halb voll, und sie stießen an. „Auf World's End Cottage", sagte er. Sie blickten sich lange in die Augen, glücklich und von Vorfreude erfüllt. Doch dann wurde sie ernst. „Armer Schwiegervater. Aber ich hätte nie diesen Umzug vorgeschlagen, wenn er nicht auch in seinem Interesse läge."

„O May, das brauchst du mir nicht zu sagen." Er faßte sie um die Taille.

„Findest du, daß ich herrschsüchtig bin, Jocelyn?"

„Sagen wir, du hältst das Ruder fest in der Hand."

„Danke." Ihre Augen funkelten wieder schelmisch. „O Liebling, ich freue mich schon jetzt darauf, die Vorhänge auszusuchen."

Doch Jocelyns Gesicht hatte wieder den üblichen besorgten Ausdruck angenommen. Ihm war etwas eingefallen – das Problem. „Wir müssen mit Priscilla reden."

„Ja."

„Wer tut's?" fragte er bedrückt.

„Dein Vater ist ihr Bruder. Es wäre wohl am besten, er würde mit ihr reden."

„Ja, bestimmt."

Und so überbrachte John Pentecost mit seinem bekannten Zartgefühl seiner Schwester die Nachricht, als sie im Salon seine Zeitung las. „Tut mir leid, altes Mädchen, nach Weihnachten mußt du abreisen. Wir können dich nicht länger behalten." Er setzte sich ihr gegenüber.

„Wie?" rief Priscilla überrascht.

„Wir ziehen um – in ein kleineres Haus. Dieser alte Kasten hier macht May einfach zuviel Arbeit."

„Bravo!" Priscilla klatschte in die Hände. „Das freut mich für sie! Mach dir keine Sorgen, John, ich find schon ein kleines Plätzchen in dem neuen Haus, wo ich mich einkuscheln kann."

„Nein, das findest du nicht, verdammt noch mal! Ich will meine letzten Jahre in Ruhe verbringen."

Priscilla sah ihn kühl an. „Schon als Kind warst du greulich, John. Und ich erinnere mich noch genau, daß unser Vater gesagt hat: ‚Gott allein weiß, wie der mal im Alter sein wird.' Er war ein kluger Mann, unser Vater." Sie stand auf. „Wird es mir gestattet sein, über Weihnachten zu bleiben?"

„Du kannst bleiben, bis wir umziehen."

„Vielen Dank. Wirklich sehr großzügig." Sie ging zur Tür.

John hievte sich schwerfällig aus seinem Stuhl. Sein Gewissen regte sich.

Er öffnete ihr die Tür und sagte versöhnlich: „Ich hoffe, du verstehst unsere Lage, altes Mädchen. Es hat nichts mit dir persönlich zu tun, es ist halt so . . ."

„Ja, ich verstehe", sagte sie leise und ging aus dem Zimmer. Und plötzlich fiel ihm ein, daß sie, da er siebzig war, fünfundsiebzig sein mußte. Und so hatte sie in diesem Moment auch ausgesehen: alt, gebrechlich und müde.

May genoß die Vorweihnachtszeit. Sie fuhr nach Ingerby, kaufte Vorhänge, Tapeten und Farbe, und dann zurück zum Cottage, wo sie mit der Renovierung begann. Anschließend schlürfte sie eine Tasse Tee in aller Ruhe auf der untersten Treppenstufe und malte sich eine rosige Zukunft mit ihrem Jocelyn und ihrem Gaylord aus.

Oh, es war schön, sich wieder auf etwas freuen zu können: auf die wechselnden Jahreszeiten hier im Cottage; auf die Sommerabende zwischen den Gartenbohnen; auf den Wein, den sie auf dem Rasen trinken würden; auf die langen Winterabende mit dem ernsthaft über ein Buch gebeugten Gaylord, mit ihrem Jocelyn, der sie über den Brillenrand anlächeln würde, und mit dem alten John, der am Abend seines Lebens fast milde geworden war. Nicht umsonst, dachte sie, spricht man vom „Kreis" der Familie. Kein anderes Wort konnte die Vollkommenheit besser beschreiben. Nur Weihnachten mit Tante Priscilla und Miß Thompson mußte sie noch im Zypressenhof durchstehen; gleich danach würde sie das neue Nest für ihre Küken bauen. Tränen der Dankbarkeit füllten ihre Augen.

X

Im Zypressenhof herrschte am Weihnachtsmorgen weder Friede noch Wohlgefallen. Als May die Küche betrat, um sich eine Tasse Tee zu machen, entdeckte sie, daß die Pute nicht etwa wohlbehalten im Kühlschrank, sondern mitten auf dem Küchenboden lag. Das heißt, was noch von ihr übrig war. In einer Ecke saß William, Gaylords Hund, verlegen und ängstlich, obwohl er versuchsweise mit dem Schwanz wedelte für den Fall, daß die Pute tatsächlich für ihn bestimmt gewesen war.

Einen Augenblick lang starrten May und der Hund sich an. Dann schrie sie los: „Raus mit dir, verdammter Köter! Raus!" May riß die Hintertür auf. „Raus!"

William war schnell von Begriff. Die Pute war also nicht für ihn bestimmt gewesen. Er flitzte davon.

Nachdenklich blickte May auf den Vogel. Gestern abend hatte die Pute, wie sich's gehört, im Kühlschrank gelegen. Da war sie ganz sicher; sie hatte sie selbst hineingetan.

Die Hintertür öffnete sich ein wenig, Miß Thompson schob sich schüchtern durch den Türspalt, ihr Haar war mit Rauhreif bestäubt. „Guten Morgen, Mrs. Pentecost. Mein Gott, ist es kalt draußen. Ich habe schon einen kleinen Spaziergang gemacht." Dann sah sie die traurigen Reste des Vogels. „Du lieber Himmel, was ist denn da passiert?"

May sagte honigsüß: „William hat sich über unser Weihnachtsessen hergemacht. Sie haben ihn nicht zufällig hereingelassen, als Sie ins Freie gingen, Miß Thompson?"

Wendys Magen krampfte sich zusammen. „Ich . . ., ja . . ., es war so schrecklich kalt draußen, und William sah so dankbar aus, als ich ihn hereinließ."

„Davon bin ich überzeugt. Und haben Sie vielleicht auch die Pute für ihn aus dem Kühlschrank geholt?"

„Nein, das habe ich natürlich nicht getan", erwiderte Wendy scharf. Wirklich, diese Frau traute ihr alles zu.

„Nein, natürlich haben Sie das nicht getan, entschuldigen Sie, Miß Thompson." Die Entschuldigung klang reichlich kühl. „Nun, dann müssen wir eben alle den Blumenkohl aus der Tiefkühltruhe zu Mittag essen."

Die Tür flog auf. Priscilla kam hereinmarschiert. „Mein Gott, wie ist denn das geschehen?"

„Anscheinend ist dieser Vogel aus dem Kühlschrank spaziert", antwortete May, „und hat sorgfältig die Tür hinter sich geschlossen, aber dann ist ihm William begegnet – Pech für uns."

„Ach so! Ja, ich bin heute morgen in die Küche gekommen, um Tee zu machen, und hab mir gedacht: Was, noch keiner auf? Nun, dann nehm ich besser den Vogel aus dem Kühlschrank. Wie du weißt, May, bin ich kein Fleischesser. Ich wollte aber nicht, daß ihr anderen den ganzen Tag darauf warten müßt, daß die Pute auftaut."

„Und ich habe den Hund hereingelassen", sagte Wendy matt und zupfte zerknirscht an einem Papiertaschentuch.

„Nun, wer weiß, es wird vielleicht allen nur guttun, wenn sie sich nicht so mit Fleisch vollstopfen", bemerkte Priscilla. „Und für meinen Bruder ist es bestimmt ein wahrer Segen. Er sollte in seinem Alter überhaupt Diät halten."

Um Mays Mund legte sich ein bitterer Zug. „Vielleicht habe ich noch irgendwo Vollkornflocken, Nüsse und Weizenkeime, aus denen du ihm ein Müsli machen könntest. Dann möchte ich aber lieber nicht das Gesicht deines Bruders sehen“, fügte sie giftig hinzu.

JOCELYN fiel die heikle Aufgabe zu, seinem Vater die niederschmetternde Nachricht vom Schicksal der Weihnachtspute zu überbringen. Sobald er mit dem alten Herrn im Wohnzimmer allein war, gab er sich einen Ruck und schilderte den Vorfall in schonenden Worten.

Sein Vater sah ihn mit weit aufgerissenen Augen an. „Und was haben wir statt der Pute zu essen?“ wollte er wissen.

„Blumenkohl gratiniert“, antwortete Jocelyn zaghaft.

John Pentecost war eine Minute lang sprachlos, dann ging er stracks zur Tür. Jocelyn folgte seinem Vater mit einem tiefen Seufzer in die Küche, wo May, Priscilla und Wendy am Tisch saßen und Tee tranken. Alle drei blickten erschrocken auf. John wandte sich nur an Priscilla. „Ist das Ganze eine Vegetarierverschwörung, Priscilla? Hast du dich wie üblich in Dinge eingemischt, die dich nichts angehen?“

„Ich verbitte mir, daß du so mit mir sprichst, John“, erwiderte Priscilla. „Mich kannst du nicht einschüchtern, *ich* bin nicht deine Schwiegertochter.“

„Wie kannst du es wagen, so etwas zu sagen?“ rief May.

John ließ sich nicht beirren. „Ich rede mit dir, wie mir der Schnabel gewachsen ist, Priscilla. Blumenkohl gratiniert!“ Plötzlich gelang es ihm, gebrechlich und bedauernswert auszusehen. „Vermutlich machst du dir nicht klar, daß dieses Weihnachten mein letztes sein kann. Und das ganze Weihnachtsessen besteht aus überbackenem Blumenkohl!“

Priscilla bemerkte gefühllos: „Du hast mehr Chancen, ein nächstes Weihnachten zu erleben, wenn du dich dieses Jahr nicht mit Pute vollstopfst.“

„Mein lieber Schwiegervater“, bat May, „hör auf, dich selbst zu bemitleiden. Du weißt genau, daß du beschlossen hast, neunzig zu werden. Und es gibt schließlich noch Filetsteak. Und einen Plumpudding, an dem du dich gütlich tun kannst.“

Wendy Thompson sagte zaghaft: „Das Ganze ist eigentlich meine Schuld. Wenn ich nicht ...“

May unterbrach sie ungeduldig: „Schweigen Sie lieber, Miß Thompson.“

Miß Thompson schwieg. Sie wollte nur eins – nach Hause fahren.

Eine andere zaghafte Stimme meldete sich: „Mami, die Mutter Gottes sitzt in der Eremitenhöhle."

May fuhr bekümmert fort: „Ich fürchte, Schwiegervater, du mußt dich mit unserem Menü begnügen. Was hast du eben gesagt, Gaylord?"

„Ich habe gesagt, die Gottesmutter Maria sitzt in der Eremitenhöhle, Mami, ich hab sie selbst gesehen."

„Ach wirklich, Liebling? Und jetzt, meine Damen, nachdem wir unseren Tee ausgetrunken haben, machen wir uns besser an die Arbeit. Das Mittagessen wird ungefähr um ein Uhr fertig sein, also, Jocelyn, wenn du's dann auch einrichten könntest ..."

„Und sie hat das Jesuskind dabei", sagte Gaylord noch; aber da war ihm schon klar, daß ihm keiner zuhörte. Enttäuscht mußte er feststellen, daß die Erwachsenen Wichtiges von Unwichtigem nicht unterscheiden können.

Gaylord hatte am Abend vorher wie alle Kinder in England seinen Strumpf aufgehängt, den er heute morgen auf höchst zufriedenstellende Weise gefüllt vorgefunden hatte. Dann hatte er William zu einem Spaziergang aufgefordert, jedoch hatte sein treuer Gefährte überraschenderweise kein Interesse gezeigt; er schien persönliche Probleme zu haben. Und so hatte Gaylord sich allein auf den Weg gemacht. Es wäre nett, dachte er, wenn ich Mr. Evans am Weihnachtsmorgen begegnen würde. So zog es ihn zur Eremitenhöhle, und er war überrascht und freudig erregt, als er in der silbern bereiften Landschaft blauen Rauch aufsteigen sah.

Am Höhleneingang rief er strahlend vor Vorfreude: „Frohe Weihnachten, Mr. Evans!"

Aber nicht Mr. Evans kauerte vor dem winzigen Feuer, sondern eine junge Frau, die dort still und verloren mit ihrem Baby saß.

Drei gelungene Vorstellungen als Mohrenkönig Kaspar hatten auf Gaylord nachhaltig gewirkt, und so hegte er nicht den geringsten Zweifel, wen er vor sich hatte. „Sie sind Maria, nicht wahr?"

Sie nickte, dann sah sie ihn erstaunt und ein wenig verängstigt an. „Woher weißt du das?"

Gaylord fühlte sich geschmeichelt. Nicht umsonst hatte er also Kaspar gespielt. Er lächelte freundlich, kniete sich nieder und fuhr zart mit seinem etwas schmutzigen Zeigefinger über den winzigen Handteller des Babys. Die faltigen rosigen Fingerchen schlossen sich mit erstaunlicher Kraft um seinen Finger. Gaylord lächelte der jungen Mutter nochmals freundlich zu, richtete sich auf und schritt rückwärts zum Ausgang.

„Wohin gehst du?" fragte Maria plötzlich beunruhigt.

„Ich muß ein Geschenk für ihn finden", sagte er. „Gold, Weihrauch, Myrrhe – oder so was Ähnliches."

Das Kind lag ruhig in den Armen der Mutter. Ein dünner winterlicher Sonnenstrahl stahl sich in die Höhle, der blaue Rauch ringelte sich. Die Mutter blickte auf, ihr junges bleiches Gesicht wirkte traurig.

Gaylord war nach Hause geeilt, sehr aufgeregt und ein wenig verwirrt. Nie und nimmer hätte er erwartet, zu Weihnachten wirklich die Mutter Maria in der Eremitenhöhle anzutreffen.

MAY wäre am liebsten allein in der Küche gewesen, um in aller Ruhe die Lage zu überdenken.

Statt dessen wusch Priscilla völlig unnötigerweise Gläser ab. Und Wendy Thompson, dachte May grimmig, flattert herum wie ein aufgescheuchtes Huhn; Jocelyn lief mit einem Gesicht durchs Haus, als wolle er sich bei allen für alles entschuldigen; ihr Schwiegervater stand da wie ein Klotz und blockierte die Kühlschranktür und die Schublade mit den Messern. Und Gaylord? Gaylord redete in einem fort vom Weihnachtsspiel und von der Mutter Gottes. Gleich wird er mich fragen, dachte May, ob er sich das Gesicht schwarz färben kann.

Um dies zu verhindern, sagte sie: „Gaylord, häng hier nicht herum. Ich habe eine Menge wichtiger Dinge zu erledigen."

Wichtige Dinge! Gaylord hielt die Gedankengänge der Erwachsenen schon lange für unberechenbar. Dennoch war er diesmal erstaunt. Wenn Mami die Erscheinung der Maria als unwichtig abtat, dann lagen sie beide einfach nicht auf derselben Wellenlänge.

Enttäuscht zog er einen Stuhl an den Küchenschrank, kletterte hinauf und fing an, die Etiketten auf den Dosen und Flaschen zu lesen: Pfeffer, Thymian, Curry, Salbei . . .

„Gaylord, was suchst du denn?"

„Ich suche Weihrauch, Mami, aber Myrrhe würde es auch tun", fügte er entgegenkommend hinzu.

„Gaylord! Runter von dem Stuhl, bevor du was zerbrichst."

Er schob seine Unterlippe vor und sprang vom Stuhl. Wenn sie ihn doch machen ließe!

May sagte in einem plötzlichen Anfall von Reue: „Liebling, wenn du die Heiligen Drei Könige spielen willst, könntest du nicht einfach so tun, als ob du den Weihrauch und die Myrrhe bei dir hättest?"

„Es ist kein Spiel, Mami", erklärte Gaylord ungeduldig. „Ich sag dir doch, sie sind da, in der Höhle."

„Wer?"

Jocelyn – soeben auch in der Küche aufgetaucht –, der zuweilen eine gewisse Hellsicht besaß, sah plötzlich eine Chance, seine Frau von dem quengelnden Gaylord zu befreien. Edelmütig sagte er: „Ich werde mit Gaylord zur Höhle gehen und nachschauen, was das nun wieder bedeutet."

„Tu das." May seufzte erleichtert auf; zumindest waren zwei weniger in dem überfüllten Raum.

Jocelyn streckte seine Hand aus, Gaylord ergriff sie. Und sie schritten munter durch das reifüberzogene Gras. „Also, Gaylord", sagte Jocelyn, „nun erzähl mal."

Gaylord erzählte seinem Vater alles noch mal. Der hörte zu und meinte dann: „Nun, wir werden sehen. Aber ich fürchte, du irrst dich, Junge."

Da haben wir's wieder, dachte Gaylord, immer mißtrauisch, diese Erwachsenen! Trotzdem hatte er bei seinem Vater das beruhigende Gefühl, daß der wenigstens bereit war, ihm zu glauben. Denn ganz im Gegensatz zu seiner durch und durch praktischen Mutter hatte Paps sich aus seiner Kindheit noch einen kleinen, unverdorbenen Winkel in seinem Verstand erhalten, der auf Wunder hoffte.

Doch als Jocelyn zur Höhle kam, erkannte er, daß er kein Wunder vor sich hatte. Er sah das junge, verängstigte und wachsame Gesicht, eingerahmt von einem großen Schal. Und er sah das Kind in ihrem Arm.

Die Pose war rührend, ergreifend, zeitlos und biblisch.

Er lächelte, um ihr die Angst zu nehmen. „Wie heißt er?"

„Caradoc", antwortete sie zu Gaylords größter Überraschung.

„Ah, dann sind Sie Mr. Evans' Tochter?"

Sie blickte ihn erstaunt an. „Woher wissen Sie das?"

„Ich habe mich mit ihm unterhalten. Aber warum kümmert er sich nicht um Sie? Wo ist er?"

„Im Krankenhaus in Ingerby, Station sieben."

Jocelyn wünschte, er wäre in der Küche geblieben. „Oje", sagte er. „Was ist denn passiert?"

„Kennen Sie den ‚Fasan', da gibt es eine Stufe, und er hatte etwas zuviel getrunken ..."

„Nein ..., ich war nie im ‚Fasan'."

„Über diese Stufe ist er gestolpert und hat sich ein Bein gebrochen." Sie blickte zärtlich auf das Kind. „Am Heiligabend passiert deinem Opa immer was, weißt du!"

Jocelyn sagte sich, daß die Evans menschlichen Schwächen gegenüber erstaunlich tolerant waren. Laut fuhr er fort: „Sie können hier leider nicht bleiben. Haben Sie keine anderen Verwandten?"

Sie dachte lange nach. „Doch, Mama."

Ein Hoffnungsstrahl. „Und wo ist sie?" fragte er eifrig.

„Mit 'nem Kerl nach Australien abgehauen."

Von Mama konnte man offensichtlich keine sofortige Hilfsaktion erwarten. „Haben Sie gefrühstückt?" Sie schüttelte den Kopf. „Und wie sind Sie hierhergekommen?"

„Zu Fuß", antwortete sie. „Wußte nicht, wohin ich sonst sollte."

„Und was wollen Sie nun tun?"

„Weiß nicht." Sie blickte ihn abschätzend an.

„Aber wenn Ihr Vater im Krankenhaus liegt und Sie mittellos sind, muß es doch irgend jemanden geben ... Das Sozialamt ..."

„Zu Weihnachten? Die werden nicht gerade in ihren Büros sitzen und warten, bis so eine wie ich kommt."

„Und Sie haben tatsächlich nichts gegessen? Aber Sie müssen etwas zu sich nehmen, schon um des Babys willen."

„Würd ich auch, wenn ich was hätte."

Oh, verdammt noch mal, dachte Jocelyn. Er hegte den Verdacht, daß Mr. Evans ihm seine Tochter Maria und seinen Enkel Caradoc untergeschoben hatte. Und er machte sich keine Illusionen darüber, daß Mr. Evans ihn an Schläue weit übertraf. Denn aus welchem Grunde sollte diese junge Mutter an einem frostigen Weihnachtsmorgen in einer abgelegenen Höhle hocken, als daß man ihr und ihrem Kind helfen sollte? Abgesehen davon sah sie selbst für Jocelyns Auge nicht wie eine Landstreicherin aus. Ihre Kleider waren verhältnismäßig sauber, und neben ihr stand eine große Tasche, die vermutlich die Babysachen enthielt. Aber all das war unwichtig. Er sollte stolz darauf sein, daß man ihn für gutmütig hielt. Die Klugen und Bedachtsamen hatten versucht, die Welt zu retten, und waren kläglich gescheitert. Nun waren die Kinder und Narren an der Reihe. Aber mach das mal deiner lieben Frau klar, dachte er bedrückt.

May wandte sich zur Küchentür um und sah ihren Mann in Begleitung einer jungen Frau mit einem Baby im Arm. Die Frau war in einen blauen Schal gehüllt und wirkte sehr still und zart. Ihre Erscheinung erinnerte an alte Gemälde, sie war aber aus Fleisch und Blut.

Plötzlich begriff May, was ihr Sohn versucht hatte zu erzählen.

„May, wir haben zwei weitere Gäste. Maria, das ist meine Frau May", stellte Jocelyn vor.

May schwieg, die unterschiedlichsten Gefühle bestürmten sie – Verblüffung, Empörung, sogar Eifersucht –, als sie hörte, daß ihr Mann dieses fremde Wesen beim Vornamen nannte.

Jocelyn erklärte ruhig: „Ihr Vater ist im Krankenhaus, ihre Mutter in Australien. Sie ist offenbar völlig mittellos."

May sagte tonlos: „Und du bringst sie hierher! Natürlich werde ich ihr etwas zu essen geben. Aber was dann? Wie sollen wir sie wieder loswerden?"

„Vielleicht sollten wir sie gar nicht gleich wieder loswerden. Ich habe sie in einer wirklich hoffnungslosen Lage angetroffen."

„Und warum ist ihr Vater im Krankenhaus?"

„Er ist schwer gestürzt."

„O Jocelyn", stöhnte May und seufzte tief. „Du bist schon ein Narr."

„Ich weiß", gab er nicht ohne einen gewissen Stolz zu. „Sie hat noch nicht gefrühstückt", sagte er nachdenklich.

„Stell den Wasserkessel auf!" befahl May. „Ich werde ihr etwas richten. Und dann möchte ich mit dir reden – allein", fügte sie unheilverkündend hinzu.

John Pentecost stürmte in die Küche. „May, wo ist . . ." Von May keine Spur. Statt dessen saß eine recht hübsche junge Person am Küchentisch, die herzhaft in einen mit Marmelade bestrichenen Toast biß. „Hallo, wer sind Sie?"

Maria Evans hatte, bevor sie sich ans Frühstück machte, ihr Gesicht etwas hergerichtet und den Schal abgenommen, der die Fülle ihres schwarzglänzenden Haars verhüllt hatte. Sie lächelte den alten Mann freundlich an und antwortete: „Ich habe die Nacht in der Höhle am Fluß verbracht, aber zumindest hatte ich ein Dach über dem Kopf. Ich heiße Maria." Dann fügte sie unschuldig dankbar hinzu: „Der Vater des Jungen hat mich hierhergebracht."

„Da hatten Sie ja unerlaubt meinen Privatbesitz betreten, mein Kind." Aber er lächelte, um den Tadel zu entschärfen.

Sie sah ihn erschrocken an. „Oh, das tut mir aber leid."

Er winkte abwehrend mit der Hand. „Machen Sie sich keine Sorgen, es wird nicht mehr lange mein Privatbesitz sein." Er lächelte tapfer. „Ich hoffe, daß man nett zu Ihnen und dem Baby ist?"

„O ja, furchtbar nett."

„Das freut mich."

Er ging ins Wohnzimmer zurück. Ein liebes, hübsches Ding. Aber wie war sie eigentlich ins Haus gekommen? Nun, er würde es bald von May und Jocelyn erfahren. Das Mädchen wollte er nicht durch zu viele Fragen einschüchtern.

Zur selben Zeit stand May ihrem Mann im Schlafzimmer gegenüber. Sie wählte ihre Worte sorgfältig. „Liebling, du hast ein so gutes und weiches Herz, das ist einer der Gründe, warum ich dich liebe. Aber du mußt einsehen, daß wir diese Frau nicht bei uns aufnehmen können."

„Gewiß nicht. Andererseits können wir sie auch nicht fortschicken. Wo soll sie hingehen mit ihrem Baby am Weihnachtstag und in einer Gegend, wo sich Fuchs und Hase gute Nacht sagen?"

„Dann mußt du sie nach Ingerby fahren."

„Und was weiter?"

May schwieg. Dann zuckte sie mit den Achseln. „Das weiß ich auch nicht, Liebling." Sie sah ihn bittend an. „Du hältst mich bestimmt für herzlos. Aber ... Jocelyn, ich trage die Verantwortung für diesen Haushalt. Wir wissen doch gar nichts von dieser jungen Person!" Sie mobilisierte all ihre Kräfte. „Nein, Jocelyn. Ich werde ihr noch eine ordentliche Mahlzeit geben, aber dann mußt du sie nach Ingerby fahren. Es muß doch irgendwelche Leute geben, die sich solcher Geschöpfe annehmen ..., die Wohlfahrt, die Heilsarmee ..."

Natürlich hat May recht, dachte Jocelyn, er aber auch. Sanft beschwichtigte er sie. „May, ich habe ja auch nicht vor, dich darum zu bitten, sie bei uns aufzunehmen, aber ich werde sie für die Nacht in World's End Cottage unterbringen. Es ist unmöbliert, sie kann also keinen Schaden anrichten."

Sie starrte ihn ungläubig an. „World's End Cottage? Nein! Dort wird sie nicht übernachten."

Er hatte sie noch nie so empört, so unnachgiebig gesehen. Aber er sagte ruhig und sachlich: „Es ist genug Brennholz dort, und wir können ihr ein paar Nahrungsmittel und Decken mitgeben. Und morgen fahre ich ins Krankenhaus und werde ein ernstes Wort mit ihrem Vater reden."

„Nein!"

„Bitte, nenne mir deine Gründe."

„Wenn sie sich erst mal im Cottage eingenistet hat, kann niemand voraussehen, wie lange sie bleibt. Fahr sie nach Ingerby, und wir geben ihr etwas Geld für eine Unterkunft."

Jocelyn sagte, als spräche er zu sich selbst: „Gaylord hat wirklich geglaubt, sie sei die Mutter Maria mit dem Jesuskind." May wartete. Er fügte leise und mild hinzu: „Gibt es auch heute noch keinen Raum in der Herberge?"

Sie starrte ihn an, dann durchquerte sie das Zimmer und verließ ihn ohne ein weiteres Wort. Minuten später hörte er die Eingangstür krachend ins Schloß fallen.

Miss Thompson und Gaylord gingen in der Stille des Wintertags spazieren. Sie schlenderten gemächlich, während William fröhlich von einem Kaninchenbau zum anderen raste. „Wirklich schade, daß Mr. Mackintosh nach Schottland gezogen ist, Miß Thompson", eröffnete Gaylord das Gespräch.

Wendy schwieg. Sie wollte an diese traurige Tatsache nicht erinnert werden.

Als Gaylord bereits zur Wiederholung seiner Feststellung ansetzte, fragte sie schnell: „Hast du Mr. Mackintosh gemocht?"

„Nicht sehr", antwortete Gaylord ehrlich. „Aber ich habe gedacht, Sie hätten ihn gern."

„Wenn man's so nennen will – ja, ich glaube schon."

Gaylord warf ein Stück Holz für William, der wie ein Verrückter hinterherjagte, aber nach zehn Metern vergaß, wonach er jagte.

„Miß Thompson?"

„Ja, was ist?"

„Kann Mr. Mackintosh Sie jetzt nicht mehr heiraten . . ., ich meine, weil er in Schottland ist?"

Wendy lachte, aber es klang weniger fröhlich als beabsichtigt. „Er will mich nicht heiraten, Gaylord, und ich will ihn nicht heiraten."

„Ich wette, wenn Paps nicht wäre, würden Sie Mr. Mackintosh gern heiraten."

„Dein Vater? Was hat *der* damit zu tun?" fragte sie. Es klang gequält.

„Nun, ich habe schon zu Mami gesagt, daß ich nicht glaube, daß Sie heiraten wollen, denn dann könnten Sie Paps nicht heiraten, wenn Mami stirbt."

Wendy blieb stehen und suchte nach Worten. Nach einer geraumen Weile sagte sie gepreßt: „Gaylord, hast du das wirklich gesagt?" Plötzlich wurde ihre Stimme scharf. „Es ist sehr ungezogen und frech, so über Erwachsene zu reden."

Gaylord murmelte beleidigt: „Ich habe es nicht frech gemeint, Miß Thompson."

„Nein, verzeih, sicher nicht." Da schoß ihr ein grauenvoller Gedanke durch den Kopf. „Hoffentlich ... war dein Vater nicht dabei, als –"

„O doch. Aber er hat nicht viel gesagt. Das ist so seine Art, wissen Sie."

Aber ich wette, er hat sich eine Menge dabei gedacht, war insgeheim ihr bitterer Kommentar. Mein Gott, wie konnte sie den Pentecosts je wieder in die Augen sehen? Und da kam auch noch Jocelyn mit langen, schlaksigen Schritten auf sie zu. Zu ihrer Erleichterung blieb er nicht stehen, sondern sagte nur kurz: „Hallo, ich bin auf dem Weg zu World's End Cottage, um zu sehen, was May macht."

Jocelyn betrat das Cottage; die nackte Birne verbreitete ein hartes Licht in dem unmöblierten Raum, aber im Kamin brannte ein Feuer, in der Mitte auf dem Boden lagen ein Stapel Decken, eine Tüte mit Eßwaren, und daneben stand eine Milchflasche. „Vielen Dank, May", sagte er demütig.

Sie starrte ihn an, ohne zu sprechen, während sie eine Decke zusammenfaltete.

Er stand linkisch im Türrahmen und hielt sich mit einer Hand am Türpfosten fest, als brauche er eine Stütze.

„Ich weiß, ich weiß –, so ähnlich redete der Bruder des verlorenen Sohnes", entgegnete sie, „aber muß ich denn wirklich immer hintanstehen?"

„O May", stöhnte er, als stieße sie ihm ein Messer ins Herz. „Du weißt doch, daß du in meinem Leben immer an erster Stelle kommst."

XI

Jocelyn wußte genau, was er zu Mr. Evans sagen wollte, er hatte es so sorgfältig geprobt wie eine Tischrede.

Nun war er reichlich verblüfft, als er sah, daß auf Station sieben eine ausgesprochen fröhliche Weihnachtsstimmung herrschte. Eines der Betten schien im Mittelpunkt zu stehen, der Patient darin war von so vielen Besuchern umgeben, daß man ihn nicht sehen konnte. So kam es denn auch, daß Mr. Evans Jocelyn zuerst erblickte.

„Ah, Mr. Pentecost, wie nett von Ihnen, mich zu besuchen!" Er ergriff Jocelyns Hand mit beiden Händen. Nach dieser überschwenglichen Begrüßung mußte sich Jocelyn von allen am Bett des Kranken versammelten Anverwandten die Hand schütteln lassen.

„Ein Täßchen Tee?" fragte ihn einer der Männer. Noch bevor Jocelyn sich bedanken konnte, hatte Mr. Evans einen kräftigen Schuß Whisky in die Tasse gegossen.

„Das ist Ivor", sagte Mr. Evans dann und deutete auf den schmalen, dunkelhaarigen Mann von fragwürdigem Aussehen, und in vertraulichem Ton fügte er hinzu: „Wenn Sie mal einen Wagen brauchen, Mr. Pentecost, wenden Sie sich an ihn. Sie werden es bestimmt nicht bereuen. Noch ein bißchen Whisky?" Und er goß einen weiteren kräftigen Schuß in die Tasse. Wirklich ein herzlicher Empfang. Aber Jocelyn wollte gar keine Herzlichkeit. Er wollte ein strenges Wort mit Mr. Evans reden, und so sagte er mit frostiger Stimme: „Ich möchte Sie gern unter vier Augen sprechen."

Evans sah sehr zufrieden aus, wie er da bequem und entspannt in seinen weißen Kissen lehnte. „Keine Sorge!" sagte er. „Sie können vor meinen Leuten ohne Scheu reden, Mr. Pentecost! Sie sind vertrauenswürdig wie die Bank von England!"

„Ich muß aber allein mit Ihnen sprechen."

„Na gut, dann zieht ab, meine Lieben!" befahl Evans, und seine Schar machte sich davon.

„Worum handelt es sich, Mr. Pentecost?" fragte Evans.

Jocelyn erwiderte: „Ihrer Tochter und Ihrem Enkel habe ich vorübergehend in meinem Haus Zuflucht gegeben, aber sie können dort nicht bleiben. Was gedenken Sie zu tun?"

Mr. Evans sah seinen Besucher erschrocken und leicht enttäuscht an. Er suchte nach Worten. „Ich, Mr. Pentecost? Was soll *ich* tun – mit meinem gebrochenen Bein?“

„Weiß ich nicht. Das ist Ihre Sache. Sagen Sie Ihren Söhnen, daß sie ihre Schwester aufnehmen müssen.“

„Ah, nein, das kann ich nicht, Mr. Pentecost. Sie leben ziemlich primitiv in einem Wohnwagen, wissen Sie. Völlig ungeeignet für eine junge Mutter.“

„Dann schlagen Sie etwas anderes vor. Sobald die Feiertage vorbei sind, das heißt morgen, wollen meine Frau und ich das Haus herrichten und möglichst bald einziehen.“

„Das freut mich ehrlich für Sie. Es muß doch nett sein, ein eigenes Haus zu besitzen, und Sie haben gleich zwei ...“ Evans sah Jocelyn wehmütig an.

Dieser versuchte ruhig zu bleiben. „Aber wir können mit der Arbeit nicht anfangen, solange Ihre Tochter dort wohnt. Sie kann dort nicht bleiben, Mr. Evans.“

„Oh, das seh ich ein“, bemerkte Mr. Evans verständnisvoll. „Also warten wir, bis mein Bein sich bessert. Dann werd ich schauen, was ich tun kann.“

„Mr. Evans, ich kann nicht warten. Ich sagte: *morgen!*“

Aus schierer Verzweiflung hatte der sonst so leise sprechende Jocelyn seine Stimme, ohne es zu merken, erhoben, und nun stürzte zu seinem Entsetzen eine Schwester herein und sagte vorwurfsvoll: „Entschuldigen Sie, aber die Glocke hat schon vor fünf Minuten geläutet, ich muß Sie daher bitten zu gehen.“

„Aber ...“, versuchte Jocelyn einzuwenden.

„Kommen Sie bitte, Sir.“

„Auf bald!“ rief Mr. Evans ihm fröhlich nach.

Jocelyn verließ wortlos die Station.

Vor dem Krankenhaus holte er dreimal tief Luft. Was sollte er bloß May sagen?

Am besten wohl die Wahrheit. „Ich habe nichts erreicht“, berichtete er, als er ihr gegenüberstand.

„Weißt du eigentlich, was es für mich bedeutet, wieder in World's End Cottage einzuziehen?“ fragte sie langsam und betont.

Als er schwieg, gab sie selbst die Antwort: „Ich möchte im Haus meines Mannes und nicht im Haus meines Schwiegervaters wohnen. Verstehst du das?“

„Ich habe immer geglaubt, du seist glücklich hier.“

„Natürlich war ich glücklich hier. Aber jetzt will ich nur das, was jede Frau sich wünscht: ein eigenes Heim."

Er brauchte einige Zeit, um Ordnung in seine Gedanken zu bringen. Schließlich fragte er: „Und du bist nicht bereit zu warten, nicht einmal vierundzwanzig Stunden?"

„Ich habe lange genug gewartet, Jocelyn. Vermutlich hätte ich mich häufiger beklagen sollen, dann würdest du mich jetzt besser verstehen. Aber ich gehöre nicht zu den ewig Klagenden."

„Also, was sollen wir tun?"

„Was wohl? Sie rauswerfen!" Sie verließ das Zimmer und schloß die Tür leise hinter sich.

Er vergrub den Kopf in die Hände. Arme May! Es muß doch einen Ausweg aus diesem lächerlichen, von mir verschuldeten Dilemma geben, sagte er sich voller Bitterkeit. Er würde es überschlafen, und morgen würde er eine Lösung finden. Nichts war unmöglich!

Aber hier irrte er. Für die Jocelyns dieser Welt ist vieles unmöglich. Nach einer langen, schlaflosen Nacht war er so ratlos wie zuvor.

WER kann beim Anblick der aufgehenden Sonne sagen: Heute abend werde ich mich nach einem friedlichen Tag zur Ruhe begeben? Niemand. Ein Tag mag beginnen mit einem lieblichen Tau, einem friedlich von den Schornsteinen sich aufringelnden Rauch. Und dennoch: Gerade solchen Tagen soll man nicht trauen.

Dieser Tag nach Weihnachten war dafür ein gutes Beispiel. Die Pentecosts frühstückten wie üblich; Priscilla würde bald abreisen, die Familie würde wieder unter sich sein; nur Jocelyn und May waren unglücklich, denn jede wie immer geartete Spannung zwischen ihnen war für sie unerträglich. John Pentecost dagegen war bester Laune, er war zurückgekehrt zu seiner täglichen Routine, und die *Times* lag wieder nach zwei zeitungslosen Tagen neben seinem Teller. Es wäre unzutreffend zu sagen, daß es keine Wolken am Pentecostschen Himmel gab. Es gab sie, aber keine war blitz- oder donnergeladen.

Dann öffnete sich die Tür, und Gaylord kam munter ins Zimmer. Und mit ihm trat das Chaos ein.

Gaylords Gewissen hatte sich noch vor Morgengrauen lästig bemerkbar gemacht und gefragt: Wo ist eigentlich das Gold, die Myrrhe, der Weihrauch, die du dieser Maria so leichtfertig versprochen hast? Der Verdacht einer Personenverwechslung war keine Entschuldigung. Ein Versprechen war ein Versprechen!

Wenn sein Gewissen sich meldete, war Gaylord wehrlos. Also hatte er beschlossen, ein anderes Opfer zu bringen: seine Uhr. Nur durften seine Eltern nichts davon erfahren.

Daher war er beim ersten Morgenlicht die Treppe hinuntergeschlichen und durch die Küchentür geschlüpft. Er durchquerte den Hof und erreichte den Waldweg.

Die Welt erwachte allmählich zu neuem Leben, aber noch hingen Nebelfetzen an den Baumkronen, und der Rauhreif glitzerte auf dem Wintergras. Gaylord hatte seinen Schritt beschleunigt, er wollte unbedingt sein Opfer darbringen.

Als World's End Cottage vor ihm auftauchte, blieb er abrupt stehen, und seine Augen weiteten sich; dann drehte er sich jäh auf dem Absatz um und rannte nach Hause. Vergessen war sein Gewissen, denn was er eben gesehen hatte, konnte nur eine Katastrophe von gigantischen Ausmaßen bedeuten.

Gaylords Gesicht glühte vor Aufregung. Er stürmte ins Eßzimmer mit der kaum verhohlenen Schadenfreude, mit der kleine Jungen schlechte Nachrichten verkünden. „Mami! Paps! Ich war am World's End Cottage!"

Sie hielten den Atem an.

„Paps, vor der Tür steht ein riesiges schwarzes Ding und im Garten ein Haufen alter Autos, und das Haus ist voller Menschen!" Er hielt inne, um die Wirkung seiner Worte auszukosten.

Jocelyn starrte seinen Sohn entsetzt an. „Ein riesiges schwarzes Ding? Was für ein Ding?"

„So eine Maschine, mit der man Straßen repariert."

„Eine Teermaschine, Jocelyn? Und all diese Autos ...?"

„Vielleicht die Familie Evans?" bemerkte Jocelyn zaghaft. „Die werden doch nicht – das Haus besetzt haben?"

May starrte ihren Mann an, in ihren Augen glänzten Tränen. Sie sagte bitter: „Keinen Raum in der Herberge, das sagtest du doch, nicht wahr?" Sie stand auf und ging zur Tür. „Ich erwarte nicht von dir, daß du etwas unternimmst", sagte sie mit tonloser Stimme, „weil ich nicht glaube, daß du etwas gegen Hausbesetzer unternehmen kannst."

Der alte Herr, der ganz in seine *Times* vertieft war und die Unterredung nicht mitgehört hatte, blickte bei Mays letzten Worten erstaunt auf. Er sah seinen Sohn vorwurfsvoll an. „Was ist denn los? Du hast doch nicht etwa May geärgert, Jocelyn?"

Jocelyn sagte bedrückt: „Sie ist etwas aufgebracht, Vater, anscheinend sind Hausbesetzer im Cottage."

„Hausbesetzer? Nun, mit denen werden wir im Handumdrehen fertig. Ein paar Schrotladungen, und du wirst sehen, sie laufen davon wie die Hasen." Er sah seinen Sohn an, und sein Optimismus dämpfte sich. „Jammerschade, daß Mackintosh nicht mehr hier ist, der hätte sie im Nu ausgeräuchert."

„Wirklich?" erwiderte Jocelyn gereizt. „Warum sollte ich sie denn vertreiben? Wir haben schließlich zwei Häuser, und sie haben keins."

„Jetzt haben auch sie eins", sagte John Pentecost grinsend.

Er konnte es sich leisten, das Ganze auf die leichte Schulter zu nehmen, denn er fühlte sich durchaus wohl im Zypressenhof. Natürlich müßte er Priscilla noch ein wenig länger ertragen, aber das war auch alles.

Jocelyn ging aus dem Zimmer, verließ das Haus, ohne jemandem Bescheid zu sagen, und schritt den Waldweg entlang.

Gaylord hatte recht. Die Autos gehörten eigentlich alle auf den Schrottplatz. Die Teermaschine war museumsreif, und den ge-

pflegten Rasen verschandelten alte Autositze, ausgeweidete Fernsehapparate und abgefahrene Reifen.

Es war ein trostloser Anblick, und Jocelyn fühlte sich so hilflos wie nie zuvor in seinem Leben. Es war das erste Mal, daß ihm May in einer Krise nicht zur Seite stand, aber es war auch das erste Mal, daß sein unbegrenztes Vertrauen, das jeder Mittelstandsengländer zu der Allmacht der Polizei hegt, erschüttert war. Er befürchtete, daß sie gegen diese entschlossenen Hausbesetzer, die zweifellos behaupten würden, daß sie nur eine Verwandte besuchten, die er selbst einlogiert hatte, nichts ausrichten konnte. Es schien ihm fast unvermeidlich, daß diese Evans sich so lange in World's End Cottage breitmachen würden, bis sie etwas anderes fanden.

Der Gedanke erfüllte ihn mit Wut, und die Wut gab ihm Mut. Er ging energischen Schritts auf die Haustür zu und klopfte energisch.

Maria öffnete. Sie sah ihn mit unschuldigen Augen an und lächelte erfreut. „Oh, Mr. Pentecost, Sie sind es! Kommen Sie doch herein! Ich habe gerade Besuch, ein paar Verwandte, die zu Weihnachten gekommen sind. Sie haben doch hoffentlich nichts dagegen?“

Jocelyn antwortete mit fester Stimme: „Das ist ja schön und gut, aber wenn Sie nicht alle bis zwölf Uhr heute mittag das Haus verlassen haben, rufe ich die Polizei."

Maria sah ihn verdutzt an; tief enttäuscht, wie es schien, fragte sie ungläubig: „Bis heute mittag?"

„Bis heute mittag zwölf Uhr. Und nehmen Sie bloß diesen ganzen Plunder mit!"

Maria starrte ihn fassungslos an. „Plunder?" Sie wies mit einer Handbewegung auf den Garten. „Sie meinen unsere Ware?"

„Nennen Sie es, wie Sie wollen", antwortete Jocelyn kühl.

„Also, wenn Sie durchaus darauf bestehen ... Komisch" – sie zuckte mit den Schultern –, „das hätte ich nicht von Ihnen erwartet." Das Lächeln schwand aus ihrem Gesicht. „Sie waren doch bisher immer so nett zu mir", sagte sie mit schmachtender Stimme.

Jocelyn schwieg. Wie immer, wenn man ihm Vorwürfe machte, fühlte er sich schuldig.

„Kommen Sie also heute mittag in Gottes Namen wieder", fuhr sie nun entmutigt fort. „Sie werden keine Spur mehr von uns vorfinden."

Jocelyn mußte sich alle Mühe geben festzubleiben. „Gut, Sie wissen, was geschehen wird, falls Sie doch noch hier sind." Er drehte sich um und ging davon, ohne sich noch einmal umzusehen.

Er musste sich regelrecht zwingen, mittags wieder zum Cottage zu gehen. Im Grunde seines Herzens wußte er, daß sie noch da sein würden und er zu all seinen anderen Sorgen auch noch die Schmach der persönlichen Niederlage zu tragen hatte. Trotzdem mußte er hingehen. Vielleicht war ein Wunder geschehen, und er würde Haus und Grundstück sauber, aufgeräumt und leer vorfinden. Und falls sie das Haus nicht verlassen hatten, konnte er immer noch entscheiden, was als nächstes zu tun war.

Während er auf das Haus zuging und wußte, daß der Augenblick der Wahrheit nun unmittelbar bevorstand, schloß er ein paar Schritte lang die Augen. Als er sie wieder öffnete, sah er, daß alles ganz genauso war, wie er befürchtet hatte: Da waren die alten Schrottautos, das Durcheinander im Garten, die schwarze Teermaschine, und vom Schornstein des Hauses stiegen Rauchwolken auf. Er klopfte an. Die Tür öffnete sich einen Spalt, und er sah Ivor Evans' schmales weißes Gesicht mit Schnurrbart, ehe dieser ihm die Tür vor der Nase zuschlug.

Am nächsten Morgen nahm Priscilla May beiseite. „Meine Liebe, mir scheint es höchst unwahrscheinlich, daß ihr in der allernächsten Zukunft ins Cottage umziehen könnt. Und daher wollte ich dir einen Vorschlag machen."

„Ach, wirklich?" sagte May; es klang nicht gerade begeistert.

„Du brauchst nicht gleich wie ein Igel deine Stacheln aufzustellen", fuhr Tante Priscilla in einem besänftigenden Ton fort, der May erst recht aufbrachte. „Ich will dich ja nur entlasten. Wie wär's, wenn du und ich abwechselnd kochen, und am Sonntag können die Männer uns verpflegen. Es würde ihnen guttun, glaub mir."

„Tante Priscilla, Jocelyn kann nicht einmal ein Ei kochen. Und mein Schwiegervater hat in seinem Leben nie einen Herd angerührt."

„Dann ist es höchste Zeit, daß sie es lernen."

„Vielleicht. Nur werden sie es nicht tun. Ich bilde mir ein, daß ich diesen Haushalt die ganzen Jahre recht gut geführt habe, und wenn du gestattest, Tante Priscilla, werde ich dies auch weiterhin tun."

„Ja, ja", sagte Tante Priscilla nachdenklich. Dann fügte sie mit einem merkwürdigen Lächeln hinzu: „Es ist ein Jammer, daß eine so charakterfeste und kluge Frau wie du sich für drei verwöhnte Männer so abrackert."

Nur mit größter Anstrengung gelang es May, ruhig zu antworten. „Meinst du, daß ich in einem Büro nützlichere Arbeit verrichten würde, Tante Priscilla?"

Tante Priscilla seufzte. „Oh, ich schweige ja schon. Aber einen kleinen Punkt möchte ich doch noch klären."

„Ja?" Nach Mays Erfahrungen erwiesen sich Priscillas „kleine Punkte" zumeist als vergiftete Pfeile.

„Folgendes, meine Liebe. Vor Weihnachten hat Jocelyn mir gesagt, ich könne so lange bleiben, wie ich wolle, was ich sehr nett von ihm fand. Dann hat mein Bruder mir auf seine unnachahmliche Weise klargemacht, daß ich hier unerwünscht bin, hat aber hinzugefügt, daß ich bleiben könne, bis ihr umzieht. Und jetzt will ich von dir wissen, ob es dir recht ist, daß ich bis zu eurem Umzug bleibe."

Nein, es war May ganz und gar nicht recht. Andererseits wollte sie die alte Frau auch nicht vor den Kopf stoßen, daher sagte sie: „Natürlich mußt du bleiben, Tante, dies ist das Haus meines Schwiegervaters und ..."

„Du hast meine Frage mißverstanden, May. Ich habe dich gefragt, ob dir mein Bleiben recht ist."

May sah der alten Dame geradewegs ins Gesicht. „Das ist eine andere Frage, Tante Priscilla."

„Ich verstehe. Das war eine klare Antwort. Du bist eine sehr aufrichtige Frau, May, und dafür respektiere ich dich." Plötzlich zückte sie ihr Taschentuch und eilte aus dem Zimmer.

„O nein", stöhnte May. Nun war sie wütend auf sich selbst. Man bringt keine alten Damen zum Weinen. Sie hätte ihren Standpunkt taktvoller darlegen können.

„Verflixt noch mal!" schimpfte Jocelyn, über seinen Notizblock gebeugt.

Er konnte nicht schreiben! Heute war einer jener seltenen schrecklichen Tage, an dem die wirkliche Welt die fiktive aus seinen Gedanken verdrängte. Die Evansfamilie hatte sich nicht vom Fleck gerührt. Er war schon am frühen Morgen zum Cottage hinuntergegangen, und seinen Augen hatte sich der gleiche trostlose Anblick geboten. Die Ausweglosigkeit der Situation hing zwischen ihm und May wie eine schwarze Wolke.

Die Tür zu Jocelyns Arbeitszimmer wurde aufgerissen, May stürmte herein, sank auf einen Stuhl und brach in Tränen aus.

Wenn May weinte, dann war sie wirklich mit den Nerven am Ende.

Jocelyn erhob sich, stellte sich vor sie hin und nahm ihre Hände. „Liebling, was ist denn nur geschehen?" fragte er und blickte sie besorgt an.

„Ich habe Tante Priscillas Gefühle verletzt."

„Ich ahnte nicht, daß sie welche hat", entgegnete er leichthin.

May schneuzte sich umständlich. „Ich habe ihr zu verstehen gegeben, daß es mir recht wäre, wenn sie nicht noch länger bliebe. Woraufhin sie in Tränen ausbrach und nach oben lief. Jetzt packt sie vermutlich schon ihren Koffer, die arme alte Frau."

Er sagte: „Nimm dir die Sache nicht so zu Herzen, May. Wenn sie nicht ständig versuchen würde, uns alle herumzukommandieren, hättest du gegen ihr Bleiben nichts."

„Ich besitze so viel, und sie hat so wenig." Sie seufzte tief. „Ich werde zu ihr gehen und versuchen, die Sache wieder einzurenken."

Jocelyn setzte sich an seinen Schreibtisch. Er hatte immer schon gewußt, daß es hoffnungslos war, die Welt zu verbessern, und hatte daher versucht, aus sich selbst einen besseren Menschen zu machen. Viel hab ich erreicht mit meiner Gefühlsduselei, dachte er bitter. Die einzige Möglichkeit, seine Fehler wiedergutzumachen, war, das Cottage zurückzubekommen. „Ich werde energisch etwas unternehmen", dachte er laut.

Aber was?

TANTE PRISCILLA stand über ihren Koffer gebeugt. Bei Mays Eintritt hob sie ihr tränenüberströmtes Gesicht. „Ach, du bist's", flüsterte sie tonlos.

May trat unglücklich und zögernd auf sie zu und sagte: „Entschuldige, Tante Priscilla, es war nicht so gemeint, bitte, stell den Koffer wieder weg."

Priscilla setzte sich aufs Bett und sagte: „Zu spät, May, ich habe mir bereits ein Taxi bestellt und bin fertig mit Packen." Dann setzte sie mit einer sehr viel weicheren Stimme hinzu: „Hast du je darüber nachgedacht, wie sich eine alte Jungfer fühlt? Einsam, meine Liebe. Und ihre größte Versuchung ist, sich unter die Herde zu mischen."

May lachte gequält. „Ich wünschte, du würdest dich weiterhin unter unsere Herde mischen, Tante Priscilla."

„Nein, das wünschst du nicht, meine Liebe. Und glaub mir, es gibt eine sehr wichtige Regel für Menschen in meiner Lage: Bleib nie in einem Haus, in dem du nicht willkommen bist, denn wenn du es tust, degradierst du dich selbst." Sie zwang sich zu einem dünnen, tapferen Lächeln, richtete sich auf und schloß ihren Koffer, als ein Hupen ertönte. „Ah, das wird mein Taxi sein."

„Aber du kannst doch nicht einfach so gehen!" rief May. „Du hast niemandem auf Wiedersehen gesagt."

„Ich werde Jocelyn und meinem lieben Bruder schreiben. Adieu, meine Liebe."

Sie gab May einen Kuß und ließ sie weinend im Schlafzimmer zurück.

XII

JEDEN Morgen ging Wendy Thompson in die Schule, jeden Abend kehrte sie traurig heim, aß einsam ihre Mahlzeit, las, betrachtete den grellen Spiegel der Welt auf der Mattscheibe, ging zuweilen mit anderen unverheirateten Frauen zu Vorträgen und schließlich allein zu Bett. Die einzigen Lichtblicke in ihrem Leben waren die närrischen oder sonderbaren Einfälle ihrer Schüler und Schülerinnen und ein kurzer Brief von Duncan Mackintosh.

Duncan schien glücklich zu sein, soweit seine strenge Art ihm das erlaubte. Er atmete schottische Luft, das große Gut gefiel ihm, er hatte viel zu tun.

Dennoch, klang nicht ein wenig Einsamkeit, eine gewisse Melancholie durch? fragte sich die arme Wendy. Vermißte er da oben vielleicht doch jemanden?

Seltsamerweise hatte er Julia nicht erwähnt, das Thema, das Wendy am meisten interessierte. Und ihre postwendende Antwort, in der sie ihm fast überschwenglich für seinen Brief gedankt und sich nach Julia erkundigt hatte, war ohne Antwort geblieben.

Sie wartete und wartete, während sich in der Natur der uralte Wechsel von Winter zu Frühling vollzog: Schnee, Frost, Regen, bitterkalte Winde, die die allzu kecken Osterglocken peitschten, wechselten mit unerwartet warmen Sonnenstrahlen, die den Schnee in glitzernde Bäche verwandelten. Doch langsam siegte der Frühling, die ersten Schlüsselblumen blühten, während die Narzissen bereits bescheiden, aber triumphierend ihre Pracht entfaltet hatten.

Wendy dachte an World's End Cottage. Der Weg würde bald mit weißen Kirschblüten übersät, der Garten ein Meer von Farben sein. Und das Haus selbst, dachte sie, war unter Mrs. Pentecosts geschickten Händen sicher zu einem behaglichen, heiteren Heim geworden. Etwas, das der arme Duncan nie fertiggebracht hatte, selbst wenn ihm daran gelegen gewesen wäre. Sie blickte aus dem Fenster. Es war einer jener englischen Frühlingsabende, an denen die Vögel, die Blumen und das noch ungewohnte lange Tageslicht die Menschen ins Freie locken. Aber kaum traten sie vor die Tür, scheuchte ein bösartiger, schneidender Wind sie wieder ans Kaminfeuer zurück, nur die Augen konnten sich von dem verführerischen Zauber der abendlichen Landschaft nicht lösen.

Ein Wagen bog in ihre Straße ein, die prächtige Karosse glänzte im letzten Sonnenlicht. Wendy war überrascht. Sie verstand zwar nichts von Autos, aber einen Rolls-Royce erkannte sogar sie. Es war das erste Mal, daß sie einen Rolls-Royce in ihrer kleinen Straße sah. Wer von ihren Nachbarn erwartete wohl so vornehmen Besuch?

Der Wagen hielt sanft und lautlos wie ein Schmetterling, der sich auf ein Blatt niederläßt – und das erstaunlichste war, er hielt vor ihrer Gartentür!

Es mußte ein Irrtum sein. Doch jetzt sprang ein Chauffeur in taubengrauer Uniform heraus, riß den hinteren Wagenschlag auf und streckte die Hand aus, um einem weiblichen Wesen beim Aussteigen behilflich zu sein. Doch es hüpfte schon behende heraus, stieß die Gartentür auf und rannte zur Haustür, an die es fröhlich pochte.

„Julia!“ rief Wendy, lief in die Diele und riß die Haustür auf. Julia stürzte sich in ihre Arme. „Ich darf ... nicht so schnell laufen“, keuchte sie. „Aber eben konnte ich nicht anders.“ Sie strahlte.

„Aber ... Liebling, was tust du in unserer Gegend und – in einem Rolls-Royce?“

„Onkel Édouard hat mich mitgenommen, er sitzt im Wagen. Er hat gesagt, wir hätten genügend Zeit zum Verrücktspielen.“ Sie blickte Wendy fragend an. „Ich hab nicht recht verstanden, was er damit meinte. Verstehen Sie es?“

„Ich glaube schon“, antwortete Wendy leise. „Aber ...“ Sie führte das Mädchen ins Wohnzimmer. „Du kannst also wieder gehen ... und sogar rennen?“

Julia nickte glücklich. „Onkel Édouards Freund, der Chirurg in Paris ..., hat es gerichtet, und er ist außerdem furchtbar nett.“

Wendy lag eine Frage auf der Zunge, und sie stellte sie, obwohl sie wußte, daß die Antwort ihre Freude trüben könnte. „Und ... darfst du tanzen?“

Ein kleiner Schatten glitt über das Gesicht des Kindes, flüchtig wie ein Wölkchen an einem strahlenden Morgenhimmel. „Vielleicht. Aber Onkel Édouard sagte, eine Primaballerina würde ich wohl nicht werden ...“

„O Julia.“ Sie nahm den Kopf des Mädchens zwischen ihre Hände und drückte den dunklen Haarschopf liebevoll an die Brust. „O Julia, ich freue mich so, dich wiederzusehen, und ich bin so glücklich, daß du wieder gehen und laufen kannst.“ Aber es gab noch eine andere Frage, die sie stellen mußte. „Und wie geht es deinem Vater?“

„Es geht ihm gut“, antwortete Julia und fügte mit leuchtenden Augen hinzu: „Er will wieder heiraten. Ist das nicht aufregend, Miß Thompson?“

„Ja ..., ja, sehr aufregend“, stotterte Wendy. Sie blickte aus dem Fenster.

Der Chauffeur war jetzt zu der anderen hinteren Wagentür gegangen und hielt sie auf. Monsieur Édouard Bouverie stieg aus und näherte sich der Eingangstür.

Gleich darauf stand er lächelnd auf der Schwelle, beugte sich über Wendys Hand und küßte sie. „Nun, was halten Sie von unserer kleinen Pawlowa? Habe ich Ihnen nicht gesagt, daß mein Freund ein Genie ist?"

„Es ist einfach wundervoll. Treten Sie ein, Monsieur. Es war ganz reizend von Ihnen, bei mir vorbeizukommen." Sie hoffte, daß sie keinen Unsinn redete, sie kam sich vor wie eine Schauspielerin, die unerwartet eine ungeprobte Rolle spielen mußte. Duncan heiratete also wieder? Noch vor einer Sekunde hatte das Schicksal sie mit Glück und Freude überhäuft, und in der nächsten hatte es einen Traum mit einem Schlag grausam zerstört.

„Ich hätte Sie natürlich auch anrufen oder Ihnen schreiben können, aber da ich sowieso nach London mußte, habe ich gedacht, ich mache diesen kleinen Umweg. Ich wollte Ihre Freude mit eigenen Augen sehen." Édouard lächelte.

„Ich bin Ihnen mehr als dankbar", antwortete sie und versuchte, sein Lächeln zu erwidern, was ihr jedoch nur sehr unvollkommen gelang. „Und Julias Vater . . ., ist er nicht außer sich vor Freude?"

„Ja, natürlich, obwohl er so tut, als billige er die Sache nicht ganz."

Wendy schluckte krampfhaft. „Julia hat mir erzählt, er heirate wieder?"

„Ja", entgegnete er. Eine Silbe, und der letzte Hoffnungsstrahl verlosch. Édouard sah sie verständnisvoll an. „Sie hätten gut zu ihm gepaßt, Miß Thompson."

„Ich?" Sie lachte nervös. „Zugegeben, ich wäre gern die Mutter von Julia geworden. Aber . . . Duncans Ansprüchen hätte ich nie genügt."

„*Ich* wollte, daß er Miß Thompson heiratet", mischte sich Julia ein.

„Du bist ein gescheites Kind", sagte Édouard. Er wandte sich wieder an Wendy. „Ich fahre jetzt zu meinem Schwager. Ich habe zwar für Julia und mich ein Hotelzimmer bestellt, aber wenn Sie ein Gastbett haben, lass' ich sie gern hier und hole sie morgen gegen elf Uhr wieder ab."

„Oh, das wäre natürlich großartig, nicht wahr, Julia?"

„Ganz toll. Können wir gebackene Bohnen auf Toast essen? Das gibt es nämlich nicht in Schottland."

„Was immer du willst, Liebling", entgegnete Wendy fröhlich. Bis morgen elf Uhr würde sie die Zukunft vergessen und die Gegenwart genießen.

Gaylord versuchte in der Abenddämmerung, seinem Hund William die Rettung von Reisenden, die sich im Schnee verirrt hatten, beizubringen.

Obwohl William eine leere Coca-Cola-Dose am Hals trug, begriff er nicht, was man von ihm verlangte. Vielleicht weil er ein Bobtail und kein Bernhardiner war; oder weil weit und breit kein verirrter Reisender zu sehen war; oder einfach, weil es keinen Schnee gab. Gaylord hatte nämlich von der löblichen Tätigkeit der Bernhardiner erst Mitte April gehört.

Zuletzt beschloß er aber doch – schon aus Fairneß William gegenüber –, auf den nächsten Schneefall und auf verirrte Reisende zu warten. Er wollte sich gerade in Trab setzen, als er ein leises Summen hinter sich hörte. Er drehte sich um und sah, daß ein Rolls-Royce majestätisch auf ihn zuglitt.

Der Rolls-Royce hielt, der Chauffeur öffnete die hintere Wagentür. „Komm, steig ein, Gaylord!“ rief eine Stimme. Gaylord und William sprangen ins Innere. Der Chauffeur warf stumm einen anklagenden Blick gen Himmel und setzte sich resigniert ans Steuer. Onkel

Édouard streichelte den aufgeregten William und lächelte Gaylord freundlich zu. *„Comment ça va, mon brave?"*

„Prima, danke", antwortete Gaylord.

„Freut mich. Aber warum hast du dem armen Hund eine Coca-Cola-Dose um den Hals gebunden?"

„Wir haben nach Reisenden gesucht, die sich im Schnee verirrt haben. In der Dose ist die Erste-Hilfe-Ausrüstung. Leider haben wir keine Opfer gefunden."

„Wie schade." Édouard überlegte. „Vielleicht", sagte er, „habt ihr keine gefunden, weil kein Schnee liegt ..."

„Könnte sein", gab Gaylord nachdenklich zu. Er mochte Großonkel Édouard. Der wußte immer sofort, was man meinte.

Édouard sog an seiner Zigarre. „Gefällt es dir in World's End Cottage?"

„Wir wohnen noch nicht in World's End Cottage", erwiderte Gaylord. „Mr. Evans und seine Familie sind dort."

Édouard blickte ihn verwirrt an. „Aber ich dachte ..., und wer ist Mr. Evans?"

„Ein Waliser Eremit."

Édouard sagte, nunmehr völlig verwirrt: „Normalerweise haben Eremiten keine Familie."

„Mr. Evans hat aber eine", erklärte Gaylord vertraulich. „Eine Frau der Familie heißt Maria, und sie hatte ein Baby bei sich zu Weihnachten."

„Mon Dieu!" Édouard klang tief beeindruckt. „Und dein Vater erlaubt ihnen, in World's End Cottage zu wohnen?"

„Eigentlich nicht. Mami will nämlich unbedingt in dem Cottage wohnen, Paps auch, aber nicht so unbedingt, und deshalb ist Mami sauer auf Paps."

„Schlimm, schlimm. Ah, wir sind angekommen! Kannst du mit William hinausspringen und Bescheid ... Ach, da ist ja schon dein Großvater. John, alter Freund!" rief er.

John hatte den Rolls-Royce mit einigem Mißtrauen betrachtet, aber nun eilte er herbei. „Édouard, du kommst gerade zur rechten Zeit für einen Whisky." Er faßte den Franzosen beim Ellbogen und führte ihn ins Haus. Fünf Minuten später saßen sich die beiden alten Herren gegenüber mit einem Whiskyglas in der einen, einer Zigarre in der anderen Hand und einem zufriedenen und glücklichen Gesichtsausdruck. „Was führt dich in unsere Gegend?" fragte John.

„Ich habe einen kleinen Umweg auf meiner Fahrt nach London gemacht. Und bevor ich's vergesse, Dorothea läßt euch alle herzlich grüßen."

„Vielen Dank. Du bleibst natürlich über Nacht. May wird eins der Gastzimmer herrichten."

„Ich denk nicht im Traum daran, euch zur Last zu fallen, ich habe im ‚Royal' ein Zimmer reserviert."

„Das wird May dir übelnehmen."

„Unsinn, May ist viel zu vernünftig, um ihre Zeit mit Übelnehmen zu vergeuden."

„Stimmt – normalerweise. Aber in letzter Zeit ist sie nicht ganz sie selbst. Diese Sache mit World's End Cottage ..."

World's End Cottage? Ein Waliser Eremit mit Familie? Es war alles höchst verwirrend. „Gaylord hat mir von einem gewissen Evans erzählt. Aber Kinder bringen ja alles leicht durcheinander. Also, was ist nun wirklich geschehen?" fragte Édouard.

„Ja, hm." John strich vorsichtig die Asche seiner Zigarre am Aschbecherrand ab. „Du kennst doch Jocelyn!"

„Ja, reizender Mann."

„Schon", entgegnete John. „Er ist bestimmt reizend, aber er lebt zumeist in seiner eigenen Welt." Er senkte die Stimme. „Unter uns gesagt, alter Knabe, war er unserer modernen Zeit nie ganz gewachsen. Aber seit dieser Flugzeuggeschichte ist er völlig durchgedreht."

„Ah, ja ..., ich verstehe", sagte Édouard, der noch immer nichts verstand. „Verzeih ..., von welchem Flugzeug sprichst du?"

„Von dem entführten, in dem er nicht war. Statt seinem Schöpfer zu danken, ist er übergeschnappt und versucht, die Menschheit zu retten ..., ich bitte dich!" Er richtete seine Zigarre auf Édouards Brust, um seiner Erklärung Nachdruck zu verleihen. „Und ich bin sicher, das ist der Grund, warum er den Hausbesetzern gegenüber so schlapp ist. Er hat nichts getan, um sie zu vertreiben. Oder er hat etwas getan, aber nichts erreicht."

Édouard nickte verständnisvoll, beschloß aber, vor seiner Abfahrt sich alles von May erklären zu lassen, was sie mit fünf knappen Sätzen tat. Arme May, dachte er, als er fortfuhr. Er gab seinem Chauffeur eine neue Anweisung und nahm das Autotelefon. Fünf Minuten später wurde er am Anfang des Waldweges abgesetzt.

Édouard ging langsam den Weg entlang. Er war entsetzt. Wo er hinsah, lagen Abfälle, Autoteile, abgefahrene Reifen und aufgeschlitzte Matratzen herum. Sogar wenn man die Hausbesetzer vertreiben könnte, würde es einige Zeit dauern, um dieses Zeug fortzuschaffen. Und mit jedem Tag, den der arme Jocelyn tatenlos verstreichen ließ, würde es schlimmer werden, würden die Hausbesetzer schwerer zu vertreiben sein. Er schüttelte traurig den Kopf und ging nachdenklich zu seinem Wagen zurück.

Wendy Thompson schloß das Märchenbuch und sah lächelnd das kleine Mädchen an. Dann zwang sie sich, eine Frage zu stellen, vor deren Antwort sie sich fürchtete. „Gefällt dir die Dame, die dein Vater heiraten wird?"

„Sie ist nicht so lieb wie Sie, Miß Thompson. Ich wünschte, er würde *Sie* heiraten."

„Ich auch, Liebling. Aber dein Vater tut sicher das Richtige."

Julia schien das zu bezweifeln. Wendy sagte munter: „Wir haben morgen früh noch Zeit für uns bis elf Uhr. Also, überleg dir, was du da tun möchtest, und nun schlaf gut." Sie beugte sich zu ihr hinunter und gab ihr einen Gutenachtkuß. Julias Probleme waren dank Monsieur Bouverie gelöst, während ihre eigenen weiterbestehen würden.

Das Gefühl eines endgültigen Verlustes verstärkte sich noch am nächsten Morgen, als Monsieur Bouverie Julia abholen kam, denn beim Abschied legte er seine Hände auf ihre Schultern, zog sie an sich und küßte sie liebevoll auf die Wange. „Adieu, meine Liebe, ich wünschte, mein Verwalter würde Sie heiraten." Er nahm Julia bei der Hand und wandte sich zum Gehen. Dann ließ er Julias Hand los und kam noch einmal zurück. „Der Mann ist ein Narr", flüsterte er und ging ohne ein weiteres Wort.

„Ich muß etwas unternehmen", hatte Jocelyn gesagt. „Ich muß irgend etwas tun." So ging es nun schon wochenlang. May drängte ihn nicht, sie erwähnte World's End Cottage mit keinem Wort. Der Bruch zwischen ihnen war da. Vorbei das gemeinsame Lachen, vorbei die liebevollen Neckereien; statt dessen behandelten sie einander mit kühler Höflichkeit. Jocelyn litt unter seiner Schwäche und Unzulänglichkeit. Irgendwie mußte es doch möglich sein, diese Schmarotzer aus seinem eigenen Haus zu vertreiben. Aber wie? Er wußte es nicht, und niemand schien bereit, ihm mit Rat und Tat beizustehen.

Zwar gab ihm die Tatsache, daß er vor Jahren das Cottage für eine gewisse Summe Geldes gekauft hatte, das unleugbare Recht, diese Taugenichtse zu vertreiben. Andererseits hatten er und seine Familie bereits ein Zuhause und diese Leute nicht.

Er legte seinen Füllfederhalter nieder, ging langsam zum Fenster und seufzte.

Es war ein herrlicher Apriltag, und dennoch quälten ihn Schuldgefühle und ein schlechtes Gewissen.

Ein Auto kam die Straße entlang. Ein Range-Rover. Er hielt vor der Tür, und ein Mann im vertrauten Tweedanzug stieg aus – Duncan Mackintosh! Was wollte denn der hier? Warum blieb er nicht in Schottland, wohin er gehörte?

Aber – was ging's ihn an? Wenn Duncan in dieses Haus kam, dann sicher nur, um seinen alten Arbeitgeber zu besuchen. Jocelyn kehrte zu seinem Schreibtisch zurück. Ich jedenfalls, dachte er, muß ihn nicht begrüßen.

Aber wie so oft hatte Jocelyn die Lage falsch beurteilt. Es klopfte an seine Tür. „Herein!" rief er.

Duncan stand auf der Schwelle. „Guten Morgen, Mr. Pentecost. Ihre Frau hat mich gebeten, ich solle Sie aufsuchen. Hoffentlich störe ich nicht?"

Jocelyn erhob sich und reichte ihm die Hand. „Natürlich nicht. Setzen Sie sich. Sie sind sicher gekommen, um meinen Vater zu sehen."

„Ich werde mich natürlich bei Ihrem Herrn Vater melden, aber mein Besuch gilt Ihnen."

„Ach, wirklich?" Er bot Duncan einen Stuhl an und setzte sich selbst. „Und was kann ich für Sie tun, Mr. Mackintosh?"

„Hm, es geht eher darum, was ich für Sie tun kann, Mr. Pentecost."

„Für mich?" Jocelyn wollte nicht, daß irgend jemand irgend etwas für ihn tat, ganz besonders nicht Duncan Mackintosh.

„Ich habe gehört, Sie hätten Ärger mit Hausbesetzern. Da könnte ich Ihnen zur Hand gehen. Die Sache ist doch ganz einfach, Mr. Pentecost."

„Ach, wirklich?"

„Die Leute haben keine Rückzugsmöglichkeit. Hinter dem Cottage ist dichtes Buschwerk, und dahinter kommt gleich der Fluß. Wenn wir also den Waldweg sperren würden, können sie kein einziges Schrottauto mehr verkaufen und ihre Teermaschine nicht mehr zum

Einsatz bringen. Sie werden Sie anflehen, abziehen zu dürfen, um woanders ihr Brot zu verdienen."

Den friedlichen Jocelyn überkam jähe Wut. Er sagte in einem eisigen Ton: „Für Sie, Mr. Mackintosh, ist alles einfach, nicht wahr? Und das ist wohl der Grund für Ihre unerträgliche Arroganz."

Duncan sah ihn verblüfft an. „Arroganz? Sie finden mich arrogant?" fragte er fassungslos.

„Ja, in höchstem Maße. Sie wissen alles, und Sie haben immer recht. Aber das ärgerlichste ist, daß Sie ohne diese Selbstüberschätzung nicht nur ein tüchtiger, sondern auch ein sehr netter Kerl wären. Ich bin Ihnen für Ihre Hilfsbereitschaft wirklich sehr dankbar, aber ich werde sie unter keinen Umständen annehmen."

Duncan Mackintosh war völlig verdattert. Dann richtete er sich im Stuhl auf und lachte unsicher. „Jetzt sind Sie aber arrogant, Mr. Pentecost. Alleine werden Sie die Leute nicht los."

„Vielleicht will ich sie nicht loswerden."

Duncan sah ihn verständnislos an. „Aber es ist *Ihr* Haus."

„Ich habe noch ein anderes, während diese Leute obdachlos sind."

„Also, Mr. Pentecost, verzeihen Sie, wenn ich das sage, aber ich habe in meinem ganzen Leben keinen solchen Unsinn gehört. Diese Leute sind Tagediebe, sie nützen Sie auf die übelste Weise aus."

„Vielleicht hat man ihnen nie die Chance gegeben, etwas anderes als Tagediebe zu sein. Aber reden wir nicht weiter darüber, Mr. Mackintosh. Ich brauche Ihre Hilfe nicht. Wenn ich eines Tages beschließe, daß die Leute nicht mehr länger bleiben können, dann werde ich sie mir vom Halse schaffen, ohne die Unterstützung von anderen."

Duncan sah ihn an und schüttelte traurig den Kopf. „Das schaffen Sie nie."

„Das wird sich erweisen", erwiderte Jocelyn kühl.

ÉDOUARD BOUVERIE hatte zu Duncan gesagt: „Wenn Sie schon hier unten sind, besuchen Sie doch diese nette Lehrerin, wie heißt sie noch? Ach ja, Wendy Thompson. Ich weiß, daß sie Ihnen sehr zugetan ist."

Duncan hatte darauf nicht geantwortet, sich aber im stillen gedacht, daß er für *diesen* Besuch bestimmt keine Zeit finden würde. Er hatte nicht die geringste Lust, mit Miß Thompson wieder Fühlung aufzunehmen. Das Verhältnis zu ihr war immer gespannt gewesen, aber als *sie* ihm dann auch noch einen Heiratsantrag gemacht hatte . . .

Nein, diesem Risiko würde er sich nicht ein zweites Mal aussetzen.

Die Unterredung mit Jocelyn war ihm an die Nieren gegangen. War er wirklich ein arroganter Besserwisser? Jocelyn hielt ihn offensichtlich dafür.

Er war verstört, obwohl er es sich selbst nicht eingestand, und deshalb brauchte er jemanden, der Balsam auf seine Wunde träufelte und ihm sagte, daß er ein feiner Kerl sei. Denn daß ein Mann von seinem Kaliber von einem wie Jocelyn heruntergeputzt und kritisiert wurde, überstieg wirklich die Grenze des Erträglichen. Sein Range-Rover fand, ohne daß er ihn bewußt in die Richtung gelenkt hätte, den Weg nach Ingerby, bog in Miß Thompsons Straße ein und hielt vor ihrer Tür.

Als sie ihm öffnete, merkte er zu seinem Ärger, daß er sie verlegen anlächelte und gleichzeitig in ihrem Gesicht nach irgendwelchen Zeichen der Wiedersehensfreude suchte, aber nichts dergleichen fand. Sie blickte ihn nur kühl und leicht verwirrt an.

Nach einem kurzen Schweigen sagte sie: „Ach, Sie sind es, Duncan, kommen Sie herein?“ Es klang mehr wie eine Frage als wie eine Aufforderung.

„Vielen Dank“, sagte er.

Sie schloß die Tür hinter ihm. „Tee?“

„Das wäre sehr nett von Ihnen“, sagte er kleinlaut.

Sie führte ihn ins Wohnzimmer. „Setzen Sie sich. Ich bin gleich wieder da.“

Er sah sich in dem gemütlichen Raum um und blickte auf die vielen unnützen Dinge, die er unter dem Begriff „weiblicher Krimskrams“ zusammenfaßte.

Wendy kam mit einem vollbeladenen Tablett zurück. Sie hatte sich von dem Schrecken erholt, aber ihr Benehmen war so spröde wie das Kristallglas im Büfett. „Es war sehr nett, Julia wiederzusehen“, sagte sie.

„Dieser Franzose hat ein Wunder vollbracht“, gab er großmütig zu.

„Wie ich von Julia hörte, macht Ihnen die Arbeit in Schottland Spaß“, fuhr sie fort und reichte ihm eine Tasse Tee.

„Ja, viel Spaß, das muß ich sagen.“

„Das freut mich. Ein Stück Kuchen?“

„Ja, bitte. Der sieht gut aus.“

„Er *ist* gut“, antwortete sie mit der Stimme eines Menschen, der sich jede Gönnerhaftigkeit verbittet. Und nun, dachte sie, bist du an der

Reihe – ich habe meinen Teil zur Unterhaltung beigetragen. Ich habe dich geliebt und dich verloren. Warum soll ich mir noch Mühe geben? Sie trank ihren Tee, aß ihren Kuchen und schwieg.

Nach einiger Zeit sah Duncan sie an, zuerst erwartungsvoll, dann bittend, zum Schluß verzweifelt. „Wie war das Wetter in England?" fragte er betreten.

„Scheußlich." Sie schwieg wieder, dann fügte sie munter und mit einem Anflug von Koketterie hinzu: „Aber das ist es ja meistens, nicht wahr?"

„Hm." Auch er aß seinen Kuchen. Aber er war zu aufrichtig, um zu verschweigen, warum sein Range-Rover ihn gerade zu ihr gebracht hatte. „Miß Thompson, ich war heute bei Mr. Jocelyn Pentecost, um eine kleine geschäftliche Angelegenheit mit ihm zu besprechen."

„Ach, wirklich?" Wendy war überrascht. Sie hatte immer geglaubt, daß Jocelyn und Duncan sich nach Möglichkeit aus dem Weg gingen.

„Er ist ein seltsamer Mann."

„Jocelyn? Inwiefern?"

Nach einer längeren Pause sagte er: „Miß Thompson, halten Sie mich etwa auch für arrogant?"

„Warum? Hält jemand Sie dafür?"

„Mr. Jocelyn Pentecost ..." Duncan verzog den Mund.

„Und was hat er noch gesagt?"

In einem plötzlichen Anfall von Ärger und Selbstmitleid überstürzten sich fast seine Worte. „Er hat mir gesagt, ich würde denken, ich sei immer im Recht und wüßte alles besser – wenn das nicht wäre, könnte ich ein ganz netter Kerl sein. Ich war nicht gerade sehr erfreut, Miß Thompson."

„Das kann ich mir vorstellen." Sie sah ihn an, wie er hoffnungsvoll wartend vor ihr saß. Natürlich bist du nicht arrogant, Duncan, und natürlich auch nicht rechthaberisch – das wollte er von ihr hören. Aber sie war nicht gewillt, es zu sagen. Statt dessen fragte sie fröhlich: „Wie ich höre, heiraten Sie wieder?"

Sie konnte förmlich sehen, wie sein Gehirn widerwillig umschaltete.

„Ja", antwortete er. „Sie ist Biochemikerin."

„Ich wünsch Ihnen viel Glück." Wendy lächelte.

„Danke", entgegnete er.

„Eine Schottin vermutlich?"

„Nein, Amerikanerin." Er stand auf. „Vielen Dank für den Tee."

„War nett, daß Sie vorbeigekommen sind."

In der Halle sagte er: „Miß Thompson . . . Wendy, bin ich wirklich rechthaberisch?"

Sie nickte langsam und traurig. „Ja, und schlimmer noch, Sie sind hart und selbstgerecht, aber zuweilen sind Sie auch wie ein Rohr im Winde." Plötzlich stellte sie sich auf die Zehenspitzen und küßte ihn. „Ja, Sie haben viele Fehler, trotzdem sind Sie ein feiner Kerl, Duncan Mackintosh. Und ich habe Sie geliebt." Ihre Stimme brach, sie stieß ihn ins Freie und warf die Tür ins Schloß.

XIII

GAYLORD war entzückt, seinem alten Freund Mr. Evans auf dem Waldweg zu begegnen. Trotzdem begrüßte er ihn etwas vorwurfsvoll. „Ich finde es nicht richtig, Mr. Evans, daß Sie noch immer in World's End Cottage wohnen. Mami und Paps wollen es nämlich für sich haben."

Dieser Vorwurf schien Mr. Evans schwer zu treffen, denn er entgegnete: „Oh, das tut mir ehrlich leid, mein Junge, wir tun wirklich unser Bestes, eine andere Unterkunft aufzutreiben, bislang allerdings ohne Erfolg."

„Aber es ist schließlich Paps' Cottage", stellte Gaylord sachlich fest.

„Ja", Mr. Evans seufzte, „das steht mal fest." Dann senkte er seine Stimme vertraulich. „Unter uns gesagt, ein anderes Haus wäre schon zu finden, das Schwierige ist die Hypothek."

„Aha", sagte Gaylord, der sich fragte, was wohl eine Hypothek sei.

Mr. Evans bemerkte nachdenklich: „Und manche Leute würden sich ja vielleicht auch fragen, warum *meine* Familie aus dem Haus ausziehen soll, damit *deine* Familie in zwei Häusern leben kann."

Gaylord dachte angestrengt nach, dann sagte er: „Aber wir wollen nicht in *zwei* Häusern leben. Opa muß den Zypressenhof verkaufen, und wir wollen alle ins World's End Cottage ziehen."

Beide schwiegen, dann erwiderte Mr. Evans sinnend: „Das wußte ich nicht." Er schüttelte Gaylord herzlich die Hand. „Ich unterhalte mich immer gern mit dir. Leb wohl."

„Auf Wiedersehen, Mr. Evans", sagte Gaylord höflich und setzte sich in Trab, um rechtzeitig zum Mittagessen zu Hause zu sein.

„PAPS, Mami, ich habe Mr. Evans getroffen und ihm gesagt, daß ich fände, er solle bald ausziehen, weil *ihr* in World's End Cottage wohnen wollt."

„Ich hoffe, es hat Eindruck auf ihn gemacht", bemerkte May bitter.

„O ja, und wie! Er hat gesagt, alles, was er braucht, ist eine Hypothek."

„Ach, wirklich?"

John Pentecost schaltete sich ein. „Jocelyn, ich verstehe nicht, daß du gegen diese Halunken nichts unternimmst."

May, die jederzeit bereit war, Jocelyn unter vier Augen zu kritisieren, ertrug es nicht, wenn jemand anders ihn tadelte. Sie entgegnete scharf: „Jocelyn wird seine Gründe haben, und das genügt mir."

„Nun, anderen Ehefrauen würde es kaum genügen. Du bist zu nachgiebig, May."

„Laß May in Ruhe!" fauchte Jocelyn.

Die Stimmung im Hause Pentecost war zweifelsohne gespannt.

„Glaubt mir, wir werden World's End Cottage zurückbekommen", sagte Gaylord selbstzufrieden. „Jetzt, nachdem ich Mr. Evans erklärt habe, daß wir selbst dort wohnen wollen, wird er bald ausziehen. Mami, kann ich das Zimmer mit der schrägen Decke haben?"

„Ja, meinetwegen", antwortete May seufzend. „Aber bilde dir nicht zuviel auf deine Überredungskünste ein, es kann noch lange dauern, bis das Cottage wieder uns gehört."

Nach dieser kalten Dusche war Gaylords Triumph um so größer, als er eine Woche später beobachtete, wie eine Prozession von Schrottautos, von der Teermaschine angeführt, auf der verschiedene Mitglieder der Evanssippe hockten, ratternd und knatternd den Waldweg vom Cottage her kam und auf die Straße einbog. Er raste nach Hause. „Mami! Paps! Opa! Sie fahren fort!"

„Das glaube ich erst, wenn ich's mit eigenen Augen sehe", sagte May.

Doch Jocelyn, geblendet von einem unerwarteten Hoffnungsstrahl, starrte seinen Sohn sprachlos wie das achte Weltwunder an. War es die Möglichkeit? Waren sie wirklich freiwillig ausgezogen? Er stand auf und hielt Gaylord die Hand hin. „Kommst du mit?" fragte er seine Frau in einem fast flehenden Tonfall.

„O ja, ich komme, weil ich es noch nicht glaube."

Gaylord war verstimmt. Dieses ständige Mißtrauen seiner Mutter war wirklich schwer zu ertragen. Aber sie würde es selbst sehen, sagte er sich.

Und tatsächlich, als sie zum Cottage kamen, waren die einzigen Anzeichen, daß die Familie Evans hier je gehaust hatte, einige auf dem Rasen verstreute alte Matratzen. Die Tür war offen, doch kein Rauch stieg aus dem Schornstein auf. Sie betrachteten schweigend die Szene, dann sagte May leise: „Laßt uns hineingehen."

Fast wie Diebe schlichen sie sich in ihr eigenes Haus. Der Schlüssel steckte innen im Schloß. Die Zimmer waren schmutzig, und Abfälle lagen auf dem Boden, doch für eine Frau von Mays Format war das eher ein Grund, die Ärmel aufzukrempeln, als in Tränen auszubrechen.

Sie schritten von einem leeren Zimmer zum anderen, und als ihnen allen völlig klar war, daß die Evans tatsächlich fort waren, sagte Gaylord: „War das nicht ein Glücksfall, Paps, daß ich Mr. Evans vor ein paar Tagen traf, ich wette, sie wären nie ausgezogen, wenn ich nicht . . ."

May unterbrach ihn: „Du hast es tatsächlich geschafft, mein Schatz, daß sie raus sind – wie, das ist mir völlig schleierhaft. Nun werde ich das Haus erst mal von oben bis unten putzen. Dafür brauche ich nicht länger als eine Woche, das heißt, wir könnten die Möbelwagen für den Vierzehnten bestellen. Ich werde Mrs. Bartlett bitten, mir zu helfen. Endlich kommt die Sache in Gang." Sie öffnete die Tür und sah ihren Mann streng an. „Ich gehe jetzt, versprich mir, daß du alles gut verriegelst und abschließt."

Er hob zwei Finger: „Ehrenwort."

Sie sah ihn an und schlang plötzlich die Arme um seinen Hals; dann eilte sie davon.

Jocelyn und Gaylord gingen aufgeregt durch das leere Haus. Jocelyns Interesse galt vor allem dem Zimmer, das sein Arbeitsraum sein würde. Eine Menge Bücherregale, das war erst mal das wichtigste, und dann sein Schreibtisch – wenn er ihn dort hinstellte, könnte er die Frühlingsblätter des Waldes sehen, die tiefen Schatten der Sommermittage, die Farbenpracht des Herbstes und den winterlichen Schnee. Das Leben würde wieder gut sein.

„Gaylord?"

„Ja, Paps?"

„Wie hast du das Wunder zustande gebracht?"

„Du meinst mit Mr. Evans?"

„Ja."

„Ich habe an seine bessere Natur appelliert."

„Nein, du mußt noch etwas anderes getan haben", meinte Jocelyn.

„Nein, Paps, wirklich nicht. Miß Thompson hat uns gesagt, wenn man an eines Menschen bessere Natur appelliert, dann zeigt das oft Ergebnisse, die einen selbst erstaunen."

Mich hat es allerdings erstaunt, dachte Jocelyn. Aber bewies das nicht, was er immer schon gedacht hatte? Bestätigte es nicht, daß die Klugen versucht hatten, die Welt zu ordnen, und kläglich gescheitert waren und daß die letzte Hoffnung bei den Kindern und Narren lag?

So ganz überzeugt war er davon dennoch nicht, obwohl unbestreitbar schien, daß Gaylord für ihn die Kastanien aus dem Feuer geholt hatte. „Welches Eis ißt du am liebsten?" fragte er.

„Erdbeereis, Paps."

„Nein, ich meine eins für ganz besondere Gelegenheiten."

„Einen supertollen Fruchtbecher, aber der ist wahnsinnig teuer."

„Das macht nichts, du hast ihn dir verdient."

Eine halbe Stunde später saßen Jocelyn und Gaylord in „Glady's Konditorei" in Ingerby. Vor jedem stand ein riesiger Glasbecher, der eine außergewöhnlich gute Mischung aus Eis, Früchten und Nüssen enthielt. Vater und Sohn lächelten sich an. Jocelyn sagte: „Du hast mir aus einer schlimmen Patsche geholfen, und dafür möchte ich dir danken."

Obwohl Gaylord für Danksagungen durchaus empfänglich war, fragte er sich für einen flüchtigen Moment, ob sein Vater das wirklich ernst meinte. Aber er wirkte ganz normal, und so löffelte Gaylord die köstliche Mischung, starrte seinen Vater über seinen Becher hinweg an und wußte, daß dieses Zusammensein unter Männern eines der großartigsten Erlebnisse seines bisherigen Lebens war. Das einzig Bedauerliche war, daß Mami ihn und Paps in diesem Augenblick nicht sehen konnte. Das hätte ihr vielleicht beigebracht, ihn mit mehr Respekt zu behandeln.

Gaylord hatte aber gar kein Wunder vollbracht. In Wirklichkeit hatte der reiche und gütige Onkel Édouard, dem May leid tat, eingegriffen und den Hausbesetzern einen Handel vorgeschlagen, wonach er ihnen, falls sie World's End Cottage unverzüglich verließen, einen ansehnlichen Betrag zahlen würde, der es ihnen erlaubte, nach Wales zurückzukehren und sich dort eine neue bescheidene Existenz aufzubauen. Die Evansfamilie war freudig darauf eingegangen.

Onkel Édouard, der schon Mackintosh' Stolz verletzt hatte, indem er Geld für Julias Behandlung bezahlte, beschloß, diese weitere Lösung eines schwierigen Problems auf finanziellem Wege für sich zu behalten.

DANK der vereinten Anstrengungen von May und Mrs. Bartlett blitzte World's End Cottage nach wenigen Tagen vor Sauberkeit. Jocelyn blickte von seinem Schreibtisch auf das weite Tal, und die Worte flossen ihm mühelos aus der Feder. Er hatte seine innere Ruhe wiedergewonnen. May werkelte in ihrer kleinen, arbeitssparenden Küche und fragte sich, wie sie es geschafft hatte, im Zypressenhof mit der Arbeit fertig zu werden. Gaylords winziges Zimmer mit dem schrägen Balkendach verwandelte sich je nach Bedarf in ein Raumschiff, einen Piratenunterschlupf oder war einfach ein gemütlicher, unordentlicher Raum, wo Gaylord als König herrschte.

Der alte Herr war hoch zufrieden, weil er an allem und jedem etwas auszusetzen fand: kein Weinkeller, das nervtötende Käuzchengeschrei und erst die Zentralheizung! Sie benahm ihm den Atem, er würde sich Asthma holen und dadurch sein Leben verkürzen, die Holzverkleidung würde sich verziehen und Sprünge bekommen. May wußte, daß ihr Schwiegervater jede Minute seiner Unzufriedenheit in vollen Zügen genoß.

„Jocelyn, ich habe eine Idee!" verkündete May.

Ihr Mann machte sich, wie immer, wenn er diesen Satz hörte, aufs Schlimmste gefaßt.

„Liebling, ich finde es an der Zeit, daß wir eine Einzugsfeier geben."

Gaylord war hell begeistert. „Könnten wir Miß Thompson einladen?"

„Ja, meinetwegen", sagte May, die nie sehr entzückt war, wenn der Name der Lehrerin fiel.

„Prima. Und Onkel Édouard?"

„Ich glaube nicht, daß er Lust hat, nur für ein kleines Fest die lange Reise von Schottland her zu unternehmen . . ."

„Es kann nichts schaden, ihn zu fragen", unterbrach John Pentecost sie eifrig. „Ich rufe ihn gleich an, wenn es dir recht ist. Wann findet das Fest statt . . ., nächsten Freitag?" Er konnte es nicht erwarten, seinem alten Freund alle Nachteile des Cottage aufzuzählen.

Zehn Minuten später kam er, sich die Hände reibend, zurück. „Ja, er und Dorothea kommen mit Freuden. Und er möchte gern diesen Mackintosh mitbringen. Sein Chauffeur ist auf Urlaub, deshalb soll Mackintosh den Wagen fahren. Wir müssen den Mann als Gast behandeln. Das macht doch wohl nichts aus, May, nicht wahr?"

MONSIEUR ÉDOUARD BOUVERIE war ein Mann, der nicht so leicht aufgab. So liebenswürdig und umgänglich er auch sein mochte, er war daran gewöhnt, seinen Kopf durchzusetzen.

In diesem Fall hieß das bei ihm, daß er lieber diese schüchterne, freundliche Engländerin als Frau seines Verwalters sah als eine amerikanische Biochemikerin.

Kaum hatte sein Freund John Pentecost den Hörer aufgelegt, rief er seinen Chauffeur Alphonse zu sich und schickte den verdutzten Mann vierzehn Tage in Urlaub. Dann machte er einen Spaziergang, auf dem er rein zufällig Duncan Mackintosh begegnete. „Ach, Mackintosh, würden Sie meiner Frau und mir einen großen Gefallen tun?"

„Worum handelt es sich, Mr. Bouverie?"

„Ihr früherer Arbeitgeber, John Pentecost, hat mich und meine Frau zu einem kleinen Fest eingeladen. Alphonse ist in Urlaub, daher wollte ich Sie fragen, ob Sie uns zu den Pentecosts fahren würden. Ich weiß, mein Lieber, es gehört nicht zu Ihren Aufgaben, aber . . ."

„Ja, natürlich, mach ich."

„Vielen Dank. Natürlich nehmen wir Julia mit."

Mackintosh nickte. Dann ging er mit verschlossener Miene wieder an seine Arbeit.

Doch sein Inneres war in Aufruhr. Seit seinem letzten Aufenthalt in England fühlte er sich nicht mehr wohl in seiner Haut. Jocelyns Behauptung, daß er rechthaberisch und besserwisserisch sei, hatte ihn zutiefst beunruhigt, und als Miß Thompson dies auch noch bestätigt hatte, war sein Selbstbewußtsein endgültig dahin. Natürlich war es ihm gleichgültig, was Jocelyn Pentecost von ihm dachte, aber Wendy Thompson, das war etwas anderes. Sie hatte ihn schließlich gern genug, um ihn heiraten zu wollen . . . Er hatte die ganze Zeit über gewußt, daß er noch einmal mit ihr sprechen müßte, nur war ihm keine Ausrede eingefallen, um nach England zu reisen.

Aber jetzt hatte man sie ihm auf einem silbernen Tablett gereicht. Nun, Miß Thompson würde einiges zu hören bekommen bei ihrem nächsten Zusammentreffen.

„WENDY? Hier spricht May Pentecost. Wir geben nächsten Freitag eine kleine Einzugsfeier im Cottage, und ich würde mich freuen, wenn Sie kämen."

Was hatte Gaylord zu seiner Mutter gesagt? „Ich glaube nicht, daß Miß Thompson heiraten will, denn wenn du stirbst, Mami, dann ist sie die Dumme, weil sie dann nicht frei ist, um Paps zu heiraten." Und das in Gegenwart seines Vaters! Nein, sie konnte weder May noch Jocelyn je wieder in die Augen sehen. „Freitag?" entgegnete sie also, „nein, es tut mir sehr leid, Mrs. Pentecost, aber für den Tag habe ich bereits eine Verabredung." (Mit einer Tasse Kakao und dem Fernsehapparat, dachte sie traurig.)

„Oh, wie schade", sagte May ohne großes Bedauern in der Stimme. „Nun, dann ein anderes Mal."

„Ja, ein anderes Mal", wiederholte Wendy und legte den Hörer auf.

XIV

NUN sind wir in unserem eigenen gemütlichen Haus, umgeben von Freunden am schönsten Abend des Jahres, dachte May. Es war so warm, daß sie mit den Gläsern auf den Rasen gingen, und das Aroma des Weins vermischte sich mit den Düften eines englischen Maitages.

Jocelyn war ein guter, aufmerksamer Gastgeber. Doch die Schönheit der Natur zog ihn von der Gästeschar fort. Wie konnte man, umgeben von dem Stimmengewirr, der Stille lauschen? In einem unbeobachteten Moment öffnete er die Gartenpforte und war mit ein paar Schritten im Wald verschwunden.

Er dachte an viele Dinge: an das neue Haus, an May, an Gaylord, sein Leben war voller Hoffnungen und Versprechungen. Sollte er Gott nicht dankbar sein, daß es für ihn noch mehr Abende wie diesen geben würde? Gewiß – Haß und Bitterkeit zerstörten vieles, aber sie konnten nicht Glück und Liebe und Schönheit vernichten. So! Er hatte also endlich seinen inneren Frieden wiedergefunden. Und warum? fragte er sich. Weil ich mein Haus zurückbekommen habe? Weil die Vergangenheit vergangen ist?

May erwartete ihn an der Gartenpforte. Sie lächelte. „Komm herein, Schuleschwänzen ist nicht erlaubt." Sie bot ihm ihre Lippen, und er küßte und umarmte sie, als sei es zum erstenmal.

In Miss Thompsons Straße gab es keinen Wald mit seinen Düften, hier vergoldete die untergehende Sonne nur die Spitzen der Schornsteine auf den schrägen Dächern.

Sie fragte sich, wie das Fest wohl verlief. Wie albern, daß sie die Einladung nicht angenommen hatte. Wie gern wäre sie jetzt unter freundlichen, lachenden Menschen gewesen.

Die Türglocke klingelte. Sie sprang auf und lief in die Diele. Jemand, der sie überreden wollte, zum Fest zu kommen? Närrin! Als ob sich irgendwer darum scherte, ob sie auf dem Fest war oder nicht.

Sie öffnete die Tür. „Duncan!" rief sie aus.

Er trat ein und starrte sie wütend an. „Ja, allerdings, ich bin's. Und ich wollte Ihnen nur sagen, Ihre Vorwürfe, daß ich hart, rechthaberisch und arrogant sei, haben mir keine Ruhe gelassen." Er stellte sich breitbeinig vor sie hin. „Diese Art Kritik lasse ich nicht auf mir sitzen, Miß Thompson."

„Auch nicht, wenn sie berechtigt ist?" fragte sie kühl, als sie ins Wohnzimmer gingen.

„Sie ist nicht berechtigt", widersprach er mürrisch.

Sie warf sich in einen Sessel. „Sind Sie etwa sechshundert Kilometer weit gereist, nur um mir zu sagen, daß ich unrecht habe?" Sie lehnte sich vor und berührte seine Hand, er zuckte zurück. „Mein Gott, Duncan, ich muß Sie wirklich verletzt haben. Lassen Sie's jetzt gut sein. Ich mach uns eine Tasse Tee."

„Nicht für mich."

Sie ging in die Küche, ohne darauf zu antworten. Als sie mit dem Tablett zurückkam, stand er noch immer, finster dreinblickend, auf der gleichen Stelle. „Wie geht es Ihrer Braut?" fragte sie mit gleichgültiger Stimme und stellte das Tablett ab.

„Ich habe keine Braut mehr", knurrte er. „Und daran sind Sie schuld."

„Oh, das tut mir aufrichtig leid. Darf man fragen ..., was passiert ist?"

Er schwieg längere Zeit, schließlich stieß er trotzig hervor: „Ich habe ihr gesagt, von mir aus könnte sie in die Nordsee springen."

Sie versuchte mit aller Macht, ein Lächeln zu unterdrücken. „Nein, wirklich, Duncan, das haben Sie ihr gesagt? Aber warum?"

„Sie hat mir das gleiche vorgeworfen wie Sie." Er schnaubte fast vor Wut. „Ich kann ja eine ganze Menge vertragen, aber ..."

„Sie haben vergessen, was ich Ihnen außerdem gesagt habe."

„Was war das?"

„Ich habe gesagt, daß ich Sie trotz allem für einen feinen Kerl halte."

Er dachte nach, dann sagte er sehr viel milder: „Ja, stimmt."

„Und danach habe ich Ihnen einen Abschiedskuß gegeben, Duncan, und Sie daran erinnert, daß ich Sie einmal geliebt habe." Sie blickte ihn flehend an. „Haben Sie das vergessen?"

Sein Gesicht verriet seine Bestürzung. „Ja", sagte er verwundert, „das haben Sie getan, aber ich habe mir nichts dabei gedacht – damals." Er blickte sie bittend, fast demütig an. „Miß Thompson, könnten Sie mich noch lieben, wenn ich . . .?"

„Ich könnte es versuchen", sagte sie lächelnd und schlang die Arme um seinen Hals.

„Da kommt noch jemand", sagte Jocelyn mit einem Blick auf die Straße hinaus.

„Sieht aus wie Miß Thompsons Mini", sagte May. „Komisch, sie hat mir gesagt, sie habe eine andere Verabredung."

Zu beider Überraschung stieg nicht nur Miß Thompson, sondern auch Duncan Mackintosh aus dem Auto, und zu ihrer noch größeren Überraschung gingen die zwei Hand in Hand. Dann geschah etwas, das May und Jocelyn den Atem verschlug: Miß Thompson reckte sich hoch und küßte den verlegenen Mackintosh auf den Mund.

Édouard stand wie zufällig an der Gartenpforte. Er öffnete und sagte: „Ah, Miß Thompson, *quel plaisir*" und küßte galant ihre Hand.

May ging Wendy Thompson entgegen, nahm sie beim Arm und führte sie den Gartenweg entlang. „Ich bin so froh, daß Sie doch noch kommen konnten. Jocelyn, hol bitte ein Glas Sherry." Und dann wieder an Wendy gewandt: „Entschuldigen Sie die indiskrete Frage, meine Liebe, aber hat Duncan Ihnen nun einen Heiratsantrag gemacht?"

„Nein, eigentlich war es eher andersrum, *ich* habe ihm einen Heiratsantrag gemacht . . ." Sie grinste schelmisch. „Aber Hauptsache ist, er hat ihn angenommen", setzte sie vergnügt hinzu.

„Meine herzlichsten Glückwünsche." May umarmte sie, dann hielt sie Wendy auf Armeslänge weg und sah sie lächelnd an. „Wissen Sie, Wendy, seit ich Sie kenne, hatte ich immer das Gefühl, daß es ein großer Fehler wäre, Sie zu unterschätzen. Sie sind so ein kleines, scheues Geschöpf, aber . . ." Sie zog die junge Frau wieder an sich und küßte sie zwinkernd auf die Wange.

JOCELYN hielt spontan eine Rede voller Wärme und Güte, beflügelt von der Lieblichkeit des langen Sommertages und vier Gläsern Moselwein: „. . . ich habe vor Miß Thompson und Mr. Mackintosh immer die größte Hochachtung gehabt, . . . aber besonders freue ich mich für Julia, die eine Frau als Mutter bekommt, die sie schon seit langem liebt . . . Bedauerlich für uns ist nur, daß wir eine hilfreiche und gute Nachbarin verlieren, . . . und nachdem wir die Verlobten haben hochleben lassen, möchte ich Sie alle bitten, auf das Wohl meines Sohnes Gaylord anzustoßen, ohne dessen kleines Wunder es kein World's End Cottage und keine Einzugsfeier gäbe. Wie er das Wunder vollbracht hat, wird niemand je genau erfahren, . . . jedenfalls hat er erreicht, daß die Hausbesetzer ausgezogen sind, was meiner Meinung nach nicht einmal der Polizei gelungen wäre. Aber zuerst, meine Freunde, wollen wir auf Wendys und Duncans Glück trinken. Gott schütze sie!"

„Auf Wendy und Duncan!" riefen alle und stießen mit den Gläsern an. Sie standen noch immer im Garten, die Sonne ging unter und schickte noch zum Abschied über die Wiesen und den Fluß ein paar leuchtende Strahlen, die das glückliche Gesicht Wendys erhellten und die scharfen, kantigen Züge ihres verlegenen Bräutigams betonten.

„Und jetzt", Jocelyn hob sein Glas, „einen Toast auf Gaylord, der dieses Wunder vollbracht hat."

Monsieur Édouard Bouverie stand verschmitzt lächelnd zwischen May und seiner Frau Dorothea, hob mit ihnen sein Glas und sagte: „Wahrhaftig, mit Recht heißt es: ‚Die Unschuld hat im Himmel einen Freund.'" In Gedanken fügte er hinzu: Und manchmal auch auf Erden!

Foto: Studio 71/Rowohlt-Bildarchiv

Eric Malpass

„Malpass definiert Glück nicht als Zustand oder Konvention, sondern als Moment der Zuversicht inmitten all der Unsicherheiten, Zweifel und Fehlschläge, aus denen das normale Leben zu bestehen pflegt." So charakterisiert die deutsche Journalistin Sybil Gräfin Schönfeldt ihren berühmten englischen Kollegen von der schreibenden Zunft, Eric Malpass, der mit einem Schlag durch den 1965 (auch in den Reader's Digest Auswahlbüchern) erschienenen Roman *Morgens um sieben ist die Welt noch in Ordnung* bekannt wurde. Der riesige Erfolg, den dieser Roman vor allem in Deutschland hatte, verhalf seinem Autor auch zu Hause in England zum „Durchbruch", und er konnte sich von da an als freier Schriftsteller betätigen.

Der 1910 in Derby geborene Eric Malpass hatte nach dem frühen Tod seines Vaters die Hoffnung auf ein Studium aufgeben müssen und verdiente fast vierzig Jahre als Bankangestellter den Lebensunterhalt für sich und später für seine Familie. Er ist seit 1936 verheiratet und hat einen Sohn. 1966 gab er seinen Beruf auf und schaffte mit neuen Geschichten von Gaylord und der Familie Pentecost weitere Romanerfolge; einer davon, *Wenn süß das Mondlicht auf den Hügeln schläft*, erschien 1971 in den Auswahlbüchern und wurde auch in Deutschland verfilmt.

Anfang der siebziger Jahre überraschte der Autor sein Publikum mit drei Romanen über das Leben William Shakespeares. Nach einem Jahrzehnt aber kehrte er wieder zu seinem kleinen Helden Gaylord zurück, der nun mit weiteren „hochmoralischen" Lausbubenstreichen auftrumpfen kann, wie Malpass in *Und doch singt die Amsel* auf unnachahmliche Weise augenzwinkernd unter Beweis stellt.

Alle Gaylord-Romane, vom ersten bis zum letzten, enthalten die Aufforderung an die Leser, Frohsinn und Mut zu bewahren, auch wenn sie ständig neu von Angst und Unsicherheit geplagt werden. Am Schluß eines Romans drückte das Eric Malpass so aus: „Schmerz und Leid dieser Welt. Vergiß sie nicht. Niemals. Aber vergessen wir auch nicht das Lachen und die Wonnen dieser Welt."

NIEMAND WIRD DICH FINDEN
Originalausgabe: „In a Place Dark and Secret"
erschienen bei Franklin Watts, New York

DIE UNFREIWILLIGEN REISEN DES PUTTI EICHELBAUM

DIE SCHWARZE BESTIE
Originalausgabe: „A Deadly Presence"
erschienen bei David Philip, Publisher (Pty.) Ltd., Claremont/South Africa

UND DOCH SINGT DIE AMSEL
Deutsche Buchausgabe: „Und doch singt die Amsel" (Evensong)
Rowohlt Verlag GmbH, Reinbek bei Hamburg 1983

Die ungekürzten Ausgaben von
„Die unfreiwilligen Reisen des
Putti Eichelbaum" und
„Und doch singt die Amsel"
sind im Buchhandel erhältlich.